LES MOSQUÉES IBADITES DU DJEBEL NAFŪSA

Society for Libyan Studies Monograph 10

LES MOSQUÉES IBADITES DU DJEBEL NAFŪSA

Architecture, histoire et religions du nord-ouest de la Libye (VIIIe-XIIIe siècle)

Virginie Prevost

Photographies : *Axel Derriks*
Cartes, plans et dessins : *Mathieu Favresse*

Society for Libyan Studies Monograph 10

Published in 2016 by:
The Society for Libyan Studies
c/o The British Academy
10-11 Carlton House Terrace
London SW1Y 5AH

www.societyforlibyanstudies.org

ISBN: 978-1-900971-41-6

Book design and cover: Chris Bell, cbdesign

Printed in the United Kingdom by Marston Book Services

TABLE DES MATIÈRES

AVANT-PROPOS par Philip Kenrick ix

INTRODUCTION ET PRÉSENTATION DES SOURCES xiii
Les sources ibadites xvi
Les études modernes xix
Remarques xx

PREMIÈRE PARTIE : GÉOGRAPHIE ET HISTOIRE DU DJEBEL NAFŪSA 1

I. GÉOGRAPHIE ET PEUPLEMENT 3
La région de Nālūt 8
La région de Kābāw 9
La région d'al-Ḥarāba 12
La région de Jādū (Fassāṭū) 15
La région de Yafran 17

II. HISTOIRE ET RELIGIONS 19
L'islamisation du djebel Nafūsa et sa conversion à l'ibadisme 20
L'époque rustumide (*ca* 777-909) 21
La période fatimide (*ca* 909-973) 25
De la période ziride au XIIIe siècle 29
Le christianisme 31
Le judaïsme 34
Saints et marabouts ibadites, hier et aujourd'hui 35
Les femmes dans la société ibadite médiévale 36
Une société multiconfessionnelle 37

DEUXIÈME PARTIE : CATALOGUE DES MOSQUÉES 39

I. LA RÉGION DE NĀLŪT 41
La grande mosquée de Wāzzin 41
Al-A'lā de Nālūt 43
La mosquée du grenier fortifié de Nālūt 48
Khalīfa ibn 'Askar de Nālūt 50
Tīndarār de Nālūt 53

II. LA RÉGION DE KĀBĀW 55
La mosquée de Tanūmāyt 55
Sīdī Abū Raghwa 59
Abū Hārūn d'Ibnāyn 61
Abū l-Rabī' d'Ibnāyn 67
Ḥawāriyyīn de Fursaṭā 71
Taghlīs de Fursaṭā 76
Abū Yaḥyā de Fursaṭā 80

III. LA RÉGION D'AL-ḤARĀBA 85
Abū Naṣr de Tamlūshāyt 85
Abū Manṣūr Ilyās de Tandamīra 89
Abū Ma'rūf de Sharūs 96
La grande mosquée de Wīghū 102
Taghlīs de Bughṭūra 105

IV. LA RÉGION DE JĀDŪ (FASSĀṬŪ) 109
Abū Zakariyyā' al-Tūkītī 109
Abū Naṣr de Tamazdā 114
Kanīsa 118
Ḥawāriyyīn de Tamazdā 124
Taragh de Wīfāt 128
Abū Kār 131
Umm al-Ṭubūl 133
Mashhad Taghlīs 138
Abū 'Ubayda 'Abd al-Ḥamīd à Ijnāwun 139

V. LA RÉGION DE YAFRAN 143
La mosquée d'Atūghasrū 143
Tiwatriwīn 147

TROISIÈME PARTIE : CARACTÉRISTIQUES ARCHITECTURALES DES MOSQUÉES IBADITES DU DJEBEL NAFŪSA 151

I. LA CONCEPTION ET LES PRINCIPES GÉNÉRAUX DES MOSQUÉES 153
Une étude ardue 153
Une profusion de lieux de culte 155
Une tradition d'austérité commune à tous les ibadites 156
La technique de construction et le plan des mosquées 157
De nombreux lieux de culte souterrains ou semi-souterrains 162
La place des femmes dans la mosquée 167
L'éventuelle reconversion d'églises 170

II. LES PRINCIPAUX ÉLÉMENTS 175
Les mihrabs 175
Les minbars 177
Le minaret et la *ṣum'a* 179
Le minaret-escalier 182

III. LE DÉCOR 187
Le décor « primitif » 188
Les mains et les pieds 194
Le décor d'inspiration islamique 196

CONCLUSION 199

BIBLIOGRAPHIE 203
Les sources ibadites 203
Les sources arabes 203
Les études modernes 204
Les cartes 214

INDEX 215

TABLE DES ILLUSTRATIONS, DES CARTES ET DES PLANS 219

RÉSUMÉ, TABLE DES MATIÈRES ET PRÉFACE EN ARABE 224

CONTENTS

PREFACE by Philip Kenrick xi

INTRODUCTION AND PRESENTATION OF THE SOURCES xiii
Ibadite sources xvi
Modern studies xix
Comments xx

PART I: GEOGRAPHY AND HISTORY OF THE DJEBEL NAFŪSA 1

I. GEOGRAPHY AND SETTLEMENT 3
The region of Nālūt 8
The region of Kābāw 9
The region of al-Ḥarāba 12
The region of Jādū (Fassāṭū) 15
The region of Yafran 17

II. HISTORY AND RELIGION 19
Islamisation of the Djebel Nafūsa and its conversion to Ibadism 20
The Rustumid period (*ca* 777-909) 21
The Fatimid period (*ca* 909-973) 25
From the Zirid period to the 13th century 29
Christianity 31
Judaism 34
Ibadite saints and marabouts, today and in the past 35
Women in medieval Ibadite society 36
A multi-confessional society 37

PART II: CATALOGUE OF THE MOSQUES 39

I. THE REGION OF NĀLŪT 41
The great mosque of Wāzzin 41
Al-Aʻlā at Nālūt 43
The mosque of the fortified granary at Nālūt 48
Khalīfa ibn ʻAskar at Nālūt 50
Tīndarār at Nālūt 53

II. THE REGION OF KĀBĀW 55
The mosque at Tanūmāyt 55
Sīdī Abū Raghwa 59
Abū Hārūn at Ibnāyn 61
Abū l-Rabīʻ at Ibnāyn 67
Ḥawāriyyīn at Fursaṭā 71
Taghlīs at Fursaṭā 76
Abū Yaḥyā at Fursaṭā 80

III. THE REGION OF AL-ḤARĀBA 85
Abū Naṣr at Tamlūshāyt 85
Abū Manṣūr Ilyās at Tandamīra 89
Abū Ma'rūf at Sharūs 96
The great mosque at Wīghū 102
Taghlīs at Bughṭūra 105

IV. THE REGION OF JĀDŪ (FASSĀṬŪ) 109
Abū Zakariyyā' al-Tūkītī 109
Abū Naṣr at Tamazdā 114
Kanīsa 118
Ḥawāriyyīn at Tamazdā 124
Taragh at Wīfāt 128
Abū Kār 131
Umm al-Ṭubūl 133
Mashhad Taghlīs 138
Abū 'Ubayda 'Abd al-Ḥamīd at Ijnāwun 139

V. THE REGION OF YAFRAN 143
The mosque at Atūghasrū 143
Tiwatriwīn 147

PART III: ARCHITECTURAL CHARACTERISTICS OF THE IBADITE MOSQUES OF THE DJEBEL NAFŪSA 151

I. THE CONCEPTION AND GENERAL PRINCIPLES OF THE MOSQUES 153
A laborious study 153
A profusion of places of worship 155
A tradition of austerity, common to all Ibadites 156
Techniques of construction and plans of the mosques 157
Numerous underground or semi-underground places of worship 162
The position of women in the mosques 167
The possible conversion of churches 170

II. THE PRINCIPLE ELEMENTS 175
The mihrabs 175
The minbars 177
The minaret and the *ṣum'a* 179
The staircase-minaret 182

III. THE DECORATION 187
"Primitive" decoration 188
Hands and feet 194
Islamic-inspired decoration 196

CONCLUSION 199

BIBLIOGRAPHY 203
Ibadite sources 203
Arab sources 203
Modern studies 204
Maps 214

INDEX 215

LIST OF ILLUSTRATIONS, MAPS AND PLANS 219

ARABIC ABSTRACT, CONTENTS AND PREFACE 224

AVANT-PROPOS

C'EST POUR MOI à la fois un honneur et un privilège d'introduire cette œuvre sur les mosquées ibadites du djebel Nafūsa. Ces mosquées faisaient partie de ma première introduction à la Libye en 1971, quand je les visitai en la compagnie stimulante de la regrettée Olwen Brogan et du savant ibadite Dr. 'Amr al-Nāmī. Lady Brogan était en premier lieu une historienne et archéologue de l'époque classique, mais elle était captivée par tous les aspects des paysages libyens, et y retourna constamment à partir de 1948 et jusqu'à quelques années avant sa mort en 1989. Initialement attirée par l'abondance des preuves de peuplement du pays dans la période classique, sa curiosité était également éveillée par la multitude de petites mosquées parsemées dans le djebel Nafūsa, souvent dans des endroits isolés et apparemment loin des agglomérations modernes. Elle consulta les sources récentes (Despois, Lewicki) et se rendit compte qu'avant qu'on ne puisse comprendre ce phénomène dans son contexte historique, il était nécessaire de tout au moins documenter le mieux possible les mosquées sur le terrain.

Le résultat fut trois courts voyages de prospection, dont deux auxquels j'ai participé. Les communautés que nous avons visitées nous ont accueillis avec intérêt et hospitalité, et nous étions très conscients que les mosquées rurales du djebel continuaient d'être vénérées et constituaient une partie significative du patrimoine culturel de la région. Il nous semblait clair en même temps que nos efforts modestes, publiés en 1973 par James Allan, ne pouvaient être que le début d'une enquête bien plus ambitieuse que personne parmi nous ne pouvait mener.

En 2008, quand je m'occupai de la compilation d'un nouveau guide archéologique de la Tripolitaine, je m'imposai comme limite chronologique finale l'invasion hilalienne du milieu du XIe siècle, pensant que cela constituait une rupture marquée entre les vestiges de l'Antiquité et la reprise de constructions significatives sous les Ottomans, environ cinq cent ans plus tard. Mais je ne pus résister à inclure une introduction sommaire aux greniers fortifiés et aux mosquées du djebel Nafūsa. Ils m'intriguent parce que – bien qu'ils soient très difficiles à dater – ils semblent exprimer une continuité culturelle qui s'étend depuis le début du Moyen Âge jusqu'au présent, ce qui est presque sans pareil en Libye.

Pour ces raisons diverses, c'est avec grand plaisir que j'ai apprécié l'attention érudite que Virginie Prevost a su dévouer à ce phénomène. Malgré l'interruption forcée par les événements politiques et militaires d'un projet qui demandait beaucoup plus de travail sur le terrain, elle a rassemblé dans cet ouvrage, avec très grande diligence, ce qu'on a enregistré des édifices encore visibles d'une part, et de l'autre les témoignages médiévaux écrits (qui étonnent par leur richesse) sur les savants et les religieux qui leur ont été associés. Je recommande cet ouvrage chaleureusement aux lecteurs, et j'espère qu'il engendrera, quand les circonstances le favoriseront, des études ultérieures sur la culture historique berbère et ibadite de la région du djebel Nafūsa. Pour moi-même – et je crois pour The Society for Libyan Studies, dont elle fut la première secrétaire – cet ouvrage constitue déjà un hommage opportun à la mémoire d'Olwen Brogan.

Philip Kenrick
Abingdon, Oxfordshire

PREFACE

IT IS FOR ME both an honour and a privilege to introduce this work on the Ibadite mosques of the Djebel Nafusa. These mosques formed part of my first introduction to Libya in 1971, when I visited them in the stimulating company of the late Olwen Brogan and of the Ibadite scholar Dr. 'Amr al-Nami. Lady Brogan was in the first instance a historian and archaeologist of the Classical period, but she was captivated by all aspects of the Libyan countryside and returned there repeatedly from 1948 until a few years before her death in 1989. Attracted initially by the abundance of evidence for the occupation of the region during the Classical period, her curiosity was nonetheless aroused by the multitude of little mosques scattered across the Djebel Nafūsa, often in isolated positions, apparently unconnected with modern settlements. She consulted the recent literature (Despois, Lewicki) and realised that, before this phenomenon could be appreciated in its historical context, it would at least be necessary to record the mosques as fully as possible on the ground.

The result was three brief survey expeditions, of which I took part in two. The communities which we visited greeted us with hospitality and interest, and we were very aware that the rural mosques of the djebel continued to be revered and constituted an important part of the cultural heritage of the region. It was at the same time clear to us that our modest efforts, published in 1973 by James Allan, could only be the beginning of a more extended project which none of us was in a position to undertake.

In 2008, when I was engaged in the compilation of a new archaeological guide to Tripolitania, I set myself a lower chronological limit of the Hilalian invasion in the middle of the eleventh century, arguing that that constituted a decisive break between the remnants of antiquity and the resumption of significant building activity under the Ottomans, some five hundred years later. But I was unable to resist the inclusion of a summary introduction to the fortified granaries and the mosques of the Djebel Nafūsa. They intrigue me because, despite being very difficult to date, they seem to display a cultural continuity which extends from the beginning of the Middle Ages down to the present day – a characteristic which is otherwise virtually unparalleled elsewhere in Libya.

For these diverse reasons, I have appreciated with great pleasure the scholarly expertise which Virginie Prévost has brought to bear on this material. Despite the forced interruption by military and political events of a project which required much more work on the ground, she has assembled in this volume, with great skill, on the one hand what has been recorded of the structures which are still visible, and on the other the matching written evidence (of astonishing richness) from the medieval period for the scholars and religious persons associated with them. I commend this work most warmly to readers and I hope that it will stimulate, when circumstances are more favourable, further studies of the historic Berber (Amazigh) and Ibadite culture of the Djebel Nafūsa. For me – and, I believe, for the Society for Libyan Studies of which she was the first Secretary – this book represents already a fitting tribute to the memory of Olwen Brogan.

Philip Kenrick
Abingdon, Oxfordshire

INTRODUCTION ET PRÉSENTATION DES SOURCES

LA LIBYE A LONGTEMPS souffert d'une désaffection de la part des historiens médiévistes. La plupart des recherches et des fouilles se sont concentrées sur les périodes préhistorique, grecque et romaine, et les études archéologiques sur la Libye islamique sont longtemps restées extrêmement rares, limitées à la ville de Tripoli. Il faut attendre les années 1970 pour qu'un intérêt réel se manifeste après les découvertes réalisées à Ajdābiya ou à Surt[1]. Le djebel Nafūsa a été très peu exploré, la difficulté des investigations étant renforcée par le fait que la plupart des sites anciens sont peu accessibles[2]. Les circuits touristiques organisés en Libye jusqu'en 2010 traversaient rapidement cette région pour gagner l'oasis de Ghadamès et, faute d'infrastructures appropriées, les vacanciers n'avaient le plus souvent accès qu'à l'un ou l'autre des trois greniers fortifiés subsistant à Kābāw, Nālūt et Qaṣr al-Ḥāj. Ce sont tout à la fois l'envie d'explorer ces montagnes méconnues et notre intérêt déjà ancien pour l'architecture ibadite qui nous ont conduite à entamer ces recherches.

Ces dernières années ont vu naître un réel engouement pour les études ibadites. Ce mouvement religieux est né à Baṣra, en Irak, dans un groupe de quiétistes. Au début du VIIIe siècle, les ibadites constituent un gouvernement clandestin appelé « communauté des Musulmans ». Ils sont encadrés par plusieurs personnalités marquantes parmi lesquelles le grand savant d'origine omanaise Jābir ibn Zayd al-Azdī qui établit définitivement la doctrine, l'énigmatique 'Abd Allāh ibn Ibāḍ qui laissera son nom à ceux qui formeront désormais « la troisième voie de l'islam », ou encore Abū 'Ubayda Muslim al-Tamīmī, qui organise depuis Baṣra la propagande ibadite visant à noyauter progressivement le califat omeyyade. Grâce aux donations de ses riches fidèles, ce savant met sur pied un centre de formation qui accueille des adeptes venus de toutes les provinces de l'Empire. À l'issue de leurs études, ceux-ci deviennent de parfaits missionnaires, constitués en équipes de porteurs de science (*ḥamalat al-'ilm*) envoyées aux quatre coins de l'Empire musulman. Ces missionnaires séduisent rapidement les foules, tant au Maghreb que dans le sud de la péninsule Arabique[3]. Luttant contre l'hégémonie des califes omeyyades et abbassides, les ibadites exigent que leur imam soit choisi en fonction de sa science et de

---

[1] M. Warfallī, *Some Islamic Monuments*, p. 5 ; G.R.D. King, « Islamic Archeology in Libya », p. 193.

[2] M. Warfallī, *Some Islamic Monuments*, p. 10.

[3] Pour un résumé de l'histoire du mouvement ibadite, dont les origines demeurent obscures, voir V. Prevost, *Les Ibadites*, pp. 7-42.

sa piété, quelle que soit son origine ethnique. Ils respectent une rigoureuse éthique basée sur la pureté morale et considèrent que la foi est indissociable des œuvres. Ils se plient à des règles sévères et à un strict contrôle religieux, tout en faisant souvent preuve d'ouverture d'esprit à l'égard des étrangers. Redoutant toujours la disparition de leur communauté, ils se montrent extrêmement fraternels les uns avec les autres et accordent une place toute particulière à la transmission de leurs traditions, au respect de la mémoire de leurs ancêtres et à l'instruction des fidèles.

Les ibadites d'Occident et d'Orient connaissent des destins très différents. Au Maghreb, après la chute du brillant imamat rustumide de Tāhart au début du Xe siècle, leur territoire va progressivement se restreindre et leurs nombreuses petites communautés éparses se concentrer dans trois régions, l'île de Djerba, le Mzab algérien et le djebel Nafūsa libyen. En Oman, lorsqu'ils ne sont pas soumis à des puissances étrangères, les ibadites sont dirigés par des imams plus ou moins puissants. Sous la glorieuse dynastie des imams ya'rubides, au XVIIe siècle, les Omanais s'implantent sur les côtes de l'Afrique orientale et à Zanzibar, qui devient pendant un temps leur capitale au siècle suivant. Les ibadites subsistent aujourd'hui principalement au sultanat d'Oman et dans les trois régions d'Afrique du Nord évoquées plus haut. On les trouve également en petit nombre sur les côtes de l'Afrique orientale, en Afrique centrale, au Canada et en Europe, en France particulièrement. En Libye, ils sont concentrés dans le djebel Nafūsa et dans la cité côtière de Zuwāra située à une cinquantaine de kilomètres de la frontière tunisienne. Toutefois, depuis les années 1960, l'industrialisation et l'urbanisation ont provoqué un grand mouvement d'exode des ibadites du djebel vers la capitale et les principales villes côtières de Tripolitaine[4].

L'architecture ibadite du Maghreb se caractérise par sa sobriété et par l'absence très fréquente de décor ; elle témoigne en cela de l'austérité chère aux ibadites, de leur refus du luxe et des signes extérieurs de richesse. Elle se distingue fortement de l'architecture financée par les grandes dynasties musulmanes qui se sont succédé, puisqu'elle n'a manifestement subi que de très rares évolutions. Les études menées sur les bâtiments du Mzab et de Djerba ont montré que la façon de bâtir a été constante au cours des siècles, ce qui s'applique sans nul doute également au djebel Nafūsa. Cette dernière région, à cause du manque de documentation et de la situation politique difficile, a été jusqu'ici relativement délaissée par les chercheurs, ce qui a motivé notre intérêt. L'étude du djebel Nafūsa paraît d'autant plus intéressante qu'il s'agit d'un territoire qui s'est très tôt converti à l'ibadisme et que les mosquées qu'on y a bâties sont parmi les premières. C'est donc là un patrimoine déterminant tant pour la Tripolitaine médiévale que pour l'Afrique du Nord à une échelle plus large, puisque le mouvement ibadite est une composante incontournable des premiers siècles de l'histoire du Maghreb islamique.

Un voyage d'étude réalisé en mai 2010 en compagnie du photographe Axel Derriks nous a permis de recenser une vingtaine de mosquées anciennes. La comparaison entre l'état dans lequel nous les avons trouvées et celui décrit par les rares documents disponibles a mis en évidence le fait que beaucoup s'étaient fortement détériorées et étaient dans certains cas menacées de disparition. Il semble que l'animosité que ressentait le colonel Kadhafi (1942-2011) vis-à-vis des Berbères ibadites ait pu parfois contribuer à cette dégradation. En effet, le régime a longtemps stigmatisé cette communauté qui souffrait à ses yeux d'un double travers, sa berbérité et sa particularité religieuse. Bien qu'il ait tenté de promouvoir le folklore berbère à des fins purement touristiques – autorisant par exemple la restauration de greniers

[4] S. Chaker et M. Ferkal, « Berbères de Libye », pp. 108-109.

fortifiés dans le djebel Nafūsa –, il leur a dans le même temps interdit toute forme de mobilisation culturelle ou politique. Il désignait dans ses discours les Berbères libyens comme des « ennemis de la Nation arabe et instruments du colonialisme et de l'impérialisme »[5]. D'un autre côté, le dirigeant libyen n'hésitait pas à affirmer haut et fort que l'identité berbère n'était rien de plus qu'une invention coloniale. Ses opposants l'ont accusé de poursuivre une arabisation forcée et de tenter d'anéantir l'identité culturelle berbère par de multiples moyens. Ainsi, l'usage de la langue berbère était prohibé dans tous les lieux publics et, jusqu'en 2007, une loi interdisait de donner des prénoms berbères aux nouveau-nés et obligeait les enfants porteurs de tels prénoms d'adopter des noms arabes pour pouvoir s'inscrire à l'école[6]. Kadhafi a également imposé dès 1973 une nouvelle toponymie pour faire reculer l'usage de la langue berbère. Il a par exemple transformé l'appellation berbère du djebel Nafūsa utilisée sur place, *Adrar Infusen*, en un nouveau toponyme arabe, *al-Jabal al-Gharbī* (les montagnes occidentales). À Yafran, une place nommée *Trumit* (la romaine ou la chrétienne en berbère) est devenue *Maydān al-'Urūba* (la place de l'arabité)[7]. Plusieurs activistes berbères ont été éliminés par le régime, notamment des intellectuels ibadites tels que 'Alī Yaḥyā Mu'ammar, souvent cité dans les pages qui suivent et assassiné en 1970, ou l'historien 'Amr Khalīfa al-Nāmī, titulaire d'un doctorat de Cambridge et reconnu pour ses travaux, qui a été incarcéré en 1981 et a « disparu » en prison[8].

Tout cela explique en partie pourquoi la région a vigoureusement pris part à la révolte contre Kadhafi. Elle a alors souffert de nombreux dommages provoqués par l'armée de ce dernier, notamment entre avril et août 2011, période durant laquelle elle aurait subi de nombreuses attaques de roquettes. Les ibadites du djebel Nafūsa ont ensuite participé activement, dès le 20 août 2011, à la prise de Tripoli[9]. Ils ont désormais pu mettre sur pied dans les principales villes du djebel des associations qui enseignent le tamazight aux enfants. La reconnaissance de cette langue est pour eux une condition indispensable de la Libye nouvelle[10]. S'il paraît certain que la mobilisation des ibadites ne faiblit pas, le chaos qui règne toujours rend très difficile l'acquisition de renseignements dignes de foi sur leur situation et sur l'état actuel des mosquées étudiées dans ce livre.

Lorsque nous avons organisé, Axel Derriks et moi-même, ce voyage d'étude dans le djebel Nafūsa, nous avons dans un premier temps entouré d'une grande discrétion l'objet de notre mission, en feignant un intérêt pour l'architecture des montagnes en général. Il est toutefois rapidement apparu que nous pouvions faire confiance à nos deux accompagnateurs locaux, notre guide touareg Mousa et notre chauffeur Khalifa. Ils ont montré un grand enthousiasme pour notre enquête, ont réglé de leur mieux les contrôles de police systématiques, et se sont démenés pour

[5] Les discours de Kadhafi invoquant l'appartenance de son pays à la Nation arabe sont légion. Il disait notamment : « Les citoyens de Libye ont la même origine, parlent la même langue et professent la même religion » ou « La Libye est un pays arabe. Quiconque prétend le contraire et se revendique non-arabe n'a qu'à quitter le pays ». S. Chaker et M. Ferkal, « Berbères de Libye », p. 107 et pp. 111-112.

[6] A. al-Rumi, « Libyan Berbers Struggle to Assert their Identity Online », pp. 2-4 ; S. Chaker et M. Ferkal, « Berbères de Libye », p. 113.

[7] S. Chaker et M. Ferkal, « Berbères de Libye », p. 113. Voir aussi une communication de Mazigh Buzakhar, datée de décembre 2006, à lire sur la page de l'auteur sur Academia.edu, sous le titre « Our Amazigh Identity and the Place Name » (consulté en décembre 2015).

[8] A. al-Rumi, « Libyan Berbers Struggle to Assert their Identity Online », p. 6 ; S. Chaker et M. Ferkal, « Berbères de Libye », p. 113. L'opposant berbère Fethi Benkhelifa indique que pour la population berbère du nord-ouest de la Libye, l'identité religieuse ibadite est encore plus importante que l'identité ethnique berbère. Il ajoute que Kadhafi a déclaré que les ibadites n'étaient que des khārijites. http://amazigh.blog.lemonde.fr/2011/06/23/fethi-benkhelifa-un-amazigh-de-libye-contre-kadhafi-et-les-arabo-islamistes/ (consulté en décembre 2015).

[9] L'article « Seconde bataille de Tripoli » sur Wikipédia donne les références de quantité d'articles de presse relatant ces faits. On trouve également sur Wikipédia, à l'article « 2011 Nafusa Mountains Campaign » un déroulé de ces événements, jour par jour, jusqu'à la libération finale du djebel le 18 août 2011 (articles consultés en décembre 2015).

[10] S. Chaker et M. Ferkal, « Berbères de Libye », pp. 115-117.

trouver le plus grand nombre d'édifices. Pour nous guider à la recherche des mosquées lors de ce séjour, nous n'avions en effet pour indications principales que les renseignements réunis par James Allan au début des années 1970. En se renseignant auprès des populations locales, en arabe pour Khalifa et en berbère pour Mousa, ils sont parvenus dans la plupart des cas à nous agréger quelques notables ibadites heureux de nous mener aux mosquées. Sans l'extrême gentillesse et l'obstination des ibadites rencontrés sur place, notre voyage aurait été sans nul doute voué à l'échec.

Notre projet initial était d'effectuer plusieurs missions dans le djebel et celle que nous avons pu heureusement mener à bien n'était envisagée à l'époque que comme une première reconnaissance des lieux. La guerre a empêché d'autres séjours qui auraient pourtant été indispensables. Ne sachant pas quand il sera possible de retourner en Libye, nous nous sommes résignée à publier tel quel le matériel que nous avons rassemblé. Souvent insuffisant, laissant de nombreuses questions sans réponses, il permet néanmoins de se faire une idée de cette curieuse architecture médiévale. L'objectif que nous avons poursuivi est de donner pour chaque bâtiment le plus grand nombre possible d'informations, en le rattachant si possible aux textes ibadites anciens. Plusieurs problèmes de taille se posent lorsque l'on tente d'étudier les mosquées du djebel Nafūsa : le plus important est évidemment l'absence totale de fouilles archéologiques, même très anciennes. Nous ne disposons d'aucune donnée précise sur laquelle fonder nos hypothèses. La question de la datation est cruciale : la date précise de la construction de ces édifices n'est jamais connue et l'époque de fondation du lieu de culte s'est la plupart du temps complètement effacée de la mémoire locale. On considère que dans la région de Jādū, certaines mosquées pourraient remonter au VIIIe ou au IXe siècle, mais on n'en a évidemment aucune preuve archéologique. Le mode de construction mis en œuvre entraîne de fréquentes restaurations et seules les réparations les plus récentes sont consignées, dans le meilleur des cas, par des inscriptions dans le plâtre[11]. Le travail que nous menons ici – tenter de rattacher les mosquées à une époque grâce à tel ou tel prestigieux savant qui leur est associé et dont on connaît la date du décès – est malheureusement le seul qui soit possible en ce moment. Dans ce contexte, l'apport des sources ibadites est tout à fait déterminant.

Nous avons évidemment privilégié, dans le catalogue, les édifices que nous avons eu la chance de pouvoir visiter, certains étant évoqués dans des études antérieures, d'autres étant totalement ignorés. Nous avons choisi de présenter également quelques mosquées que nous n'avons pas eu le temps de voir sur place et qui devaient faire l'objet d'autres missions. Nous les avons sélectionnées en fonction de deux critères, soit parce qu'elles apparaissaient dans plusieurs sources anciennes et étaient suffisamment documentées que pour pouvoir les décrire, soit parce qu'elles présentaient une ou plusieurs particularités qui nous semblaient dignes d'intérêt.

LES SOURCES IBADITES

Depuis deux décennies environs, les publications de sources ibadites se multiplient pour le plus grand bonheur des historiens. Les sources consacrées au Maghreb sont parfois très anciennes, comme l'ouvrage d'Ibn Sallām daté de la fin du IXe siècle. Elles se présentent pour la plupart sous la forme de chroniques, de biographies classées par générations de pieux notables, ou encore de récits regroupés selon leur prétendue région d'origine. Bien qu'ils soient souvent à caractère hagiographique,

[11] Ph. Kenrick, *Libya Archaeological Guides*, p. 73 et p. 79.

ces textes offrent des renseignements absents des sources contemporaines et permettent parfois de réinterpréter certains épisodes de l'histoire de l'Afrique du Nord, qui est le plus souvent étudiée par le biais presque exclusif des sources sunnites majoritaires. De nombreuses informations enrichissent nos connaissances sur la toponymie, sur les mosquées et la vie religieuse des ibadites à l'époque médiévale, sur leur vie quotidienne, la nourriture, les femmes, les minorités juive et chrétienne, le commerce transsaharien entre autres. Ces sources ibadites, bien que rédigées en arabe, sont également déterminantes pour notre connaissance de la langue berbère médiévale : elles ont été écrites par des berbérophones manifestement soucieux de préserver un patrimoine littéraire dans leur langue natale. Il est probable qu'une partie des ouvrages a été rédigée directement en berbère puis traduite en arabe, mais en conservant des fragments en berbère qui suscitent de nombreuses recherches[12].

De nombreux textes ibadites importants nous ont aidée à identifier les mosquées. Il s'agit principalement du *Kitāb al-sīra wa-akhbār al-a'imma* (Livre de la vie et des récits des imams) d'Abū Zakariyyā' Yaḥyā al-Wārjalānī, rédigé vers la fin du XIe ou le début du XIIe siècle, du *Kitāb al-siyar* (Livre des biographies) d'Abū l-Rabī' Sulaymān al-Wisyānī daté de la seconde moitié du XIIe siècle, et du *Kitāb ṭabaqāt al-mashāyikh* (Livre des générations de cheikhs) d'Abū l-'Abbās Aḥmad al-Darjīnī, rédigé après 1253. Enfin, nous avons tiré un grand profit du *Kitāb al-siyar* d'Abū l-'Abbās Aḥmad al-Shammākhī (m. 1522), un érudit appartenant à une vieille famille berbère du djebel Nafūsa[13]. Ces ouvrages évoquent l'histoire des ibadites maghrébins de façon générale, sans insister particulièrement sur le djebel Nafūsa. Les cinq textes qui suivent s'y consacrent plus particulièrement :

- Le *Siyar al-mashayikh* (Biographies des cheikhs) est un recueil de biographies de célèbres personnages ibadites composé dans la seconde moitié du XIIe siècle par un auteur anonyme. La dernière date qui y est mentionnée est 557/1161-1162. Il a été édité récemment à la suite de l'ouvrage d'al-Wisyānī. On y trouve, entre autres textes intéressants, la *Tasmiyat shuyūkh jabal Nafusa wa-qurāhum* (Liste des cheikhs du djebel Nafūsa et de leurs villages) qui a été établie selon toute vraisemblance vers le début du XIIe siècle par un savant anonyme. Elle se compose de quatre parties. Elle contient d'abord les noms d'environ cinquante localités du djebel Nafūsa et d'une centaine de personnages classés selon leur lieu d'origine, qui ont vécu entre la première moitié du VIIIe siècle et le début du XIIe siècle. Viennent ensuite les noms de douze personnes dont les vœux ont été exaucés (*mustajāb al-du'ā'*), de femmes de savants du djebel et enfin de vieilles femmes pieuses de la région[14].

- La *Sīrat mashāyikh Nafūsa* (Vie des cheikhs du djebel Nafūsa) a été écrit par Maqrīn ibn Muḥammad al-Bughṭūrī, un savant natif de Bughṭūra dans la partie occidentale du djebel, connu comme l'un des principaux transmetteurs des traditions ibadites. Il a terminé de rédiger son ouvrage à Ijnāwun près de Jādū en *rabī' II* 599/décembre 1202-janvier 1203. Ce texte, qui constitue l'une des sources majeures du *Kitāb al-siyar* d'al-Shammākhī, a été édité en 2009 par Tawfīq 'Ayyād

[12] Voir M. Meouak, *La langue berbère au Maghreb médiéval*, pp. 297-360, sur les vestiges de la langue berbère dans les textes ibadites du Maghreb.

[13] Sur ces ouvrages, voir T. Lewicki, « Les sources ibāḍites », pp. 33-41.

[14] T. Lewicki, *Études ibāḍites nord-africaines*, pp. 11-17 ; « Le manuscrit n° 277 », pp. 139-142. Voir aussi A. Amara, « Remarques sur le recueil ibāḍite-wahbite », pp. 36-37. La *Tasmiyat shuyūkh jabal Nafūsa wa-qurāhum* est comprise dans les *Siyar al-mashāyikh*, pp. 542-547, et a été partiellement éditée dans T. Lewicki, *Études ibāḍites nord-africaines*, pp. 21-23.

al-Shaqrūnī sous le nom de *Sīrat mashāyikh Nafūsa*, mais on le connaît sous bien d'autres titres (*Kitāb siyar Nafūsa, Kitāb al-siyar, Kitāb siyar al-jabal*, etc.). Si l'édition semble malheureusement incomplète et peu soignée, ce document est peut-être la plus ancienne compilation de biographies du djebel Nafūsa et contient environ cent trente toponymes relatifs à la région[15].

- Le *Dhikr asmā' ba'ḍ shuyūkh al-wahbiyya* (Mention des noms de certains cheikhs wahbites[16]) a sans doute été rédigé au plus tard vers le début du XIIIe siècle par un auteur anonyme. Ce document a été publié à la fin du XIXe siècle en appendice de l'édition du Caire d'al-Shammākhī. Il s'agit d'une longue suite de noms de cheikhs classés par tribus, dans laquelle figure une liste des cheikhs du djebel Nafūsa (*Tasmiyat shuyūkh Nafūsa*). Cette dernière mentionne plus de quatre-vingt-dix personnages célèbres natifs de la tribu des Nafūsa, en précisant souvent les localités dont ils sont originaires. Elle énumère d'abord les personnes natives du djebel Nafūsa dont certaines vivent à Ghadamès et au Fezzan, puis donne les noms des personnes originaires des colonies établies par les Nafūsa en Tunisie du sud et dans le wādī Rīgh[17].

- La *Tasmiyat mashāhid al-jabal* (Liste des lieux de pèlerinage du djebel) a été publiée à la fin du XIXe siècle en appendice de l'édition du Caire d'al-Shammākhī. René Basset qui l'a éditée la décrit de la façon suivante : « C'est une liste, probablement rédigée au XVIe siècle, des endroits vénérés du djebel Nefousa ; une sorte de guide des pèlerins qui s'y rendent pour visiter les oratoires, les sanctuaires, les mosquées et les lieux consacrés par le souvenir d'un saint ; or les hétérodoxes en comptent au moins autant que les orthodoxes et les miracles sont tout à fait semblables. Il rappelle, par sa composition, les listes composées au commencement du moyen âge pour les pèlerins chrétiens qui allaient visiter la Palestine : l'*Itinéraire de Bordeaux à Jérusalem*, le *De locis sanctis* de Paula et d'Eustochium ; la *Relation* d'Arculphe ; l'*Itinéraire* de Willibald, etc. »[18] Tadeusz Lewicki estime pour sa part que ce texte a été rédigé dans la seconde moitié du XIVe siècle par un certain Abū 'Imrān Mūsā al-Shammākhī originaire de Yafran, grand connaisseur de mosquées et de tombeaux, qui mourut vers 1405[19].

- *Les bourgs et les chemins du djebel Nafūsa* est une relation en berbère nafūsī, écrite dans la seconde moitié du XIXe siècle par Brāhīm ibn Slīmān al-Shammākhī sous la direction d'Adolphe de Calassanti-Motylinski qui la publie à Alger en 1885, le dialecte nafūsī étant alors transcrit en caractères arabes. En 1898, Motylinski fait paraître sous le titre *Le Djebel Nefousa* la traduction du texte accompagnée de sa transcription latine et d'une étude grammaticale. Toutefois, il indique : « Je ne me fais pas d'illusion sur la valeur géographique de ce document. Pour lui donner un intérêt scientifique, il eût fallu pouvoir vérifier sur place les renseignements donnés par l'auteur indigène et dresser une carte de la région qu'il décrit. Tel qu'il est, je pense cependant qu'il pourra fournir quelques indications nouvelles aux personnes qui s'intéressent à la géographie africaine et à l'histoire encore obscure d'une secte qui a joué un rôle important. Il constitue surtout une

[15] V. Prevost, *Encyclopédie de l'Islam*, 3ème éd., s.v. « Maqrīn ibn Muḥammad al-Bughṭūrī » (2013, p. 57).
[16] Les wahbites sont les ibadites « orthodoxes », fidèles aux imams de Tāhart et nettement majoritaires. Sur ce terme, voir V. Prevost, « La deuxième scission », pp. 31-32.
[17] T. Lewicki, « Les sources ibāḍites », pp. 36-37. La *Tasmiyat shuyūkh Nafūsa* a été éditée dans T. Lewicki, « Ibāḍitica, 1. Tasmiya šuyūḫ Nafūsa », pp. 94-95.
[18] R. Basset, « Les sanctuaires du Djebel Nefousa », I, p. 426.
[19] T. Lewicki, « Les sources ibāḍites », pp. 38-39.

contribution à l'étude de la langue berbère.[20]» Motylinski ajoute à sa traduction quantité de notes intéressantes. Notons qu'il adopte une transcription des caractères arabes extrêmement vieillie que nous avons jugé bon de moderniser ici[21]. En 2005, le texte berbère a été traduit en arabe et publié en Libye sous le titre *Al-quṣūr wa-l-ṭuruq li-man yurīdu Jabal Nafūsa min Ṭarābulus*, avec une série de commentaires que nous avons mis à profit dans la mesure du possible, car ils contiennent de nombreuses erreurs.

LES ÉTUDES MODERNES

L'étude réalisée par le géographe Jean Despois, qui a parcouru en tous sens le djebel au début de l'année 1933 et y a recueilli de nombreuses traditions orales, est déterminante[22]. Si beaucoup de ses conclusions historiques sont aujourd'hui remises en cause, cet ouvrage reste un témoignage indispensable sur la région. En 1969, 1971 et 1973, trois missions archéologiques menées sous les auspices de la *Society for Libyan Studies* ont regroupé autour de James Allan plusieurs archéologues britanniques et libyens pour étudier les lieux de culte[23] ; un catalogue de vingt-neuf mosquées a ainsi vu le jour, illustré de nombreux plans et photos. Muḥammad Warfallī, qui a participé aux deux dernières missions, a consacré ensuite sa thèse de doctorat à certaines de ces mosquées. On peut ajouter à ces trois sources importantes les travaux italiens menés par la *Fondazione Wadi Adrar* (www.wadi-adrar.org) et le *Gruppo di Studio multidisciplinare Civiltà ed Architettura Vernacolare Berbera* de Livourne. Après une première mission de reconnaissance dans le djebel Nafūsa en janvier 2006[24], la seconde mission de février 2007 s'est concentrée sur Nālūt, Wāzzin et la région de Kabāw[25]. En fin de compte, vingt-trois mosquées ont été examinées, dont huit édifices souterrains ou semi-souterrains[26]. Ces travaux réalisés par des amateurs passionnés sont intéressants mais doivent être considérés avec précaution. Les noms de lieux sont transcrits de manière fantaisiste, souvent différemment d'ailleurs au sein du même article, et les renseignements historiques sont souvent erronés[27]. Ils offrent par contre un matériel photographique important.

Face à ce manque relatif de sources publiées, plusieurs sites web en langue arabe nous ont été fort utiles. Certains d'entre eux ont malheureusement disparu depuis que nous menons cette enquête, comme www.nafosa-net.com qui livrait une intéressante liste anonyme intitulée *Al-masājid al-tārīkhiyya fī jabal Nafūsa*, recensant les mosquées anciennes de la région et donnant à leur sujet quelques indications. Le site www.tawalt.com est indispensable pour qui cherche à enrichir sa bibliothèque sur

[20] A. de C. Motylinski, *Le Djebel Nefousa*, p. II.

[21] Certaines consonnes arabes sont rendues à l'aide d'apostrophes dans la transcription française (*r'* pour *gh*, *h'* pour *ḥ*, etc.) Nous avons adopté dans ce cas la transcription moderne, même dans les citations entre guillemets, tout en conservant la vocalisation donnée par l'auteur.

[22] J. Despois, *Le Djebel Nefousa*, p. IX.

[23] Ont participé également à l'une ou l'autre de ces missions Olwen Brogan, Philip Kenrick, Ramadan Kedida et Antony Hutt.

[24] Les résultats de cette mission sont publiés dans C. Bencini et F. Dell'Aquila, « Abitazioni rupestri a Nalut ».

[25] F. Dell'Aquila *et al.*, « Abitazioni rupestri a Nalut », p. 21.

[26] F. Dell'Aquila et G. Fiorentino, « Moschee rupestri nel Gebel Nafusa occidentale », p. 12. Il apparaît que les huit missions menées par ce groupe ont eu lieu sans accord préalable de l'État libyen, ce qui a conduit certains des membres à être brièvement incarcérés à Wāzzin en 2008. La révolution des années 2010-2011 a empêché toute nouvelle recherche. En 2012, une neuvième mission a été réalisée en accord avec le département libyen d'architecture, mais certains membres ont été momentanément retenus par des combattants tribaux. C. Bencini, « Libyan Berber Heritage », p. 2. C. Bencini et F. Dell'Aquila, « Libia sconosciuta », p. 665, attirent l'attention sur une association regroupant des bénévoles souhaitant restaurer les habitations troglodytiques du vieux Nālūt, *Jam'iyyat aṣdiqā' al-bī'a wa-l-turāth Nālūt* (*The Society for Friends of Environment and Heritage of Nalut*), qui a mis sur pied un modeste petit musée ethnographique.

[27] Ils évoquent par exemple, à propos des Banū Hilāl du XIe siècle, des populations berbères d'origine égyptienne qui s'en seraient prises au pouvoir aghlabide de Kairouan. F. Dell'Aquila *et al.*, « Abitazioni rupestri a Nalut », p. 27.

le djebel. Ce site, dont le nom signifie « mot » en berbère, a été créé en 2001 par l'activiste berbère en exil Mohammad Umadi. Il rassemble de nombreuses informations sur le djebel Nafūsa et les parlers berbères, et propose toute une série de documents à télécharger gratuitement en PDF, pour la plupart édités par la Fondation culturelle Tāwālt (*Mu'assasat Tāwālt al-thaqāfiyya*). On y trouve des textes ibadites, des grammaires berbères, des thèses de doctorat comme celle de Muḥammad Warfallī et de nombreuses traductions arabes d'ouvrages tels que les travaux de Tadeusz Lewicki. Ce site a eu tant de succès parmi les exilés libyens et dans le pays lui-même que certains ont considéré qu'il avait contribué à la naissance d'une société civile berbère en Libye. En 2009 toutefois, Tāwālt a soudainement cessé ses activités, peut-être contraint au silence suite à des menaces contre la famille de son fondateur[28]. Désormais le site est accessible, les documents peuvent être téléchargés, mais l'activité y semble très réduite. Il faut signaler également le site www.tamatart.com, consacré au djebel Nafūsa, qui met en ligne une série de cartes détaillées de la région, des descriptions de mosquées et d'autres documents intéressants.

Je tiens à remercier chaleureusement plusieurs collègues et amis qui m'ont aidée et encouragée à poursuivre ces recherches, parmi eux Mounia Chekhab-Abudaya, Martin Custers, Martine Gouverneur, Mohamed Meouak, Beniamino Polimeni, Isabella Sjöström. J'exprime toute ma gratitude à Philip Kenrick qui m'a communiqué plusieurs documents importants, qui m'a introduite auprès de la *Society for Libyan Studies* et qui a eu la gentillesse de rédiger un avant-propos. Cette étude n'aurait pu se faire sans le travail d'Axel Derriks, qui a photographié sans relâche les mosquées, à un rythme peu propice à la concentration. Son intérêt pour les ibadites l'a également conduit dans le Mzab, à Djerba, en Oman, et j'attends impatiemment qu'il puisse publier un ouvrage de photographie sur ces quatre régions. Comme pour mes précédents travaux, mon compagnon Mathieu Favresse a suivi de près mes recherches ; il a réalisé tous les plans de mosquées, les cartes et les dessins illustrant ce livre. J'ai bénéficié pour la publication de cet ouvrage d'utiles subsides de l'Académie Royale de Belgique, provenant du Fonds Edmond Fagnan. Je remercie de tout cœur la *Society for Libyan Studies* pour sa disponibilité, sa rigueur et son enthousiasme à l'égard de mon manuscrit ; le travail qui a été fourni par les rapporteurs anonymes m'a permis d'améliorer considérablement le texte. Tout au long de cette enquête, enfin, j'ai gardé à l'esprit le souvenir de Jacques Thiry (m. 2012) qui se passionnait pour ce sujet. Il m'avait transmis, lorsque j'étais son étudiante, le goût des ibadites et de la Libye qu'il avait sillonnée en tous sens.

REMARQUES

1) Il arrive que nous citions la thèse de Muḥammad Warfallī dans ses deux versions arabe et anglaise, car elles présentent parfois des différences assez importantes, tant dans le texte que dans la forme (le volume II de la version anglaise regroupe les illustrations, alors qu'elles sont insérées dans le texte de la version arabe). Par souci de clarté, nous avons toujours écrit le nom de l'auteur « Warfallī », bien qu'il signe la version arabe « al-Warfallī ».
2) Les traductions du Coran sont celles de Denise Masson et nous y avons trouvé une inspiration lorsqu'il s'agissait de traduire des inscriptions tirées de versets coraniques.

[28] A. al-Rumi, « Libyan Berbers Struggle to Assert their Identity Online », pp. 1-2.

3) Dans le cas d'une édition-traduction (Ibn Khaldūn, al-Bakrī), nous citons d'abord la référence à l'édition puis, séparée par une barre oblique, la référence à la traduction.
4) Les références aux cartes 1/250 000, 1/100 000 et 1/50 000 sont dans la bibliographie.
5) Dans le catalogue de mosquées, nous n'avons pas indiqué toutes les occurrences des photographies et des plans, parfois répétés à l'identique dans plusieurs articles ; nous n'avons noté que les références principales. Les mosquées sont présentées d'ouest en est. Pour chacune d'entre elles, nous donnons successivement les coordonnées géographiques et l'altitude (COORD), d'éventuelles indications sur l'emplacement de la mosquée ou sa mention sur des cartes (LOC), sa mention dans des références bibliographiques (DOC), son nom (NOM), sa mention dans les sources anciennes ibadites (SOURCES) et enfin une description la plus complète possible (DESCR).
6) À défaut de meilleures appellations, nous utilisons le terme « travée » pour désigner chacune des galeries, chacun des couloirs de prière couverts parallèles au mur de la qibla, et le terme « nef » pour indiquer les galeries qui lui sont perpendiculaires (voir *infra*, ill. 120).
7) Les plans de mosquées ont été réalisés d'après les plans préexistants et éventuellement corrigés ou améliorés d'après nos propres observations. Nous avons parfois rétabli l'orientation qui avait été fautivement inversée. Les mesures que nous possédons étant souvent imprécises, ces plans doivent être considérés à titre indicatif. Tous les plans de mosquées, de même que les cartes, sont orientés au nord.
8) Pour faciliter la lecture aux non arabophones, les mots transcrits de l'arabe sont en italique et sont laissés au singulier, à l'exception de *qaṣr* (pluriel : *qṣūr*). On trouvera donc : les *faqīh*, les *sūq*, les *ḥalqa*, etc.

PREMIÈRE PARTIE

GÉOGRAPHIE ET HISTOIRE DU DJEBEL NAFŪSA

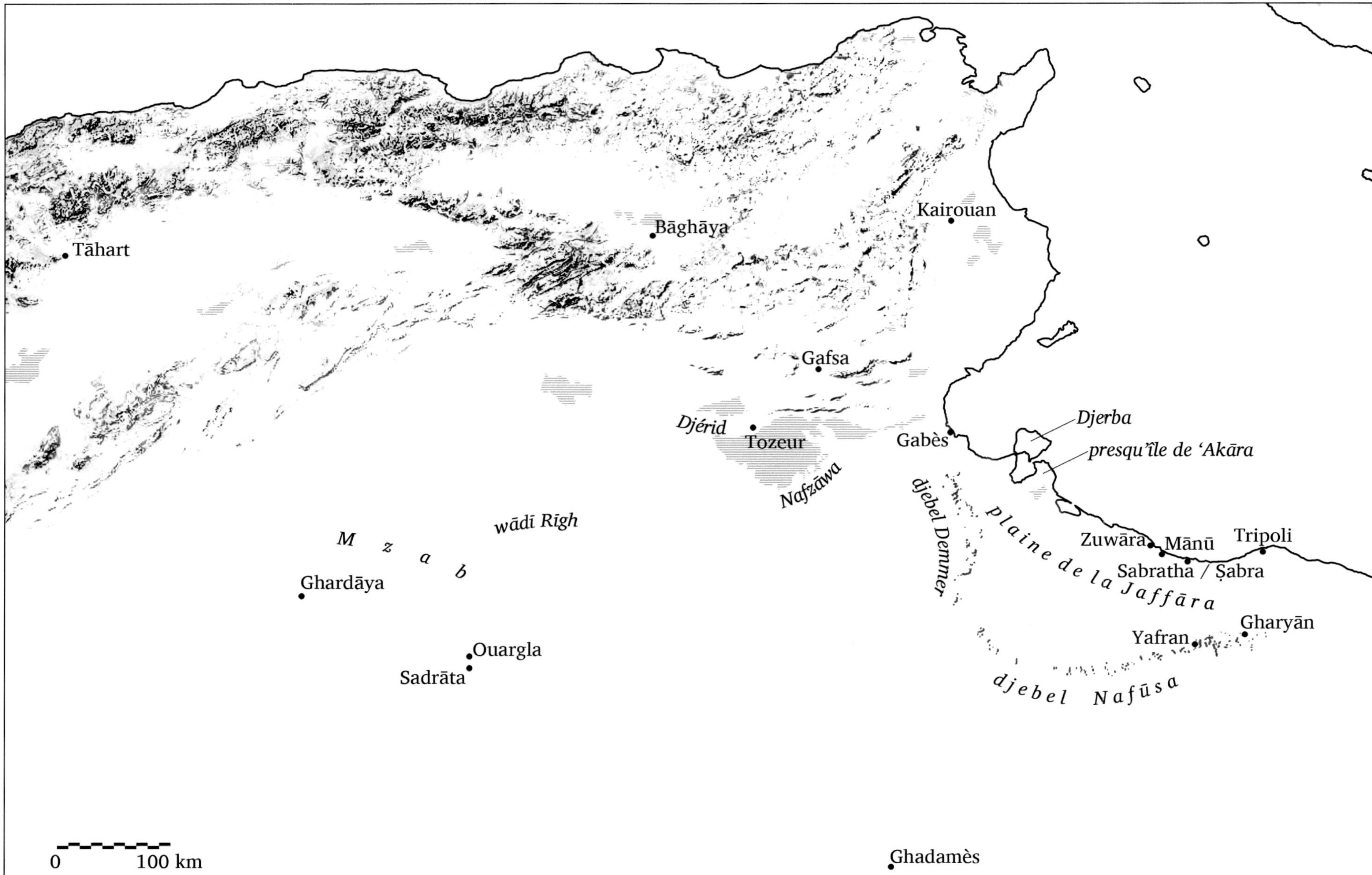

Carte 1. *Le Maghreb ibadite*

I
GÉOGRAPHIE ET PEUPLEMENT

LE DJEBEL NAFŪSA forme une partie du grand arc de cercle montagneux, haut de 600 à 800 m, qui s'étend depuis la région de Gabès dans le Sud tunisien – où il est connu sous le nom de djebel Demmer – jusqu'à Homs sur la côte tripolitaine. Il constitue la limite entre la plateforme saharienne et la plaine de la Jaffāra (carte 1). Depuis la plaine, l'impressionnante falaise du djebel s'élève à pic et seules quelques profondes vallées offrent des points d'accès à ces montagnes qui, si elles ne sont pas bien hautes, présentent des reliefs extrêmement acérés et des ravins qui en font un refuge de choix (ill. 1). Ce long escarpement forme le dernier obstacle favorable à la condensation des rares nuages venus de la Méditerranée, ce qui a rendu possible une vie semi-sédentaire. La partie la plus occidentale du djebel, autour de Nālūt, pâtit d'un climat et d'une végétation prédésertiques ;

Ill. 1. *Vue du djebel depuis la plaine à Shakshūk*

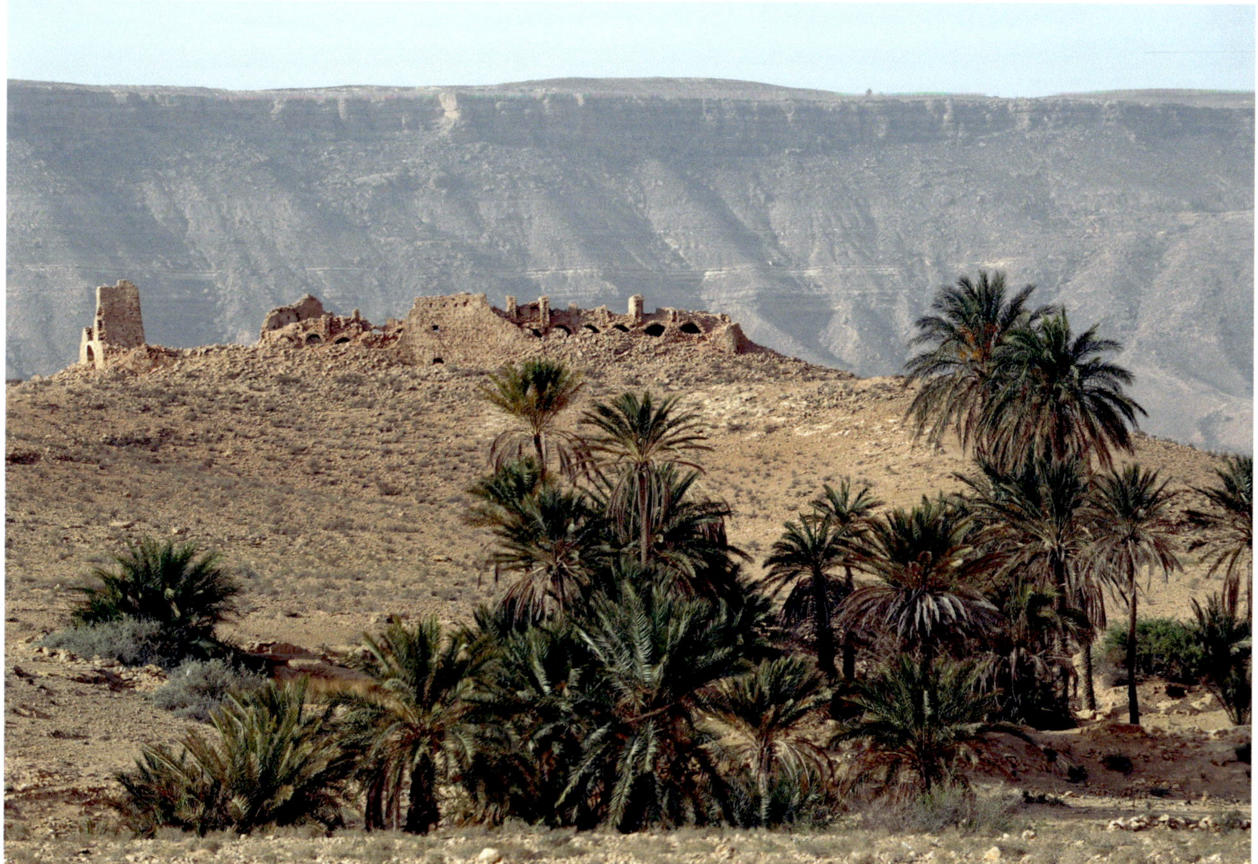

les villages y ont été bâtis à proximité de sources. Les localités se multiplient au fur et à mesure que l'on gagne l'est, dans le même temps que l'humidité s'accroît et que les cultures méditerranéennes se développent. La pluviométrie est maximale dans le djebel Gharyān[29].

D'un point de vue géographique, le djebel est habituellement divisé en quatre régions physiques et tribales, le djebel Nafūsa proprement dit autour de Nālūt, le djebel Yafran, le djebel Gharyān et, à l'extrémité orientale, le djebel Tarhuna-Msellata qui s'élève à moins de 500 m d'altitude[30]. D'un point de vue historique, le djebel Nafūsa correspond à la région dont il sera question dans cette étude, comprise entre la frontière tunisienne à l'ouest et Yafran à l'est : c'est la région demeurée en grande partie ibadite et berbérophone, dans laquelle les habitants disent appartenir aux Nafūsa. Le dernier village ibadite est celui d'al-Qal'a, situé sur une hauteur à quelques kilomètres à l'est de Yafran ; il marque la limite que l'on fixe habituellement au djebel Nafūsa et est d'ailleurs le village le plus oriental décrit par *Les bourgs et les chemins du djebel Nafūsa*[31]. La mosquée de Wāzzin, la plus occidentale étudiée ici, et la mosquée Tiwatriwīn qui est la plus orientale, sont séparées par environ 180 km à vol d'oiseau.

Faute d'études récentes sur la géographie humaine de ces montagnes, nous devons nous fier aux informations qu'avait réunies Jean Despois dans les années 1930[32]. Il y a quatre régions berbérophones dans le djebel (carte 2). La première est celle de Nālūt et Wāzzin, la seconde est constituée de Kābāw et d'al-Ḥarāba. Ces deux régions sont séparées par les tribus Awlād Maḥmūd et Ḥawāmid. Au-delà d'al-Raḥībāt où se mélangent arabophones et berbérophones, la troisième région est formée par le bloc de Fassāṭū (la région de Jādū) dont tous les villages sont uniformément berbérophones et ibadites, à l'exception de Tamazdā. Viennent ensuite 45 km de pays arabophone, puis on atteint la quatrième région, Yafran et ses villages. On chercherait en vain des causes géographiques à la répartition des arabophones et des berbérophones dans le djebel : elle semble due aux hasards de l'histoire, même s'il est remarquable que les villages berbérophones de Yafran se trouvent sur une sorte de presqu'île[33]. Les habitants de Yafran, bien qu'ils n'aient jamais appartenu à l'ancienne tribu des Nafūsa, se considèrent comme leurs parents et sont depuis environ deux siècles appelés Nafūsa, les trois termes Nafūsa, berbérophones et ibadites ayant fini par devenir inséparables[34].

Dans les sources ibadites anciennes, le djebel Nafūsa est souvent simplement appelé « al-jabal »[35]. La *Tasmiyat shuyūkh jabal Nafūsa wa-qurāhum* (la liste

[29] J. Despois, *Le Djebel Nefousa*, pp. 1-4 ; K.S. McLachlan, *Encyclopédie de l'Islam*, 2ème éd., s.v. Nafūsa, djabal (VII, p. 895).

[30] K.S. McLachlan, *Encyclopédie de l'Islam*, 2ème éd., s.v. Nafūsa, djabal (VII, p. 895).

[31] J. Despois, *Le Djebel Nefousa*, p. 5. Selon F. Beguinot, *Encyclopédie de l'Islam*, 2ème éd., s.v. Nafūsa (VII, p. 893), l'usage le plus large de l'appellation « djebel Nafūsa » apparaît dans *Les bourgs et les chemins du djebel Nafūsa* qui détaille tous les territoires entre Yafran et Nālūt. Lorsque l'on gagne le djebel Nafūsa depuis Tripoli, le premier *qaṣr* ibadite que l'on atteint dans la région de Yafran est celui d'Aghram (Ougharem), avant d'atteindre al-Qal'a. A. de C. Motylinski, *Le Djebel Nefousa*, p. 72. La carte 1/50 000 feuille 1889 III montre bien Aghram, qui est aujourd'hui le quartier oriental de l'agglomération d'al-Qal'a.

[32] J. Despois, *Le Djebel Nefousa*, pp. 97-136, a donné dans les années 1930 une belle description du mode de vie semi-sédentaire des habitants du djebel. Ils pratiquaient l'élevage des chèvres et des moutons, plus rarement des bovins et des chevaux ; ils cultivaient principalement des oliviers, des figuiers, des palmiers, des amandiers, de la vigne, des grenadiers et plusieurs autres arbres fruitiers.

[33] J. Despois, *Le Djebel Nefousa*, pp. 143-145. Le chapitre II (Berbères et « Arabes »), pp. 137-169, montre bien que la grande majorité de ceux qui se considèrent dans le djebel Nafūsa comme des Arabes ne sont pas des descendants d'Arabes venus d'Orient mais des Berbères arabisés, arabophones et malékites.

[34] J. Despois, *Le Djebel Nefousa*, p. 5 et p. 150. Au Moyen Âge, le djebel Nafūsa se limitait aux deux districts de Nālūt et de Fassāṭū, alors que Yafran constituait un canton à part. Ce n'est que plus tard que le nom s'est étendu jusqu'à la région de Yafran, en embrassant des territoires peuplés par des groupes berbères et ibadites qui n'appartenaient pas aux Nafūsa mais qui ont rallié la confédération créée par cette tribu. T. Lewicki, « La répartition géographique », p. 330 et p. 332. Al-Shammākhī, p. 797, montre bien que Yafran est considéré comme étant extérieur lorsqu'il parle d'étudiants « de Nafūsa, de Djerba, de Demmer, de Yafran et du Maghreb ».

[35] Voir par exemple al-Wisyānī, p. 229 et p. 258.

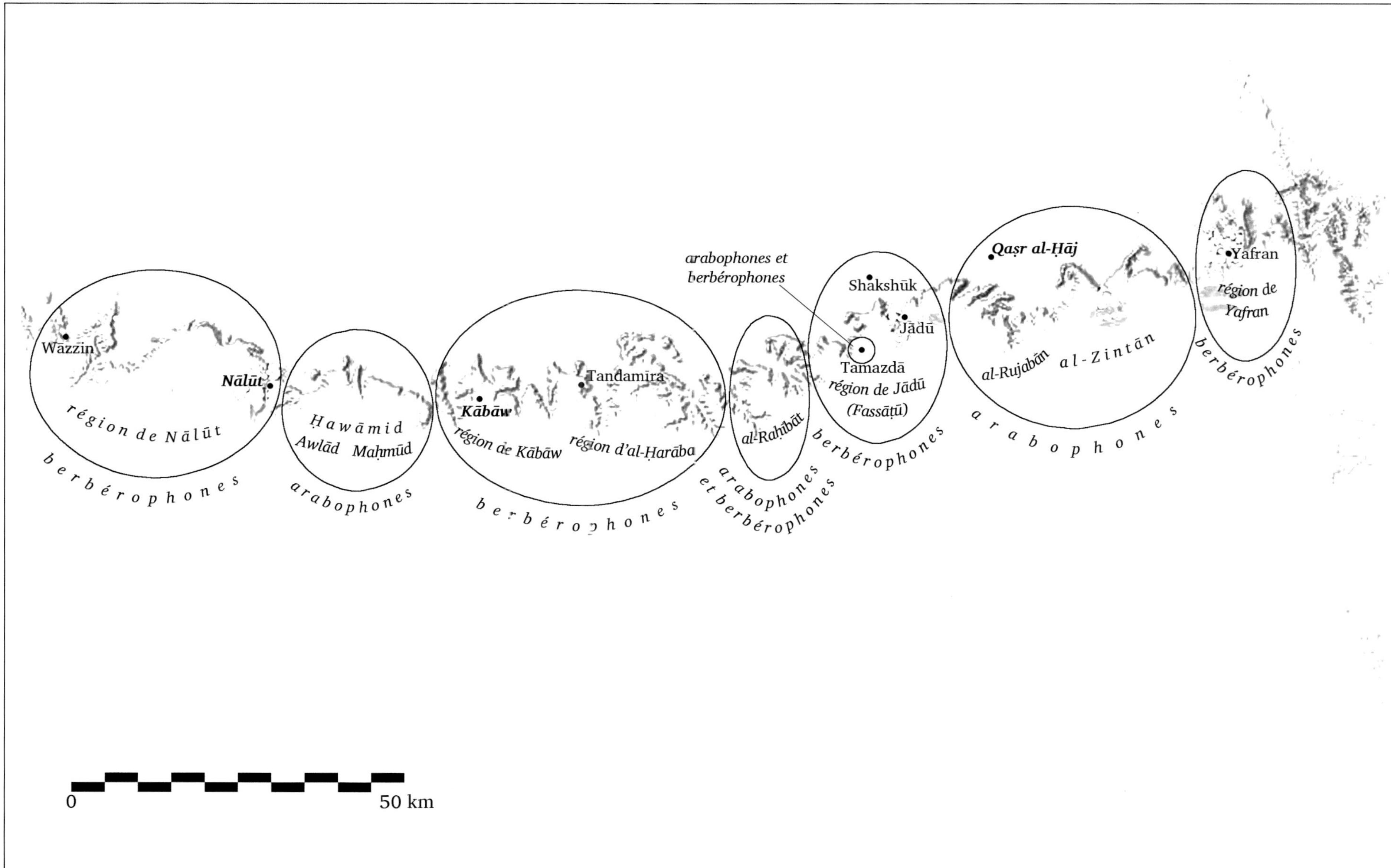

Carte 2. *Les régions arabophones et berbérophones dans le djebel Nafūsa, d'après J. Despois,* Le Djebel Nefousa, *p. 144. Les greniers fortifiés restaurés sont en gras italique*

des cheikhs du djebel Nafūsa et de leurs villages), datée du début du XIIe siècle, présente les localités du djebel Nafūsa en deux groupes selon la division géographique et politique du djebel. Le premier groupe contient les localités appartenant à la partie occidentale, Amīnāj, le second contient les localités appartenant à la partie orientale, Jādū et ses villages[36]. Cette division pourrait révéler des conditions ethniques et politiques fort anciennes, peut-être même antérieures à la conquête arabe : seule la partie occidentale semble avoir été habitée par les Nafūsa proprement dits[37]. D'après les ibadites, le domaine des anciens Nafūsa s'étendait de Nālūt jusqu'à Tagharmīn, un gros village proche d'al-Zintān dont Jean Despois a encore vu des ruines passablement importantes[38]. Les chroniqueurs ibadites rapportent que lorsqu'une question entraînait une réflexion approfondie, elle circulait parmi les savants dans le djebel tout entier, de Nālūt à Tagharmīn, avant de revenir à son point de départ[39].

Les descriptions du djebel Nafūsa insistent fréquemment sur la multitude d'agglomérations qu'on y voit. Ainsi, Henry Duveyrier s'étonne en 1860 du nombre prodigieux de villages qui bordent les déchirures du djebel et des ruines romaines que l'on rencontre à chaque pas[40]. Il est contredit par Henri Méhier de Mathuisieux : « Les renseignements recueillis par Tissot, d'après Duveyrier, sur la prétendue existence d'une foule de *Kasr romains* dans la zone déchiquetée sont entièrement faux. Je n'ai vu nulle part le moindre vestige. Les indigènes confondaient les constructions romaines avec les ruines berbères. »[41] Le nombre d'habitants frappe tout autant que le nombre de vestiges. Jean Despois écrit en 1935 : « Il y a dans cette montagne parfois désertique une vie et une animation qui semblent incompréhensibles, et l'on se demande comment font pour vivre des gens aussi nombreux, comment une terre aussi aride, des vallées et des plateaux aussi âpres peuvent suffire à l'alimentation de tant de villageois. »[42] Ce surpeuplement du djebel et la misère qui s'ensuit ont entraîné de nombreuses migrations, le plus souvent vers les régions fertiles de la Tunisie ou sa capitale ; il y a eu également une émigration intellectuelle vers le Mzab, mais qui a été secondaire[43].

La plupart des villages sont perchés sur les sommets et sont invisibles depuis la plaine, à moins d'être réellement inaccessibles. Leur situation si élevée s'explique bien évidemment par un souci de sécurité, qui semble prendre le pas

---

[36] *Siyar al-mashāyikh*, p. 544. On trouve également, p. 546, la formule Jādū et ses environs (*Jādū wa-nāhiyatuhu*). Al-Shammākhī, p. 302, donnant une liste de *mustajāb al-du'ā'* – ceux dont les souhaits ont été exaucés –, les divise en ceux qui viennent du côté occidental du djebel Nafūsa et ceux qui viennent du côté oriental, le côté de Jādū (*jihat Jādū*).

[37] T. Lewicki, *Études ibāḍites nord-africaines*, p. 88 ; voir sur cette division pp. 83-88 (Amīnāj) et pp. 91-92 (Jādū et ses villages). H. Duveyrier, « Nouvelles de M. Henry Duveyrier », p. 366, rapporte que le djebel Nafūsa s'étend d'al-Zintān à Wāzzin.

[38] J. Despois, *Le Djebel Nefousa*, p. 5 et p. 269. T. Lewicki, « La répartition géographique », p. 332, note que la définition manque de précision puisque, selon al-Shammākhī, p. 409, Wāzzin (sous la forme Wazzān) appartenait aussi aux localités du djebel Nafūsa. Sur Tagharmīn, voir aussi *Siyar al-mashāyikh*, p. 545 (Tīgharmīn) ; R. Basset, « Les sanctuaires du Djebel Nefousa », I, p. 436 et II, p. 108 ; A. de C. Motylinski, *Le Djebel Nefousa*, p. 82. En 1860, Tagharmīn est encore peuplé par 2100 Arabes. H. Duveyrier, « Statistique du Djebel-Nefousa », p. 133.

[39] Al-Bughṭūrī, p. 31 ; al-Shammākhī, p. 760. Ce dernier précise, p. 468, « entre Lālut (*sic*) et Tagharmīn, c'est-à-dire le djebel Nafūsa ».

[40] H. Duveyrier, « Nouvelles de M. Henry Duveyrier », p. 366. Al-Bakrī, p. 9/26, évoquait déjà plus de trois cents villages bien peuplés.

[41] H. Méhier de Mathuisieulx, *Rapport sur une mission scientifique en Tripolitaine*, p. 12, n. 1.

[42] J. Despois, *Le Djebel Nefousa*, p. 93. L. Chiarelli, « The Ibāḍiyya in Muslim Sicily », pp. 130-131, met en évidence l'installation de nombreux ibadites issus du djebel Nafūsa en Sicile, dès la conquête arabe de 827 et jusqu'au XIIIe siècle.

[43] J. Despois, *Le Djebel Nefousa*, pp. 165-167, qui note qu'il n'y a plus dans le djebel qu'une petite *zāwiya* de Kikla qui donne un enseignement médiocre et en arabe à quelques Tripolitains. Il signale, pp. 239-240, que les Djerbiens possèdent de nombreux titres de propriété originaires de la région de Tamazdā et de Jādū. Selon L. Bertholon, « Exploration anthropologique de l'île de Gerba », p. 582, un des villages de Djerba, à la fin du XIXe siècle, s'appelait Nefoussa. Voir aussi V. Brugnatelli, « La classification du parler de Jerba », surtout p. 357. J. Thiry, *Le Sahara libyen*, p. 320, note que dans la seconde moitié du XXe siècle, l'émigration s'est faite vers le littoral tripolitain et semble avoir cessé vers la fin du siècle. Sur l'émigration des Nafūsa vers le Mzab, voir P. Cuperly, « Aperçus sur l'histoire de l'ibāḍisme au Mzab », p. 29 n. 21 et p. 34, qui indique que la ville mozabite de Melika a pour nom berbère Tamelichet, qui est peut-être dérivé de Tamlūshāyt du djebel Nafūsa dont seraient venus ses fondateurs.

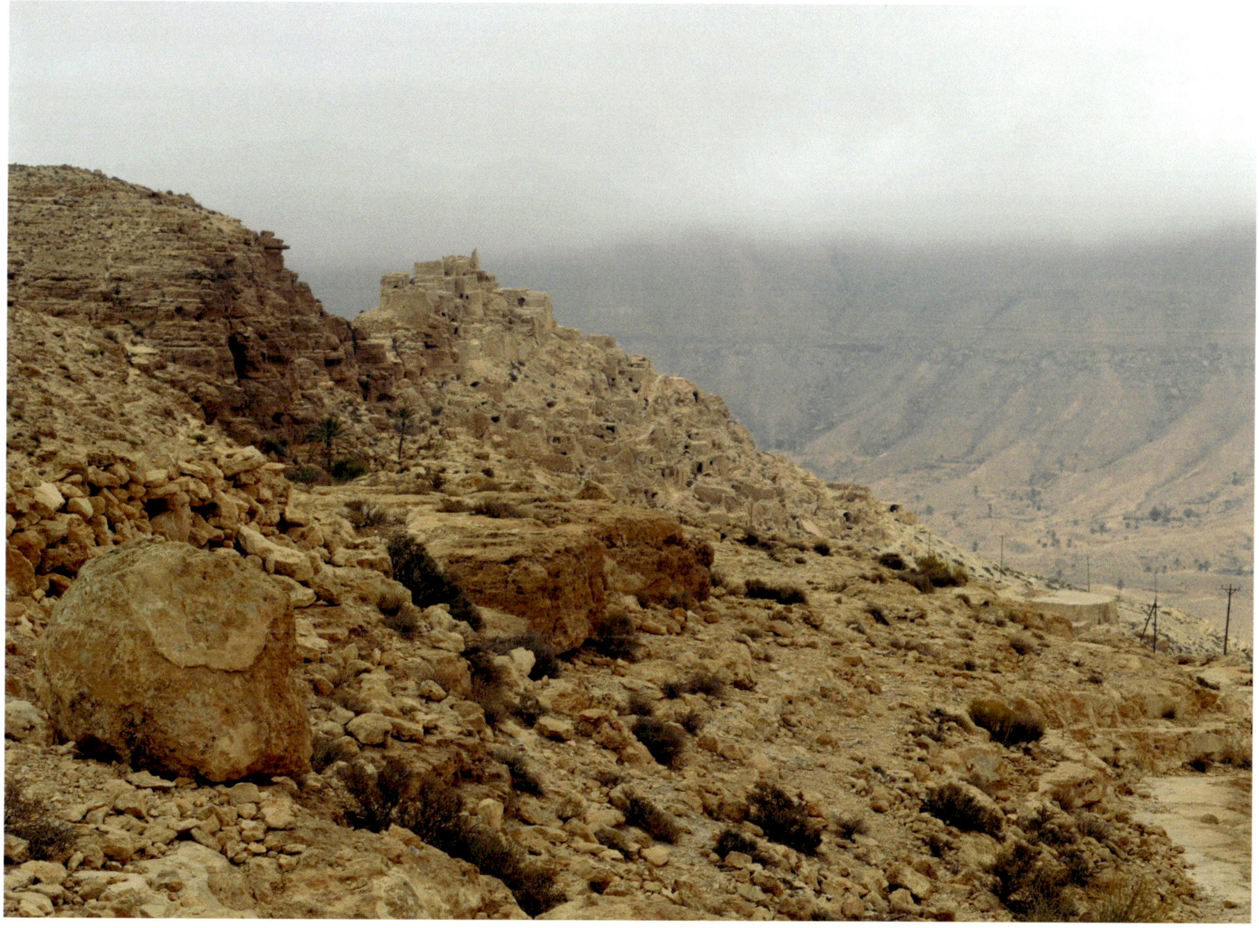

Ill. 2. *L'acropole de Fursaṭā*

sur le besoin en eau, mais également par la nécessité de préserver la plus grande quantité possible de terres cultivables dans les vallées et d'éviter les crues des oueds[44]. Protégés contre les attaques surprise, ils comprennent un grenier fortifié (*qaṣr*) – destiné à entreposer les victuailles et à défendre le cas échéant les habitants, leurs biens et leurs troupeaux –, et une ou plusieurs mosquées qui forment le centre de la communauté ibadite. Elles sont tout à la fois lieu de prière, d'éducation, de discussion et de prise de décision puisque c'est généralement à cet endroit que les savants enseignaient et menaient les affaires du djebel. Les villages mêlent dans de nombreux cas des habitations troglodytiques et des maisons de pierre qui ont une nature défensive puisqu'elles se joignent les unes aux autres pour constituer un rempart. On le voit par exemple dans les vieilles villes de Nālūt et de Fursaṭā (ill. 2), ces deux cités en ruine étant manifestement bien plus anciennes que les cités mozabites qui adoptent ce même principe[45].

Avant de passer en revue les quelques ensembles régionaux qui font l'objet de cette étude et de tenter de dater approximativement leur période d'occupation, il faut avoir à l'esprit que la relative « mobilité » des villages complique leur histoire. En effet, il est arrivé fréquemment qu'à la faveur des événements historiques – l'arrivée des nomades arabes et celle des Ottomans principalement –, certaines populations descendent dans la vallée ou au contraire grimpent encore plus haut pour établir un nouveau village. Dès lors, un toponyme peut recouvrir plusieurs implantations successives[46].

[44] I. Sjöström, *Tripolitania in Transition*, pp. 103-104.
[45] M. Warfallī, *Some Islamic Monuments*, p. 209 ; J. Despois, *Le Djebel Nefousa*, p. 184.
[46] I. Sjöström, *Tripolitania in Transition*, pp. 109-110.

LA RÉGION DE NĀLŪT

La pauvreté en eau de la partie occidentale du djebel est manifeste et la région de Wāzzin est d'ailleurs totalement dépourvue de sources ; le nombre de points d'eau s'accroît d'ouest en est, en même temps que l'augmentation des pluies. L'ancienne cité de Wāzzin, aujourd'hui abandonnée, a toujours été très menacée par les nomades Warghamma. Elle était dès lors protégée, du côté où l'éperon rocheux particulièrement étroit sur lequel elle est bâtie est rattaché au plateau, par une épaisse muraille de gros blocs de pierre : c'est le seul cas de fortification puisque généralement, le site et le resserrement des maisons sont jugés suffisants pour défendre les villages[47]. Wāzzin est mentionné par al-Shammākhī à propos d'Umm Zayd[48], une femme pieuse qui a vécu à la fin du Xe ou au début du XIe siècle et qui avait là son *muṣallā*, un oratoire qui consistait sans doute le plus souvent en une simple aire de prière en plein air.

Nālūt (ill. 3 et 4) est une cité manifestement très ancienne, alimentée en eau par deux sources principales dont l'une se nomme 'ayn Taghlīs[49], Taghlīs désignant également trois mosquées étudiées ici. Tadeusz Lewicki suggère que c'est peut-être par cette ville que passait la voie antique qui reliait Sabratha à Ghadamès, l'ancienne Cydamus ; s'appuyant sur le nom de la source 'ayn Taghlīs, il pense qu'elle est devenue plus tard un centre chrétien, avant de constituer dès l'époque rustumide un important centre intellectuel[50]. Nālūt apparaît fréquemment dans les sources

Ill. 3. *La ville moderne de Nālūt*

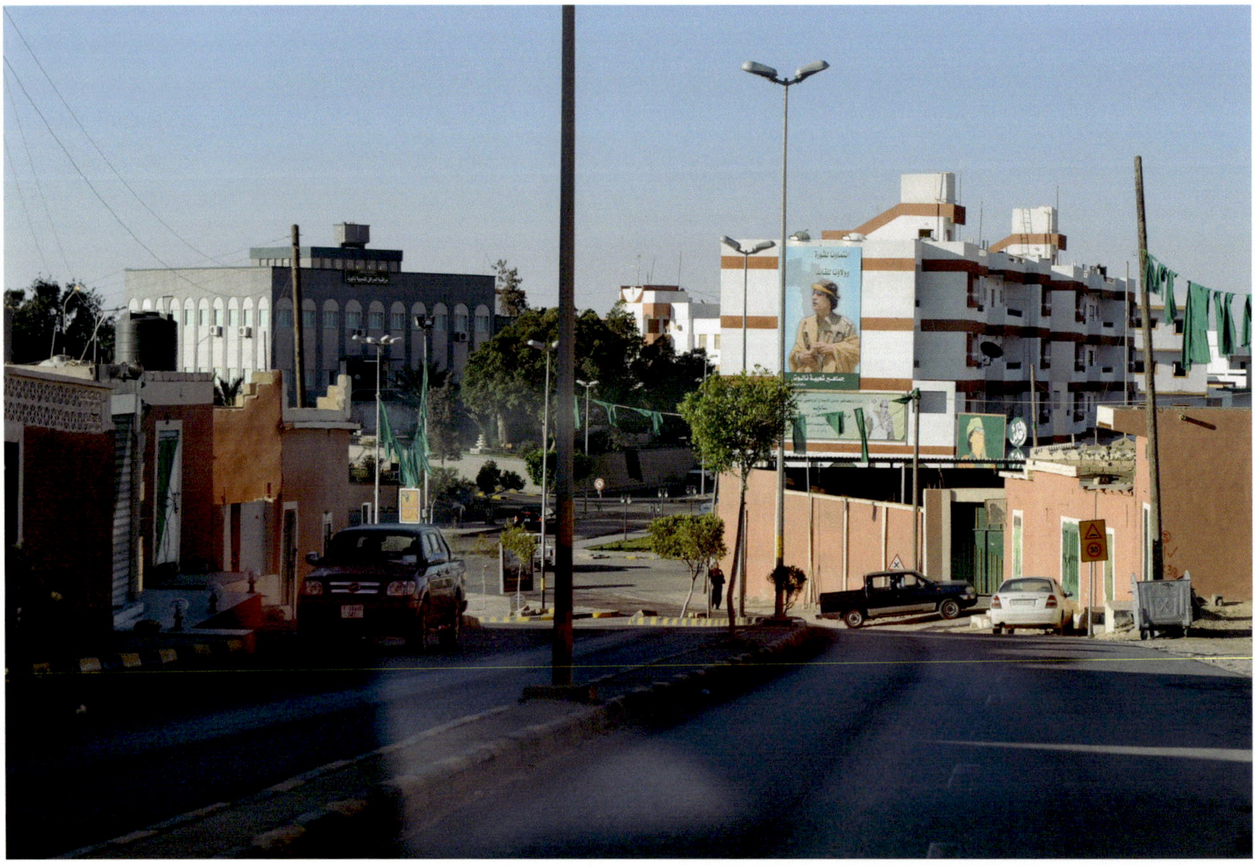

[47] J. Despois, *Le Djebel Nefousa*, p. 69 et p. 210. Sur Wāzzin, voir F. Dell'Aquila *et al.*, « Abitazioni rupestri a Nalut », pp. 41-46 avec plusieurs photos du site.

[48] Al-Shammākhī, p. 409 (sous la forme Wazzān).

[49] J. Despois, *Le Djebel Nefousa*, p. 65. Il donne, pp. 235-236, de très anciennes origines à Nālūt mais l'évolution du site n'est pas claire. Sur le terme *taghlīs*, voir *infra*.

[50] T. Lewicki, *Études ibāḍites nord-africaines*, p. 126. Sur le développement urbain de Nālūt, voir B. Polimeni, « The Cities of the Libyan Nafusah Mountain », p. 10.

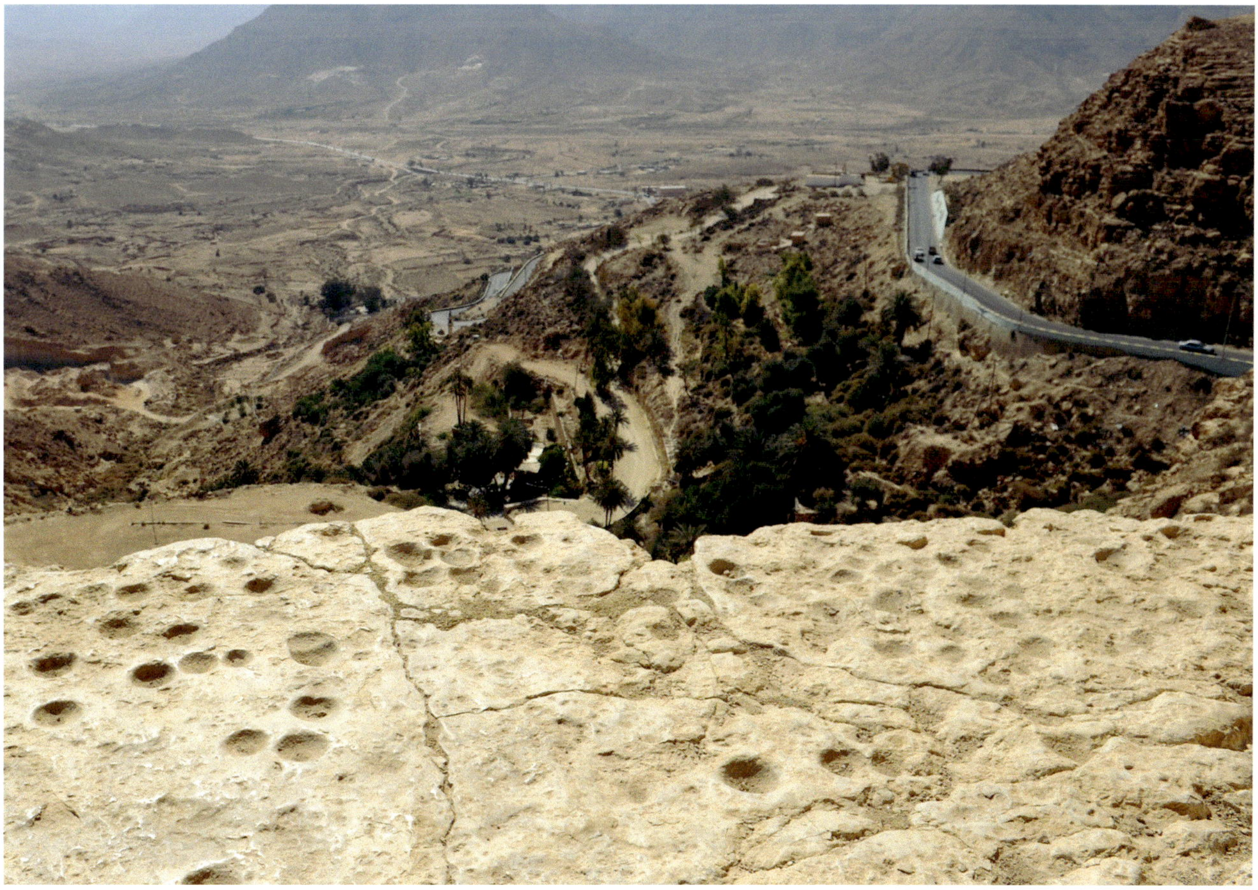

Ill. 4. *La vallée vue depuis Nālūt*

ibadites, le plus souvent sous la forme Lālūt. Al-Wisyānī est le premier à mentionner la ville[51]. La prononciation Lālūt est également adoptée par le *Siyar al-mashāyikh*[52]. Al-Bughṭūrī cite à plusieurs reprises Lālut et évoque son *ḥākim*[53]. Al-Shammākhī assimile Lālut à l'extrémité du djebel (*ṭaraf Nafūsa*) et affirme que c'est l'endroit des cheikhs et de la science[54].

LA RÉGION DE KĀBĀW

Plusieurs étymologies ont été avancées pour expliquer le nom de Kābāw – parfois écrit Kābaw ou Kabāw. Jean Despois pense qu'il dériverait du berbère *kaoubo* « le refuge » ; Tadeusz Lewicki estime qu'il viendrait plutôt du terme καβάων cité par Procope et qui désigne un chef berbère commandant les tribus voisines de Tripoli à la fin de la domination vandale, ou que le nom serait issu de la tribu des Kabā, une peuplade tirant son origine des Hawwāra ou des Zanāta[55]. Le *Siyar al-mashāyikh* est le premier texte ibadite qui cite la ville[56]. *Les bourgs et les chemins du djebel Nafūsa* donne une description savoureuse du grand *qaṣr* ibadite de Kābāw, situé au sommet de la montagne et entouré de ravins d'oliviers et de figuiers, dont les habitants étudient beaucoup et sont très riches[57]. La ville présente de nombreux points d'intérêts,

[51] Al-Wisyānī, p. 269.
[52] *Siyar al-mashāyikh*, p. 546.
[53] Al-Bughṭūrī, p. 108. Sur le *ḥākim*, voir *infra*.
[54] Al-Shammākhī, p. 331 et p. 462.
[55] J. Despois, *Le Djebel Nefousa*, p. 263 ; T. Lewicki, *Études ibāḍites nord-africaines*, p. 64 d'après Procope (*De bello Vandalicarum*, Lib. I, c. VIII).
[56] *Siyar al-mashāyikh*, pp. 542-543. Voir aussi al-Bughṭūrī, p. 74 ; al-Shammākhī, p. 768.
[57] Les Nafūsa appellent les gens de Kābāw « les borgnes » car beaucoup n'ont qu'un œil. Les hommes y sont plus nombreux que les femmes et vieillissent sans se marier. A. de C. Motylinski, *Le Djebel Nefousa*, p. 105.

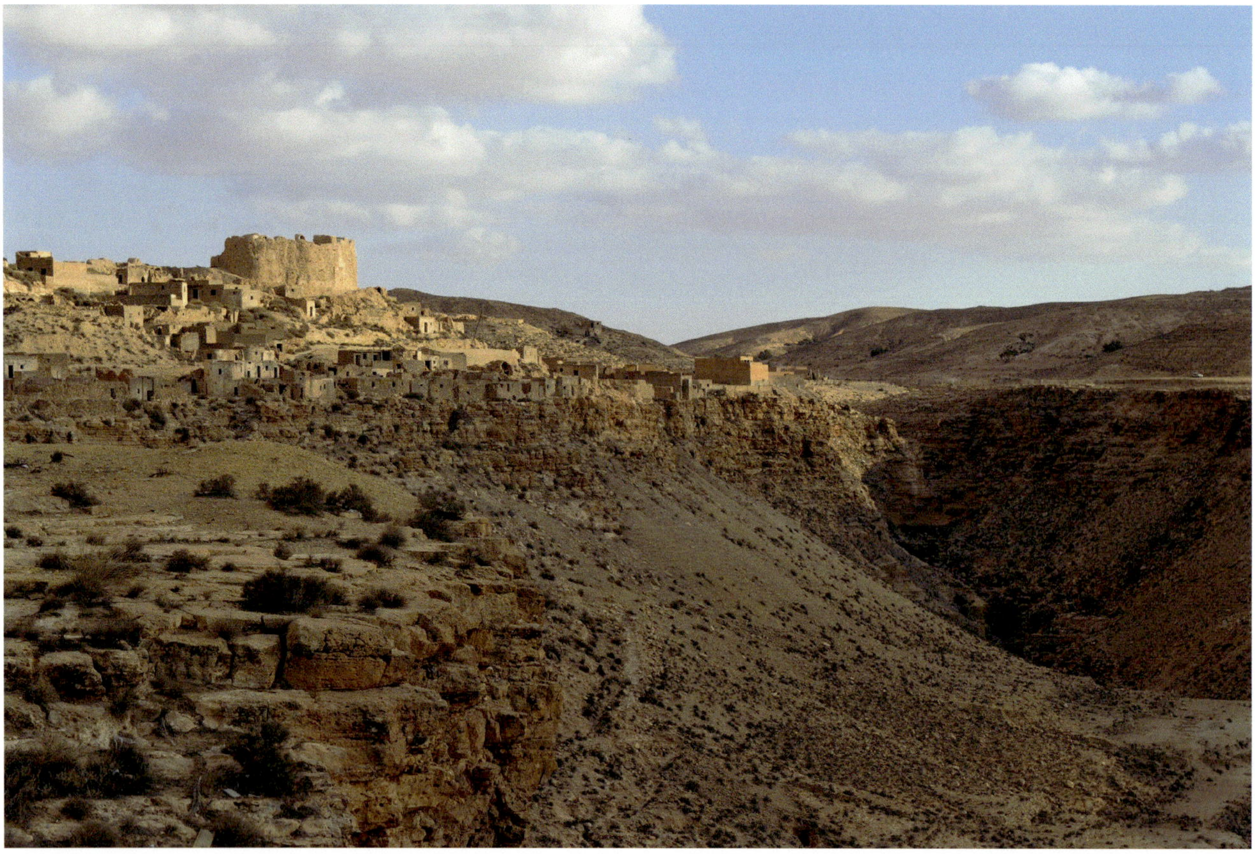

Ill. 5. *La vallée de Kābāw et le grenier fortifié*

parmi lesquels son admirable grenier fortifié (ill. 5 et 6), une ancienne synagogue à laquelle nous n'avons malheureusement pas pu accéder, et plusieurs mosquées anciennes. Dans les environs du grenier fortifié se trouveraient ainsi la mosquée Abū Muḥammad al-Kābāwī, une sorte de grotte encore en bon état, et la mosquée souterraine al-Qashqāsha[58]. Au centre du bourg de Kābāw s'élève le récent complexe Sulaymān al-Bārūnī (N 31° 50′ 42″ E 11° 19′ 43″) qui regroupe dans une enceinte une nouvelle mosquée blanche à haut minaret et plusieurs autres petits bâtiments, dont une ancienne mosquée que nous avons visitée, comprenant de nombreuses inscriptions et décorations. Des nattes posées sur le sol montraient qu'elle était toujours utilisée, mais personne n'a pu nous donner son nom[59].

L'ancien village d'Ibnāyn – parfois écrit Ībānāyin[60] – est mentionné à plusieurs reprises dans les sources ibadites. Il apparaît pour la première fois dans le *Siyar al-mashāyikh*[61]. Il semble que ce village a acquis sa notoriété après qu'Abū Hārūn al-Tamlūshā'ī l'a choisi comme lieu de résidence. Il est alors devenu, sous la direction d'Abū Hārūn puis de son fils Abū l-Rabī', un centre important entouré de faubourgs où se pressaient les savants. Les ruines témoignent du grand nombre d'habitants et montrent que, contrairement aux autres villages de plaine, Ibnāyn était sans doute

[58] *Al-masājid al-tārīkhiyya fī jabal Nafūsa*, n° 56 ; A. de C. Motylinski, *Le Djebel Nefousa*, p. 105. Selon *Les bourgs et les chemins du djebel Nafūsa*, une citerne se trouve au milieu de la mosquée souterraine al-Qashqāsha. I. al-Būjadīdī *et al.* (éd.), *Al-quṣūr wa-l-ṭuruq*, p. 250, mentionnent la mosquée Abū Muḥammad al-Kābāwī, une sorte d'église (*kanīsa*) transformée en mosquée dans laquelle se trouve le tombeau de 'Abd Allāh Yaḥyā al-Bārūnī. Sur d'autres anciennes mosquées de Kābāw, voir F. Dell'Aquila et G. Fiorentino, « Moschee rupestri nel Gebel Nafusa occidentale », pp. 13-16, avec des plans et des photos ; F. Dell'Aquila *et al.*, « Abitazioni rupestri a Nalut », p. 54. Sur Abū Muḥammad al-Kābāwī, un savant du IXe siècle, voir T. Lewicki, *Études ibāḍites nord-africaines*, p. 63.

[59] Voir *infra*, ill. 140. Sur Sulaymān al-Bārūnī (1870-1940), voir M. Custers, *Al-Ibāḍiyya, a Bibliography*, II, p. 91 ; P. Grandchamp, *Études d'histoire tunisienne*, pp. 175-182. I. Sjöström, *Tripolitania in Transition*, p. 165, évoque, dans les ruines de l'ancien village de Kābāw, la mosquée d'al-Bārūnī datée du IXe siècle par une inscription coufique et finement décorée.

[60] Voir par exemple M. Kūrdī, *Al-ḥayāt al-'ilmiyya fī jabal Nafūsa*, p. 64 ; *Al-masājid al-tārīkhiyya fī jabal Nafūsa*, n° 7. 'A. Mu'ammar, *Al-ibāḍiyya fī mawkib al-tārīkh II*, II, p. 94 et p. 176 donne les formes Ibanāyin et Ibnāyan.

[61] *Siyar al-mashāyikh*, p. 543.

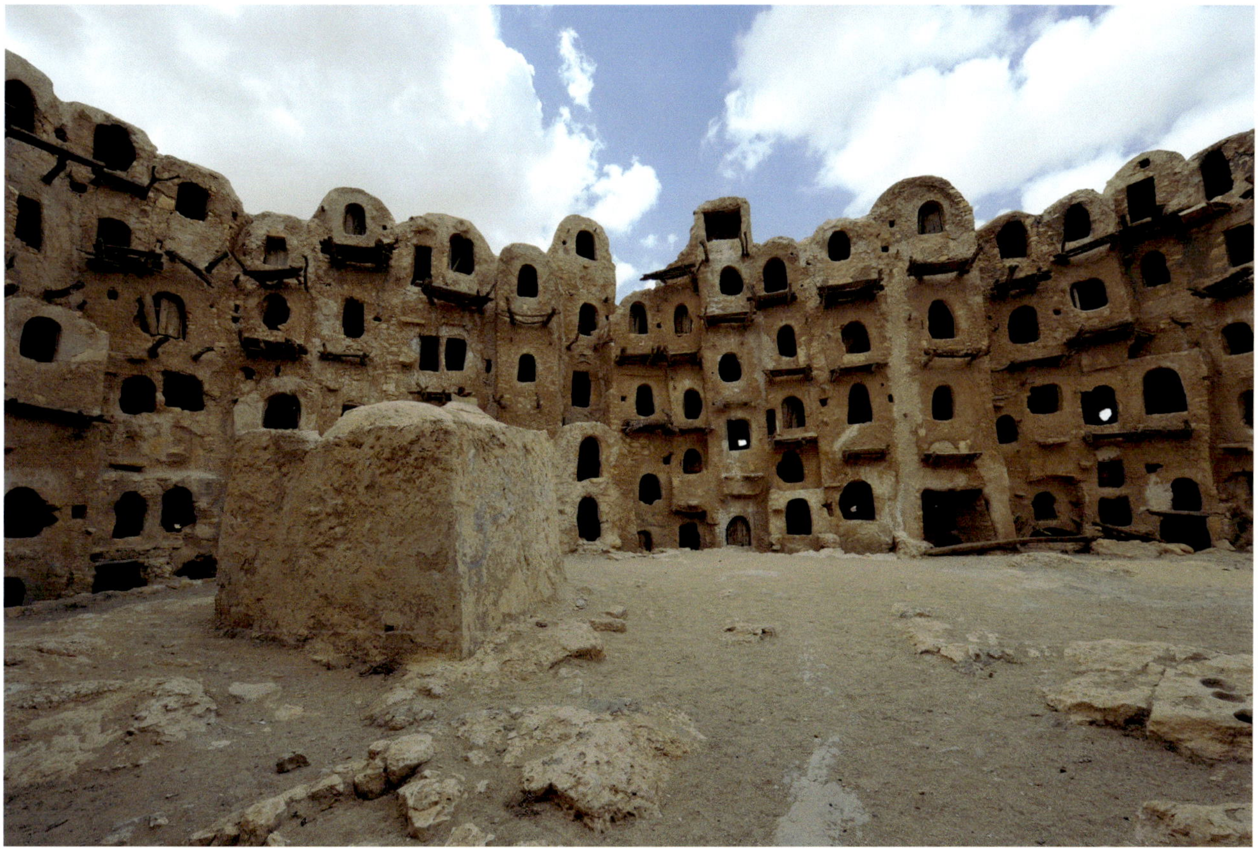

Ill. 6. *Intérieur du grenier fortifié de Kābāw*

pourvu d'un rempart puisque des restes de murs d'environ un mètre d'épaisseur subsistent, qui semblent délimiter l'étendue du village[62]. Al-Shammākhī rapporte que le savant Yakhlaf al-Fursaṭā'ī a gagné le *balad* Ibnāyn pour rendre visite aux cheikhs et aux *faqīh* vers la fin du XIIe siècle[63], ce qui indique qu'Ibnāyn était encore fréquenté par les savants à cette époque. Il constitue, avec Sharūs et Jādū, l'un des trois centres politiques du djebel dans lesquels s'installe le pouvoir si les gouverneurs le décident[64]. Si le rapide développement et le déclin d'Ibnāyn semblent bien établis, la toponymie de ce site paraît très complexe. Ibnāyn se trouve en contrebas de Kābāw, dans une vallée peu accessible ; nous avons eu beaucoup de peine à y accéder, même avec un véhicule tout-terrain. Nous y avons visité trois mosquées, l'une bâtie sur un haut sommet et les deux autres situées dans la vallée et très proches l'une de l'autre (mosquées Abū Hārūn et Abū l-Rabī'). Selon nos accompagnateurs ibadites de Kābāw, ces trois édifices font partie d'Ibnāyn[65].

Jean Despois note qu'à la rencontre du vallon de Kābāw et de la vallée principale (oued Abū Raghwa) s'étagent trois séries de ruines : les plus basses sont celles d'El Oubarin qui se dispersent près de quelques puits ; un peu plus haut sont les restes de Kherbet ben Aïen avec deux petits *qṣūr*, une mosquée encore debout et des ruines de maisons et enfin, plus haut encore, se trouve un *qaṣr* ruiné sur un éperon calcaire avec quelques restes de maisons. Il y voit deux, si pas trois générations de villages, le *qaṣr* du haut ayant servi de refuge aux villageois de la vallée. Il juge même possible qu'avec ses deux *qṣūr*, Kherbet ben Aïen ait déjà servi d'abri aux gens

[62] 'A. Mu'ammar, *Al-ibāḍiyya fī mawkib al-tārīkh II*, II, p. 176 ; M. Warfallī, *Ba'ḍ al-āthār al-islāmiyya*, pp. 97-99. Dans *Some Islamic Monuments*, p. 71, il évoque 1 m de hauteur, ce qui est manifestement fautif d'après les photos.
[63] Al-Shammākhī, p. 778. La datation est donnée par T. Lewicki, *Études ibāḍites nord-africaines*, p. 74.
[64] M. Mazhūdī, *Jabal Nafūsa fī l-'aṣr al-islāmī al-wasīṭ*, p. 218.
[65] M. Warfallī, *Some Islamic Monuments*, p. 70, place Ibnāyn au pied d'une colline dans la vallée d'Akrāyan, à environ 12 km (*sic*) à l'ouest de Kābāw. Le toponyme Akrāyan, que Warfallī associe à cette vallée, se retrouve chez al-Bughṭūrī, p. 43 entre autres, et chez al-Shammākhī, p. 305 et p. 469.

d'El Oubarin[66]. La proximité phonétique entre Ibnāyn et Kherbet ben Aïen suggère de prime abord que ce sont ces ruines qui correspondraient aux restes de l'Ibnāyn mentionné dans nos textes[67]. Toutefois, l'emplacement des mosquées Abū Hārūn et Abū l-Rabī' est celui des ruines d'El Oubarin[68].

Fursaṭā (ou Fursaṭā') se trouve à quelques kilomètres au nord-est de Kābāw. Le toponyme trouverait son origine dans le terme latin africain *forseta* qui se rattacherait à la racine signifiant « forcer » ou dans le terme latin africain *foresta* qui désigne une forêt ou un hameau[69]. *Les bourgs et les chemins du djebel Nafūsa* dit : « à une grande hauteur, s'étend, au sommet d'un rocher, une vaste croupe complantée d'oliviers, où se trouvent les ruines importantes de Forsaṭa avec la mosquée de Forsaṭa au milieu »[70]. Il faut en effet bien différencier l'ancien village, dominant une vallée qui montre encore des traces d'une ancienne fertilité, de la nouvelle agglomération située plus loin (ill. 2 et 7). Muḥammad Warfallī souligne la similarité de l'apparence de ce vieux village, très bien préservé, avec celui de Nālūt – un grenier fortifié central culmine tandis que les maisons sont accolées les unes aux autres sur le pourtour du village pour former un rempart – et avec le plan des villes du Mzab. Fursaṭā a toutefois pour particularité d'avoir une haute tour en son milieu, dont on voit encore quelques vestiges. Le site est complètement désert, même s'il est parfois visité par le voisinage qui utilise à l'occasion la presse à huile ou le grenier[71]. Fursaṭā apparaît pour la première fois dans le *Siyar al-mashāyikh*, sous le nom de Fursaṭṭī[72]. Il est ensuite mentionné à propos d'événements qui concernent le début du Xe siècle[73]. La liste *Tasmiyat mashāhid al-jabal* mentionne l'église (*kanīsa*) de Fursaṭā[74].

LA RÉGION D'AL-ḤARĀBA

La région d'al-Ḥarāba se déploie de part et d'autre d'un important ravin ; elle comprend dans sa partie occidentale les localités de Tamlūshāyt et de Tandamīra, et dans sa partie orientale celles de Sharūs, Wīghū, Marqas, Jarījan et Dajjī entre autres. Son nom provient de la tribu des Ḥarāba qui, tout comme les Ḥawāmid ou les Awlād Maḥmūd, seraient des fractions des Arabes Banū Sulaym, mais qui se seraient dès leur arrivée si fortement mélangés avec les Berbères qu'il y aurait chez eux plus de Berbères que d'Arabes[75]. Le village de Tamlūshāyt – également souvent appelé Tamnūshāyt[76] – est situé à une petite quinzaine de kilomètres au nord-est de Kābāw.

[66] J. Despois, *Le Djebel Nefousa*, p. 262 et voir carte p. 261. Pour M. Kūrdī, *Al-ḥayāt al-'ilmiyya fī jabal Nafūsa*, p. 23, le village d'Ibnāyn se situe au sommet de la montagne du même nom, tandis qu'au milieu de la vallée se trouve le village d'Āt Bārūn.

[67] C'est l'avis de T. Lewicki, *Études ibāḍites nord-africaines*, p. 74, pour lequel la mosquée est sans doute celle d'Abū Hārūn. Selon lui, Ibnāyn doit être rattachée à Tabuinati ou Thabunati que l'*Itinéraire d'Antonin* situerait entre les montagnes du Sud-Est tunisien et Leptis Magna, soit probablement à l'ouest du djebel Nafūsa. Tabuinati ou Thabunati serait un féminin libyque latinisé du même nom qui a donné Ibnāyn, peut-être prononcé Abunāyn par les Berbères médiévaux.

[68] F. Dell'Aquila *et al.*, « Insediamenti rupestri », pp. 14-16, évoque les ruines du village d'El Baruni, situées près des sources Bir el Baruun appelées El Ubarin. Il mentionne également dans les environs deux mosquées anciennes, dont l'une est dédiée à El Baruun – c'est-à-dire Abū Hārūn – et une habitation troglodytique plus sophistiquée, où tant les murs que la voûte sont plâtrés et décorés d'inscriptions arabes et de dessins géométriques, qui pourrait avoir été sa résidence. I. al-Būjadīdī *et al.* (éd.), *Al-quṣūr wa-l-ṭuruq*, p. 250, parlent de la ville d'Ibnāyn al-suflī (du bas) et estiment que l'endroit où se situent les deux mosquées se nomme aujourd'hui les ruines du puits (khirbat al-Bi'r) ou khirbat al-Lubārīn.

[69] T. Lewicki, « Une langue romane oubliée », pp. 457-458.

[70] A. de C. Motylinski, *Le Djebel Nefousa*, p. 104.

[71] *Islamic Art and Architecture in Libya*, p. 36 ; M. Warfalli, *Some Islamic Monuments*, pp. 82-83, évoque un village encore plus ancien qui se trouve dans les collines et ne contient plus comme bâtiment qu'une vieille mosquée qui est considérée comme une ancienne église.

[72] *Siyar al-mashāyikh*, pp. 542-543.

[73] Al-Bughṭūrī, p. 58 ; al-Shammākhī, p. 292. Al-Bughṭūrī, p. 70, mentionne aussi le djebel Fursaṭā.

[74] R. Basset, « Les sanctuaires du Djebel Nefousa », I, p. 434.

[75] J. Despois, *Le Djebel Nefousa*, p. 148. Il faut noter que Kābāw comme Fursaṭā sont fréquemment englobés dans le territoire d'al-Ḥarāba.

[76] Voir par exemple la carte 1/50 000 feuille 1588 I. H. Duveyrier, « Statistique du Djebel-Nefousa », p. 135, donne Temmenoûcheit.

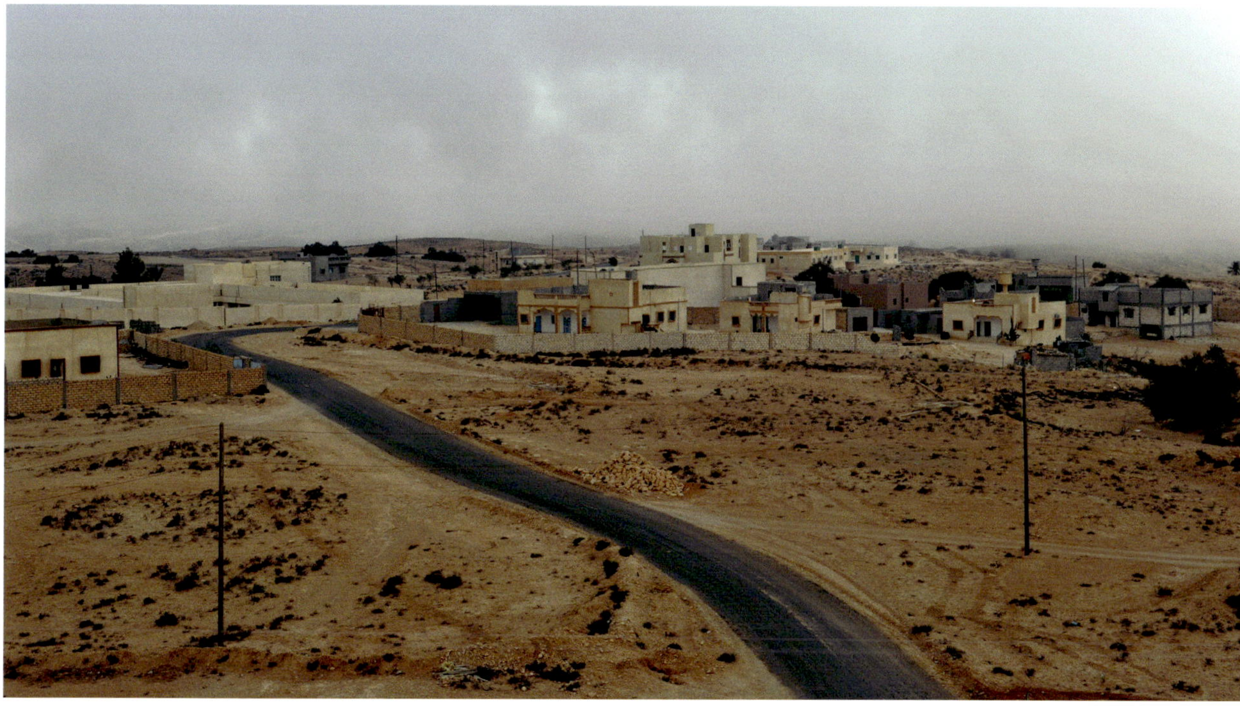

Ill. 7. *Village actuel de Fursaṭā*

Il est d'abord mentionné par le *Siyar al-mashāyikh*, puis cité à plusieurs reprises par al-Bughṭūrī sous la forme Tamlūshāya[77]. Tandamīra, un peu plus à l'est, apparaît à plusieurs reprises dans les sources ibadites, sous des graphies diverses[78]. Sa première mention figure dans le *Siyar al-mashāyikh* sous la forme Tīn Danmarat[79]. Les ruines de l'ancien village de Tandamīra sont éparpillées sur un vaste territoire ; la population habite à présent dans des logements modernes qui s'étendent non loin de la mosquée du célèbre Abū Manṣūr Ilyās[80].

Sharūs est une des cités sur lesquelles nous avons le plus de renseignements, grâce au témoignage des géographes médiévaux[81]. Al-Wisyānī est le premier chroniqueur ibadite qui parle de la ville[82]. Le *Siyar al-mashāyikh* évoque le « *balad* Sharus où se trouvent les juifs »[83]. Al-Bughṭūrī mentionne très fréquemment la cité, ses notables, son *ḥākim* et sa mosquée[84]. Il rapporte que lorsqu'Abū Yaḥyā al-Fursaṭā'ī veut aller s'installer à Sharūs pour y faire des études, il n'y trouve aucun logement tant on y manque de place malgré son étendue[85]. Puissante cité, Sharūs souffre d'une longue guerre contre Wīghū au XIe siècle, mais la ville reste habitée jusqu'au XVe siècle[86]. Muḥammad Warfallī suggère que Sharūs, qui était tout comme Tāhart un important centre caravanier, a peut-être connu la même prospérité que la capitale rustumide, mais à une plus petite échelle. Il considère que Sharūs, de fondation plus ancienne que Tāhart, l'a précédé dans l'établissement d'une société où se mêlent les différentes confessions dans la tolérance[87].

---

[77] *Siyar al-mashāyikh*, p. 542 ; al-Bughṭūrī, p. 47 et p. 68.

[78] Al-Bughṭūrī donne les formes Tandūnmirat (p. 48), Tandūnmīrat (p. 77, p. 79 et p. 147), et Tandamīra (p. 87). Al-Shammākhī, p. 347 et p. 470, donne Tandamīrat et Tandanmīrat. La carte 1/100 000 feuille 1670 marque Tendemmira. H. Duveyrier, « Statistique du Djebel-Nefousa », p. 135, dit Tendemmira, tout comme J. Despois, *Le Djebel Nefousa*, p. 143. M. Warfallī, *Some Islamic Monuments*, p. 92, écrit Tindimmīra.

[79] *Siyar al-mashāyikh*, p. 542. Plus loin, p. 543, le texte donne Tīn Damarat.

[80] M. Warfallī, *Some Islamic Monuments*, p. 92.

[81] Voir *infra*.

[82] Al-Wisyānī, p. 233.

[83] *Siyar al-mashāyikh*, p. 562.

[84] Al-Bughṭūrī, p. 36, p. 75, p. 99 et p. 108.

[85] Al-Bughṭūrī, p. 64. Sur Abū Yaḥyā al-Fursaṭā'ī, qui a vécu à la fin du IXe et au début du Xe siècle, voir *infra*.

[86] Sur cette guerre, voir *infra*.

[87] M. Warfallī, *Some Islamic Monuments*, p. 142. J. Despois, *Le Djebel Nefousa*, p. 289, mentionne dans la vallée de l'oued Sharūs une piste menant à Ghadamès connue sous le nom de *ṭarīq al-Sūdān*.

La ville est bâtie sur une petite butte, de sorte qu'elle domine la vallée du côté ouest et qu'elle est entourée de sommets des trois autres côtés. Il est tout à fait exceptionnel que ce site ait été bâti dans la vallée : cela suggère qu'il a été établi pendant une période de paix. Toutefois, la position de Sharūs au centre du djebel le rend difficile à conquérir : le moyen le plus facile est de suivre la vallée de Sharūs depuis la plaine de la Jaffāra mais ce raccourci constitue en fait un piège, car les envahisseurs sont alors attaqués par les villages situés en hauteur de part et d'autre de la vallée. S'ils choisissent à l'inverse d'attaquer Sharūs par les sommets, ils doivent préalablement vaincre de nombreux villages avant d'y accéder. La ville conserve dès lors longtemps sa prospérité. Elle jouit d'une source principale située à l'est de la ville, al-Sāniya, en plus de deux autres sources situées du côté ouest de la vallée. Les ruines de Sharūs s'étendent sur une vaste superficie : la mosquée est au centre, et au nord-est sont les ruines d'un grand édifice couvert de débris qui correspond peut-être au grenier fortifié. Plus à l'est sont les vestiges de ce qu'on appelle le *sūq*, qui est évoqué par la tradition orale mais dont on n'a aucune preuve archéologique. À l'extrémité nord-est de la cité se trouve le cimetière juif où quelques tombes portant des inscriptions ont été trouvées. Au sommet de la montagne qui domine la ville se trouve un édifice immense connu pour avoir été utilisé comme bibliothèque[88]; al-Shammākhī mentionne en effet le qaṣr Walam de Sharūs qui contient la bibliothèque (*khizāna*) des Nafūsa, dans laquelle un savant du Xe siècle demeura pendant douze ans[89]. De nombreux tessons de céramique ont été découverts dans les environs de Sharūs, ainsi qu'un tas de terre brûlée qui évoque peut-être la fabrication de poterie[90]. Selon les estimations de Jean Despois, Sharūs devait accueillir au moins 6000 habitants auxquels devait s'ajouter un millier de personnes vivant dans les six villages voisins[91]. Depuis plusieurs siècles, le nom d'Abū Ma'rūf que porte la mosquée de Sharūs a été attribué à la ville tout entière[92].

Wīghū apparaît fréquemment dans les sources ibadites, en rapport avec les nombreux savants qui en sont originaires tels le fameux Mahdī al-Wīghawī, mort au cours du siège de Tripoli en compagnie de l'imam 'Abd al-Wahhāb en 196/811-812, ou Abū Dharr Abān ibn Wasīm al-Nafūsī[93]. Dans la liste des cheikhs nafūsī du *Dhikr asmā' ba'ḍ shuyūkh al-wahbiyya*, Wīghū est cité à plusieurs reprises et apparaît comme une véritable pépinière de savants[94]. Même le *Kitāb al-mu'allaqāt*, sans doute rédigé au XIIe ou au XIIIe siècle, mentionne Wīghū, seule ville du djebel dont il donne le nom[95]. Les ruines de Wīghū sont situées au sud-est de Sharūs, sur un plateau divisé par de nombreuses petites vallées ; elles s'étendent sur plus de 2 km^2. Le développement du village de Marqas au nord a causé beaucoup de tort au site car de nombreuses pierres ont été déplacées pour bâtir les nouvelles habitations, dont certaines portaient peut-être des inscriptions ou des décors. Néanmoins plusieurs maisons de Wīghū sont encore en bon état grâce à la qualité des pierres de taille et à la bonne technique de construction. Le site archéologique de Wīghū est le plus intéressant du

[88] M. Warfallī, *Some Islamic Monuments*, pp. 117-119. *Islamic Art and Architecture in Libya*, pp. 38-39, montre deux photos du *qaṣr* de Sharūs : l'intérieur est complètement ruiné mais on voit encore dans certaines pièces des arcs pointus semblables à ceux de Nālūt. Ce grenier fortifié semble très impressionnant ; il est bâti au sommet d'un éperon rocheux et sa position défensive aurait été renforcée par un profond fossé enjambé par un pont-levis.

[89] Al-Shammākhī, p. 498. Selon M. Kūrdī, *Al-ḥayāt al-'ilmiyya fī jabal Nafūsa*, p. 12, la bibliothèque de Sharūs, dans le qaṣr Walam, était une des plus réputées du djebel, qui comptait un nombre impressionnant de volumes. Sur la question des bibliothèques du djebel, voir M. Mazhūdī, *Jabal Nafūsa fī l-'aṣr al-islāmī al-wasīṭ*, p. 417.

[90] M. Warfallī, *Some Islamic Monuments*, p. 141.

[91] Voir la description des ruines dans les années 1930 par J. Despois, *Le Djebel Nefousa*, pp. 256-259, avec une carte de la vallée.

[92] 'A. Mu'ammar, *Al-ibāḍiyya fī mawkib al-tārīkh II*, II, p. 183.

[93] *Siyar al-mashāyikh*, p. 542. Sur Mahdī, voir *infra*.

[94] *Dhikr asmā' ba'ḍ shuyūkh al-wahbiyya*, p. 590. Al-Bughṭūrī, p. 53, p. 99, p. 102 entre autres, évoque Wīghū ou Awīghū, et son *ḥākim*. Al-Wisyānī, p. 266, utilise également la forme Awīghū.

[95] *Kitāb al-mu'allaqāt*, p. 174.

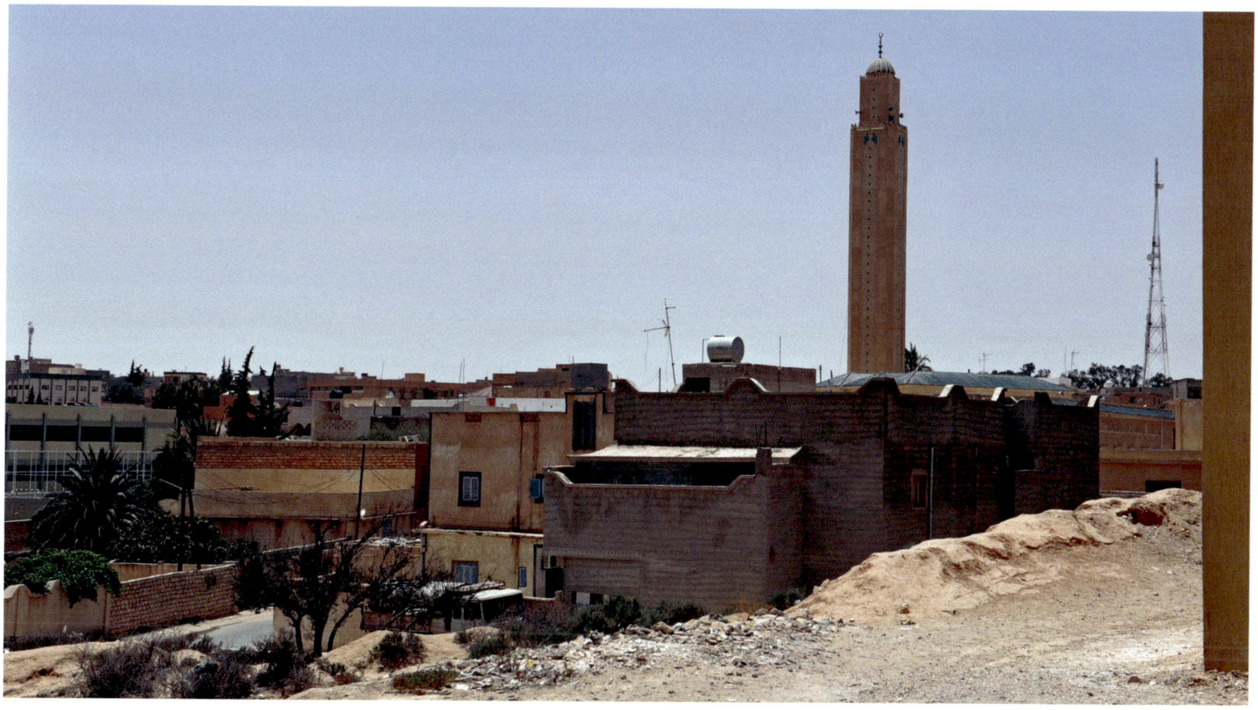

Ill. 8. *La ville moderne de Jādū*

djebel pour Muḥammad Warfallī, qui ne comprend pas comment il n'a pas suscité plus d'intérêt[96]. Au nord se trouve l'ancien village de Bughṭūra ; il apparaît pour la première fois chez al-Bughṭūrī, qui en est originaire[97].

LA RÉGION DE JĀDŪ (FASSĀṬŪ)

Jādū (ill. 8) est une ville manifestement très ancienne, située sur la voie commerciale qui reliait Tripoli au Fezzan, et qui correspond peut-être au gentilé libyque Gadaiae cité au VIe siècle par Corippe[98]. La ville ibadite, située dans le district de Fassāṭū, constitue dans la seconde moitié du IXe siècle et au début du Xe siècle le centre politique et administratif du djebel Nafūsa tout entier. Il faut, comme souvent, différencier la ville actuelle, datant sans doute du XVIe siècle, des ruines de la ville ancienne, dont on ne sait quand elle a été abandonnée[99]. Les mentions de Jādū abondent dans les sources ibadites, notamment chez al-Bughṭūrī qui fait allusion aux juifs installés dans la ville et évoque fréquemment son *sūq*[100]. C'est dans ce *sūq* que se trouvait le dār Banī Abī ʻAbd Allāh qui accueillait des réunions de cheikhs ibadites[101]. Tout comme pour Sharūs, les géographes médiévaux donnent de nombreux renseignements sur la ville[102].

[96] M. Warfallī, *Some Islamic Monuments*, pp. 142-143 et pp. 149-153, pour une description des maisons. Voir aussi *Islamic Art and Architecture in Libya*, p. 37. *Les bourgs et les chemins du djebel Nafūsa* évoque le *qaṣr* d'At Maḥmūd que les anciens appelaient Wīghū. A. de C. Motylinski, *Le Djebel Nefousa*, p. 106. Ils confondent en fait l'ancienne cité déserte de Wīghū et Awlād ibn Maḥmūd. L'erreur est rectifiée par J. Despois, *Le Djebel Nefousa*, p. 265 ; T. Lewicki, *Études ibāḍites nord-africaines*, p. 48 ; M. Warfallī, *Some Islamic Monuments*, p. 144.

[97] Al-Bughṭūrī, p. 49 et p. 117. Al-Shammākhī, pp. 378-379, rapporte qu'un homme faisait toutes les nuits l'aller-retour entre Wīghū et Bughṭūra, bien que la distance entre les deux soit grande.

[98] T. Lewicki, *Études ibāḍites nord-africaines*, p. 89.

[99] T. Lewicki, *Encyclopédie de l'Islam*, 2ème éd., s.v. Djādū (II, pp. 378-379) ; *Études ibāḍites nord-africaines*, pp. 88-91, et pp. 108-110 sur Fassāṭū. Lewicki envisage un commerce transsaharien bien établi avant la conquête arabe dans lequel Jādū, situé sur la voie reliant Tripoli au Fezzan, joue un rôle important. Toutefois, les récentes études relativisent l'importance de ce commerce et considèrent qu'il y avait somme toute peu d'échanges à travers le Sahara central à l'époque préislamique. Voir D. Mattingly *et al.*, *The Libyan Desert : Natural Resources and Cultural Heritage*, pp. 225-226.

[100] Al-Bughṭūrī, p. 32, p. 76, p. 131 entre autres. Voir aussi *Siyar al-mashāyikh*, p. 532 et p. 546.

[101] Al-Shammākhī, p. 447.

[102] Voir *infra*.

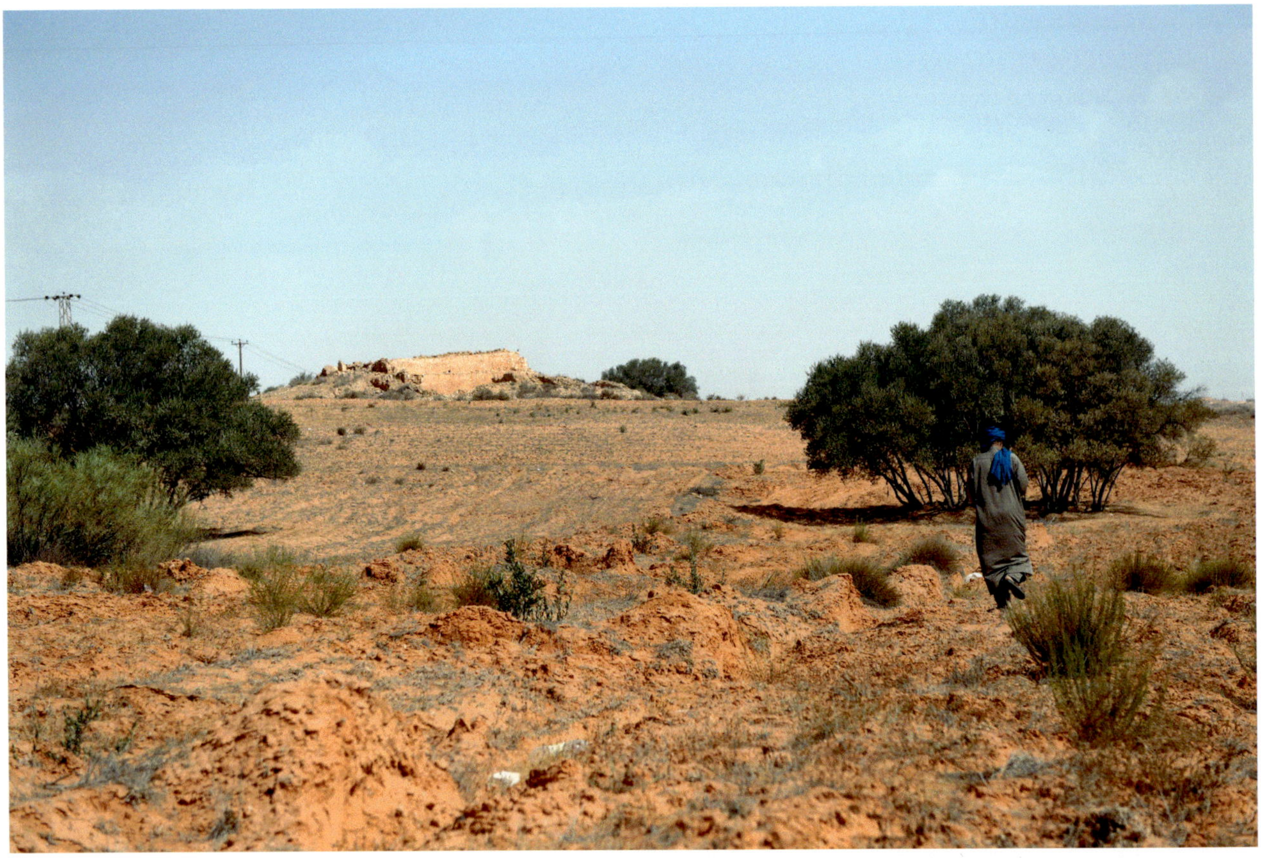

Ill. 9. *Vue typique de la région de Tamazdā*

Le village moderne de Tamazdā, qui s'est développé autour des ruines du bourg ibadite, est situé à vol d'oiseau à une petite dizaine de kilomètres à l'ouest de Jādū. On y trouve à la fois des arabophones et des berbérophones. Toute la région aux alentours est parsemée de ruines éparpillées dans un paysage de petites collines garnies d'oliviers (ill. 9), où les villages ont la particularité d'avoir été bâtis sans structures défensives[103]. Tamazdā est mentionné pour la première fois par al-Bughṭūrī et apparaît chez al-Shammākhī à propos d'événements qui se déroulent au début du IXe siècle[104]. À un peu plus de 2 km au nord-est se trouve le village de Wīfāt, évoqué d'abord par al-Bughṭūrī qui y signale une grotte[105]. Toujours plus au nord-est, à environ 3,5 km, Mazghūra prend place au bord de la falaise dominant la plaine de la Jaffāra. *Les bourgs et les chemins du djebel Nafūsa* décrit Timezghoura qui se divise en deux bourgades, sur une croupe au milieu de ruines[106]. Aujourd'hui encore, il est très frappant de constater que les constructions modernes s'organisent autour des ruines[107]. Si Timezghoura est le nom berbère du village, il est aussi connu sous d'autres formes comme Tīn Maṣghūra[108].

Ijnāwun, situé en contrebas de Jādū, est le premier village que l'on aborde lorsque l'on grimpe vers le djebel en venant de Shakshūk ; il apparaît fréquemment dans les sources ibadites, soit sous la graphie Ījnāwun qui paraît retenue de nos

[103] M. Warfallī, *Some Islamic Monuments*, p. 155. Les graphies modernes de Tamazdā sont Temezda, Tmezda ou Tamazda. M. Hassen, « Les données naturelles et la toponymie en Ifrīqiya », p. 27, établit que *tam* (la zone) est un terme berbère à l'origine de la formation de plusieurs toponymes (Tamuzrut, Tamighza, etc.).
[104] Al-Bughṭūrī, p. 76 et p. 154 ; al-Shammākhī, p. 287. M. Mazhūdī, *Jabal Nafūsa fī l-'aṣr al-islāmī al-wasīṭ*, p. 33 et p. 117, estime que Tamazdā se confond avec Tūkīt, un village troglodytique abandonné dans lequel se trouve la mosquée Abū Zakariyyā' al-Tūkītī. Voir *infra*.
[105] Al-Bughṭūrī, p. 74.
[106] A. de C. Motylinski, *Le Djebel Nefousa*, pp. 91-92, qui y localise erronément la mosquée Abū Manṣūr Ilyās.
[107] Voir l'urbanisation du village sur Google Earth N 31° 57′ 55″ E 11° 58′ 09″.
[108] *Siyar al-mashāyikh*, p. 545 (Tīn Maṣghūrat dans notre éd.). Al-Shammākhī, p. 777, dit Mazghūra. Le nom de ce village proviendrait des Banū Maskūr qui seraient des Nafūsa selon Ibn Khaldūn ou des Banū Maṣghūrīn qui sont une branche des Zanāta. T. Lewicki, « La répartition géographique », p. 334.

jours, soit la plupart du temps sous la forme Ijnāwun[109]. Il existait déjà lors de l'apparition de l'ibadisme dans la région, comme en témoigne le nom d'un des premiers missionnaires, Ibn Maghṭīr al-Nafūsī al-Janāwunī[110]. C'était autrefois l'une des principales villes du djebel Nafūsa : sa source alimentait 12 000 oliviers et au IXe siècle, à l'époque d'Abū 'Ubayda 'Abd al-Ḥamīd al-Janāwunī, pas moins de 70 savants se rassemblaient dans sa mosquée[111].

LA RÉGION DE YAFRAN

Yafran, dont les vocalisations varient beaucoup, est situé beaucoup plus à l'est, à 50 km à vol d'oiseau de Jādū ; la seule ville importante entre les deux est al-Zintān. Dans ce cas-ci, ce serait le toponyme qui aurait donné l'ethnonyme Banū Yafran, une fraction des Zanāta[112]. Al-Wisyānī est le premier chroniqueur ibadite qui cite Yafran[113]. À deux reprises, la ville est mentionnée en rapport avec des *ḥalqa* qui circulent dans le djebel tout entier et passent par là[114]. Le centre actuel est récent, c'est une création turque développée autour du fort édifié en 1842[115]. Tout autour s'agglutinent d'anciens villages, parfois abandonnés, dont font partie Atūghasrū et Tāqarbūst (ill. 10) dont nous étudierons les mosquées.

Ill. 10. *Vue de Tāqarbūst depuis Yafran*

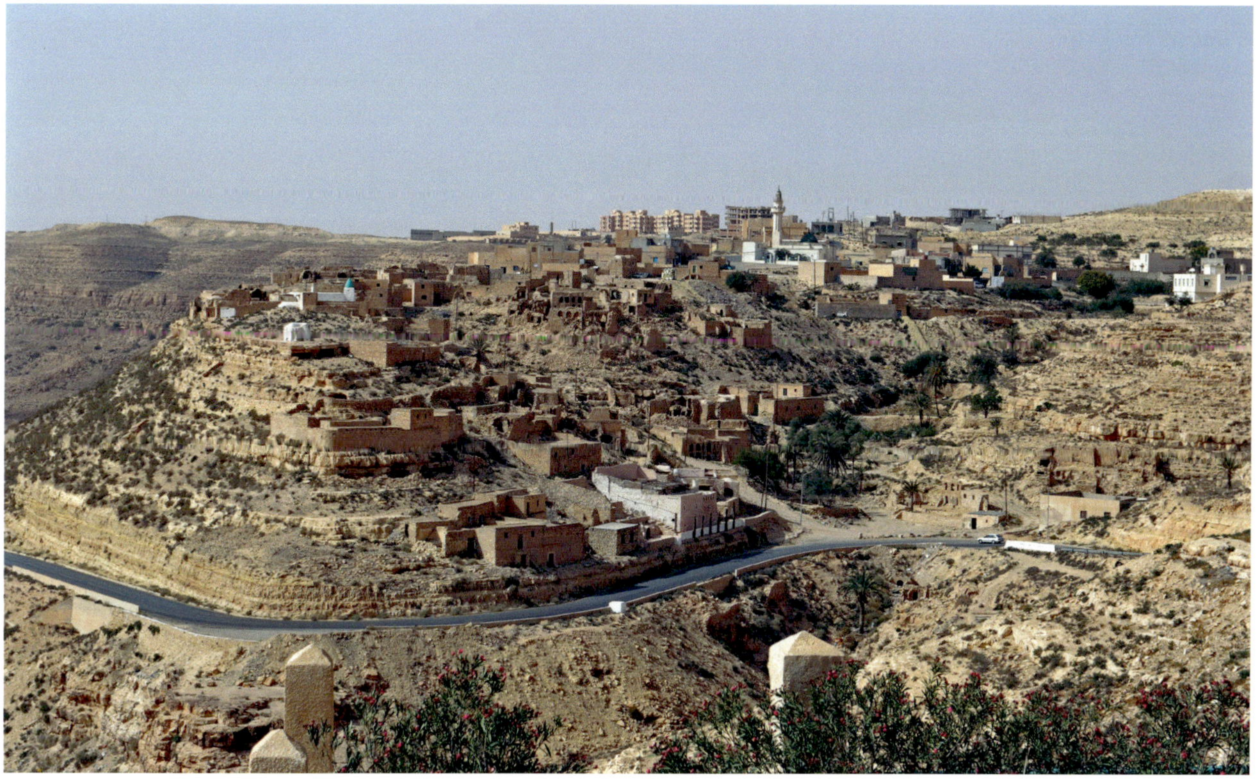

[109] Le village est cité sous la forme Ijannāwun – d'où dérive le gentilé al-Jannāwunī – par le *Siyar al-mashāyikh*, p. 544. Abū Zakariyyā', p. 124, et al-Bughṭūrī, p. 43, donnent Janāwun. H. Duveyrier, « Statistique du Djebel-Nefousa », p. 134, dit Djennâoun, tandis que J. Despois, *Le Djebel Nefousa*, p. 247, écrit Djennaouen. Sur ce toponyme et son lien avec le terme berbère *ignawn* désignant les Noirs, voir T. Lewicki, *Études ibāḍites nord-africaines*, pp. 94-96, et M. Meouak, *La langue berbère au Maghreb médiéval*, pp. 370-372.

[110] Voir *infra*.

[111] Al-Shammākhī, p. 321 et p. 772. Voir *infra*. J. Despois, *Le Djebel Nefousa*, p. 69, établit que le débit de la source d'Aïn Temouguet est assez important que pour avoir attiré plusieurs populations dans le voisinage. Selon lui, p. 247, l'agglomération actuelle, vieille de huit siècles, est l'héritière du premier village situé tout à côté qui aurait douze siècles.

[112] M. Hassen, « Les données naturelles et la toponymie en Ifrīqiya », p. 35. Sur l'étymologie de Yafran, qui viendrait du terme berbère *ifri* (la grotte, la caverne), voir Y. Modéran, *Les Maures et l'Afrique romaine*, p. 107.

[113] Al-Wisyānī, p. 324.

[114] Al-Shammākhī, p. 782 et p. 785.

[115] J. Despois, *Le Djebel Nefousa*, p. 317.

II
HISTOIRE ET RELIGIONS

AVANT L'ARRIVÉE DE L'ISLAM, les Berbères Nafūsa – qui correspondraient aux *Naffur* évoqués par Corippe[116] – vivaient principalement dans la plaine de la Jaffāra et dans le djebel auquel ils ont donné leur nom. Sabratha (Ṣabra, actuelle Ṣabrāta), qui constituait l'un des cinq sièges épiscopaux tripolitains, était un de leurs domiciles[117] et ils entretenaient manifestement des rapports avec d'autres cités chrétiennes de la côte. De Sabratha partait la piste caravanière qui menait à Cydamus (actuelle Ghadamès) en traversant le djebel Nafūsa. Le *De Aedificiis* de Procope établit que les habitants de Cydamus se sont convertis au christianisme avant 558 ; les missions chrétiennes venues de Sabratha seraient donc passées par ces montagnes où la population, à l'avis de Tadeusz Lewicki, a été soumise directement à la propagande chrétienne[118]. Le djebel présente des traces de christianisation antérieures au VIe siècle – l'église d'al-Aṣāba' daterait dans sa première forme de la fin du IVe ou du Ve siècle – mais il apparaît que le mouvement s'est surtout intensifié après la reconquête byzantine du VIe siècle, époque à laquelle peuvent être rattachés la plupart des lieux de culte mis au jour[119]. La population chrétienne de la Tripolitaine adopte en partie le schisme donatiste[120], mais on ne sait à vrai dire pas grand-chose des chrétiens du djebel Nafūsa. La formule de Joseph Cuoq qui attribue aux Berbères de l'époque de la conquête arabe « un christianisme plus ou moins répandu, plus ou moins authentiquement professé, imprégné de survivances des cultes animistes et naturistes de l'antique Berbérie »[121] est sans doute assez proche de la réalité. Certains Berbères du djebel sont juifs, ce dont témoignent les communautés juives qui subsistent pendant plusieurs siècles aux côtés des ibadites[122].

---

116 Y. Modéran, *Les Maures et l'Afrique romaine*, pp. 104-107.

117 Ibn 'Abd al-Ḥakam, p. 170 ; Ibn Khaldūn, VI, p. 134/I, pp. 226-227.

118 T. Lewicki, *Études ibāḍites nord-africaines*, pp. 52-54. Voir aussi Y. Modéran, *Les Maures et l'Afrique romaine*, p. 659, sur la conversion de Cydamus.

119 Y. Modéran, *Les Maures et l'Afrique romaine*, p. 654 et, p. 284, la carte « Traces de christianisation en Tripolitaine centrale et orientale ». Sur l'importance du christianisme, voir H. Fareh, *La Tripolitaine à l'époque byzantine*, pp. 50-63, qui résume les études publiées à ce sujet.

120 A. Di Vita, « La diffusion del cristianesimo », p. 122. T. Lewicki, *Études ibāḍites nord-africaines*, p. 39 et p. 51, mentionne le village ibadite d'Īdūnāṭ, qui devrait selon lui son nom à un groupe de donatistes qui se seraient réfugiés là au IVe siècle pour fuir la répression de l'orthodoxie chrétienne. Al-Bughṭūrī, p. 123 et al-Shammākhī, p. 375, l'évoquent sous la forme Idūnāṭ ou Adūnāṭ.

121 J. Cuoq, *L'Église d'Afrique du Nord*, p. 117.

122 Ibn Khaldūn, VI, p. 126/I, p. 208, fait un lien entre les Nafūsa et le judaïsme. Voir la critique de ce passage et de sa traduction par W. de Slane dans Y. Modéran, *Les Maures et l'Afrique romaine*, pp. 198-201. Sur la communauté juive de Sharūs, encore présente au XVe siècle, voir *infra*.

L'ISLAMISATION DU DJEBEL NAFŪSA ET SA CONVERSION À L'IBADISME

Au moment de la conquête menée par le général arabe 'Amr ibn al-'Āṣ, vers 22/642-643, les Byzantins de Tripoli appellent à l'aide les Nafūsa car ils sont chrétiens comme eux[123]. Après la prise de Tripoli, les Arabes pillent Sabratha et il semble bien qu'ensuite, 'Amr ibn al-'Āṣ conquiert symboliquement le djebel Nafūsa ou qu'il y fait tout au moins une incursion victorieuse[124]. Privés de leur résidence de Sabratha, fuyant les armées arabes qui tiennent la côte, tout porte à croire que les Nafūsa se retirent alors dans les montagnes[125]. Comme le souligne Yves Modéran, nous ne possédons aucun indice d'un quelconque soulèvement des Nafūsa entre cette époque et les premiers troubles khārijites survenant dans les années 740 ; cet historien en déduit que le phénomène de conversion à l'islam a dû commencer, même s'il a été lent, dès 643 et qu'il « serait très abusif de considérer globalement, comme on semble parfois le faire, les Nafūsa entre 643 et 741-742 comme un bloc de Berbères à la fois chrétiens et hostiles aux Arabes. »[126] Tout au contraire, Tadeusz Lewicki estime que les Nafūsa restent chrétiens pendant encore environ un siècle, par opposition aux gouverneurs arabes ; vers 740, au contact des premiers dissidents khārijites dont la révolte contre l'occupant est beaucoup plus active que l'opposition pacifique des chrétiens, ils abandonnent le christianisme pour le khārijisme, sans passer par l'étape sunnite, dans le but d'affirmer leur particularisme berbère vis-à-vis des Arabes[127].

Suivant la tradition ibadite rapportée par Ibn Sallām, c'est 'Umar ibn Īmkitan[128] qui, le premier, enseigna le Coran dans le djebel Nafūsa, dans le village d'Ifāṭmān[129]. Il l'étudia en se rendant à plusieurs reprises sur la route de Maghmadās, la grande voie qui longe la côte libyenne, empruntée par une foule de commerçants et de voyageurs venus d'Orient. À force de recopier les versets sur des tablettes et de les mémoriser, il apprit par cœur le Coran tout entier. La science religieuse lui fut également enseignée par les voyageurs ibadites[130]. On ne peut dater précisément l'enseignement que délivre 'Umar ibn Īmkitan mais il apparaît que le djebel est déjà largement conquis à la doctrine ibadite au milieu du VIIIe siècle. En 132/749-750 en effet, c'est un chef issu des Nafūsa, Ismā'īl ibn Ziyād al-Nafūsī, qui est élu imam par les ibadites de Tripolitaine ; il est toutefois très rapidement vaincu par le gouverneur omeyyade d'Ifrīqiya[131]. C'est manifestement après cette défaite que plusieurs missionnaires se rendent à Baṣra en Irak pour étudier la doctrine auprès du savant Abū 'Ubayda Muslim al-Tamīmī. Cinq d'entre eux, connus sous le nom de porteurs de science (*ḥamalat al-'ilm*) reviennent au Maghreb peu avant 140/757-758, date à laquelle ils proclament Abū l-Khaṭṭāb al-Ma'āfirī imam[132]. Si l'on en croit les sources ibadites,

[123] Ibn 'Idhārī, I, p. 8. Al-Bakrī, p. 9/26, confirme que les Nafūsa étaient chrétiens lorsqu'ils ont été soumis par 'Amr ibn al-'Āṣ.

[124] J. Thiry, *Le Sahara libyen*, pp. 60-61 et pp. 316-317.

[125] F. Beguinot, *Encyclopédie de l'Islam*, 2ème éd., s.v. Nafūsa (VII, p. 893), souligne toutefois qu'une partie des Nafūsa ont dû rester dans leurs anciens habitats, se mêler par mariage à d'autres tribus et s'arabiser avec le temps. Sur le thème de la montagne, refuge de minorités musulmanes, voir J.-P. Van Staëvel, « Sociétés de montagne et réforme religieuse en terre d'islam ».

[126] Y. Modéran, *Les Maures et l'Afrique romaine*, pp. 783-784.

[127] T. Lewicki, *Études ibāḍites nord-africaines*, pp. 54-55. Sur la conversion des Berbères à l'islam et les premières révoltes khārijites, voir V. Prevost, *L'aventure ibāḍite dans le Sud tunisien*, pp. 50-67.

[128] Selon C. Aillet, « A Breviary of Faith », pp. 68-69, 'Umar ibn Īmkitan, dont le nom exact reste sujet à caution, pourrait être le grand-père d'Ibn Sallām, l'auteur du *Kitāb fī-hi bad' al-islām*.

[129] Situé non loin de Wīghū, Ifāṭmān ou Īfāṭmān était un centre important qui a manifestement été abandonné dans la seconde moitié du XIe siècle. T. Lewicki, *Études ibāḍites nord-africaines*, pp. 120-121. M. Kūrdī, *Al-ḥayāt al-'ilmiyya fī jabal Nafūsa*, p. 13 et pp. 66-68, n'a pas pu retrouver dans les ruines d'Ifāṭmān l'emplacement de la madrasa de 'Umar ibn Īmkitan, la première madrasa fondée dans le djebel.

[130] 'Umar ibn Īmkatan meurt à la bataille de Tāwarghā aux côtés de l'imam Abū l-Khaṭṭāb al-Ma'āfirī en 761. Ibn Sallām, pp. 125-126 ; al-Shammākhī, pp. 268-269.

[131] Ibn 'Abd al-Ḥakam, p. 225 ; Ibn Khaldūn, VI, p. 135/I, p. 227

[132] Sur les porteurs de science, voir Abū Zakariyyā', pp. 57-58.

un des missionnaires partis s'instruire en Orient, toutefois, rentre au Maghreb avant eux : c'est un Berbère natif d'Ijnāwun nommé Ibn Maghṭīr al-Nafūsī al-Janāwunī qui, fort de ses études à Baṣra, devient mufti dans le djebel[133]. Les Nafūsa sont donc confrontés, avant le retour des porteurs de science, à deux enseignements différents, celui de 'Umar ibn Īmkitan acquis au contact des voyageurs et celui d'Ibn Maghṭīr reçu à Baṣra. Ces sources ne laissent aucun doute sur le fait que les Nafūsa adoptent avec enthousiasme cette foi nouvelle et elles n'évoquent pas l'enseignement d'une autre forme d'islam au cœur des montagnes. En ce sens, elles confortent la thèse de Tadeusz Lewicki selon laquelle les Nafūsa passent directement du christianisme à l'ibadisme. Al-Wisyānī rapporte quant à lui que le premier appel à la prière lancé dans le djebel Nafūsa par les muezzins a eu lieu dans un endroit qui s'appelle Awjalmam (ou Ūjalmam)[134].

En 140/757-758, après qu'il a rassemblé les tribus berbères de la région, Abū l-Khaṭṭāb al-Ma'āfirī, un des porteurs de science, est donc élu imam par les notables ibadites. Il s'empare de Tripoli, jurant de soustraire Kairouan aux Warfajjūma ṣufrites. Il les fait massacrer, reprend la ville, et nomme au poste de gouverneur d'Ifrīqiya un autre porteur de science, 'Abd al-Raḥmān ibn Rustum. Pour la première fois, les ibadites sont maîtres d'un vaste État, qui s'étend de la Kabylie à la Tripolitaine. Quatre ans plus tard, ils sont vaincus par une armée dirigée par le gouverneur abbasside d'Égypte ; Abū l-Khaṭṭāb al-Ma'āfirī et des milliers d'ibadites trouvent la mort dans la bataille de Tāwarghā. À nouveau, Kairouan est tenu par les Arabes, mais 'Abd al-Raḥmān ibn Rustum réussit à fuir avec ses coreligionnaires rescapés vers l'Algérie, où il fonde une nouvelle ville, Tāhart[135]. L'ouvrage d'Abū Zakariyyā', abondamment repris par les chroniqueurs qui l'ont suivi, montre bien le rôle important que jouent les Nafūsa dans la construction de l'ibadisme maghrébin, rassemblés autour du premier imam Abū l-Khaṭṭāb al-Ma'āfirī avant même sa nomination. Il rapporte qu'après le massacre de Tāwarghā, les survivants ibadites s'enfuient dans les montagnes, les forteresses inaccessibles et les citadelles haut perchées[136]. Il faut noter que dans la seconde moitié du VIIIe siècle, le terme Nafūsa devient presque synonyme de la communauté ibadite tripolitaine ; il englobe en tout cas différents groupes berbères qui habitent dans le djebel et qui sont assimilés aux Nafūsa sans souci généalogique[137].

L'ÉPOQUE RUSTUMIDE (*ca* 777-909)

'Abd al-Raḥmān ibn Rustum est proclamé imam à Tāhart en 160/776-777 ou 162/778-779[138], fondant ainsi la dynastie des Rustumides. L'ère des imams correspond à un développement intense du commerce transsaharien, notamment à partir du djebel Nafūsa où aboutissent à la fois la voie de Zawīla dans le Fezzan et celle de Ghadamès, qui conduit ensuite à Ghāna et à Tādimakka (carte 3)[139]. À l'époque

[133] *Siyar al-mashāyikh*, p. 544 ; al-Bughṭūrī, p. 124 ; *Dhikr asmā' ba'ḍ shuyūkh al-wahbiyya*, p. 597 ; al-Shammākhī, pp. 270-271. Abū Zakariyyā', pp. 117-118, évoque seulement son rôle d'arbitre auprès de l'imam 'Abd al-Wahhāb lorsque ce dernier séjourne dans le djebel vers 810. Le nom d'Ibn Maghṭīr provient peut-être d'une légère déformation du mot latin « martyr », devenu un nom propre chrétien. T. Lewicki, *Études ibāḍites nord-africaines*, p. 93.

[134] Al-Wisyānī, p. 273. L'éditeur a retenu d'abord la forme Awḥalmam. Sur la mosquée connue sous le nom d'Ajalmām, voir *infra*, la mosquée de Wīghū.

[135] Sur ces événements, voir V. Prevost, *L'aventure ibāḍite dans le Sud tunisien*, pp. 61-68.

[136] Abū Zakariyyā', p. 62 et p. 75.

[137] E. Savage, *A Gateway to Hell, a Gateway to Paradise*, pp. 117-118 et p. 129. Le célèbre Muḥammad Aṭfayyish (m. 1914) explique joliment, à côté de l'explication généalogique, qu'on les appelle les Nafūsa « parce qu'ils livrèrent entièrement leurs âmes [*nufūs*] et se soumirent à l'islam. » P. Cuperly, *Aperçus sur l'histoire de l'ibāḍisme au Mzab*, p. 34.

[138] Abū Zakariyyā', p. 85.

[139] J. Thiry, *Le Sahara libyen*, p. 203 et p. 317.

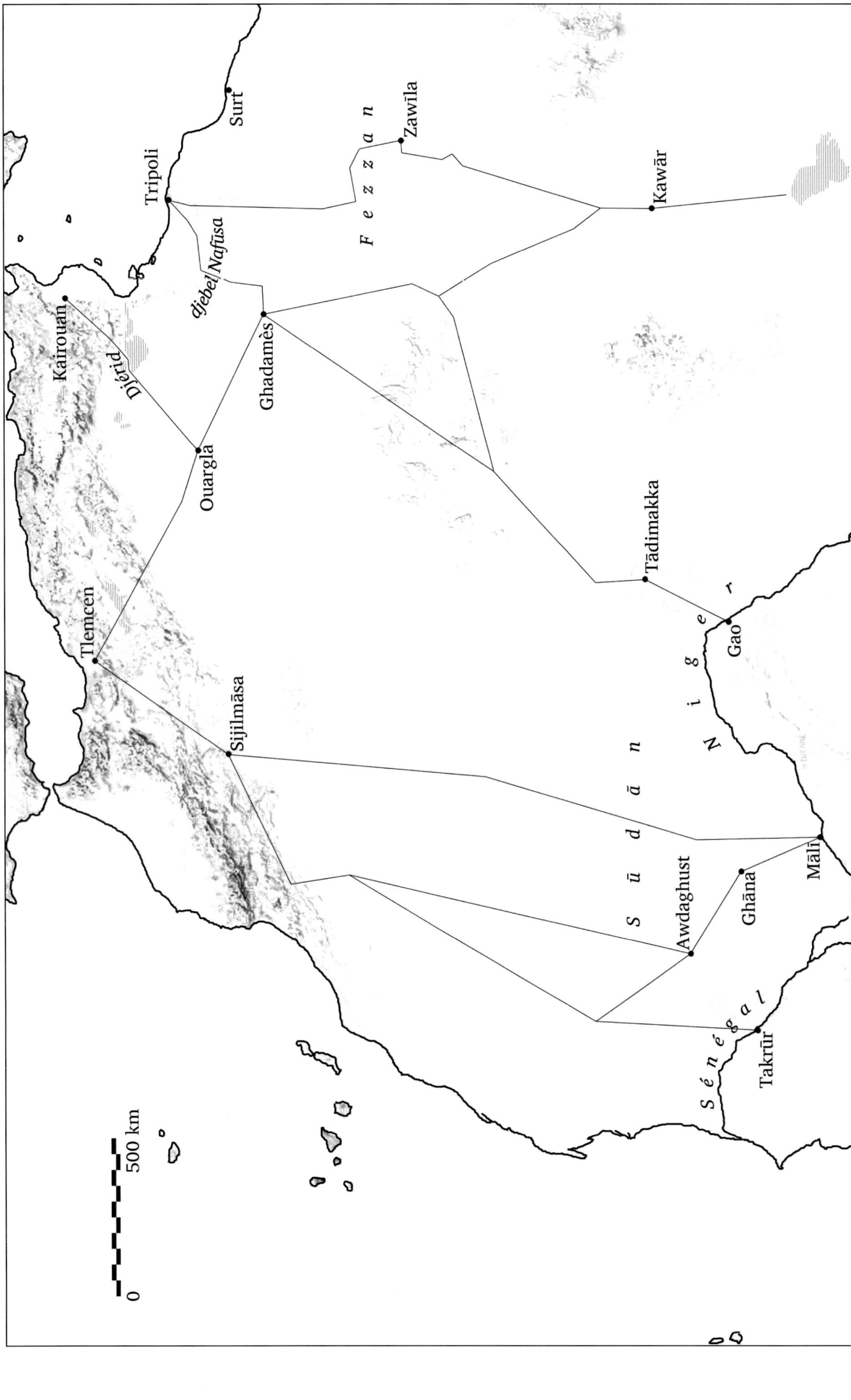

Carte 3. *Les principales voies commerciales transsahariennes, d'après Thiry,* Le Sahara libyen dans l'Afrique du Nord médiévale, *carte 5*

rustumide, les Nafūsa atteignent une puissance inégalée, si bien que le second imam 'Abd al-Wahhāb (*ca* 784-823) disait : « cette religion a surgi grâce aux épées des Nafūsa et aux richesses des Mazāta. »[140] Quatre d'entre eux – dont le fameux Mahdī al-Wīghawī, savant versé dans l'art de la controverse – acceptent de venir à Tāhart pour aider 'Abd al-Wahhāb à lutter contre les mu'tazilites wāṣilites[141]. Plus tard, 'Abd al-Wahhāb, qui projette d'accomplir le pèlerinage à La Mecque, réside pendant sept ans dans le djebel Nafūsa. Au cours de ce séjour, en 196/811-812, il tente de s'emparer de Tripoli avec les Hawwāra, mais doit lever le siège ; Mahdī al-Wīghawī périt lors de cet épisode[142]. À l'issue de ce siège, un traité de paix est signé entre les ibadites et les Aghlabides : ces derniers conservent le pouvoir sur Tripoli et la côte, mais reconnaissent l'autorité des Rustumides sur tout l'arrière-pays tripolitain[143]. Le djebel Nafūsa est donc désormais « officiellement » rattaché à Tāhart et l'imam 'Abd al-Wahhāb nomme comme gouverneur (*'āmil*) de la région de Tripoli al-Samḥ ibn 'Abd al-A'lā, le fils de l'imam Abū l-Khaṭṭāb al-Ma'āfirī.

À la mort de ce gouverneur, la population confie le poste à son fils Khalaf ibn al-Samḥ sans demander l'accord de l'imam. 'Abd al-Wahhāb s'oppose à cette nomination et les partisans de Khalaf proclament alors que celui-ci est leur imam et qu'une partie des territoires leur revient[144]. Au début du règne de l'imam Aflaḥ (*ca* 823-871), Khalaf s'installe dans un endroit nommé Tīmtī qui semble être la capitale de son imamat indépendant. Sans relâche, ses partisans attaquent les ibadites wahbites, restés fidèles aux Rustumides, qui sont dirigés par Abū 'Ubayda 'Abd al-Ḥamīd al-Janāwunī, le *'āmil* rustumide du djebel Nafūsa. Les khalafites combattent sans relâche, pillent les villages, dévalisent et tuent ceux qui reconnaissent l'imam de Tāhart. Le 13 *rajab* 221/2 juillet 836, les deux armées s'affrontent violemment. Celle de Khalaf est mise en fuite et perd beaucoup d'hommes ; le rebelle se retire alors définitivement à Tīmtī, tandis qu'Abū 'Ubayda regagne Ijnāwun qui est le centre de son pouvoir[145]. Si le domaine de Khalaf s'étend principalement dans la partie orientale du djebel jusqu'à l'est de Yafran, il a aussi des partisans venant de contrées situées beaucoup plus à l'ouest, comme Wīghū et Sharūs[146].

Les problèmes avec les khalafites recommencent à la toute fin du IXe siècle, alors qu'Abū Manṣūr Ilyās est le gouverneur rustumide du djebel Nafūsa : il part à la recherche du fils de Khalaf ibn al-Ṣamḥ qui a certainement repris ses attaques contre les wahbites. Il le retrouve sur la presqu'île de 'Akāra, face à Djerba, et tue un grand nombre de ses partisans[147]. Abū Manṣūr Ilyās a pour particularité d'être mentionné par les sources non ibadites : outre ce qu'en dit al-Ya'qūbī, Ibn 'Idhārī affirme que lorsqu'en 267/880-881, Tripoli, alors aux mains des Aghlabides, est assiégé par al-'Abbās ibn Aḥmad ibn Ṭūlūn, les habitants sollicitent l'aide d'Abū Manṣūr Ilyās, qui parvient à le vaincre avec 12 000 Nafūsa. Parmi les chroniqueurs ibadites, seul al-Shammākhī rapporte cette victoire, en se référant à Ibn al-Raqīq[148]. Les Nafūsa

---

[140] Abū Zakariyyā', p. 150.

[141] Abū Zakariyyā', pp. 104-114.

[142] Abū Zakariyyā', pp. 115-117. Au cours de ce séjour, l'imam fait bâtir une mosquée. I. al-Būjadīdī *et al.* (éd.), *Al-quṣūr wa-l-ṭuruq*, pp. 129-130, affirment qu'elle existe toujours dans la région d'al-Rujabān, plus précisément dans l'actuelle Awlād 'Abd al-Jalīl, nommée jadis al-Za'afarān. On verrait encore d'anciennes inscriptions sur les murs de cette mosquée 'Abd al-Wahhāb ibn Rustum.

[143] Al-Shammākhī, p. 289.

[144] Sur ce schisme, voir Abū Zakariyyā', pp. 119-123 ; al-Darjīnī, pp. 67-70 ; al-Shammākhī, pp. 311-312. Voir aussi V. Prevost, « La deuxième scission ». Outre le djebel Nafūsa, les khalafites vivent dans la presqu'île de 'Akāra, à Zuwāra, à Djerba et peut-être à Ghadamès.

[145] Abū Zakariyyā', pp. 129-135 ; al-Darjīnī, pp. 72-76 ; al-Shammākhī, pp. 315-320. La plupart des localités mentionnées dans ce chapitre historique figurent, *infra*, sur les cartes 4a et 4b.

[146] Al-Shammākhī, p. 317, p. 318 et p. 338.

[147] Sur la révolte du fils de Khalaf, Abū Zakariyyā', pp. 146-149 ; al-Darjīnī, pp. 84-87 ; al-Shammākhī, pp. 364-365. Voir aussi V. Prevost, « La deuxième scission », pp. 40-43.

[148] Al-Ya'qūbī, p. 346 ; Ibn 'Idhārī, I, p. 119 ; al-Shammākhī, p. 365.

apparaissent ici comme les vrais maîtres du pays : ils chassent seuls al-'Abbās ibn Aḥmad ibn Ṭūlūn venu conquérir l'Ifrīqiya, montrant ainsi leur influence sur la côte tripolitaine. En effet, bien qu'ils aient transféré leur centre politique dans le djebel, ils continuent à dominer une partie de la plaine de la Jaffāra et contrôlent la voie de communication qui relie l'Ifrīqiya à l'Égypte[149].

La première description que nous possédons du djebel Nafūsa est celle d'al-Ya'qūbī, qui décrit à la fin du IXe siècle dans son *Kitāb al-buldān* le territoire (*arḍ*) des Nafūsa, un peuple qui ne parle pas l'arabe. Tous sont ibadites et ils ont un chef nommé [Abū Manṣūr] Ilyās dont ils ne contestent pas l'autorité. Ils vivent dans les montagnes de Tripoli où ils possèdent des fermes, des villages, des terres agricoles et de nombreux immeubles. Ils ne paient pas l'impôt foncier au pouvoir et n'obéissent qu'à leur chef installé à Tāhart, 'Abd al-Wahhāb ibn 'Abd al-Raḥmān ibn Rustum[150].

La paix signée au début du IXe siècle avec les Aghlabides est rompue en 283/896. Alors que l'émir Ibrāhīm II, clamant qu'il part envahir l'Égypte, quitte l'Ifrīqiya, les Nafūsa barrent la route à l'armée aghlabide, provoquant le conflit resté célèbre sous le nom de bataille de Mānū. Selon les sources ibadites, l'affrontement fait 12 000 morts, 4000 Nafūsa et 8000 autres Berbères, parmi lesquels 400 savants et juristes[151]. Les chroniqueurs se lamentent : les Nafūsa étaient à cette époque les sujets les plus obéissants de l'État rustumide et les plus courageux face aux ennemis[152]. Ils avaient atteint un haut niveau de science, de piété, de justice et de ferveur ; ils étaient respectés du Machreq au Maghreb[153]. Il est probable qu'ils ont répondu à l'appel au combat de chefs schismatiques, plutôt que de suivre l'avis des représentants des Rustumides qui leur recommandaient de ne pas combattre. Dans la seconde moitié du IXe siècle en effet, les ibadites sont partagés entre différentes tendances : outre les wahbites fidèles aux Rustumides, outre les nombreux nukkārites[154], le schisme khalafite séduit comme on l'a vu une partie des fidèles. De nombreux ibadites, tant dans le Sud tunisien que dans le djebel Nafūsa, adhèrent également au schisme de Naffāth ibn Naṣr, qui reproche à l'imam Aflaḥ son goût du luxe et son immobilisme face à l'expansion des Aghlabides[155]. Tous ces ibadites dissidents rejettent par principe l'opinion des représentants de Tāhart puisque les doctrines schismatiques se fondent essentiellement sur une ferme opposition à l'autorité politique des Rustumides. En révélant tout à la fois le désaveu de Tāhart par la majorité des ibadites du djebel et la confiance que les Nafūsa et nombre d'autres tribus berbères ont accordée aux doctrines schismatiques, la bataille de Mānū renforce paradoxalement l'importance des schismes dans le djebel Nafūsa, en actant définitivement la rupture avec Tāhart.

Cet épisode a des conséquences importantes à la fois pour l'avenir des Rustumides qui perdent leur rempart oriental et pour le djebel Nafūsa, dont la population subit des torts considérables. La mort d'un grand nombre d'hommes entraîne de gros problèmes économiques dans cette région qui vit principalement de

[149] T. Lewicki, « La répartition géographique », p. 330.
[150] Al-Ya'qūbī, p. 346.
[151] Abū Zakariyyā', pp. 150-157 ; al-Darjīnī, pp. 87-91 ; al-Shammākhī, pp. 423-425. Voir V. Prevost, « Les enjeux de la bataille de Mānū ».
[152] Al-Darjīnī, p. 87.
[153] Al-Shammākhī, p. 423.
[154] Les nukkārites font sécession en 168/784-785, à la nomination du second imam 'Abd al-Wahhāb, après avoir vainement tenté de lui faire accepter deux conditions qu'ils jugent indispensables à l'exercice de son pouvoir : gouverner sous le contrôle d'une assemblée et accepter de démissionner s'il se trouve quelqu'un de plus capable que lui. Voir entre autres Abū Zakariyyā', pp. 89-102.
[155] Sur ce schisme, voir Abū Zakariyyā', pp. 136-143 ; al-Darjīnī, pp. 77-82. Naffāth s'élève également contre les impôts réclamés par l'imam. Contrairement aux nukkārites et aux khalafites, il ne semble pas faire preuve de violence. Son mouvement est représenté dans le djebel Nafūsa et dans le Djérid, mais aussi dans le djebel Demmer. Voir V. Prevost, « Les innovations ».

l'agriculture et de l'élevage. Al-Wisyānī le montre bien en notant qu'après la défaite, le peu d'hommes qui subsiste doit faire appel à des hommes de peine salariés pour pouvoir récolter les produits des arbres[156]. Tadeusz Lewicki note que c'est après ce conflit que le peuple des Nafūsa se replie dans les montagnes qui portent son nom[157] ; les ibadites survivants s'y étaient déjà réfugiés après la défaite de l'armée d'Abū l-Khaṭṭāb al-Ma'āfirī en 144/761. Suite au décès d'un grand nombre de savants, les Nafūsa perdent provisoirement la suprématie intellectuelle dont ils jouissaient auprès de leurs coreligionnaires.

La fonction de gouverneur rustumide du djebel Nafūsa disparaît après la défaite de Mānū ; 'Abd Allāh ibn al-Khayr devient le *ḥākim* du djebel Nafūsa[158]. La fonction de *ḥākim*, destinée à combler la disparition du gouverneur rustumide, est manifestement créée au tout début du Xe siècle et perdure jusqu'à la première moitié du XIVe siècle. Le *ḥākim* est à la fois un gouverneur jouissant de tout le pouvoir administratif et politique, et un juge chargé de démêler les problèmes survenant entre ses administrés. Il dirige la communauté ibadite du djebel en tenant compte de l'avis d'un certain nombre d'importants chefs locaux nommés *sayyid*, *muqaddam* ou à nouveau *ḥākim*, qui gouvernent des branches tribales ou des localités particulières. Le poste se transmet de façon héréditaire ou fait l'objet d'une élection. Le djebel adopte, en instaurant la fonction de *ḥākim*, une nouvelle organisation politique purement locale, indépendante des autres régions ibadites[159].

LA PÉRIODE FATIMIDE (*CA* 909-973)

Les persécutions contre les ibadites commencent manifestement dès le règne du premier calife fatimide 'Ubayd Allāh : en 310/922-23, les troupes commandées par 'Alī ibn Salmān al-Dā'ī se portent contre le djebel Nafūsa, alors dirigé par le *ḥākim* Abū Yaḥyā Zakariyyā' al-Irjānī[160], qu'Ibn 'Idhārī nomme Abū Baṭṭa. Nous avons deux récits de cette affaire, l'un par Ibn 'Idhārī et l'autre par al-Bughṭūrī, repris par al-Shammākhī. Ibn 'Idhārī donne les renseignements suivants : « En 310/922-23, les Nafūsa s'opposèrent à 'Ubayd Allāh et nommèrent à leur tête Abū Baṭṭa. De nombreux combattants se rassemblèrent autour de lui et sa puissance s'intensifia. 'Ubayd Allāh envoya contre eux 'Alī ibn Salmān al-Dā'ī avec une forte troupe. Lorsqu'il approcha d'eux, ils l'attaquèrent pendant la nuit et tuèrent certains de ses compagnons. Les survivants furent mis en fuite et se séparèrent de 'Alī. Ce dernier se rendit à Tripoli et écrivit ce qui s'était passé à 'Ubayd Allāh, lequel écrivit à 'Alī ibn Luqmān, son *'āmil* à Gabès, de tuer tous les fuyards qui passeraient par chez lui. Il en tua un bon nombre. 'Ubayd Allāh procura des troupes à 'Alī ibn Salmān et ce dernier commença à assiéger les Nafūsa avec détermination. »[161] Ibn 'Idhārī affirme plus loin qu'au mois de *sha'bān* 311/novembre-décembre 923, 'Alī ibn Abī (*sic*) Salmān infligea un châtiment aux gens de Nafūsa ; il pénétra dans leur place forte, la détruisit, tua les hommes et captura les enfants[162]. Pour Ibn 'Idhārī, ce sont donc les Nafūsa qui s'opposent à 'Ubayd Allāh. Dans le premier passage, les troupes fatimides assiègent le djebel Nafūsa, peut-être la citadelle d'al-Jazīra mentionnée

---

[156] Al-Wisyānī, p. 272.
[157] T. Lewicki, *Encyclopédie de l'Islam*, 2ème éd., s.v. Mānū (VI, p. 438).
[158] Al-Bughṭūrī, p. 107 ; al-Shammākhī, p. 382.
[159] T. Lewicki, « Ibāḍitica. 2 », p. 98 et *passim*.
[160] Al-Shammākhī écrit al-Arjānī. La localité dont provient ce gentilé s'écrit Irjān/Arjān ou Arkān/Irkān. Voir T. Lewicki, *Études ibāḍites nord-africaines*, p. 98.
[161] Ibn 'Idhārī, I, p. 187.
[162] Ibn 'Idhārī, I, p. 188.

dans les récits ibadites[163] ; dans le deuxième passage, elles ruinent une citadelle mais on ignore s'il s'agit du même siège ou si l'armée est repartie entre-temps. La version ibadite des faits apparaît dans deux biographies successives, celle d'Abū Yaḥyā Zakariyyā' al-Irjānī et celle de son fils Abū Zakariyyā'. Al-Shammākhī évoque Abū Yaḥyā Zakariyyā' « le *qāḍī* juste, le savant accompli, l'imam vertueux qui a réuni la science, la pratique et la piété », que les Nafūsa ont nommé *ḥākim* ou imam de défense (*imām mudāfi'*)[164]. Selon lui, les Kutāma (les troupes de 'Ubayd Allāh) ont attaqué al-Jazīra, Abū Yaḥyā les a affrontés et Dieu les a mis en déroute. Il les a affrontés une autre fois près de Tirakt[165] et Dieu les a mis à nouveau en déroute. Il a alors été tué d'un coup porté par un de ses compagnons[166].

En confrontant ces trois textes, il apparaît qu'Abū Yaḥyā Zakariyyā' remporte une première victoire contre les Fatimides lors de l'attaque de la citadelle d'al-Jazīra en 310/922-923, mais qu'il est tué dans la seconde attaque fatimide en 311/923 près de Tirakt. Il semble que le *ḥākim* a dirigé l'ensemble du djebel depuis la ville de Jādū pendant une quinzaine d'années, en totale indépendance ; il a sans doute été nommé imam de défense peu après la chute de Tāhart[167]. Gérard Dangel se demande si l'on peut y voir une tentative de reconstitution d'un imamat ibadite au Maghreb centré sur le djebel Nafūsa, comme cela s'était déjà produit avant l'élection d'Ibn Rustum, ou s'il ne s'est agi que d'une nomination provisoire destinée à mieux résister aux assauts fatimides[168]. La réponse à cette question reste malheureusement inconnue. Après sa mort, Abū Yaḥyā Zakariyyā' est remplacé par Abū 'Abd Allāh ibn Abī 'Amr, le petit-fils d'Abū Manṣūr Ilyās, qui est ensuite révoqué. Abū Zakariyyā' ibn Abī Yaḥyā Zakariyyā' al-Irjānī, le fils de l'imam de défense, lui succède[169]. Pour al-Bughṭūrī, dès qu'Abū Zakariyyā' prend en charge les affaires des ibadites en tant que *ḥākim* du djebel, ils doivent partir pour résister à l'armée des Fatimides (*Musawwida*). Les Fatimides les vainquent et tuent un grand nombre d'entre eux. Abū Zakariyyā' est frappé à ce moment par un de ses compagnons, un homme de Ṭarmīsa[170]. Il est donc tué sans doute peu après son élection[171]. Après la mort d'Abū Zakariyyā', les Nafūsa rétablissent Abū 'Abd Allāh ibn Abī 'Amr comme *ḥākim* et ce dernier est encore au pouvoir lorsque s'organise la révolte de Bāghāya[172].

---

[163] On voit bien l'emplacement d'al-Jazīra sur la carte 1/100 000 Giosc, au nord-ouest de Marqas (écrit Mèrghes), sur une hauteur qui surplombe la vallée de l'oued Sharūs. *Les bourgs et les chemins du djebel Nafūsa* évoque « un rocher taillé à pic de tous côtés qu'on appelle Azezira, l'on y accède par un seul passage très difficile. Au sommet de ce rocher, on voit l'emplacement des tentes des anciens habitants qui allaient se mettre à l'abri en cet endroit, fuyant devant l'ennemi. Il y avait au milieu du rocher une citerne qui existe encore. Au-dessous de cet îlot, est une très grande rivière ainsi qu'une très vaste gorge. » A. de C. Motylinski, *Le Djebel Nefousa*, pp. 102-103. Voir aussi J. Despois, *Le Djebel Nefousa*, p. 259, et la description de ce site imprenable dans 'A. Mu'ammar, *Al-ibāḍiyya fī mawkib al-tārīkh II*, II, p. 184. L'église (*kanīsa*) d'al-Jazīra est mentionnée dans la *Tasmiyat mashāhid al-jabal*. R. Basset, « Les sanctuaires du Djebel Nefousa », I, p. 434.

[164] Al-Shammākhī, p. 388. Al-Bughṭūrī, p. 131, intitule la première biographie « Abū Yaḥyā al-Irjānī, le *ḥākim* du djebel ». La doctrine ibadite conçoit quatre types d'imams qui concrétisent les quatre voies selon lesquelles la communauté peut s'affirmer au regard des autres musulmans. Ainsi, lorsqu'ils ont les moyens d'assurer la défense de leur communauté contre l'ennemi, les ibadites élisent secrètement un imam temporaire (*imām mudāfi'* ou *imām al-difā'*). Voir V. Prevost, *L'aventure ibāḍite dans le Sud tunisien*, pp. 52-53 et, pour plus de détails, l'excellente étude d'A. Gaiser, *Muslims, Scholars, Soldiers*.

[165] Il y avait deux Tirakt ou Tīrakt, aujourd'hui en ruine, l'un entre Nālūt et Kabāw, au nord-est d'Awlād Maḥmūd, et l'autre à l'est de Jādū, dans la région d'al-Rujabān. Voir A. de C. Motylinski, *Le Djebel Nefousa*, p. 83 et p. 106 ; J. Despois, *Le Djebel Nefousa*, p. 222, n. 3.

[166] Al-Shammākhī, p. 390. Le texte d'al-Bughṭūrī, p. 132, est très corrompu.

[167] Le *Siyar al-mashāyikh*, p. 544, mentionne Abū Zakariyyā' d'Arkān qui est imam après Abū Ḥātim (l'imam rustumide qui règne jusqu'en 294/906-907). Pour T. Lewicki, « Ibāḍitica. 2 », pp. 99-100, l'auteur confond ce personnage avec son père, Abū Yaḥyā Zakariyyā'.

[168] G. Dangel, *L'imamat ibadite de Tahert*, pp. 296-297.

[169] Al-Shammākhī, p. 390 et p. 486 ; T. Lewicki, « Ibāḍitica. 2 », p. 101. I. al-Būjadīdī *et al.* (éd.), *Al-quṣūr wa-l-ṭuruq*, p. 177, évoquent une mosquée d'Abū Zakariyyā' Yaḥyā al-Irjānī qui se compose d'une seule travée, sans aucun pilier, et qui se trouve à environ 2 km au sud du village de Mazzū, qui a remplacé Irjān. Les photos, p. 361, montrent une très petite mosquée chaulée avec un mihrab en forte saillie et un mihrab de cour. Manifestement, les auteurs confondent l'imam de défense Abū Yaḥyā Zakariyyā' et son fils, et l'on ne sait auquel des deux est réellement associée la mosquée.

[170] Al-Bughṭūrī, p. 132 ; al-Shammākhī, pp. 390-391.

[171] Pour T. Lewicki, *Études ibāḍites nord-africaines*, p. 97, cette révolte contre les Fatimides qui se déroule vers le milieu du Xe siècle doit être comprise dans l'insurrection générale conduite par Abū Khazar Yaghlā ibn Zaltāf contre al-Mu'izz.

[172] T. Lewicki, « Ibāḍitica. 2 », p. 102.

Dans le but de venger l'assassinat du savant ibadite Abū l-Qāsim Yazīd ibn Makhlad, ordonné par le calife al-Mu'izz, et de fomenter une révolte contre les Fatimides, Abū Nūḥ Sa'īd ibn Zanghīl est envoyé dans la région de Tripoli et vient solliciter le *ḥākim* du djebel Nafūsa, Abū 'Abd Allāh ibn Abī 'Amr. Les Nafūsa répondent qu'ils sont très affaiblis depuis leur défaite à Mānū, mais que si les ibadites du Sud tunisien se sentent en mesure de venger Abū l-Qāsim, ils les aideront comme ils pourront[173]. En 358/969, les ibadites conduits par l'imam de défense Abū Khazar Yaghlā ibn Zaltāf assiègent la ville de Bāghāya sans attendre les renforts sollicités et connaissent une lourde défaite, restée célèbre sous le nom de rencontre des martyrs (*wāqi'at al-shuhadā'*)[174]. L'épisode de Bāghāya est le dernier grand soulèvement de l'histoire des ibadites maghrébins. Abū Khazar Yaghlā ibn Zaltāf a été, pendant une courte période, leur dernier imam de défense. Après la défaite, les ibadites sont contraints de retourner, et définitivement cette fois, à l'état de dissimulation (*kitmān*). Cet échec qui leur ôte désormais tout espoir de restaurer un imamat provoquera dans leurs communautés une longue réflexion qui aboutira dans la première moitié du XIe siècle à la fondation de la *ḥalqa* par Abū 'Abd Allāh Muḥammad ibn Bakr, un savant natif de Fursaṭā. La *ḥalqa*, destinée à pallier l'absence d'imam, est une organisation dans laquelle chaque communauté géographique élit un conseil de *'azzāba* (reclus) dirigé par un cheikh, ces conseils devant communiquer entre eux.

Lorsqu'Abū Khazar vient se réfugier, après la défaite de Bāghāya, dans le djebel Nafūsa, la région est dirigée par Abū Zakariyyā', le fils d'Abū 'Abd Allāh ibn Abī 'Amr, qui lui a succédé tout récemment. Ce dernier demeure *ḥākim* pendant soixante ou soixante-dix ans, sans que les Nafūsa ne connaissent de catastrophe – précise al-Shammākhī[175].

Plusieurs descriptions de la région dans la seconde moitié du Xe siècle nous sont parvenues dont la plus intéressante est sans doute celle du géographe Ibn Ḥawqal. Ce dernier voit dans le djebel Nafūsa une haute montagne dominant les alentours, qui couvre environ trois jours de marche sur une moindre largeur et compte deux villes pourvues de minbars. L'une d'elles, Sharūs, au centre de la montagne, possède des eaux courantes et des vignes, de bons raisins et des figues abondantes. La principale culture y est l'orge qui produit un excellent pain. La seconde ville du djebel est connue sous le nom de Jādū, elle possède un minbar et une mosquée *jāmi'*[176]. La carte du Maghreb figurant dans le *Kitāb ṣūrat al-arḍ* et son commentaire indiquent le djebel Nafūsa, encadré par Sharūs et Jādū, et habité par les hérétiques (*shurāt*)[177]. Ibn Ḥawqal mentionne également les éclatantes et précieuses étoffes réalisées par les Nafūsa[178]. Pour la même époque, al-Bakrī, s'inspirant de Muḥammad ibn Yūsuf al-Warrāq (m. 363/973-974), évoque trois jours de marche de Tripoli au djebel Nafūsa, le djebel ayant une longueur de six jours d'est en ouest. Il mentionne à côté des Nafūsa les Banū Zammūr qui possèdent la forteresse imprenable de Tīraqt et, au-delà, les Banū Tadarmayt qui possèdent trois forteresses. Au milieu de ces tribus se trouve la grande ville de Jādū, pourvue de *sūq*, dans laquelle habitent de nombreux juifs. La principale ville (*umm qurā*) est Sharūs, une belle et grande ville bien peuplée

[173] Abū Zakariyyā', pp. 201-202 ; al-Shammākhī, p. 527.
[174] Sur cette révolte, voir Abū Zakariyyā', pp. 201-206 ; al-Shammākhī, pp. 527-528 ; V. Prevost, « La révolte de Bāġāya ».
[175] Al-Shammākhī, pp. 486-487. Puisqu'il est déjà *ḥākim* juste après la bataille de Bāghāya en 358/969, il est censé diriger le djebel jusqu'en 418/1027-1028 ou 428/1036-1037.
[176] Ibn Ḥawqal, pp. 94-95. Il poursuit en évoquant les communautés ibadites réfugiées à cet endroit et ailleurs. Le début de cette description, énumérant les productions de Sharūs, est démarqué par al-Idrīsī, pp. 105/123-124.
[177] Ibn Ḥawqal, p. 63.
[178] bn Ḥawqal, p. 69.

dont la population est ibadite. Il n'y a pas là de mosquée *jāmi'*, ni dans les villages qui l'entourent, plus de trois cents villages bien peuplés. Les habitants ne se sont pas mis d'accord sur le choix d'un homme qui dirigerait la prière, dit al-Bakrī. Au centre du djebel Nafūsa poussent des dattiers, de très nombreux oliviers et des arbres fruitiers. En convoquant les tribus des alentours, on pourrait rassembler 16 000 hommes[179].

Il est bien étonnant de lire sous la plume d'Ibn Ḥawqal qu'il y avait deux minbars dans le djebel Nafūsa ; en effet, depuis la chute de Tāhart, les ibadites du Maghreb n'ont plus d'imam indépendant et ne font plus la *khuṭba*, leurs mosquées ne comptent donc pas de minbar. Soit Ibn Ḥawqal s'est trompé, soit il emploie le mot minbar dans le seul sens de mosquée de rassemblement, sans référence à la *khuṭba*. L'érudit al-Bakrī, bien au courant des affaires religieuses, devait par contre savoir que les ibadites ne faisaient plus la *khuṭba*, et sa remarque doit donc être comprise parmi les critiques virulentes qu'il adresse aux ibadites. Expliquer l'absence de mosquée *jāmi'* par une mésentente entre les habitants, suggérant dans le même temps leur manque de religion, est une des nombreuses expressions de sa malveillance à l'égard de cette population[180].

Il ne faut pas perdre de vue l'importance du commerce transsaharien pendant toute la période évoquée dans cette étude (voir carte 3). Al-Bakrī mentionne des Nafūsa parmi la population d'Awdaghust, et notamment un marchand nommé Abū Rustum al-Nafūsī[181]. Il note aussi que la route pour Zawīla part de Jādū[182]. Il est probable que certains commerçants nafūsī ont fait souche dans le Sahara pour se rapprocher des esclaves, leur principale marchandise. Des traces archéologiques subsisteraient au Kawār qui accréditeraient cette thèse : les villages fortifiés du Jādū – dont le nom est identique à la ville du djebel Nafūsa – ressembleraient par certains aspects à des constructions ibadites[183]. Les sources ibadites donnent de nombreux indices sur l'importance de ce commerce pour le djebel Nafūsa. Ainsi, dans la seconde moitié du IXe siècle, alors que 'Abd al-Ḥamīd al-Fazzānī se trouve dans le Sūdān, à un mois de marche du djebel Nafūsa, Abū Ma'rūf Wīdran ibn Jawwād, dont la mosquée est étudiée plus loin, lui écrit pour lui demander de lui envoyer un médicament pour les yeux[184]. Le fameux savant Abū l-Qāsim Sadrāt al-Bughṭūrī, qui survit à la bataille de Mānū (283/896), gagne beaucoup d'argent en voyageant à Tādimakka[185]. Abū Yaḥyā ibn Abī l-Qāsim al-Fursaṭā'ī, dont la mosquée est également étudiée dans les pages qui suivent, est connu pour sa conversion du roi des Sūdān, qui interviendrait dans la première partie du Xe siècle[186]. Dans la première moitié du XIe siècle sans doute, une caravane venue de Takrūr parvient au djebel Nafūsa[187].

---

179 Al-Bakrī, pp. 9/25-26. Yāqūt, II, p. 107, reprend sa description de Jādū. Il reprend aussi, III, p. 245, sa description de Sharūs sous le nom de Sarūs, tout en indiquant qu'on peut aussi dire Sharūs. Enfin, Yāqūt, V, p. 343, évoque le djebel Nafūsa en se fondant à la fois sur Ibn Ḥawqal et sur al-Bakrī. Dans la première moitié du XIVe siècle, le *Nukhbat al-dahr* d'al-Dimashqī, p. 339, reprend quelques éléments de la description d'al-Bakrī à propos de Sharūs.

180 J. Thiry, *Le Sahara libyen*, pp. 331-332 ; V. Prevost, « Une minorité religieuse vue par les géographes », p. 197. Sur la question de l'absence de minbar, voir *infra*.

181 Al-Bakrī, pp. 158-159/300-301.

182 Al-Bakrī, p. 10/26. Sur cet itinéraire, voir J. Thiry, *Le Sahara libyen*, pp. 438-442.

183 D. Lange et S. Berthoud, « Al-Qaṣaba et d'autres villes de la route centrale du Sahara », pp. 34-35.

184 Al-Wisyānī, p. 242 ; al-Darjīnī, p. 327 ; al-Shammākhī, p. 418.

185 Al-Bughṭūrī, p. 51, sous la forme *Qādimakkat*.

186 Al-Bughṭūrī, pp. 65-66, rapporte qu'Abū Yaḥyā voyage vers le pays des Sūdān et trouve leur roi en état de faiblesse, le corps décharné. Il s'enquiert de son état et le roi lui parle de la mort. Abū Yaḥyā se met alors à évoquer la puissance de Dieu, le paradis et l'enfer, mais le roi l'accuse de mentir : si ce que dit le marchand ibadite est vrai, que vient-il chercher dans le pays des Sūdān ? Abū Yaḥyā recommence sans relâche à vanter les bienfaits de Dieu jusqu'à ce que le roi finalement se convertisse. Sa soumission à Dieu est alors entière. Abū Yaḥyā raconte qu'il bêche désormais son terrain et que sept bœufs transportent la terre derrière lui. Voir aussi al-Shammākhī, p. 478.

187 Al-Bughṭūrī, p. 87 ; al-Shammākhī, p. 431.

DE LA PÉRIODE ZIRIDE AU XIIIe SIÈCLE

Malgré qu'al-Shammākhī affirme que les Nafūsa ne connaissent pas de catastrophe sous le gouvernorat d'Abū Zakariyyā' ibn Abī 'Abd Allāh ibn Abī 'Amr, de gros problèmes apparaissent lorsque les Zirides tentent de les intimider pour les contraindre à adopter le sunnisme[188]. C'est manifestement pour se venger de leur refus qu'al-Mu'izz ibn Bādīs (1016-1062) envoie une armée qui fait le siège du djebel Nafūsa pendant douze ans, siège à la suite duquel la région devient tributaire des Zirides[189]. En effet, un *'āmil* ziride vient réclamer mille dinars au *ḥākim* Abū Zakariyyā', mais ce dernier ne peut en réunir que deux cents[190]. Dans la première moitié du XIe siècle a lieu un épisode très obscur. Abū Zakariyyā' parle de la défaite d'al-Abrāj (*hazīmat al-Abrāj*) qui a lieu l'année où les Zanāta et les Ṣanhāja – c'est-à-dire les Zirides – se mettent en mouvement dans la région de Tripoli, et où il y a de nombreux tremblements de terre ; c'est à cette époque que 'Abd Allāh Muḥammad ibn Bakr décide de se rendre avec ces compagnons dans le wādī Rīgh, où il fondera la *ḥalqa*[191]. Il semblerait donc que cette guerre ait eu lieu peu avant 409/1018-1019, date que l'on retient habituellement pour la création de la *ḥalqa*[192]. Al-Shammākhī rapporte que lorsqu'Abū Faḍl Sahl se met à gouverner, vraisemblablement comme *ḥākim*, les Nafūsa sont soumis aux *Musawwida* – c'est-à-dire aux Zirides –, aux Zanāta et aux Arabes ; un jour il s'attaque aux Zanāta, parvient à al-Abrāj et à l'issue de cette guerre, Dieu met les Zanāta en fuite et les disperse[193]. Al-Shammākhī évoque l'implication des Arabes dans cette affaire : l'installation progressive des Banū Hilāl et particulièrement des Zughba en Tripolitaine, à la fin de la première moitié du XIe siècle, provoque certainement un refoulement partiel de la population ibadite de la Jaffāra occidentale vers le djebel. L'arrivée des nomades arabes a manifestement une portée beaucoup plus importante pour les Nafūsa que les conquêtes du VIIe siècle et, si l'on en croit Jean Despois, les termes de montagnards et de Nafūsa seront désormais inséparables[194].

Une guerre oppose Shārūs et Wīghū, alors qu'Abū l-Sha'thā' est le *ḥākim* de Shārūs[195] et qu'Abū 'Abd Allāh al-Kabīr est le *ḥākim* de Wīghū. Sharūs semble alors être la ville la plus importante du djebel[196]. Cette guerre dure pendant sept ans, à

[188] Al-Shammākhī, p. 493, affirme qu'Abū 'Abd Allāh Muḥammad ibn Jannun al Sharusi, le secretaire d'Abū Zakariyyā' ibn Abī 'Abd Allāh ibn Abī 'Amr, répond aux « rois d'Ifrīqiya », qui ne peuvent être que les Zirides. T. Lewicki, *Études ibāḍites nord-africaines*, pp. 42-43.

[189] Al-Wisyānī, pp. 277-278 ; T. Lewicki, « Ibāḍitica. 2 », p. 103. Il y a d'autres attaques contre les ibadites sous le règne d'al-Mu'izz ibn Bādīs, notamment l'attaque de Djerba en 431/1039-1040 et celle de la ville de Darjīn près de Nefta en 440/1048-1049. Voir V. Prevost, *L'aventure ibāḍite dans le Sud tunisien*, pp. 194-199.

[190] Al-Bughṭūrī, p. 75 ; al-Shammākhī, p. 489. Al-Wisyānī, pp. 241-242, explique également qu'al-Mu'izz ibn Bādīs offre une épée aux cheikhs nafūsī afin de susciter chez eux des opinions discordantes, de provoquer la désunion et de jeter le doute. En effet, ces derniers s'opposent à ce sujet, certains voulant rendre l'épée, d'autres voulant la garder, ou encore s'en séparer en la brisant ou en l'enterrant.

[191] Abū Zakariyyā', pp. 254-255. Al-Darjīnī, pp. 368-369, évoque également l'année d'al-Abrāj, celle de la guerre entre les Zanāta et les Ṣanhāja.

[192] B. Cherifi, *Études d'anthropologie historique et culturelle sur le M'Zab*, p. 260 ; F. al-Ja'bīrī, *Niẓām al-'azzāba*, p. 36. M. Mazhūdī, *Jabal Nafūsa fī l-'aṣr al-islāmī al-wasīṭ*, p. 287, date al-Abrāj en 395/1004-1005 en associant les tremblements de terre évoqués par Abū Zakariyyā' et les événements décrits par Ibn 'Idhārī, I, pp. 256-257.

[193] Al-Shammākhī, p. 432. Al-Wisyānī, pp. 479-480, dit que les Ṣanhāja attaquent les Zanāta chez eux à al-Abrāj, alors qu'Abū 'Abd Allāh Muḥammad ibn Bakr est encore vivant, soit avant 440/1048-1049. Pour le *Siyar al-mashāyikh*, p. 554, les Ṣanhāja ont été vaincus par les Zanāta à la défaite d'al-Abrāj, les Zanāta les ont tués et ont capturé Umm Yūsuf, la femme d'al-Mu'izz ibn Bādīs. Pour T. Lewicki, « Ibāḍitica. 2 », p. 105, les Zanāta désigneraient ici les Banū Khazrūn de Tripoli qui se seraient emparés du djebel Nafūsa, les Arabes désignant les Banū Hilāl.

[194] J. Despois, *Le Djebel Nefousa*, pp. 139-140 ; T. Lewicki, « La répartition géographique », p. 330. Sur ces événements, dont la prise de Tripoli par les Zughba en 429/1037-1038, voir V. Prevost, *L'aventure ibāḍite dans le Sud tunisien*, pp. 213-215.

[195] I. al-Būjadīdī *et al.* (éd.), *Al-quṣūr wa-l-ṭuruq*, p. 126 et photos pp. 349-350, signalent que la mosquée Abū l-Sha'thā' existe toujours à al-Rujabān : la photo ancienne montre qu'elle comprenait une curieuse entrée pyramidale en pierres de taille et qu'elle était dépourvue de toit. Depuis lors, elle a été détruite et reconstruite. La tombe d'Abū l-Sha'thā' se trouve à l'est de la mosquée, entourée par un petit cimetière.

[196] M. Mazhūdī, *Jabal Nafūsa fī l-'aṣr al-islāmī al-wasīṭ*, p. 216, estime que c'est le *ḥākim* Abū 'Amr Maymūn ibn Muḥammad al-Sharūsī, contemporain d'al-Mu'izz ibn Bādīs, qui a choisi de faire de sa ville natale Sharūs le siège de sa *wilāya*. Sur ce personnage, voir T. Lewicki, « Ibāḍitica. 2 », pp. 104-105.

l'époque de Wārsiflās ibn Mahdī, donc manifestement dans la première moitié du XIe siècle[197]. Ce conflit est censé avoir conduit à la destruction et à l'abandon de Sharūs dans le courant du XIIe siècle ; c'est en tout cas la tradition qui est répétée par les habitants de la région[198]. Selon Jean Despois, les gens de Wīghū auraient appelé des « Arabes » à la fin du XIe siècle pour venir à bout de la trop puissante Sharūs qui aurait été pillée et ruinée[199]. Le fait que la guerre entre Wīghū et Sharūs aurait abouti à la destruction de cette dernière est peu crédible, puisqu'une présence juive y est attestée encore au XVe siècle[200]. Au XIe siècle, les ibadites du djebel sont toujours divisés : les naffāthites ne sont plus mentionnés mais les autres groupes sont encore bien présents. À l'époque d'al-Mu'izz ibn Bādīs, la population de Yafran n'est pas wahbite mais khalafite, ḥusanite ou nukkārite[201].

Le *Kitāb al-istibṣār*, attribué à Muḥammad ibn 'Abd Rabbihī (m. 602/1205), reprend une partie des informations fournies par al-Bakrī, ajoutant que l'on voit en de nombreux endroits de cette montagne des ruines fort anciennes et surprenantes, qui renferment des curiosités. Selon lui, c'est Jādū – et non plus Sharūs – qui est la capitale (*umm qurā*) du djebel Nafūsa. Il précise que Sharūs est une ville ancienne qui renferme des vestiges antiques. Les gens du djebel n'ont pas de prince (*amīr*) auquel ils se soumettent, mais bien des cheikhs et des *faqīh* représentant leurs doctrines[202]. Le *Kitāb al-istibṣār* rapporte une longue anecdote dans laquelle un habitant du djebel, bien qu'il ait de l'eau à sa disposition, mime les gestes de l'ablution rituelle sans en utiliser ; en effet, nombre d'entre eux ne veulent pas employer d'eau pour les ablutions, se roulent dans la poussière et font le *tayammum* à la place de l'ablution rituelle. La doctrine du djebel Nafūsa autorise la prostitution : tout homme riche possède chez lui de nombreuses filles qu'il habille de beaux vêtements et couvre de bijoux pour les proposer au long des routes. Des maisons sont destinées à ce commerce, qui est bien connu chez eux et non blâmable[203]. Tout comme al-Bakrī, le *Kitāb al-istibṣār* est particulièrement injuste vis-à-vis des ibadites : les ablutions pulvérales (*tayammum*) sont autorisées par le Coran (IV, 43 et V, 6) et la prostitution répandue partout, bien que l'on puisse difficilement concevoir les maisons qui lui seraient dédiées chez les ibadites si puritains[204] ! On note d'ailleurs jusqu'au XXe siècle l'utilisation d'injures destinées spécifiquement aux ibadites, insulter la religion de son adversaire étant une malédiction très répandue dans le Maghreb : c'est le cas des termes *khārjī* pour voyou/souteneur (issu de khārijite), *khārjiyya* pour prostituée, *jirbī* pour avare (issu de djerbien), *jabalī* pour idiot (par allusion au djebel ibadite), et *nafūsī* pour scélérat, dont l'allusion au djebel Nafūsa semble curieusement être ignorée[205].

Dès 573/1177-1178, le djebel Nafūsa entre dans une période très difficile, pris dans la lutte que se livrent dans le Maghreb oriental les Almoravides Banū Ghāniya, les Ayyoubides d'Égypte et l'aventurier Qarāqūsh. Le djebel est alors conquis par Qarāqūsh, qui partage l'immense butin acquis avec les Arabes Dabbāb. L'un des chefs des Banū Ghāniya, Yaḥyā ibn Isḥāq al-Mayūrqī, occupe le djebel en 600/1203-1204

---

197 Al-Bughṭūrī, p. 99 ; al-Shammākhī, pp. 497-499. Voir aussi T. Lewicki, *Études ibāḍites nord-africaines*, p. 45.

198 M. Warfallī, *Some Islamic Monuments*, p. 140. J.W. Allan, « Some Mosques of the Jebel Nafusa », p. 154, considère que Sharūs a été détruite par sa rivale Wīghū vers 1100.

199 Une partie des habitants se serait alors réfugiée au « Gsar Ouillem » où aurait été déménagée une partie de la bibliothèque des savants. J. Despois, *Le Djebel Nefousa*, p. 299. Sur le qaṣr Walam de Sharūs, voir *supra*.

200 M. Warfallī, *Some Islamic Monuments*, p. 144. Sur la présence juive, voir *infra*.

201 Al-Shammākhī, p. 519. Aḥmad ibn al-Ḥusayn, fondateur de la secte des ḥusaniyya ou ḥusayniyya, a vécu à Tripoli dans la première moitié du IXe siècle. Il a diffusé ses idées dans le djebel Nafūsa à l'époque de l'imam Aflaḥ (*ca* 823-871) ; sa propagande a été fortement réprimée par les wahbites. T. Lewicki, « Les subdivisions », pp. 80-81.

202 *Kitāb al-istibṣār*, pp. 144-145.

203 *Kitāb al-istibṣār*, p. 145.

204 Sur l'usage du *tayammum* chez les ibadites, V. Prevost, « Une minorité religieuse vue par les géographes », p. 199.

205 J. Thiry, *Le Sahara libyen*, pp. 336-337.

et impose un tribut gigantesque aux habitants. Ces derniers profitent en 606/1209-1210 de sa défaite face aux Almohades, sur leurs terres, pour se soulever contre lui[206]. Il semble qu'après cette époque mouvementée, c'est bien Jādū – comme l'affirme le *Kitāb al-istibṣār* – qui devient l'agglomération principale du djebel, au détriment de Sharūs. On peut imaginer que les raids de Qarāqūsh et de Yaḥyā ibn Isḥāq al-Mayūrqī se sont plutôt portés contre Sharūs où le produit des razzias pouvait être plus important, et que Jādū, point d'aboutissement de la voie transsaharienne, a alors repris le rôle exercé auparavant par sa voisine[207].

À l'époque d'Abū Yaḥyā Zakariyyā' ibn Ibrāhīm al-Bārūnī – qui a régénéré la doctrine ibadite – les Banū Yafran ainsi que les habitants de Kikla, de Bābil et de Tākbāl, qui professent les doctrines nukkārite et ḥusanite, reviennent à la doctrine wahbite[208]. Cela se passe sans doute vers la fin du XIIe siècle ou au début du XIIIe siècle[209]. Aux XIIIe et XIVe siècles, le djebel Nafūsa semble avoir conservé son indépendance[210]. En 1526, Jean-Léon l'Africain décrit la région : « Monts des Beni Iefren et des Nufusa. Ces monts sont isolés par le désert et situés à une trentaine de milles [50 km] de Gerbo et de Sfacos [Djerba et Sfax]. Ils sont hauts et froids ; il n'y pousse guère de froment et rien qu'un petit peu d'orge, ce qui ne suffit pas pour la moitié de l'année. Les habitants de ces montagnes sont des hommes réellement vaillants. Ils ont toutefois été considérés comme hérétiques par les Mahométans de la secte des pontifes de Cairoan [Kairouan]. Tous les gens des différents pays d'Afrique ont abandonné cette hérésie, sauf ces montagnards. C'est pourquoi ils vont dans les environs de Tunis et d'autres villes où ils exercent de bas métiers afin de gagner leur vie et n'osent pas y manifester leurs croyances de peur d'être punis par les inquisiteurs. »[211] Les Berbères de cette région demeurent ensuite ibadites dans leur grande majorité. Aujourd'hui, suite à une importante répression du régime de Kadhafi, l'ibadisme y est sans doute en déclin mais il faut noter qu'à la fin du XIXe siècle, le djebel Nafūsa est encore considéré par les Mozabites « comme une région sainte ; il est toujours pour eux le fort de l'ibadisme en Afrique »[212].

LE CHRISTIANISME

Les ibadites ont généralement entretenu de bonnes relations avec les chrétiens et les juifs, et la place importante qu'occupent de nombreux chrétiens à Tāhart sous les premiers imams rustumides est bien connue[213]. D'autres liens peuvent être tissés entre le christianisme et l'ibadisme, du point de vue des influences artistiques[214], de certains aspects de la foi ou des valeurs propres au donatisme par exemple[215].

[206] Sur ces événements, voir J. Thiry, *Le Sahara libyen*, pp. 258-265 et p. 318 ; T. Lewicki, « Ibāḍitica. 2 », p. 107. Al-Shammākhī, p. 774, indique que les Nafūsa se retranchent dans al-Jazīra pour se protéger de Yaḥyā ibn Isḥāq al-Mayūrqī.
[207] J. Thiry, *Le Sahara libyen*, p. 319.
[208] Al-Shammākhī, p. 773. J. Despois, *Le Djebel Nefousa*, pl. XIX, montre bien la région de Kikla et le village de Takbal, situé à une douzaine de kilomètres au nord-est de Yafran. Pour T. Lewicki, « La répartition géographique », pp. 324-325, Bābil serait l'actuelle montagne de Bibel à l'est de Kulebah. Cette dernière ville se trouve à environ 43 km à l'est de Yafran.
[209] T. Lewicki, « Ibāḍitica. 2 », p. 107, qui estime qu'Abū Yaḥyā Zakariyyā' ibn Ibrāhīm al-Bārūnī est le chef politique et religieux du djebel à cette époque. Il y aurait encore en 1925 des khalafites à Gharyān et quelques naffāthites subsisteraient dans le djebel Nafūsa et dans la région de Gharyān au début du XXe siècle. M. Custers, *Al-ibāḍiyya*, III, p. 216 et T. Lewicki, « La répartition géographique », p. 312.
[210] J. Thiry, *Le Sahara libyen*, p. 279.
[211] Jean-Léon l'Africain, pp. 409-410.
[212] A. de C. Motylinski, *Le Djebel Nefousa*, p. V.
[213] Voir V. Prevost, « Les dernières communautés chrétiennes », pp. 464-466. Pour Ibn al-Ṣaghīr, p. 97, les Nafūsa placent l'imam Abū l-Yaqẓān au même rang que celui auquel les chrétiens placent Jésus.
[214] G. Marçais, « Art chrétien d'Afrique et art berbère », pp. 70-71, a noté à Sadrāta que l'art khārijite des Xe et XIe siècles s'inspire directement de l'art chrétien de l'Afrique préislamique ; le décor ressemble selon lui à celui des basiliques rurales maghrébines. P. Cressier et S. Gilotte, « Les stucs de Sedrata », pp. 507-508 et p. 518, ont réévalué cette thèse à la lumière d'une collection photographique conservée à la Fondation Van Berchem de Genève.
[215] Voir V. Prevost, « Les dernières communautés chrétiennes », pp. 467-468.

Les sources ibadites offrent plusieurs témoignages des relations entre les habitants du djebel Nafūsa et les chrétiens. Al-Shammākhī note qu'un grand savant ibadite du IXe siècle, 'Amrūs ibn Fatḥ, a un esclave chrétien[216] ; un autre a une mère chrétienne et, lorsqu'il est encore nourrisson, il ne la tète pas quand elle a bu du vin[217]. Un savant épouse la fille de son homme de confiance qui est chrétien ; elle se convertit alors à l'islam[218]. Le célèbre gouverneur du djebel Nafūsa, Abū Manṣūr Ilyās, porte un prénom – Ilyās – d'origine chrétienne et al-Darjīnī affirme que sa famille a conservé des coutumes chrétiennes : « Les cheikhs ont mentionné que dans la famille d'Abū Manṣūr et sa descendance, trois choses n'avaient ni cessé ni changé depuis qu'ils avaient abandonné le christianisme et étaient revenus à la religion islamique, et cela jusqu'à l'époque à laquelle on en a fait mention. Ce sont l'intégrité morale, la semence de blé et la reproduction des moutons ; la première est liée à l'appel (religieux) précédent, la seconde et la troisième à la crainte de Dieu et à la réserve, tout cela avec l'aide et l'approbation de Dieu Tout-Puissant. »[219] Il faut toutefois noter que le savant ibadite al-Jīṭālī (m. 1350), qui a vécu dans le djebel Nafūsa et à Djerba, préconise de ne pas saluer les *dhimmī*, de ne pas leur serrer la main et d'éviter de partager leurs repas[220].

Les inscriptions funéraires retrouvées dans la nécropole chrétienne d'En Ngila (ou En Gila), non loin de Tripoli, s'échelonnent de 945 à 1021 et témoignent d'une présence chrétienne prolongée en milieu rural, alors qu'al-Mālikī signale la présence de chrétiens à Tripoli au XIe siècle[221]. Les églises de Tripolitaine telles al-Aṣāba' semblent avoir été délaissées avant le XIe siècle, dans le même temps que s'éteignaient les dernières communautés monastiques[222]. Une inscription atteste certainement, pour cette même époque, la présence de groupes chrétiens et juifs dans le djebel Nafūsa : le verset coranique inscrit dans la troisième travée de la mosquée de Sharūs – qui établit l'égalité des vérités révélées à Muḥammad et aux autres prophètes y compris Jésus (II, 136) – indique que les ibadites tenaient à rester en bons termes avec ces communautés[223]. Al-Shammākhī rapporte s'être rendu avec un cheikh à « l'endroit des martyrs » au village d'Amsīn, où l'on voyait des traces de sang sur un rocher. Il essuya ce sang avec son vêtement, lequel fut taché. Le cheikh expliqua alors qu'il s'agissait du sang de trois martyrs ; deux d'entre eux étaient de « la religion de 'Īsā (Jésus) », donc chrétiens, et avaient été tués de manière injuste au nom du monothéisme soixante ans avant l'envoi du Prophète (c'est-à-dire vers le milieu du VIe siècle) ; le troisième martyr, originaire du djebel Demmer, était en train de prier à cet endroit lorsqu'il fut tué injustement. Le cheikh ajouta que le sang de ces trois martyrs, resté sur le rocher malgré le ruissellement des eaux de pluie, était pur[224].

---

[216] Al-Shammākhī, p. 372.

[217] Al-Shammākhī, p. 393.

[218] Al-Bughṭūrī, p. 152 ; al-Shammākhī, pp. 407-408.

[219] Al-Darjīnī, pp. 329-330. Cette anecdote apparaît déjà dans la *Tasmiyat shuyūkh jabal Nafūsa wa-qurāhum*, mais sous une forme abrégée qui la rend incompréhensible. *Siyar al-mashāyikh*, p. 542.

[220] P. Cuperly, *Introduction à l'étude de l'ibadisme*, p. 144.

[221] D. Valérian, « La permanence du christianisme au Maghreb », pp. 138-142, qui n'exclut pas que les migrations des Banū Hilāl aient contribué à la disparition de ces communautés déjà très affaiblies. Voir aussi A. Di Vita, « La diffusione del cristianesimo nell'interno della Tripolitania », pp. 134-139 et J. Cuoq, *L'Église d'Afrique du Nord*, pp. 146-147, qui estime que la communauté chrétienne d'En Ngila a dû être assez consistante que pour que l'un de ses membres ait pu jouir d'une autorité publiquement reconnue par le pouvoir central.

[222] I. Sjöström, *Tripolitania in Transition*, p. 109.

[223] N.M. Lowick, « The Arabic Inscriptions », p. 15 ; M. Warfallī, *Some Islamic Monuments*, pp. 138-139. Voir *infra* la description de la mosquée d'Abū Ma'rūf.

[224] Al-Shammākhī, p. 770 (l'éd. donne *Amīn*). Pour T. Lewicki, *Études ibāḍites nord-africaines*, p. 53, ces martyrs étaient des missionnaires chrétiens orthodoxes venus de Sabratha ou d'un autre centre chrétien du littoral tripolitain, qui ont été attaqués par la population païenne, juive ou donatiste habitant ce coin du djebel. Les ruines d'Amsīn étaient encore visibles vers 1930 dans l'agglomération moderne d'al-Khirba. J. Despois, *Le Djebel Nefousa*, p. 248.

La *Tasmiyat mashāhid al-jabal* mentionne huit églises (*kanīsa*) dans le djebel Nafūsa : celles de Fursaṭā, d'al-Jazīra, de Bughṭūra, de Tinbaṭīn, d'Agharmīnān devant Abdilān, de Tamazdā, de Tūkīt et celle de Masīn, que l'on doit peut-être associer au lieu du martyre à Amsīn évoqué précédemment[225]. Al-Shammākhī affirme qu'il y a dans le djebel onze mosquées attribuées aux apôtres (*ḥawāriyyūn*), dont la mosquée de Tukīt ou Tūkīt[226]. *Les bourgs et les chemins du djebel Nafūsa* signale encore à la fin du XIXe siècle quatre mosquées dites apostoliques, et peut-être même cinq car les indications concernant Tamazdā ne sont pas suffisamment claires pour établir s'il existait là une ou deux mosquées de ce type[227].

Masjid al-Ḥawāriyyīn

Le terme *ḥawāriyyūn* désigne dans le Coran (III, 52 ; V, 111-112 ; LXI, 14) les apôtres, « auxiliaires, amis, assistants » et est réservé aux compagnons de Jésus[228]. Abū Zakariyyā' rapporte les propos d'un savant ibadite qui compare avec admiration le fondateur de la *ḥalqa* – Abū 'Abd Allāh Muḥammad ibn Bakr – et ses compagnons à Jésus et ses apôtres[229]. Il se pourrait ainsi que le nombre initialement prévu de douze *'azzāba* (reclus) pour chaque *ḥalqa* tire son origine du nombre des apôtres[230]. Comme on l'a vu précédemment, tant al-Shammākhī que *Les bourgs et les chemins du djebel Nafūsa* évoquent plusieurs mosquées attribuées aux apôtres. Selon le père Joseph Mesnage, ces basiliques dites apostoliques auraient donc pour origine l'un des douze compagnons de Jésus, sans quoi les auteurs arabes et berbères qui les évoquent auraient employé d'autres mots comme celui de *kanīsa*. L'évangélisation de la Tripolitaine aurait eu lieu selon lui à l'époque apostolique, suite à l'arrivée de plusieurs prédicateurs dans la région, ce que confirmerait un fragment évoquant un certain Archaeus qui était probablement l'évêque de Leptis Magna dans la seconde moitié du IIe siècle, et qui se désigne comme successeur des disciples du Seigneur[231]. Christian Courtois juge irrecevable la tradition des mosquées apostoliques et qualifie de « légende » les propos rapportés dans *Les bourgs et les chemins du djebel Nafūsa*, estimant que, remontant à la fin du XIXe siècle, ils n'ont aucune valeur. L'existence d'un certain Archaeus qui aurait été évêque de Leptis ne lui paraît pas plus vraisemblable[232]. Il paraît effectivement que les thèses du père Mesnage sont erronées[233]. Les traditions relatives aux apôtres sont toutefois très nombreuses dans le djebel Nafūsa : on étudiera ici deux mosquées Ḥawāriyyīn, l'une à Fursaṭā et l'autre à Tamazda, mais il en existe plusieurs autres. La carte 1/50 000 feuille Awlād Abū Jadīd montre une jāmi' al-Ḥawārī au nord-ouest d'Inar, et un Sīdī al-Ḥawwārī dans le village d'al-Jammārī à l'ouest de Jādū[234]. Il y aurait une mosquée Taḥawārīt intérieure et une mosquée Taḥawārīt extérieure à Tamazdā, la première étant jadis une église,

[225] R. Basset, « Les sanctuaires du Djebel Nefousa », I, pp. 434-436.

[226] Al-Shammākhī, p. 803.

[227] A. de C. Motylinski, *Le Djebel Nefousa*, p. 74 (mosquée apostolique de Tazurayt), p. 75 (mosquée dite des apôtres à Taghma), p. 86 (la mosquée dite apostolique de Ṭarmisa) et p. 93 (à Tamazdā, une mosquée apostolique (et ?) la grande mosquée apostolique d'origine antique).

[228] *Le Coran*, notes de la sourate III, p. 807.

[229] Abū Zakariyyā', p. 259 ; al-Darjīnī, p. 186.

[230] B. Cherifi, *Études d'anthropologie historique et culturelle sur le M'Zab*, p. 271. Sur le modèle biblique qui aurait inspiré la création de la *ḥalqa* et le mode de vie monastique qu'elle impose, voir pp. 266-270.

[231] Père J. Mesnage, « Le christianisme en Afrique », pp. 392-393. Il rappelle les termes utilisés par les Berbères du djebel – *temezguida tahouarit* (mosquée apostolique) et *temezguida n'h'aouarin* (église des apôtres) – qui sont les équivalents des mots arabes *ḥawārī* (apostolique) et *ḥawāriyyūn* (apôtres). Sur le terme Tāmazkīda, voir M. Meouak, « Retour sur la langue berbère », p. 296, et *La langue berbère au Maghreb médiéval*, pp. 279-281.

[232] Ch. Courtois, *Les Vandales et l'Afrique*, p. 77, n. 1.

[233] « De pieux savants ont essayé, avec plus de ferveur que de précision, de faire remonter la prédication en Tripolitaine et en Proconsulaire aux temps apostoliques. Les seuls témoignages qu'ils ont pu invoquer sont tardifs et peu sûrs. » Ch.-A. Julien, *Histoire de l'Afrique du Nord*, pp. 222-223.

[234] I. al-Būjadīdī *et al.* (éd.), *Al-quṣūr wa-l-ṭuruq*, p. 179 et p. 232, signalent la mosquée al-Ḥawāriyya à al-Jammārī, qui est toujours un lieu de pèlerinage, ainsi qu'une autre mosquée portant ce nom dans la région d'al-Raḥībāt.

ainsi qu'une mosquée Taḥawārīt à Ṭarmīsa[235]. Le souvenir des apôtres ne se limite pas au djebel Nafūsa. Une masjid al-Ḥawāriyyīn est également mentionnée dans la première moitié du XIIe siècle à Gafsa, dans le Sud tunisien[236]. Selon al-Bakrī, près de Sbība dans l'actuelle Tunisie, une crevasse contient le cadavre d'un homme qui a été égorgé il y a bien longtemps, dont le corps est resté intact jusqu'à son époque et qui aurait fait partie des apôtres de Jésus[237].

Masjid Taghlīs

Le terme *taghlīs*, dérivé du latin *ecclesia*, apparaît fréquemment au Maghreb, de même que ses variantes. Le géographe arabe al-Muqaddasī affirme au Xe siècle qu'une des villes de la région de Tāhart, la capitale des imams ibadites, se nomme Tāghlīsiyya[238]. De même à Djerba, l'un des deux îlots face à Ājīm est appelé Taghlīsiyya par les Djerbiens, ce qui indiquerait qu'il y avait là une église chrétienne[239]. Un point d'eau situé en dessous du grenier fortifié de Nālūt porte le même nom[240]. Bien plus à l'est, Charles Tissot évoque les ruines considérables de Tāghlīs[241]. D'autres termes pourraient dériver du latin *ecclesia* : ce serait le cas de la mosquée Jalīzat évoquée dans la *Tasmiyat mashāhid al-jabal* et du village d'Ajlāzat ou Ijlāzan cité par al-Bughṭūrī et al-Shammākhī[242]. Pas moins de trois mosquées Taghlīs seront étudiées ci-après.

Masjid Kanīsa

Le terme *kanīsa* fait référence à une église chrétienne[243]. Les sources ibadites mentionnent, dans le djebel Nafūsa, le village de Tinkānīṣ ou Tinkanīṣ qui tire sans doute son nom d'une église qui se trouvait là[244]. Le géographe Ibn Khurradādhbih signale également au IXe siècle, sur la route menant d'Égypte au Maghreb, un village appelé Tāknisat, habité par des chrétiens[245].

LE JUDAÏSME

À l'extrémité nord-est du vaste site correspondant aux ruines de Sharūs se trouve ce qu'on appelle le cimetière juif, où un homme natif de Tandamīra a découvert, dans la seconde moitié du XXe siècle, trois pierres tombales portant des inscriptions en hébreu. Une de ces pierres est celle d'une femme, à laquelle on souhaite de pouvoir reposer, avec Moïse et Aaron, en compagnie de ceux qui se trouvent à Hébron. Cette pierre est datée de *shabat* 5124 / janvier-février 1364. Une autre pierre tombale de femme, formulant le même souhait, est datée de 5225 / 1465. Ces pierres indiquent que la cité était toujours habitée dans la seconde moitié du XVe siècle[246].

[235] *Al-masājid al-tārīkhiyya fī jabal Nafūsa*, n° 24, n° 25 et n° 32.
[236] *Kitāb al-istibṣār*, p. 152.
[237] Al-Bakrī, p. 146 / 279.
[238] Al-Muqaddasī, p. 218.
[239] V. Brugnatelli, « Notes d'onomastique jerbienne et mozabite », pp. 35-36.
[240] A. de C. Motylinski, *Le Djebel Nefousa*, p. 107. Il s'agit sans doute de la source 'ayn Taghlīs évoquée par H. Duveyrier dans Ch. Tissot, *Géographie comparée de la province romaine d'Afrique*, II, p. 709, n. 9.
[241] Ch. Tissot, *Géographie comparée de la province romaine d'Afrique*, II, p. 709. Ce sont sans aucun doute les ruines appelées Henchir Taglissi par Y. Modéran, *Les Maures et l'Afrique romaine*, carte p. 284. Voir sur ce site I. Sjöström, *Tripolitania in Transition*, p. 147.
[242] R. Basset, « Les sanctuaires du Djebel Nefousa », I, p. 436 ; al-Bughṭūrī, p. 55 ; al-Shammākhī, p. 384. Voir T. Lewicki, *Études ibāḍites nord-africaines*, p. 57.
[243] Il peut aussi, dans un contexte juif, s'appliquer à une synagogue. H.R. Idris, « Les tributaires en Occident musulman médiéval », p. 190 et p. 194.
[244] Al-Bughṭūrī, p. 138 ; al-Shammākhī, p. 392. Voir T. Lewicki, *Études ibāḍites nord-africaines*, p. 57.
[245] Ibn Khurradādhbih, p. 222 / 168. Mille mercis à Mohamed Meouak pour cette observation.
[246] M. Warfallī, *Some Islamic Monuments*, pp. 118-119 et pp. 139-140. Ces deux pierres tombales sont photographiées (fig. 147-148).

Jean Despois signale également un « Gasr el Ihoudi » près de Jīṭāl qui témoigne de l'ancienne importance de la communauté juive[247].

SAINTS ET MARABOUTS IBADITES, HIER ET AUJOURD'HUI

Omar Sahli, étudiant la population de Fassāṭū dans les années 1950, évoque des gens que l'on appelle les Iâzzzaben et qui sont considérés comme étant les descendants des habitants de l'ancien Jādū. Les hommes seraient les héritiers des lettrés ibadites de l'ancien temps et sont toujours vus comme des savants ; ils connaissent par cœur le Coran tout entier et sont censés détenir la baraka, ce qui les rapproche des marabouts nord-africains. Dans le cadre ibadite, ils sont plutôt envisagés comme de saints hommes lettrés que l'on révère. Pour les désigner, on emploie communément les termes *'ammī* (mon oncle paternel) et *nānnā* (grand-mère) s'il s'agit d'une femme. Les Iâzzzaben récitent et enseignent le Coran, conduisent les prières destinés aux défunts, et sont habilités à confectionner des talismans et des amulettes pour lutter contre les djinns, contre le mauvais œil ou pour servir de remède[248]. La communauté nommée Ishamjan, un terme désignant les Noirs descendants des esclaves, entretient le seul sanctuaire dédié à un Noir, situé près d'Ijnāwun. Ce petit édifice surmonté d'un dôme est connu sous le nom de Nānnā Ishamjan, considérée comme l'ancêtre féminine des Noirs ; de très nombreux Noirs vivant à Jādū viennent le visiter, généralement tous les dix ans, lorsque la région souffre de longues périodes de sécheresse. La visite à ce sanctuaire donne alors lieu à des cérémonies destinées à favoriser la pluie, à des sacrifices d'agneaux ou de chèvres, et à des danses au rythme des tambours[249].

Nombre d'autres sanctuaires vénérés par la population ont des origines préislamiques et procèdent des différents anciens cultes berbères, souvent liés à l'eau ou à la fécondité ; ils ont ensuite été intégrés aux pratiques religieuses des ibadites. On pourrait légitimement s'étonner de ce qu'une doctrine aussi rigoriste admette des pratiques qui s'apparentent au culte des saints. Un muezzin mozabite a expliqué à Brahim Cherifi que contrairement à ce qui se passe chez les malékites, les saints ibadites ne sont pas considérés comme des intercesseurs entre Dieu et l'homme, ni comme des faiseurs de miracles. Les prières effectuées dans ces lieux vénérés sont adressées à Dieu seul et si elles ont lieu à cet endroit, c'est simplement pour honorer la mémoire des saints personnages qui se sont distingués par leurs actions. Il ne s'agit en aucun cas de solliciter les faveurs de ces défunts. Cette théorie correspondrait en fait à une réinterprétation assez récente et conforme à un ibadisme savant, hostile à toute pratique qui pourrait remettre en cause l'idée d'un monothéisme absolu[250]. En réalité, les ibadites auraient procédé à une subtile opération de réajustement, en transformant des divinités ou des entités surnaturelles anciennes en des personnages historiques censés pouvoir jouer un rôle de facilitateur entre l'homme et Dieu, grâce à la notion de *karāma*, le pouvoir extraordinaire accordé par Dieu à ces personnes et qui les transforme en saints[251].

[247] J. Despois, *Le Djebel Nefousa*, p. 289. Les juifs du djebel Nafūsa se seraient spécialisés dans certains métiers, certaines activités commerciales, et auraient possédé au XIXe siècle deux synagogues nommées Ghriba, comme la synagogue de Djerba. M. Mérimi, *Juifs de Djerba et stratégies identitaires*, p. 80 et p. 165. Sur les juifs libyens au XXe siècle et leur installation en Israël, voir H. Goldberg, « The Notion of «Libyan Jewry» and its Cultural-Historical Complexity ».

[248] O. Sahli, *Nafousa. Berber Community in Western Libya*, pp. 58-63.

[249] O. Sahli, *Nafousa. Berber Community in Western Libya*, p. 73. Voir aussi *infra* sur l'importance de Nānnā Tālā.

[250] B. Cherifi, *Études d'anthropologie historique et culturelle sur le M'Zab*, pp. 39-40.

[251] B. Cherifi, *Études d'anthropologie historique et culturelle sur le M'Zab*, pp. 55-56.

LES FEMMES DANS LA SOCIÉTÉ IBADITE MÉDIÉVALE

Les femmes jouaient un rôle important dans la société ibadite, ce dont témoignent quantité de textes. Abū Zakariyyā' insiste sur l'instruction des femmes à l'époque rustumide : l'imam 'Abd al-Wahhāb, par exemple, veille une nuit en compagnie de sa sœur, tous deux étudiant les questions relatives aux héritages. Lorsque le jour se lève, ils ont prévu les héritages de tous les habitants du Machrek et du Maghreb ! De même, on voit l'imam Aflaḥ entretenir pendant la nuit sa sœur de questions de calcul et de probabilités. Un des membres de la famille rustumide dit d'ailleurs : « À Dieu ne plaise qu'il existe chez nous une servante qui ne connaisse pas la mansion de la lune »[252]. Plus tard, les femmes comptent lors de la création de la *ḥalqa*[253].

Les récits relatifs au djebel Nafūsa accordent une grande place aux femmes. Ainsi, le futur gouverneur Abū 'Ubayda 'Abd al-Ḥamīd al-Janāwunī va consulter, au moment de sa nomination par l'imam 'Abd al-Wahhāb, une vieille femme connue pour son savoir et sa piété avant d'accepter le poste qui lui est confié[254]. Abū Dharr Abān ibn Wasīm, le prestigieux savant de Wīghū qui exerce pendant plusieurs mois la charge de gouverneur du djebel Nafūsa après avoir été nommé par l'imam Aflaḥ, épouse Bahlūla, une femme pieuse et instruite qui reçoit à son domicile des femmes désireuses de parfaire leur instruction[255]. La *Tasmiyat shuyūkh jabal Nafūsa wa-qurāhum* contient les noms d'épouses de savants et ceux de vieilles femmes pieuses[256]. La *Tasmiyat mashāhid al-jabal* énumère trois sanctuaires dédiés à des femmes : le *muṣallā* Umm Yaḥyā à Jalīmat, le *muṣallā* Umm Zayd et le *muṣallā* Umm Jaldīn à Tūnarīrat[257]. On évoquera plus loin la mosquée Tiwatriwīn associée à Nānnā Zūragh et la mosquée Ghazāla à Wīghū.

Parmi le grand nombre de sanctuaires associés à des femmes, le plus célèbre est encore de nos jours, à ce qu'il paraît, Nānnā Tālā (approximativement N 31° 49′ 01″ E 11° 48′ 29″) : une mosquée lui est consacrée près d'une des plus belles sources du djebel, au fond d'une crevasse rocheuse et au bord d'une sorte d'étang, à l'endroit où elle serait enterrée. On verrait là ce que les auteurs ibadites considèrent comme un miracle, les traces des sabots des chèvres de Nānnā Tālā marquées dans la roche[258]. Un autre endroit porte ce nom, à al-Qal'a à l'est de Yafran : les gens y amenaient les jeunes enfants malades pour les laver dans l'eau de la mare de Nānnā Tālā et brûlaient des parfums pour que Dieu les soulage[259]. Dans les deux cas, Nānnā Tālā est donc associée à des points d'eau. Il pourrait s'agir ici d'une survivance d'un ancien culte de l'eau, Nānnā Tālā signifiant en berbère « grand-mère fontaine » : elle serait donc l'ancien génie tutélaire païen de l'eau qui a continué à être vénéré après l'islamisation[260]. De la même façon, les nombreuses femmes apparaissant dans les récits de fondation des cités mozabites indiqueraient une origine préislamique : le poids symbolique de ces figures féminines

[252] Abū Zakariyyā', p. 102 et p. 135.
[253] Abū Zakariyyā', pp. 256-257, montre Abū 'Abd Allāh Muḥammad ibn Bakr accorder une audience aux femmes après avoir reçu les hommes : elles l'interrogent jusqu'à l'aube.
[254] Abū Zakariyyā', p. 126. Cette histoire est reprise dans un des textes berbères du djebel Nafūsa consignés au début du XXe siècle, qui rappelle le rôle décisif des femmes en montrant Nānnā Zūra décider en dernier recours du choix d'un imam pour Tāhart. G. Buselli, « Berber Texts from Jebel Nefûsi », pp. 289-290.
[255] Al-Shammākhī, p. 355.
[256] *Siyar al-mashāyikh*, p. 547.
[257] R. Basset, « Les sanctuaires du Djebel Nefousa », I, pp. 434-436. Sur ces *muṣallā*, voir al-Bughṭūrī, pp. 52-53 et pp. 153-154 ; *Siyar al-mashāyikh*, p. 638.
[258] Al-Shammākhī, p. 771 qui mentionne le site de Tālā et des moutons au lieu des chèvres ; A. de C. Motylinski, *Le Djebel Nefousa*, pp. 99-100. Sur les légendes qui l'entourent et le pèlerinage qui lui est consacré, voir G. Buselli, « Berber from Jebel Nefûsi », pp. 291-292 ; E. Provasi, « Testi berberi di Žâdọ (Tripolitania) », p. 504.
[259] A. de C. Motylinski, *Le Djebel Nefousa*, p. 73.
[260] T. Lewicki, « Survivances chez les Berbères médiévaux », p. 18 ; B. Cherifi, *Études d'anthropologie historique et culturelle sur le M'Zab*, p. 54. À Djerba, le lieu dit Lalla Tāla, reprenant le nom du centre ibadite du djebel, était un lieu de réunion des cheikhs ibadites si l'île courait un danger. M. Hbaieb, « Les fortifications de l'île de Djerba », p. 309.

était si puissant qu'elles n'ont pu être effacées de la mémoire collective, même après l'islamisation. Elles ont été intégrées aux récits au prix d'un réajustement de la mémoire collective qui consistait à forger à ces figures mythiques une image de femmes pieuses pour les rendre conformes à l'ibadisme[261].

UNE SOCIÉTÉ MULTICONFESSIONNELLE

Pour conclure ce survol historique, il semble utile d'insister sur la diversité religieuse que connaît le djebel pendant la période qui nous intéresse. Les ibadites vivent au contact des juifs, dont la présence semble permanente tout au long du Moyen Âge, et des chrétiens qui vont disparaître sans doute beaucoup plus tôt, vers la fin du Xe ou le début du XIe siècle. La communauté ibadite elle-même n'est pas monolithique : très rapidement, différents groupes dissidents se dressent contre les wahbites majoritaires, fidèles aux Rustumides. Si peu de récits évoquent les nukkārites, beaucoup de détails existent par contre sur l'implantation des khalafites, et le conflit qui les a opposés aux wahbites avant 836 paraît avoir été particulièrement sanglant. La menace que font peser les naffāthites et les ḥusanites semble également inquiéter fortement les wahbites[262]. La fin du IXe siècle est marquée par la bataille de Mānū qui provoque en 896 la mort d'un grand nombre d'ibadites et certainement, parmi eux, d'une grande quantité de dissidents. Au XIe siècle, les naffāthites ne sont plus mentionnés mais les autres groupes sont encore bien présents. Il faut attendre l'époque d'Abū Yaḥyā Zakariyyā' ibn Ibrāhīm al-Bārūnī, vers la fin du XIIe siècle ou au début du XIIIe siècle, pour que les Banū Yafran et leurs voisins de l'est abandonnent les doctrines dissidentes nukkārite et ḥusanite. C'est donc une situation bien confuse, qui accroît la complexité de cette enquête, puisque les sources ibadites ne nous offrent qu'une vision partielle de l'implantation des groupes dissidents. L'extrême promiscuité et la longévité de ces communautés schismatiques laissent penser que, dans la plupart des cas, un *modus vivendi* a dû prévaloir. Ainsi, ce djebel Nafūsa que l'on envisage comme un isolat dans le Maghreb médiéval, caractérisé par l'homogénéité de sa population, doit plutôt être perçu comme une mosaïque de petites communautés traversée par des conflits passagers.

[261] B. Cherifi, *Études d'anthropologie historique et culturelle sur le M'Zab*, p. 136. On évoquera, *infra*, le culte rendu à Lalla Sahla par les femmes de Ghardāya.

[262] Al-Bughṭūrī, p. 103, affirme que « sans 'Amrūs ibn Fatḥ et [l'imam] Aflaḥ ibn 'Abd al-Wahhāb, Naffāth ibn Naṣr et Aḥmad ibn al-Ḥusayn auraient converti tous les habitants du Maghreb à leurs deux doctrines, en prenant chacun leur part ; mais chaque fois que ces deux individus ont exposé leur raisonnement par analogie et leurs arguments, 'Amrūs et Aflaḥ les ont invalidés et les ont réfutés avec application. »

DEUXIÈME PARTIE

CATALOGUE DES MOSQUÉES

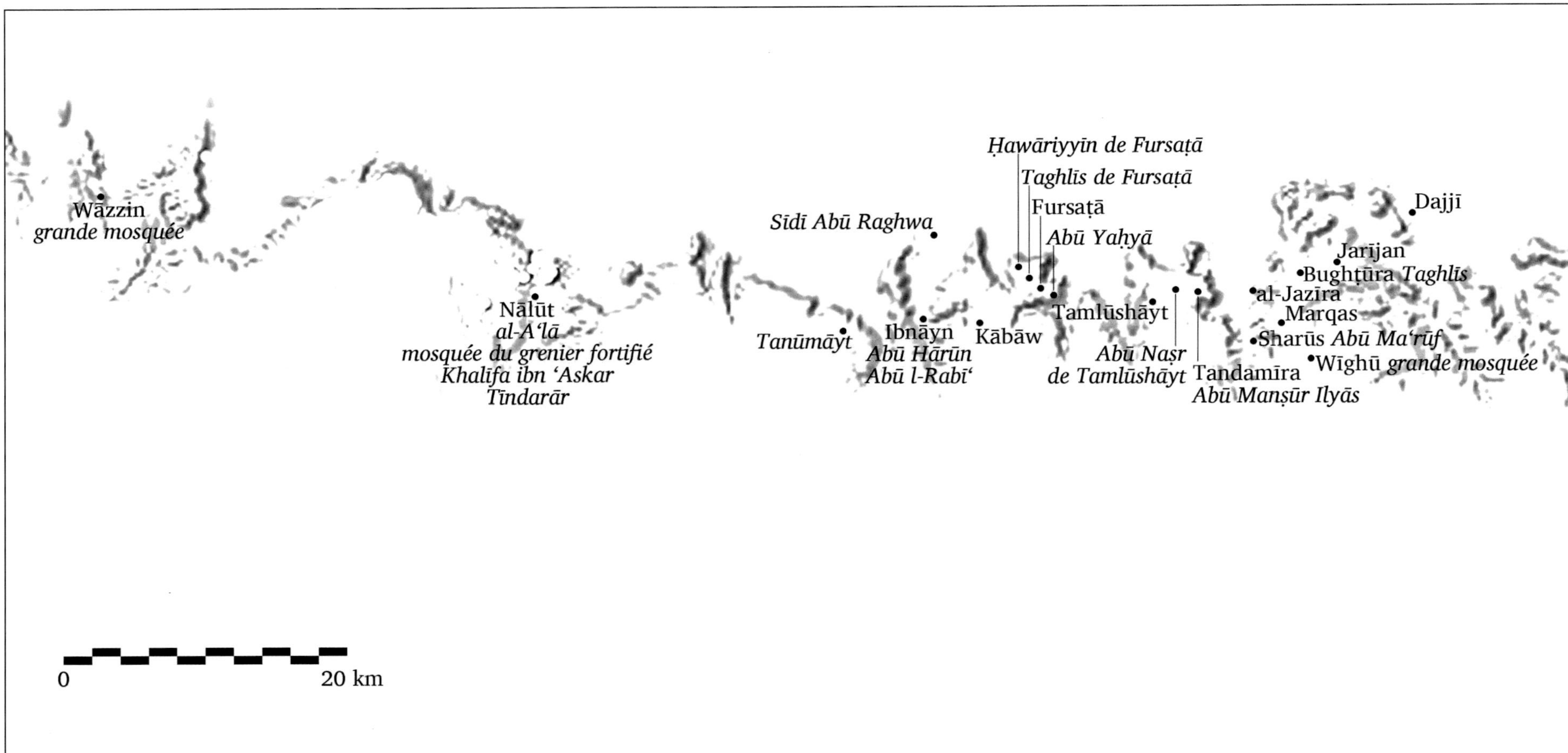

Carte 4a. *Localisation des mosquées, partie occidentale*

I
LA RÉGION DE NĀLŪT

LA GRANDE MOSQUÉE DE WĀZZIN

COORD : N 31° 56′ 42″ E 10° 39′ 40″. Altitude : 480 m.
LOC : La carte 1/250 000 NH 32-4 indique Uazzen Shrine.
DOC : Un plan et une coupe dessinés par Fiorentino sont reproduits à trois reprises, assortis de plusieurs photographies[263].
NOM : On trouve également l'appellation « mosquée du *qaṣr* »[264].
SOURCES : C'est très certainement la grande mosquée du *qaṣr* de Ouazzen, situé au haut de la berge, évoquée dans *Les bourgs et les chemins du djebel Nafūsa*[265].
DESCR : Voir plan 1. La mosquée se trouve dans le centre historique, accrochée à mi-pente d'un éperon rocheux très étroit surmonté par le grenier fortifié (ill. 11). Elle se voit distinctement de loin grâce à son enduit blanc, mais est difficilement accessible à cause des nombreux effondrements du sentier, causés par le manque d'entretien de cette voie après l'abandon du vieux village. La construction est adossée à la paroi rocheuse et entoure la mosquée semi-rupestre. Tout comme les habitations qui

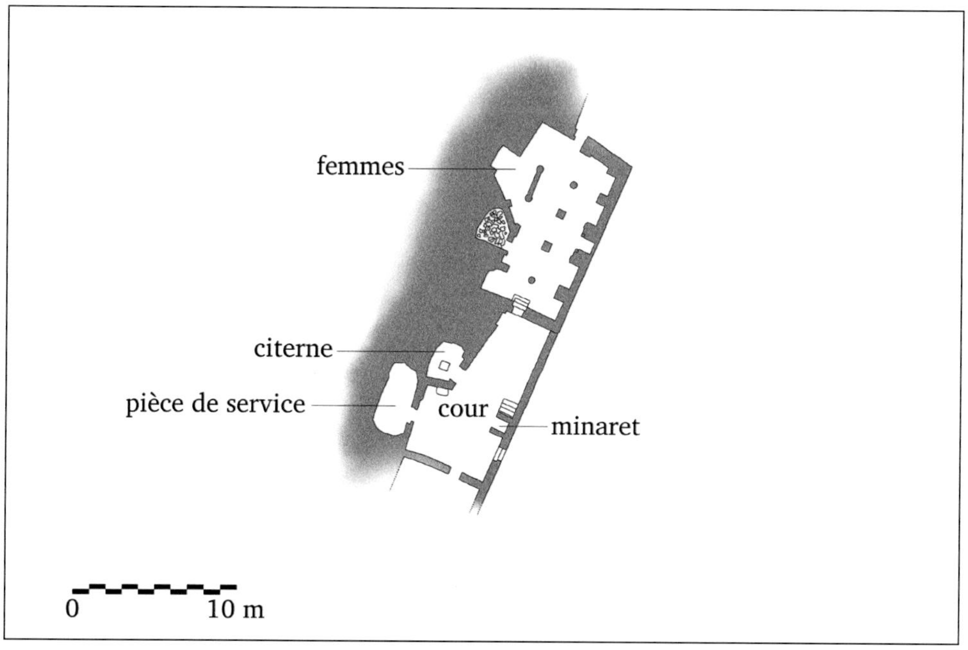

Plan 1. *La grande mosquée de Wāzzin (d'après Dell'Aquila* et al., *« L'habitat rupestre nel Gebel Garbi », p. 65)*

[263] F. Dell'Aquila *et al.*, « L'habitat rupestre nel Gebel Garbi », p. 65 ; « Abitazioni rupestri a Nalut », pp. 45-48 ; F. Dell'Aquila et G. Fiorentino, « Moschee rupestri nel Gebel Nefusa occidentale », p. 24.
[264] F. Dell'Aquila et G. Fiorentino, « Moschee rupestri nel Gebel Nefusa occidentale », p. 13.
[265] A. de C. Motylinski, *Le Djebel Nefousa*, p. 108.

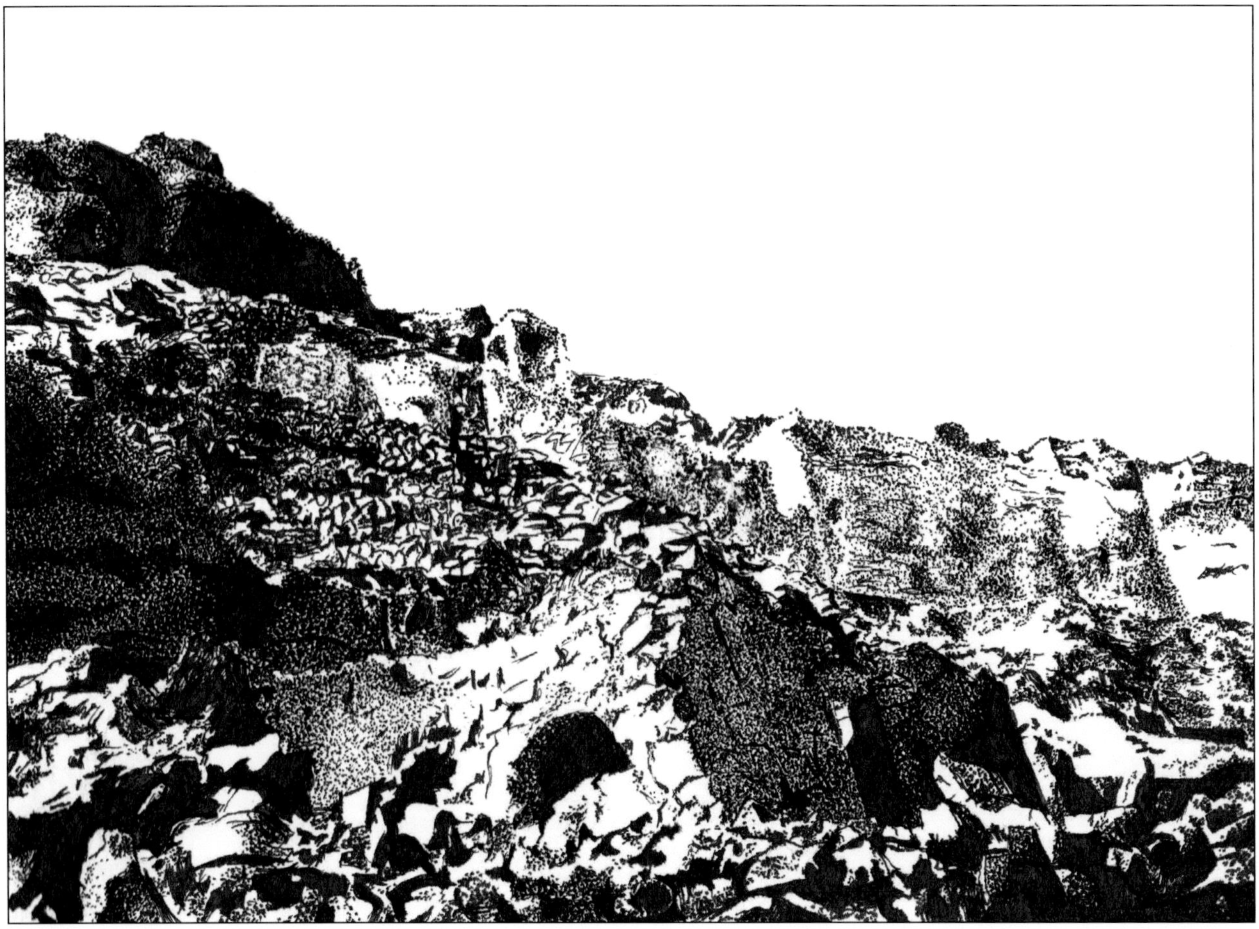

Ill. 11. *La grande mosquée de Wāzzin vue d'en bas (illustration M. Favresse, d'après une ancienne photographie)*

l'environnent, la mosquée est partiellement creusée dans la roche : une partie de la salle de prière est troglodytique tandis que la zone de la qibla est construite. Elle est précédée d'une cour entourée d'un mur d'une hauteur de 1,40 m à peine. À gauche de l'entrée de la cour s'ouvre l'unique pièce entièrement creusée dans la roche, une pièce de service jadis utilisée comme logement pour le gardien. Vient ensuite une pièce construite contre la paroi rocheuse, qui protège la citerne utilisée pour les ablutions ; à côté se trouve une vasque basse et crépie. De l'autre côté de la cour est bâti une sorte de petit minaret en maçonnerie depuis lequel on domine tout le village en contrebas. Au fond de la cour, une petite porte permet d'accéder à la salle de prière ; une autre entrée est située à l'opposé du bâtiment. La salle de prière a un plan rectangulaire avec des annexes irrégulières du côté adossé à la roche. Elle est divisée en deux travées principales dont les arcades sont soutenues par des piliers à base quadrangulaire ou circulaire. Du côté ouest, séparée par une cloison en maçonnerie et par deux petites arcades, se trouve la partie troglodytique de la mosquée qui consiste en une pièce destinée à la prière des femmes. Une seconde pièce rupestre, dont les dimensions et la forme n'ont pu être définies à cause de la présence de gravats obstruant l'entrée, se trouve à côté[266]. La mosquée de Wāzzin est particulièrement intéressante, d'une part par l'heureuse synthèse réalisée entre la mosquée troglodytique et la mosquée bâtie, et d'autre part par la présence du « minaret ». Cette petite tour se compose d'un quadrilatère ouvert uniquement du côté de la cour, qui est surmonté par une structure ouverte soutenue par quatre pieds qui se rejoignent au sommet en formant un petit dôme. On y accède par un escalier de trois marches maçonné sur le côté. Il s'agit peut-être ici d'une variation sur le thème du minaret-escalier.

[266] F. Dell'Aquila *et al.*, « L'habitat rupestre nel Gebel Garbi », pp. 64-65 ; « Abitazioni rupestri a Nalut », p. 52.

LA MOSQUÉE AL-A'LĀ DE NĀLŪT

COORD : N 31° 52′ 03″ E 10° 59′ 12″. Altitude : 596 m.
LOC : La mosquée se situe dans la vieille ville, à environ 15 m au nord du grenier fortifié. Les cartes figurant Nālūt ne permettent pas sa localisation ; seule la carte 1/50 000 feuille 1488 I indique deux lieux saints, masjid al-shuhadā' et Sīdī Mūsā, que nous n'avons pu identifier[267].
DOC : Plan et photos dans Warfallī (fig. 9-15). Photo dans Allan (pl. LIb).
NOM : Le nom le plus courant, utilisé notamment par Warfallī, est masjid al-a'lā, la mosquée supérieure ou la mosquée du haut. Elle est également connue sous le nom al-masjid al-fawqī[268]. Allan la nomme al-jāmi' al-'alī (the Upper or High Mosque)[269].
SOURCES : Al-Shammākhī affirme, dans sa liste des miracles du djebel Nafūsa, qu'il a vu deux morceaux de bois, l'un à Nālūt et l'autre à Tālāt, longs de neuf ou onze empans[270]. Un tronc d'arbre a été photographié par Warfallī dans la troisième travée de la mosquée. S'il a toujours été vénéré à cet endroit, cela indiquerait que la mosquée existait avant 1522, date du décès d'al-Shammākhī. Pour Warfallī, l'édifice est sans doute beaucoup plus ancien[271]. Selon *Les bourgs et les chemins du djebel Nafūsa* se trouve en dessous du grenier fortifié, vers le nord, la mosquée supérieure dite grande mosquée où les habitants du haut quartier vont prier[272].
DESCR : Voir plan 2. Lors de notre passage, la mosquée était malheureusement fermée à clé. La description est donc ici principalement fournie par Warfallī[273]. Le bâtiment est en bon état car il est toujours utilisé, et c'est le seul bâtiment blanchi à la chaux dans les environs (ill. 12). Juste au-dessus de l'entrée est bâtie sur le toit la *ṣum'a*, un pinacle parfois considéré comme une sorte de minaret miniature ; elle est constituée ici de quatre pieds qui se rejoignent et sont surmontés par un élément

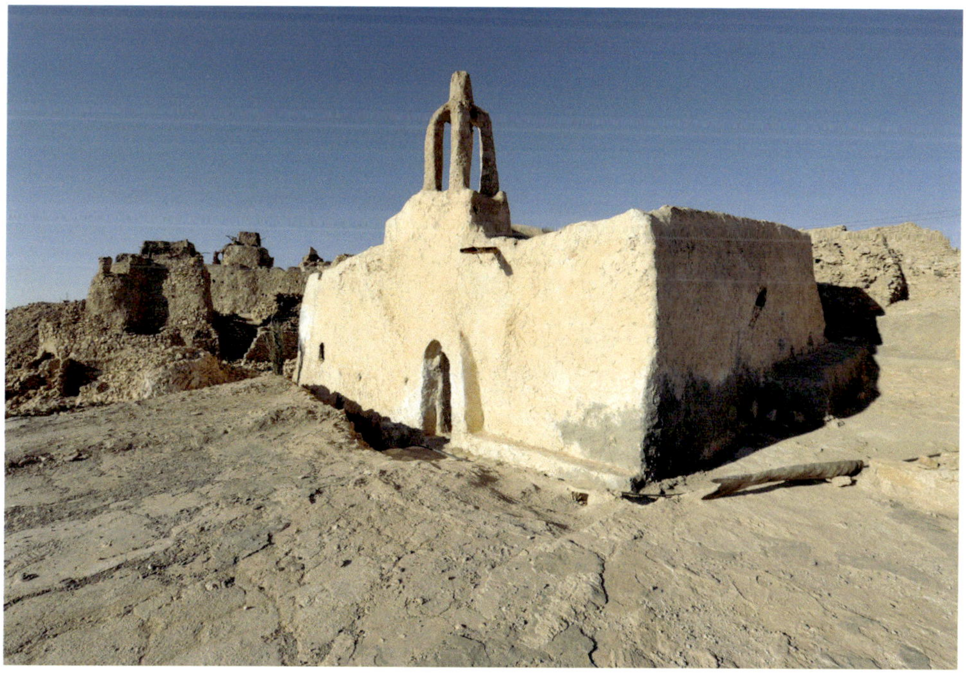

Ill. 12. *La mosquée al-A'lā de Nālūt*

[267] M. Kūrdī, *Al-ḥayāt al-'ilmiyya fī jabal Nafūsa*, p. 11, dit avoir visité à Nālūt deux mosquées et un *muṣallā* datés du Xe siècle.
[268] M. Warfallī, *Some Islamic Monuments*, p. 54 et p. 61. Dans *Ba'ḍ al-āthār al-islāmiyya*, p. 61, il dit aussi masjid al-'alawī.
[269] J.W. Allan, « Some Mosques of the Jebel Nefusa », p. 149.
[270] Al-Shammākhī, p. 771.
[271] M. Warfallī, *Some Islamic Monuments*, p. 63.
[272] A. de C. Motylinski, *Le Djebel Nefousa*, p. 107.
[273] M. Warfallī, *Some Islamic Monuments*, pp. 61-63.

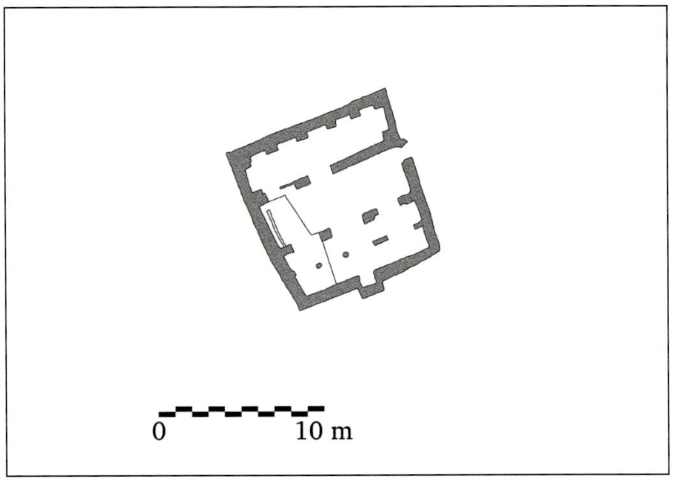

Plan 2. *Al-Aʿlā (d'après M. Warfallī, fig. 11)*

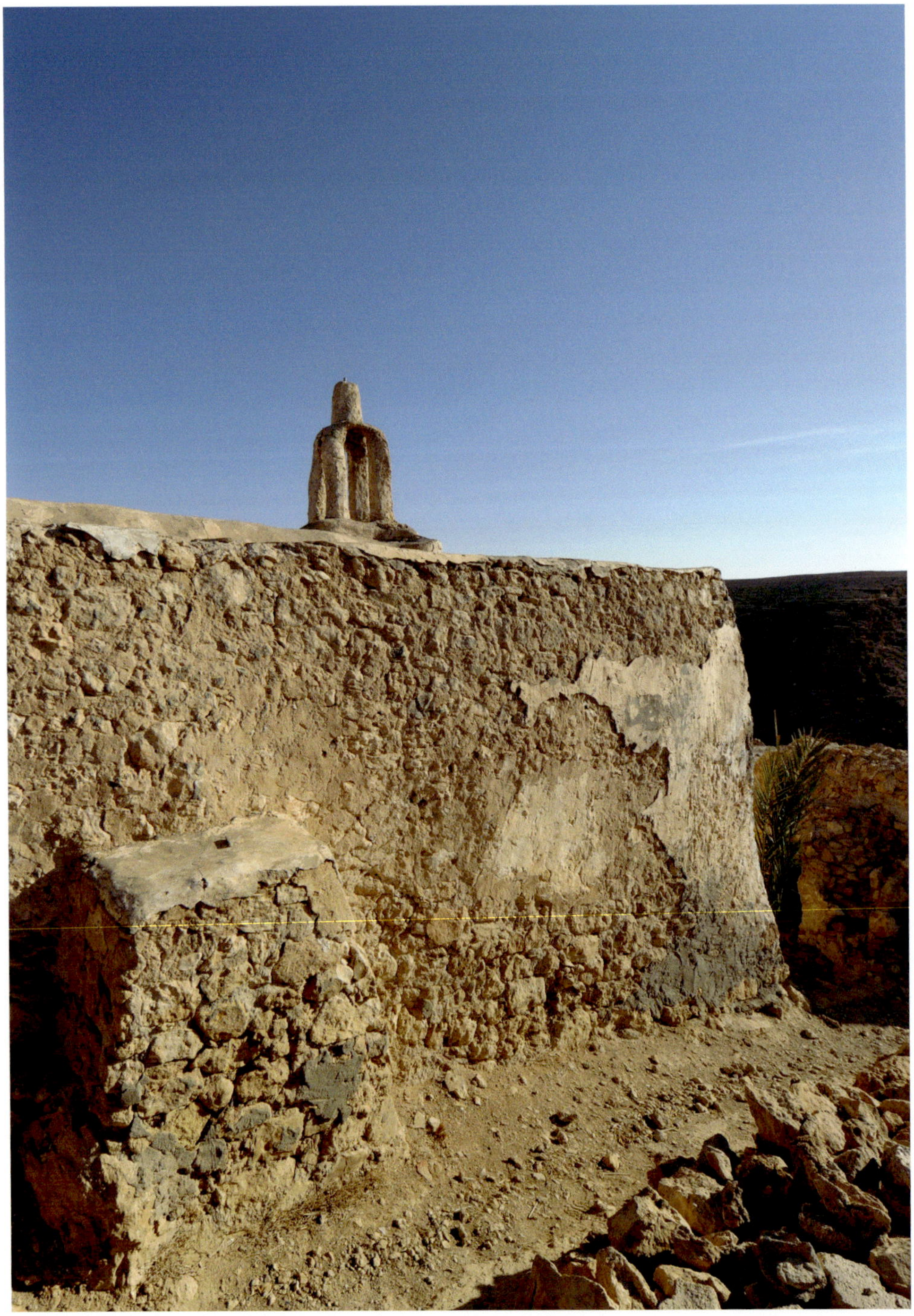

Ill. 13. *La mosquée al-Aʿlā,* ṣumʿa *et mihrab en saillie*

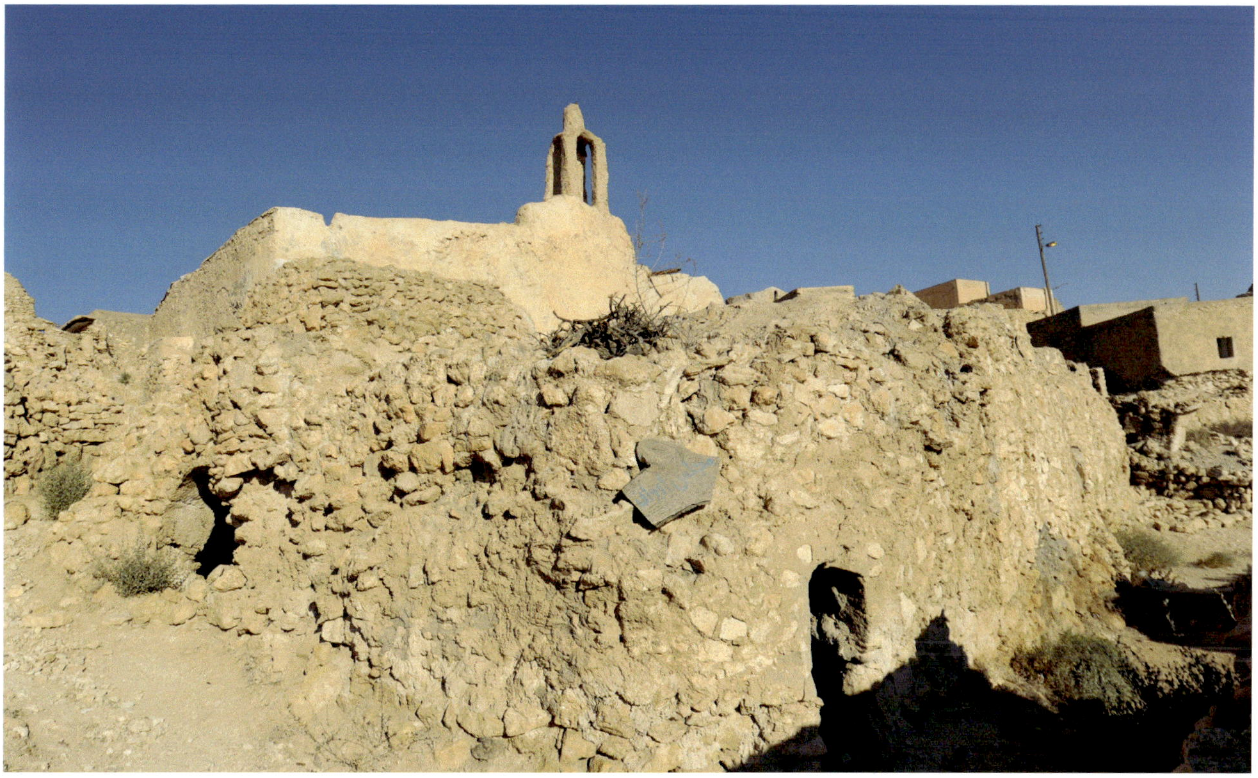

Ill. 14. *La mosquée al-A'lā et la madrasa en contrebas*

cylindrique (ill. 13). Le mur de qibla mesure environ 7,90 m, le mur nord-est 9,05 m et le mur sud-ouest 8,80 m. Le mur ouest est moins bien bâti que les autres. L'entrée située du côté nord-est a une largeur d'environ 80 cm et est haute de 1,90 m environ. L'épaisseur moyenne des murs est de 70 cm. Il y a actuellement quatre travées voûtées, mais il y avait très probablement autrefois une travée supplémentaire au nord-ouest. La quatrième travée était manifestement réservée aux femmes puisqu'un mur la sépare des trois autres. On voit la trace d'une entrée dans le mur nord-ouest qui était sans doute utilisée par les femmes. Plusieurs éléments sont tout à fait caractéristiques : d'une part, un banc de pierre occupe tout le coin sud-ouest de cette mosquée. Il s'étend du mur de qibla jusqu'à la troisième travée vers le nord-ouest. Sa hauteur moyenne est de 35 cm et il servait à l'enseignement du Coran, laissant le reste de l'espace pour la prière. D'autre part, un vieux tronc d'arbre – mentionné par al-Shammākhī – se trouve contre le mur sud-ouest à l'opposé de l'entrée et repose sur un petit trou creusé dans le mur. Bien qu'il n'ait apparemment pas de fonction, les gens le considèrent comme un objet vénéré. Il serait associé à un saint local[274]. Le trou qui se trouve au-dessus est désormais condamné ; il pourrait avoir été utilisé par le muezzin pour accéder au toit depuis la salle de prière. Autre originalité de cette mosquée, la troisième travée en partant du mur de qibla est plus vaste que les trois autres et plus élevée, ce qui se voit très nettement depuis l'extérieur[275]. Le mihrab, remarquable par son plan rectangulaire, est dépourvu de toute décoration et orienté approximativement au sud-sud-est ; il apparaît en légère saillie dans le mur de qibla. Warfallī ne signale qu'une seule inscription au plafond indiquant une très récente rénovation, tandis qu'Allan mentionne de nombreuses inscriptions dans le plâtre du plafond ; sa photo montre effectivement une vaste inscription[276].

[274] J.W. Allan, « Some Mosques of the Jebel Nefusa », p. 149. Lors de la dernière visite de Ph. Kenrick dans cette mosquée, personne n'a attiré son attention sur ce tronc d'arbre (communication personnelle du 29/06/2015). Il a probablement été déplacé.

[275] Ph. Kenrick, *Libya Archaeological Guides*, p. 84.

[276] J.W. Allan, « Some Mosques of the Jebel Nefusa », p. 149.

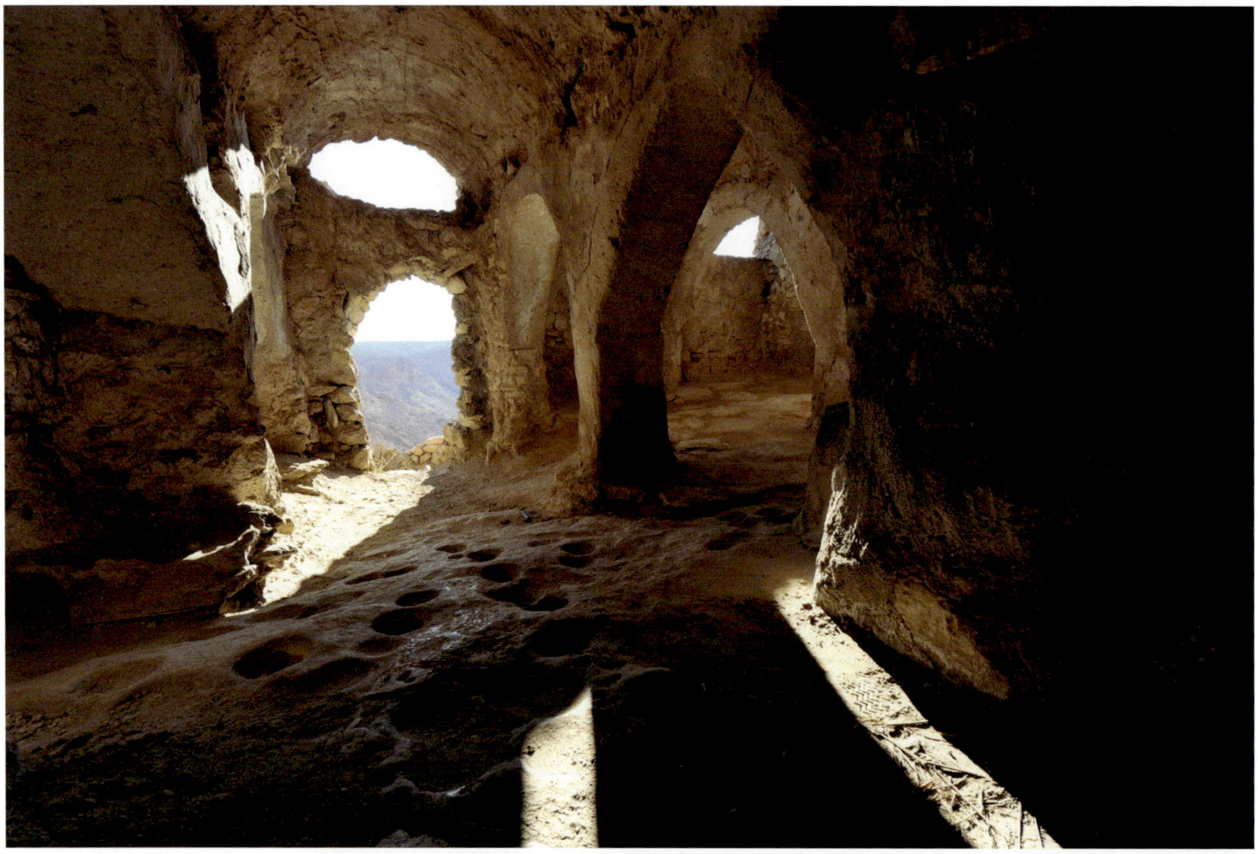

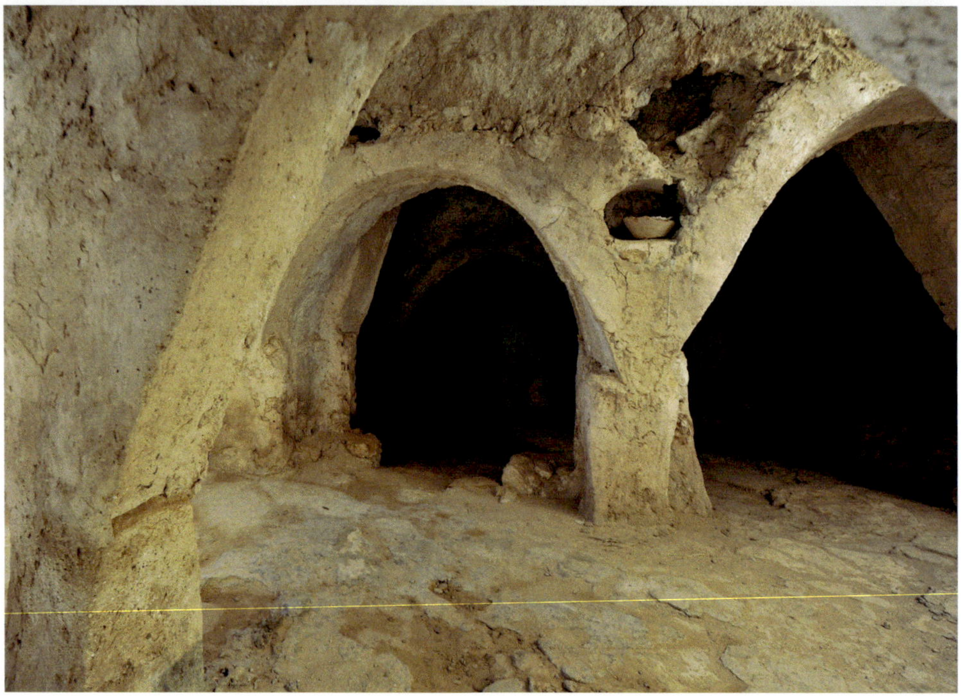

Ills. 15 et 16. *Intérieur de la madrasa en contre-bas d'al-A'lā*

En dessous de la mosquée, à un niveau plus bas, se trouve une autre structure importante, qui est abandonnée et en piteux état (ill. 14). La vaste salle comprend des éléments utilitaires : on y voit les vestiges d'un puits ou d'un pressoir à huile, le sol est marqué de petites cavités arrondies qui montrent qu'on y a concassé des noyaux de dattes (ill. 15, 16). Le plafond présente encore des restes de décors géométriques. Un pied apparaît en relief sur une des parois (ill. 17) ; il y a également des mains et quelques inscriptions. Selon les informations recueillies sur place, il s'agirait d'une école coranique qui serait la plus grande de la région et comprendrait une pièce pour

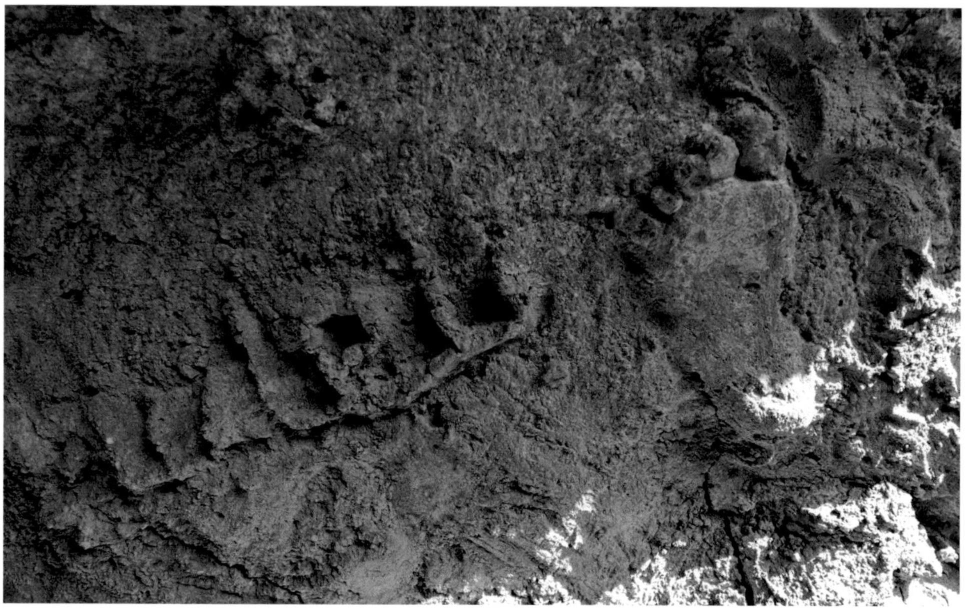

Ill. 17. *(à gauche) Pied en relief dans la madrasa en contrebas d'al-A'lā*

Ill. 18. *(au-dessous) Mihrab de la madrasa en contrebas d'al-A'lā (V. Prevost)*

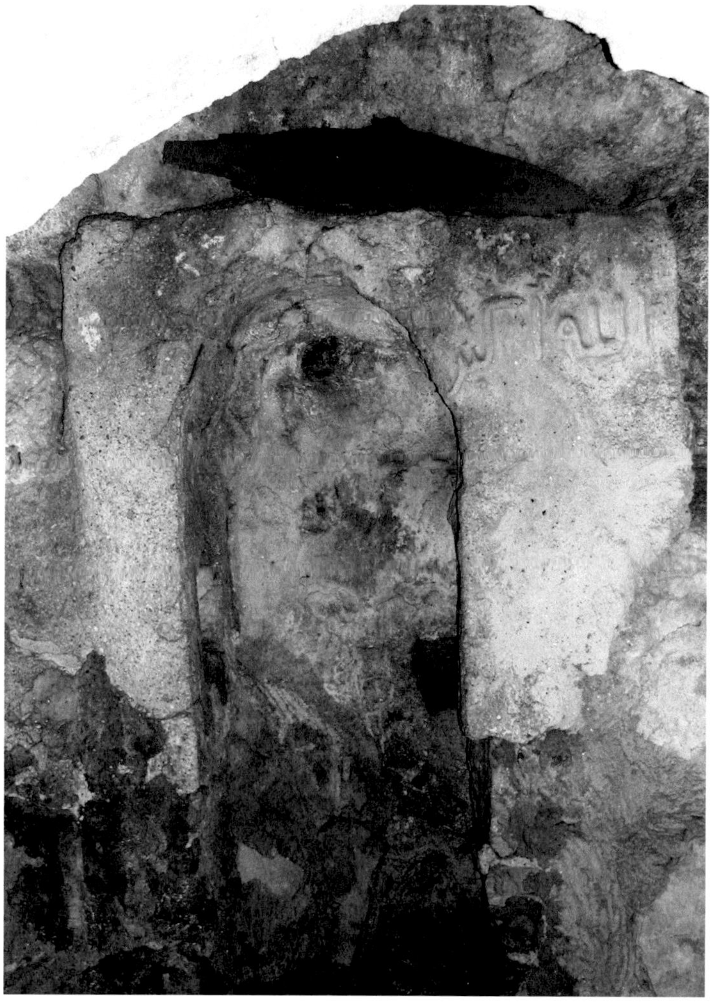

les femmes. Un panneau de bois apposé sur la façade indique « majlis al-irwān »[277], qui serait le nom de cette madrasa. Pour Warfallī, il s'agit d'une seconde mosquée, qu'il nomme al-masjid al-lūṭī, la mosquée inférieure ou basse[278]. Kenrick considère de la même façon que la grande mosquée est bâtie sur deux niveaux, le niveau inférieur consistant en une salle de prière très endommagée, composée de plusieurs nefs à arcades recouvertes d'une simple décoration de plâtre, avec un mihrab[279]. Ce mihrab est entouré d'une sobre moulure sur laquelle est inscrit « Allāh akbar » ; on y a posé un panneau de bois portant l'inscription « majlis al-'azzāba » (ill. 18). *Les bourgs et les chemins du djebel Nafūsa* évoque précisément, en dessous de la mosquée supérieure, la rue dite des *'azzāba*[280] ; ainsi, cette vaste salle leur servait sans doute de lieu de réunion. La liste *Al-masājid al-tārīkhiyya fī jabal Nafūsa* mentionne à Nālūt la masjid al-a'lā et une mosquée plus ancienne, masjid al-raḥaba (l'esplanade), qui pourrait peut-être correspondre à cette école coranique[281]. Il paraît certain en tout cas que les deux édifices ont été fortement liés dans le passé.

[277] Dans la seconde moitié du XVe siècle, le Djerbien 'Ammī Sa'īd réforme la *ḥalqa* du Mzab et instaure deux niveaux d'études, les *imessurda* (étudiants de premier niveau) et les *irwen*, qui ont acquis un niveau supérieur de qualification et parmi lesquels on pourra recruter les futurs *'azzāba*. B. Cherifi, *Études d'anthropologie historique et culturelle sur le M'Zab*, pp. 276-277.

[278] M. Warfallī, *Some Islamic Monuments*, p. 54.

[279] Ph. Kenrick, *Libya Archaeological Guides*, p. 84.

[280] A. de C. Motylinski, *Le Djebel Nefousa*, p. 107.

[281] *Al-masājid al-tārīkhiyya fī jabal Nafūsa*, n° 35 et n° 36. Google Map indique « masjid al-raḥaba al-'atīq » à l'emplacement de la mosquée Khalīfa ibn 'Askar.

LA MOSQUÉE DU GRENIER FORTIFIÉ DE NĀLŪT

COORD : N 31° 52′ 01″ E 10° 59′ 13″. Altitude : 587 m.

LOC : La mosquée est située à quelques mètres au sud-est du grenier.

DOC : Plusieurs photos de la mosquée ont été publiées, notamment par Warfallī (fig. 3)[282].

NOM : Nous avons choisi le nom qui nous paraissait le plus approprié ; on trouve également les appellations « mosquée du qaṣr » et « ancienne mosquée »[283]. Al-Būjadīdī l'appelle « mosquée du qaṣr » et « mosquée des Awlād Yaḥyā »[284]. Pour Warfallī, cet édifice était sans doute le tribunal de Nālūt[285].

SOURCES : Il s'agit sans doute de la mosquée neuve évoquée par *Les bourgs et les chemins du djebel Nafūsa*, qui se trouve en avant du grenier fortifié[286].

DESCR : Nous n'avons que de brèves indications sur cet édifice, auxquelles s'ajoutent nos propres constatations (ill. 19). Il se compose de deux espaces de prière différents, une salle semi-souterraine et une sorte de terrasse aménagée sur le toit. Cette terrasse de petite taille est accessible par un escalier qui divise littéralement l'édifice en deux parties : l'une est un bloc compact, tandis que l'autre ressemble à une sorte de tour constituée par l'entrée de la salle de prière surmontée par la *ṣum'a* en forme de tripode (ill. 20). Il s'agit ici d'une forme de minaret-escalier tout à fait particulière. Un mihrab extérieur, aujourd'hui en grande partie démoli, borde la terrasse. La salle de prière est divisée en quatre travées et l'intérieur est recouvert de plâtre avec des

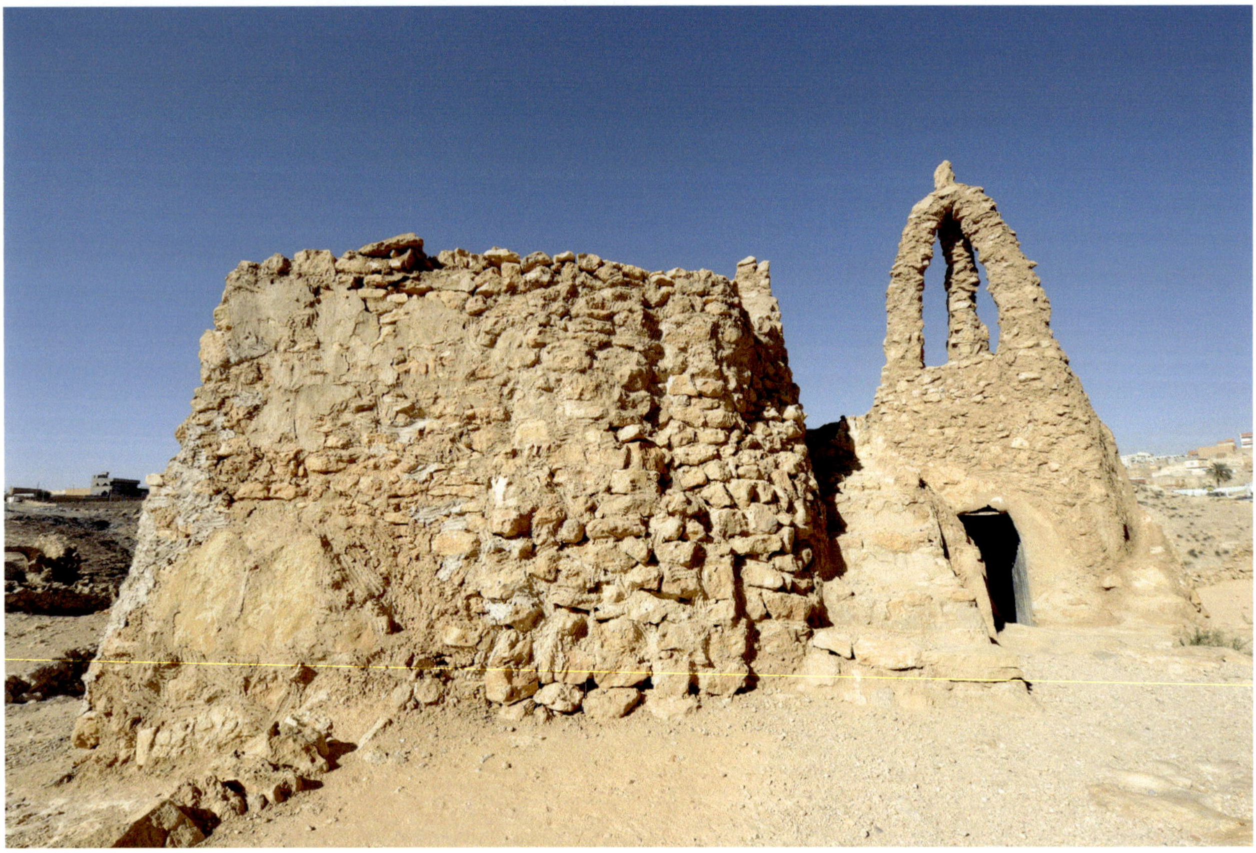

Ill. 19. *La mosquée du grenier fortifié de Nālūt*

[282] Voir aussi J. Despois, *Le Djebel Nefousa*, pl. XIII, une belle photo prise depuis l'arrière dans C. Bencini et F. Dell'Aquila, « Libia sconosciuta », p. 672, et plusieurs photos dans *Islamic Art and Architecture in Libya*, p. 46, où le mihrab extérieur est encore entier.

[283] F. Dell'Aquila et G. Fiorentino, « Moschee rupestri nel Gebel Nefusa occidentale », p. 13 (del gasr) ; J.W. Allan, « Some Mosques of the Jebel Nefusa », p. 149 (old mosque).

[284] I. al-Būjadīdī *et al.* (éd.), *Al-quṣūr wa-l-ṭuruq*, p. 269.

[285] M. Warfallī, *Some Islamic Monuments*, p. 54 ; *Ba'ḍ al-āthār al-islāmiyya*, p. 63 (*qā'at al-maḥkama*).

[286] A. de C. Motylinski, *Le Djebel Nefousa*, p. 107.

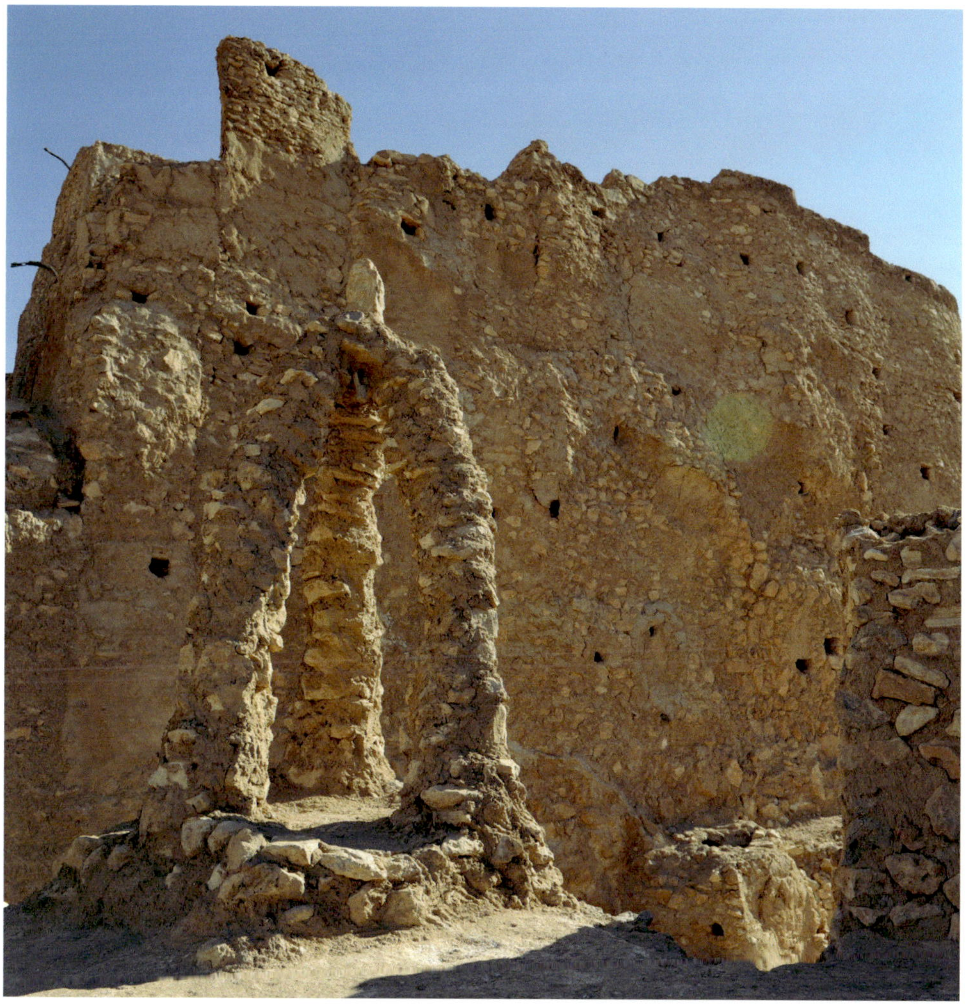

Ill. 20. *La* ṣum'a *tripode de la mosquée du grenier fortifié*

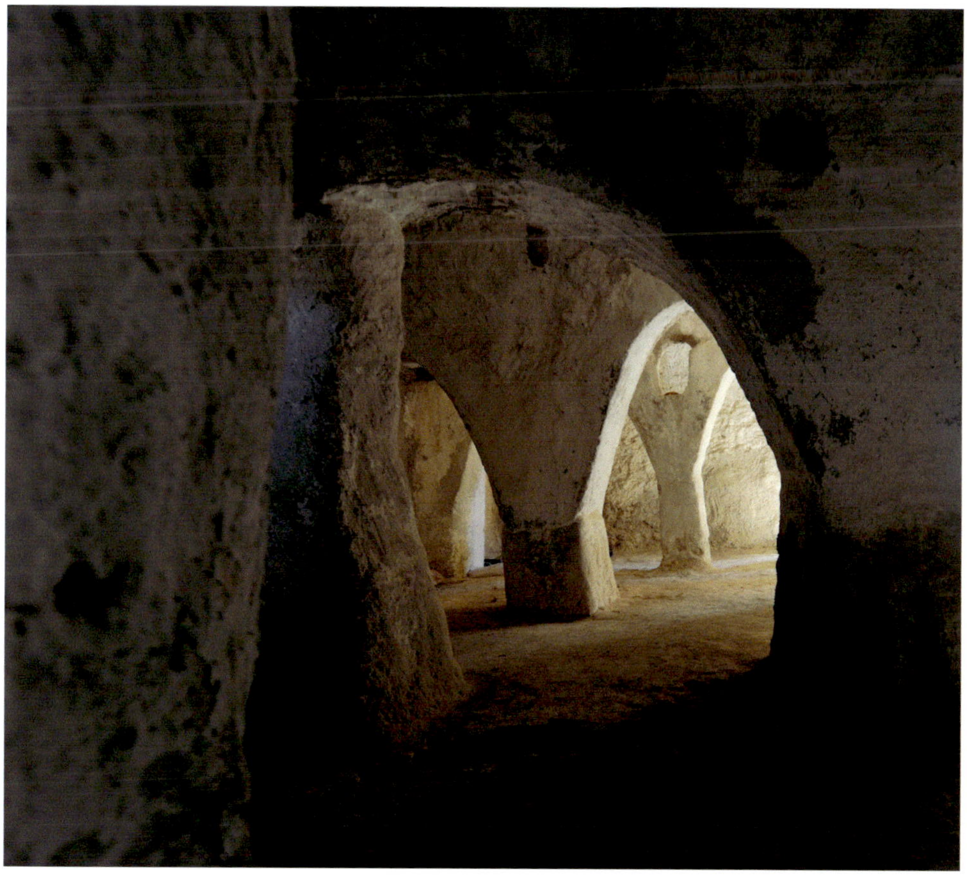

Ill. 21. *Intérieur de la mosquée du grenier fortifié*

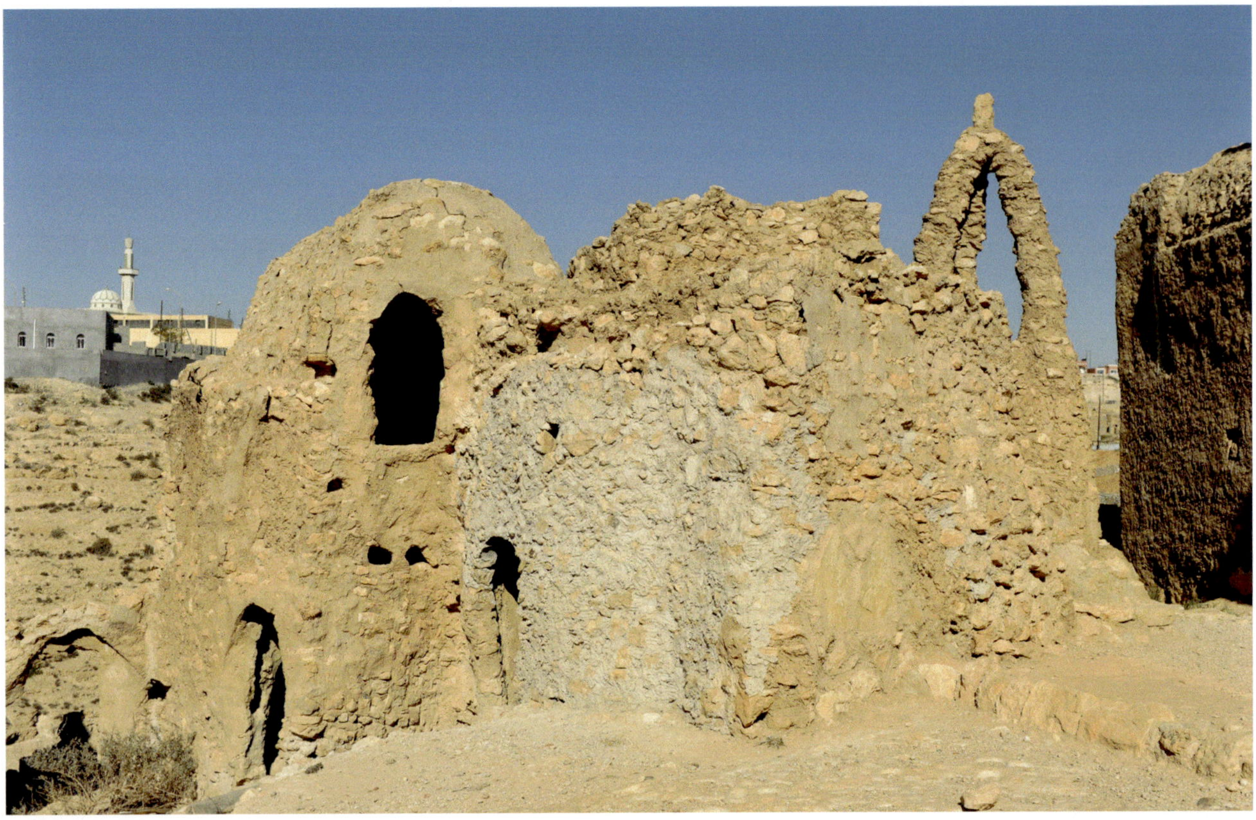

Ill. 22. *L'école coranique de la mosquée du grenier fortifié*

dessins incluant des mains ouvertes. Les descriptions font état de différentes inscriptions dont l'une indiquerait une reconstruction en 1226/1811-1812. La mosquée se singularise par l'utilisation fréquente d'une sorte d'arc très pointu, que l'on voyait jadis dans le mihrab de la terrasse et qui est repris notamment pour former le tripode de la *ṣum'a* (ill. 21). Dans le côté béant à l'est de cet édifice, une chambre comprend de petits espaces de rangement carrés aménagés dans les murs : c'était l'école coranique associée à la mosquée[287] (ill. 22). La comparaison de nos photos avec les documents plus anciens montre que la mosquée a été fortement restaurée et il est probable que la *ṣum'a* en forme de tripode a été reconstruite, peut-être après s'être effondrée[288].

LA MOSQUÉE KHALĪFA IBN 'ASKAR DE NĀLŪT

COORD : N 31° 52′ 11″ E 10° 59′ 03″. Altitude : 607 m.
LOC : Dans la ville moderne de Nālūt, bâtie à l'extrémité d'un éperon rocheux, au nord-ouest du grenier fortifié.
DOC : À notre connaissance, cette mosquée n'a jamais été documentée.
NOM : On la connaît également sous le nom de Sīdī Khalīfa[289]. Né vers 1878 dans une famille aisée de Nālūt, Khalīfa ibn 'Askar était un chef ibadite important qui lutta aux côtés de Sulaymān al-Bārūnī dès 1911 contre les occupants italiens. Il a été pendu en 1922 sur ordre de la Cour martiale italienne[290]. Sīdī Khalīfa est le nom d'un quartier de la Nālūt moderne ; une mosquée récente à haut minaret et coupole porte ce nom au bord de la shāri' Nafūsa.

---

[287] Ph. Kenrick, *Libya Archaeological Guides*, p. 84 ; J.W. Allan, « Some Mosques of the Jebel Nefusa », p. 149 ; *Islamic Art and Architecture in Libya*, p. 46. Pour I. al-Būjadīdī *et al.* (éd.), *Al-quṣūr wa-l-ṭuruq*, p. 269, la superficie de la salle de prière serait de 36 m^2.

[288] Voir *Islamic Art and Architecture in Libya*, p. 46

[289] I. al-Būjadīdī *et al.* (éd.), *Al-quṣūr wa-l-ṭuruq*, p. 269.

[290] P. Grandchamp, *Études d'histoire tunisienne*, pp. 183-185 ; M. Bābā'ammī *et al.*, *Mu'jam a'lām al-ibāḍiyya*, II, pp. 136-137.

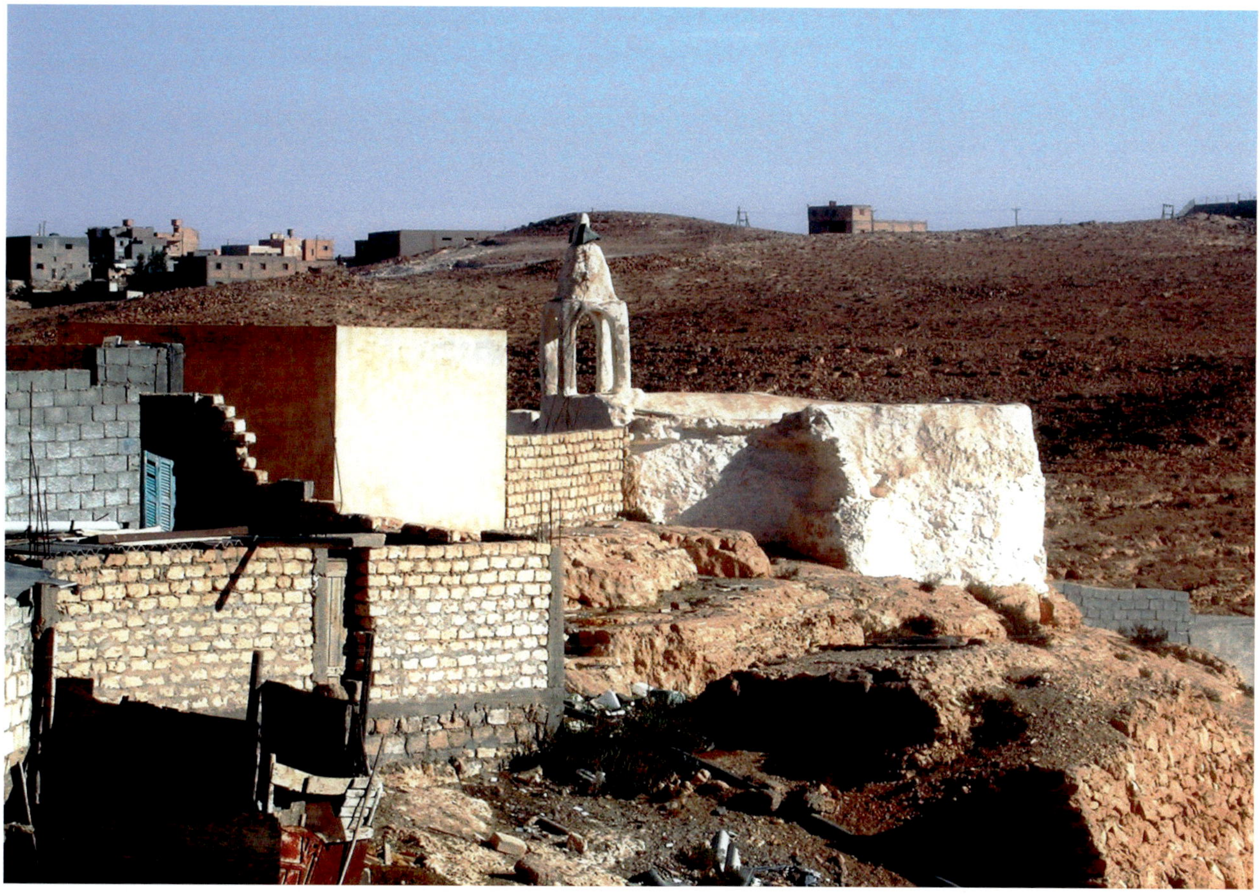

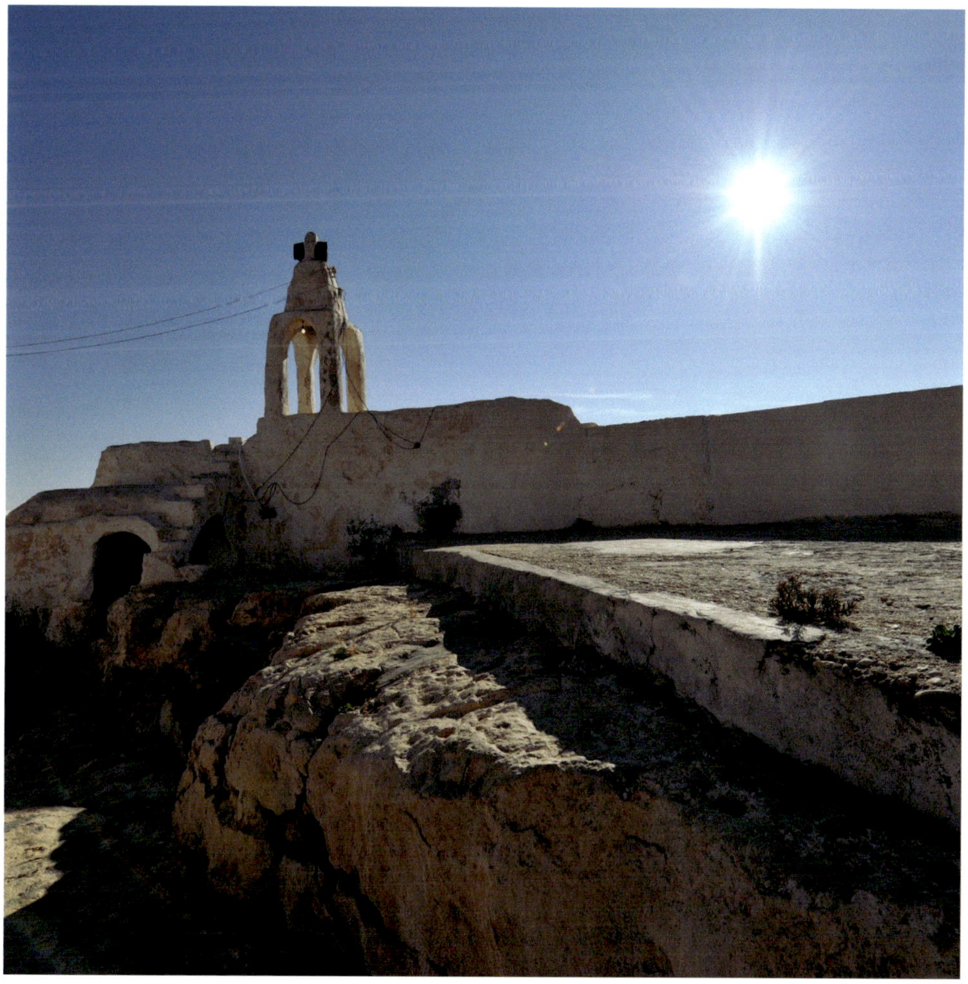

Ill. 23. *(au-dessus) La mosquée Khalīfa ibn 'Askar de Nālūt, vue de loin (V. Prevost)*

Ill. 24. *(à gauche) Khalīfa ibn 'Askar*

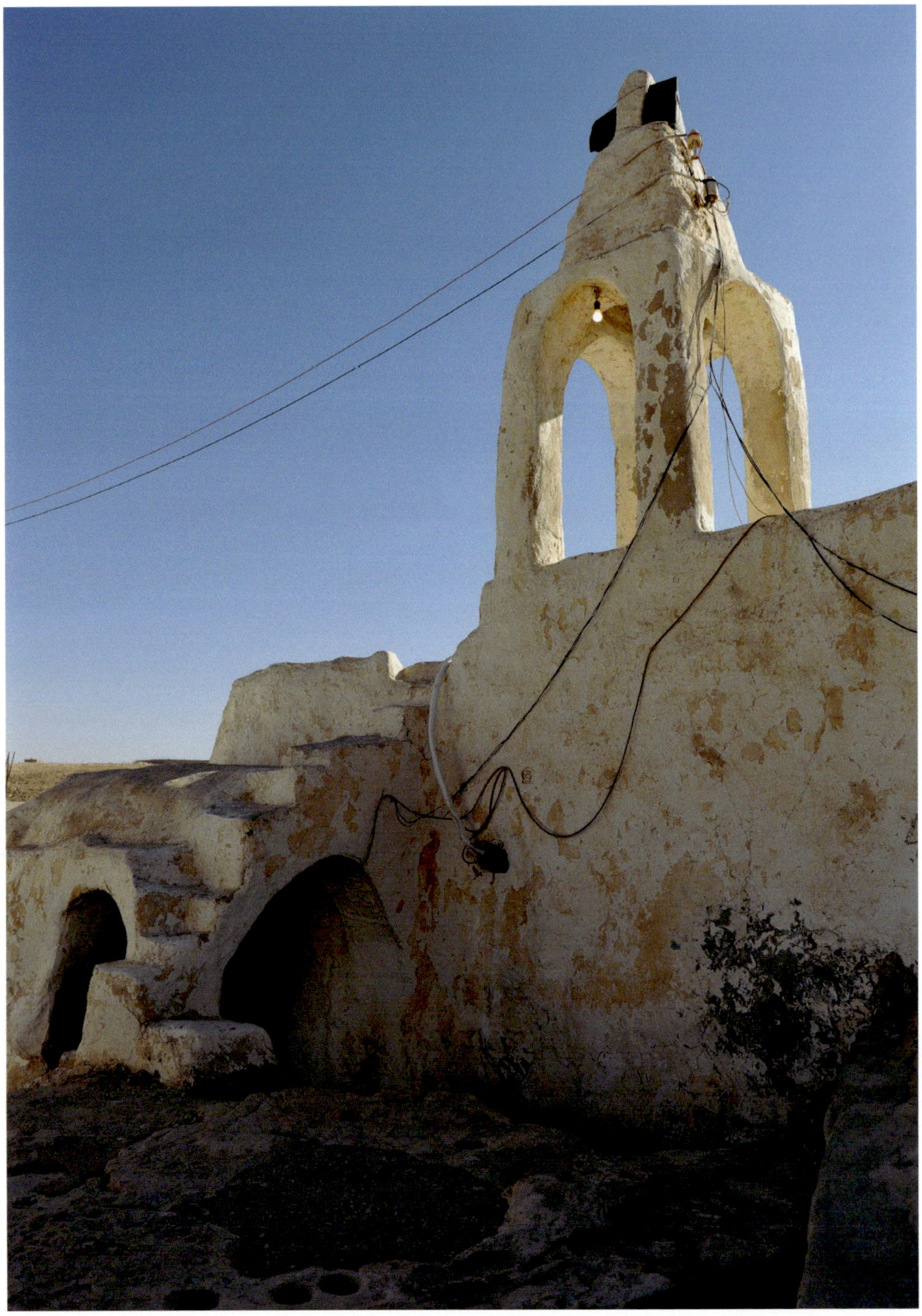

Ill. 25. *Khalīfa ibn 'Askar, la* ṣum'a *et le minaret-escalier*

SOURCES : Selon *Les bourgs et les chemins du djebel Nafūsa*, certains des habitants sont groupés autour de la mosquée de Sidi Khelifa[291].

DESCR : La mosquée est entourée d'une cour qui comprend une salle à ablutions moderne en plein air (ill. 23, 24, 25). Elle est surmontée d'une *ṣum'a* commune à la région de Nālūt, dotée ici de quatre pieds. La particularité est le très étroit escalier de huit marches en colimaçon qui escalade le porche d'entrée pour permettre d'accéder au toit, juste à côté de la *ṣum'a* comme dans la mosquée précédente. Il s'agit ici d'une forme de minaret-escalier. Les haut-parleurs témoignent de la modernisation de cet édifice depuis lequel a lieu l'appel à la prière. La salle de prière semi-souterraine était fermée à clé lors de notre visite. La mosquée aurait été à l'origine tout à fait souterraine[292].

[291] A. de C. Motylinski, *Le Djebel Nefousa*, p. 107.

[292] I. al-Būjadīdī *et al.* (éd.), *Al-quṣūr wa-l-ṭuruq*, p. 269.

LA MOSQUÉE TĪNDARĀR DE NĀLŪT

COORD : N 31° 51′ 54″ E 10° 59′ 27″. Altitude : 544 m.
LOC : Sur la droite de la route en lacets que l'on gravit lorsqu'on veut gagner Nālūt en venant de Kābāw.
DOC : À notre connaissance, cette mosquée n'a jamais été documentée.
NOM : Le nom Tīndarār paraît le plus fréquent, mais on trouve également la forme Tīndār. Allan la nomme « Tindrar or Tin Adrar (of the mountains) »[293].
SOURCES : Aucune source ne semble évoquer cette mosquée.
DESCR : La mosquée a été fortement remaniée à une époque récente ; à notre passage, elle était entourée de fils barbelés et fermée (ill. 26, 27). Allan décrit un édifice qui possédait à l'origine cinq travées, mais dont les deux travées occidentales ont disparu en laissant un espace qui ressemble à une petite cour. Le mihrab est orienté à 140°. Chaque arcade a quatre piliers. Des morceaux de tambours de colonnes, peut-être romains, ont été remployés dans l'édifice et d'autres gisent aux alentours[294]. Il semble qu'aujourd'hui, la cour a été supprimée pour accueillir un bâtiment récent

Ill. 26. *La mosquée Tīndarār de Nālūt*

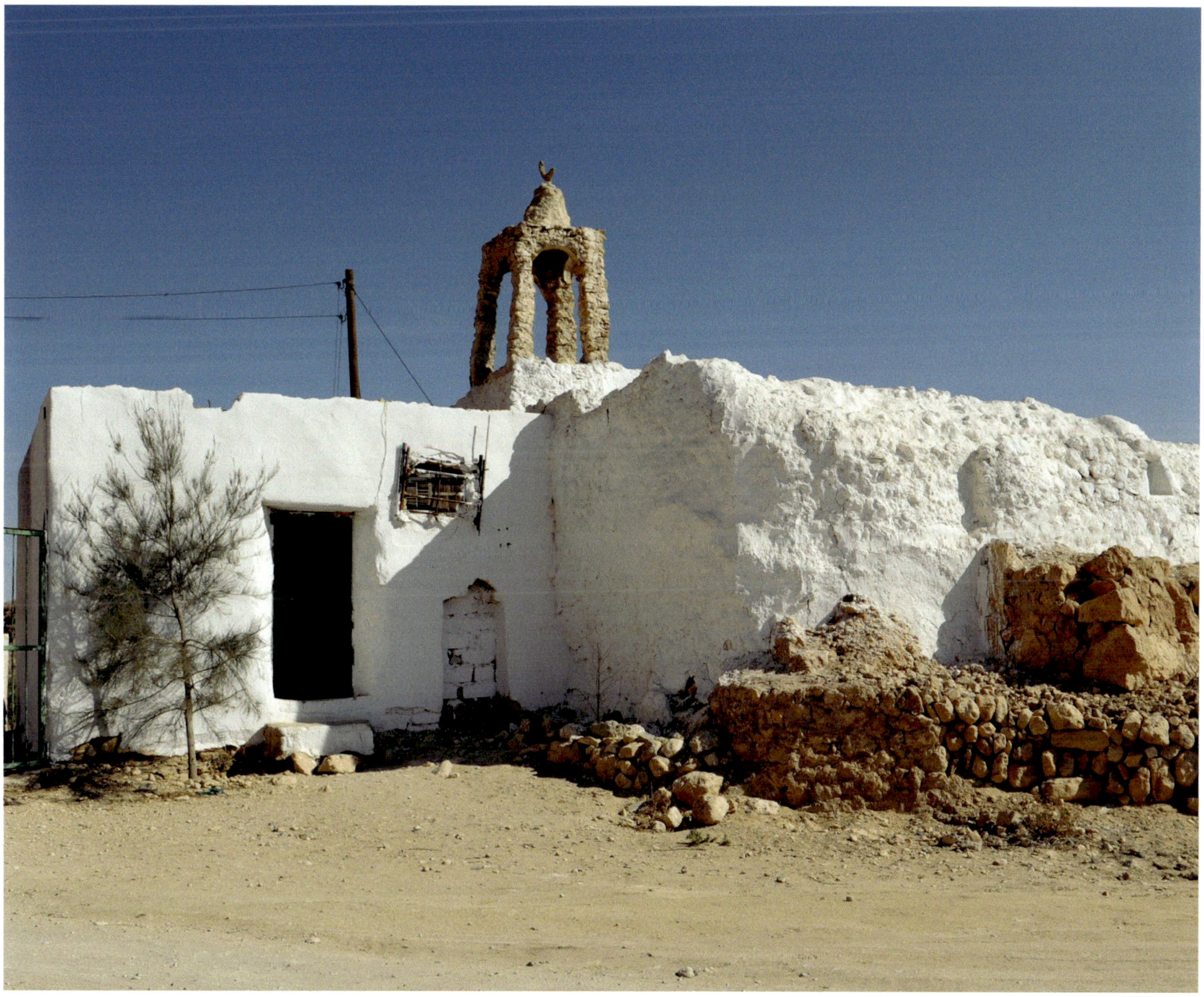

[293] J.W. Allan, « Some Mosques of the Jebel Nefusa », p. 149. *Al-masājid al-tārīkhiyya fī jabal Nafūsa*, n° 37, évoque la mosquée Tīndarār dont une partie seulement a été récemment restaurée. M. Kūrdī, *Al-ḥayāt al-'ilmiyya fī jabal Nafūsa*, p. 11, dit ignorer quand a été fondée la mosquée Tīndarār. Google Map donne à cet endroit précis l'appellation « jāmi' Tīndār ». F. Dell'Aquila et G. Fiorentino, « Moschee rupestri nel Gebel Nefusa occidentale », p. 13, évoquent la mosquée Tindar qui compte trois travées.

[294] J.W. Allan, « Some Mosques of the Jebel Nefusa », p. 149. I. al-Būjadīdī *et al.* (éd.), *Al-quṣūr wa-l-ṭuruq*, p. 269, évoquent la mosquée Tīndār, qui serait la plus ancienne de Nālūt, d'une superficie de 60 m² à laquelle on a ajouté 40 m². On y pratiquerait la prière pour obtenir la pluie.

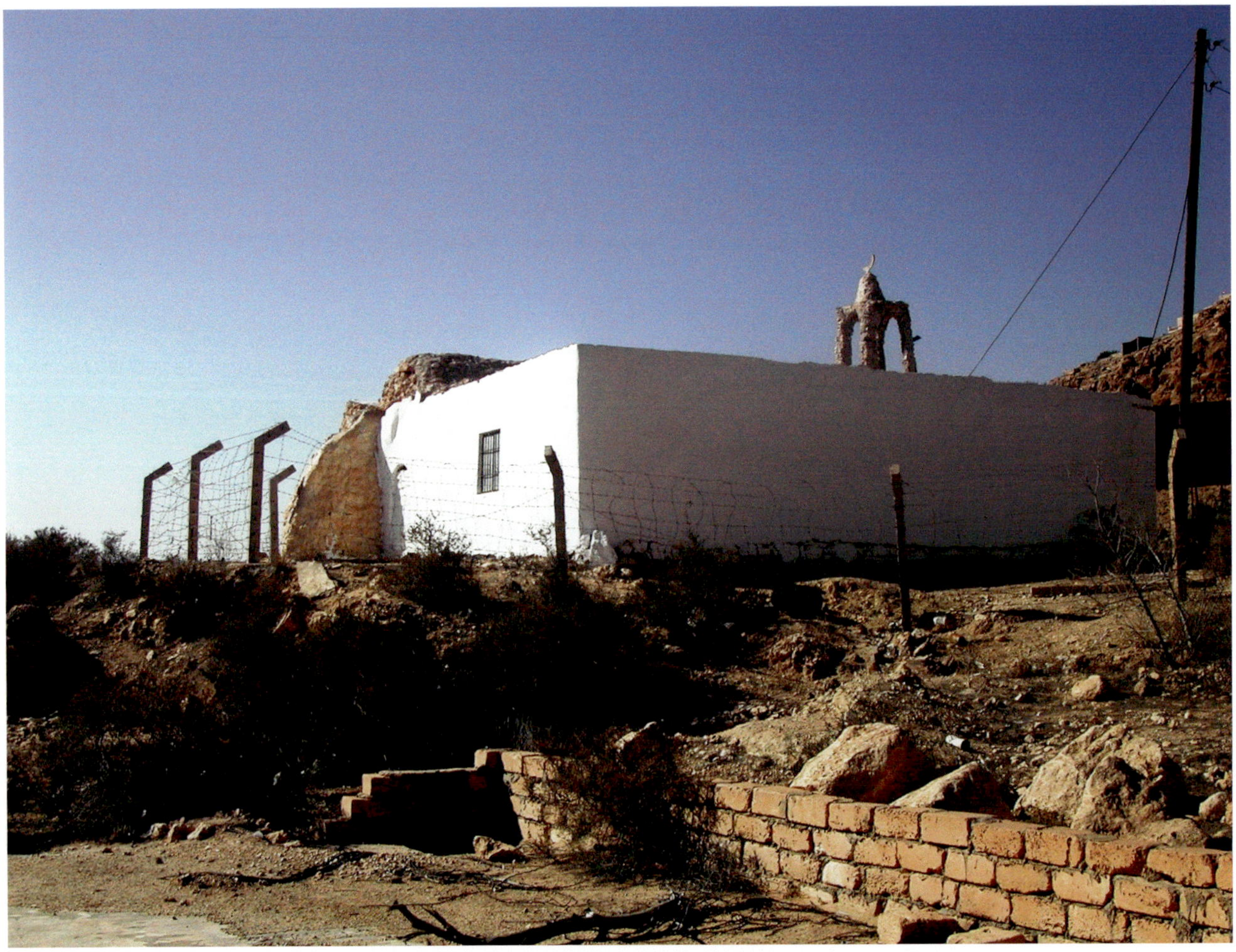

Ill. 27. *L'arrière de la mosquée Tīndarār (V. Prevost)*

qui a peut-être remplacé les deux travées qui auraient disparu. La mosquée est surmontée par une petite *ṣum'a* en forme de quadripode, assez semblable à celle de Khalīfa ibn 'Askar, si ce n'est qu'elle est décorée par un croissant. Allan établit un lien entre cet édifice et celui signalé par Despois, une très ancienne mosquée à cinq nefs dont deux sont déjà démolies dans les années 1930, située dans le Vieux Nālūt[295]. Ce serait donc là, en contrebas de l'actuelle ville, que se trouverait le Vieux Nālūt de Despois, qui a précédé le site historique qui apparaît aujourd'hui comme étant le principal, avec son grenier fortifié et sa mosquée al-A'lā. Ce Vieux Nālūt, dont subsisteraient les ruines d'un imposant *qaṣr* entouré d'un rempart, équivaudrait au Tāgharwīt des sources ibadites, un des plus anciens sites du djebel Nafūsa qui a été abandonné après une incursion de Zanāta, sans doute à la fin du Xe siècle, et dont les habitants sont partis vivre à Ouargla[296].

[295] J. Despois, *Le Djebel Nefousa*, p. 234.
[296] Al-Shammākhī, p. 459 ; T. Lewicki, *Études ibāḍites nord-africaines*, p. 79. Sur Tāgharwīt, voir I. Sjöström, *Tripolitania in Transition*, p. 170.

II
LA RÉGION DE KĀBĀW

LA MOSQUÉE DE TANŪMĀYT

COORD : Étant donné la confusion et la contradiction des renseignements que nous possédons, nous ne pouvons donner qu'une mesure incertaine, N 31° 50′ 33″ E 11° 13′ 27″. Altitude : 679 m.

LOC : La carte 1/100 000 feuille 1670 marque par un symbole la mosquée de « Cherbet Tnumait » à l'ouest de Kābāw[297]. Un détail de cette carte est reproduit par Dell'Aquila avec indication précise de la mosquée et c'est cette localisation que nous avons retenue[298]. La mosquée est au centre des ruines du village abandonné de Tanūmāyt. Warfallī y a encore vu quelques bâtiments à moitié effondrés, les vestiges d'un grenier fortifié situé à environ 700 m de la mosquée, et une série d'habitations troglodytiques éparpillées sur une distance de 200 à 300 m. Il semble, étant donné le peu de vestiges, que Tanūmāyt a toujours été un petit village[299].

DOC : Nombreuses photos et plan dans Dell'Aquila *et al.*, « La moschea rupestre di Tnumayat », pp. 266-270 et dans Warfallī (fig. 18 à 34)[300].

NOM : Nous avons choisi la prononciation qui correspond à la graphie arabe du nom du village, donnée par Warfallī[301]. On trouve également les appellations Thumayat et Tnumayat[302]. La mosquée est connue sous le nom de mosquée d'Abū Muḥammad, associée au toponyme Tanūmāt[303]. Selon Warfallī, on la nomme Sīdī Mḥemmed, du nom d'un savant qui y aurait enseigné et peut-être exercé les fonctions d'imam[304]. On

---

[297] La carte 1/50 000 feuille 1588 IV indique, bien plus à l'ouest que sur la carte 1/100 000, Khirbat al-Thanūmāt, précisant qu'il s'agit de vestiges, et jāmi' Sīdī al-ḥājj Muḥammad.

[298] F. Dell'Aquila *et al.*, « La moschea rupestre di Tnumayat », p. 265. F. Dell'Aquila et G. Fiorentino, « Moschee rupestri nel Gebel Nefusa occidentale », p. 20, donnent des coordonnées erronées pour la mosquée. D'autre part, si l'on en croit la carte Google Map figurant sur le site de Wadi Adrar (http://www.wadi-adrar.org/luogo/moschea-rupestre-di-tnumayat), la mosquée est située à environ N 31° 51′ 42″ E 11° 09′ 14″, à l'ouest du village d'al-Majābira. M. Warfallī, *Some Islamic Monuments*, p. 65, commet aussi manifestement une erreur lorsqu'il affirme que le vieux village de Tanūmāyt est à environ 32 km à l'ouest de Kābāw à al-Khirba. Ce toponyme désignant des ruines est très répandu dans le djebel, il y a d'ailleurs une autre al-Khirba plus près de Tanūmāyt au sud d'al-Majābira.

[299] M. Warfallī, *Some Islamic Monuments*, p. 65. On voit les ruines de la construction qui se trouvait au-dessus de la mosquée sur les photos de F. Dell'Aquila *et al.*, « La moschea rupestre di Tnumayat », p. 266. I. al-Būjadīdī *et al.* (éd.), *Al-quṣūr wa-l-ṭuruq*, p. 262, évoquent les ruines de Tanūmāt et les vestiges d'un grenier fortifié circulaire de grande taille qui remonterait au XVIe siècle.

[300] Voir aussi plusieurs photos dans *Islamic Art and Architecture in Libya*, p. 47, et F. Dell'Aquila et G. Fiorentino, « Moschee rupestri nel Gebel Nefusa occidentale », pp. 20-21.

[301] M. Warfallī, *Ba'ḍ al-āthār al-islāmiyya*, p. 80.

[302] *Islamic Art and Architecture in Libya*, p. 47 ; F. Dell'Aquila *et al.*, « La moschea rupestre di Tnumayat ».

[303] *Al-masājid al-tārīkhiyya fī jabal Nafūsa*, n° 66 ; 'A. Mu'ammar, *Al-ibāḍiyya fī mawkib al-tārīkh II*, II, p. 177.

[304] M. Warfallī, *Some Islamic Monuments*, p. 65. Il évoque, p. 69, à 8 km au nord-est le village en ruine de Qaṣr Sīdī Ḥāmid, qui n'a manifestement aucun rapport avec le savant associé à la mosquée. Dans *Ba'ḍ al-āthār al-islāmiyya*, p. 81, il donne masjid Sīdī Amḥammad.

Plan 3. *La mosquée de Tanūmāyt (d'après Dell'Aquila, « Rupestrian Mosques », p. 55)*

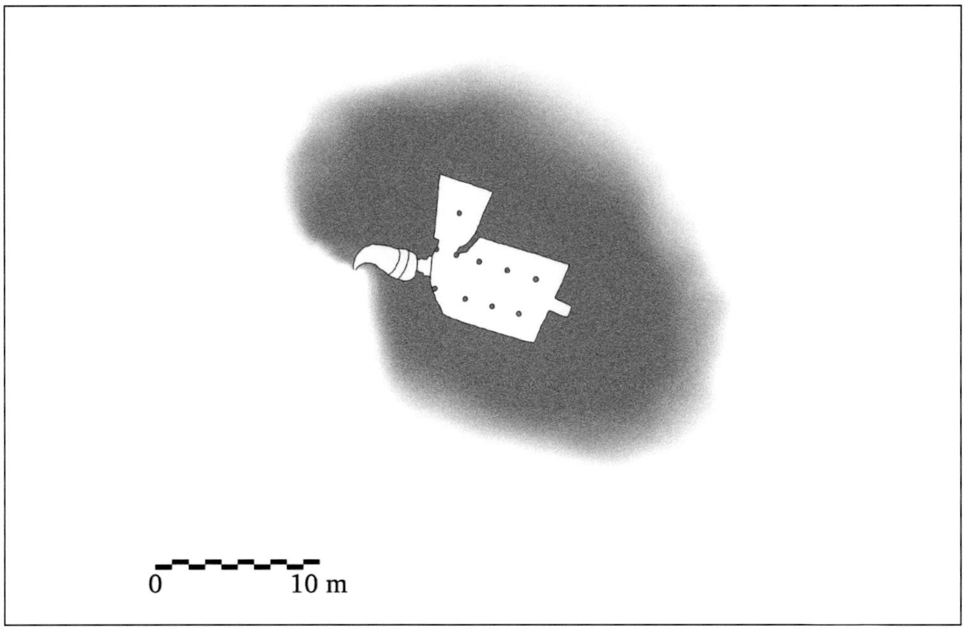

trouve également le nom de masjid al-shaykh Amḥammad al-Tanūmātī[305]. La carte 1/50 000 feuille 1588 IV note jāmi' Sīdī al-ḥājj Muḥammad.

SOURCES : Aucune source n'évoque à notre connaissance cette mosquée. L'agglomération, par contre, est mentionnée sous la forme Tanūmāt : le savant du Xe siècle Abū Muḥammad Khaṣīb al-Tamaṣmaṣī y passe en se rendant à Nālūt[306].

DESCR : Voir plan 3. Nous mêlons ici la description de Dell'Aquila à celle de Warfallī. Le couloir d'entrée de la mosquée souterraine est creusé sur le flanc d'un petit relief ; il mesure environ 1 m de large à la base et 5 m de long. Il forme un coude là où il rejoint un sentier qui mène au village. À environ 2 m du début du couloir se trouve un puits ancien, aujourd'hui asséché et destiné jadis aux ablutions. Quelques marches grossières mènent du niveau du sol à un plateau aménagé en face de l'entrée, environ 3,50 m plus bas. La roche des parois latérales du couloir tendant à s'émietter et à s'effondrer, un petit muret fait de pierres informes entassées à sec a été ajouté. Le mur de l'entrée, au contraire, est un mur fait de pierres de taille de grandes et de moyennes dimensions, à nouveau assemblées à sec[307]. La porte d'entrée mesure à peine 70 x 126 cm, des dimensions réduites conformes à la tradition berbère, visant à maintenir la température intérieure plus basse qu'à l'extérieur. Sur les côtés, les piédroits sont deux monolithes bien taillés surmontés par une plaque semi-circulaire, portant sept lignes de texte gravées, entourées de deux rangées de chevrons et de deux étoiles à huit pointes[308]. La première ligne dit : « Seul fréquentera les mosquées de Dieu : celui qui croit en Dieu et au Jour dernier » (Coran, début de IX, 18). La deuxième ligne dit : « Heureux les croyants qui sont humbles dans leurs prières » (XXIII, 1-2). Les troisième et quatrième lignes disent : « Dis : «Mon Seigneur ! Fais-moi entrer d'une entrée conforme à la justice, fais-moi sortir d'une sortie conforme à la justice. Accorde-moi, de ta part, une autorité qui me protège». » (XVII, 80). La cinquième ligne dit : « [La mosquée] a été construite pendant le mois

[305] I. al-Būjadīdī *et al.* (éd.), *Al-quṣūr wa-l-ṭuruq*, pp. 263-264, qui indiquent que le tombeau de ce cheikh est l'objet d'un pèlerinage destiné à faire pleuvoir.

[306] Al-Bughṭūrī, p. 67 ; al-Shammākhī, p. 481. Sur ce savant, voir M. Bābā'ammī *et al.*, *Mu'jam a'lām al-ibāḍiyya*, II, p. 133. Voir aussi al-Shammākhī, p. 610 : une assemblée de cheikhs des *'azzāba* se rend à Tanūmat (*sic*).

[307] F. Dell'Aquila *et al.*, « La moschea rupestre di Tnumayat », pp. 264-265.

[308] F. Dell'Aquila *et al.*, « La moschea rupestre di Tnumayat », p. 265, qui donnent à cette plaque 95 x 50 cm. M. Warfallī, *Some Islamic Monuments*, p. 200, indique que l'inscription du tympan mesure 90 cm à la base et environ 60 cm de haut. En comparant les photos de Warfallī (fig. 34) et de Dell'Aquila (p. 266, fig. 6), on voit que le dessus de la plaque est désormais cimenté.

de ramadan de l'année 454 (septembre-octobre 1062) ». La sixième ligne dit : « Elle a été construite par celui qui cherchait une récompense dans cette vie et au dernier jour », et la septième : « [Ceci] a été écrit par 'Abd al-Malik ibn Ya'qūb al-Nafūsī »[309].

L'inscription présenterait certaines particularités du coufique fleuri mais serait fort influencée par la graphie maghrébine que l'on observe dans les manuscrits nord-africains. On n'a pas d'autre exemple de ce genre en Libye, que ce soit sur des édifices ou sur des pierres tombales. Ce type de coufique influencé par la graphie maghrébine est apparu probablement pour la première fois aux Xe-XIe siècle[310]. Malheureusement, la plaque inscrite a été démolie par des vandales[311].

La mosquée a un plan rectangulaire et comporte une petite pièce supplémentaire au nord-ouest. La construction met en œuvre des blocs informes trouvés sur place et du mortier de plâtre employé soit pour rejointoyer les murs soit pour réaliser les enduits décorés. L'aménagement de la mosquée se serait déroulé de la façon suivante : d'abord, on aurait dégagé un espace brut en creusant le sol, puis ensuite on aurait construit toutes les structures de la mosquée, les murs, les colonnes et piliers, les arcs et même les voûtes[312]. Le mur de qibla mesure un peu plus de 5 m de long. La salle compte six colonnes et le trait le plus caractéristique est ici l'uniformité architecturale, puisque que les rangées de deux colonnes se ressemblent et que les murs nord-est et sud-ouest, percés de niches, sont identiques : à chaque niche correspond une niche identique sur le mur opposé. Le mihrab est une simple niche à base rectangulaire qui mesure environ 1,90 m de haut et 1,20 m de profondeur. Il est flanqué de deux petites niches pour les lampes à huile ; les colonnes sont également munies de petits orifices destinés à déposer des lanternes. Selon Dell'Aquila, la mosquée pouvait accueillir pour la prière environ vingt hommes et huit femmes[313].

On accède à la pièce additionnelle par un passage surmonté d'un arc d'à peine 1,57 m de hauteur, supporté par deux colonnes. Le mur face à l'entrée comporte deux petites niches et des arcs reposent sur l'unique colonne au centre de la pièce. Pour Dell'Aquila, cette pièce était réservée aux femmes : il note qu'à côté de l'entrée, un mur sépare l'espace des femmes de celui des hommes, dans lequel est aménagée en hauteur une petite fenêtre qui offre une vue directe sur le mihrab. Warfallī remarque qu'à cause de sa petite taille, cette chambre ne servait certainement pas à l'enseignement, mais peut-être à conserver des manuscrits et d'autres biens de la mosquée. Cette pièce ne correspond pas bien selon lui au reste du lieu de culte et il pense qu'elle a été ajoutée plus tard[314].

La mosquée de Tanūmāyt comporte une très riche décoration en relief sur l'enduit de plâtre qui recouvre le plafond et les arcades, faite de dessins géométriques et de symboles organisés en registres, autant de motifs qui se répètent pour former

309 M. Warfallī, *Some Islamic Monuments*, pp. 200-201.

310 L'inscription ressemblerait fort à celle d'une pierre tombale datée de 322/933-934 conservée au Caire : les outils utilisés et la technique sont similaires, mais on n'y retrouve pas l'influence maghrébine. Une autre pierre tombale datée de 412/1020-1021 a le même style mais l'influence maghrébine fait à nouveau défaut. M. Warfallī, *Some Islamic Monuments*, pp. 201-202. Il utilise l'expression *foliated Kūfic* que nous traduisons par coufique fleuri. A. Grohmann, « The Origin and Early Development of Floriated Kūfic », p. 275, fait cependant la différence entre *foliated Kūfic* et *floriated Kūfic* qui sont souvent confondus, même par des spécialistes, le premier étant de facture plus simple. Il regrette que le terme français recouvre les deux styles.

311 Cette constatation a été publiée en 1999. I. al-Būjadīdī *et al.* (éd.), *Al-quṣūr wa-l-ṭuruq*, p. 263.

312 F. Dell'Aquila *et al.*, « La moschea rupestre di Tnumayat », p. 267.

313 M. Warfallī, *Some Islamic Monuments*, pp. 66-67 ; F. Dell'Aquila *et al.*, « La moschea rupestre di Tnumayat », p. 267. Les mesures fournies diffèrent fort selon les deux descriptions : ainsi Warfallī considère que l'entrée a environ 80 cm de large et 1,10 m de haut. Il affirme que le mihrab est orienté sud-sud-est, tandis que F. Dell'Aquila et G. Fiorentino, « Moschee rupestri nel Gebel Nefusa occidentale », p. 20, donnent une orientation de 120° qui semble mieux correspondre au plan.

314 F. Dell'Aquila *et al.*, « La moschea rupestre di Tnumayat », pp. 267-268 ; M. Warfallī, *Some Islamic Monuments*, p. 67. Pour Dell'Aquilla, les murs, les arcs et le plafond de cette annexe sont décorés, tandis que Warfallī observe qu'à l'inverse du plafond de la salle de prière, celui de l'annexe n'est pas décoré. F. Dell'Aquila et G. Fiorentino, « Moschee rupestri nel Gebel Nefusa occidentale », p. 19, fig. 18, montrent à la mosquée souterraine de « Tatauzin » un dispositif similaire où un mur surmonté d'une fenêtre sépare la salle des femmes de celle des hommes.

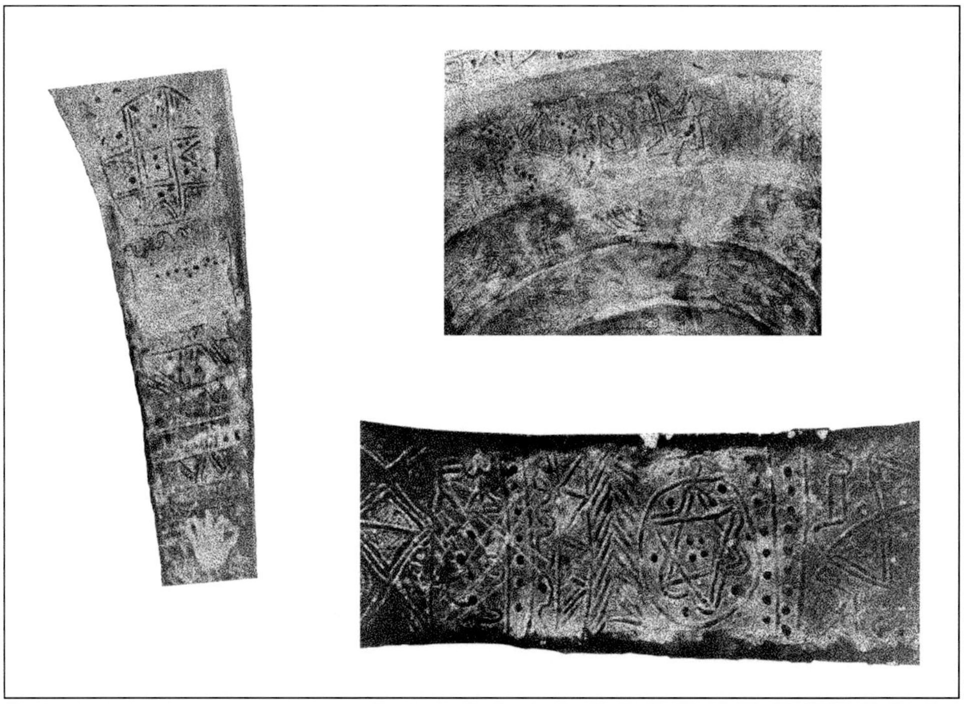

Ill. 28. *Exemples de décor de la mosquée de Tanūmāyt (illustration M. Favresse, d'après Warfallī, fig. 27, 29 et 31)*

le décor de l'ensemble (ill. 28). On notera principalement des zigzags qui apparaissent parfois sous forme de points, des sortes de vagues, des lignes qui forment des rangées d'arcades, des motifs pouvant être interprétés comme des bracelets, des triangles, des étoiles à six ou à huit pointes, des étoiles de Salomon, des arbres stylisés ou des feuilles de palmier, des fleurs à quatre pétales et des bracelets de cheville[315], des cercles avec des étoiles à huit pointes. Certains motifs sont enrichis de petits points en relief. La mosquée a toujours été utilisée comme lieu de prière, même après l'abandon du village, et compte également de nombreux graffiti parmi lesquels se voit fréquemment le symbole du scorpion, dont on invoque la protection grâce à son aiguillon venimeux[316].

La mosquée de Tanūmāyt présente plusieurs aspects très intéressants. D'une part, son plan est particulier car l'axe est différent : la plupart des lieux de culte ont un mur de qibla plus large que les murs perpendiculaires, et dès lors les couloirs de prière apparaissent clairement parallèles au mur de qibla. Dans ce cas-ci, le plan suggère plutôt trois nefs perpendiculaires au mur de qibla, celle du centre étant d'ailleurs plus large que les nefs latérales. D'autre part, l'inscription figurant sur le tympan de la porte d'entrée – qui est à notre connaissance la plus vieille inscription du djebel Nafūsa – confère à cette mosquée une grande importance, puisque la datation précise de 1062 permet d'établir des critères pour l'étude d'autres mosquées[317]. Dell'Aquila remarque que la date de construction de la mosquée est proche de celle de l'arrivée des nomades arabes Banū Hilāl, c'est-à-dire d'une vague de destructions qui auraient pu pousser le dénommé ʻAbd al-Malik ibn Yaʻqūb al-Nafūsī à construire cet édifice en remerciement vis-à-vis de Dieu qui l'aurait sauvé. Il note aussi que Yaʻqūb est un nom d'origine chrétienne qui témoigne de la diffusion du

[315] Voir *infra*, ill. 142.
[316] F. Dell'Aquila *et al.*, « La moschea rupestre di Tnumayat », pp. 268-269 ; M. Warfallī, *Some Islamic Monuments*, pp. 66-68, qui donne de bonnes photos des décors (fig. 20-33). ʻA. Muʻammar, *Al-ibāḍiyya fī mawkib al-tārīkh II*, II, p. 177 et p. 179, exagère très fort l'ampleur des décors, évoquant de très nombreuses inscriptions, sur le mihrab notamment, alors que le mihrab paraît nu.
[317] M. Warfallī, *Some Islamic Monuments*, p. 69. Pour une comparaison des plans de mosquées à couloirs de prière parallèles ou perpendiculaires au mur de qibla, voir *infra*, ill. 120.

christianisme dans le djebel au XIe siècle[318]. Il répète ailleurs que la mosquée de Cherbet Tanūmāyt conserve des traces de christianisme puisque selon lui, tant le plan de la mosquée que le système du gynécée sont des formules architecturales que l'on retrouve dans les églises rupestres des Pouilles[319].

LA MOSQUÉE SĪDĪ ABŪ RAGHWA

COORD : N 31° 54′ 00″ E 11° 18′ 02″. Altitude : 323 m.
LOC : Sur la carte 1/50 000 feuille 1588 I, on voit au nord de Kābāw, dans une vallée riche en oueds nommée Baṭin Abū Raghwa, l'indication de Sīdī Abū Raghwa et des ruines d'Abū Raghwa (Khirbat Abū Raghwa). « Sidi Bu Ragua » apparaît à côté de l'oued du même nom au nord de Kābāw sur la carte 1/100 000 feuille 1670. Ces deux cartes indiquent chacune deux symboles de sanctuaire, l'un dans les ruines et l'autre un peu plus au nord. La carte 1/250 000 feuille NH 32-4 indique Sidi Bu Ragua (shrine) ; vu la rareté des sanctuaires signalés, cela marque un lieu important. Le village abandonné d'Abū Raghwa, comportant une vingtaine d'habitations troglodytiques, se trouve là où le profond oued du même nom s'ouvre sur la plaine de la Jaffāra, là où le rejoint un autre petit oued. La mosquée est à l'ouest de la route, très proche d'un cimetière ; au sud à une centaine de mètres, sur une petite hauteur, on voit les vestiges de l'enceinte du *qaṣr*[320].
DOC : Les articles de Dell'Aquila donnent de nombreuses photos de cet édifice et un plan[321].
NOM : Le nom du village abandonné et du personnage qui lui a donné son nom, Abū Raghwa, est transcrit de multiples façons[322].
SOURCES : La mention la plus ancienne de la mosquée que nous ayons trouvée figure chez Despois qui dit : « Au débouché de la vallée dans la plaine subsistent les restes du village de Bou Ragoua : des tas de pierres, d'anciennes grottes en partie éboulées, les ruines d'un vieux *gasr*, une vieille mosquée troglodyte qui renferme les restes vénérés du Cheikh Bou Ragoua : c'est tout ce qui subsiste, naturellement, de l'ancienne agglomération. Celle-ci ne revit que quelques semaines par an, lorsque les gens de Kabao qui ont des cultures dans les environs viennent s'abriter temporairement dans ses grottes. »[323] Nous n'avons trouvé aucune information sur le personnage qui y serait enterré. Nous n'avons pas la pleine certitude qu'il soit ibadite, même si la vénération que lui portent les habitants de Kābāw et la ressemblance de la mosquée avec celle de Tanūmāyt le laissent fortement croire.
DESCR : Voir plan 4. L'enceinte de la mosquée renferme un petit minaret, quelques pièces pour accueillir les rares visiteurs et pour satisfaire aux rites islamiques, ainsi qu'un long couloir, sous forme d'escalier, qui descend vers la mosquée souterraine (ill. 29)[324]. Cet escalier conduit à un vestibule couvert qui donne du côté gauche

[318] F. Dell'Aquila *et al.*, « La moschea rupestre di Tnumayat », pp. 265-266.
[319] F. Dell'Aquila, « Note sul cristianesimo », p. 114.
[320] F. Dell'Aquila *et al.*, « L'habitat rupestre nel Gebel Garbi », pp. 65-66 ; « Insediamenti rupestri », pp. 14-16. F. Dell'Aquila et G. Fiorentino, « Moschee rupestri nel Gebel Nefusa occidentale », p. 19, donnent des coordonnées qui placent la mosquée plus au nord, mais cet emplacement ne correspond pas aux descriptions fournies ni à son altitude.
[321] Une photo extérieure, un plan du village et un plan de la mosquée dans F. Dell'Aquila *et al.*, « L'habitat rupestre nel Gebel Garbi », pp. 65-67. Voir d'autres photos dans F. Dell'Aquila et G. Fiorentino, « Moschee rupestri nel Gebel Nefusa occidentale », pp. 19-20, et dans F. Dell'Aquila *et al.*, « Insediamenti rupestri », p. 15 et p. 17, sous le nom de Sidi Ba Ragun.
[322] ʿA. Muʿammar, *Al-ibāḍiyya fī mawkib al-tārīkh II*, II, p. 177, parle de Madīnat Abī Raghwa. *Al-masājid al-tārīkhiyya fī jabal Nafūsa*, n° 57, mentionne une masjid Abū Raghwa à wādī Akrāyan près de Kābāw, régulièrement entretenue. F. Dell'Aquila et G. Fiorentino, « Moschee rupestri nel Gebel Nefusa occidentale », p. 19, nomment la localité Osaif ou Sidi Bu Ragun, et la mosquée Aburogua.
[323] J. Despois, *Le Djebel Nefousa*, p. 260.
[324] F. Dell'Aquila *et al.*, « L'habitat rupestre nel Gebel Garbi », pp. 65-66 ; « Insediamenti rupestri », pp. 14-16.

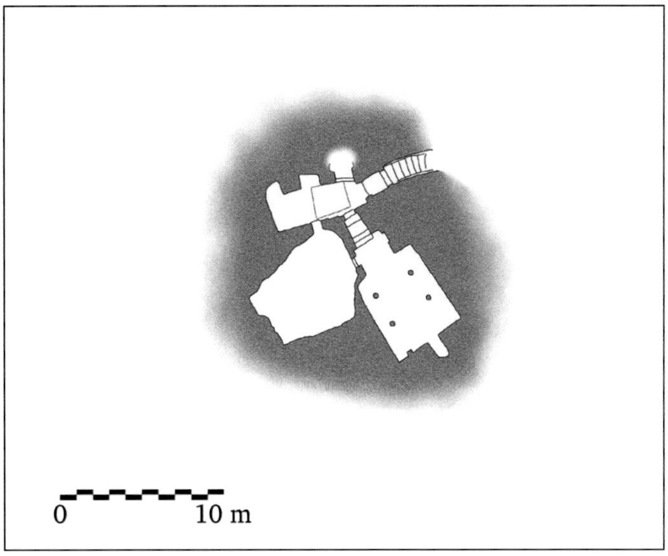

Plan 4. *Sīdī Abū Raghwa (d'après Dell'Aquila et al., « L'habitat rupestre nel Gebel Garbi », p. 67)*

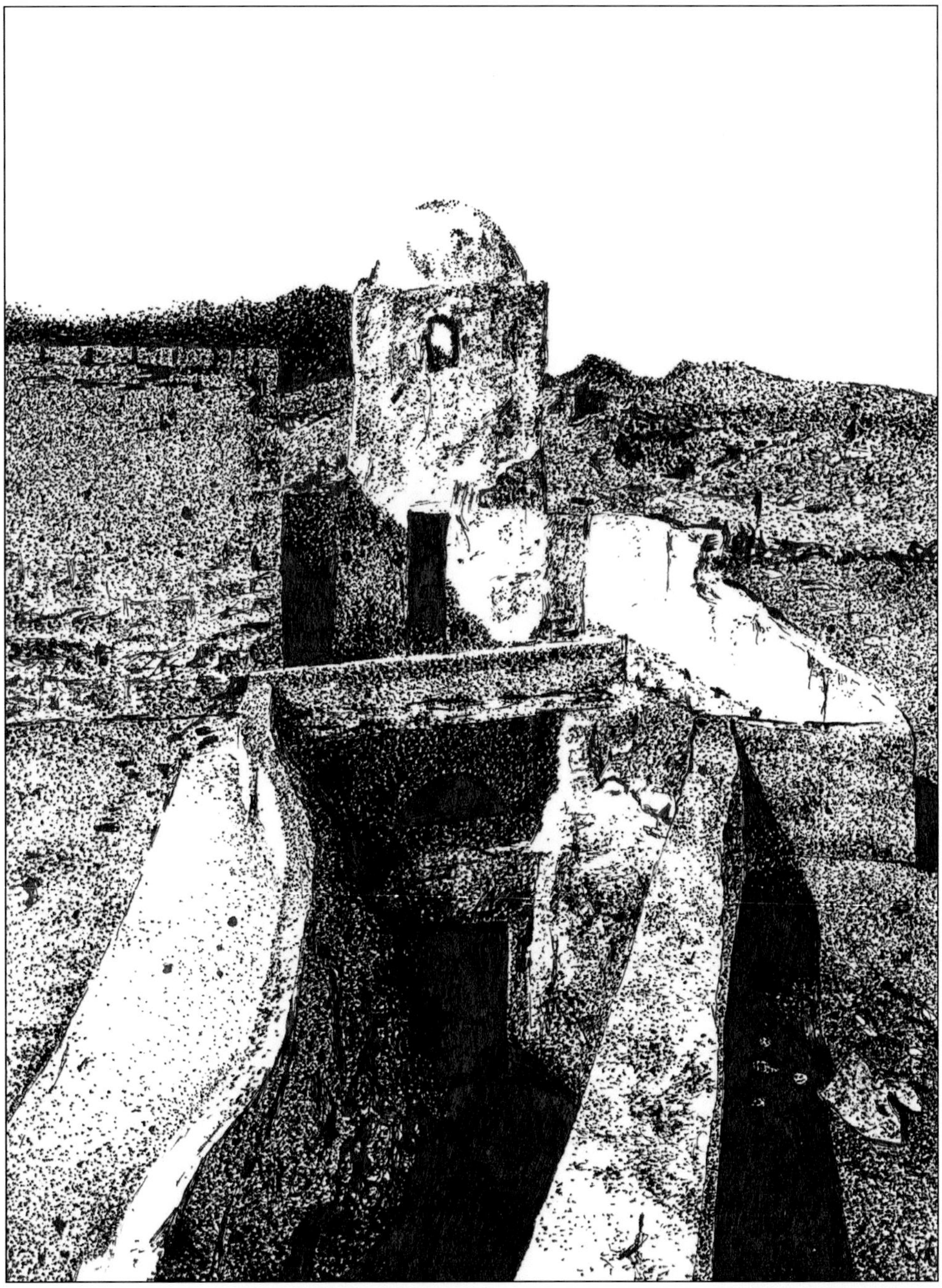

Ill. 29. *La mosquée Sīdī Abū Raghwa (illustration M. Favresse, d'après Dell'Aquila et Fiorentino, « Moschee rupestri », fig. 21)*

sur deux passages : le premier mène à la mosquée et le second à une chambre mortuaire dans laquelle les défunts sont préparés avant d'être ensevelis. Sur la droite, un passage partiellement muré ouvre sur une pièce informe. L'entrée de la mosquée est large de 75 cm et haute de 1,58 m. Le mihrab est large de 77 cm, profond de 1,39 m et haut de 1,92 m, orienté à 145°. À plusieurs endroits est notée la date de 1321/1903-1904. Comme à Tanūmāyt, l'axe de la mosquée paraît perpendiculaire au mur de qibla : la salle de prière est divisée en trois nefs mais seule la nef centrale large de 1,46 m à l'entrée et de 2,63 m à la qibla est utilisable. En effet les colonnes des deux nefs latérales sont reliées aux parois de la salle sur une partie de leur hauteur par des arcades basses qui ne permettent pas le passage, un dispositif que l'on retrouverait dans une église médiévale de Sardaigne. Le plan de cette mosquée souterraine présente donc des similitudes avec celui de la mosquée de Tanūmāyt, notamment en ce qui concerne le développement axial et le long couloir d'accès, et on peut imaginer que ses architectes ont copié la mosquée de Tanūmāyt, plus ancienne[325]. Despois note que le minaret de pierre est évidemment postérieur[326]. Il a peut-être été bâti en même temps que les pièces utilitaires en 1321/1903-1904, puisque cette date revient à plusieurs reprises. L'aspect de ce minaret assez bas, constitué d'une tour carrée percée d'une fenêtre et surmontée par un petit dôme, est assez surprenant, puisqu'il surplombe l'accès aux salles souterraines, au bout de la rampe d'accès qui s'enfonce profondément dans le sol. Quant à la salle de prière, a priori très commune avec son mihrab extrêmement simple, elle se démarque par sa couleur, puisque la base des piliers est peinte en vert, et par les nombreuses inscriptions manifestement très récentes qui couvrent les murs et les arcades.

LA MOSQUÉE ABŪ HĀRŪN D'IBNĀYN

COORD : N 31° 50′ 39″ E 11° 17′ 27″. Altitude : 415 m.
LOC : Sur la carte 1/100 000 feuille 1670 est noté H[ench]ir el-Baruun. Sur la carte 1/50 000 feuille 1588 I est noté Bi'r Atbarūn. La mosquée est bâtie sur une pente au milieu des ruines et domine au sud-ouest la vallée d'Akrāyan[327].
DOC : Photos et plan commenté dans Warfallī (fig. 40-56). Photo extérieure et photo d'un des médaillons de pierre dans *Islamic Art and Architecture in Libya*, p. 48.
NOM : Il y a une confusion dans le nom de la mosquée, qui est parfois nommée masjid al-Bārūnī[328]. Son fondateur, originaire de Tamlūshāyt, est connu sous le nom d'Abū Hārūn al-Tamlūshā'ī ou Abū Hārūn Mūsā ibn Hārūn ; il est évoqué dans la *Tasmiyat shuyūkh jabal Nafūsa wa-qurāhum* sous le nom de Mūsā ibn Hārūn d'Ibnāyn et il a vécu au Xe siècle[329]. Exceptionnellement, les sources ibadites fournissent quelques indications concrètes sur ce qui a conduit ce personnage à Ibnāyn. Après les louanges d'usage concernant sa piété et son haut degré de savoir, après la mention – ce qui est plus rare – de ce qu'il avait coutume de jeûner, il est dit qu'Abū

---

[325] F. Dell'Aquila et G. Fiorentino, « Moschee rupestri nel Gebel Nefusa occidentale », pp. 19-20 et pp. 23-26. Sur le plan que nous donnons, nous avons dû rectifier l'orientation de la rose des vents qui était mal placée.
[326] J. Despois, *Le Djebel Nefousa*, p. 209.
[327] M. Warfallī, *Some Islamic Monuments*, p. 72.
[328] *Islamic Art and Architecture in Libya*, p. 48 ; M. Warfallī, *Some Islamic Monuments*, p. 72 et fig. 46 donne indifféremment les deux noms. *Al-masājid al-tārīkhiyya fī jabal Nafūsa*, n° 7 et n° 59, signale tout à la fois la masjid Ībānāyin dont l'état est excellent malgré son éloignement, grâce à la vigilance des habitants, et la masjid Āt Bārūn, dans le village d'Āt Bārūn près de Kābāw. On y trouve également (n° 17) une mosquée Abū Hārūn al-Tamlūshāytī (*sic*) en très bon état à Tamlūshāyt.
[329] *Siyar al-mashāyikh*, pp. 542-543. C'est manifestement le même homme qui est évoqué dans le *Dhikr asmā' ba'ḍ shuyūkh al-wahbiyya*, p. 591, sous le nom de Mūsā ibn Hārūn. Sur ce personnage, voir T. Lewicki, *Études ibāḍites nord-africaines*, p. 73.

Plan 5. *Abū Hārūn (d'après Warfallī, fig. 46)*

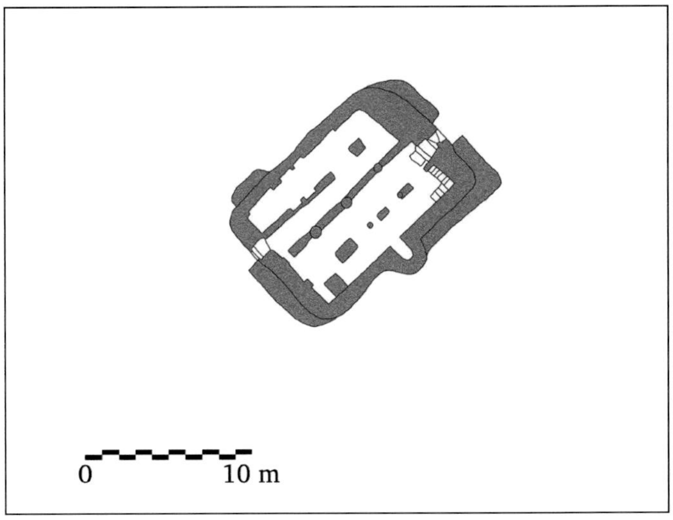

Hārūn a étudié auprès d'Abū Muḥammad Khāṣib al-Tamaṣmaṣī jusqu'à ce que ce dernier devienne trop âgé pour se déplacer – sous-entendu avec les étudiants qui composent sa *ḥalqa*. Ces derniers, parmi lesquels Abū Hārūn et Abū Zakariyyā' ibn Abī 'Abd Allāh[330], se rendent alors à Ijnāwun où se tient une assemblée pendant laquelle, pour la première fois, Abū Hārūn se met à rendre des *fatwā* à l'invitation d'Abū Zakariyyā' ibn Abī 'Abd Allāh. Plus tard, il rend visite à une vieille femme qui habite à Ibnāyn et admire cet endroit. Lorsque les affaires lui reviennent[331], il choisit de s'y installer et y fait bâtir une mosquée, qui devient « une caverne (*kahf*) et un refuge pour les musulmans »[332].

SOURCES : La fondation de la mosquée est évoquée par al-Bughṭūrī et par al-Shammākhī[333].

DESCR : Voir plan 5. La mosquée Abū Hārūn est en bon état grâce aux restaurations successives, car elle est particulièrement vénérée par les habitants de la région (ill. 30). La citerne devant l'entrée, prolongée par un petit bassin d'eau, a été restaurée par eux en 2009, ce dont témoigne la date figurant sur le cimentage. Les habitants se cotisent sans aucune aide de l'État pour financer ces réparations. Warfallī donne une belle description de l'édifice, que nous enrichissons de nos propres constatations. La mosquée a un plan rectangulaire : le mur de qibla mesure environ 10 m et les murs perpendiculaires environ 7,25 m. La mosquée compte quatre travées voûtées et possède deux entrées. La première au nord-ouest mesure environ 85 cm de large sur 1,63 m de haut. La seconde, opposée à la première, mesure environ 70 cm de large sur 1,75 m de haut. Cette petite entrée était réservée aux femmes, puisque la mosquée est divisée en deux parties. Hormis ces deux accès, il n'y a que quatre petits orifices, deux par section, pour permettre le passage de l'air et de la lumière. Dans le coin nord-est se trouve un escalier menant au toit, dont l'accès a désormais été condamné[334]. Il nous semble qu'il pourrait s'agir d'un minaret-escalier intérieur (ill. 31). Warfallī l'associe à l'ouverture percée dans le mur de la mosquée al-A'lā de Nālūt[335]. Une des voûtes affiche un vaste décor mêlant des mains ouvertes et des éléments géométriques ; une grande inscription indéchiffrable figure sur le mur de

---

[330] Il s'agit de l'arrière-petit-fils d'Abū Manṣūr Ilyās, qui demeure pendant des décennies le *ḥākim* du djebel Nafūsa, dans la seconde moitié du Xe siècle. Voir *supra* et T. Lewicki, *Études ibāḍites nord-africaines*, p. 50.

[331] M. Warfallī, *Ba'd al-āthār al-islāmiyya*, p. 97, et M. Bābā'ammī *et al.*, *Mu'jam a'lām al-ibāḍiyya*, II, p. 432, affirment qu'Abū Hārūn a assumé les fonctions de *ḥākim* du djebel. Nous n'avons pas trouvé cette indication dans les sources ibadites et elle est contredite, à notre sens, par la note précédente.

[332] Al-Bughṭūrī, p. 43 ; al-Shammākhī, p. 465.

[333] Al-Bughṭūrī, p. 43 ; al-Shammākhī, p. 465.

[334] M. Warfallī, *Some Islamic Monuments*, p. 72.

[335] M. Warfallī, *Some Islamic Monuments*, p. 77.

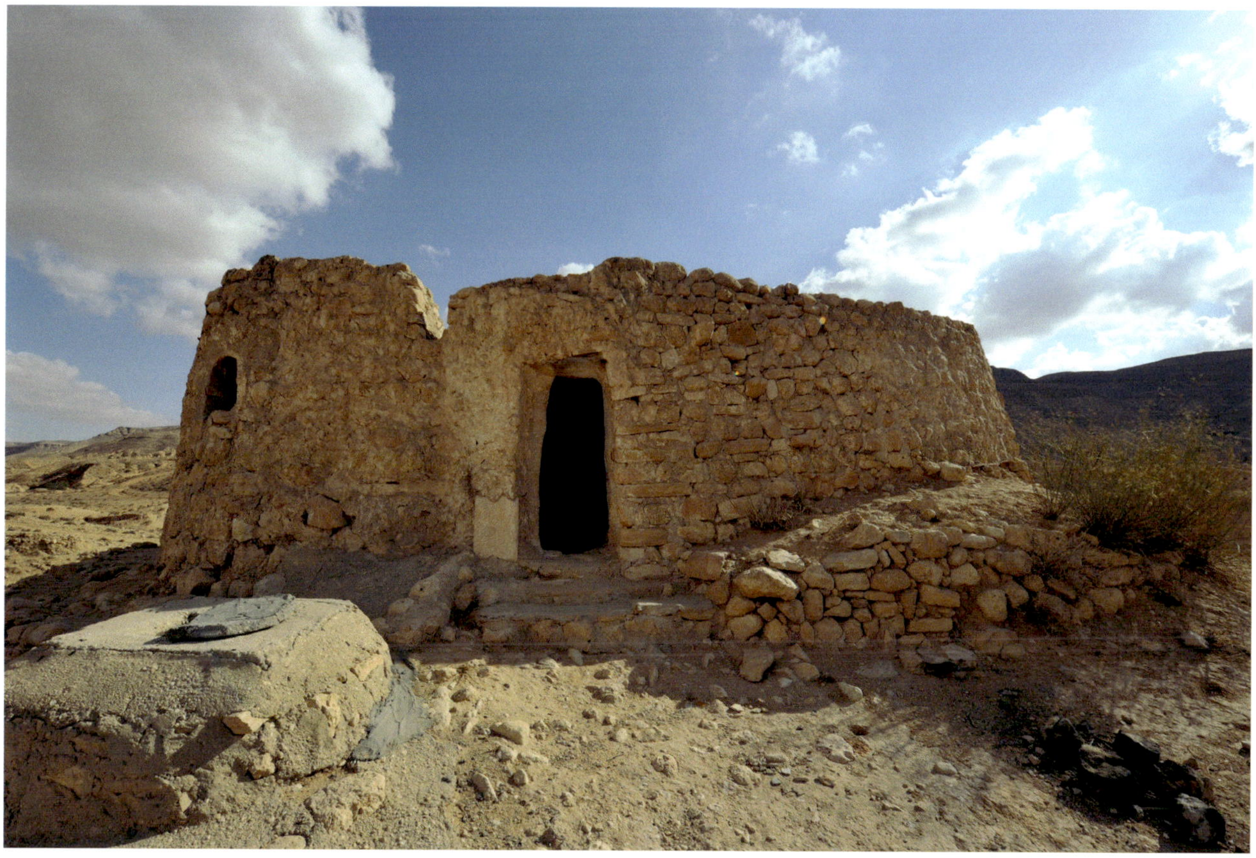

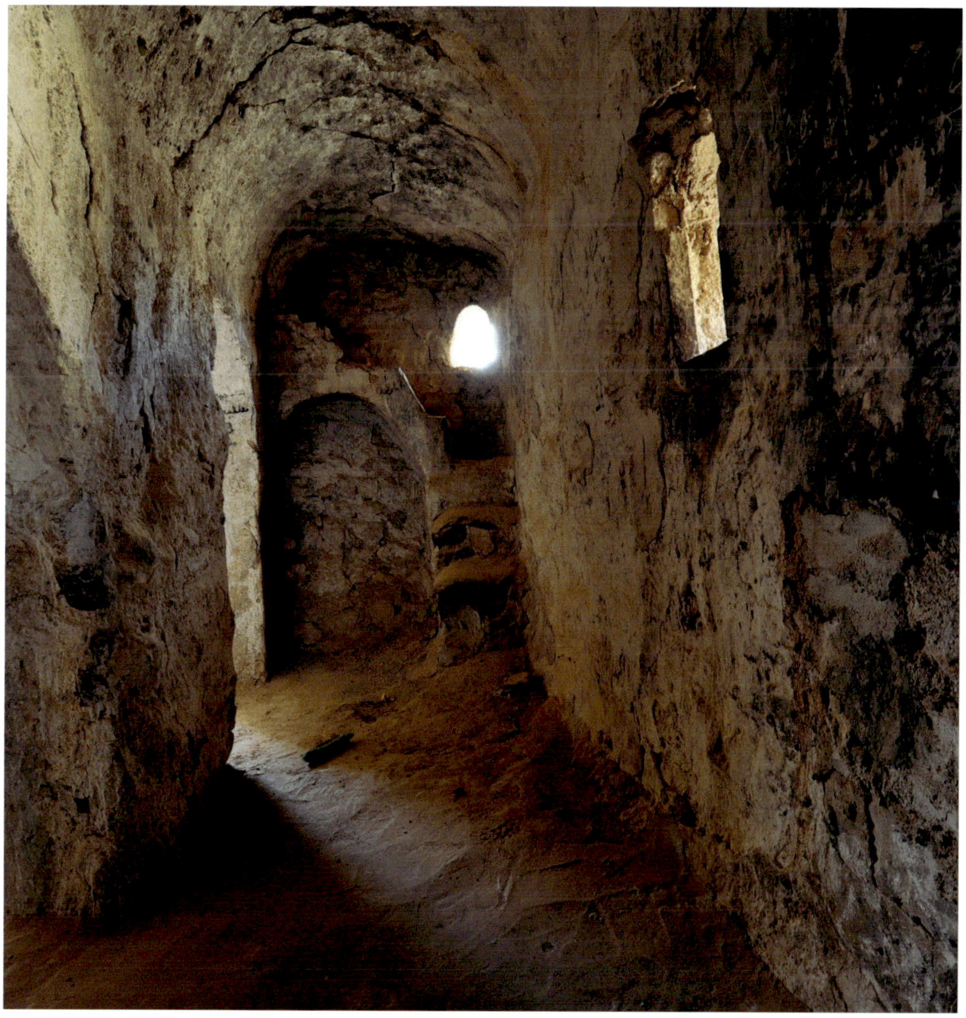

Ill. 30. *(au-dessus)* *La mosquée Abū Hārūn d'Ibnāyn*

Ill. 31. *(à gauche)* *Abū Hārūn, l'escalier intérieur*

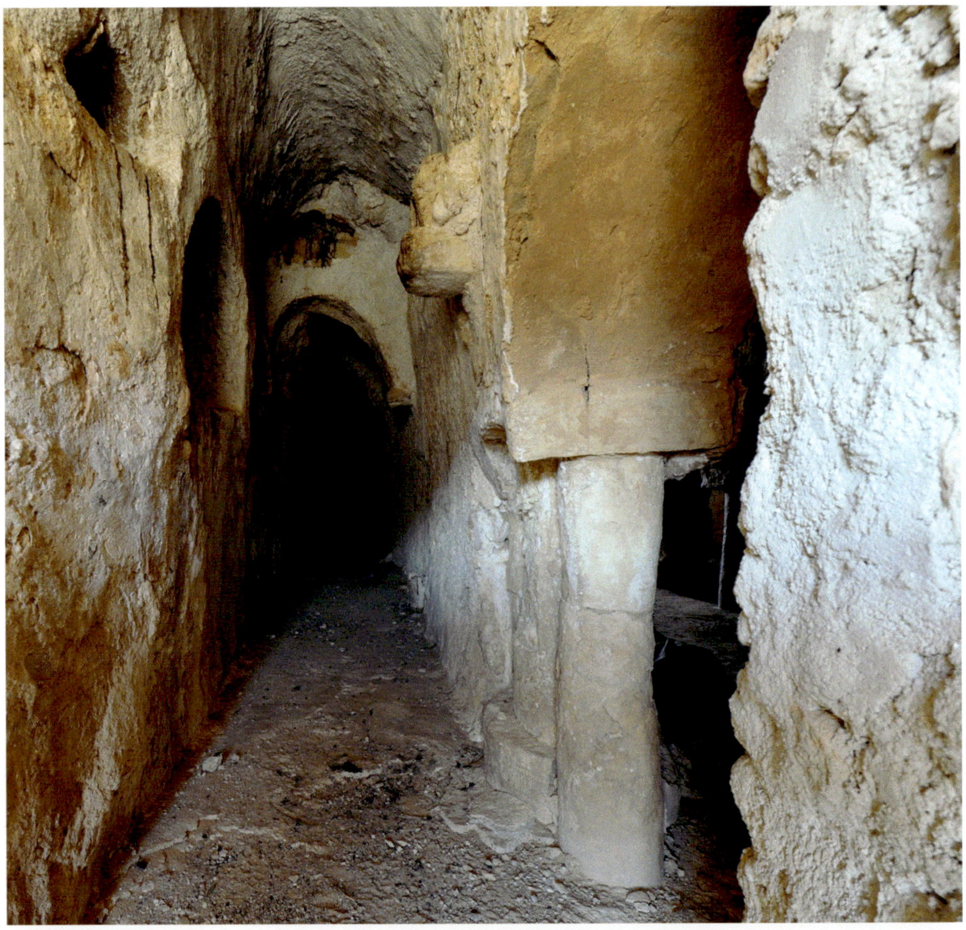

Ill. 32. *Abū Hārūn, une des travées réservées aux femmes*

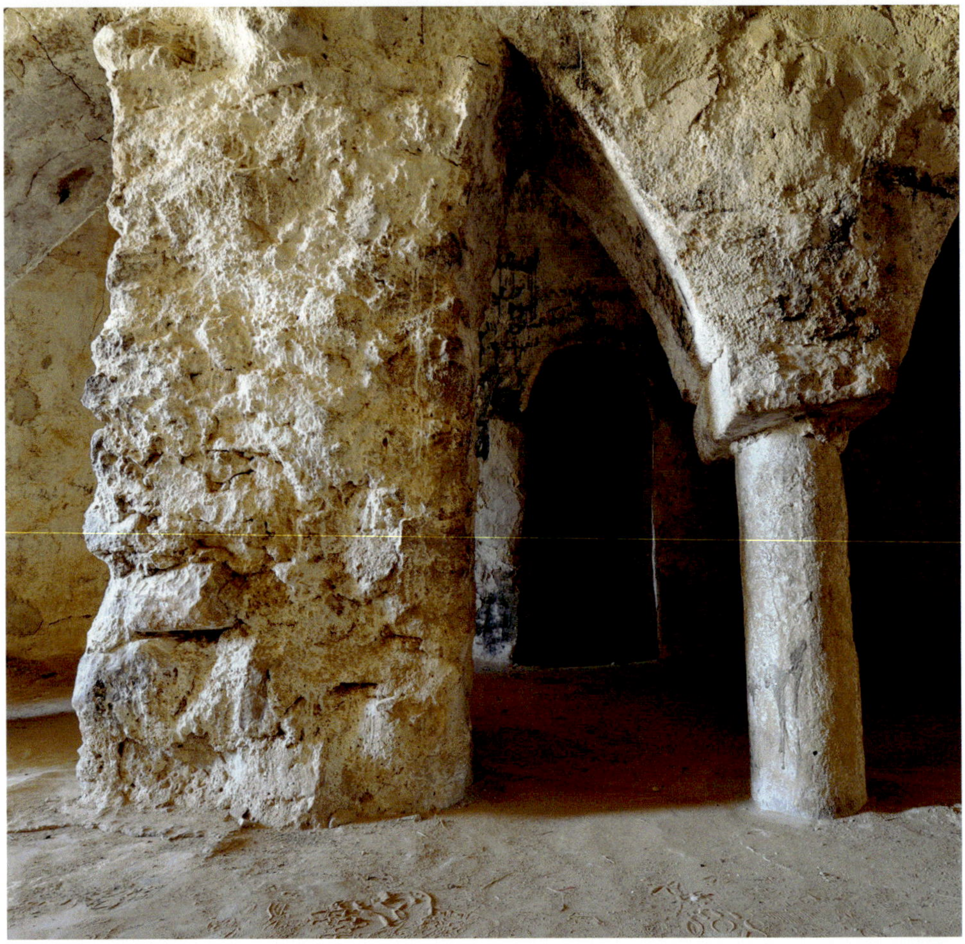

Ill. 33. *Abū Hārūn, le mihrab dépouillé de sa décoration*

qibla. Les deux travées destinées aux femmes apparaissent comme de longs couloirs étroits, mais relativement bien éclairés (ill. 32).

L'intérêt principal de cette mosquée est l'extraordinaire décor que présentait le mihrab. Malheureusement, lorsque nous avons visité la mosquée en 2010, toutes les pierres avaient disparu et le mur situé de part et d'autre du mihrab avait été cimenté (ill. 33). Nous n'avons aucune idée de ce qu'elles sont devenues. Seul un décor beaucoup plus modeste – un vaste réseau losangé apparaissant en relief sur l'enduit de plâtre, dont l'une des cases contient une fleur – subsistait à l'intérieur de la niche du mihrab. Il semble que ce décor a été rajouté au moment où les pierres ont été détachées du mur, car il est superposé à des inscriptions grossières très foncées qui figurent déjà sur la photographie de Warfallī. Selon le chercheur libyen, le mihrab est une niche semi-circulaire d'une profondeur de 1,35 m, d'une largeur de 82 cm et d'une hauteur de 2,27 m. Huit pierres bien sculptées, de 32 x 32 cm, figurant des fleurs, des étoiles et quelques inscriptions coufiques, sont réparties les unes au-dessus des autres de part et d'autre de la niche. Il décrit d'abord la partie à main droite, lorsqu'on est face au mihrab, de haut en bas :

1) Trois cercles concentriques renferment une étoile à six pointes constituée de deux triangles qui s'entrecroisent. L'anneau extérieur est décoré par une succession de cercles ponctués chacun d'un point central, l'anneau intérieur est hachuré en diagonale. À l'intérieur de l'étoile sont figurés des motifs de feuilles fendues qui évoquent des cauris (ill. 34, en haut).
2) Quatre cercles concentriques renferment une rosette à huit pétales séparés par de petits motifs végétaux à trois branches. L'anneau extérieur contient une inscription coufique qui donne une grande partie d'un verset coranique : « Dieu témoigne et avec lui les anges et ceux qui sont doués d'intelligence : «Il n'y a de Dieu que lui ; lui qui maintient la justice… Il n'y a de Dieu que lui» » (III, 18). L'anneau médian est décoré d'une série de points et l'anneau intérieur de cercles ponctués chacun d'un point central (ill. 34, en bas à gauche).
3) Quatre cercles concentriques renferment une rosette à neuf pétales. L'anneau extérieur fait alterner plusieurs décors, dont des motifs comportant quatre feuilles et des quadrillages. L'anneau médian est hachuré en diagonale. La décoration de l'anneau intérieur est devenue trop sombre pour être lue.
4) Le décor est presque identique à celui du premier médaillon[336].

Il décrit ensuite la partie à main gauche, de haut en bas :

1) Le décor est presque identique à celui du médaillon en haut à droite, mais deux petits triangles ont été rajoutés à l'étoile à six pointes pour en former huit.
2) Le centre du médaillon est divisé en quatre parties par une croix : les parties opposées ont le même décor : d'une part un grand motif végétal qui prend naissance à l'intersection de la croix, d'autre part deux petits motifs végétaux qui encadrent un losange. L'anneau extérieur contient une inscription coufique qui dit : *Ni'ma sābigha, baraka kāmila, baraka min Allāh li-man āmana bi-amān Allāh walī-hi*, « Un bienfait abondant, une bénédiction entière, une bénédiction de Dieu à qui a cru en la clémence de Dieu, son protecteur. » (ill. 34, en bas à droite). Cette formule de bénédiction s'adresserait au savant qui a ordonné la construction de la mosquée, c'est-dire à Abū Hārūn[337].

[336] M. Warfallī, *Some Islamic Monuments*, pp. 73-74, p. 198, fig. 48 (vue générale du mihrab) et fig. 49-52 (détail des quatre pierres).
[337] M. Warfallī, *Ba'ḍ al-āthār al-islāmiyya*, p. 110. Cela n'est pas dans la version anglaise.

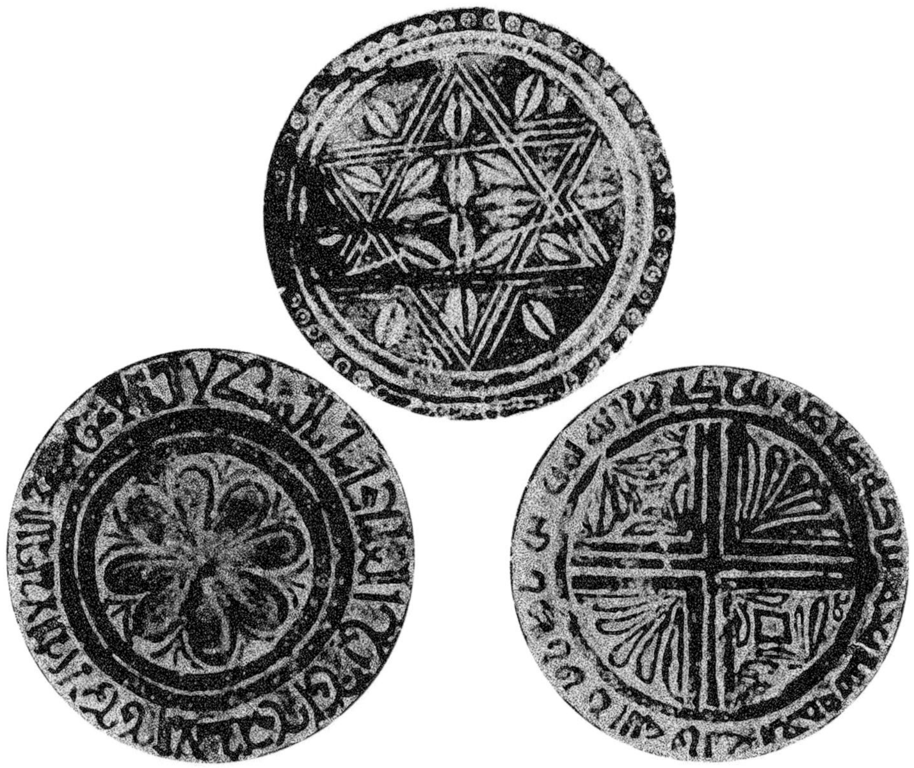

Ill. 34. *Trois exemples de médaillons du mihrab d'Abū Hārūn (illustration M. Favresse, d'après Warfallī, fig. 49, 50 et 54)*

3) Cinq cercles concentriques renferment une rosette à huit pétales séparés par de petits motifs végétaux à trois branches. Trois anneaux sont partiellement hachurés en diagonale, l'anneau extérieur contient une succession de petits cercles ponctués d'un point.
4) Le décor est identique à celui du médaillon en haut à droite[338].

L'inscription de la deuxième pierre de la partie droite serait le seul exemple de coufique fleuri trouvé dans le djebel Nafūsa ; d'autres exemples datant du IXe siècle ont été découverts à l'est du pays sur des stèles dont les motifs végétaux semblent plus naturels et plus élégants qu'à Ibnāyn. L'inscription de la deuxième pierre de la partie gauche inclurait quelques formes *naskhī* et ressemblerait fortement à une inscription située au-dessus du mihrab dans la mosquée Abū Ma'rūf de Sharūs[339].

Pour Warfallī, tant la décoration de la mosquée que le style des inscriptions coufiques montrent de façon évidente que le bâtiment date de la seconde moitié du Xe siècle. Tout comme la mosquée de Tanūmāyt, celle d'Ibnāyn pourrait donc contribuer à dater d'autres mosquées du djebel[340]. Il présume que le décor de la mosquée Abū Hārūn tente d'imiter celui de la mosquée de Tandamīra : ainsi, les fleurs à huit pétales ouverts sont un trait décoratif prédominant à Tandamīra. L'influence de la grande mosquée aghlabide de Kairouan sur Ibnāyn est selon lui plus qu'évidente, notamment dans le cas des quatre motifs de cercles renfermant des étoiles à six pointes. Le cercle restant en forme de croix, avec un motif végétal stylisé, serait également identique à ce que l'on voit à Kairouan. L'exemple d'Ibnāyn renforce selon le chercheur libyen la théorie selon laquelle l'influence est venue de la capitale aghlabide plutôt que de Sadrāta[341].

[338] M. Warfallī, *Some Islamic Monuments*, pp. 73-75 et fig. 53-56.
[339] M. Warfallī, *Some Islamic Monuments*, pp. 199-200.
[340] M. Warfallī, *Some Islamic Monuments*, pp. 75-76. Pour *Islamic Art and Architecture in Libya*, p. 48, la mosquée daterait du IXe siècle.
[341] M. Warfallī, *Some Islamic Monuments*, pp. 111-112.

LA MOSQUÉE ABŪ L-RABĪʿ D'IBNĀYN

COORD : N 31° 50′ 44″ E 11° 17′ 33″. Altitude : 427 m.
LOC : Elle se situe à un peu plus de 200 m de la mosquée précédente.
DOC : Aucune documentation ne semble exister à son sujet.
NOM : Le nom de cette mosquée nous a été donné par nos accompagnateurs ibadites à Ibnāyn[342]. Il est très probable qu'elle a été fondée par Abū l-Rabīʿ Sulaymān ibn Abī Hārūn Mūsā, le fils d'Abū Hārūn. Il habitait avec son père à Ibnāyn où il enseignait. Il fut le maître du célèbre Abū Zakariyyāʾ Yaḥyā ibn al-Khayr al-Janāwunī, qui a vécu dans la seconde moitié du XIe ou dans la première moitié du XIIe siècle[343]. Cela pose un problème chronologique pour situer Abū l-Rabīʿ, dont on ne peut que supposer qu'il a dû enseigner dans le courant du XIe siècle. Les sources ibadites évoquent très fréquemment Abū l-Rabīʿ, qui joue un rôle important comme transmetteur de la doctrine ibadite[344]. Il est cité parmi les savants d'Ibnāyn dans la *Tasmiyat shuyūkh jabal Nafūsa wa-qurāhum* sous le nom de Sulaymān ibn Mūsā[345]. Al-Shammākhī rapporte qu'il était très savant, qu'il enseigna à un grand nombre de gens et qu'il était unique dans son époque[346]. Al-Bughṭūrī évoque ses *ʿazzāba*, c'est-à-dire le cercle d'étudiants auxquels il enseignait et qu'al-Shammākhī appelle son assemblée (*majlis*)[347]. Suivant ce dernier, son habitude était de faire la dernière prière du soir et de terminer la partie du Coran que l'on récite la nuit. Il accordait à ses étudiants un repos pour la nuit puis rentrait chez lui, avec deux compagnons. L'un des deux lisait pour lui jusqu'à ce qu'il s'engourdisse, puis l'autre poursuivait jusqu'à la fin de la nuit ; la raison en était qu'Abū l-Rabīʿ avait reçu des livres du Fezzan, et qu'avec l'âge sa vue avait baissé. Après cela, il retournait auprès de son assemblée pour prier et, à l'appel du muezzin, faisait la prière de l'aube. Il lisait jusqu'à ce que le soleil paraisse, puis s'occupait de son assemblée jusqu'au départ des étudiants. Il prononçait alors des jugements jusqu'au crépuscule, puis dirigeait la dernière prière. C'est pour cette raison que certains disaient : « nous ne savons pas quand il dort ! »[348].

Al-Shammākhī raconte également une anecdote liée tant à Abū l-Rabīʿ qu'à la séparation de la mosquée en deux parties[349].

DESCR : L'édifice, partiellement aménagé dans une sorte de butte (ill. 35), est proche de la mosquée précédente : il se caractérise également par une longue salle presque entièrement cloisonnée qui est parallèle au mur de qibla et réservée aux femmes (ill. 36). Cette travée est nettement plus étroite que l'autre, qui est réservée aux hommes et comporte le mihrab. À la mosquée Abū l-Rabīʿ toutefois, les femmes peuvent apercevoir le mihrab grâce à quatre orifices percés dans le mur qui sépare les deux travées (ill. 37). Contrairement à la mosquée Abū Hārūn, les deux portes d'entrée se trouvent dans la façade principale, l'une réservée aux femmes et l'autre aux hommes. Cette disposition nous semble tout à fait inédite. La salle de prière compte

[342] *Al-masājid al-tārīkhiyya fī jabal Nafūsa*, n° 58 répertorie une masjid Abū Rabīʿ en bon état mais ne la localise pas. F. Dell'Aquila et G. Fiorentino, « Moschee rupestri nel Gebel Nefusa occidentale », p. 13, mentionnent à Ibnāyn la mosquée Aburabia (*sic*) qui compte deux travées. I. al-Būjadīdī *et al.* (éd.), *Al-quṣūr wa-l-ṭuruq*, p. 250, estiment qu'il s'agit d'Abū l-Rabīʿ Sulaymān al-Bārūnī.

[343] Al-Shammākhī, p. 761. M. Kūrdī, *Al-ḥayāt al-ʿilmiyya fī jabal Nafūsa*, p. 64, estime qu'Abū l-Rabīʿ enseignait dans la mosquée d'Abū Hārūn. Sur Abū Zakariyyāʾ Yaḥyā ibn al-Khayr al-Janāwunī, voir T. Lewicki, *Études ibāḍites nord-africaines*, p. 94. Une mosquée souterraine portant son nom existerait toujours à Ijnāwun. I. al-Būjadīdī *et al.* (éd.), *Al-quṣūr wa-l-ṭuruq*, p. 166.

[344] Crupi La Rosa, « I trasmettitori della dottrina ibāḍita », p. 127 et p. 137. Sur Abū l-Rabīʿ, voir T. Lewicki, *Études ibāḍites nord-africaines*, pp. 74-75. M. Bābāʿammī *et al.*, *Muʿjam aʿlām al-ibāḍiyya*, II, pp. 212-213, le situent au IVe/Xe siècle et indiquent qu'il aurait laissé des *fatwā* et un ouvrage intitulé *Murāsalāt fiqhiyya*.

[345] *Siyar al-mashāyikh*, p. 543.

[346] Al-Shammākhī, p. 468.

[347] Al-Bughṭūrī, p. 47 et p. 48.

[348] Al-Shammākhī, p. 470. Récit similaire chez al-Bughṭūrī, p. 48.

[349] Al-Shammākhī, p. 762. Voir *infra* le texte de cette anecdote.

de très nombreux graffiti et de grands motifs géométriques en plâtre qui recouvrent les intrados de certains arcs (ill. 38). Le mihrab présente à l'intérieur de la niche un décor de réseau losangé qui apparaît en relief et rappelle celui de la mosquée Abū Hārūn. À quelques mètres de la mosquée se trouvent les vestiges d'un mur parallèle au mur de qibla comprenant une niche de mihrab, dont le dessus est éboulé ; cela correspond certainement aux restes d'une ancienne cour. La mosquée est bien entretenue, ce dont témoignent une natte laissée sur place et de petites constructions récentes bâties tout à côté, sans doute destinées aux ablutions.

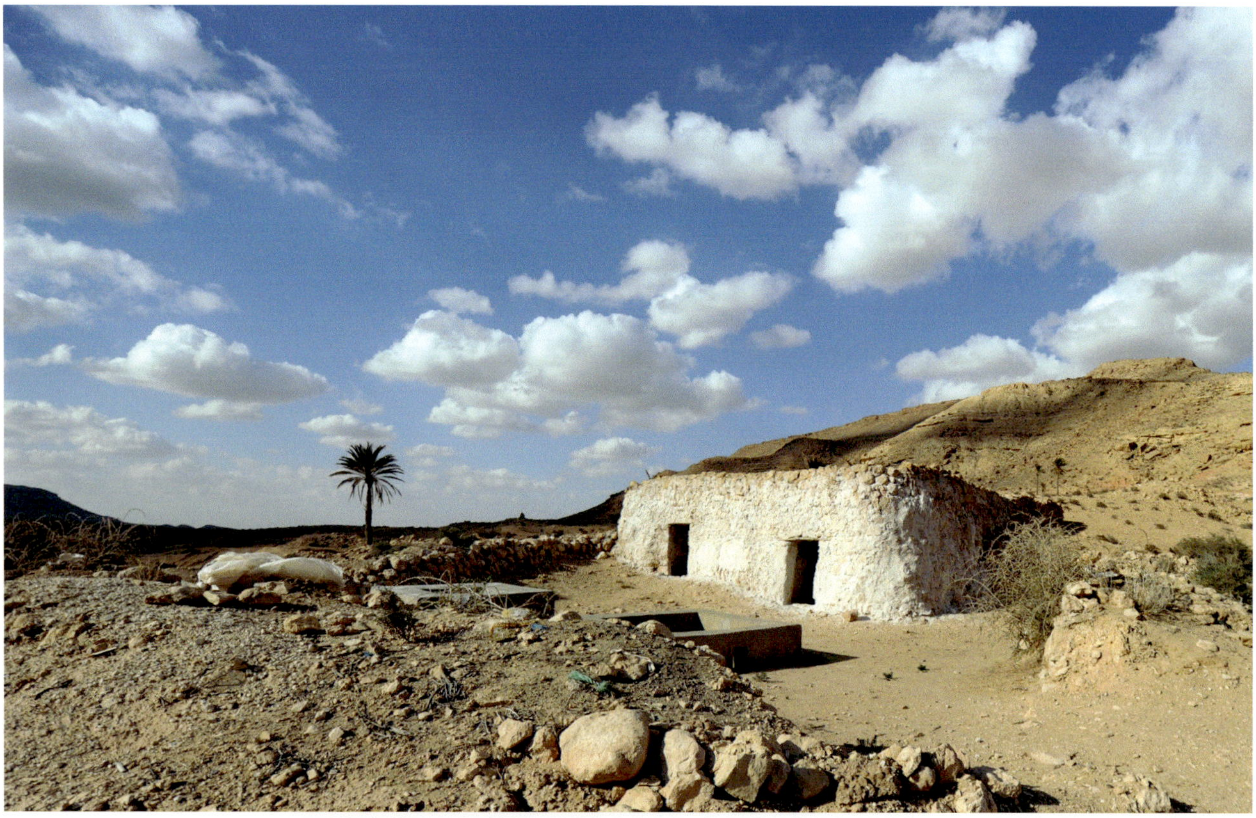

Ill. 35. *(au-dessus) La mosquée Abū l-Rabī' d'Ibnāyn*

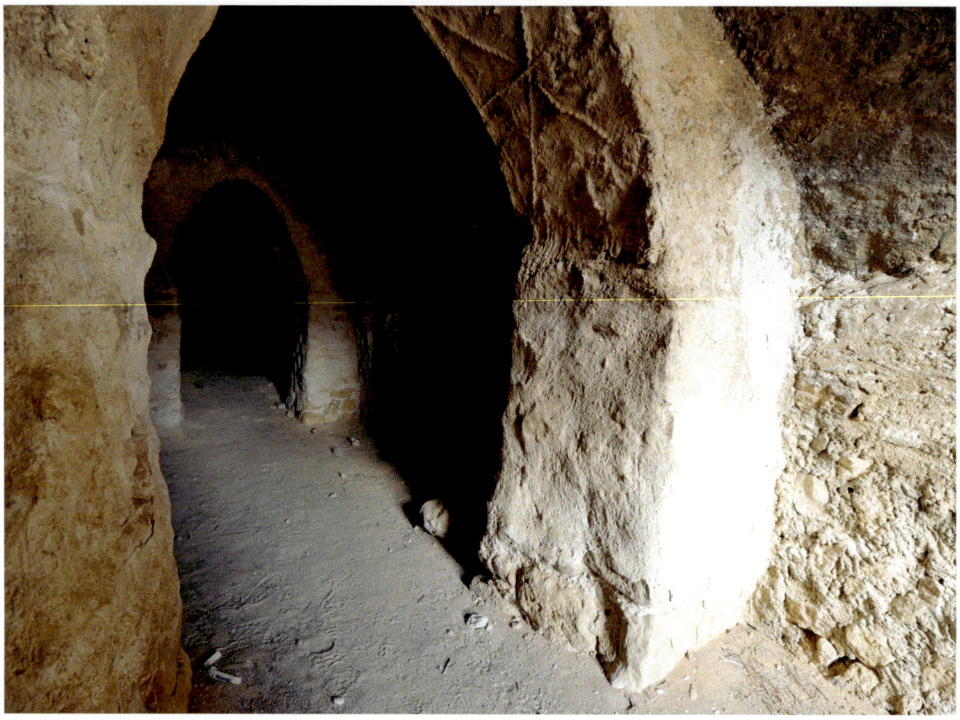

Ill. 36. *(à droite) Abū l-Rabī', la travée des femmes*

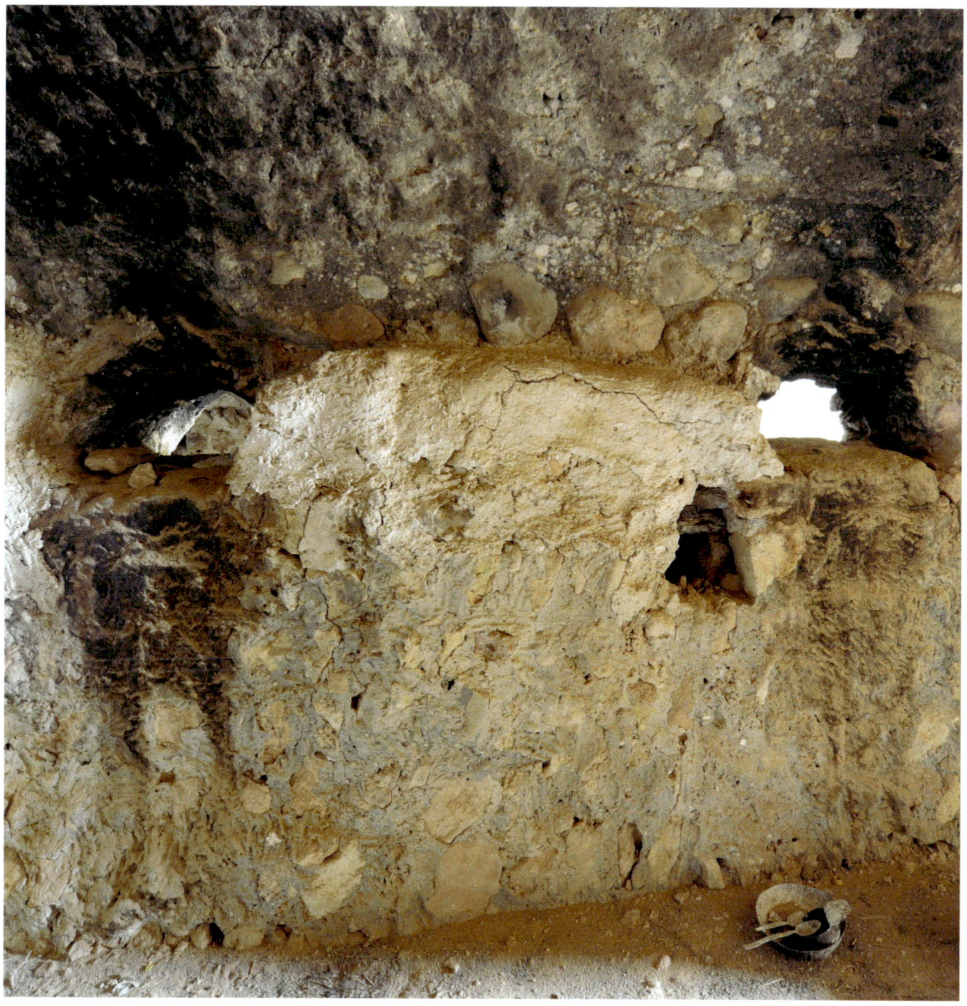

Ill. 37. *(à gauche) Abū l-Rabīʿ, le mur de partition percé de trous*

Ill. 38. *(au-dessous) Abū l-Rabīʿ, le mihrab et les décors muraux*

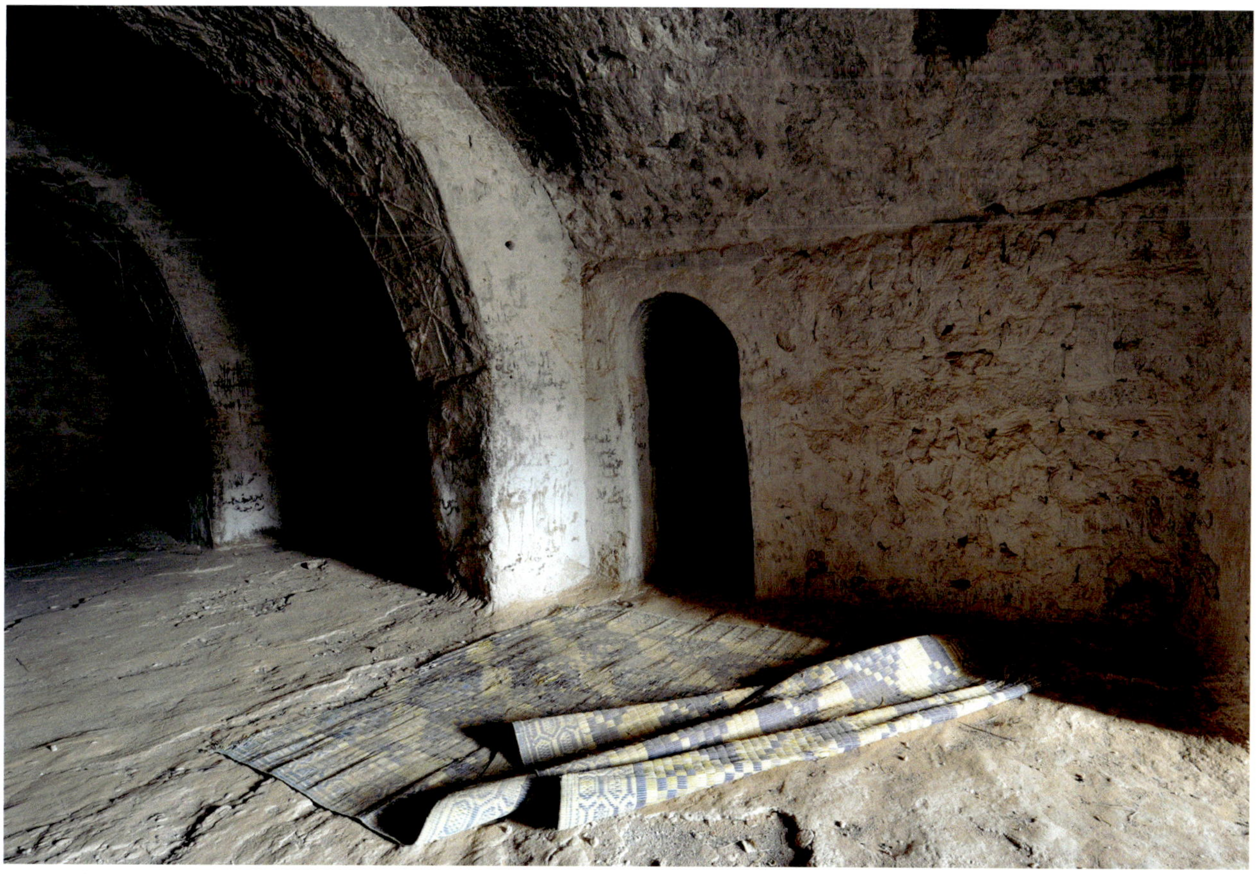

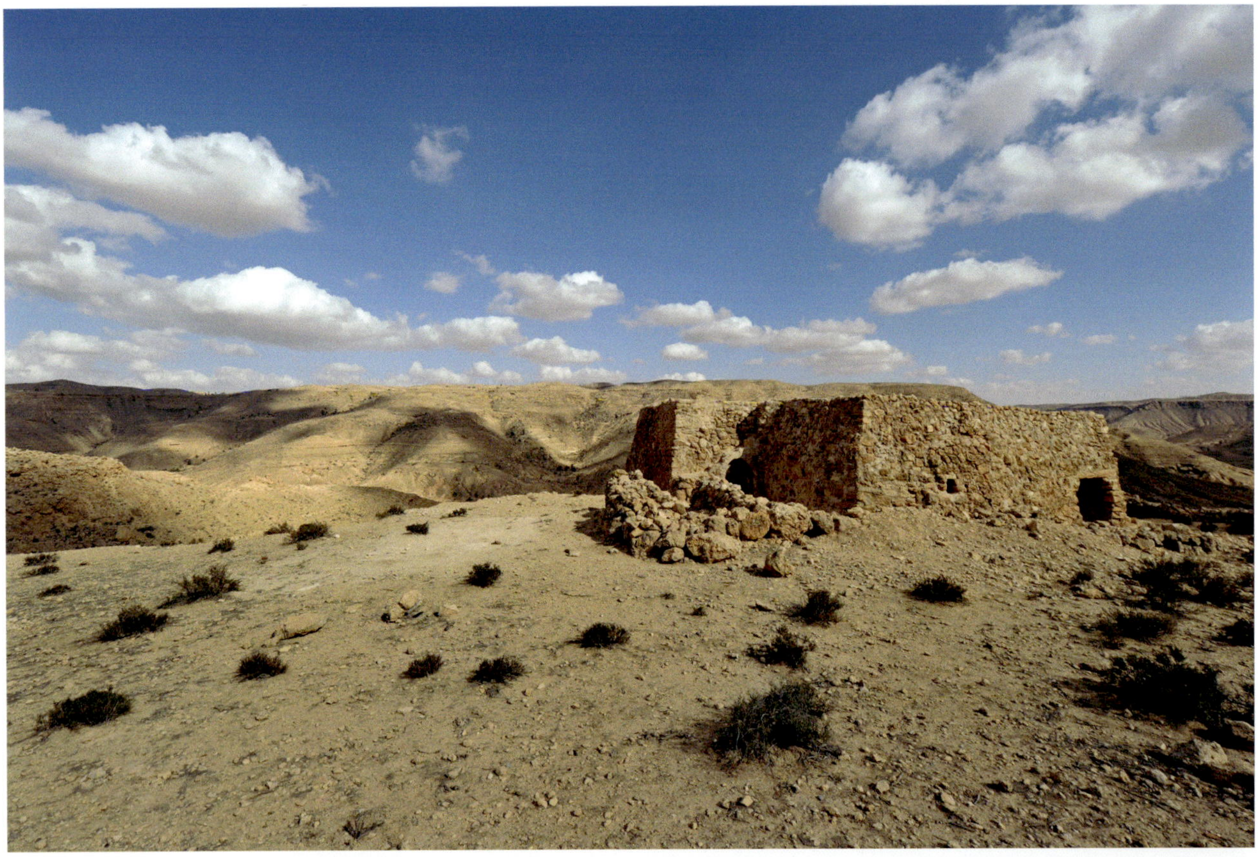

Ill. 39. *(au-dessus)* *Mosquée « du sommet » à Ibnāyn*

Ill. 40. *(à droite)* *Minaret-escalier de la mosquée « du sommet »*

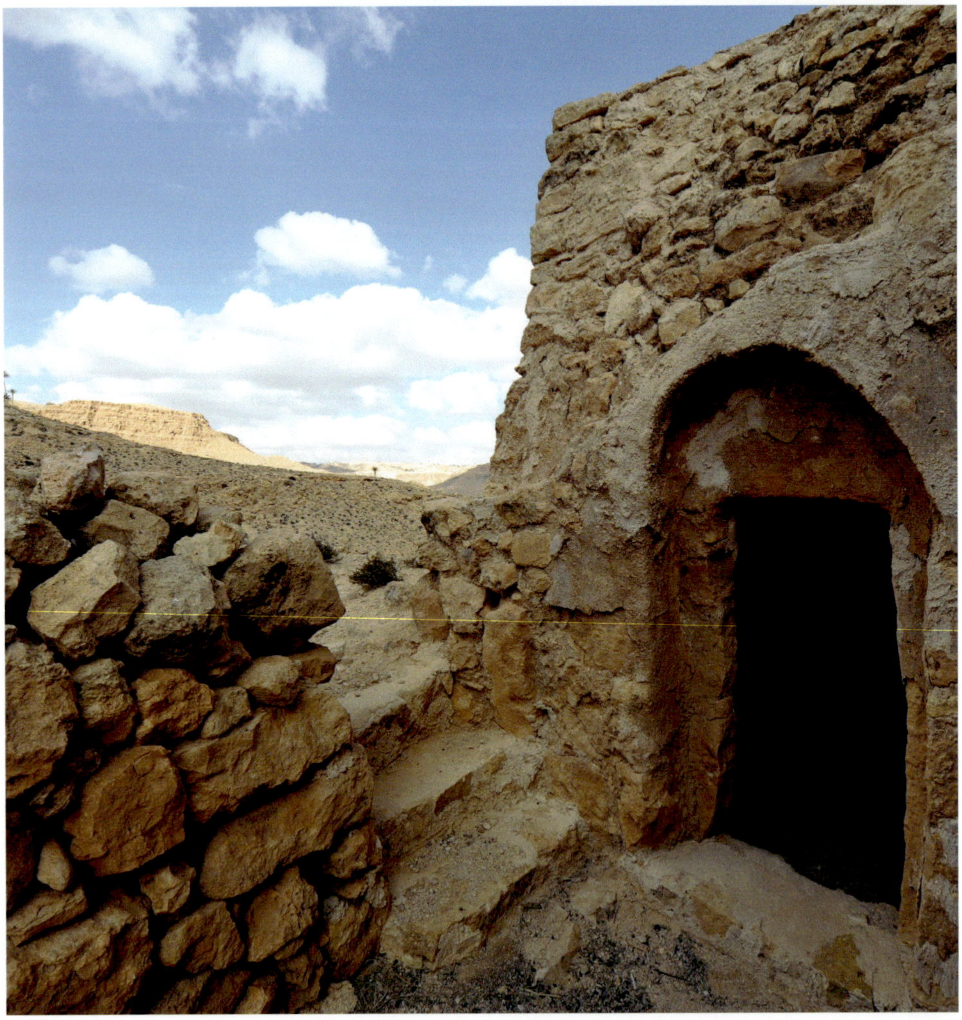

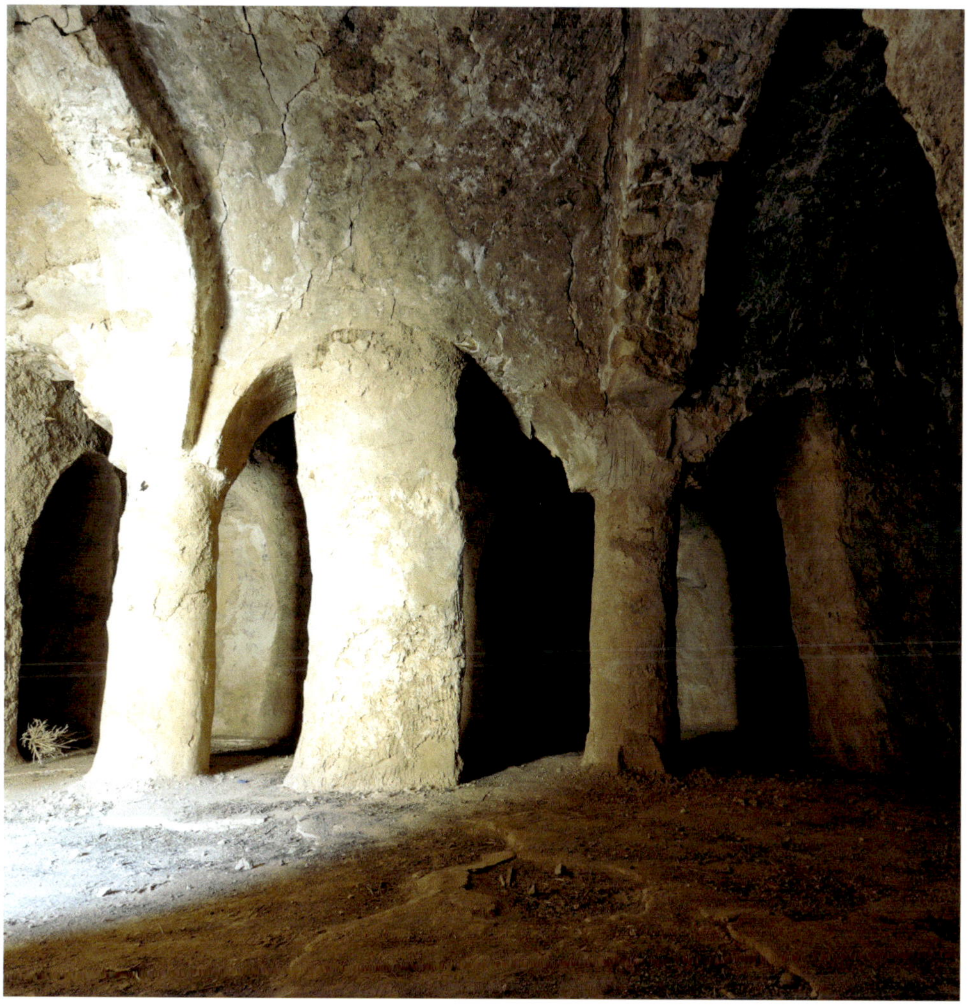

Ill. 41. *Mihrab de la mosquée « du sommet »*

ANNEXE : dans le cadre de cette excursion, sur un des sommets qui surplombent la vallée de l'oued Kābāw, nous avons visité une autre mosquée intéressante (N 31° 50′ 52″ E 11° 17′ 57″, altitude : 537 m), en très bon état, mais dont les ibadites qui nous accompagnaient n'ont pas pu nous donner le nom (ill. 39). Elle est accessible uniquement à pied et au prix d'une longue ascension. Il n'y a à notre connaissance aucune documentation sur cet édifice, hormis les photos que nous avons prises. La mosquée comprend deux entrées, dont l'une est surmontée par un minaret-escalier qui donne accès au toit (ill. 40). Quelques petites ouvertures éclairent la salle de prière dans laquelle figurent de rares motifs géométriques (ill. 41).

LA MOSQUÉE ḤAWĀRIYYĪN DE FURSAṬĀ

COORD : N 31° 52′ 35″ E 11° 22′ 11″. Altitude : 674 m[350].
LOC : La mosquée est tout à fait isolée à environ 950 m au nord-nord-ouest de la mosquée Taghlīs. La carte 1/50 000 feuille 1588 I indique Sīdī Ḥawāriyyīn, parmi des ruines.
DOC : Plan et photo dans Allan (p. 152 et pl. LIIIa).
NOM : Sur le terme *ḥawāriyyīn*, voir *supra*. Despois mentionne, dans les années 1930, deux petites agglomérations en ruine situées à l'ouest de Fursaṭā, Lahourîn et

[350] F. Dell'Aquila et G. Fiorentino, « Moschee rupestri nel Gebel Nefusa occidentale », p. 17, donnent d'autres coordonnées, mais qui ne riment à rien.

Plan 6. *Ḥawāriyyīn de Fursaṭā (d'après Allan, p. 152)*

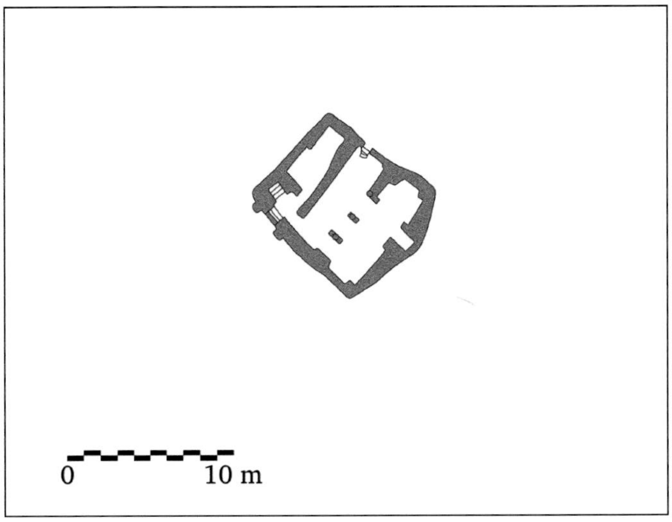

Taghlis[351]. Il s'agit sans doute des deux localités, aujourd'hui disparues, qui entouraient les mosquées Ḥawāriyyīn et Taghlīs de Fursaṭā[352].
SOURCES : La *Tasmiyat mashāhid al-jabal* cite une kanīsat Fursaṭā[353], qui pourrait peut-être correspondre à la mosquée Ḥawāriyyīn.
DESCR : Voir plan 6. Nous bénéficions ici des descriptions d'Allan, de Kenrick et de nos propres observations (ill. 42). La mosquée mesure environ 7,80 x 9 m, avec un mihrab orienté à 136°, qui possède une base rectangulaire. Elle comporte trois travées, celle du centre est légèrement plus haute que les deux autres. La travée nord-ouest ne communique avec le reste de l'édifice que par une unique ouverture et apparaît donc comme une chambre séparée dont on ignore la destination ; ses deux entrées sont bloquées. On accède à la salle de prière en descendant trois marches (ill. 43) et on trouve immédiatement à main gauche un mur haut d'environ 1,50 m qui obstrue l'un des quatre arcs de l'arcade centrale. Les piliers de la salle de prière contiennent des morceaux de fûts de colonnes en calcaire qui ont été apportés d'ailleurs, sans doute d'une construction romaine, et le linteau courbe en pierre au-dessus de l'entrée, étranger au reste de la construction, peut avoir la même origine. Il y a également quelques pierres de taille autour de l'entrée et d'autres qui servent de marches. Une inscription indique que la mosquée a été réparée en 1312/1894-1895[354]. Il y a également d'autres inscriptions et un grand nombre de motifs décoratifs, parmi lesquels une étonnante sorte de houe qui surmonte des triangles (ill. 44, 45, 46). La mosquée semble avoir été récemment cimentée à plusieurs endroits lors de travaux de consolidation. Des objets laissés à l'intérieur attestent de sa fréquentation en 2010. La mosquée Ḥawāriyyīn de Fursaṭā est voisine, de quelques mètres seulement, d'une autre mosquée entièrement souterraine, à laquelle on accède par une rampe profonde creusée dans le sol dont les parois sont faites de pierres bien agencées (ill. 47). Le couloir d'entrée est parallèle à la façade de la mosquée, du côté nord-ouest[355]. À notre passage, la rampe d'accès était tellement encombrée de détritus en tous

[351] J. Despois, *Le Djebel Nefousa*, p. 265. J.W. Allan, « Some Mosques of the Jebel Nefusa », p. 151, fait également le rapprochement. T. Lewicki, *Études ibāḍites nord-africaines*, p. 57, note que les noms de ces agglomérations indiquent probablement l'existence ancienne d'églises à cet endroit.

[352] Pour F. Dell'Aquila et G. Fiorentino, « Moschee rupestri nel Gebel Nefusa occidentale », p. 17, on voit toujours à l'extérieur les restes de fondations de constructions et des tas de pierres qui seraient les vestiges du village de Lahourîn.

[353] R. Basset, « Les sanctuaires du Djebel Nefousa », I, p. 434.

[354] J.W. Allan, « Some Mosques of the Jebel Nefusa », p. 151 ; Ph. Kenrick, *Libya Archaeological Guides*, p. 83. Pour F. Dell'Aquila et G. Fiorentino, « Moschee rupestri nel Gebel Nefusa occidentale », p. 17, le mihrab est orienté à 140° ; sur la voûte est noté « 'Abd Allāh a construit la voûte » avec la date des travaux de réparation de 1312/1894-1895, ainsi que le nom de Moammed bin Isiaia (*sic*) qui a consolidé la voûte gauche avec la date de 1379/1959-1960.

[355] J.W. Allan, « Some Mosques of the Jebel Nefusa », p. 151.

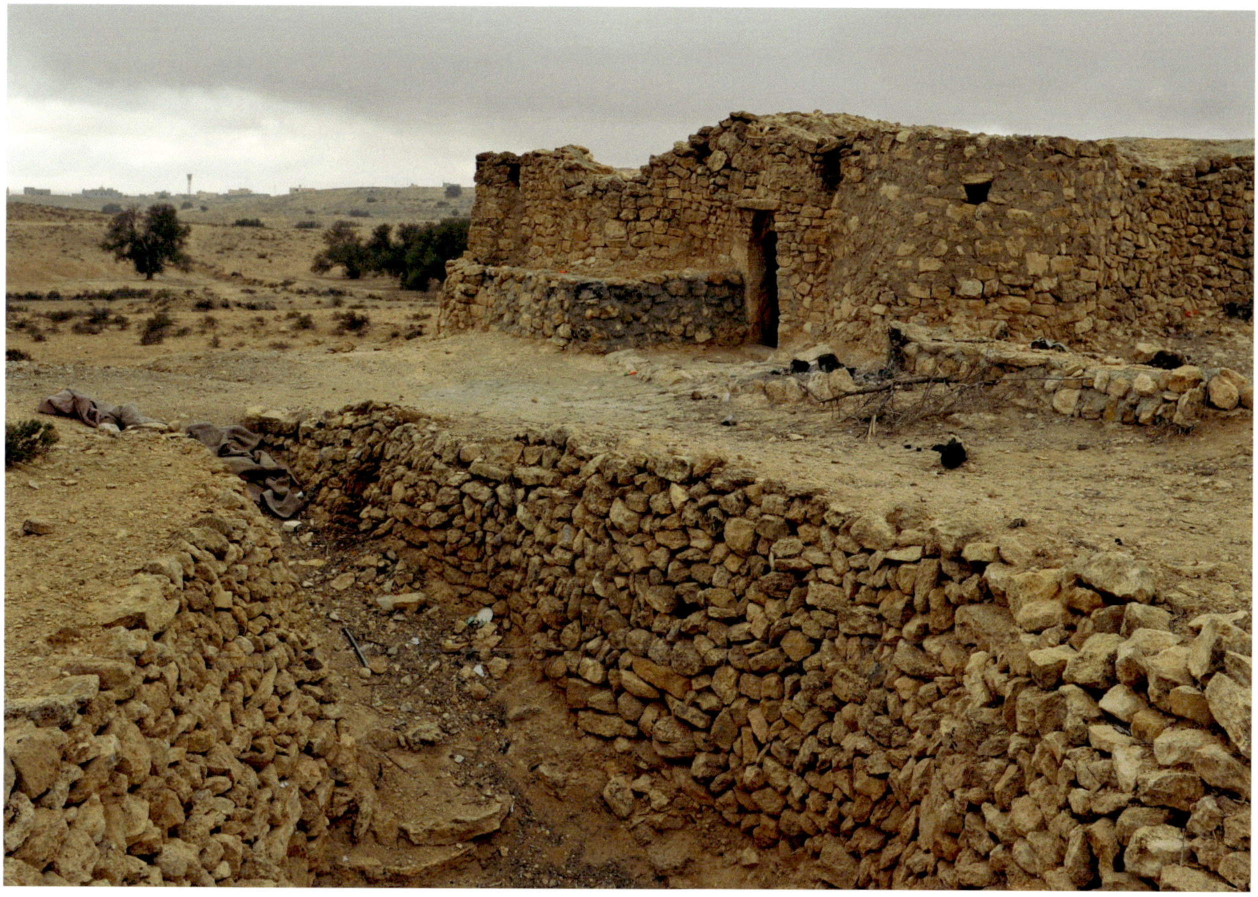

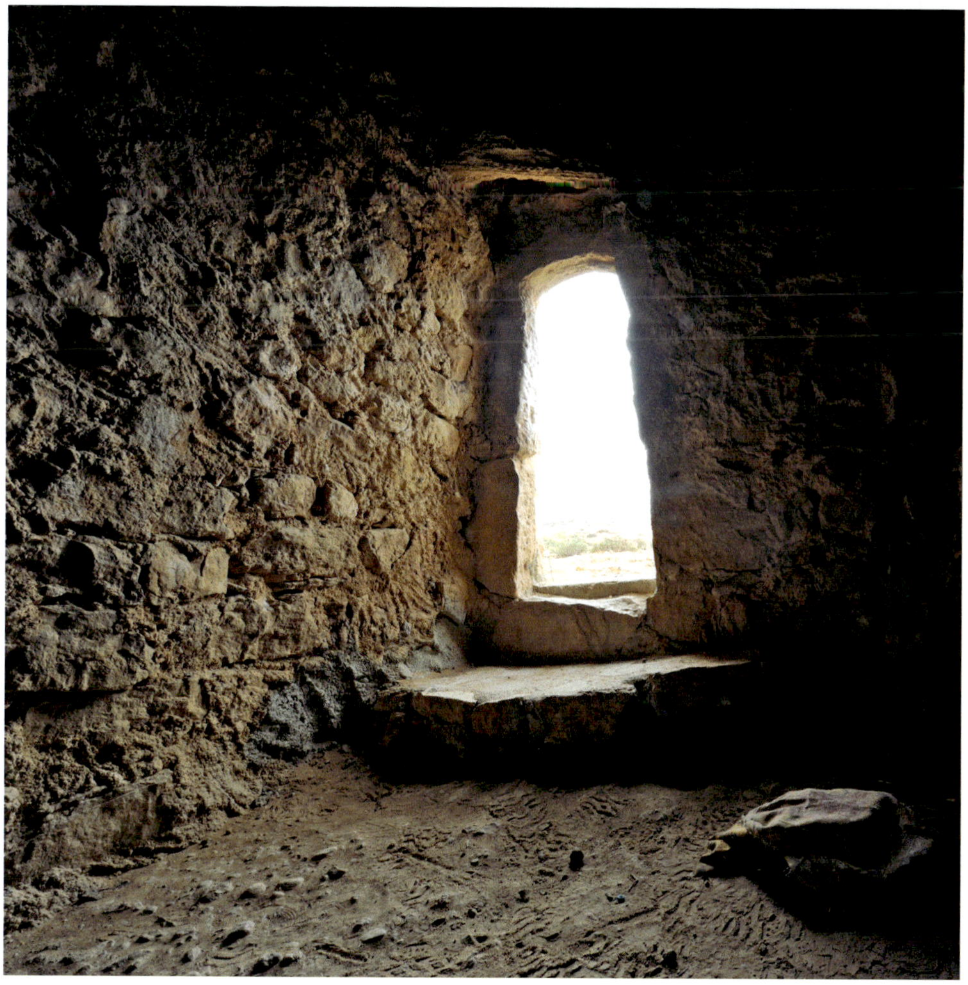

Ill. 42. *(au-dessus) Ḥawāriyyīn de Fursaṭā et le couloir d'accès de la mosquée souterraine voisine*

Ill. 43. *(à gauche) Ḥawāriyyīn de Fursaṭā, l'entrée vue de l'intérieur*

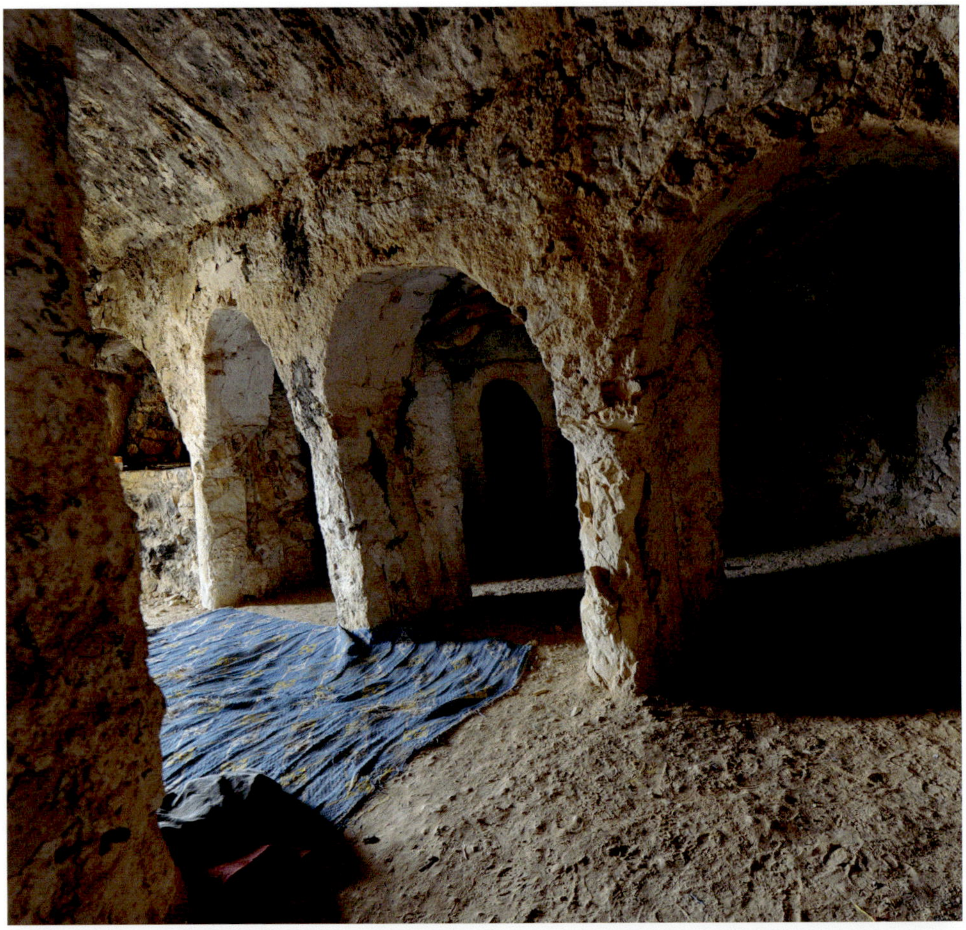

Ill. 44. *Ḥawāriyyīn de Fursaṭā, le mihrab et les décors des voûtes*

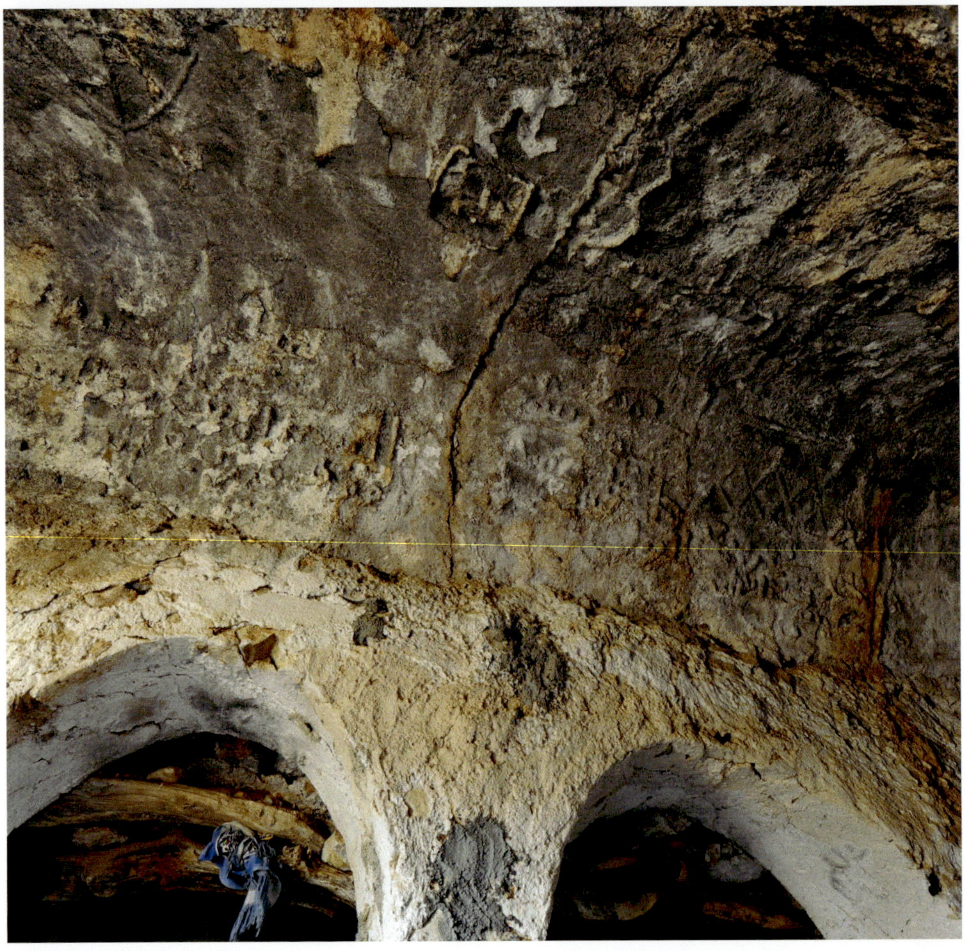

Ill. 45. *Ḥawāriyyīn de Fursaṭā, détail des décors du plafond*

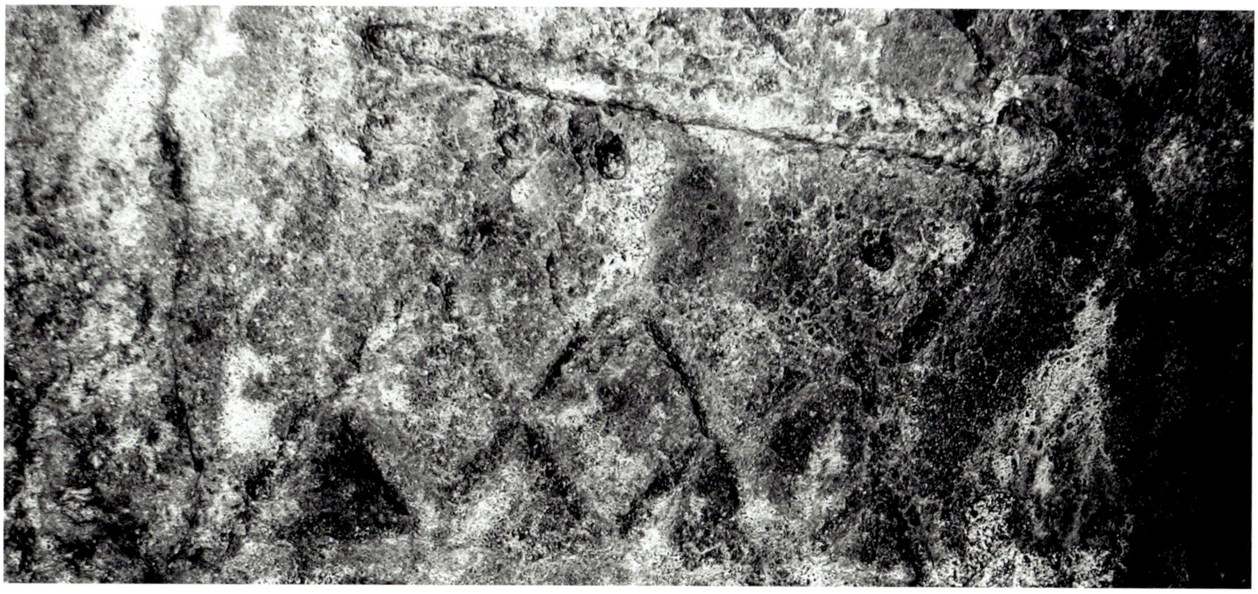

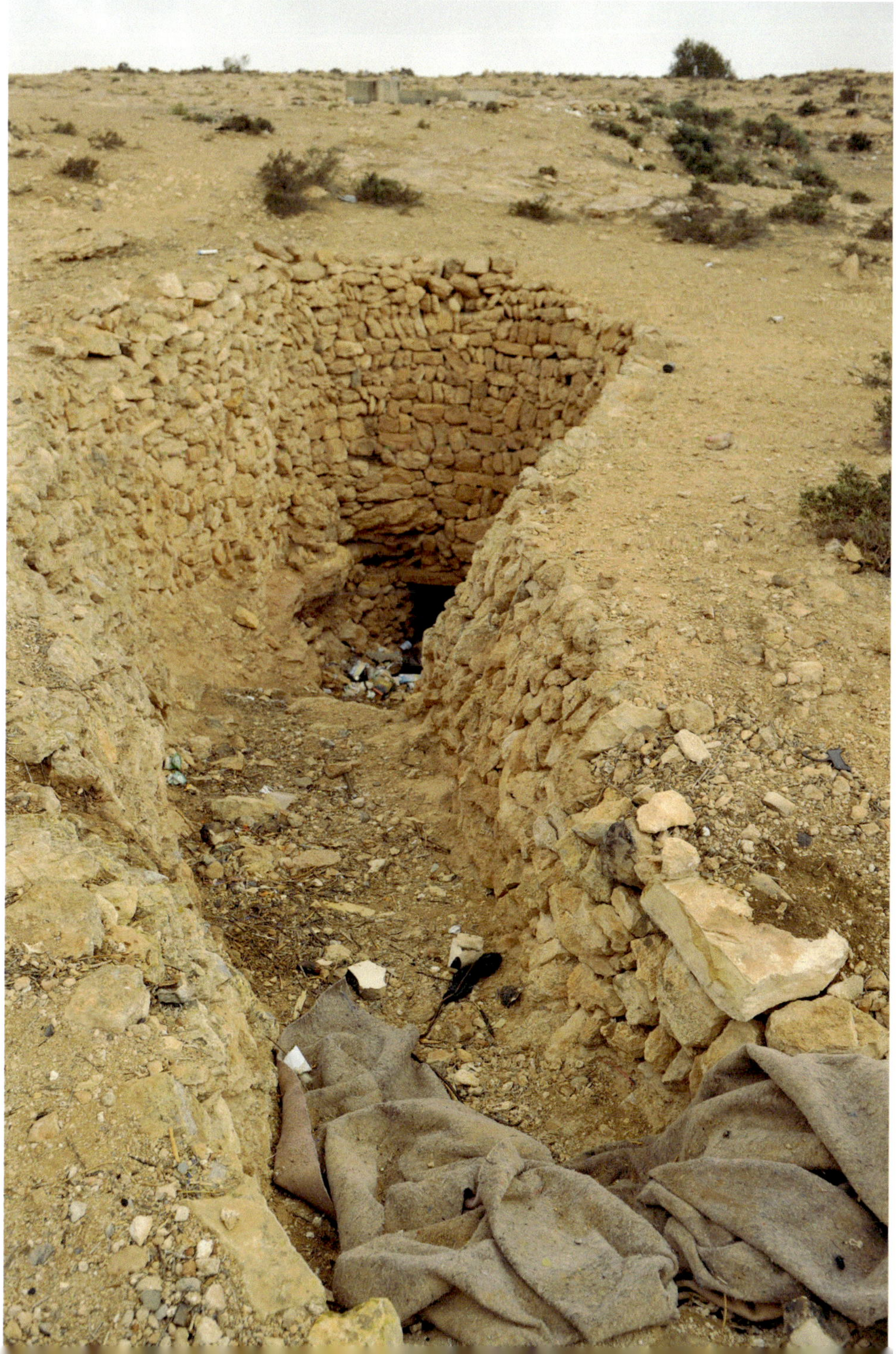

Ill. 46. *(au-dessus) Ḥawāriyyīn de Fursaṭā, détail des décors, la houe (V. Prevost)*

Ill. 47. *(à gauche) La mosquée souterraine voisine de Ḥawāriyyīn de Fursaṭa*

genres qu'il était quasiment impossible, à moins peut-être de ramper, de pénétrer dans la mosquée. Dell'Aquila a par contre pu accéder à la salle de prière : l'intérieur possède un plan presque circulaire d'une profondeur de 5,69 m et d'une largeur de 7,06 m, avec une hauteur de 2,30 m. Les murs sont nus. Le mihrab de 70 cm de large, profond de 68 cm et haut de 162 cm, est orienté à 150°. Il se trouve tout de suite à main droite lorsque l'on entre dans la salle ; de l'autre côté se trouve une très petite pièce qui contient peut-être les vestiges d'une tombe. Le travail de l'architecte s'est limité ici au creusement de la roche pour aménager la salle et à la réalisation du mihrab, la salle étant relativement informe à cause de la piètre qualité de la roche[356].

LA MOSQUÉE TAGHLĪS DE FURSAṬĀ

COORD : N 31° 52′ 05″ E 11° 22′ 19″. Altitude : 683 m.
LOC : La mosquée Taghlīs est située non loin du village actuel de Fursaṭā, à une vingtaine de mètres d'un château d'eau, au sommet d'une petite colline. La carte 1/400 000 feuille 7 mentionne Taglis. La carte 1/100 000 feuille 1670 indique Giama Taglis. La carte 1/50 000 feuille 1588 I indique jāmi' Taghlīs.
DOC : Plan et photos dans Allan (p. 152 et pl. LIVabc, LVa). Photos dans Dell'Aquila, « Note sul cristianesimo », pp. 111-112.
NOM : Sur le terme *taghlīs*, voir *supra*. Dell'Aquila indique que dans ce cas-ci, toute la zone autour de la mosquée, dans la périphérie de la nouvelle agglomération de Fursaṭā, est dénommée Taghlīs[357]. Cela correspond à la petite agglomération en ruine de Taghlis mentionnée par Despois dans les années 1930[358].
SOURCES : La *Tasmiyat mashāhid al-jabal* cite une kanīsat Fursaṭā[359], qui pourrait peut-être correspondre à la mosquée Taghlīs.
DESCR : Voir plan 7. Nous disposons des descriptions d'Allan, de Kenrick et de nos propres observations. La mosquée est très allongée et a un aspect particulièrement étrange (ill. 48, 49). Elle mesure 22 x 9 m, est divisée en deux travées et

Plan 7. *Taghlīs de Fursaṭā (d'après Allan, p. 152)*

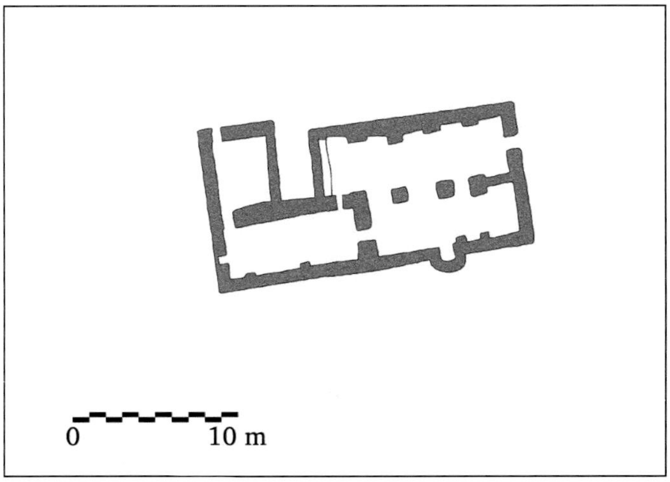

[356] F. Dell'Aquila et G. Fiorentino, « Moschee rupestri nel Gebel Nefusa occidentale », pp. 17-18 (avec plan) et p. 25. La mosquée est à environ 8 m de sa voisine ; les murs latéraux et du fond du couloir d'accès sont construits en maçonnerie de blocage réalisée à sec. Les mêmes, pp. 18-19 (avec plan), décrivent la mosquée souterraine « Tatauzin » située dans les environs : ici aussi, une profonde rampe d'accès mène à un vestibule donnant accès à deux pièces – dont l'une serait destinée aux femmes – et à la salle de prière dotée d'un mihrab profond de 1,14 m. À l'extérieur se trouve une aire de prière délimitée par un muret bas réalisé en pierres entassés à sec, avec un mihrab.
[357] F. Dell'Aquila, « Note sul cristianesimo », p. 110.
[358] J. Despois, *Le Djebel Nefousa*, p. 265. J.W. Allan, « Some Mosques of the Jebel Nefusa », p. 151, fait également le rapprochement. Voir aussi T. Lewicki, *Études ibāḍites nord-africaines*, p. 57.
[359] R. Basset, « Les sanctuaires du Djebel Nefousa », I, p. 434.

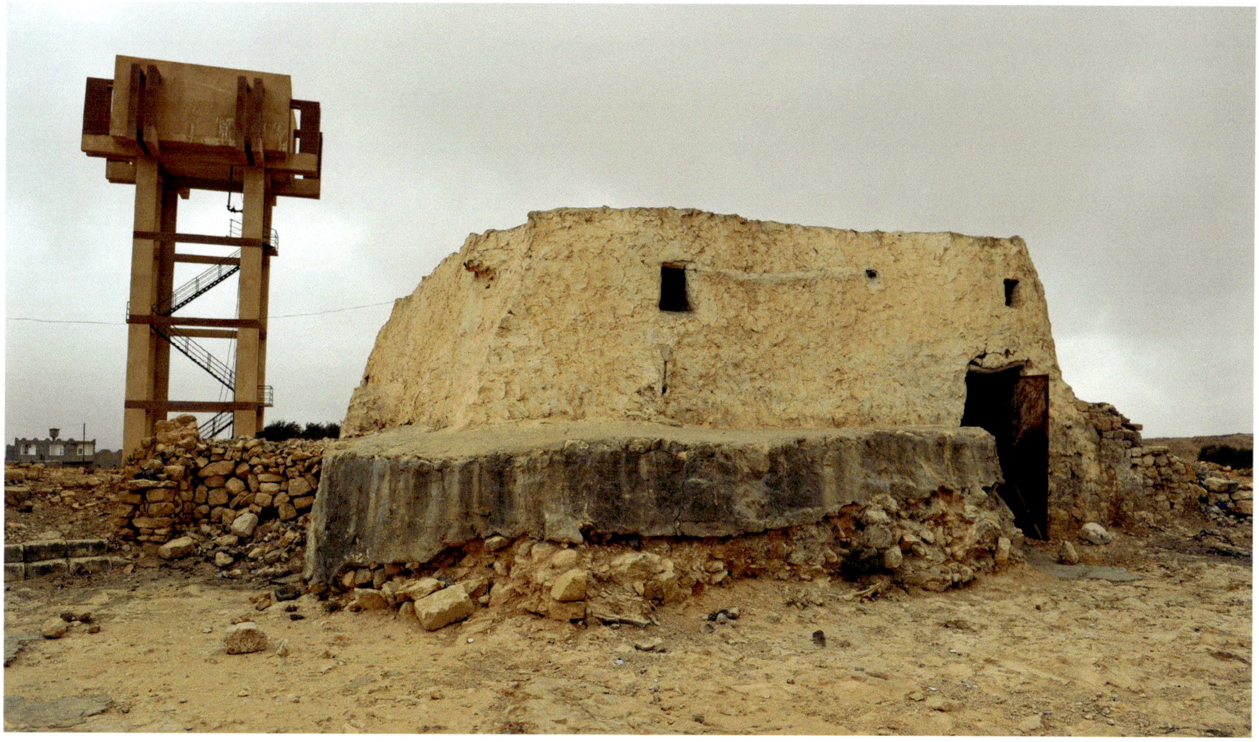

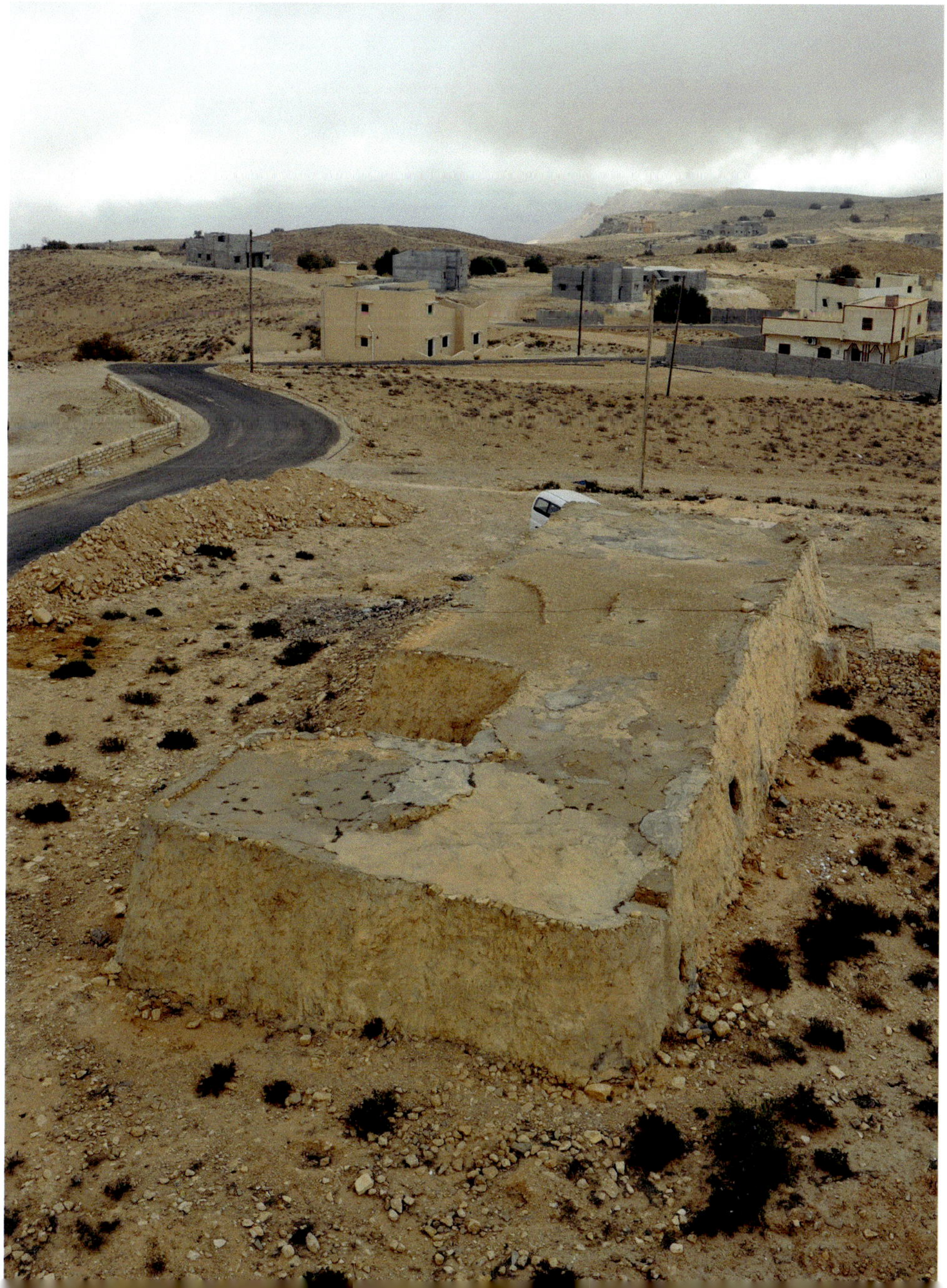

Ill. 48. *(au-dessus) La mosquée Taghlīs de Fursaṭā*

Ill. 49. *(à gauche) Taghlīs de Fursaṭā vue du haut du château d'eau voisin*

Ill. 50. « *Iconostase* » *de Taghlīs de Fursaṭā*

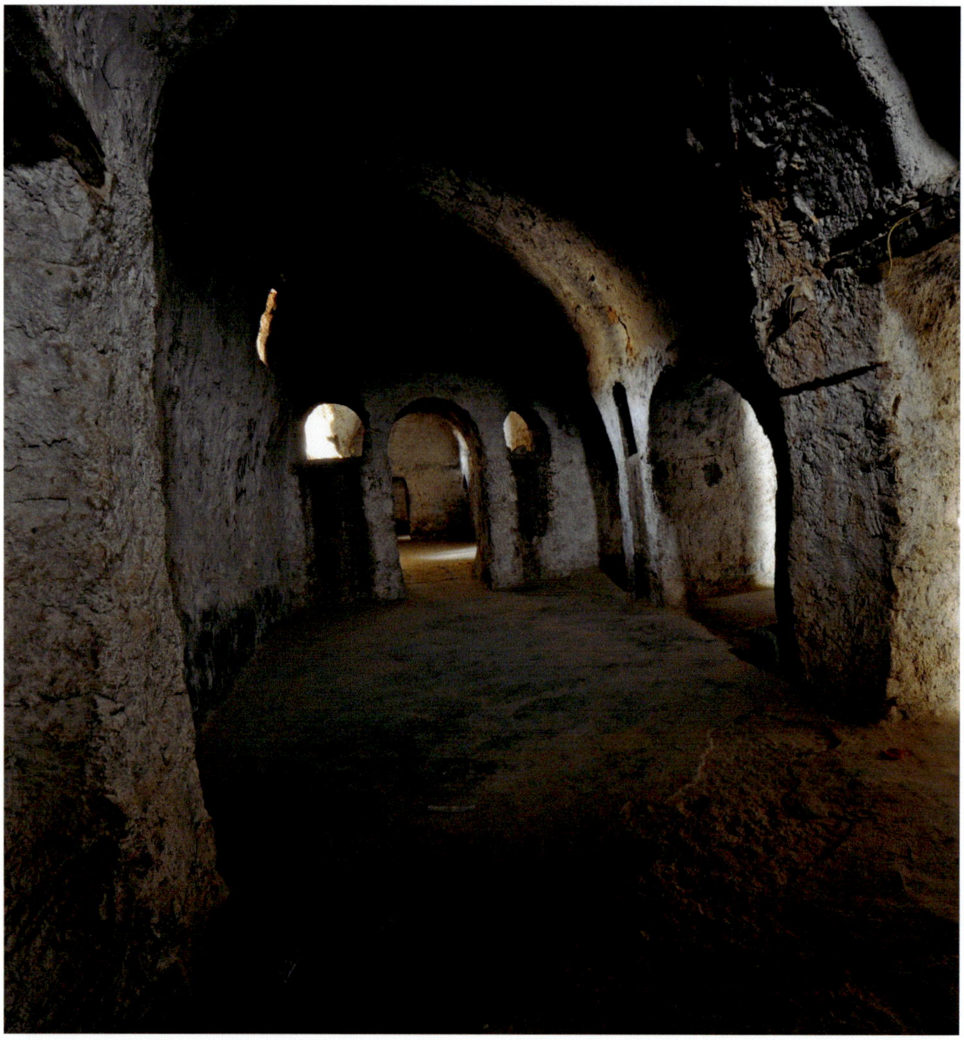

comprend plusieurs locaux en plus de la salle de prière. De grossiers contreforts ont été ajoutés tout autour du bâtiment, sans doute dans les années 1960. Plusieurs petites fenêtres rendent l'édifice beaucoup plus lumineux que les autres mosquées visitées. La travée sur laquelle s'ouvre l'entrée comporte un arc pointu caractéristique. Le mihrab est particulièrement haut et profond : quatre adultes peuvent se tenir debout en même temps dans la niche. Des morceaux de bois fichés dans le plafond sont destinés à suspendre des Corans. Une inscription en plâtre, tombée sur le sol, indique avoir été faite par le cheikh Sulaymān 'Amr al-'Azzābī ; une autre inscription témoigne des réparations apportées à la mosquée en 965/1557-1558[360]. Outre ces inscriptions, anciennes ou bien plus modernes, les parois portent à de nombreux endroits des motifs géométriques qui consistent surtout en de grands quadrillages et groupements de pointillés. Le plan ne ressemble pas au plan habituel d'une mosquée et le mihrab est dirigé fort au sud (170°), plus qu'au sud-est, ce qui suggère que le bâtiment pourrait avoir jadis été réservé à un autre usage. Malgré son nom et son orientation particulière, rien ne suggère que c'était jadis une église[361]. Des fragments de poterie datant des IVe-VIe siècles ont été trouvés dans les environs[362].

---

360 J.W. Allan, « Some Mosques of the Jebel Nefusa », p. 151. Le cheikh Sulaymān 'Amr al-'Azzābī est peut-être « l'agha Slimân al-Azzabi, moudir de Fassâto, l'homme le plus influent et le plus énergique de son pays » qui a renseigné Duveyrier lors de son séjour dans le djebel en 1860. H. Duveyrier, « Statistique du Djebel-Nefousa », p. 133.

361 Ph. Kenrick, *Libya Archaeological Guides*, p. 82. Nous avons dû redessiner toute une partie du plan d'Allan qui ne correspondait pas à la réalité.

362 J.W. Allan, « Some Mosques of the Jebel Nefusa », p. 169.

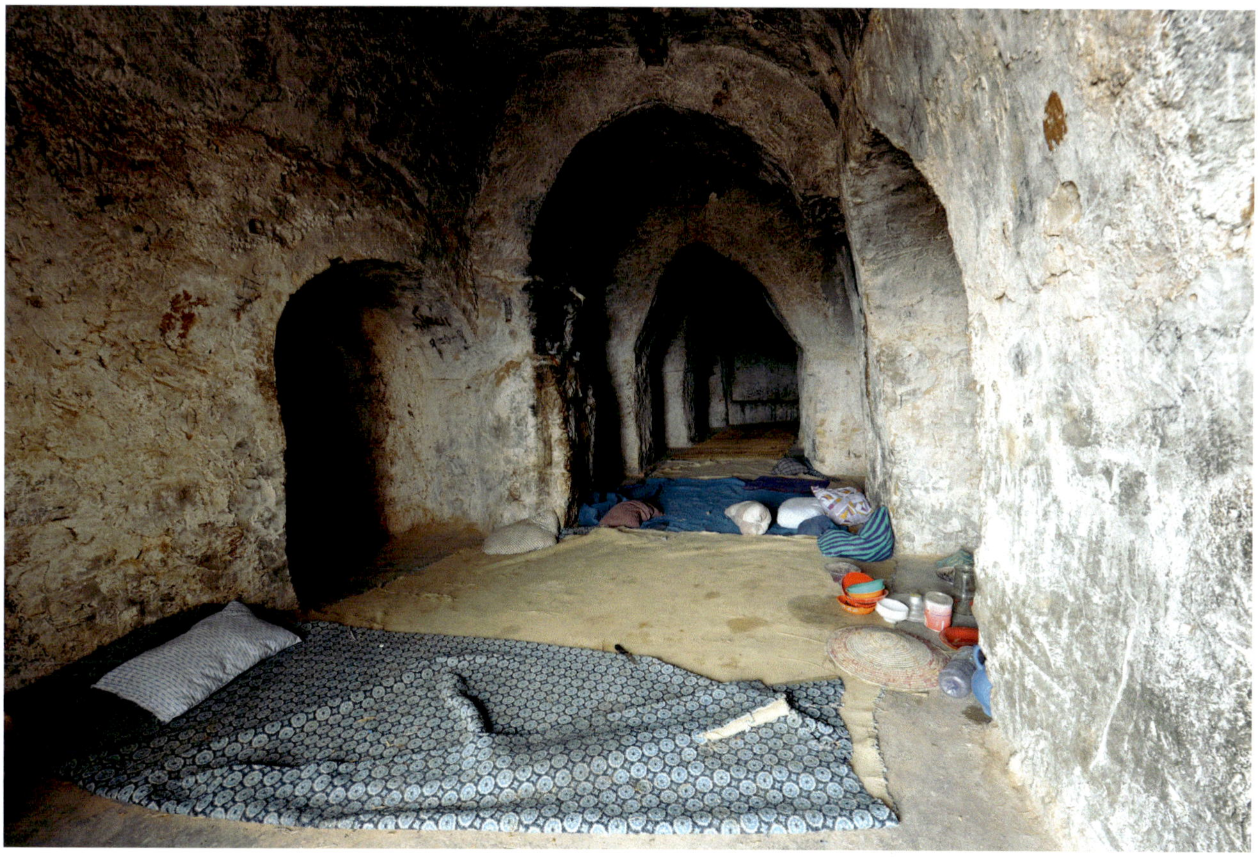

Ill. 51. *Seconde travée de Taghlīs de Fursaṭa*

Dell'Aquila envisage le bâtiment d'une tout autre façon : il note d'abord qu'il ressemble à n'importe quelle construction berbère réalisée à l'aide de grossiers tas de pierres assemblés par un mortier de plâtre, et que c'est essentiellement par les dimensions qu'il se distingue. Une particularité unique en son genre est selon lui la cloison qui divise l'une des travées – il évoque erronément la travée orientale – et qui présente une porte centrale entourée par deux petites fenêtres ; il s'agirait d'une iconostase semblable à celles que l'on trouve dans les églises rupestres contemporaines des Pouilles et de Sicile (ill. 50). En se fondant sur les caractéristiques techniques de cette iconostase, il propose de la dater du premier quart du XIIe siècle, ce qui indiquerait une continuité du culte chrétien jusqu'à cette époque. Il remarque également que la mosquée est toujours considérée par les riverains comme une ancienne église[363]. Ce dernier point est fort probable – nous l'avons constaté nous-mêmes pour d'autres lieux de culte portant des noms évoquant le christianisme – mais le reste de sa démonstration est peu convaincante, notamment en raison des erreurs ou des approximations que comprend le texte[364].

Lors de notre visite, nous avons observé que la mosquée a été à nouveau restaurée : un grossier cimentage, bien que déjà fort fissuré, recouvre les contreforts proches de l'entrée. L'aménagement intérieur indique qu'elle est régulièrement fréquentée puisque le sol est recouvert de nattes, de couvertures et de coussins, et qu'on y voit de la vaisselle, des bouteilles d'eau et un service à thé (ill. 51).

[363] F. Dell'Aquila, « Note sul cristianesimo », p. 111. Sa description comprend plusieurs erreurs que nous n'avons pas reproduites ici, l'absence d'ouverture autre que la porte d'entrée par exemple. Il observe que la hauteur est insolite comparée aux autres mosquées du djebel ; nous ne l'avons pas remarqué. Il pense qu'il devait y avoir à l'origine une troisième travée, mais son explication, évoquant des traces qui se verraient sur le côté droit des arcades aujourd'hui comblées qui se trouvent sur le côté occidental de la mosquée, est peu probante.

[364] Plus loin, F. Dell'Aquila, « Note sul cristianesimo », pp. 112-113, compare la mosquée Taghlīs de Bughṭūra avec la mosquée Taghlīs de Fursaṭā et évoque l'idée d'un presbytère. Il compare ensuite le plan de la mosquée Taghlīs de Fursaṭā – croyant que c'est celui de Taghlīs de Bughṭūra – avec celui de l'église rupestre Cappuccino vecchio près de Matera.

LA MOSQUÉE ABŪ YAḤYĀ DE FURSAṬĀ

COORD : N 31° 51′ 29″ E 11° 23′ 13″. Altitude : 548 m.
LOC : La mosquée est située en contrebas du vieux village (ill. 2), complètement abandonné depuis les années 1940-1950 ; elle a toujours été respectée et visitée par les habitants de la région[365]. La carte 1/100 000 feuille 1670 note Sidi Forsatta. La carte 1/50 000 feuille 1588 I donne à cet endroit Sīdī Abū Yaḥyā.
DOC : Photos et plan dans Allan (p. 150 et pl. LIIab) et Warfallī (fig. 61-71). Photo d'une colonne de remploi dans Dell'Aquila, « Note sul cristianesimo », p. 110.
NOM : Allan l'appelle Sīdī Abū Yaḥyā[366]. Le personnage qui donne son nom à la mosquée – Abū Yaḥyā Zakariyyā' ibn Abī l-Qāsim al-Fursaṭā'ī – est cité parmi les savants de Fursaṭā dans la *Tasmiyat shuyūkh jabal Nafūsa wa-qurāhum* sous le simple nom d'Abū Yaḥyā[367]. Il joue un rôle important comme transmetteur de la doctrine ibadite[368]. Al-Shammākhī indique qu'Abū Yaḥyā fait partie des orphelins de la bataille de Mānū (283/896)[369] ; il a donc vécu à la fin du IXe et au début du Xe siècle. Plusieurs anecdotes sont rapportées à son sujet. Lorsqu'il se rend à Sharūs pour y faire des études auprès d'Ibn Māṭūs, il ne trouve pas de logement dans cette ville. Ibn Māṭūs lui indique alors un homme si savant que, si les gens le connaissaient, ils se presseraient à sa porte comme à la porte d'Abū 'Ubayda [Muslim al-Tamīmī] à Baṣra. Il s'agit d'Abū Hārūn al-Jalālamī, chez lequel Abū Yaḥyā va étudier[370]. C'est manifestement à la fin de ses études qu'il fonde sa mosquée dans son village natal[371]. Il fait le pèlerinage avec son père et sa mère, puis retourne à La Mecque tout seul[372]. Cette anecdote a évidemment pour but de souligner l'importance des Nafūsa, présents jusqu'aux lieux saints. Le récit le plus connu concernant Abū Yaḥyā est celui qui raconte comment il a converti un roi du Sūdān[373].
SOURCES : La mosquée est mentionnée sous le nom de 'Ammī Yaḥyā al-Fursaṭā'ī dans *Les bourgs et les chemins du djebel Nafūsa*[374].
DESCR : Voir plan 8. Nous bénéficions ici d'une courte description de Warfallī et d'Allan, que nous enrichissons de nos propres commentaires. Toujours fréquentée, la mosquée partiellement souterraine mesure environ 11,70 x 12,70 m et a donc un plan presque carré. Elle se compose aujourd'hui de quatre travées mais il semble évident qu'une cinquième travée s'étendait autrefois vers le sud-est. Elle contiendrait une tombe, mais nous ne l'avons pas remarquée. L'orientation du mihrab est de 160° et il a une profondeur de 90 cm. Il y a une autre niche sur le mur sud-ouest, presque dans l'axe du mihrab, d'une profondeur d'environ 90 cm. Comme elle n'a pas de rôle, il s'agit sans doute d'une ancienne entrée, peut-être celle qui conduisait à la partie des femmes. Il y a actuellement deux entrées praticables : l'une dans le mur sud-ouest a 55 cm de large et environ 95 cm de haut, l'autre dans le mur

---

[365] M. Warfallī, *Ba'ḍ al-āthār al-islāmiyya*, p. 124 et p. 135.
[366] J.W. Allan, « Some Mosques of the Jebel Nefusa », p. 149. Il évoque, ainsi que M. Warfallī, *Some Islamic Monuments*, p. 88, la possibilité que la mosquée soit liée au fils d'Abū Dharr Ṣadūq al-Fursaṭā'ī, en interprétant mal ce que dit R. Basset, « Les sanctuaires du Djebel Nefousa », I, p. 445. Depuis lors, une plaque en marbre évoquant Abū Yaḥyā Zakariyyā' ibn Abī l-Qāsim al-Fursaṭā'ī a été ajoutée dans la mosquée (ill. 55).
[367] *Siyar al-mashāyikh*, p. 542 (où l'éditeur note Fursaṭṭī). Il est cité de la même façon dans le *Dhikr asmā' ba'ḍ shuyūkh al-wahbiyya*, p. 590.
[368] G. Crupi La Rosa, « I trasmettitori della dottrina ibāḍita », p. 128, p. 132 et p. 137.
[369] Al-Shammākhī, p. 478.
[370] Al-Bughṭūrī, p. 64 ; al-Shammākhī, pp. 476-477. 'A. Mu'ammar, *Al-ibāḍiyya fī mawkib al-tārīkh II*, II, p. 81, met ce manque de place en rapport avec le nombre incalculable d'étudiants qui affluent à Sharūs, la capitale du djebel, pour suivre les cours de la madrasa d'Ibn Māṭūs.
[371] Selon M. Kūrdī, *Al-ḥayāt al-'ilmiyya fī jabal Nafūsa*, p. 65, c'est l'éminent Abū Hārūn al-Jalālamī qui donne, ainsi que d'autres savants, à Abū Yaḥyā l'autorisation de fonder la mosquée.
[372] Al-Bughṭūrī, p. 65 ; al-Shammākhī, p. 477.
[373] Voir *supra* la partie historique.
[374] A. de C. Motylinski, *Le Djebel Nefousa*, p. 104. Il la situe dans le *qaṣr* de Fursaṭā et la différencie de la mosquée en ruine en hauteur.

nord-est, pourvue de marches, a 80 cm de large et environ 1,15 m de hauteur. Au nord-est de la salle de prière se trouve une cour possédant son propre mihrab. La cour a une forme triangulaire irrégulière, elle contient deux citernes en son centre et du côté nord se trouvent trois cellules creusées dans la roche afin d'y héberger les pèlerins. La façade donnant sur la cour comprend une vaste ouverture aujourd'hui protégée par une grille. Un escalier menant au toit est bâti près de l'entrée de la salle de prière, dans le côté ouest de la cour : l'appel à la prière devait se faire depuis le toit ou depuis le haut de l'escalier (ill. 52, 53). La pièce attachée au mur de qibla de la mosquée, dans la cour, mesure 7,2 m² et rappelle la chambre annexe de la mosquée de Tanūmāyt. Puisque de nombreuses pages de manuscrits ont été trouvées

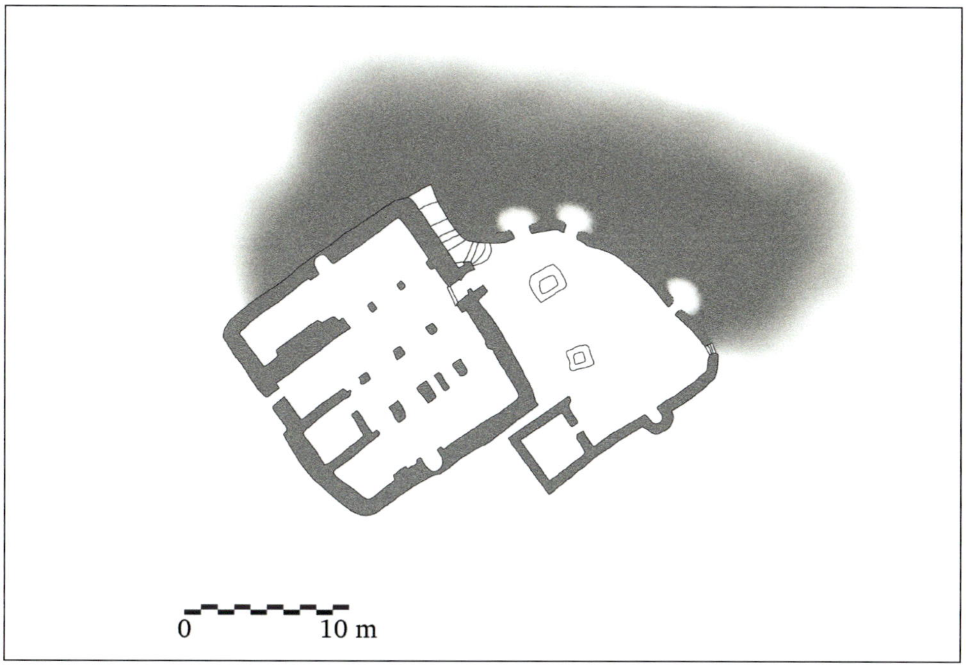

Plan 8. *(à gauche) Abū Yaḥyā (d'après Warfallī, fig. 61)*

Ill. 52. *(au-dessous) La cour de la mosquée Abū Yaḥyā de Fursaṭā, avec à droite le minaret-escalier*

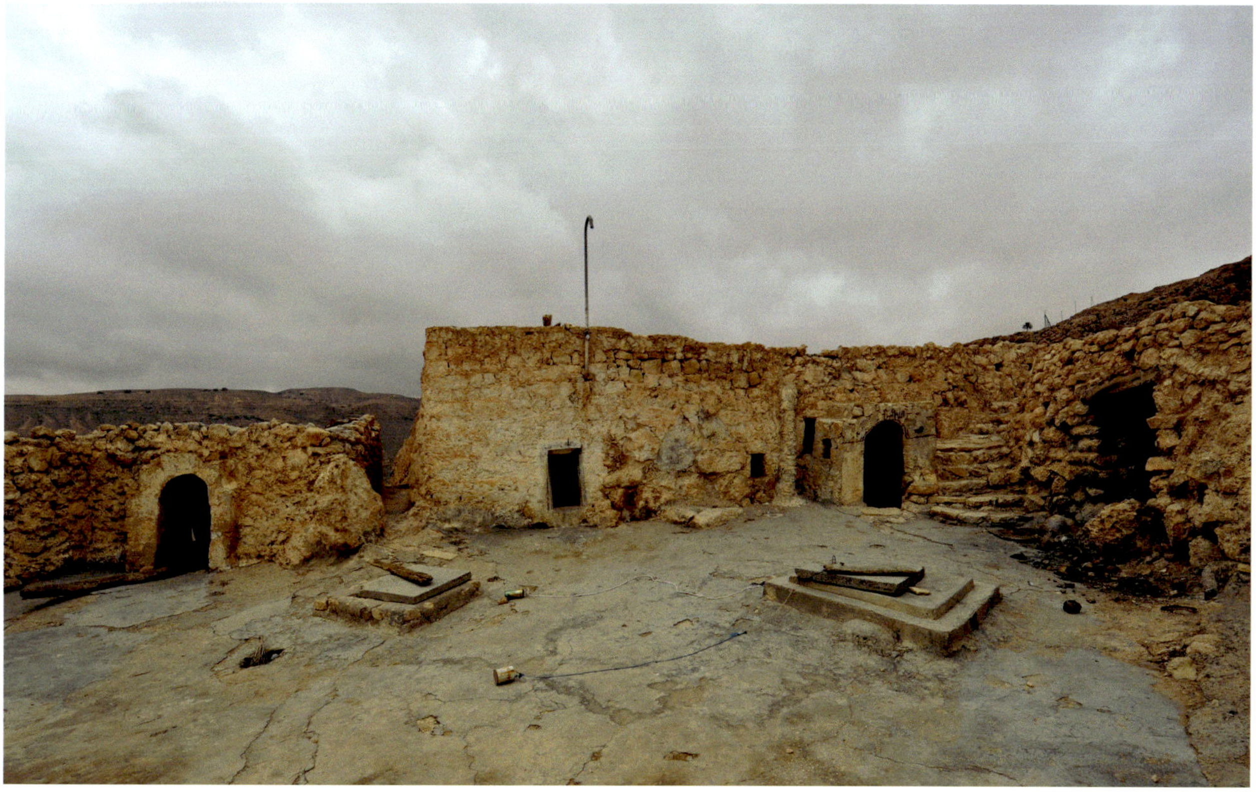

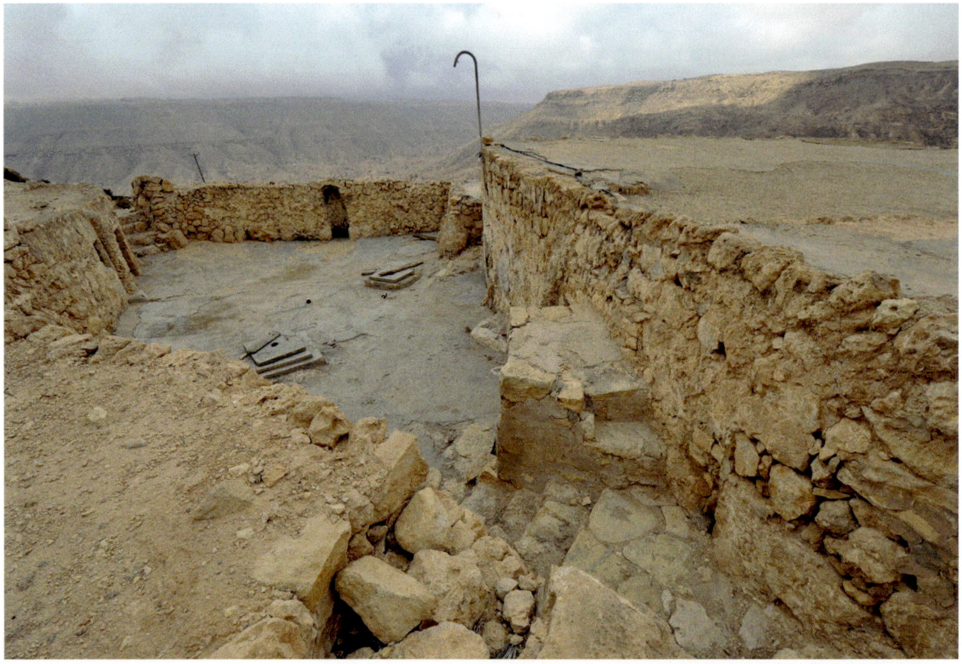

Ill. 53. *(à droite) La cour de la mosquée Abū Yaḥyā, avec le mihrab d'enceinte et le minaret-escalier à l'avant-plan*

Ill. 54. *(au-dessous) Le décor de la salle de prière d'Abū Yaḥyā, le sceau de Salomon*

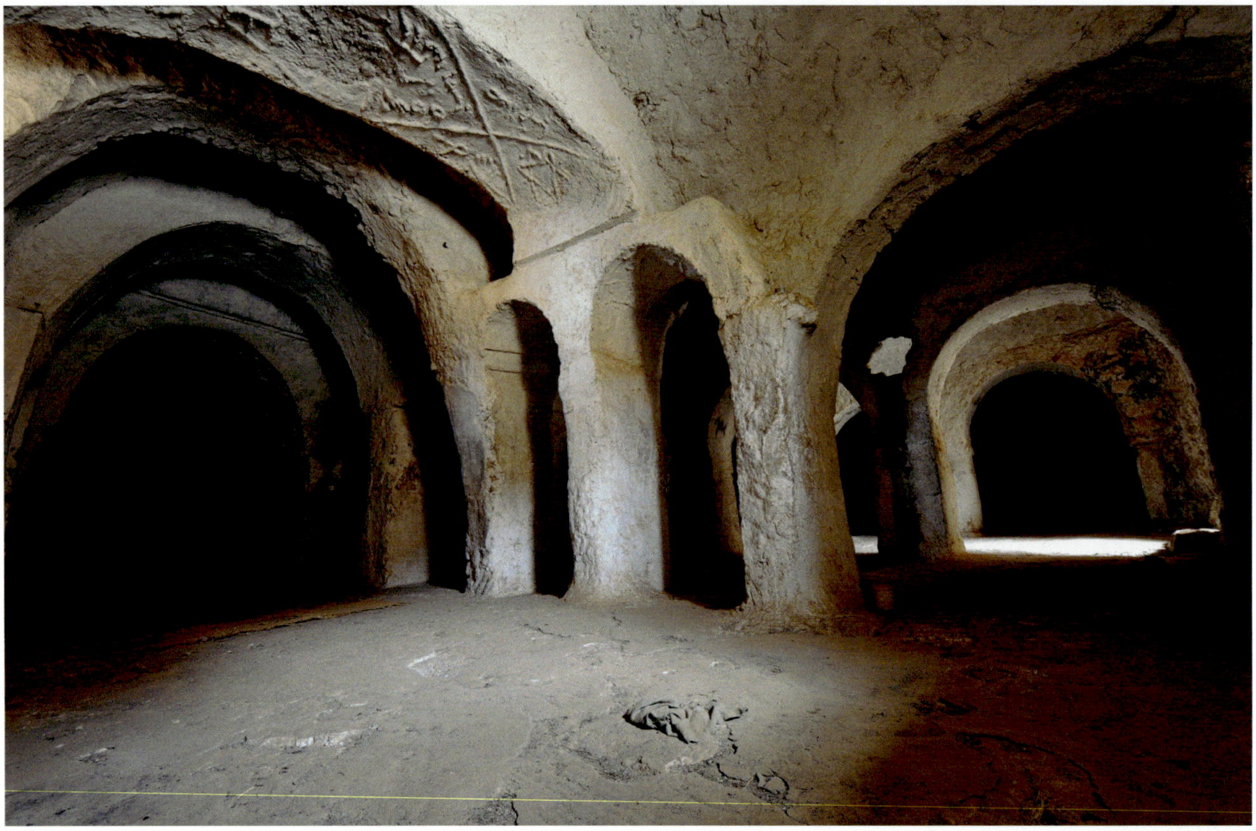

sur place et que la mosquée fonctionnait manifestement comme une madrasa, cette pièce devait être destinée à conserver les manuscrits[375].

On voit sur certaines voûtes et intrados d'arcs des décors géométriques, le sceau de Salomon et la main ouverte, de modestes moulures ainsi que des inscriptions en relief sur le plâtre (ill. 54). Il y a aussi de nombreux graffiti et des inscriptions modernes reprenant les noms de Dieu et de Muḥammad principalement. La salle de

[375] J.W. Allan, « Some Mosques of the Jebel Nefusa », p. 149 ; M. Warfallī, *Some Islamic Monuments*, pp. 83-85. Dans *Ba'ḍ al-āthār al-islāmiyya*, p. 130, ce dernier ajoute que les cellules réservées aux pèlerins ont été creusées à l'époque moderne. Le plan d'Allan indique une orientation de 154° pour le mihrab.

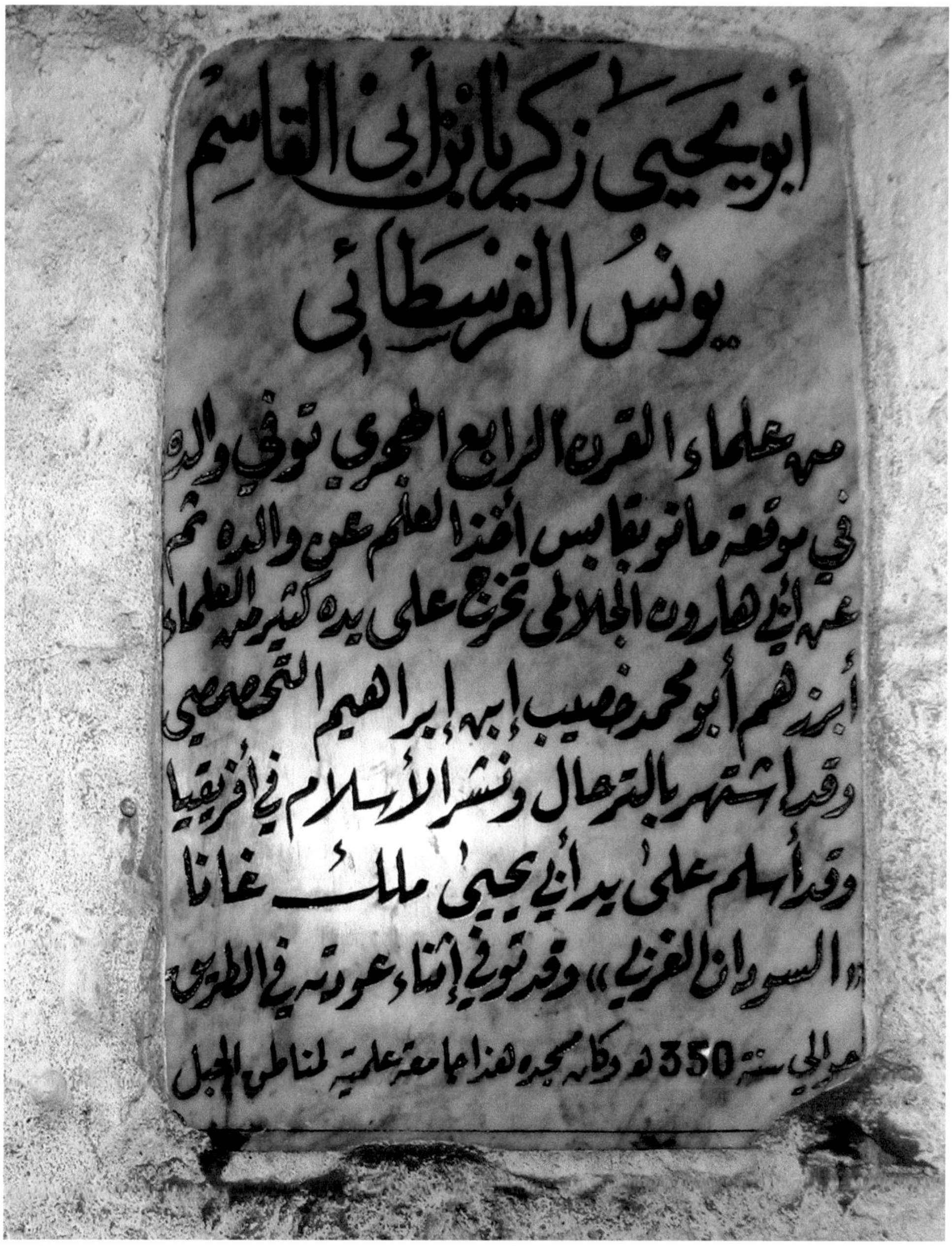

Ill. 55. *Abū Yaḥyā, la plaque commémorative (V. Prevost)*

prière compte plusieurs colonnes de remploi et Warfallī pense qu'elles pourraient avoir été empruntées à un édifice romain du voisinage. La mosquée pourrait aussi avoir été bâtie sur les ruines d'une construction plus ancienne, peut-être selon lui sur les ruines de la kanīsat Fursaṭā, une suggestion qu'il faudrait dit-il confirmer par des fouilles archéologiques[376]. Il nous paraît certain que ces deux monuments n'ont aucun rapport : la mosquée est clairement identifiée comme étant liée à Abū Yaḥyā et deux autres mosquées des environs de Fursaṭā, les mosquées Ḥawāriyyīn et Taghlīs étudiées plus haut, portent des noms affichant clairement leur lien avec le christianisme et pourraient bien mieux correspondre à la kanīsat Fursaṭā[377].

[376] M. Warfallī, *Some Islamic Monuments*, p. 84 ; *Ba'ḍ al-āthār al-islāmiyya*, p. 126. F. Dell'Aquila, « Note sul cristianesimo », p. 110, note qu'il y a des colonnes de remploi, dont l'une est appuyée contre un mur, et estime qu'Allan a raison en disant que ces colonnes proviennent d'une ancienne église évoquée par *Les bourgs et les chemins du djebel Nafūsa* et située un peu en contrebas.

[377] R. Basset, « Les sanctuaires du Djebel Nefousa », I, p. 434 et p. 444, estime que l'église ne correspond pas à 'Ammī Yaḥyā, mais peut-être bien à la mosquée qui se trouvait au milieu de l'ancien village, en ruine à la fin du XIXe siècle. J.W. Allan, « Some Mosques of the Jebel Nefusa », p. 151, note qu'il existe en contrebas de la colline un puits appelé Bi'r Kanīsa, où l'on dit que les chrétiens se rencontraient.

III
LA RÉGION D'AL-ḤARĀBA

LA MOSQUÉE ABŪ NAṢR DE TAMLŪSHĀYT

COORD : N 31° 51′ 48″ E 11° 28′ 56″. Altitude : 688 m.
LOC : La mosquée Abū Naṣr est située à environ 1 km à l'est du vieux village, isolée, près des ruines de quelques maisons qui indiquent l'extension de Tamlūshāyt vers l'est[378]. À quelques mètres a été bâti un local moderne. La carte 1/50 000 feuille 1588 I ne signale pas la mosquée mais indique, beaucoup plus au nord du village, le djebel Abū Naṣr.
DOC : Plan et photos dans Warfallī (fig. 73-77).
SOURCES : *Les bourgs et les chemins du djebel Nafūsa* évoque, près de Tandamīra et à côté d'une autre mosquée, la mosquée Abū Naṣr « auteur de nombreuses pièces en vers, parmi lesquelles la *Nounia*, sur notre secte »[379]. Despois la situe dans l'agglomération en ruine de Kherbet Majer, entre Tamlūshāyt et Tandamīra, agglomération restée célèbre jusqu'à son époque grâce à la mosquée[380]. Il mentionne également à Tamlūshāyt une mosquée troglodytique qui serait vieille de 1200 ans[381]. La *Tasmiyat mashāhid al-jabal* mentionne à Tamlūshāyt la mosquée Tūzanzarat[382], qui existe toujours : elle pourrait correspondre à la mosquée évoquée par Despois, qui remonterait au VIIIe siècle de notre ère[383].
NOM : Abū Naṣr Fatḥ ibn Nūḥ de Tamlūshāyt a vécu dans la première moitié du XIIIe siècle[384]. Al-Shammākhī lui consacre une notice : « Abū Naṣr Fatḥ ibn Nūḥ al-Malūshā'ī, remarquable savant et prédicateur sincère, a étudié la science auprès de son oncle, Abū Yaḥyā Zakariyyā' ibn Ibrāhīm [al-Bārūnī], dont il a rédigé le discours funèbre. Il était linguiste et a composé des poèmes : entre autres la *Nūniyya sur les principes de la religion*, commentée en trois volumes par Ismā'īl ibn Mūsā [al-Jiṭālī], la *Rā'iyya sur la prière* qui n'a pas donné lieu à un commentaire, la *Nūniyya sur la récusation des défenseurs de la création du Coran*, et d'autres *qaṣīda* sur la prédication. On a rapporté que lorsqu'il voulait trancher entre deux adversaires, il installait depuis la porte entre lui et eux un rideau ou autre chose, de crainte d'être influencé dans son jugement.[385]»

---

[378] M. Warfallī, *Some Islamic Monuments*, p. 90.
[379] A. de C. Motylinski, *Le Djebel Nefousa*, p. 103.
[380] J. Despois, *Le Djebel Nefousa*, p. 265. *Al-masājid al-tārīkhiyya fī jabal Nafūsa*, n° 16, mentionne la mosquée 'Īsā ibn Zar'a, toujours debout, dans le quartier de Tamlūshāyt qu'on appelle Mājir.
[381] J. Despois, *Le Djebel Nefousa*, p. 209.
[382] R. Basset, « Les sanctuaires du Djebel Nefousa », I, p. 434.
[383] T. Lewicki, *Études ibāḍites nord-africaines*, p. 61. *Al-masājid al-tārīkhiyya fī jabal Nafūsa*, n° 63, indique que la mosquée Tūzanzarat, située dans le village du même nom à Tamlūshāyt, est en partie effondrée.
[384] Sur ce personnage, voir M. Bābā'ammī *et al.*, *Mu'jam a'lām al-ibāḍiyya*, II, pp. 337-338 ; 'A. Mu'ammar, *Al-ibāḍiyya fī mawkib al-tārīkh II*, II, pp. 97-101 ; M. Kūrdī, *Al-ḥayāt al-'ilmiyya fī jabal Nafūsa*, pp. 131-134.
[385] Al-Shammākhī, p. 776. Les poèmes intitulés *Nūniyya* et *Rā'iyya* sont des *qaṣīda* rimées en *nūn* et en *rā'*. R. Basset, « Les sanctuaires du Djebel Nefousa », I, p. 452.

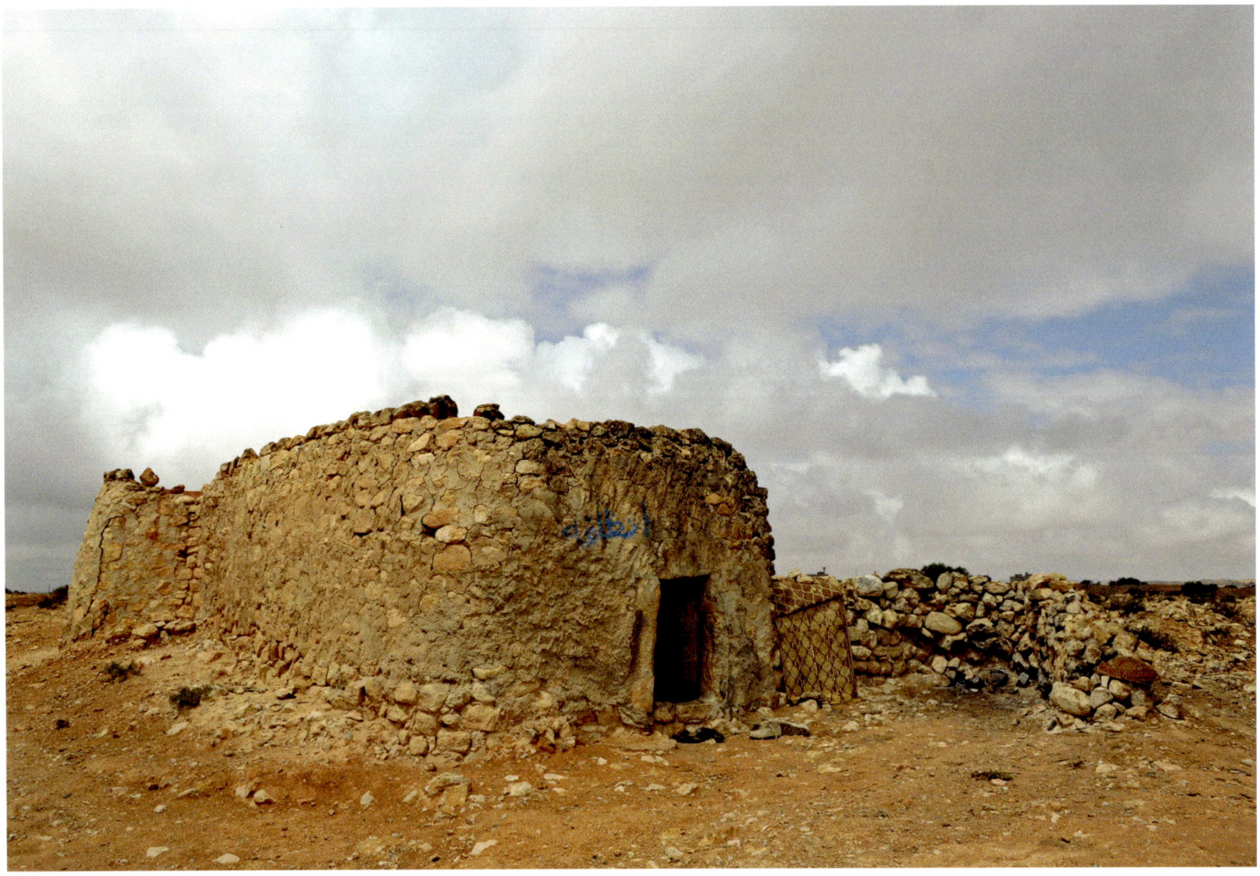

Ill. 56. *La mosquée Abū Naṣr de Tamlūshāyt*

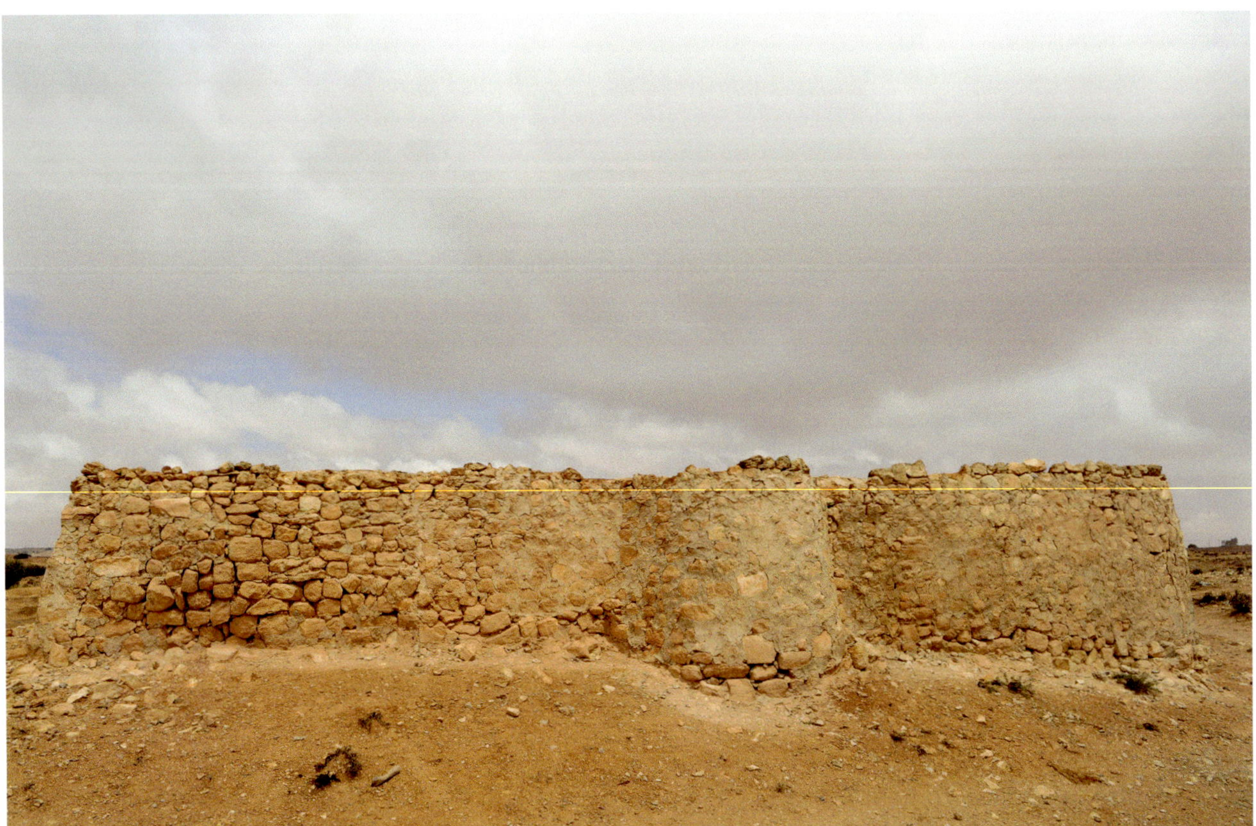

Ill. 57. *Abū Naṣr de Tamlūshāyt, le mur de qibla et le mihrab en saillie*

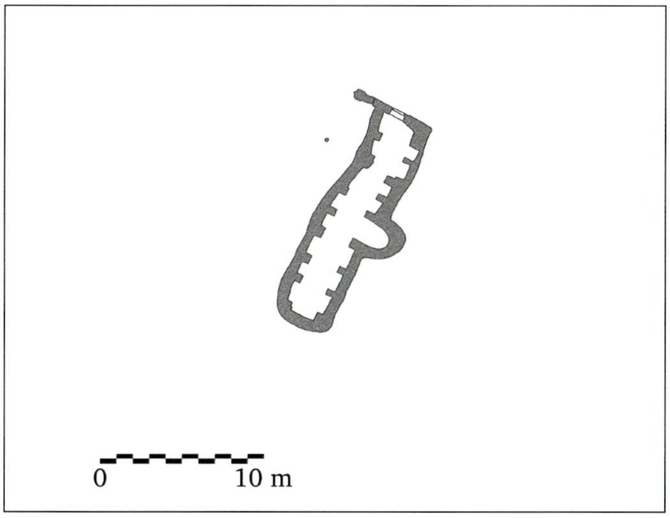

Plan 9. *Abū Naṣr de Tamlūshāyt (d'après Warfallī, fig. 74)*

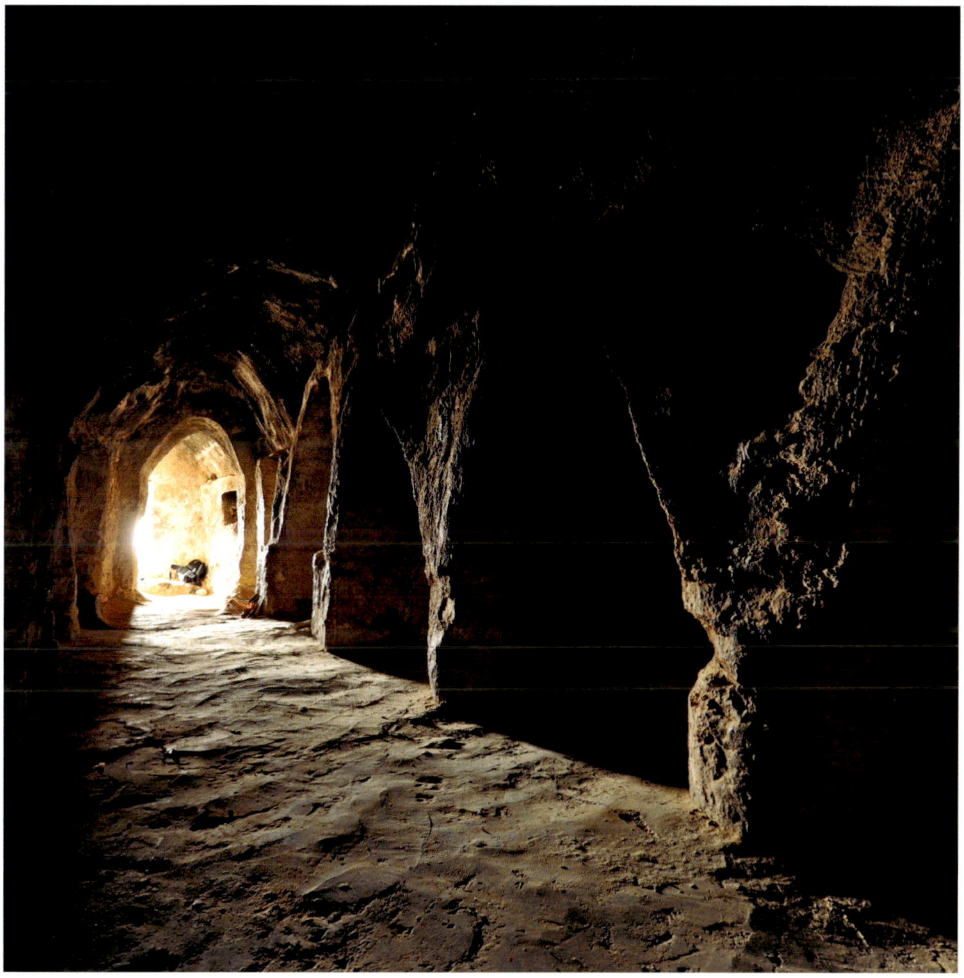

Ill. 58. *Abū Naṣr de Tamlūshāyt, l'unique travée*

DESCR : Voir plan 9. Nous mêlons nos propres observations à la courte description de Warfallī[386]. Cette mosquée est tout à fait étonnante car elle se présente comme un long couloir voûté ; c'est la seule mosquée visitée qui n'ait qu'une seule travée (ill. 56, 57, 58). Aujourd'hui ne subsiste en effet que la travée voûtée de la qibla, dont le mur mesure 12,2 m, mais les vestiges des fondations indiquent que c'était jadis une des plus vastes mosquées du djebel. À environ 2 m du mur, du côté nord-ouest, on voit le reste d'une colonne, qui devait supporter la seconde travée.

[386] M. Warfallī, *Some Islamic Monuments*, p. 91.

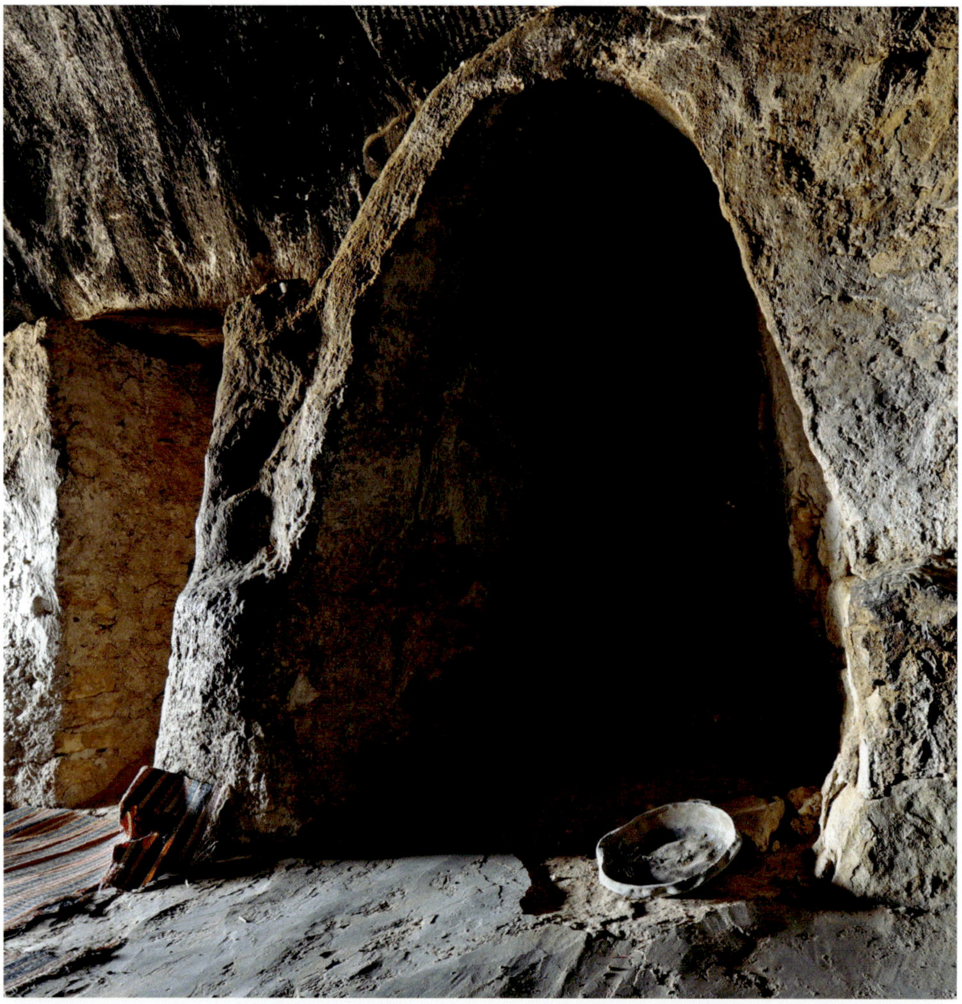

Ill. 59. *(à droite) Abū Naṣr de Tamlūshāyt, le mihrab et le motif de natte*

Ill. 60. *(au-dessous) Abū Naṣr de Tamlūshāyt, les arcs pointus et le décor des intrados*

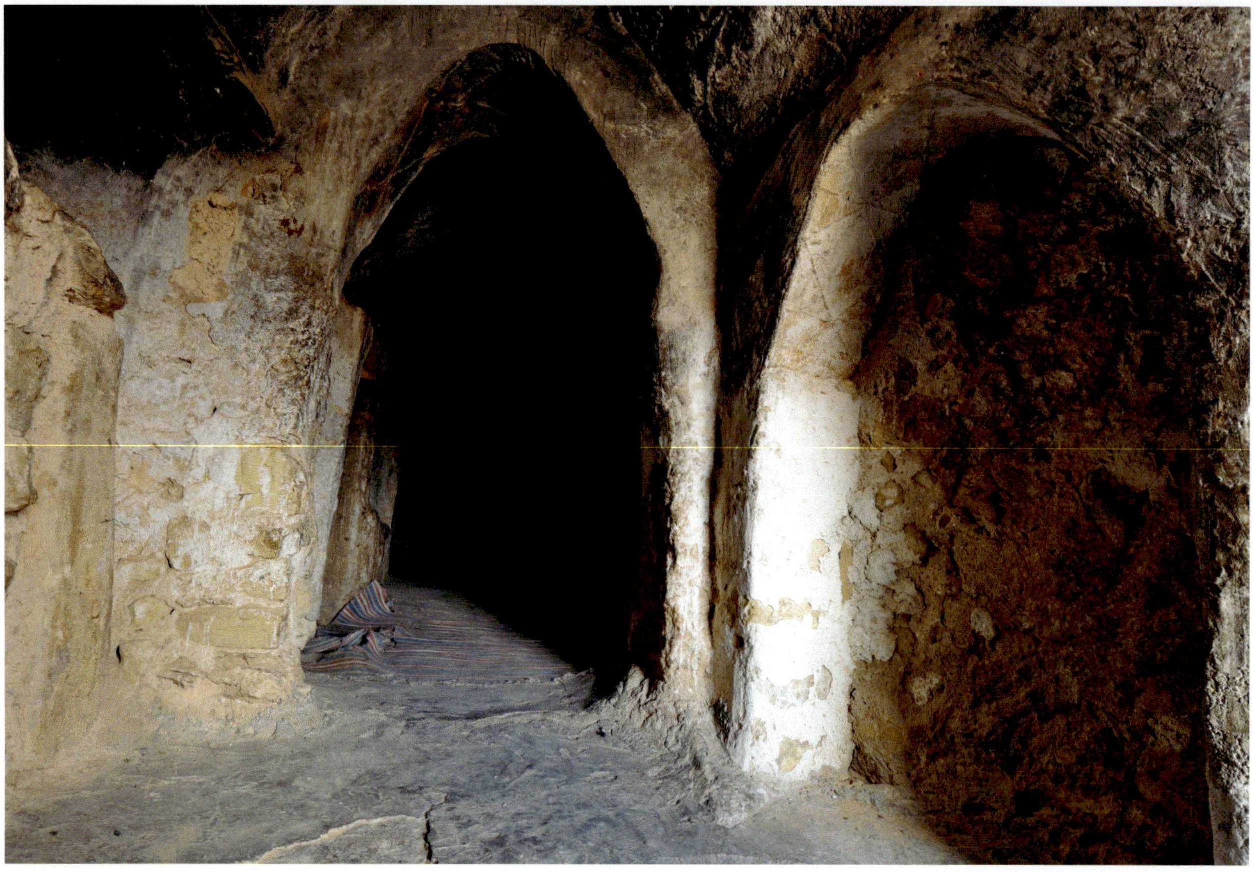

L'image sur Google Earth suggère son emplacement et laisse imaginer une extension supplémentaire de la mosquée vers le nord-ouest. *Al-masājid al-tārīkhiyya fī jabal Nafūsa* confirme que la plus grande partie de la mosquée a disparu[387]. Il y a près du coin nord-est une citerne dissimulée dans le sable qui présente la forme cylindrique habituelle. La mosquée a été bâtie de pierres grossières et d'argile ; les murs ont une épaisseur moyenne de 95 cm. L'entrée se trouve du côté nord-est et mesure 62 cm de large sur 90 cm de haut ; elle a sans doute été aménagée lorsque la superficie de la mosquée a été réduite en obstruant les arcades parallèles au mur de qibla. La mosquée est semi-souterraine et des tissus laissés devant le mihrab indiquent qu'elle est toujours utilisée. Le mihrab est une niche semi-circulaire d'une profondeur de 1,50 m qui se projette en saillie à l'extérieur du mur (ill. 59). La forme des arcs, assez pointue, est étonnante. Sur les voûtes ont été dessinés de grands triangles et de grands losanges qui forment une sorte de quadrillage (ill. 60). Un autre type de décor se présente comme un ensemble de sillons parallèles, peut-être produits par la trame de la natte qui a servi à appliquer le plâtre. Warfallī remarque que malgré sa simplicité, cette mosquée donne une idée générale des mosquées bâties au XIIIe siècle, et montre que peu de soin était alors accordé au plan et à l'architecture. Il semble que l'enseignement qui y était donné avait bien plus d'importance que l'apparence de l'édifice[388].

LA MOSQUÉE ABŪ MANṢŪR ILYĀS DE TANDAMĪRA

COORD : N 31° 51′ 46″ E 11° 29′ 35″. Altitude : 676 m.
LOC : La carte 1/50 000 feuille 1588 I marque la jāmi' Abū Manṣūr dans le village. À l'époque où la mosquée a été décrite par Warfallī, au début des années 1980, des logements modernes avaient pris la place des habitations en ruine dans le voisinage de la mosquée[389]. Aujourd'hui, une mosquée moderne a été bâtie tout à côté, sur l'emplacement de l'ancienne cour qui a été sacrifiée.
DOC : Photos et plan dans Warfallī (fig. 78-108).
SOURCES : *Les bourgs et les chemins du djebel Nafūsa* mentionne à Tandamīra une mosquée creusée sous terre, qui touche au *qaṣr* du côté nord, tandis que la mosquée Abū Manṣūr Ilyās est située à Timezghoura (Mazghūra)[390]. Il faut donc supposer que cette description comporte une erreur ou qu'il existait à Mazghūra une autre mosquée dédiée à Abū Manṣūr Ilyās.
NOM : Abū Manṣūr Ilyās est originaire de Tandamīra[391]. Selon ce que rapportent les chroniques, c'est à l'origine un homme du commun : un jour qu'il se trouve à Tījī, il rencontre Abū Mirdās Muhāṣir dont les pieds sont en sang. Il offre alors ses sandales au savant qui lui dit : « Que Dieu éloigne de toi ce qui ne le satisfait pas et qu'il te donne ce qui le satisfait ». Après cette invocation, sous l'effet de la baraka du savant, Abū Manṣūr Ilyās devient l'un des hommes les plus vertueux de son temps et est nommé *'āmil*[392]. Il est méritant, c'est un *mustajāb al-du'ā'*, quelqu'un dont les vœux ont été exaucés, et le commandement du djebel est transmis à ses descendants[393]. Il reste célèbre pour la lutte qu'il a menée contre le fils de Khalaf

[387] *Al-masājid al-tārīkhiyya fī jabal Nafūsa*, n° 15.
[388] M. Warfallī, *Some Islamic Monuments*, p. 92.
[389] M. Warfallī, *Some Islamic Monuments*, p. 92.
[390] A. de C. Motylinski, *Le Djebel Nefousa*, pp. 91-92 et p. 103.
[391] *Siyar al-mashāyikh*, p. 542 ; *Dhikr asmā' ba'ḍ shuyūkh al-wahbiyya*, p. 590 ; al-Bughṭūrī, p. 72 ; al-Shammākhī, p. 364.
[392] Al-Bughṭūrī, p. 72 ; al-Shammākhī, p. 364. Al-Bughṭūrī dit qu'il est *'āmil* du territoire de Tripoli tout entier, tandis qu'al-Shammākhī dit qu'il est *'āmil* des Nafūsa et de Tripoli. Il faut sans doute entendre que son autorité spirituelle s'étend aux ibadites de la région de Tripoli, alors aux mains des Aghlabides.
[393] Abū Zakariyyā', p. 146.

Plan 10. *Abū Manṣūr Ilyās (d'après Warfallī, fig. 80)*

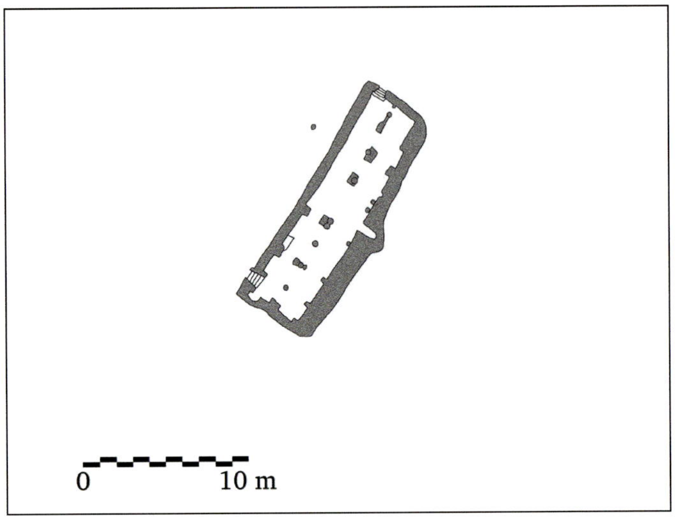

Ill. 61. *La mosquée Abū Manṣūr Ilyās de Tandamīra*

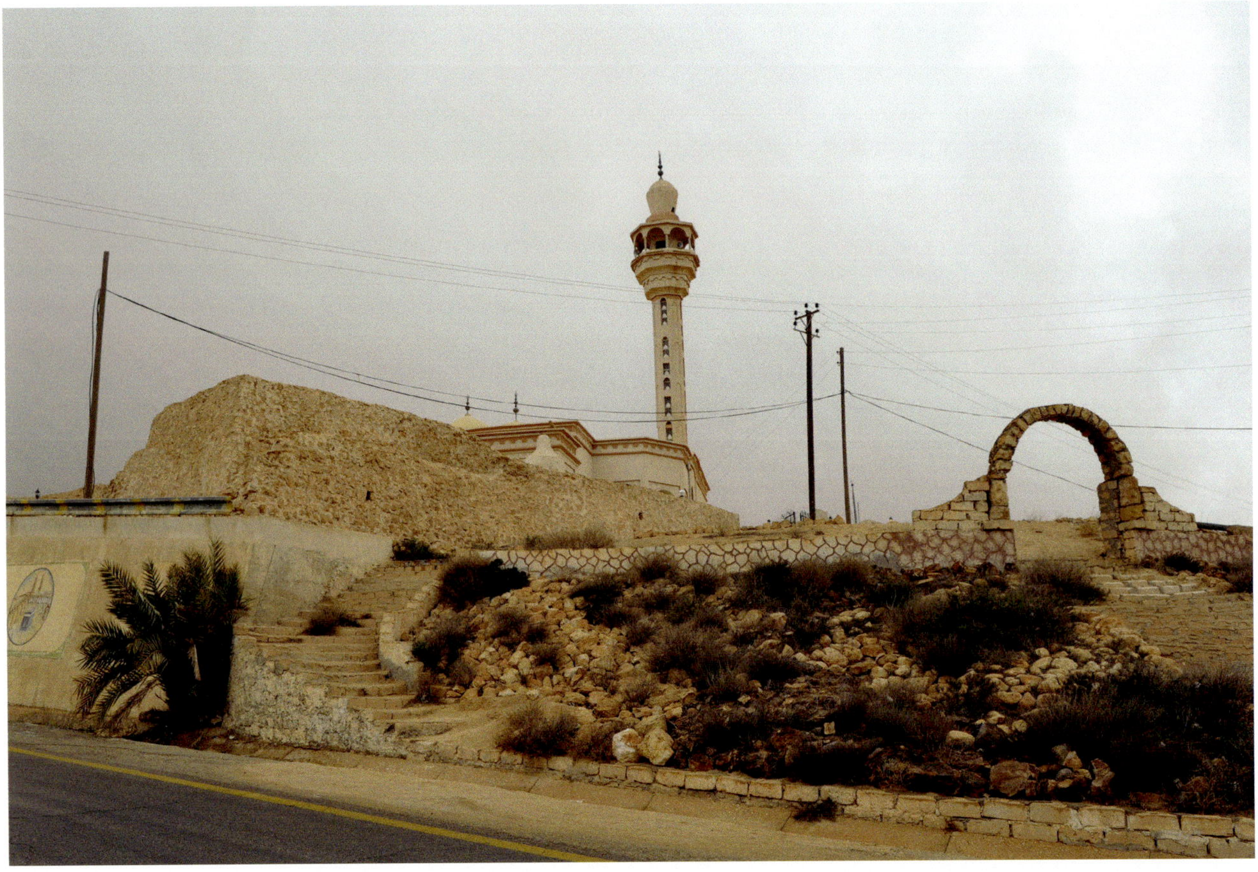

ibn al-Ṣamḥ et pour sa victoire en 267/880-881 contre al-ʿAbbās ibn Aḥmad ibn Ṭūlūn[394]. Il meurt avant la bataille de Mānū (293/896)[395].

DESCR : Voir plan 10. Warfallī fournit une description très détaillée, à laquelle nous ajoutons nos propres observations. La mosquée Abū Manṣūr Ilyās (ill. 61) ne comprend plus aujourd'hui que deux travées et le mur de qibla. Toutefois, on peut aisément reconstituer son plan originel grâce aux vestiges de fondation qui subsistent : il était presque carré, le mur de qibla et son opposé mesurant 19,30 m de long, le mur nord-est et son opposé mesurant environ 18,10 m. Comme à la mosquée Abū Naṣr de Tamlūshāyt, un morceau de colonne subsiste derrière la seconde travée du

[394] Voir *supra* et T. Lewicki, *Études ibāḍites nord-africaines*, pp. 48-49.
[395] Abū Zakariyyāʾ, p. 149 ; al-Darjīnī, p. 87.

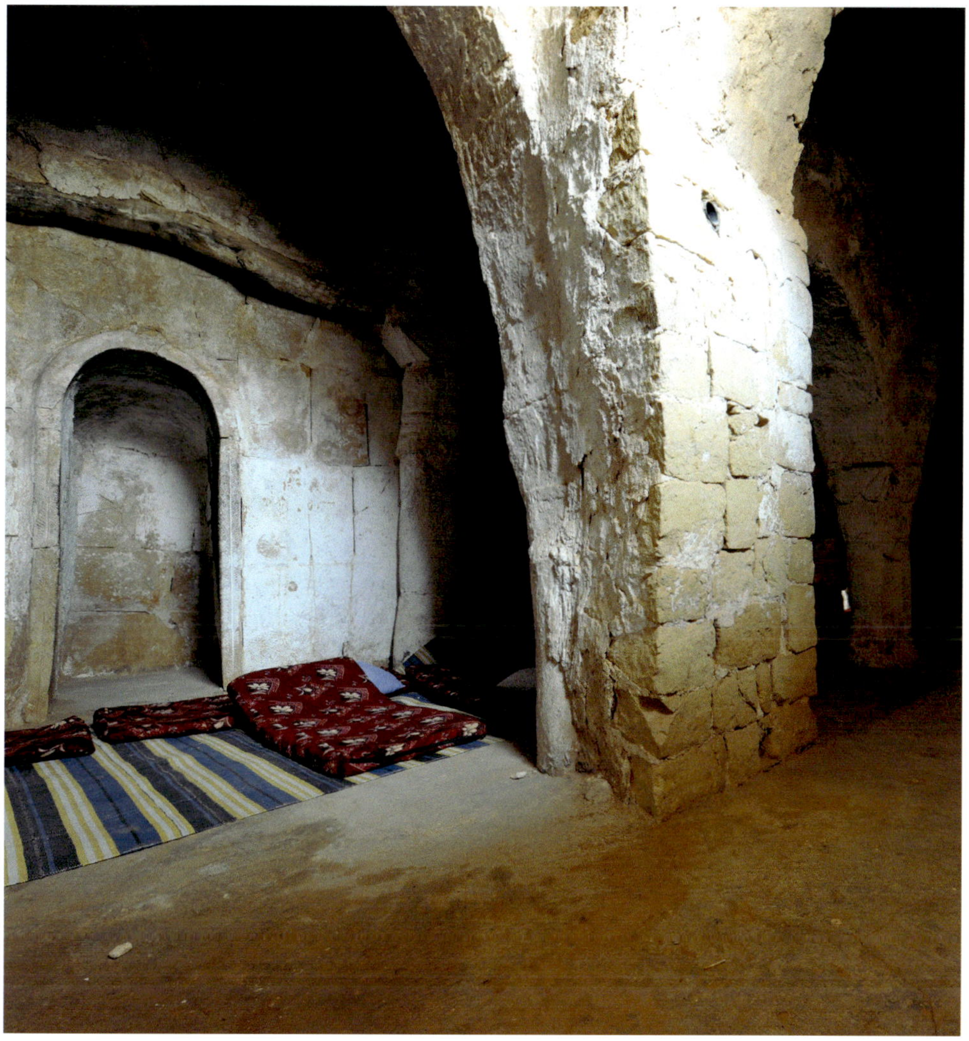

Ill. 62. *Abū Manṣūr Ilyās, le mihrab et le chapiteau à décor végétal*

côté nord-ouest. Vu la largeur de chaque travée, on peut supposer que la mosquée en comptait cinq ou six à l'origine. L'épaisseur moyenne des murs est de 1 m. Dans sa forme actuelle, le bâtiment possède deux entrées : celle percée dans le mur nord-est a 72 cm de large et 1 m de hauteur, l'autre a été aménagée dans le mur nord-ouest quand on a obstrué les ouvertures des arches. Aucune des deux ne semble remonter au plan originel[396]. Il faut descendre cinq marches pour pénétrer dans la salle semi-souterraine. La mosquée a été restaurée à plusieurs reprises. De grossiers contreforts intérieurs ont été ajoutés de façon anarchique, en abîmant fortement la salle de prière. Les réparations ont eu pour conséquence l'intégration des colonnes dans de nouveaux piliers. Une des colonnes, proche de l'entrée nord-est, a échappé à ces restaurations. Son chapiteau est décoré de motifs végétaux (ill. 62)[397]. Certains arcs sont fort pointus.

À gauche du mihrab sur le mur de qibla, placée à 1,40 m de hauteur, se trouve une inscription gravée dans une pierre de remploi d'environ 15 cm de côté qui dit, sur neuf lignes écrites en écriture coufique (ill. 63) : « Au nom de Dieu le clément le miséricordieux, que Dieu prie pour notre prophète Muḥammad, pour sa famille et pour ses compagnons, et qu'il leur accorde la paix. Cette mosquée a été établie dans le mois de Dieu, le mois béni de *muḥarram* de l'an 75, après 800 au IXe siècle (*muḥarram* 875 = juillet 1470). Ceci a été écrit par Sa'īd ibn Misbāḥ

396 M. Warfallī, *Some Islamic Monuments*, pp. 94-95.
397 M. Warfallī, *Some Islamic Monuments*, p. 104. M. Kūrdī, *Al-ḥayāt al-'ilmiyya fī jabal Nafūsa*, p. 63, note que la dernière réfection de la mosquée a été faite en 1946 par des habitants de Tandamīra.

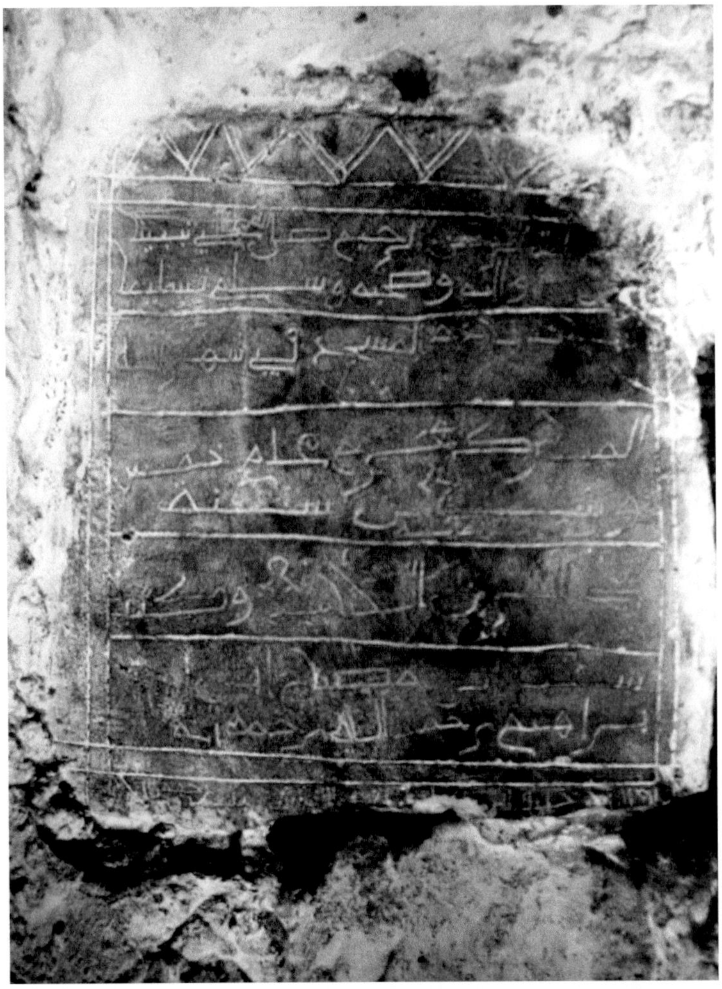

Ill. 63. *Abū Manṣūr Ilyās, l'inscription datée de 875/1470 (V. Prevost)*

ibn Ibrāhīm, que Dieu ait pitié de lui, avec la miséricorde de Dieu. »[398] À gauche de l'inscription, toujours sur le mur de qibla, se trouve un renfoncement qui ressemble à une fenêtre, d'environ 28 cm de large et 33 cm de hauteur. Cet élément, dont le cadre est décoré, a été sculpté dans une pierre plate et représente trois arcs dont les deux piliers ont à présent disparu[399]. Il y a deux petites pierres rectangulaires en saillie par rapport au mur de qibla, l'une sur l'arc du mihrab et l'autre à sa gauche. On les utilise aujourd'hui pour suspendre des chapelets mais on ne connaît pas leur fonction primitive. On en trouve également une dans la mosquée de Sharūs[400]. Contre le mur nord-ouest se trouve une banquette maçonnée sur laquelle reposaient à notre visite de grosses bouteilles d'eau (ill. 64).

Le mihrab a fortement souffert de mauvaises réparations, mais il est toujours néanmoins le plus élaboré de Libye pour cette époque, comparé à ceux d'Ajdābiya ou de Zawīla par exemple. Il est construit en pierres bien taillées décorées de motifs géométriques et floraux soignés (ill. 65, 66, 67). Ces pierres recouvrent la niche à base rectangulaire qui mesure 70 cm de large et 1,50 m de profondeur, et la flanquent de chaque côté sur une longueur de 1,30 m, en s'élevant jusqu'à la naissance de la voûte. Bien qu'une grande partie du décor se soit effacée à cause du manque d'entretien, l'autre partie est bien préservée et témoigne d'une grande qualité. Ce décor comprend deux unités décoratives répétées à de nombreuses reprises sur l'ensemble. La première unité consiste en trois sortes de cercles de différentes tailles : le plus petit renferme une rosette à huit pétales ouverts, le moyen renferme une fleur à douze pétales ouverts et le plus grand consiste en trois disques dont le plus intérieur comprend une fleur à seize pétales alors que les deux autres sont décorés de motifs de corde. Une feuille à trois lobes intervient entre ces trois sortes de cercles. Dans la seconde unité, le disque le plus intérieur porte une fleur à douze pétales ouverts, entourée par quatre rosettes de huit pétales ; entre ces dernières sont des décorations végétales de feuilles à trois lobes ou de palmettes, et le tout est entouré par un cercle.

Une double moulure en pierre portant des hachures, des palmettes et des triangles, souligne le contour de la niche ; la partie supérieure de la moulure a été rénovée et ne présente plus de décor. L'intérieur du mihrab (et spécialement la partie supérieure) a subi une restauration majeure : certaines pierres gravées ont été

[398] M. Kūrdī, *Al-ḥayāt al-'ilmiyya fī jabal Nafūsa*, p. 64. Pour M. Warfallī, *Some Islamic Monuments*, pp. 96-97, la surface de la pierre a été divisée en cinq sections horizontales dans le but d'écrire deux lignes dans chaque section, mais le scribe n'a pas réussi à écrire la seconde ligne dans la seconde section en partant du haut, car sa première ligne descend sur le côté gauche. La sixième ligne a été ajoutée plus tard car son écriture ne correspond pas au reste du texte. Le scribe a utilisé le mot établir (*assasa*), alors qu'il aurait dû écrire rénover (*istajadda*). Cette erreur n'est pas surprenante car sa connaissance de l'arabe n'est pas parfaite.

[399] Selon M. Warfallī, *Some Islamic Monuments*, p. 98, on retrouverait largement cette sorte de cadre dans l'architecture fatimide et dans celle des Omeyyades d'Espagne. Sa fig. 90 montre que l'un des piliers était alors encore visible.

[400] M. Warfallī, *Some Islamic Monuments*, p. 104.

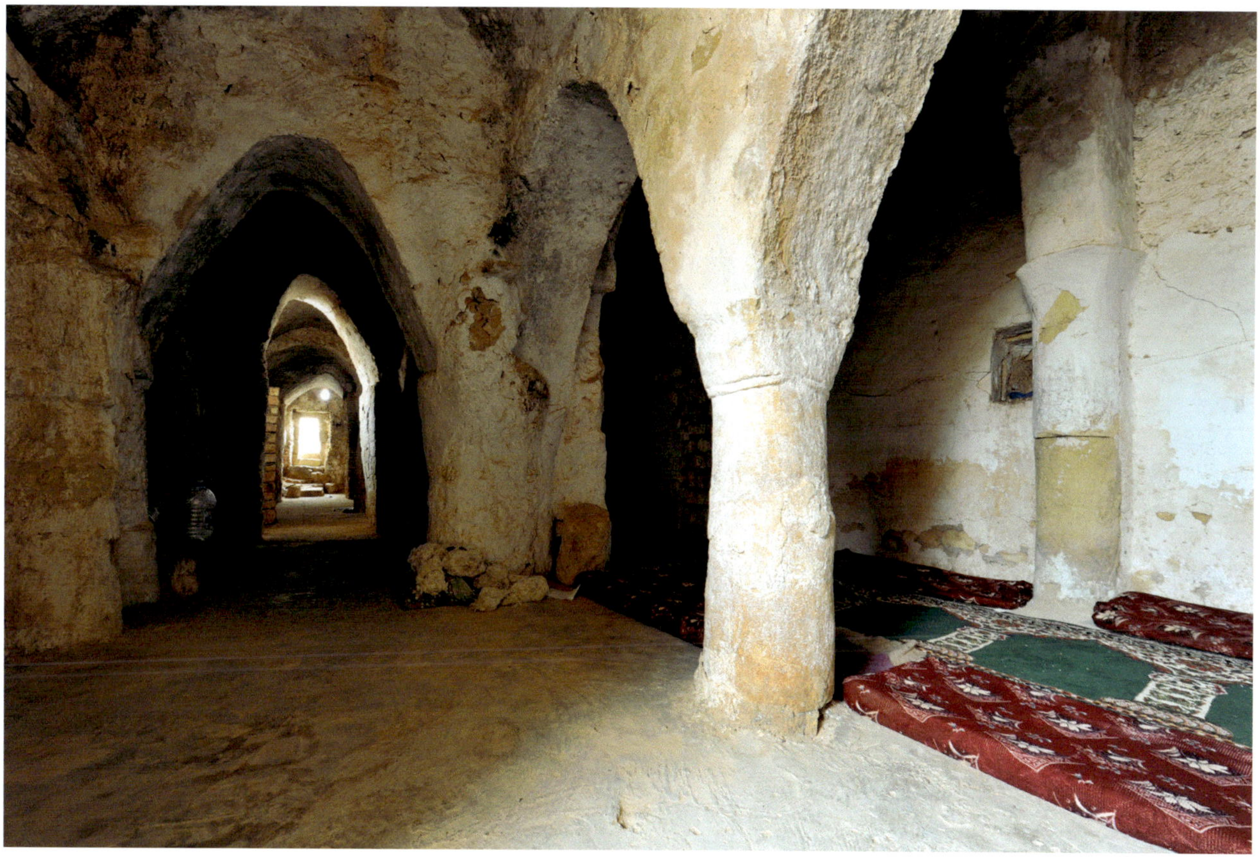

Ill. 64. *Abū Manṣūr Ilyās, vue générale*

perdues et d'autres ont été recouvertes ou fort endommagées. Des deux côtés de l'intérieur de la niche apparaissent des motifs végétaux arrangés verticalement, des groupements stylisés de feuilles qui jaillissent chacun d'un point. Dans le bas, on retrouve des cercles qui portent des rosettes, de huit à vingt pétales. Entre ces cercles prédomine la feuille à trois lobes. Le mur arrière de la niche a considérablement souffert mais le décor de la deuxième pierre à partir du dessus est heureusement bien préservé. Comparativement au reste du mur, les éléments décoratifs ici semblent répétés : il s'agit de quatre cercles consécutifs inscrits dans une forme carrée[401]. Sur le même mur mais plus haut, une autre unité complète de décor a survécu qui consiste une fois de plus en quatre cercles[402].

Outre le décor du mihrab, quelques pierres décorées sont éparpillées sur les murs et le plafond de la mosquée dont il paraît évident qu'elles ont été placées tardivement à ces endroits. C'est le résultat de restaurations incorrectes menées à différentes époques. Une autre pierre rectangulaire décorée, mais de moins belle facture, a été trouvée dans la mosquée qui montre des demi-cercles avec une demi-fleur et un motif de corde, un décor organisé de façon verticale qui était destiné à former une bordure.

Certains détails du décor manquent ou sont inachevés, d'autres sont d'une qualité moindre, ce qui laisse supposer que la gravure a été réalisée par plus d'un artiste. Warfallī estime qu'il y avait un maître peut-être originaire d'Ifrīqiya et quelques autres artistes, sans doute locaux, qui travaillaient sous sa supervision[403]. Deux pieds apparaissent en relief sur un arc (ill. 68), ainsi que quelques grandes figures géométriques.

---

[401] M. Warfallī, *Some Islamic Monuments*, pp. 102-103 et fig. 101-102, en donne une description précise et remarque une ligne d'inscription coufique donnant trois mots dont « 'Abd Allāh ».

[402] M. Warfallī, *Some Islamic Monuments*, pp. 103-104 et fig. 103, en donne une description précise. Pour une description complète du décor du mihrab, voir pp. 100-104 et fig. 91-103. Voir aussi *infra*, ill. 146.

[403] M. Warfallı, *Some Islamic Monuments*, pp. 104-106 et fig. 105-107.

Ill. 65. *(à droite) Abū Manṣūr Ilyās, le mihrab*

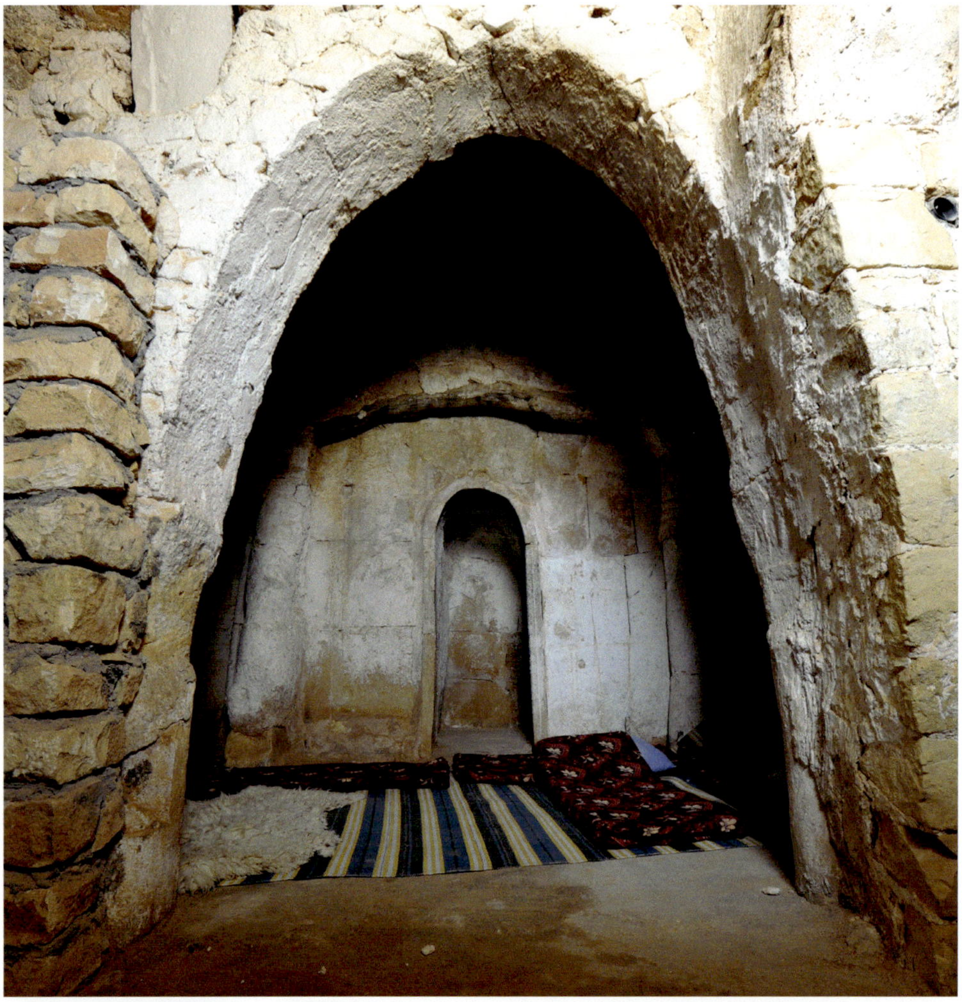

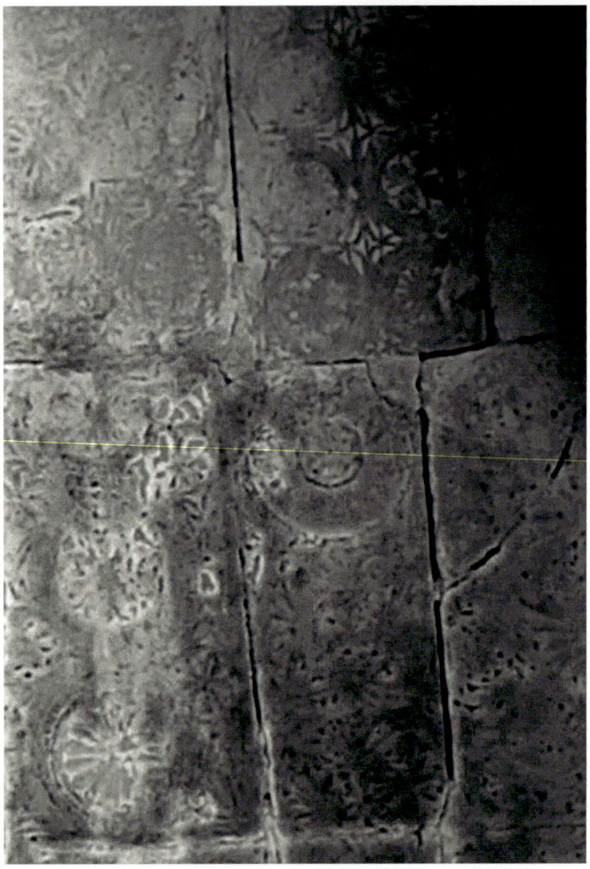

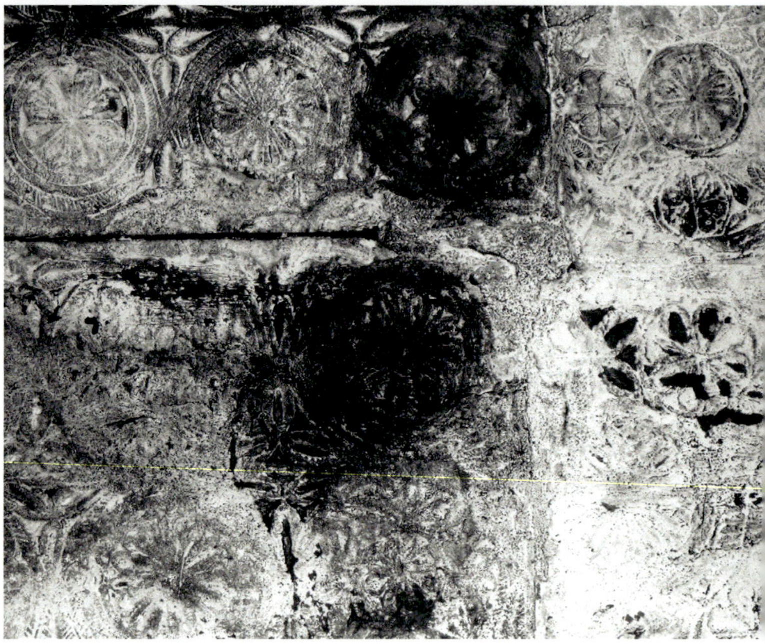

Ill. 66 et 67. *(à gauche et au-dessus) Abū Manṣūr Ilyās, détail du décor du mihrab (A. Derriks et V. Prevost)*

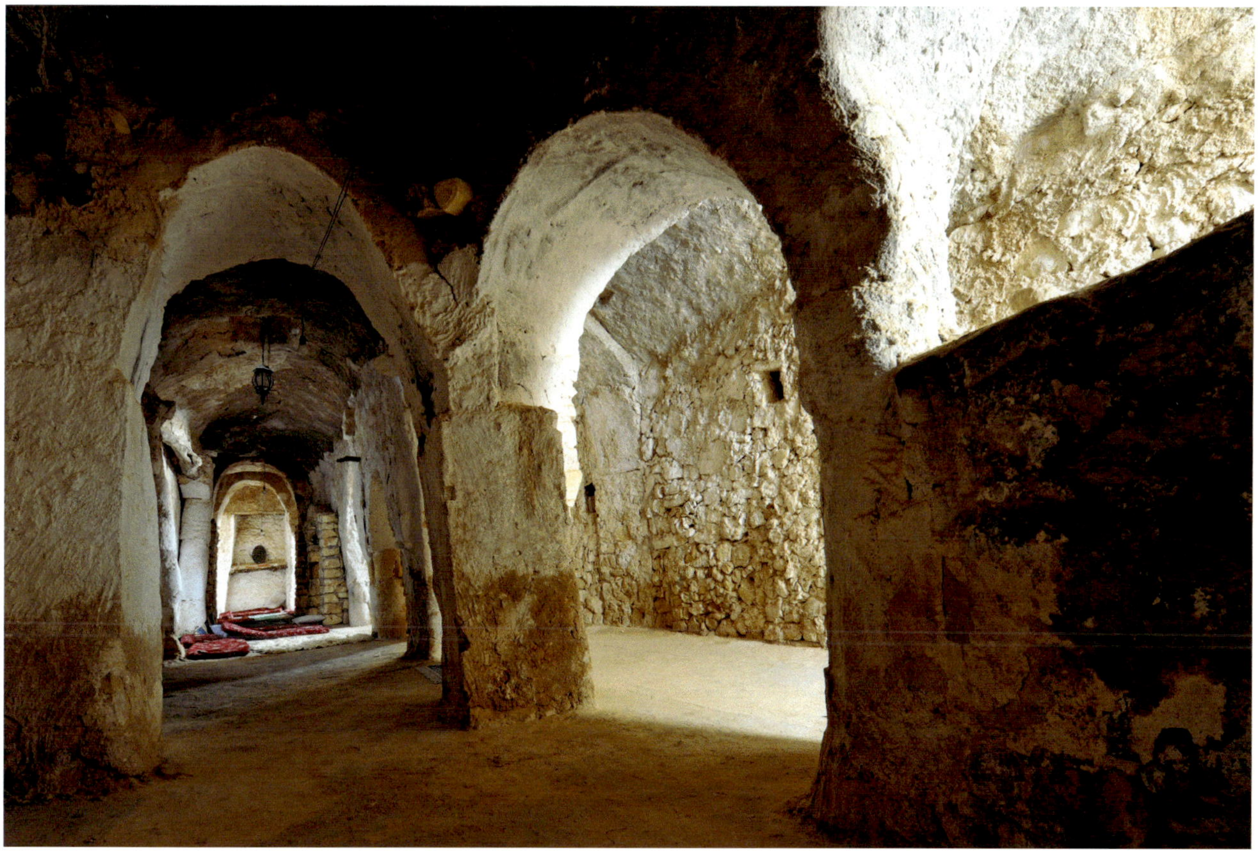

Ill. 68. *(au-dessus) Abū Manṣūr Ilyās, vue générale avec pieds en relief*

Ill. 69. *(au-dessous) Abu Manṣur Ilyas, la* ṣum'a

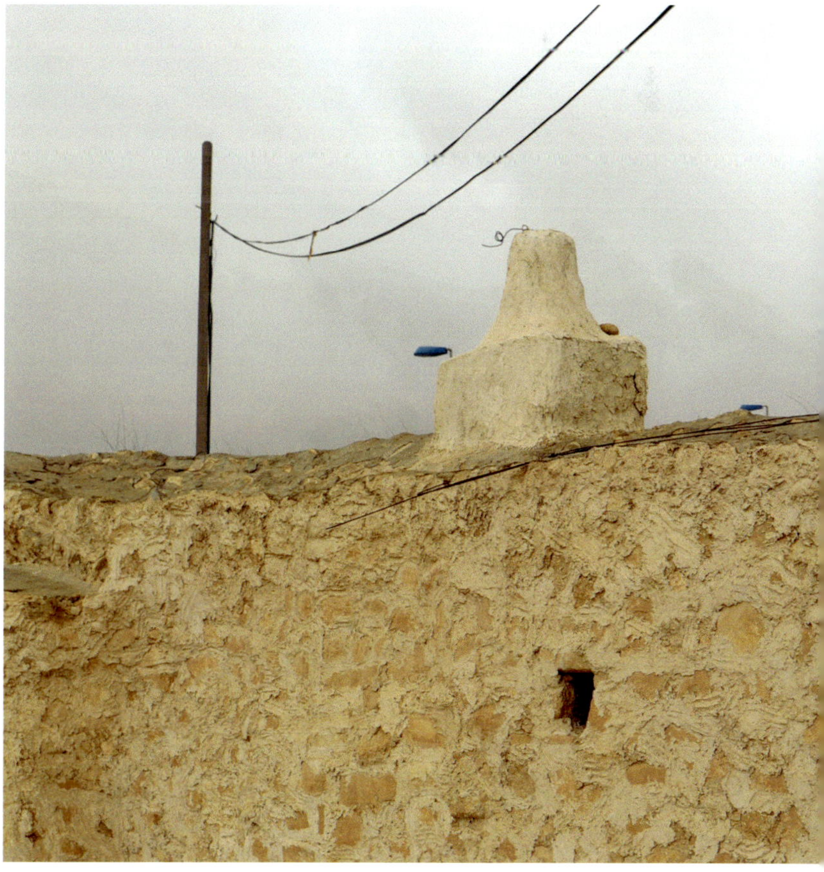

Sur le toit, exactement au-dessus du mihrab, s'élève la *ṣum'a* formée d'une base carrée de 90 cm de côté et de haut, coiffée par un édicule cylindrique de 90 cm de hauteur (ill. 69). Elle est similaire à celle de Nālūt et, de la même façon, servait sans doute uniquement à signaler la mosquée. Dans le côté nord-ouest de la *sum'a* se trouve une ouverture probablement destinée à fournir une ventilation[404]. À l'époque de Warfallī existait encore du côté nord-est du sanctuaire une cour dont seul subsistait le mur de qibla, long de 17,35 m, doté d'un mihrab d'une profondeur de 1,30 m. Ce genre de cour, qui rappelle la mosquée Abū Yaḥyā de Fursatā, est tout à fait habituel dans le djebel Nafūsa et on l'appelle *muṣallā*. À l'arrière de cette cour se trouvaient les ruines de quelques pièces qui, selon la population, avaient été bâties récemment pour accueillir les pèlerins[405]. Désormais, tout cela a disparu au profit d'une mosquée flambant neuve dotée d'un haut minaret étroit et d'une vaste cour pavée d'un dallage brillant qui s'étend jusqu'aux murs de l'ancien édifice

[404] M. Warfallī, *Some Islamic Monuments*, p. 95.
[405] M. Warfallī, *Some Islamic Monuments*, pp. 95-96.

ibadite. On ne peut que déplorer cette construction qui défigure totalement le site, mais il apparaît que les habitants de Tandamīra n'ont eu d'autre choix que de l'accepter s'ils voulaient conserver leur ancien lieu de culte.

Warfallī situe la construction de la mosquée, une des plus anciennes du djebel, entre 267/880-881 et 282/895-896 ; elle serait le plus ancien édifice ibadite décoré qui soit encore debout. Il associe la qualité du décor de la mosquée au pouvoir important dont aurait bénéficié le gouverneur du djebel Nafūsa suite au traité conclu avec les Aghlabides. Le gouvernorat d'Abū Manṣūr aurait correspondu à une période de prospérité pour Tāhart qui aurait favorisé un élan de travaux artistiques et architecturaux d'envergure[406].

LA MOSQUÉE ABŪ MAʿRŪF DE SHARŪS

COORD : N 31° 49′ 46″ E 11° 32′ 23″. Altitude : 473 m.
LOC : La mosquée se trouve parmi les ruines de Sharūs, sur une petite colline qui domine la vallée de l'oued du même nom. La carte 1/100 000 feuille 1671 indique Cherbet Bu Maaruf, un symbole marque l'emplacement du lieu de culte.
DOC : Photos et plan dans Warfallī (fig. 109-146). Photos de l'intérieur de la mosquée et des inscriptions dans Allan (pl. LVIIabcd, LVIIIab)[407]. Voir aussi les pl. de l'étude de Lowick pour les inscriptions.
NOM : Les habitants nomment les ruines de Sharūs « khirbat Abī Maʿrūf »[408]. Abū Maʿrūf, natif de Wīghū, est un savant réputé de la fin du IXe siècle et du début du Xe siècle. Il survit à la bataille de Mānū (293/896) et permet par ses conseils au gouverneur rustumide du djebel Nafūsa, al-Aflaḥ ibn al-ʿAbbās, de se maintenir à ce poste après la défaite[409]. Son rôle est déterminant dans la transmission des traditions ibadites (*isnād*)[410]. Les biographes lui accordent plusieurs pages et vantent sa grande science[411]. Ainsi, alors qu'Abū Yaḥyā Zakariyyā' ibn Abī l-Qāsim al-Fursaṭā'ī tourne autour de la Kaʿba, il rencontre un homme qui l'interroge sur les cheikhs du djebel, comme s'il avait grandi parmi eux, et sur Abū Maʿrūf. Apprenant qu'il était mort, il dit : « c'est une brèche qui ne pourra être comblée jusqu'au jour du Jugement» ![412]
SOURCES : Al-Bughṭūrī signale la mosquée de Sharūs en rapport avec Ibn Jildāsan, un personnage vivant dans la seconde moitié du IXe siècle[413]. Elle n'est pas associée dans ce texte à Abū Maʿrūf, qui l'a peut-être restaurée plutôt que de l'avoir fondée[414]. C'est sans doute dans cette mosquée qu'étudie Abū Miswar al-Yarāsanī[415], connu pour avoir imposé la doctrine wahbite à Djerba au début du Xe siècle. Il est très probable que ce soit à ce lieu de culte que fait allusion Ibn Ḥawqal lorsqu'il évoque le minbar de Sharūs[416]. *Les bourgs et les chemins du djebel Nafūsa* mentionne « de grandes ruines appelées Cherous, où se trouve la mosquée d'Abou Mârouf,

[406] M. Warfallī, *Some Islamic Monuments*, p. 94, p. 105 et p. 111.
[407] Voir aussi une photo couleur du mur de partition dans *Islamic Art and Architecture in Libya*, p. 39, et une photo de l'inscription du mur de partition (II, 136) dans E. Savage, *A Gateway to Hell*, fig. 10.
[408] M. Warfallī, *Some Islamic Monuments*, p. 119.
[409] Abū Zakariyyā', pp. 153-154.
[410] *Siyar al-mashāyikh*, p. 539. On le connaît sous différents noms : Abū Maʿrūf Wīddaran ibn Jawād chez al-Wisyānī, p. 240 ; Abū Maʿrūf Wiyār ibn Jawād dans le *Dhikr asmāʾ baʿḍ shuyūkh al-wahbiyya*, p. 590 ; Abū Maʿrūf Wīdrān ibn Jawād chez al-Darjīnī, p. 325, qui le classe dans la sixième *ṭabaqa* (250-300/*ca* 864-913) ; Abū Maʿrūf Wīddar ibn Jawād chez al-Shammākhī, p. 417. Al-Bughṭūrī, p. 85, le nomme simplement Abū Maʿrūf.
[411] Voir al-Wisyānī, pp. 240-245 ; al-Darjīnī, pp. 325-329 ; al-Shammākhī, pp. 417-420. Voir aussi T. Lewicki, *Études ibāḍites nord-africaines*, pp. 41-42.
[412] Al-Bughṭūrī, p. 65 ; al-Shammākhī, p. 477. Sur Abū Yaḥyā de Fursaṭā et sa mosquée, voir *supra*.
[413] Al-Bughṭūrī, p. 36. Voir aussi al-Shammākhī, p. 461.
[414] M. Warfallī, *Some Islamic Monuments*, p. 141.
[415] Al-Darjīnī, p. 157.
[416] Ibn Ḥawqal, p. 94.

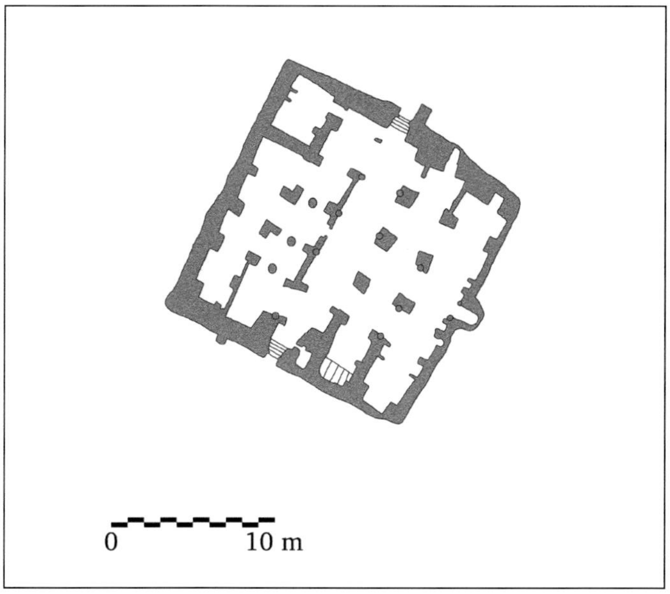

Plan 11. *Abū Ma'rūf (d'après Warfallī, fig. 113)*

homme de grande bénédiction. »[417] Despois évoque la « grande mosquée dont la hauteur relative et les cinq nefs montrent encore l'importance passée »[418].
DESCR : Voir plan 11. Allan note que c'est la plus vaste et la plus impressionnante des mosquées qu'il a visitées (ill. 70)[419]. Son bon état résulte des restaurations successives apportées par les gens des villages environnants, génération après génération ; selon une ancienne tradition, chaque village a pour responsabilité d'entretenir et de réparer une partie bien précise du monument, car c'est un des lieux les plus vénérés de la région. Les habitants viennent de tout le djebel et du Mzab pour visiter la mosquée et, de plus, les habitants du bourg voisin de Marqas dédient une journée annuelle à la visite de cet endroit[420]. Une inscription encore visible en 2004 sur l'une des voûtes indique qu'un certain Muḥammad ibn Faraj al-Wazzānī a restauré l'édifice au mois de *dhū l-ḥijja* 1275 / juillet 1859[421].

L'édifice a une forme rectangulaire, le mur nord-est mesure environ 15,30 m et le mur sud-est 12,90 m. Le mur nord-ouest a une longueur d'environ 14 m, le côté sud-ouest de 15,30 m, tandis que l'épaisseur des murs est d'approximativement 1 m. De l'extérieur, la mosquée évoque un peu un grenier fortifié ; elle est cependant plus petite et sa forme est un peu différente. Des contreforts ont été rajoutés contre le mur de qibla lors d'une restauration. On voit à distance la *ṣum'a* qui domine le toit exactement au-dessus du mihrab, ce qui rappelle celle de Tandamīra. La mosquée a été construite en pierre et en argile ; elle n'a jamais été chaulée à l'extérieur. Il y a deux entrées. La première, au milieu du mur nord-est, mesure 70 cm de large et 1,50 m de haut. La seconde, à l'opposé dans le mur sud-ouest, mesure 70 cm de large et 1,10 m de haut ; elle est couronnée par une pierre semi-circulaire qui rappelle celle de la mosquée de Tanūmāyt, si ce n'est qu'ici l'inscription est en relief au lieu d'être gravée[422]. Il s'agit de l'inscription la plus importante pour la datation de la structure : les deux lignes figurant sur le tympan de l'entrée ouest sont écrites en coufique

[417] A. de C. Motylinski, *Le Djebel Nefousa*, p. 100.
[418] J. Despois, *Le Djebel Nefousa*, p. 257.
[419] J.W. Allan, « Some Mosques of the Jebel Nefusa », p. 154. Il évoque quatre travées alors que la mosquée en compte cinq.
[420] M. Warfallī, *Some Islamic Monuments*, p. 119 et n. 253-254 ; M. Kūrdī, *Al-ḥayāt al-'ilmiyya fī jabal Nafūsa*, p. 63. *Islamic Art and Architecture in Libya*, p. 39, confirme que l'ancienne mosquée de Sharūs est encore utilisée dans les années 1970.
[421] M. Kūrdī, *Al-ḥayāt al-'ilmiyya fī jabal Nafūsa*, p. 63.
[422] M. Warfallī, *Some Islamic Monuments*, pp. 120-121 et fig. 118. En ce qui concerne les inscriptions, nous nous fondons sur N.M. Lowick, « The Arabic Inscriptions », pp. 14-19, qui décrit les seize inscriptions monumentales figurant sur des blocs de pierre séparés à l'intérieur et à l'extérieur du bâtiment.

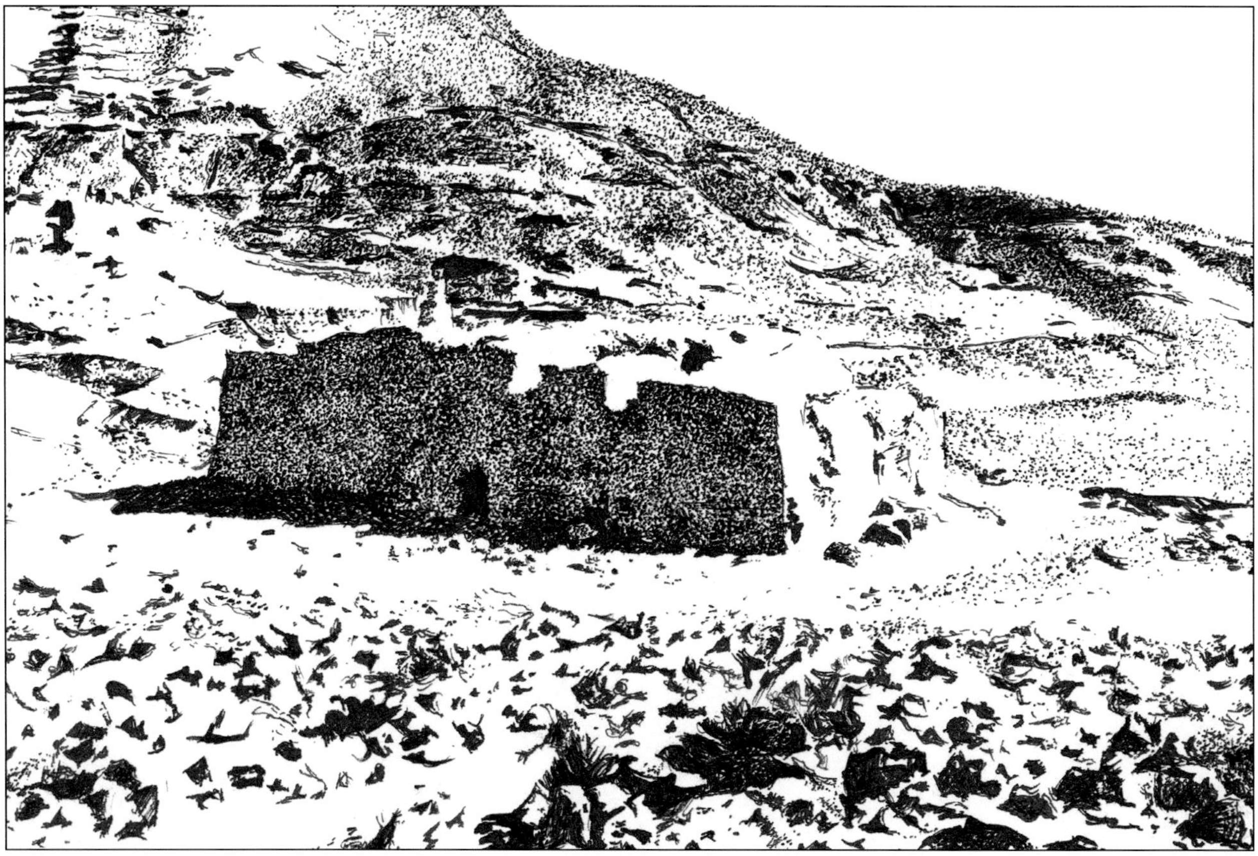

Ill. 70. *La mosquée Abū Ma'rūf de Sharūs (illustration M. Favresse, d'après Warfallī, fig. 116)*

ornemental fleuri, dans un style provincial qui ferait peu honneur à l'artiste. Mais on peut discerner, notamment dans certaines terminaisons de lettres, une ressemblance avec une inscription monumentale d'Ajdābiya datée de 351/962-963. S'il est exact que ce style fleuri a été introduit en Libye entre 922 et 962, l'inscription de Sharūs ne peut être antérieure à la seconde moitié du Xe siècle, étant donné la position isolée de la ville dans l'arrière-pays. Mais elle pourrait dater aussi du XIIe siècle[423]. Il est écrit : « Il n'y a de dieu que Dieu, il n'a pas d'associé. Muḥammad est le prophète de Dieu, qui l'a envoyé avec la direction et la religion vraie pour la faire prévaloir [sur toutes les autres religions] ». Il s'agit d'une adaptation d'un verset coranique (IX, 33). La seconde ligne est incomplète, soit parce qu'il n'y avait pas assez de place pour indiquer la fin du verset, soit parce que les derniers mots ont été dissimulés par le plâtre qui entoure et cache en partie le tympan[424]. La pierre semi-circulaire mesure environ 83 cm à la base et 74 cm de haut et l'inscription serait influencée par l'écriture *naskhī*[425]. Kūrdī signale que l'inscription est désormais tombée par terre[426].

Si la mosquée semble étonnamment grande depuis l'extérieur, elle paraît immense quand on y pénètre car près de la moitié est enterrée. Elle compte cinq travées voûtées. L'intérieur a été fortement restauré : la plupart des colonnes sont intégrées dans de nouveaux piliers. Le plafond a également été fort réparé après avoir été endommagé par les pluies. Mais ces travaux n'ont pas altéré la structure

---

[423] N.M. Lowick, « The Arabic Inscriptions », p. 14, qui dit que dans ce cas, la construction de la mosquée suit la destruction de la ville vers 1100. L'introduction historique montre bien que cette destruction n'a pas eu lieu.

[424] N.M. Lowick, « The Arabic Inscriptions », p. 16 ; M. Warfallī, *Some Islamic Monuments*, p. 121.

[425] Elle ressemblerait fort au style utilisé dans la grande mosquée de Cordoue ainsi que sur des coffrets de Cordoue et de Madīnat al-Zahrā' datant de la seconde moitié du IXe siècle. M. Warfallī, *Some Islamic Monuments*, pp. 197-198 et fig. 217.

[426] M. Kūrdī, *Al-ḥayāt al-'ilmiyya fī jabal Nafūsa*, p. 63.

originelle[427]. Un mur de partition sépare les trois premières travées des deux dernières. Cette division de l'espace en deux sections est courante : la section sud-est formée de trois travées semble avoir été réservée aux hommes et l'autre aux femmes. Celle des hommes a une grande importance du point de vue des inscriptions, des décors et des caractéristiques architecturales[428].

1) Première travée (contre le mur de qibla). Lors des restaurations, certains piliers sont apparus, notamment ceux liés au mur de qibla. Ils ont pour rôle de supporter les arcs transversaux ajoutés plus tard qui traversent les travées pour renforcer les voûtes[429]. Le mihrab actuel, qui n'est pas d'origine, mesure environ 80 cm de large et 1,25 m de profondeur ; il est flanqué de deux petites colonnes. Lorsqu'on lui fait face, il y a à main droite une pierre rectangulaire disposée sur la colonne qui porte sept lignes d'inscriptions dont le style et les erreurs grammaticales évoquent l'inscription de Tandamīra. Il est écrit : « Sālim ibn Ibrāhīm al-Tamzīn[ī], le constructeur de cette voûte, le béni, Sulaymān bin Yūsuf al-'Inqar al-Tamzīn[ī], année 1243 [1827-1828], Ṣāliḥ bin 'Umar al-Bārūnī. »[430] Juste au-dessus du mihrab sont deux autres inscriptions. Celle à main gauche donne trois lignes qui disent : « Que Dieu accorde sa miséricorde à son serviteur 'Abd Allāh. »[431] Celle à main droite comporte sept lignes extraites du Coran qui disent : « Mon Seigneur ! Fais que je m'acquitte de la prière, moi, ainsi que ma descendance. Exauce ma prière, ô notre Seigneur ! Notre Seigneur ! Accorde ton pardon à moi-même, à mes parents et aux croyants le Jour où apparaîtra le compte final ! » (XIV, 40-41) puis « Notre Seigneur ! Ne détourne pas nos cœurs après nous avoir dirigés ; accorde-nous une miséricorde venant de toi. » (III, 8)[432]. Cette inscription, gravée sur une pierre d'environ 89 x 79 cm dont le bas est abîmé, ne présente aucune décoration et semble avoir été influencée par les formes de l'écriture *naskhī* qui apparaissent dans plusieurs consonnes[433].
2) Deuxième travée. Les colonnes ont disparu dans les piliers et dès lors la largeur de la travée varie d'un endroit à l'autre en fonction de la taille des piliers. Les arcs supportant la voûte ont une forme à peu près triangulaire que l'on retrouve à Nālūt. À l'extrémité ouest, un escalier mène au toit mais l'ouverture dans le plafond a été bouchée lors d'une restauration, peut-être car il n'y avait plus besoin de monter sur le toit pour appeler à la prière. Il est possible que ce soit le plus ancien escalier de ce type dans le djebel. À l'autre extrémité de cette travée se trouve un renfoncement rectangulaire profond dans le mur, qui mesure approximativement 50 cm de large, 83 cm de haut et 83 cm de profondeur. Un des blocs qui constituent ce renfoncement est décoré de motifs végétaux sur trois bandes horizontales, celle du centre étant plus large. La bande du dessous

[427] M. Warfallī, *Some Islamic Monuments*, p. 121.
[428] M. Warfallī, *Some Islamic Monuments*, p. 122. Il y a une forte incohérence que nous n'avons pas pu élucider entre le plan et la description (tant en arabe qu'en français) qui dit ceci : le mur de partition s'étend du côté sud-ouest jusqu'à 2,14 m environ du mur opposé, il bloque quatre arcs de la troisième travée mais n'atteint pas le plafond, il a environ 8 m de long et une épaisseur moyenne de 40 cm. Le plan montre au contraire un mur de partition laissant une large ouverture à chacun de ses côtés.
[429] M. Warfallī, *Some Islamic Monuments*, p. 125.
[430] M. Warfallī, *Some Islamic Monuments*, pp. 122-123 et fig. 120.
[431] N.M. Lowick, « The Arabic Inscriptions », p. 16, qui indique que cette formule peut concerner tant des vivants que des morts. M. Warfallī, *Some Islamic Monuments*, p. 124 et fig. 121, ne la lit qu'en partie.
[432] M. Warfallī, *Some Islamic Monuments*, p. 124 et fig. 122 et 216. N.M. Lowick, « The Arabic Inscriptions », p. 16, évoque une inscription coufique dont la dernière ligne est dissimulée par du mortier et dont le tout donne l'impression d'avoir été légèrement enduit de stuc poli. Il déplore ne rien pouvoir faire de l'inscription dans l'état dans lequel elle se trouve et estime qu'elle dit peut-être quelque chose d'important, vu son emplacement.
[433] Ce phénomène semble avoir été habituel dans la seconde partie du IXe siècle, comme on le constate sur une pierre tombale de 251/865-866 conservée au Caire, similaire à la pierre étudiée ici. Une autre pierre tombale datée de 317/929-930 est également comparable. M. Warfallī, *Some Islamic Monuments*, pp. 195-197.

porte un motif d'anneaux qui évoque l'art du début de l'islam au Proche-Orient et est inspiré par l'art sassanide. Cette pierre au motif si intéressant n'est pas dans sa position originelle et le renfoncement constituait peut-être d'abord une fenêtre[434].

3) Troisième travée. C'est la plus importante du point de vue architectural, grâce au nombre de décors et d'inscriptions. Le petit arc en belles pierres de taille situé au milieu du mur de partition est très frappant : sur la clé de voûte figure une inscription coufique en relief de trois lignes qui dit : « Nous croyons en Dieu, à ce qui nous a été révélé, à ce qui a été révélé à Abraham, à Ismaël, [à Isaac] à Jacob et aux tribus ; à ce qui a été donné à Moïse et à Jésus ; à ce qui a été donné aux prophètes de la part de [leur Seigneur]. Nous n'avons de préférence pour aucun d'entre eux ; nous sommes soumis à Dieu. » (II, 136)[435]. Le style utilisé ici serait une imitation du coufique monumental des IXe-Xe siècles abondamment utilisé à cette époque[436]. L'inscription est accompagnée d'un décor qui montre une rosette à seize pétales entourée par un anneau contenant des petits cercles marqués d'un point. De chaque côté de la rosette se trouve un cercle portant un motif de moulin à vent. Mis à part sur le dessus, le tout est entouré de formes évoquant des arcs et le bord est décoré d'un réseau losangé[437]. Les pierres verticales qui portent l'arc au milieu du mur de partition montrent un motif de corde, déjà observé à Ibnāyn et Tandamīra. Lorsqu'on se trouve face à ce décor, on voit du côté droit un morceau de pierre qui se projette en saillie hors du mur et qui rappelle les deux exemples de ce genre vus à Tandamīra. Ceci est le troisième et dernier exemple connu du djebel. Il est comme les deux autres décoré de formes d'arcs mais contrairement à eux, il porte une sorte d'inscription qui est illisible. On ne connaît pas le rôle de cette pierre qui semble n'avoir rien à voir avec ce mur. Elle ressemble fortement à une pierre tombale, mais puisque les ibadites n'en utilisaient pas dans le djebel, elle appartenait peut-être à une tombe non ibadite. Tout cet arc du mur de partition, les pierres qui le forment et leur décoration, rappellent le mur de qibla de Tandamīra. Il semble évident, surtout quand on le regarde depuis la section des femmes, que les pierres de cet arc ne correspondent pas au reste du mur de partition. Il devait se trouver autre part dans la mosquée, puisque les inscriptions et les décors, tels qu'ils sont positionnés aujourd'hui, ne permettent ni aux hommes ni aux femmes de les regarder. Par comparaison avec Tandamīra, il paraît certain que l'arc et les pierres qui l'entourent constituaient le mihrab original de Sharūs. Son emplacement actuel est dû à une erreur des restaurateurs[438].

Juste au-dessus de l'arc évoqué ci-dessus se trouve un autre arc qui résulte d'une restauration. L'espace qui le sépare du plafond a été bouché à l'exception d'une ouverture carrée divisée verticalement par une petite colonne. Sur cet arc se trouvent quatre blocs portant des inscriptions. L'une dit : « Gloire à Dieu tout puissant ». Les trois autres blocs en calcaire, qui mesurent en moyenne 28

[434] M. Warfallī, *Some Islamic Monuments*, pp. 128-129 et fig. 125-128.

[435] M. Warfallī, *Some Islamic Monuments*, p. 130 et fig. 129-130, qui donne II, 130. N.M. Lowick, « The Arabic Inscriptions », pp. 16-17, indique que l'inscription mesure 29 cm de haut sur 18 cm de largeur à la base. La fin des deux premières lignes a disparu.

[436] Cette inscription évoque celle du Nilomètre du Caire datée de 247/861-862, et surtout celle de la façade de la mosquée des Trois portes à Kairouan datée de 252/866-867 : la similarité est telle qu'il est difficile de les distinguer lorsqu'on les compare, si ce n'est que l'inscription kairouanaise semble plus élégante. M. Warfallī, *Some Islamic Monuments*, p. 189.

[437] M. Warfallī, *Some Islamic Monuments*, p. 131. Il précise, p. 188, que la pierre située sur le mur de partition, juste en dessous des trois inscriptions évoquées plus loin, sur la clé de voûté d'un petit arc, mesure environ 32 cm à la base et 62 cm de haut. Elle est entourée d'un décor d'arcs, de chevrons et de perles.

[438] M. Warfallī, *Some Islamic Monuments*, pp. 131-133 et fig. 131-135.

x 32 cm, sont situés au centre de l'arc, exactement en face du mihrab, et sont disposés de sorte que l'on puisse les lire de gauche à droite lorsqu'on fait face à la section principale. Celui de droite est une sorte de *shahāda*, celui du milieu évoque la toute puissance de Dieu et témoigne de ce que l'artiste maîtrisait mal la langue arabe, et celui de gauche est le verset : « Ils diront : «Louange à Dieu ! Il a réalisé sa promesse en notre faveur et il nous a donné la terre en héritage : nous nous installons dans le Paradis» » (XXXIX, 74)[439]. Une autre inscription coufique de trois lignes apparaît manifestement dans l'intrados de l'arc, qui évoque Dieu[440].

4) Quatrième travée. La section des femmes est très sombre malgré qu'une partie du plafond se soit écroulée en créant un gros trou vers l'entrée nord-est. Les restaurateurs ont ajouté trois gros piliers au centre de la travée. L'importance de cette travée est due aux cinq inscriptions trouvées sur les deux arcs du centre. L'une d'elles, entourée d'une bordure hachurée ou garnie de chevrons, donne un verset coranique : « Ô vous qui croyez ! Soyez patients ! Encouragez-vous mutuellement à la patience ! Soyez fermes ! Craignez Dieu ! Peut-être serez-vous heureux ! » (III, 200). Cette inscription, comme une autre évoquant la *shahāda*, est très élégante et ne comporte aucune erreur orthographique : elle semble plus récente et serait comparable à une pierre tombale datée de 289/901-902 conservée au Caire. Une autre inscription évoquant la *shahāda* serait encore une imitation du coufique monumental des IXe-Xe siècles, tandis qu'une autre est restée inachevée et donne un extrait coranique : « Dis : «Lui, Dieu est Un ! Dieu ! L'Impénétrable ! Il n'engendre pas ; il n'est pas engendré.» » (CXII, 1-3). Cette inscription, placée là lors d'une restauration, a sans doute été réalisée par un amateur qui tentait d'imiter un artiste et qui s'est découragé[441].

5) Cinquième travée. Une pierre figurant un cercle enserrant une étoile à huit pointes se trouve dans le mur sud-ouest à environ 30 cm du sol. Ce motif figure notamment à Ibnāyn. Au milieu du mur nord-ouest se devinent les traces d'un arc obstrué, qu'on voit bien depuis l'extérieur, et qui correspondait sans doute à l'entrée de la section des femmes, ce qui fait penser à la mosquée Abū Yaḥyā à Fursaṭā. Dans le coin nord-est se trouve une pièce de forme presque carrée, rappelant celles de Tanūmāyt et de Fursaṭā. Cela servait peut-être à entreposer les manuscrits ou les biens de la mosquée. Sur le mur sud-est de cette chambre, à gauche lorsqu'on fait face à l'entrée, il y a une inscription coufique de quatre lignes dont le bord est décoré d'une succession de losanges, qui dit : « L'islam est notre religion, Muḥammad est notre prophète, le Coran est notre imam et la Sunna est notre chemin (*ṭarīq*). » Cette inscription, située à 2,20 m du sol, sur une pierre d'environ 42 x 40 cm encadrée par une bordure ornée de losanges, est encore une imitation du coufique monumental[442].

---

[439] Ces trois inscriptions coufiques ressemblent fortement à une pierre tombale datée de 272/885-886 qui est conservée au Caire. M. Warfallī, *Some Islamic Monuments*, pp. 132-133, pp. 185-188 et fig. 134-138. Voir aussi N.M. Lowick, « The Arabic Inscriptions », p. 17. Les deux auteurs ne s'entendent pas sur la lecture du texte des autres blocs, en partie illisible car la pierre est érodée par endroits. Lowick donne le texte d'un bloc qui n'apparaît pas chez Warfallī. Toutes les formules évoquées sont proches de la *shahāda* et ne semblent pas véhiculer de message particulier.

[440] M. Warfallī, *Some Islamic Monuments*, p. 135, fig. 139 et N.M. Lowick, « The Arabic Inscriptions », p. 18, la lisent différemment. Voir aussi l'inscription n° 3 décrite par M. Warfallī, *Some Islamic Monuments*, pp. 189-190 et fig. 211 : mesurant environ 46 x 32 cm, son côté droit est orné d'arcs et de chevrons et elle se trouve dans le mur de la travée centrale à quelques mètres au nord-est de l'inscription évoquant les prophètes. Le style coufique utilisé ici serait à nouveau une imitation du coufique monumental des IXe-Xe siècles.

[441] M. Warfallī, *Some Islamic Monuments*, pp. 135-136, pp. 191-194 et fig. 140-143. N.M. Lowick, « The Arabic Inscriptions », pp. 18-19, traduit deux inscriptions sur le troisième arc de cette travée, deux inscriptions sur le quatrième arc, et enfin deux inscriptions sur le mur de cette travée (voir note suivante). Ces formules religieuses ne semblent pas véhiculer de message particulier. Une inscription entourée de triangles et de formes d'arcs paraît plus significative mais est interprétée différemment par les deux auteurs, Lowick pensant y déchiffrer le terme « minaret ».

[442] M. Warfallī, *Some Islamic Monuments*, pp. 137-138 et p. 195, fig. 144-146. Cela correspond à la deuxième inscription du mur de la quatrième travée de Lowick (voir note précédente).

Les inscriptions de la mosquée Abū Ma'rūf sont presque toutes réalisées dans un style coufique simple comprenant des éléments qui suggèrent une date assez tardive ; il y a quelques intrusions de *naskhī*. Il n'y a pas de terminaisons florales, ce qu'on peut expliquer en partie par la dégradation du style et en partie par le fait que les inscriptions sont inscrites sur des blocs de pierre uniques, ce qui entraîne un rassemblement de lettres qui laisse peu de place au décor. Les inscriptions prises dans leur ensemble laissent un sentiment un peu étrange : le style coufique n'est pas uniforme, les blocs de pierre sont de tailles inégales et sont espacés à des intervalles irréguliers le long des arcades. La pierre posée dans l'intrados d'un arc contribue à penser que ces pierres sont des remplois. Cela pourrait être des pierres tombales des environs qui ont servi de matériau de construction, mais une seule des inscriptions peut être éventuellement associée au contexte funéraire. Il est plus plausible de penser que ces pierres viennent d'une mosquée érigée antérieurement sur le même site, puisque la *shahāda* qui intervient trois fois se prête particulièrement au lieu de culte[443]. Lowick note que plusieurs formules sont identiques ou similaires à des phrases apparaissant sur des pièces zirides, almohades ou d'autres dynasties berbères de la fin du Moyen Âge ; cela indiquerait selon lui que ces phrases étaient peut-être des slogans politico-religieux adoptés comme cris de ralliement par les Berbères et écrits dans leurs mosquées comme signes de l'appartenance à l'ibadisme[444]. Ce qui est certain, c'est que ces inscriptions adressent plusieurs messages aux fidèles réunis pour la prière : un message purement musulman et très simplifié (les inscriptions proches de la *shahāda*), un message adressé aux gens du Livre qui côtoyaient certainement toujours les ibadites (le verset II, 136) et enfin, selon l'interprétation de Warfallī, un message faisant allusion aux difficultés des habitants face aux attaques de leur cité, leur enjoignant d'être patients et confiants en Dieu[445].

Outre les inscriptions monumentales, la mosquée contient de nombreux graffiti gravés sur le tympan de l'entrée ouest, sur les côtés du mihrab, sur le mur de partition face au mihrab et sur d'autres surfaces facilement accessibles. Ils attestent l'importance de cette mosquée comme lieu de pèlerinage jusqu'à une époque récente et présentent pour la plupart le nom de celui qui l'a réalisé et la date avec une formule de bénédiction. Une des inscriptions porte la *nisba* « al-Sūdānī ». Les dates s'échelonnent entre 1042/1632-1633 et 1297/1879-1880, cette dernière date étant notée dans un coufique que l'on ne peut distinguer de celui utilisé pendant les deux premiers siècles de l'islam[446].

LA GRANDE MOSQUÉE DE WĪGHŪ

Attention : tout ce qui a trait à cette mosquée est extrêmement confus mais nous avons malgré tout tenu à la faire figurer dans ce catalogue à cause de son importance historique. Nous présentons donc une reconstitution de ce qui nous a paru le plus plausible. Son nom n'étant pas assurément établi, nous l'appelons « grande mosquée » pour éviter de commettre une éventuelle erreur.

COORD : N 31° 49′ 02″ E 11° 34′ 56″. Altitude : 667 m.
LOC : Au sud des ruines de Wīghū. Sur la carte 1/100 000 feuille 1671, il est noté Uigo au sud-est de Marqas. La carte 1/50 000 feuille 1688 IV signale Sīdī Abū Mahdī.

[443] N.M. Lowick, « The Arabic Inscriptions », pp. 14-15. 'A. Mu'ammar, *Al-ibāḍiyya fī mawkib al-tārīkh II*, II, p. 183, prétend que les couleurs brillantes de certaines inscriptions coufiques sont encore visibles.
[444] N.M. Lowick, « The Arabic Inscriptions », p. 15.
[445] M. Warfallī, *Some Islamic Monuments*, pp. 138-139 ; N.M. Lowick, « The Arabic Inscriptions », p. 15.
[446] N.M. Lowick, « The Arabic Inscriptions », pp. 15-16.

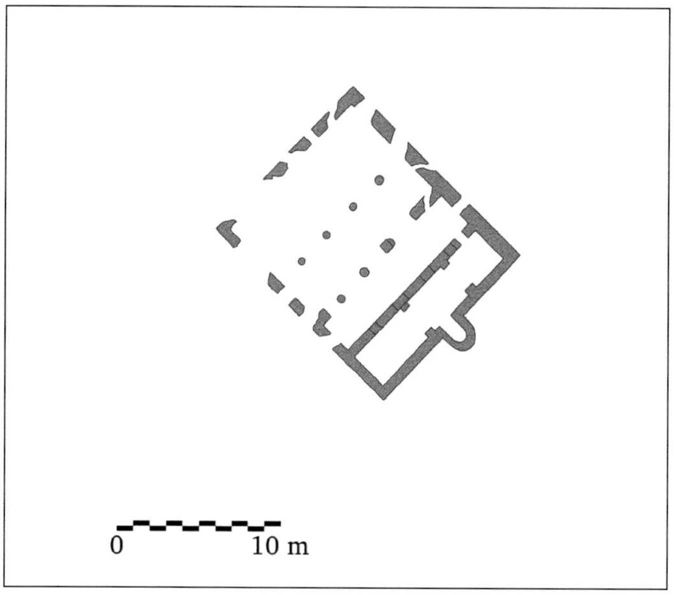

Plan 12. *La grande mosquée de Wīghū (d'après Warfallī, fig. 152)*

DOC : Photos et plan dans Warfallī (fig. 149-156).
NOM : Allan parle de la mosquée Ajalmām[447]. Ce nom aurait un sens toponymique signifiant le lac, l'étang ou le bassin[448]. Warfallī, tout au contraire, donne à la mosquée le nom d'Abū Mahdī, qui correspond à celui donné par la carte 1/50 000 feuille 1688 IV[449]. Abū Mahdī correspond sans doute à Mahdī al-Wīghawī, l'un des quatre personnages qui ont aidé l'imam ʻAbd al-Wahhāb à lutter contre les muʻtazilites à Tāhart, mort au cours du siège de Tripoli en compagnie de l'imam en 196/811-812[450].
SOURCES[451] : La *Tasmiyat mashāhid al-jabal* mentionne deux mosquées à Wīghū : masjid Ajalmām et masjid Abān[452]. Abū Dharr Abān ibn Wasīm est un savant qui a exercé pendant plusieurs mois la charge de gouverneur du djebel Nafūsa après avoir été nommé par l'imam Aflaḥ (*ca* 823-871)[453]. La mosquée Ajalmām paraît identique à l'endroit nommé Awjalmam / Ūjalmam / Uḥalmam où, d'après al-Wisyānī, les muezzins ont lancé pour la première fois l'appel à la prière dans le djebel ; cela ferait de Wīghū le plus ancien centre musulman de ces montagnes avec le village voisin d'Itāṭmān[454]. Les sources ibadites évoquent la mosquée dans une curieuse anecdote. Al-Bughṭūrī rapporte qu'un homme originaire de Tamankart rejoignait chaque vendredi un homme originaire de Sharūs dans la mosquée Ajalmam (*sic*) et qu'il apportait des figues qu'il mangeait sur place. Un jour, l'homme de Sharūs amena avec lui de la pâte (*ʻajna*) pour qu'ils la mangent tous deux, mais son compagnon la refusa, préférant ce qu'ils mangeaient précédemment, et ils laissèrent cette pâte sur le rocher[455]. Al-Shammākhī donne une version un peu

[447] J.W. Allan, « Some Mosques of the Jebel Nefusa », p. 154. Sa photo de la cour (pl. LVId) est identique à la fig. 151 de Warfallī.
[448] T. Lewicki, « Les noms propres berbères, première partie », p. 19, indique qu'Ajalmām est un nom propre masculin berbère provenant du mot *agelmam* qui signifie « étang » dans le dialecte moderne de Nafūsa. Voir aussi M. Umādī et ʻA. Zārū, *Tasmiyat mashāhid jabal Nafūsa*, p. 45, n. 101.
[449] M. Warfallī, *Some Islamic Monuments*, p. 144, pour qui Abū Mahdī correspond à Abū ʻAbd Allāh al-Wīghawī, tandis que dans *Baʻḍ al-āthār al-islāmiyya*, p. 231, il dit qu'Abū Mahdī correspond à ʻAbd Allāh al-Wīghawī.
450 Voir *supra* et T. Lewicki, *Études ibāḍites nord-africaines*, pp. 46-47.
[451] *Les bourgs et les chemins du djebel Nafūsa* évoque la grande mosquée du *qaṣr* des At Maḥmūd, jadis appelé Wīghū. A. de C. Motylinski, *Le Djebel Nefousa*, p. 106. Il s'agit d'une erreur rectifiée par J. Despois, *Le Djebel Nefousa*, p. 265, puis par T. Lewicki, *Études ibāḍites nord-africaines*, p. 48.
[452] R. Basset, « Les sanctuaires du Djebel Nefousa », I, p. 435.
[453] T. Lewicki, *Études ibāḍites nord-africaines*, p. 45.
[454] Al-Wisyānī, p. 273. T. Lewicki, *Études ibāḍites nord-africaines*, pp. 47-48. *Al-masājid al-tārīkhiyya fī jabal Nafūsa*, n° 18, signale la mosquée d'Ūtaljām (*sic*) dans le village d'Ūtajām (*sic*) à al-Ḥarāba qui s'est effondrée depuis le départ des habitants.
[455] Al-Bughṭūrī, p. 104.

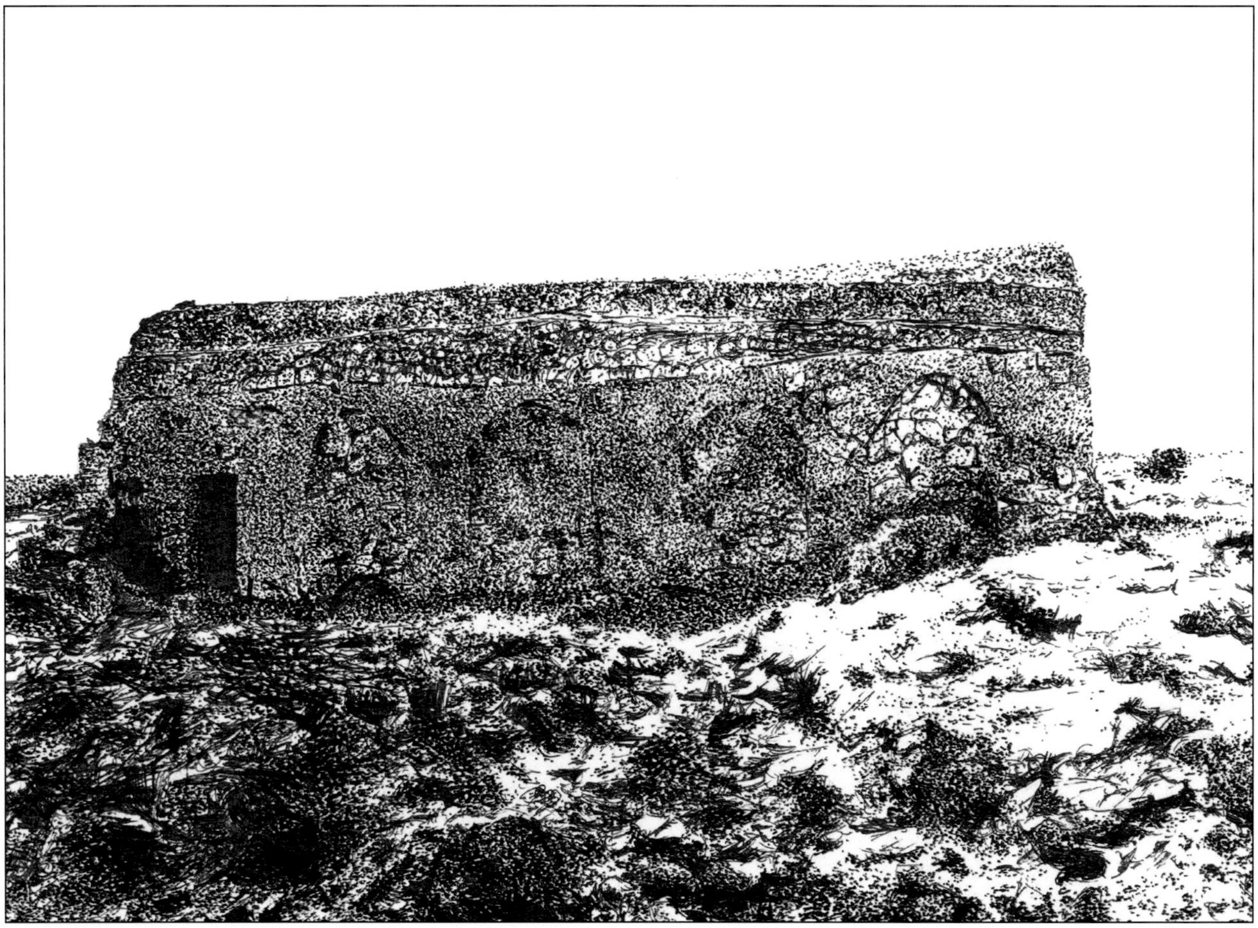

Ill. 71. *La grande mosquée de Wīghū (illustration M. Favresse, d'après Warfallī, fig. 151)*

différente : chaque vendredi, certains cheikhs se rassemblaient auprès d'un cheikh de Sharūs dans la mosquée Ajalmam (*sic*) pour invoquer Dieu[456]. Al-Shammākhī évoque la mosquée de Wīghū à l'époque d'Abān ibn Wāsim, c'est-à-dire au IXe siècle[457].

DESCR : Voir plan 12. Au début des années 1970, la mosquée n'est déjà plus qu'un simple édifice rectangulaire de 11,35 x 3,40 m, orientée à 135° (ill. 71). Allan estime qu'elle avait à l'origine trois travées de taille semblable, les restes de la troisième travée étant visibles dans la petite cour à l'extérieur de la mosquée[458]. Une dizaine d'années plus tard, Warfallī confirme que seule la travée de la qibla est encore debout, des traces d'arcs se voyant encore dans le mur nord-ouest. Elle a subi d'importantes restaurations : une des photographies montre qu'elle a été chaulée. Cette travée restaurée voûtée ne reflète sans doute pas la qualité architecturale de la mosquée de ce centre caravanier ; elle n'a rien de spécial si ce n'est son profond mihrab, de 90 cm de large et 1,60 m de profondeur, dont la niche est dépourvue de décor. L'épaisseur moyenne des murs est de 40 cm environ. Le reste de la mosquée n'est plus visible que par quelques vestiges des fondations et par des piles de débris. Malgré cela, Warfallī a pu retracer le plan d'origine de l'édifice grâce à ses fondations, un plan rectangulaire où le côté nord-est mesurait environ 14 m. Il y avait manifestement à l'origine deux entrées, une au milieu du mur nord-est et l'autre en face dans le mur opposé. Une troisième entrée existait sans doute dans le mur nord-ouest. Il a pu également déduire qu'il existait à l'origine une quatrième

[456] Al-Shammākhī, p. 497, qui rapporte ensuite une anecdote avec des figues différente de celle d'al-Bughṭūrī.
[457] Al-Shammākhī, p. 378.
[458] J.W. Allan, « Some Mosques of the Jebel Nefusa », p. 154. Sur le plan que nous donnons, nous avons dû réorienter la mosquée car Warfallī l'avait dirigée vers le sud-ouest, et ajouter l'entrée en nous basant sur les photos.

travée, qui était plus large que les trois autres. Cette quatrième travée était sans doute elle-même divisée en deux travées qui formaient la section des femmes. Évoquant la personnalité de Mahdī al-Wīghawī, mort en 196/811-812, Warfallī estime que la grande mosquée de Wīghū est une des plus anciennes mosquées du djebel et que son plan a servi de prototype pour d'autres édifices[459]. D'après ce que l'on voit aujourd'hui sur Google Earth, il est probable que les deuxième et troisième travées ont désormais été reconstruites.
ANNEXE : Quelques mètres au sud-ouest de la grande mosquée se trouve une mosquée souterraine que les habitants appellent Ghazāla[460]. Effectivement, la *Tasmiyat mashāhid al-jabal* mentionne un *muṣallā* dédié à Ghazāla juste après avoir cité la mosquée Abān à Wīghū[461]. L'histoire de Ghazāla est rapportée par al-Bughṭūrī et al-Shammākhī : cette femme est vendue dans le Sūdān et placée dans une chaîne d'esclaves, attachée de peur qu'elle ne s'enfuie. Pendant la traversée du désert, chaque fois qu'elle entend la lecture du Coran, elle s'agenouille et écoute attentivement. Arrivée au terme du voyage, elle se convertit à l'islam. Elle est achetée par un homme de Wīghū, qu'elle sert pendant la journée. Chaque nuit, lorsqu'il dort, elle quitte la maison et parcourt un long trajet semé d'obstacles dans les montagnes pour aller assister à une réunion de psalmodie du Coran, chez Abū 'Abd Allāh Muḥammad ibn al-Khayr, qui se déroule dans un village situé à plus de vingt milles de chez son maître. À l'issue de chaque réunion, elle se rend dans un *muṣallā* situé dans une caverne et y prie. Avant le lever du jour, elle parcourt le pénible trajet en sens inverse et, arrivée chez son maître, elle réveille la maisonnée pour la prière. Un jour, son maître se rend compte de la façon dont elle occupe ses nuits et l'affranchit aussitôt[462]. Il est bien évident que le *muṣallā* de l'anecdote ne peut être identique au sanctuaire situé au centre de Wīghū, à côté de la grande mosquée ; rien n'empêche par contre que plusieurs sanctuaires soient consacrés à Ghazāla.

LA MOSQUÉE TAGHLĪS DE BUGHṬŪRA

COORD : N 31° 52' 35" E 11° 34' 47". Altitude : 676 m.
LOC : Allan la situe à Ibughṭūrin, à environ 2 km au nord de Bighighila (Buqayqila)[463]. La mosquée est aujourd'hui située dans l'agglomération et entièrement cernée de constructions modernes. La carte 1/50 000 feuille 1688 I marque jāmi' Taghlīs au bout de la route qui conduit à al-Ḥarāba. La carte 1/100 000 feuille 1671 marque son emplacement, sans donner son nom.
DOC : Plan et photos chez Allan (p. 153 et pl. LVb, LVIabc).
NOM : Sur le terme *taghlīs*, voir *supra*.
SOURCES : La *Tasmiyat mashāhid al-jabal* évoque l'église (*kanīsa*) de Bughṭūra[464]. Il est très probable qu'il s'agisse de la mosquée décrite ci-dessous[465].

[459] M. Warfallī, *Some Islamic Monuments*, p. 146.
[460] M. Warfallī, *Some Islamic Monuments*, p. 144, n. 298, estime que cette mosquée souterraine pourrait correspondre à la mosquée d'Ajalmān (*sic*). Dans *Ba'ḍ al-āthār al-islāmiyya*, p. 231, il parle de « masjid Abī Ghazāla ».
[461] R. Basset, « Les sanctuaires du Djebel Nefousa », I, p. 435 qui avance, p. 463, qu'il s'agit de l'oratoire de l'esclave convertie à l'islam dont parle al-Shammākhī. J. Despois, *Le Djebel Nefousa*, p. 265, mentionne une mosquée souterraine à Wīghū. Pour J.W. Allan, « Some Mosques of the Jebel Nefusa », p. 154, cette mosquée souterraine qu'il n'a pas vue semble correspondre à la description de la mosquée Abān.
[462] Al-Bughṭūrī, pp. 97-98 ; al-Shammākhī, pp. 356-357. M. Bābā'ammī et al., *Mu'jam a'lām al-ibāḍiyya*, II, p. 364, place Abū 'Abd Allāh Muḥammad ibn al-Khayr dans la dixième *ṭabaqa* (450-500/*ca* 1058-1107).
[463] J.W. Allan, « Some Mosques of the Jebel Nefusa », p. 151.
[464] R. Basset, « Les sanctuaires du Djebel Nefousa », I, p. 435.
[465] J.W. Allan, « Some Mosques of the Jebel Nefusa », pp. 168-169, commet une erreur : il estime que la mosquée Taghlīs de Bughṭūra est considérée par al-Shammākhī comme une des onze mosquées liées aux apôtres et comme une *kanīsa* par la *Tasmiyat mashāhid al-jabal*. Il en déduit que ces deux appellations seraient dans certains cas interchangeables.

Plan 13. *Taghlīs de Bughṭūra (d'après Allan, p. 153)*

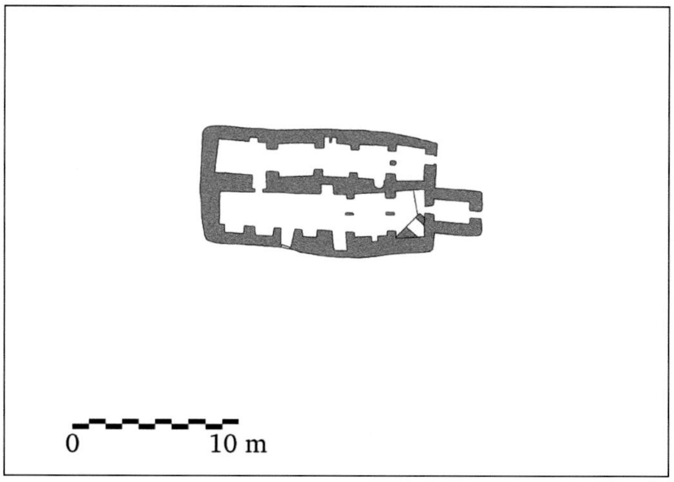

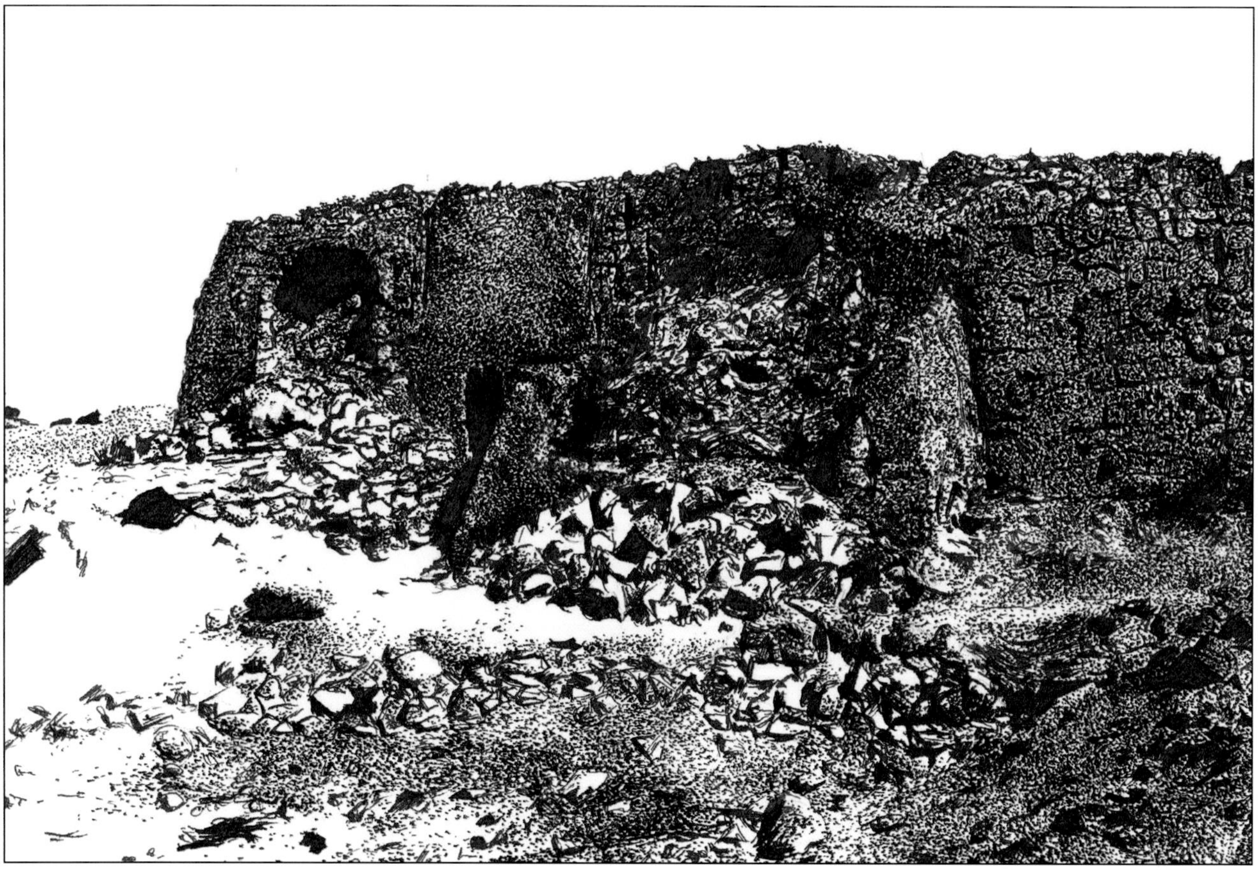

Ill. 72. *La mosquée Taghlīs de Bughṭūra (illustration M. Favresse, d'après Allan, pl. LVb)*

DESCR : Voir plan 13. Le corps de la mosquée mesure environ 16,90 x 9 m (ill. 72). La porte est au sud et présente de lourds montants en plâtre gravé. L'arc surmontant l'entrée porte trois médaillons peu profondément gravés mais qui semblent être assez élaborés. La mosquée possède deux travées reliées par une seule ouverture et trois des arcs ont été renforcés avec de grossiers piliers de pierre de taille. Il y a manifestement deux mihrabs, placés dans deux travées différentes, l'un orienté à 172°, l'autre à 140°. Ce dernier paraît être un ajout plus tardif et comporte plusieurs pierres finement taillées, dont une avec des médaillons à cinq pointes, bien taillés. La décoration en plâtre comprend l'étoile de Salomon, des dessins de peignes et la main ouverte. Une pièce romaine à engobe rouge a été trouvée à l'extérieur[466]. On a également découvert dans les environs des tessons de poterie

[466] J.W. Allan, « Some Mosques of the Jebel Nefusa », p. 151.

datables du IIe et des Ve-VIe siècles. L'édifice est orienté est-ouest d'une façon tout à fait inhabituelle et s'il ne contient ni chapiteaux ni bases de colonnes d'une origine romaine avérée, il remploie de nombreuses pierres de taille. C'est en réalité pour Allan la seule mosquée portant une appellation chrétienne qui suggère au visiteur qu'elle a pu avoir une origine chrétienne, même si son style d'architecture est typique de beaucoup d'autres mosquées de la région pour lesquelles il n'y a pas de lien avec le christianisme[467]. Dell'Aquila la compare avec la mosquée Taghlīs de Fursaṭā : leurs dimensions sont similaires et elles comportent chacune deux travées reliées par une seule porte de communication[468].

[467] J.W. Allan, « Some Mosques of the Jebel Nefusa », p. 169.

[468] F. Dell'Aquila, « Note sul cristianesimo nel Gebel Nefusa », p. 113. Il décrit ensuite les deux travées, longues et dépouillées, terminées par le presbytère, mais il se trompe en donnant, p. 112, le plan fait par Allan de la mosquée Taghlīs de Fursaṭā, et non celui de Taghlīs de Bughṭūra.

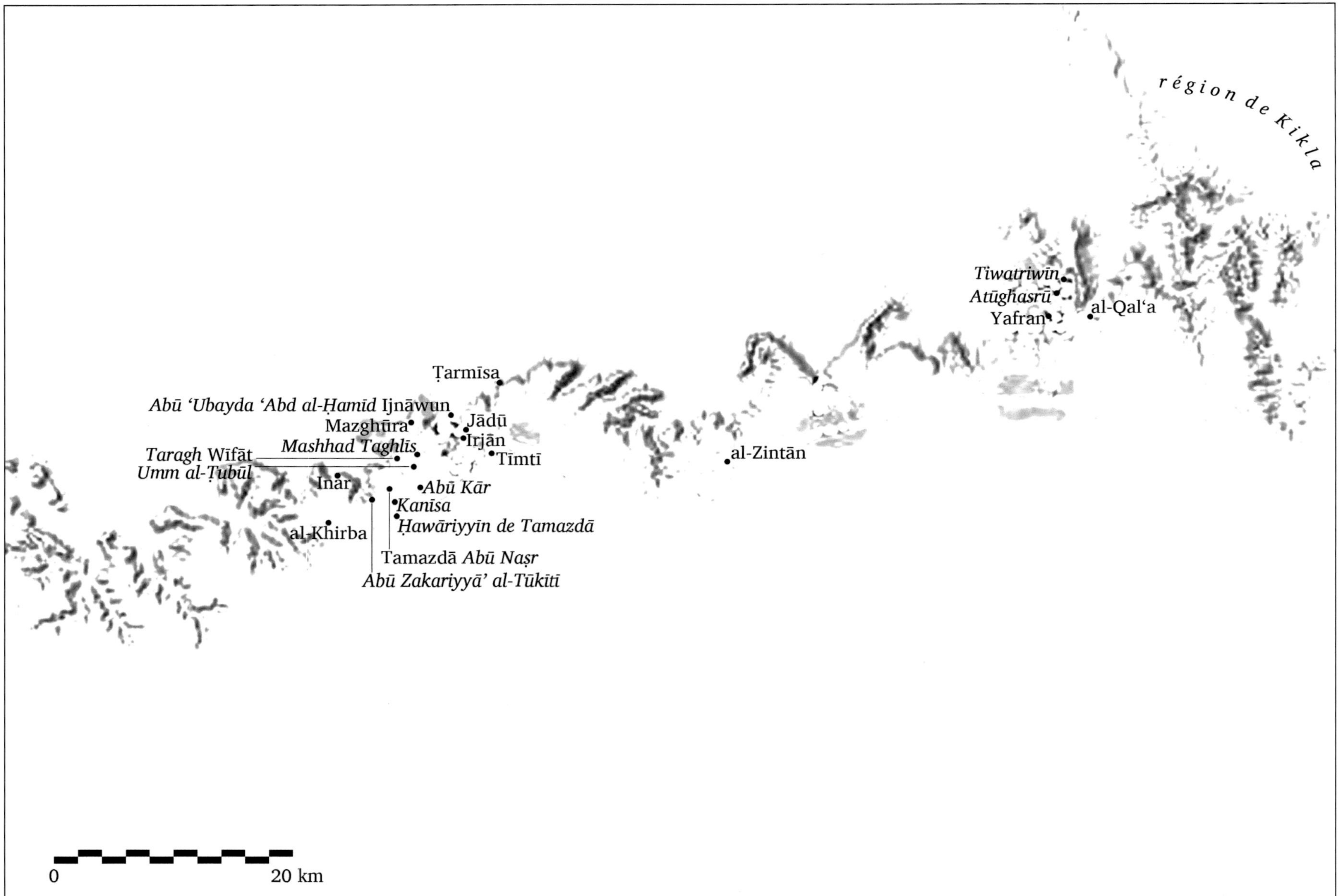

Carte 4b. *Localisation des mosquées, partie orientale*

IV
LA RÉGION DE JĀDŪ (FASSĀṬŪ)

LA MOSQUÉE ABŪ ZAKARIYYĀ' AL-TŪKĪTĪ

COORD : N 31° 54′ 06″ E 11° 56′ 08″. Altitude : 646 m.
LOC : Elle est à Tamazdā, proche de la mosquée Ḥawāriyyīn, au fond d'une vallée. Il y a une mosquée neuve et simple bâtie tout à côté. Elle fait partie d'un complexe d'habitations souterraines qui étaient encore occupées dans les années 1970 par une communauté de troglodytes qui y passaient les mois d'été[469]. La carte 1/50 000 feuille 1688 I ne montre pas la mosquée mais indique au sud-ouest de Tamazdā de nombreuses cavernes et citernes détruites.
DOC : Plan et photos dans Allan (p. 163 et pl. LXXabc). Photo de l'entrée dans *Islamic Art and Architecture in Libya*, p. 47.
NOM : On connaît peu de choses de la vie d'Abū Zakariyyā' al-Tūkītī, qui apparaît dans plusieurs anecdotes célébrant son savoir et sa piété, mais qui n'a manifestement joué aucun rôle politique. Il a vécu dans la première moitié du IXe siècle et peut être considéré, ainsi que le suggère Lewicki, comme le chef spirituel du djebel[470]. Lorsque l'imam 'Abd al-Wahhāb tente de faire accepter à Abū 'Ubayda 'Abd al-Ḥamīd al-Janāwunī le poste de gouverneur du djebel Nafūsa, Abū 'Ubayda rechigne en arguant de sa faiblesse. L'imam lui écrit alors : « Si tu es faible de corps, prends en charge les affaires des musulmans et Dieu renforcera ton corps ; si c'est du point de vue du savoir que tu es faible, tu as auprès de toi Abū Zakariyyā' Yaṣlātan al-Tūkītī ; si tu es faible financièrement, le trésor des musulmans t'enrichira. »[471] Des propos étonnants circulent sur sa piété et sur ses mérites ; un homme venu d'Orient, interrogé par les habitants de Tāhart sur le djebel Nafūsa, leur répond : « Le djebel est Abū Zakariyyā' et Abū Zakariyyā' est le djebel. »[472] Tout comme Abū 'Ubayda 'Abd al-Ḥamīd al-Janāwunī, il fait partie des douze *mustajāb al-du'ā'*, ceux dont les prières ont été exaucées[473] . Il est cité dans le *Dhikr asmā' ba'ḍ shuyūkh al-wahbiyya* sous le nom d'Abū Zakariyyā' Yazlatan al-Tūkītī et dans la *Tasmiyat shuyūkh jabal Nafūsa wa-qurāhum* sous les noms d'Abū Zakariyyā' de Tūkīt et d'Abū Zakariyyā' al-Tūkītī[474]. Le lieu-dit Tūkīt, dont est originaire Abū Zakariyyā', devait être jadis un petit village proche de Tamazdā, dont il n'y a plus de traces.

[469] *Islamic Art and Architecture in Libya*, p. 32 et p. 47. J.W. Allan, « Some Mosques of the Jebel Nefusa », p. 162, prétend à tort qu'elle se situe du côté gauche d'un oued au nord de Wīfāt.
[470] T. Lewicki, *Études ibāḍites nord-africaines*, p. 36.
[471] Abū Zakariyyā', pp. 125-126 ; al-Bughṭūrī, p. 127 ; al-Shammākhī, p. 313 (sous la forme Yaṣlatan).
[472] Abū Zakariyyā', p. 126 ; al-Bughṭūrī, p. 57 ; al-Darjīnī, pp. 293-294 ; al-Shammākhī, p. 305.
[473] *Siyar al-mashāyikh*, p. 546 ; al-Bughṭūrī, p. 81 ; al-Shammākhī, p. 302.
[474] *Dhikr asmā' ba'ḍ shuyūkh al-wahbiyya*, p. 590 ; *Siyar al-mashāyikh*, p. 542 et p. 546.

Plan 14. *Abū Zakariyyā' al-Tūkītī (d'après Allan, p. 163)*

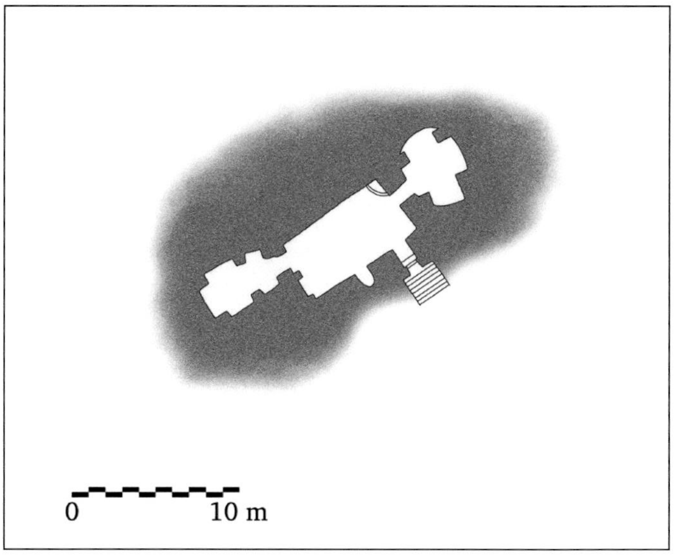

SOURCES : La *Tasmiyat mashāhid al-jabal* évoque d'une part la grotte (*ghār*) de Tūkīt, qui correspond sans doute à cette mosquée, et d'autre part l'église (*kanīsa*) de Tūkīt[475]. La grotte est mentionnée par al-Bughṭūrī et par al-Shammākhī à l'époque du gouvernement d'Abū Zakariyyā' ibn Abī 'Abd Allāh[476], c'est-à-dire à partir des années 970. Al-Shammākhī mentionne également une mosquée de Tūkīt qui remonte aux apôtres, comme c'est le cas pour onze mosquées du djebel Nafūsa[477]. On lit dans *Les bourgs et les chemins du djebel Nafūsa*, à propos de Tamazdā : « En avant des habitations, dans le bois se trouvent deux mosquées ; l'une d'elles, d'antique origine, appelée la grande mosquée apostolique, est située au milieu des plantations (...). L'autre mosquée, consacrée à Abou Zakaria Et-Toukiti, est située au bord d'un ravin complanté d'oliviers et creusée sous terre ; elle est à l'ouest de la précédente »[478].

DESCR : Voir plan 14. Nous ajoutons nos propres constatations à la description d'Allan[479]. Il s'agit d'une des mosquées les plus frappantes que nous ayons visitées, entièrement souterraine – *lūtiyya* comme disent les habitants –, qui étonne par le fait que sa vaste salle de prière allongée, très haute de plafond, est dépourvue de piliers. Le lieu de culte apparaît d'abord comme une caverne souterraine mais est en fait aménagé dans une cavité très profonde creusée par l'homme, tout comme les maisons environnantes. Une longue volée de marches permet d'accéder à une très haute chambre voûtée d'une hauteur de 4,60 m. Il faut noter que depuis les années 1970, l'entrée de la mosquée a été modifiée : les parois du couloir d'accès ont été consolidées et une sorte de toit a été ajouté, sans doute lorsque la mosquée moderne a été bâtie à côté (ill. 73, 74). La salle de prière mesure environ 7,30 x 3,90 m et est prolongée à chaque extrémité par une chambre funéraire voûtée[480]. L'éclairage est assuré par la porte d'entrée et par un orifice percé dans le plafond, dont l'épaisseur est de 35 cm (ill. 75). Un chapelet, des tapis et des tissus accrochés au mur de la salle de prière montrent que l'endroit est toujours fréquenté. Dans le coin nord-ouest de la salle de prière, un petit muret de pierre forme un angle ;

[475] R. Basset, « Les sanctuaires du Djebel Nefousa », I, p. 435. T. Lewicki, *Études ibāḍites nord-africaines*, p. 37, admet l'identification de la grotte avec la mosquée Abū Zakariyyā' al-Tūkītī.

[476] Al-Bughṭūrī, p. 45 (sous la forme ghār Tūlīt) ; al-Shammākhī, p. 517. Dans une autre anecdote, la grotte sert de refuge pour la nuit à un homme qui craint l'armée des *Musawwida*. Al-Bughṭūrī, p. 87 ; al-Shammākhī, p. 431.

[477] Al-Shammākhī, p. 803.

[478] A. de C. Motylinski, *Le Djebel Nefousa*, pp. 93-94. La mosquée apostolique correspond très certainement à la mosquée Ḥawariyyīn de Tamazdā, voir *infra*.

[479] J.W. Allan, « Some Mosques of the Jebel Nefusa », pp. 162-163.

[480] I. al-Būjadīdī *et al.* (éd.), *Al-quṣūr wa-l-ṭuruq*, p. 188, notent que la tombe d'Abū Zakariyyā' fait l'objet d'un pèlerinage permanent.

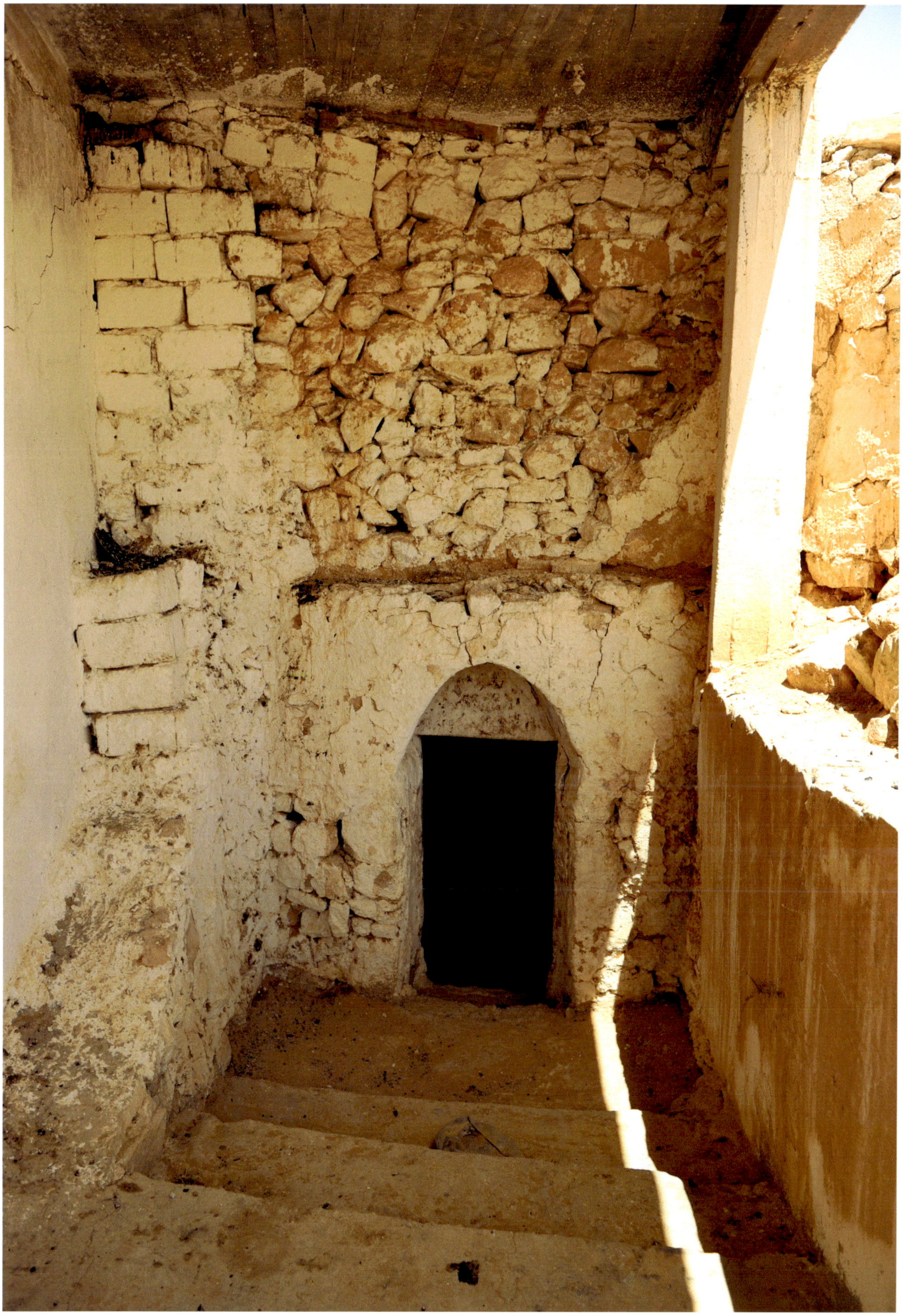

Ill. 73. *Abū Zakariyyā' al-Tūkītī, l'entrée*

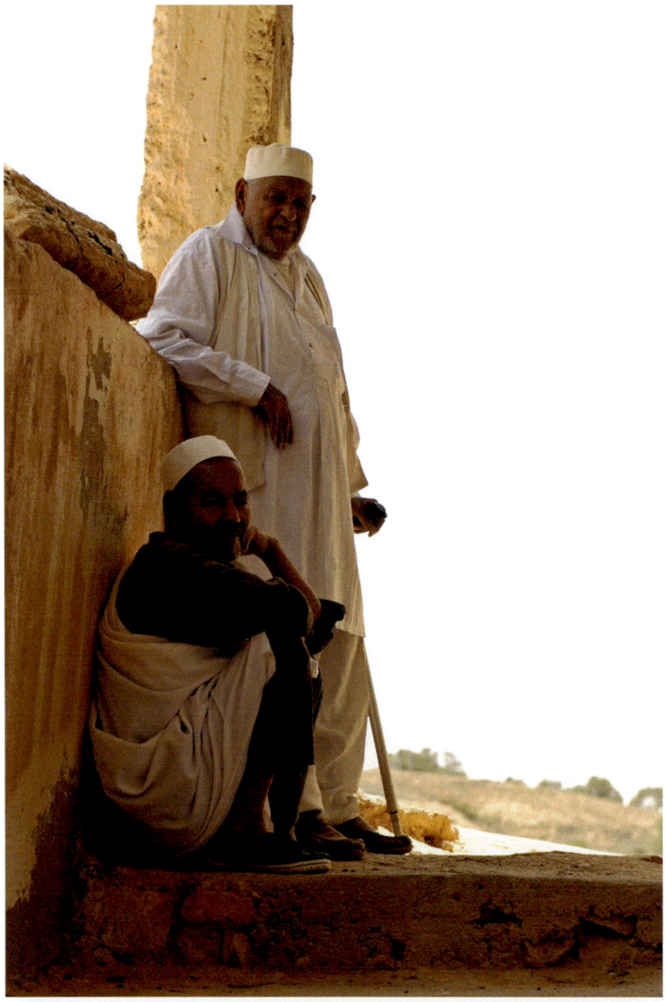

il s'agit peut-être de l'endroit où l'on disposait des bougies, comme nous l'avons observé dans certaines mosquées de Djerba. Toutes les parois sont enduites de plâtre ; les chambres funéraires sont dotées d'une décoration plus élaborée. La salle funéraire située au nord comporte un décor en registres parallèles dont les bandes affichent des chevrons irréguliers, des arcs qui se chevauchent, mais également des serpents stylisées dont la tête est bien visible, tous ces dessins étant constitués de lignes triples. Les murs de la salle de prière sont garnis de très nombreux graffiti modernes, surtout « Allāh » et « yā rabb (ô Dieu !) », principalement autour du mihrab. Le mihrab est haut de 1,80 m, profond de 1,10 m et large de 80 cm. Orienté à 145°, il est souligné par un cadre rectangulaire moulé en plâtre d'environ 8 cm de large (ill. 76). La voûte de la niche est recouverte d'un texte présenté dans une sorte de quadrillage en relief que l'on retrouve sur les parois de part et d'autre de la niche ; le tout est difficilement lisible à cause

Ill. 74. *(à gauche) Abū Zakariyyā' al-Tūkītī, nos guides ibadites dans l'entrée*

Ill. 75. *(au-dessous) Abū Zakariyyā' al-Tūkītī, vue d'ensemble de la salle de prière*

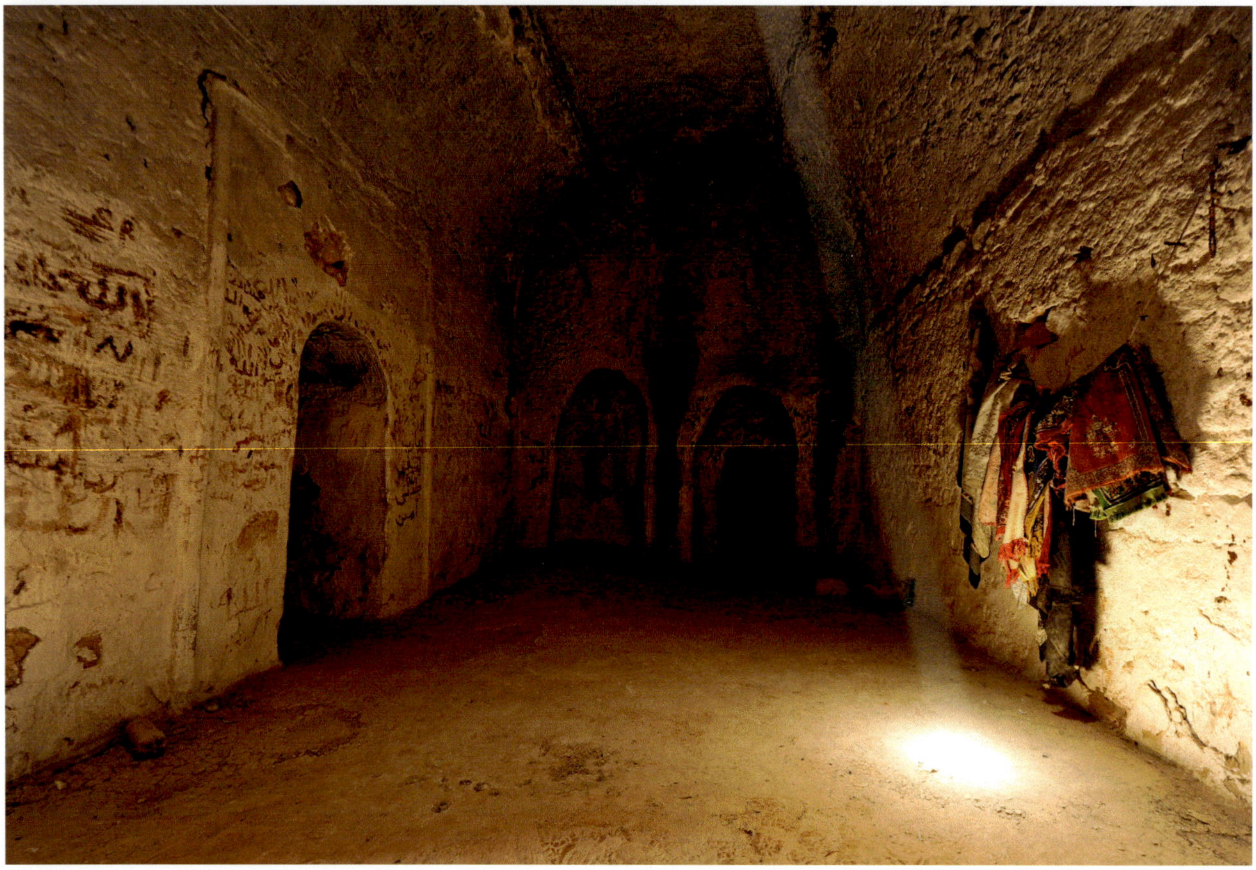

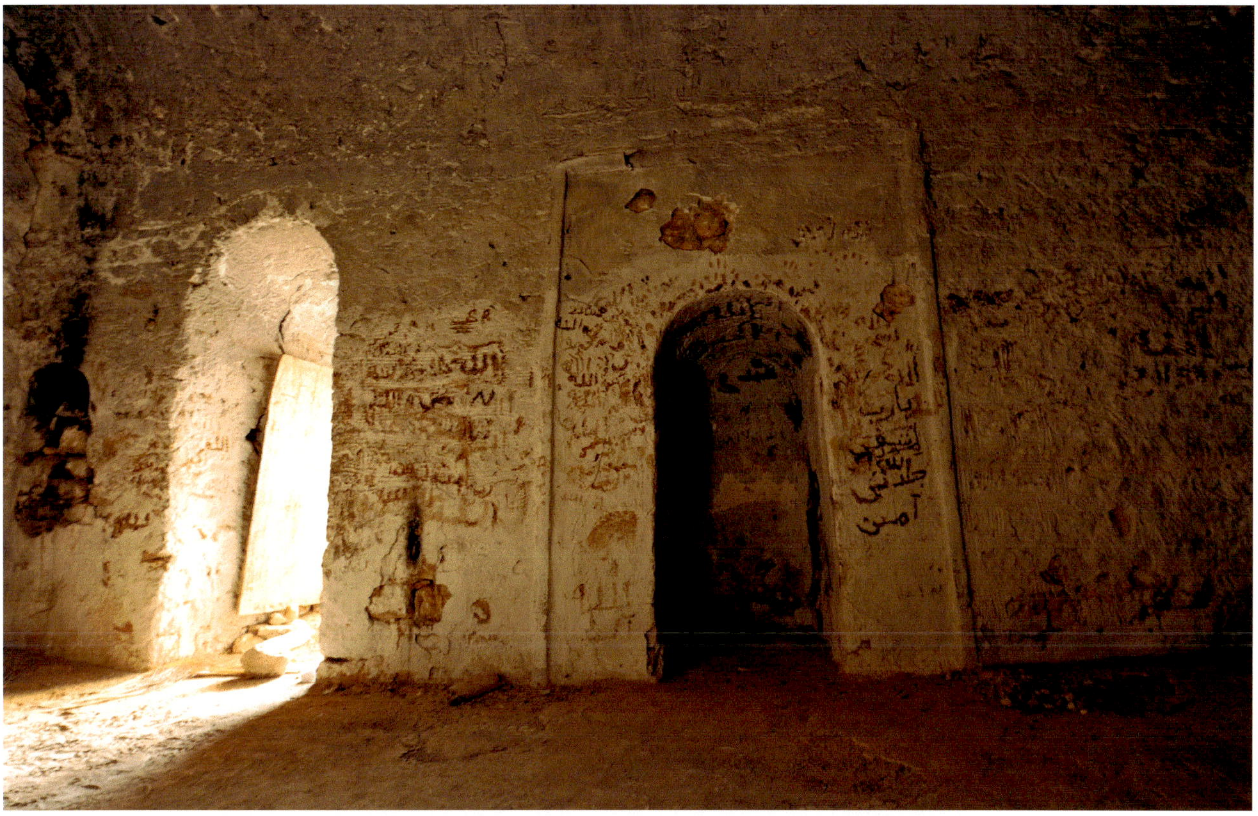

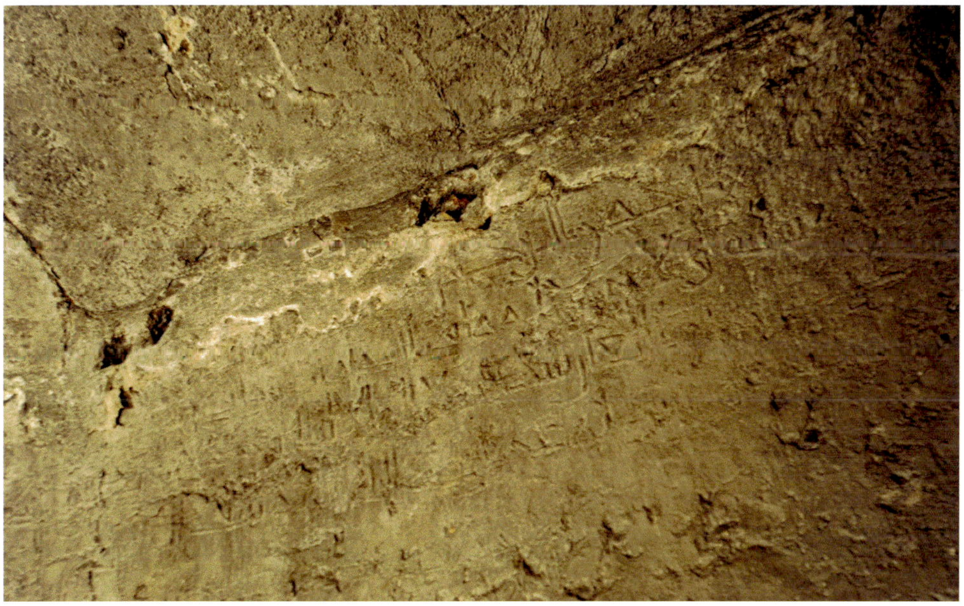

Ill. 76. *(au-dessus) Abū Zakariyyā' al-Tukıtı, le mıhrab*

Ill. 77. *(à gauche) Abū Zakariyyā' al-Tūkītī, détail des décors et inscriptions*

des graffiti modernes qui sont superposés. Au-dessus du mihrab, un long texte apparaît en léger relief, tracé de façon très géométrique ; malheureusement, seuls quelques mots – tels que « al-raḥmān al-raḥīm » – sont déchiffrables sans matériel adéquat. Ce texte est environné de mains ouvertes, de croix et de petits cercles disposés d'une façon qui semble à première vue aléatoire (ill. 77). En face, sur le mur opposé, les petits cercles côtoient des mains ouvertes et un cercle plus grand renfermant une croix entourée de points[481]. Ces signes sont donc associés comme sur le mur de qibla. Le haut de la voûte centrale porte également ce genre de signes, et un texte figure dans la voûte qui surmonte l'entrée de la salle.

[481] Voir *infra*, ill. 144.

LA MOSQUÉE ABŪ NAṢR DE TAMAZDĀ

COORD : N 31° 55′ 08″ E 11° 56′ 27″. Altitude : 673 m.
LOC : Elle se trouve sur une colline au nord-ouest de Tamazdā, à côté d'une nouvelle maison. La mosquée apparaît sous le nom de khirbat al-'azzābī ibn Naṣr sur la carte 1 / 50 000 feuille 1688 I à l'ouest du village d'Atmizda.
DOC : Plan et photos dans Allan (p. 161 et pl. LXVIIIab).
NOM : La liste *Al-masājid al-tārīkhiyya fī jabal Nafūsa* la mentionne sous le nom d'Abū Naṣr à Tamazdā[482]. Aucun Abū Naṣr connu des sources ibadites n'est associé particulièrement à cet endroit et nous ne pouvons donc malheureusement pas l'identifier[483]. La tombe du cheikh al-'azzābī Abū Naṣr ferait l'objet d'un pèlerinage à la fin de chaque hiver[484].
SOURCES : néant.
DESCR : Voir plan 15. Nous reprenons la description d'Allan, à laquelle nous ajoutons de nombreux détails. La mosquée était dans un bon état général lors de notre visite en 2010. Des restaurations de l'entrée avec un mortier moderne et l'ajout d'une porte métallique témoignent de ce qu'elle est relativement entretenue (ill. 78, 79). Elle mesure environ 12,30 x 8,50 m et compte trois travées divisées par deux arcades de cinq arcs chacune. La travée la plus éloignée de la qibla est en partie séparée des autres puisque trois de ses arcs ont été occultés. Il est probable que cet aménagement était destiné à créer une zone réservée aux femmes. On accède à la salle de prière semi-souterraine en descendant deux hautes marches. L'entrée, qui fournit l'essentiel de l'éclairage, s'ouvre dans la travée centrale ; il y a également une minuscule fenêtre, du diamètre d'une des pierres de la construction, située au bout de la travée de la qibla, à l'opposé de l'entrée. Allan signale une seconde fenêtre qui a dû être bouchée entre-temps. Plusieurs niches sont aménagées pour les lampes. Tout à l'opposé de l'entrée, au bout de la travée centrale, se trouve la tombe d'Abū Naṣr, perpendiculaire au mur de qibla (ill. 80) ; le plafond au-dessus de la tombe est étançonné par une colonne supplémentaire qui soutient une espèce de charpente faite d'un curieux mélange de branches d'arbres, de pierres et de plâtre (ill. 81). La tombe n'est plus visible aujourd'hui car une partie du plafond de la sorte d'alcôve qui la contient s'est éboulée à cet endroit. Une arcade aveugle court le long du mur de qibla. Le mihrab qui fait saillie hors de ce mur est orienté à 148°. La voûte de la travée de la qibla porte un décor d'inscriptions, de mains et d'autres dessins.

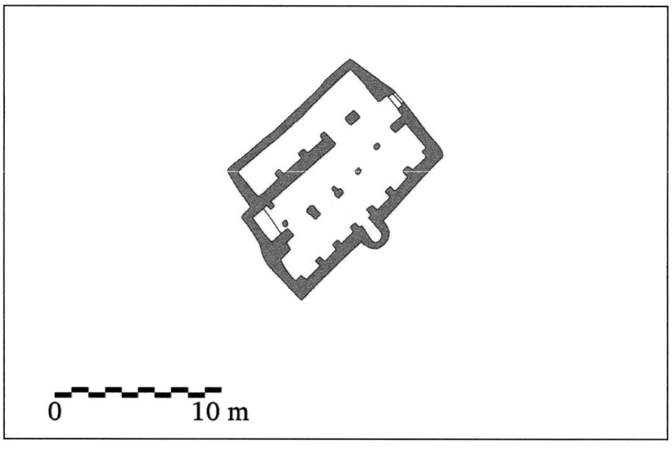

Plan 15. *Abū Naṣr de Tamazdā (d'après Allan, p. 161)*

[482] *Al-masājid al-tārīkhiyya fī jabal Nafūsa*, n° 30.
[483] M. Bābā'ammī *et al.*, *Mu'jam a'lām al-ibāḍiyya*, II, p. 151 et p. 439, évoquent deux personnalités du djebel Nafūsa portant ce nom : Abū Naṣr Zār ibn Yūnus al-Tafastī al-Nafūsī (XIIe siècle) et Abū Naṣr al-Tamaṣmaṣī (VIIIe siècle).
[484] I. al-Būjadīdī *et al.* (éd.), *Al-quṣūr wa-l-ṭuruq*, p. 188.

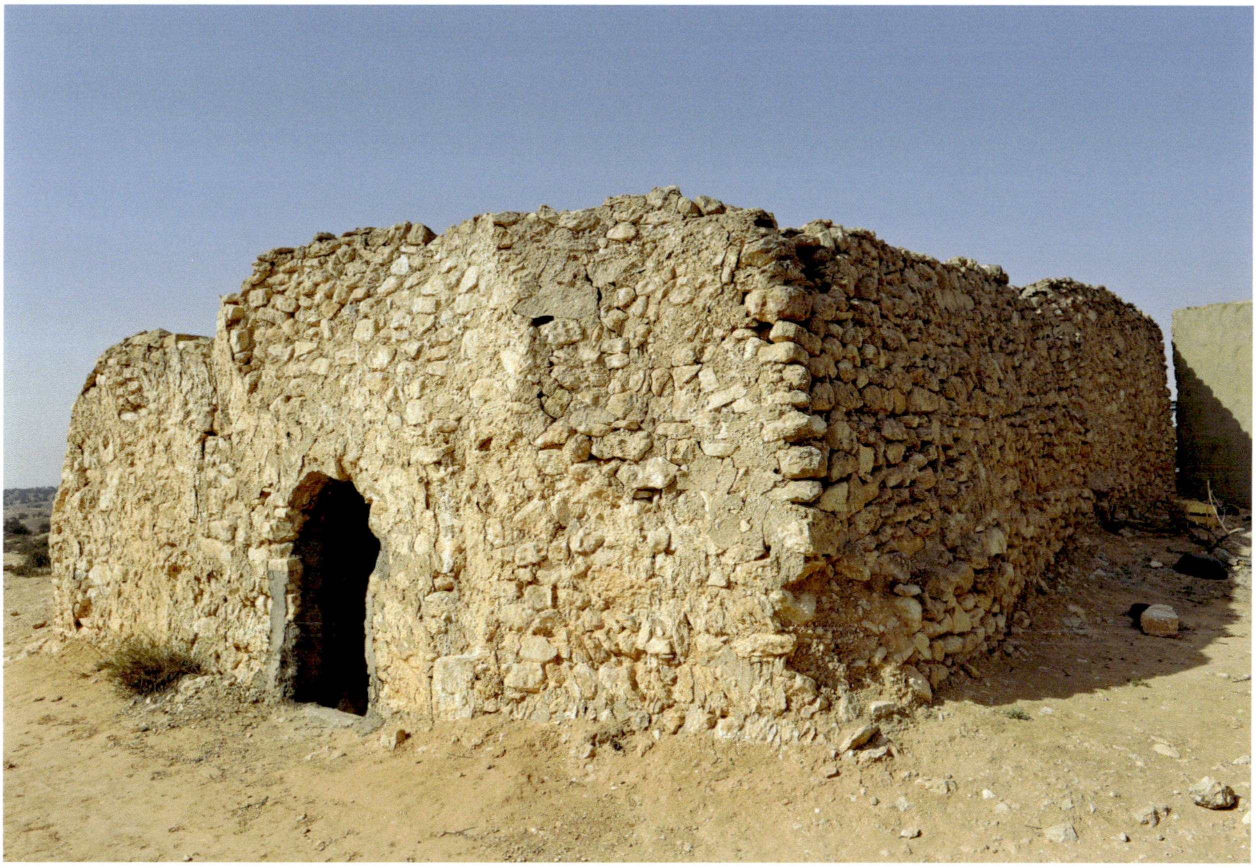

Ill. 78. *Abū Naṣr de Tamazdā*

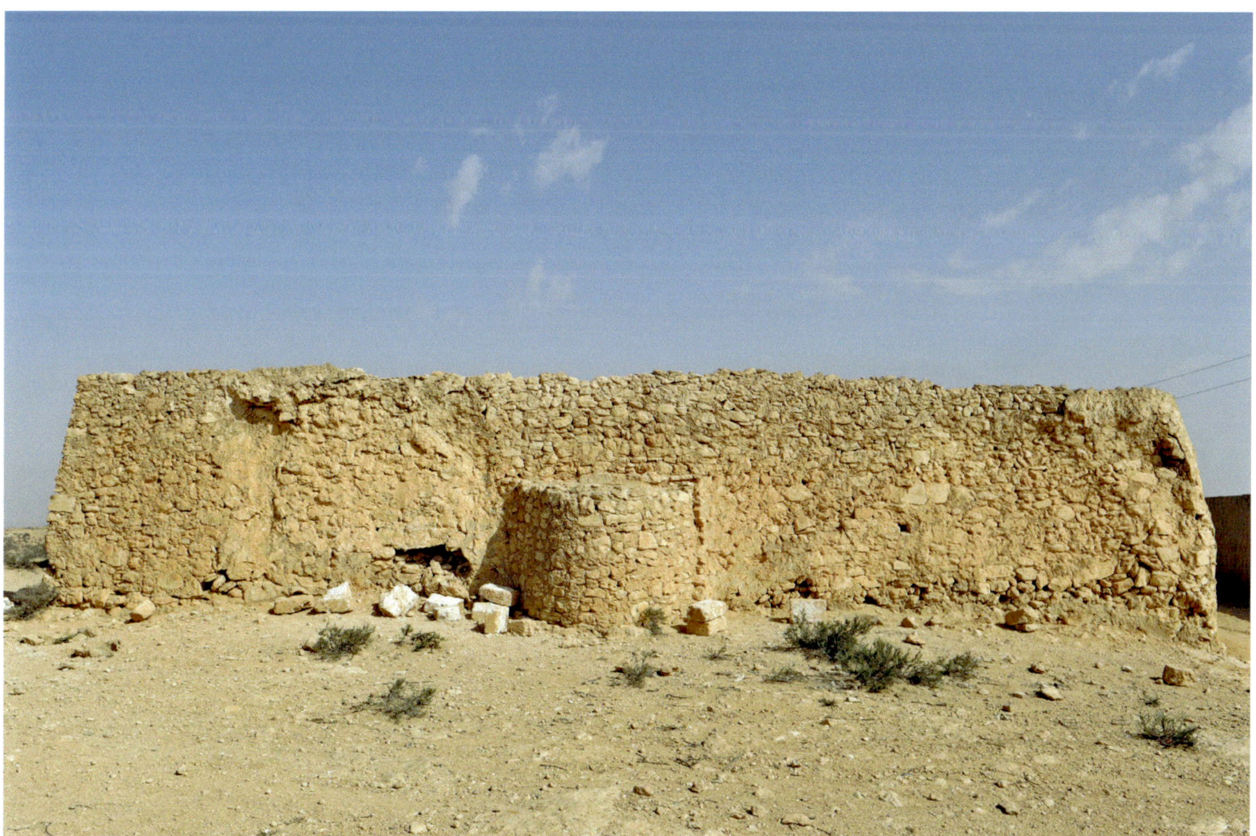

Ill. 79. *Abū Naṣr de Tamazdā, le mihrab en saillie*

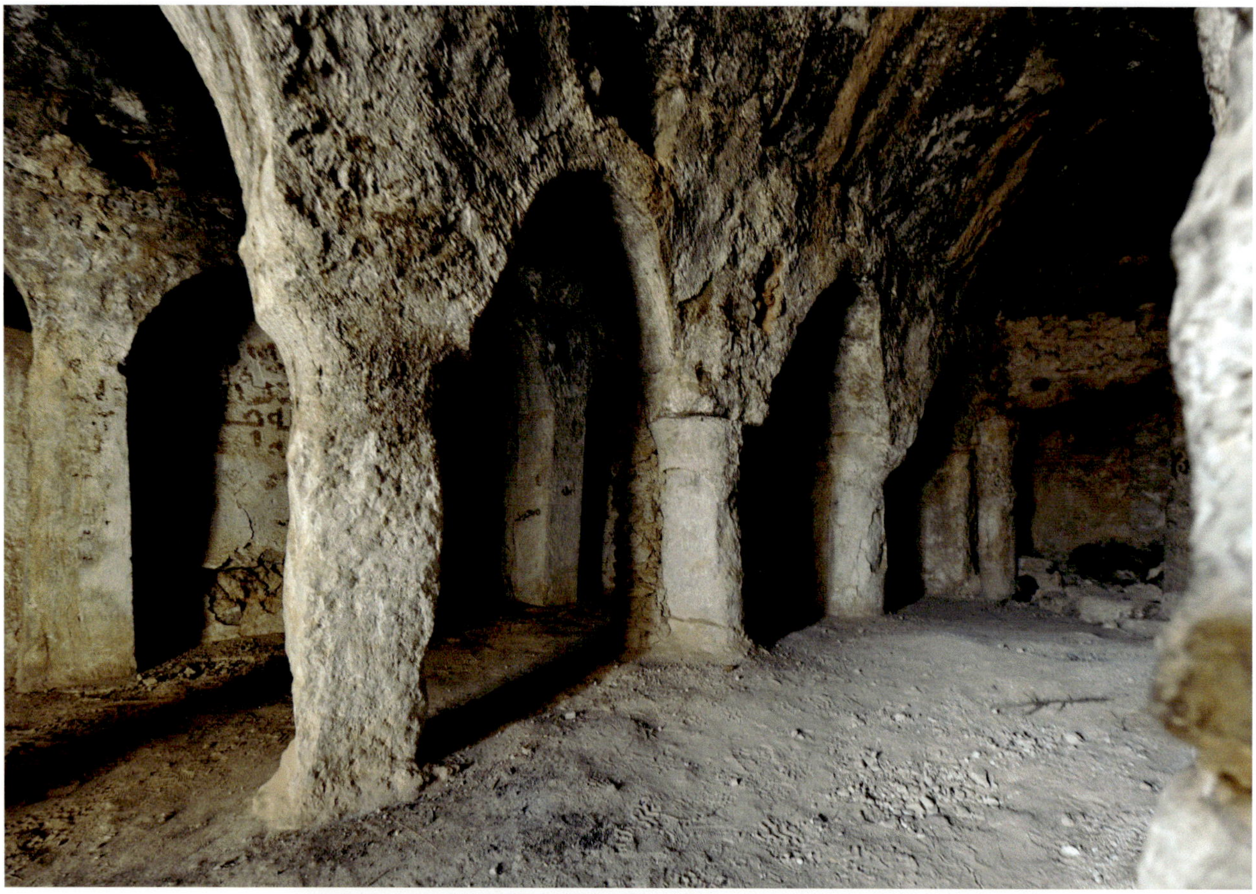

Ill. 80. *(au-dessus) Abū Naṣr de Tamazdā, la tombe au fond*

Ill. 81. *(à droite) Abū Naṣr de Tamazdā, étançonnement de la tombe*

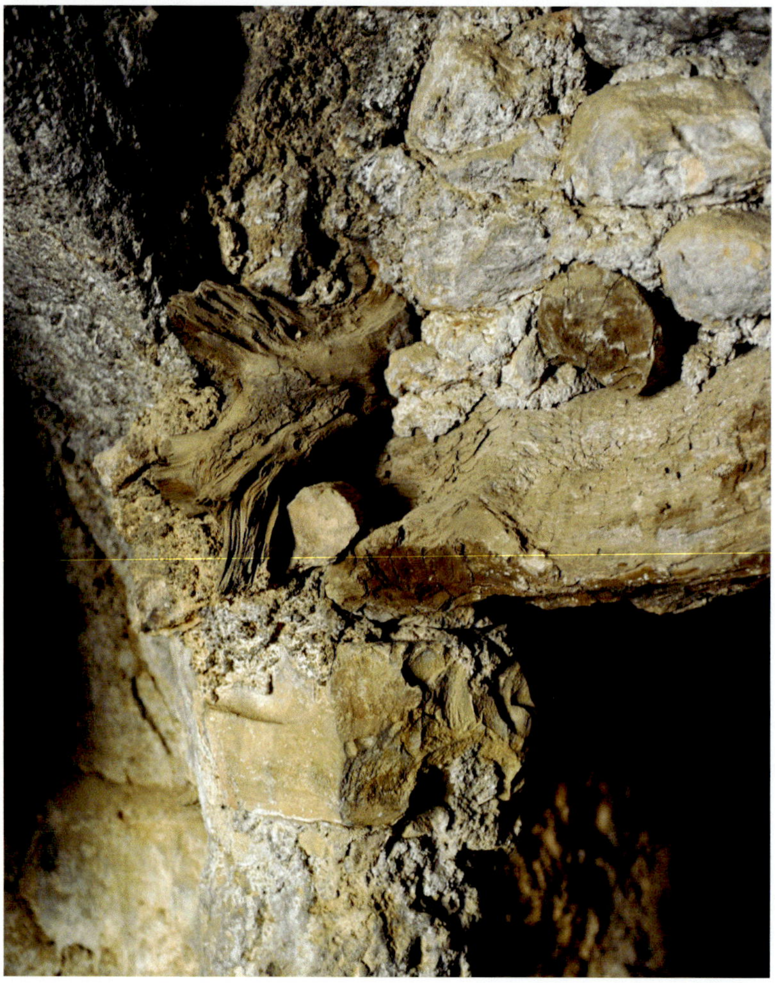

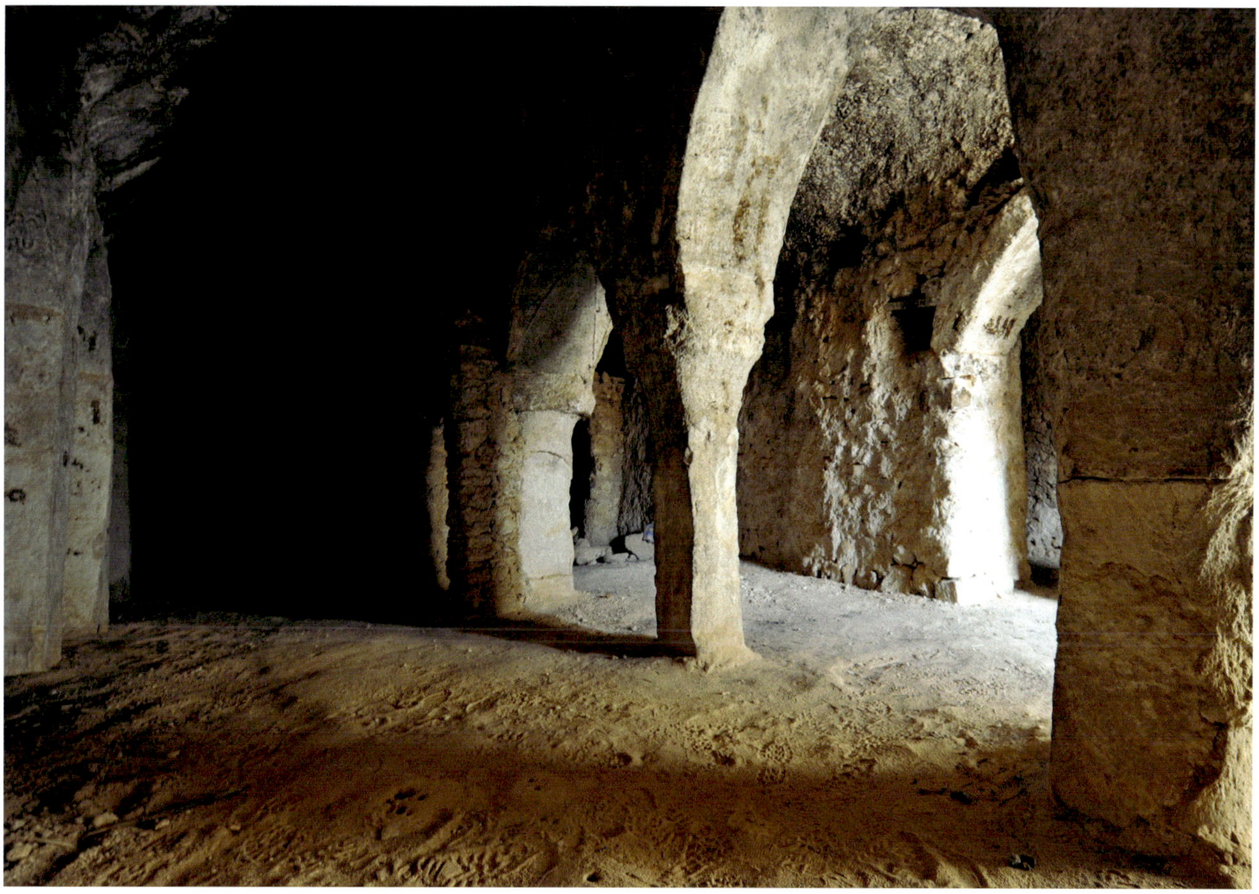

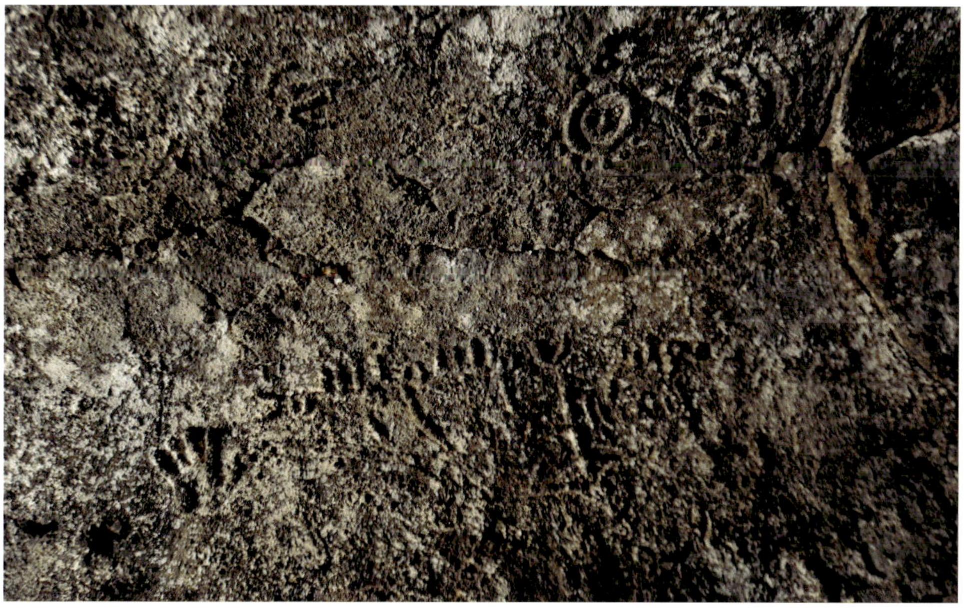

Ill. 82. *(au-dessus) Abū Naṣr de Tamazdā, vue générale et décor des intrados*

Ill. 83. *(à gauche) Abū Naṣr de Tamazdā, détail du décor*

De nombreuses décorations apparaissent également sur les murs, les voûtes et dans la niche du mihrab : ce sont des points, de grands triangles, des étoiles de Salomon, des mains ouvertes, etc. On voit notamment une curieuse association entre la main et un cercle partiellement entourée d'une suite de petits points (ill. 82, 83). Outre les décors anciens, il y a de nombreuses inscriptions modernes qui sont soit des inscriptions religieuses soit d'ordinaires graffiti marquant le passage de tel ou tel visiteur. À l'extérieur se trouve une citerne[485].

[485] J.W. Allan, « Some Mosques of the Jebel Nefusa », pp. 161-162.

LA MOSQUÉE KANĪSA DE TAMAZDĀ

COORD : N 31° 54′ 02″ E 11° 56′ 56″. Altitude : 678 m.
LOC : La mosquée est isolée à environ 500 m au nord de la mosquée Ḥawāriyyīn, du côté gauche de la route qui rejoint Tamazdā depuis la voie principale Nālūt-Jādū.
DOC : Photos et plan chez Allan (p. 158 et pl. LXIIIb, LXIVab) et Warfallī (fig. 173-188). L'orientation du plan de ce dernier est totalement incorrecte.
NOM : Allan l'appelle Kanīsīya Mosque ; Warfallī dit masjid al-Kanīsa dans sa version arabe et al-Kanīsiyya dans sa version anglaise[486]. Sur le terme *kanīsa*, voir *supra*.
SOURCES : La *Tasmiyat mashāhid al-jabal* mentionne une kanīsat Tamazdā[487].
DESCR : Voir plan 16. La mosquée Kanīsa est un des édifices pour lesquels nous bénéficions des descriptions les plus complètes. Elle a été décrite par Allan puis par Warfallī, et nous ajoutons nos propres observations aux leurs[488]. Le chercheur libyen note que la mosquée a préservé sa structure originale, grâce à la qualité de la pierre et grâce à la taille et au style de l'édifice ; peu de restaurations semblent avoir été apportées. Elle est aménagée dans une butte et s'il n'y avait sa façade chaulée – le revêtement a aujourd'hui totalement disparu – et les pierres romaines placées autour des murs au sommet de la butte, elle serait extrêmement difficile à repérer (ill. 84). Ces pierres ne servaient pas de *ṣum'a* mais ont sans doute été nécessaires au moment de la construction[489]. La mosquée mesure[490] environ 11,20 x 11 m. Du côté sud-est se trouve une petite cour rectangulaire, d'environ 5,30 x 7,25 m, avec une entrée de 90 cm de large. Le mur qui l'entoure est assez bas et cette cour semble être une addition sans doute assez récente à la structure originelle, bâtie avec des débris et des pierres romaines bien visibles. Elle contient une citerne et une autre citerne est aménagée à une vingtaine de mètres au sud-ouest de la mosquée. Une chambre rectangulaire est attachée au mur nord-est, qui mesure environ 2,40 x 3,60 m avec une entrée large de

Plan 16. *Kanīsa (d'après Warfallī, fig. 175)*

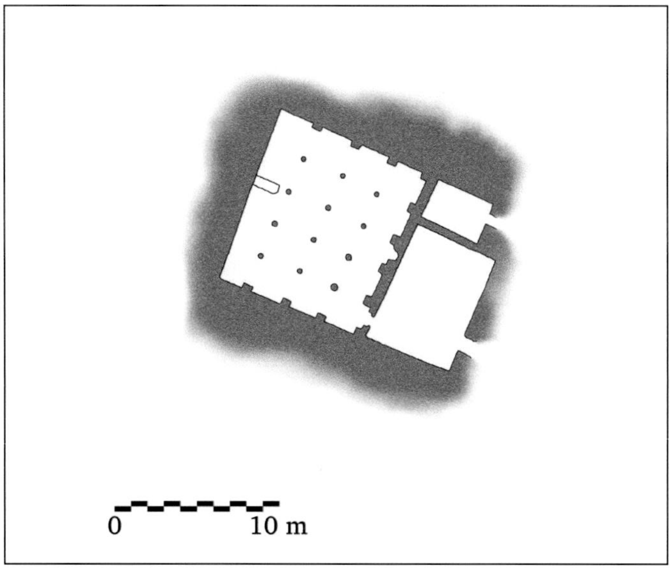

[486] J.W. Allan, « Some Mosques of the Jebel Nefusa », p. 157 ; M. Warfallī, *Ba'ḍ al-āthār al-islāmiyya*, p. 253 ; *Some Islamic Monuments*, p. 156.

[487] R. Basset, « Les sanctuaires du Djebel Nefousa », I, p. 435. M. Warfallī, *Some Islamic Monuments*, p. 166, commet une erreur en affirmant qu'al-Shammākhī cite cette mosquée : il lit en fait son nom dans la *Tasmiyat mashāhid al-jabal* qui suit le texte du chroniqueur ibadite dans l'édition lithographiée du Caire. Il explique, p. 156, le manque de renseignements sur cet édifice dans les sources anciennes par la proximité de Jādū, la capitale, qui attirait selon lui toute l'attention.

[488] J.W. Allan, « Some Mosques of the Jebel Nefusa », pp. 157-159 ; M. Warfallī, *Some Islamic Monuments*, pp. 156-166.

[489] M. Warfallī, *Some Islamic Monuments*, p. 156.

[490] J.W. Allan, « Some Mosques of the Jebel Nefusa », p. 157. Comme souvent, les mesures varient d'un relevé à l'autre : pour M. Warfallī, *Some Islamic Monuments*, p. 157, le mur de qibla mesure 10,25 m, le mur nord-est environ 10 m, l'épaisseur moyenne des murs est de 60 cm.

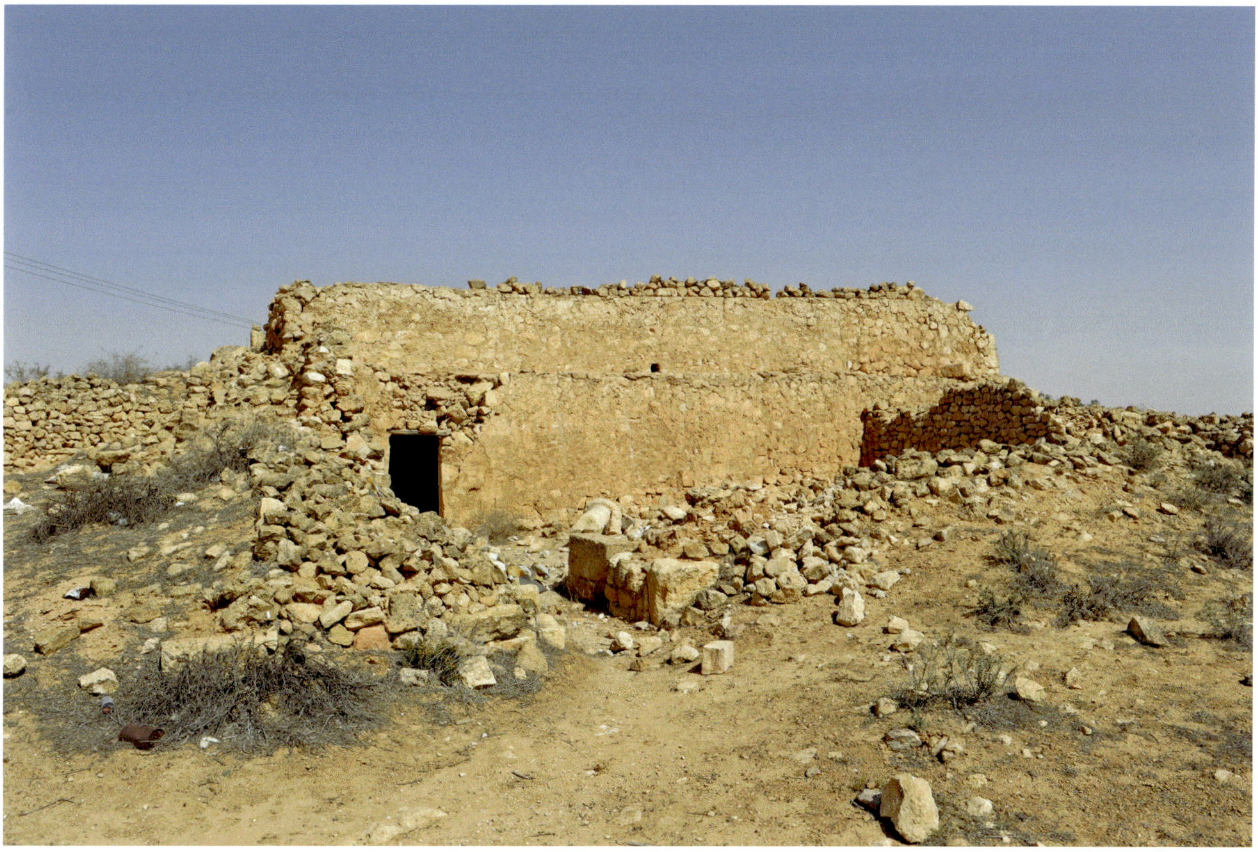

Ill. 84. *La mosquée Kanīsa*

60 cm. Cette pièce est exceptionnelle en ce qu'elle est extérieure au sanctuaire ; elle est faite de pierres grossières et est manifestement une addition postérieure[491].

La salle de prière est prolongée par une extension en pierre peu profonde et plus basse, d'une hauteur d'environ 3,40 m, qui fait saillie en contenant le mihrab et l'arcade de la qibla. Cette extension comprend une entrée unique aménagée dans le coin sud-ouest et qui mesure 56 cm de large sur 1,43 m de haut (ill. 85). La position de l'entrée est inhabituelle et son architecture ne correspond pas à l'intérieur sophistiqué de la mosquée. Lorsqu'on regarde le mur de qibla depuis l'extérieur, on voit qu'il s'agit d'une restauration ou même d'une reconstruction complète[492].

La salle est divisée en quatre travées par trois arcades qui comptent chacune cinq arcs et quatre colonnes, avec des piliers engagés à chaque extrémité ; l'arcade de la qibla est constituée de piliers à la place des colonnes. Selon Warfallī, les arcs sont considérés comme les plus beaux et les mieux construits du djebel ; certains reposent directement sur les colonnes tandis que d'autres ont des chapiteaux carrés, les bases des colonnes sont carrées. L'irrégularité de ces éléments architecturaux indique que ces pierres ont été remployées[493]. Allan observe pour sa part que six colonnes ont des bases romaines, trois bases supplémentaires gisant dans les environs de la mosquée, que neuf colonnes sont probablement romaines, et que les arcs jaillissent pour la plupart de chapiteaux carrés. Deux des arcs sont percés de trous carrés destinés à accueillir des lampes car la mosquée est extrêmement sombre : hormis la lumière provenant de l'entrée, il n'y a que deux étroites fenêtres à l'extrémité des deux travées les plus proches du mur de qibla sur le côté nord-est. Le mihrab est approximativement au centre du mur sud-est, c'est une niche simple et semi-circulaire qui contrairement au reste de la mosquée a été bâtie avec de petites pierres grossières

[491] M. Warfallī, *Some Islamic Monuments*, pp. 161-162.
[492] M. Warfallī, *Some Islamic Monuments*, p. 160.
[493] M. Warfallī, *Some Islamic Monuments*, p. 157.

(ill. 86). Ce mihrab d'al-Kanīsa, orienté à 120°, mesure 1,80 m de haut, 60 cm de large et 50 cm de profondeur ; sa structure ne correspond en aucun cas à la qualité architecturale du reste de l'édifice. Il est probable qu'il a été complètement reconstruit à un moment donné. Face au mihrab, on voit quelques dalles rectangulaires en pierre, d'autres de ce style étant éparpillées dans le bâtiment. Warfallī suggère que le sol de la mosquée était jadis recouvert de ces dalles, un phénomène pourtant inconnu dans les mosquées du djebel.

Des légendes locales très répandues rapportent, au sujet de cette mosquée et d'autres situées dans la région de Tamazdā, qu'une ou plusieurs personnes sont venues une nuit « depuis l'ouest » et ont découvert un trésor caché dans la mosquée, en causant des dégâts au bâtiment et en repartant aussitôt. On raconte aussi que le trésor aurait été dissimulé dans un des murs de la mosquée, peut-être plus spécifiquement dans celui qui accueille le mihrab ; il serait découvert lorsque la mosquée

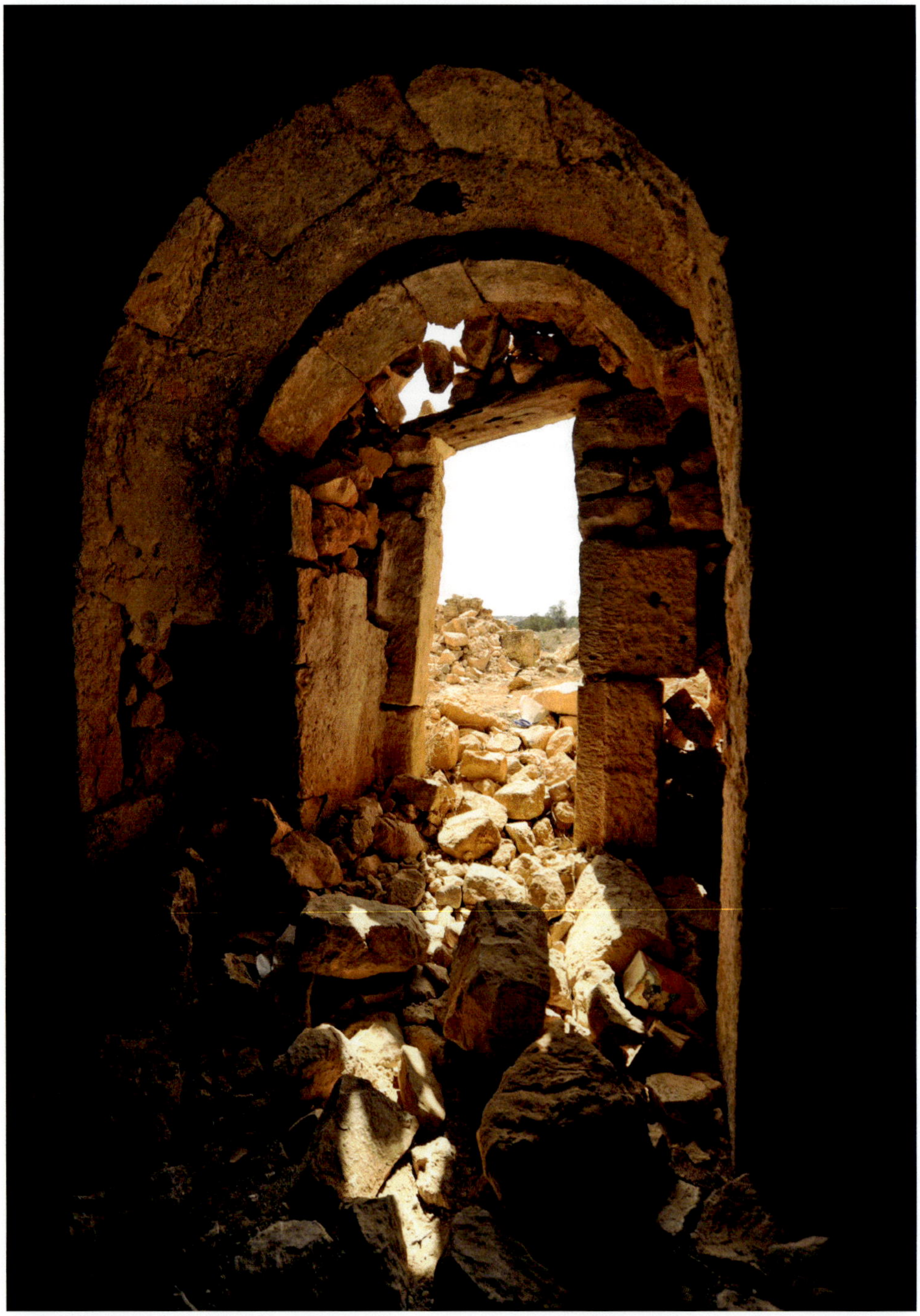

Ill. 85. *L'entrée de la mosquée Kanīsa, vue de l'intérieur*

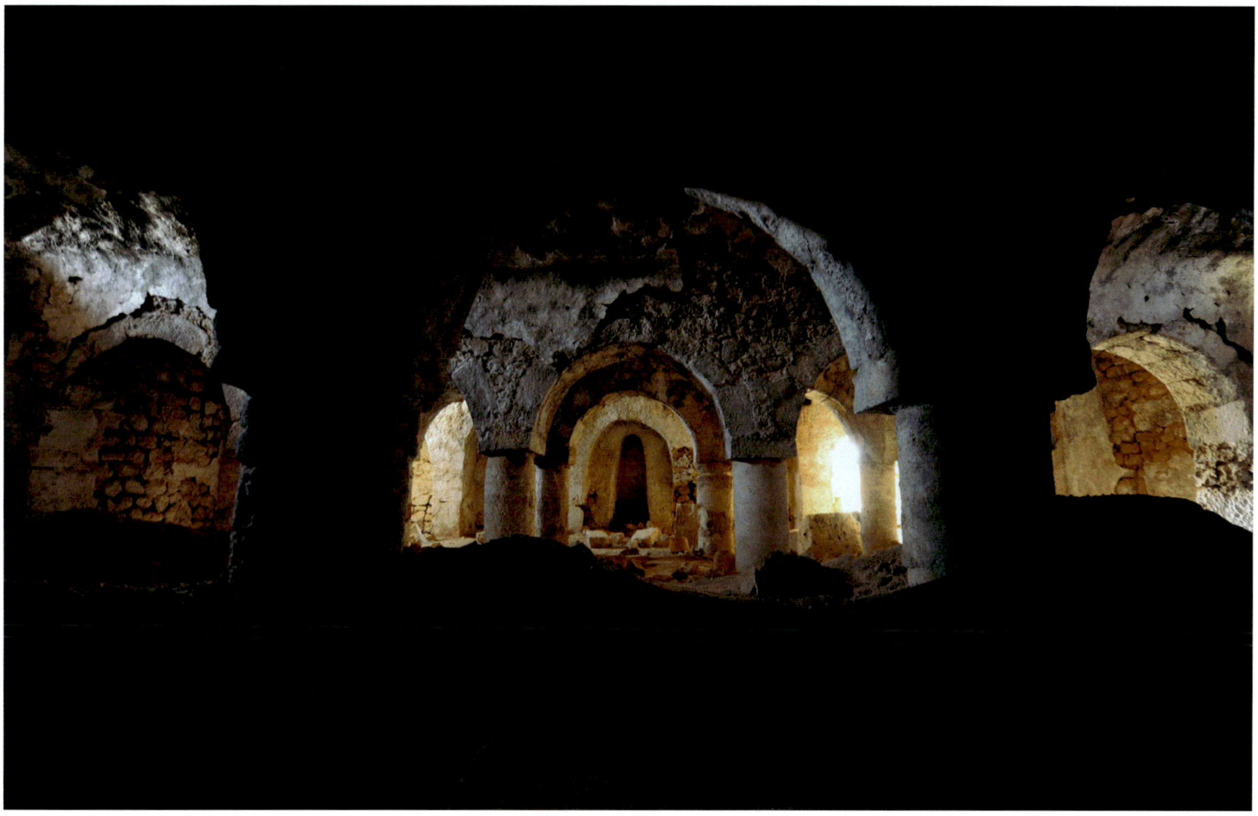

Ill. 86. *La mosquée Kanīsa, le mihrab*

finirait par tomber en ruine et servirait alors à la reconstruire. Il faut sans doute lier la reconstruction du mihrab et l'état dans lequel gisent les dalles de pierre à des destructions provoquées par cette quête de trésor[494].

Les détériorations évoquées par Warfallī ne sont malheureusement rien à côté de ce que nous avons découvert en 2010 et les nombreuses photos qu'il publie témoignent d'un édifice somme toute encore en bon état à la fin des années 1970. Désormais, le plafond est crevé à un endroit, des blocs taillés gisent en grand nombre aux alentours, et le sol de la salle de prière est recouvert d'une très épaisse couche de terre et de gravats, comme si le sol s'était soulevé, certains fûts de colonnes étant engagés quasiment à mi-hauteur dans la terre. Une sorte de gigantesque puits a été creusé, provoquant la quantité de terre de déblai accumulée à l'intérieur de la salle (ill. 87, 88, 89, 90). L'enduit protecteur recouvrant les murs a souvent totalement disparu, entraînant de nombreux risques d'éboulement. Seul le mur de qibla semble curieusement avoir été préservé. Les ibadites de Tamazdā qui nous accompagnaient ont expliqué que le puits et les dégradations de toutes sortes étaient l'œuvre de chercheurs de trésors, qui avaient été intrigués par la visite des archéologues anglais et espéraient découvrir un trésor byzantin ! La mosquée, désormais inutilisable et très dangereuse à visiter, paraît définitivement abandonnée. Nous nous faisons peu d'illusion sur son sort et il y a fort à parier qu'elle aura quasiment disparu d'ici peu de temps.

La description de Warfallī signale des sortes de petits demi-cercles en forme de niche, aménagés par terre contre le mur nord-ouest à l'opposé du mihrab ; il note qu'on en voit aussi à la mosquée d'Abū Yaḥyā à Fursaṭā, mais qu'il n'y a pas ici de possibilité d'une entrée que l'on aurait bloquée[495]. Ces demi-cercles sont désormais

[494] Au début des années 1970, un habitant du djebel a découvert une jarre remplie de pièces d'argent datant de l'époque hafside alors qu'il labourait sa terre. M. Warfallī, *Some Islamic Monuments*, pp. 158-159.

[495] M. Warfallī, *Some Islamic Monuments*, pp. 160-161 et fig. 182. Ils rappellent fortement le demi-cercle que nous avons mentionné dans la mosquée Abū Zakariyyā' al-Tūkītī.

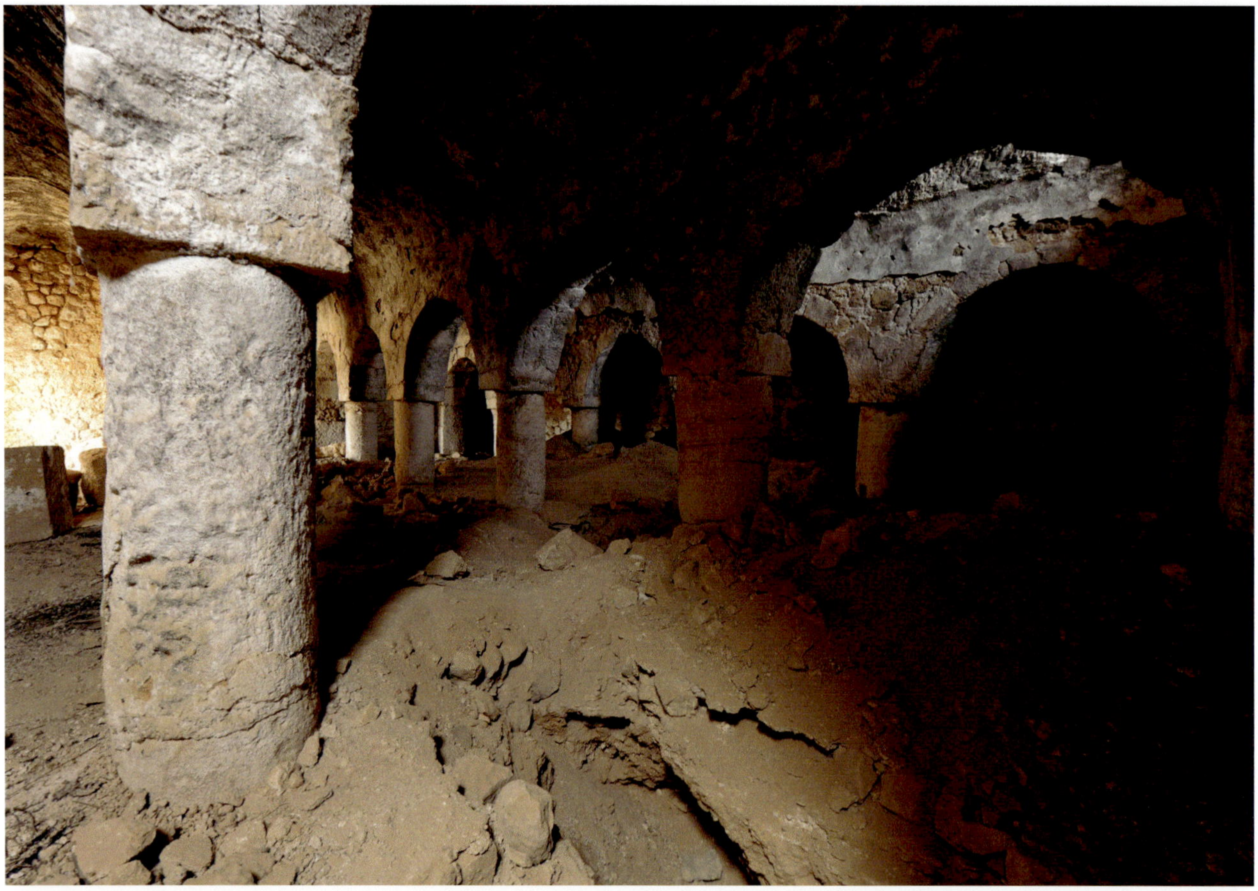

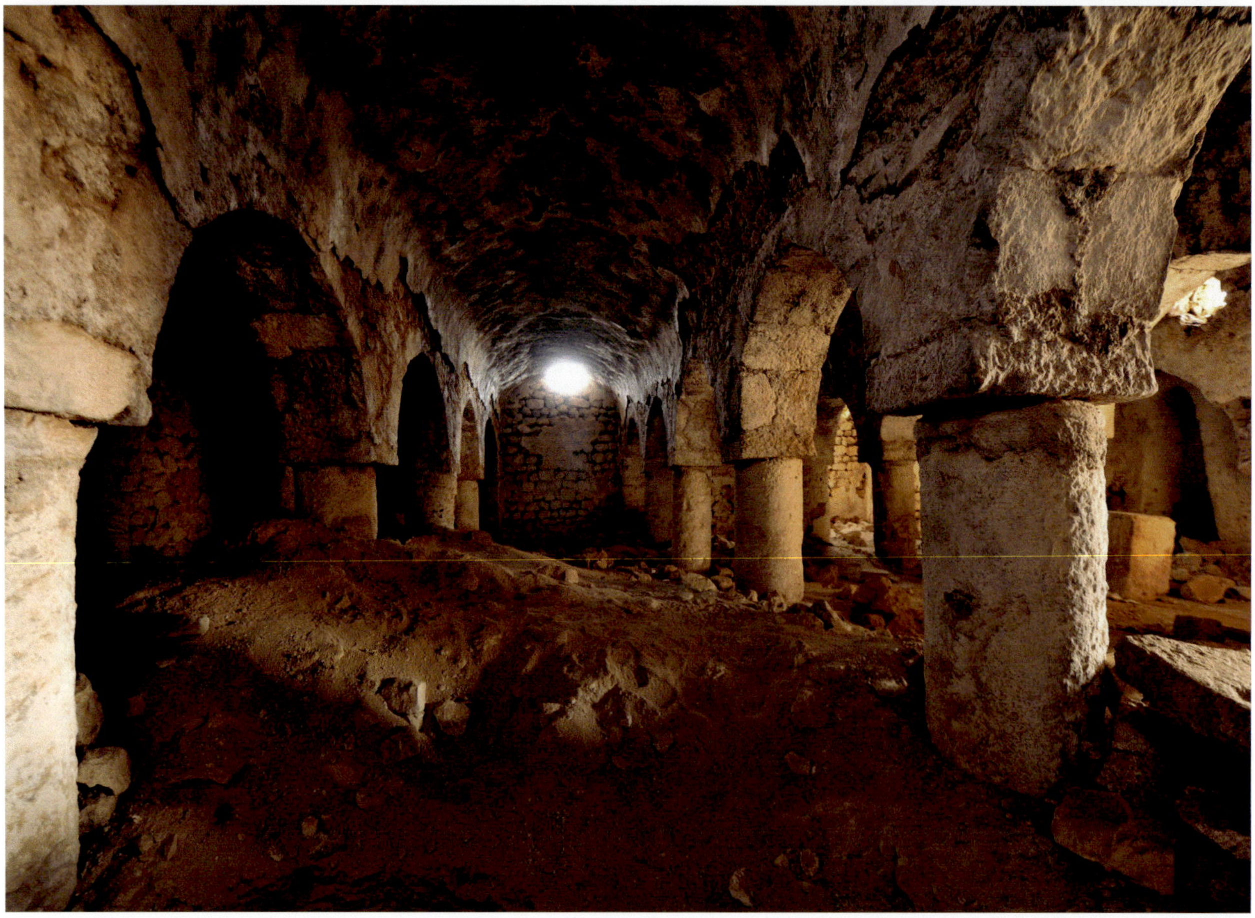

Ills. 87 et 88. *La salle de prière de la mosquée Kanīsa*

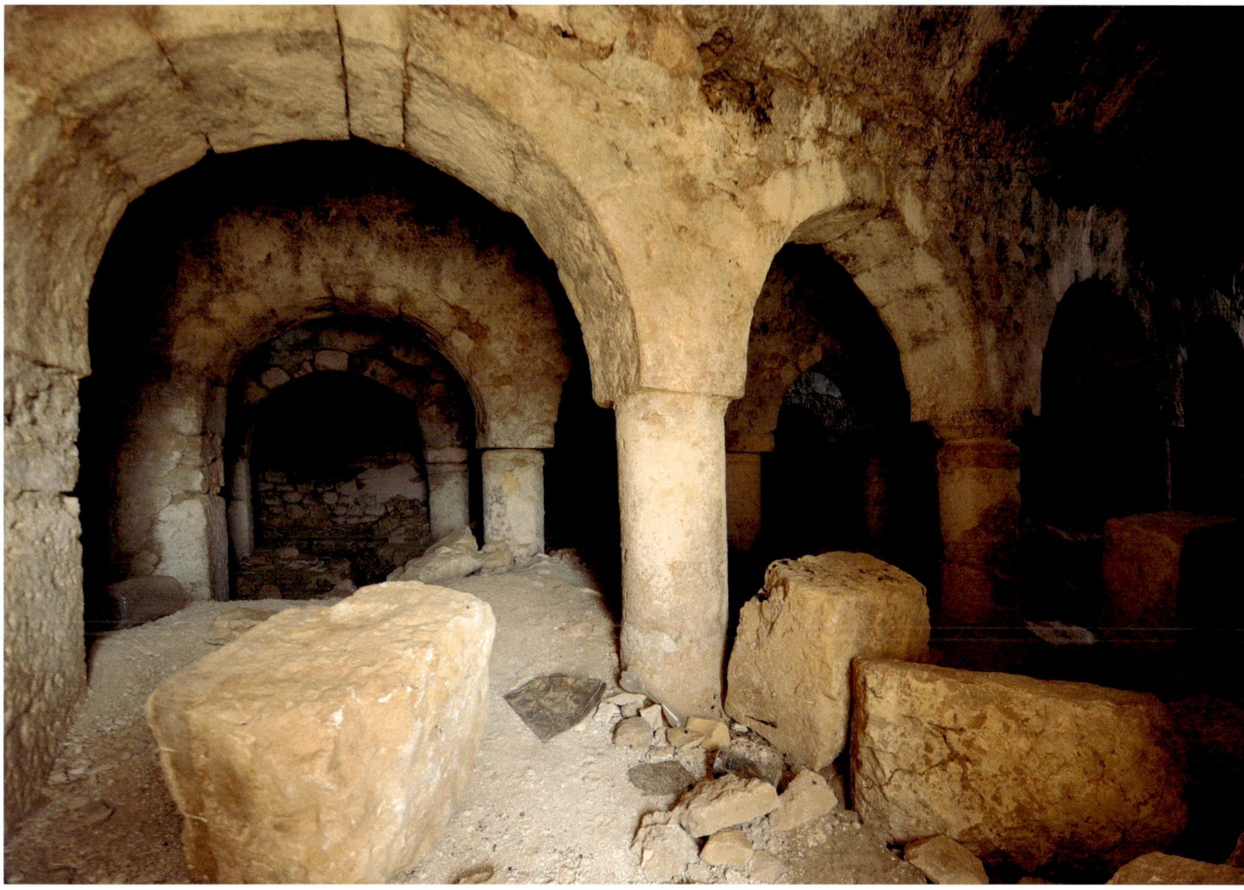

Ill. 89. *La salle de prière de la mosquée Kanīsa*

recouverts d'une épaisse couche de gravats. Il signale deux tombes dans la dernière travée ; la présence de tombes est habituelle dans les mosquées du djebel, mais leur position serait curieuse[496]. Dans ses conclusions, le chercheur libyen note que contrairement aux mosquées de l'ouest du djebel bâties sur un plan rectangulaire, la mosquée al-Kanīsa a un plan carré. Il n'y a pas de section réservée aux femmes et on ne trouve aucune trace d'un mur de partition. Elle diffère par son architecture sophistiquée qui, hormis la présence des pierres romaines, rappelle les maisons de Wīghū. Il est très probable selon lui que la mosquée a été bâtie sur les ruines d'une église et étant donné la quantité de pierres romaines sur le site, il émet l'hypothèse que cette église avait elle-même réutilisé les pierres d'une construction romaine qui aurait été située à cet endroit même ou dans les environs. La mosquée pourrait remonter d'après lui au IXe siècle et peut-être même à une époque antérieure[497]. Beguinot évoque quant à lui des vestiges de basiliques byzantines à Tamazdā[498].

Il est certain que cette mosquée se distingue totalement de toutes celles que nous avons visitées. Contrairement à la majorité des mosquées ibadites, la salle de prière ne comprend ni inscriptions, ni motifs géométriques, ce qui lui confère un caractère solennel particulièrement frappant. Outre cela, plusieurs éléments évoqués ci-dessus la différencient des autres mosquées du djebel : son plan très régulier,

[496] Bien que le plan d'Allan ne signale qu'une tombe, que l'on ne discernait plus que vaguement à notre passage, M. Warfallī, *Some Islamic Monuments*, p. 161 et fig. 183, observe que ces deux tombes sont perpendiculaires au mur de qibla, ce qui pourrait suggérer pour lui qu'elles ne sont pas musulmanes, car les autres tombes sont généralement installées parallèlement à ce mur. La mosquée Shaykh Ṣidqa à al-Khirba comprend en effet deux tombes parallèles au mur de qibla. Voir J.W. Allan, « Some Mosques of the Jebel Nefusa », pp. 155-156. Par contre, la seule tombe que nous avons observée (dans la mosquée Abū Naṣr de Tamazdā) est perpendiculaire au mur de qibla.

[497] M. Warfallī, *Some Islamic Monuments*, pp. 161-166. Une de ses photos (fig. 177) montre une natte posée sur le sol, ce qui indiquerait que le lieu de culte était encore fréquenté à la fin des années 1970.

[498] F. Beguinot, *Encyclopédie de l'Islam*, 2ème éd., s.v. Nafūsa (VII, p. 893), qui évoque de mêmes vestiges à Iṭarmisen (Ṭarmīsa).

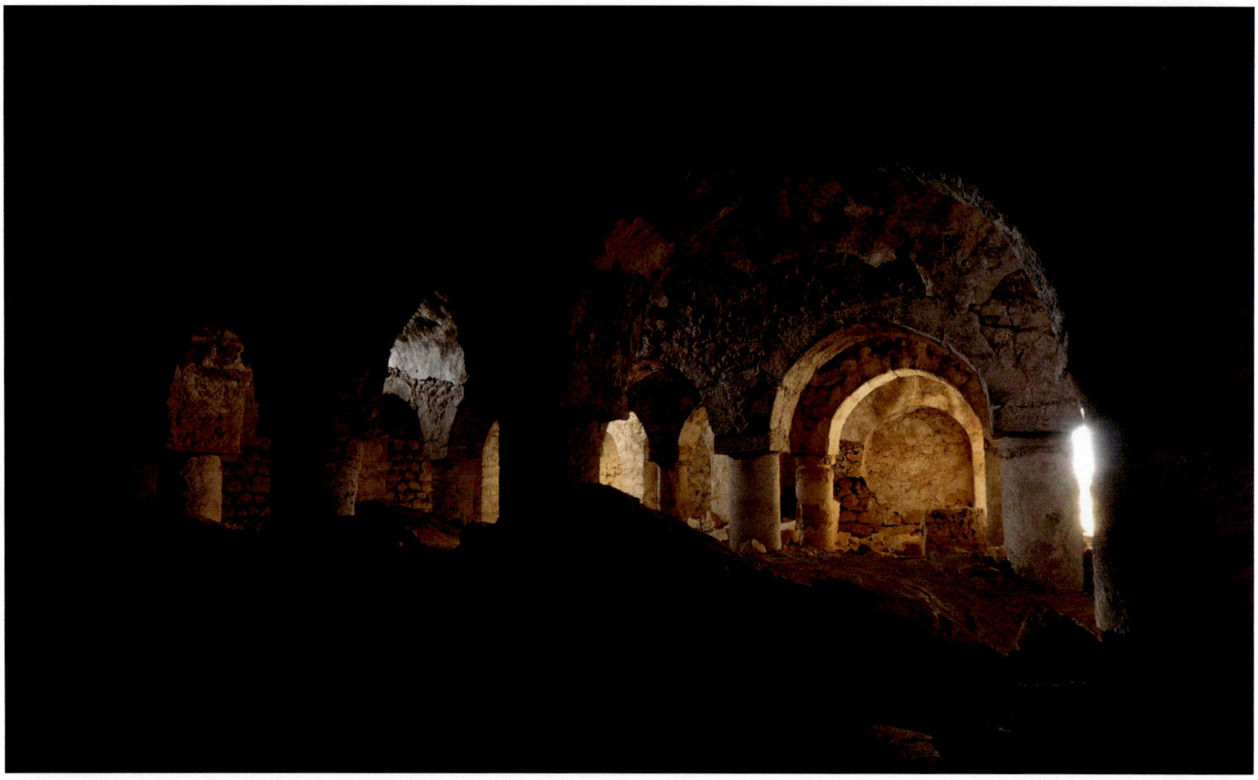

Ill. 90. *La salle de prière de la mosquée Kanīsa*

l'absence de cloison délimitant une partie réservée aux femmes, et la remarquable qualité de la construction, qui impressionne malgré les ravages provoqués dans la salle. Une photo de Warfallī permet d'imaginer comment se présentait jadis le sol de la mosquée, tout entier recouvert de larges dalles de pierre polie[499]. Si l'on ajoute à ces éléments l'extension qui comprend la niche du mihrab et l'entrée, manifestement construite de façon plus fruste que le reste de l'édifice, il semble probable qu'il s'agit bien ici d'un bâtiment qui a été adapté par les ibadites aux besoins de leur culte, et non d'une mosquée construite à partir d'éléments antiques trouvés sur place.

LA MOSQUÉE ḤAWĀRIYYĪN DE TAMAZDĀ

COORD : N 31° 53′ 47″ E 11° 56′ 57″. Altitude : 683 m.
LOC : La mosquée est isolée à environ 500 m au sud de la mosquée Kanīsa, sur le côté gauche de la route qui rejoint Tamazdā depuis la voie principale Nālūt-Jādū. La carte 1/50 000 feuille 1688 I montre Sīdī al-Ḥawārī au sud d'Atmizda. La carte 1/250 000 feuille NH 32-4 marque « shrine » à cet endroit.
DOC : Plan et photos chez Allan (p. 157 et pl. LXIIc, LXIIIa). Une photo dans A. Elmahmudi, *The Islamic Cities in Libya,* p. 158, montre qu'il y avait auparavant un mur perpendiculaire à la façade sur le côté droit, aujourd'hui démoli.
NOM : Une photo sur Google Earth la nomme al-Ḥawāriyya. Sur le terme *ḥawāriyyīn,* voir *supra*. *Al-masājid al-tārīkhiyya fī jabal Nafūsa* signale une mosquée Taḥawārīt intérieure et une mosquée Taḥawārīt extérieure à Tamazdā, la première en excellent état étant jadis une église[500]. Est également mentionnée une mosquée al-Ḥawāriyya située parmi les ruines du même nom et qui fait l'objet d'un pèlerinage une fois par an[501].

[499] M. Warfallī, *Some Islamic Monuments*, fig. 179. Certaines de ces dalles sont encore visibles.
[500] *Al-masājid al-tārīkhiyya fī jabal Nafūsa*, n° 24 et n° 25.
[501] I. al-Būjadīdī *et al.* (éd.), *Al-quṣūr wa-l-ṭuruq*, pp. 188-189.

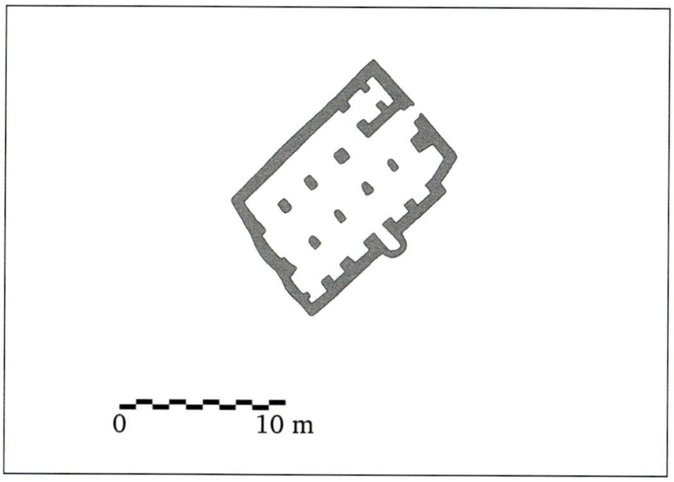

Plan 17. *(à gauche) Ḥawāriyyīn de Tamazdā (d'après Allan, p. 157)*

Ills. 91 et 92. *(au-dessous) La mosquée Ḥawāriyyīn de Tamazdā et le mihrab en saillie*

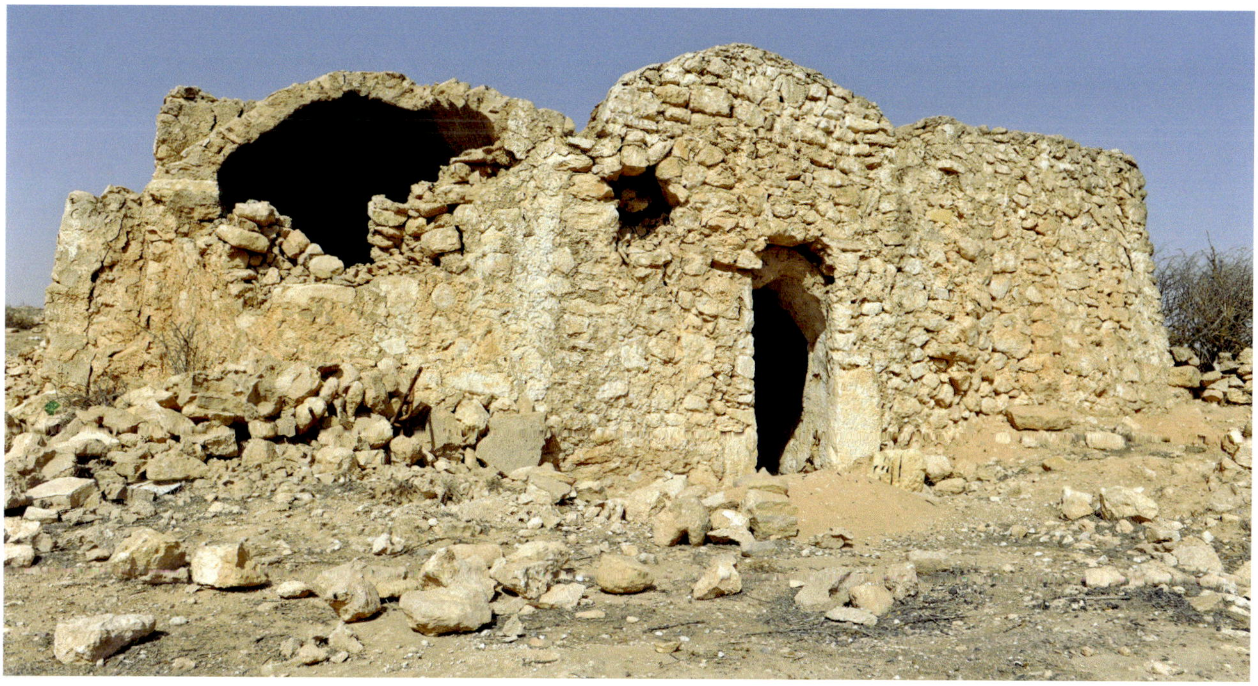

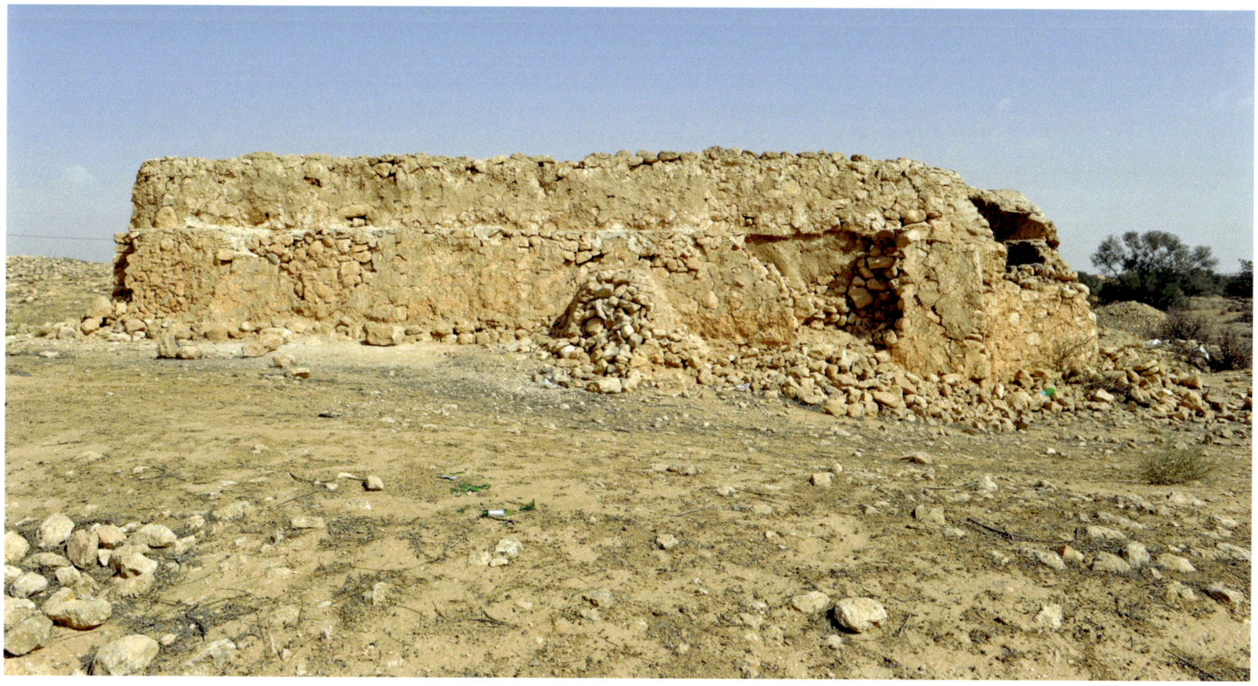

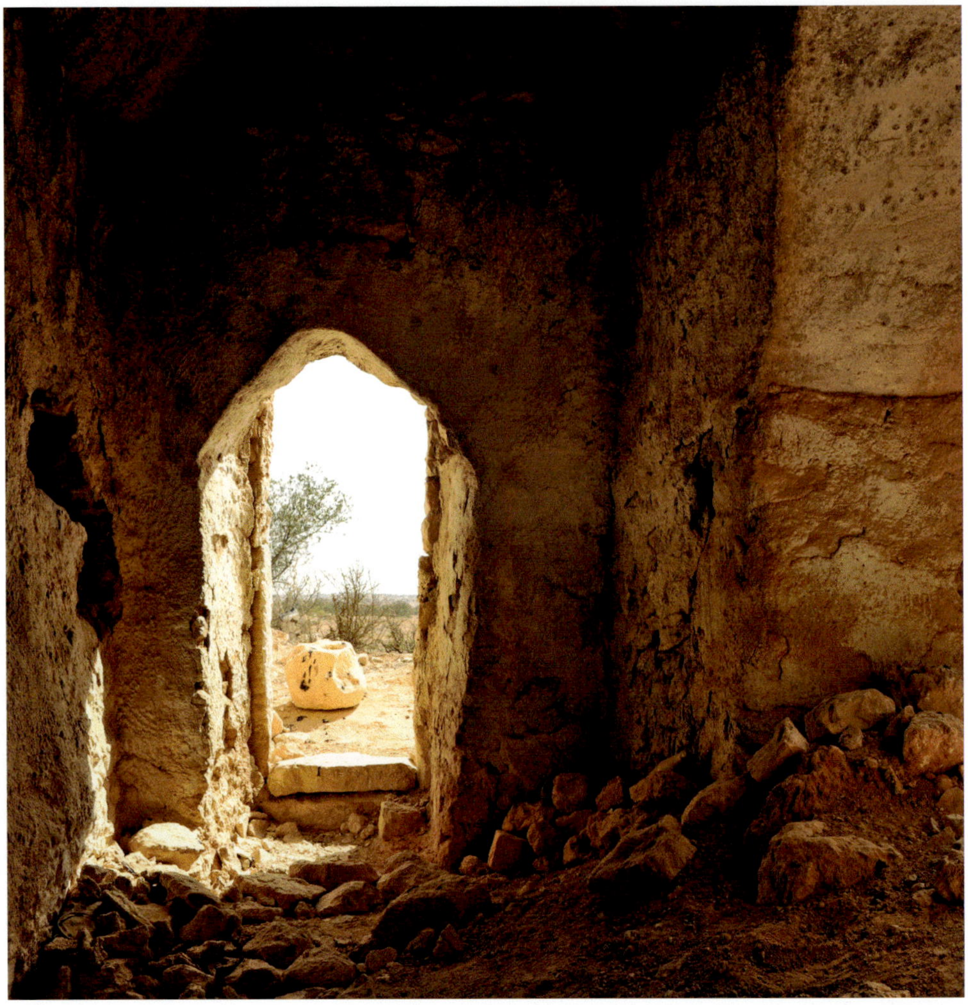

Ill. 93. *L'entrée de Ḥawāriyyīn de Tamazdā, le décor de pointillés*

SOURCES : *Les bourgs et les chemins du djebel Nafūsa* affirme, dans un passage consacré à deux mosquées proches de Tamazdā, que « l'une d'elles, d'antique origine, appelée la grande mosquée apostolique, est située au milieu des plantations et bâtie en chaux et en pierres. Ses piliers portent des inscriptions qu'aucun de nous ne peut comprendre ; les ṭolba disent que ces caractères proviennent des populations païennes, antérieures à notre seigneur Moḥammed. »[502] Cette description fait sans doute référence à la mosquée Ḥawāriyyīn, et non pas à la mosquée Kanīsa de Tamazdā qui ne comporte aucune inscription[503].

DESCR : Voir plan 17. Nous mêlons ici les observations d'Allan et nos propres constatations. La mosquée mesure environ 12,80 x 8,70 m ; elle se distingue facilement aux trois travées qui donnent à la façade une allure tripartite et à la basse saillie courant tout le long du mur de qibla, sur laquelle se détache le mihrab (ill. 91, 92). La porte située du côté nord-est permet d'accéder par deux marches à la travée centrale (ill. 93). Les trois travées sont divisées par deux arcades et une troisième est bâtie contre le mur de la qibla. Cette arcade compte six arcs dont l'un est occupé par le mihrab, l'arcade suivante en compte cinq et la troisième en a seulement quatre. Le mihrab mesure 1,90 m de haut, 1,80 m de profondeur et 80 cm de large, il est orienté à 145°. Une petite chambre complète la travée ouest. Il y a trois très petites fenêtres à la base de la voûte dans le mur de qibla, et une toute petite niche triangulaire destinée à

[502] A. de C. Motylinski, *Le Djebel Nefousa*, p. 93.

[503] A. de C. Motylinski, *Le Djebel Nefousa*, p. 93, n. 2, et R. Basset, « Les sanctuaires du Djebel Nefousa », II, p. 91, estiment au contraire qu'il s'agit sans doute de la mosquée Kanīsa de Tamazdā évoquée dans la liste *Tasmiyat mashāhid al-jabal*.

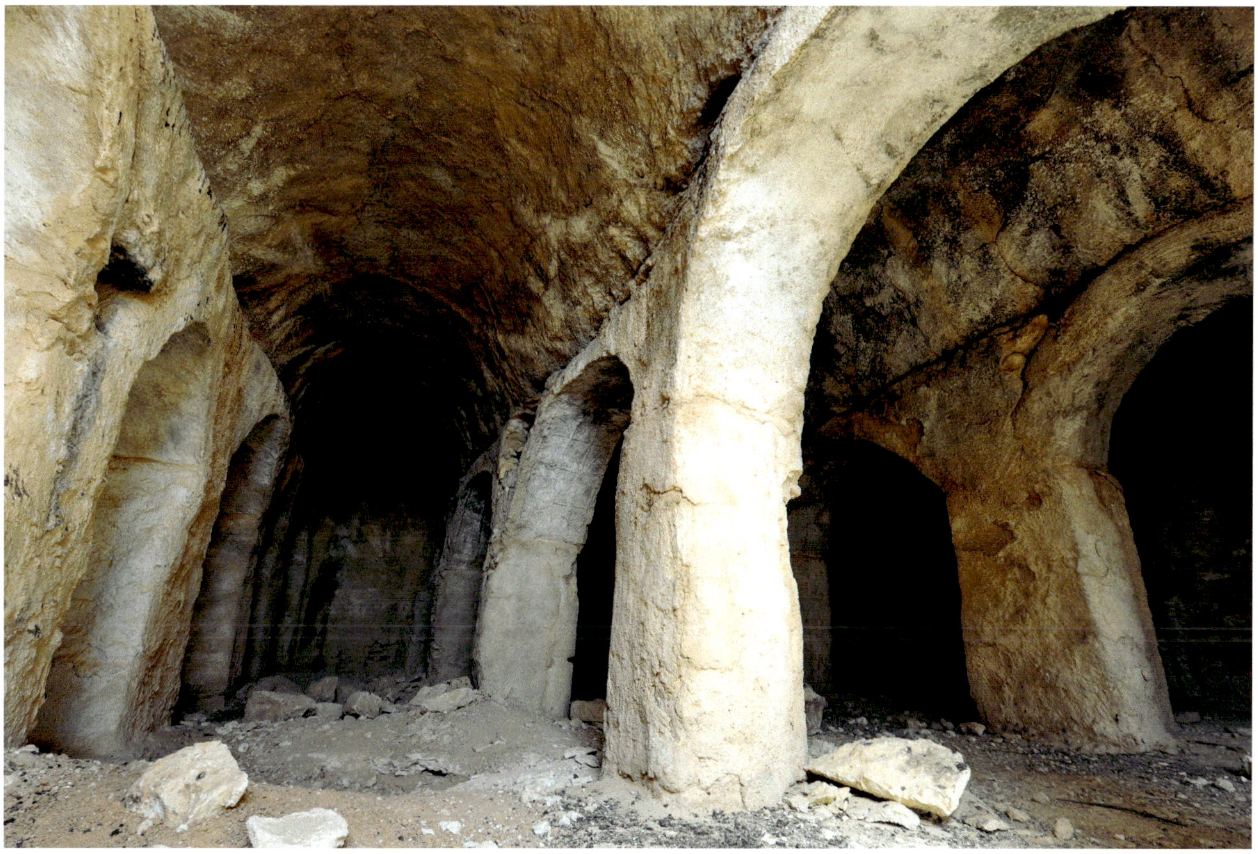

Ill. 94. *Ḥawāriyyīn de Tamazdā, la salle de prière*

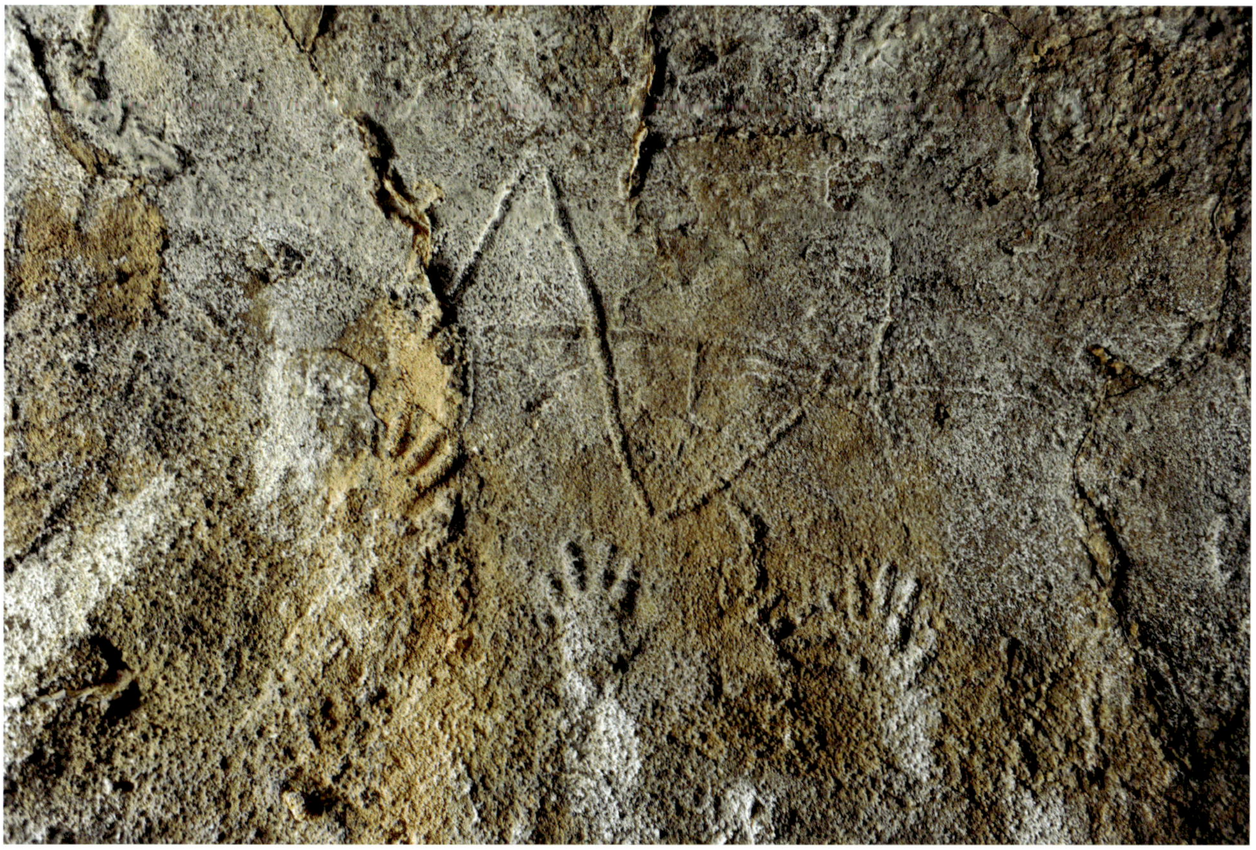

Ill. 95. *Ḥawāriyyīn de Tamazdā, détail du décor*

contenir une lampe au-dessus du pilier situé à gauche du mihrab[504]. Allan remarque que la mosquée a récemment été blanchie à la chaux. Les deux photos qu'il présente font effectivement voir un édifice qui semble en bon état de conservation : il paraît intact tant à l'extérieur qu'à l'intérieur[505]. Nous avons trouvé en 2010 une mosquée très détériorée, dont une partie du toit de la travée de la qibla s'est effondrée et dont le sol est couvert de gravats provenant du plafond et des murs. La niche du mihrab est en voie d'éboulement et sa saillie ne se voit plus distinctement à l'extérieur. Contrairement à bien d'autres édifices, on ne devine ici aucune tentative de restauration ni même aucun signe de fréquentation des lieux. Le lieu de culte semble définitivement abandonné[506]. Les inscriptions, dont Allan note déjà la détérioration, ont manifestement complètement disparu. Là où le revêtement de plâtre est encore en place, on aperçoit à certains endroits des mains ouvertes, des motifs faits de rassemblements de points ou des figures géométriques simples encore bien visibles. Les intrados de deux arcs proches du mihrab sont décorés par de grands damiers (ill. 94, 95). Si quelques rares blocs, utilisés notamment pour l'entrée, évoquent le remploi de matériaux antiques, rien ne rappelle une église.

LA MOSQUÉE TARAGH DE WĪFĀT

COORD : N 31° 56′ 26″ E 11° 57′ 36″. Altitude : 671 m.
LOC : La mosquée est dans le village ; elle est désormais reliée par un mur bas à un vaste local maçonné qui semble servir de garage. La carte 1/50 000 feuille 1688 I indique une mosquée nommée jāmi' Ṭāriq qui pourrait correspondre à celle-ci.
DOC : Néant, Allan ne donne pas de planches.
NOM : Allan l'appelle jāmi' Tarigh. Les habitants du village prononcent Taragh. Elle est également connue, tout simplement, comme l'ancienne mosquée de Wīfāt (al-masjid al-'atīq)[507].
SOURCES : *Les bourgs et les chemins du djebel Nafūsa* mentionne la grande mosquée du *qaṣr* de Wīfāt[508]. On peut peut-être envisager que la mosquée de Tūfat (Tuwuft pour Basset) évoquée dans la *Tasmiyat mashāhid al-jabal* soit celle étudiée ici[509].
DESCR : Voir plan 18. Allan ne donne que quatre brèves lignes descriptives et les commentaires résultent donc principalement de nos observations. Le plan a été réalisé rapidement par nous sur place et est élaboré à partir des rares mesures fournies par Allan ; il doit donc être considéré à simple titre indicatif. La mosquée, de plain-pied avec le sol environnant, se compose de deux travées divisées par une arcade. La voûte de la travée de la qibla, ainsi que le mihrab en saillie, ont été restaurés soigneusement par l'extérieur et ces réparations ont été chaulées (ill. 96, 97). La niche du mihrab, orientée très au sud à 175°, mesure 2,10 m de haut, 1,18 m de profondeur et 75 cm de large ; elle est donc particulièrement étroite et tout en hauteur. À côté est percée une petite niche manifestement destinée à accueillir une lampe ; d'autres sont aménagées dans les murs ou les piliers (ill. 98). La mosquée comporte deux entrées dépourvues de portes : des blocs sont placés devant la principale des deux

[504] J.W. Allan, « Some Mosques of the Jebel Nefusa », p. 157.
[505] J.W. Allan, « Some Mosques of the Jebel Nefusa », pl. LXIIc et LXIIIa.
[506] On pourrait se demander si le fait que les environs de Tamazdā soient habités à la fois par des malékites et par des ibadites n'a pas un effet néfaste sur l'entretien des mosquées ibadites, puisque tant Ḥawāriyyīn que Kanīsa sont totalement délaissées. Le bon état de conservation d'Abū Zakariyyā' al-Tūkītī et d'Abū Naṣr constitue un argument qui s'oppose à cette thèse.
[507] I. al-Būjadīdī *et al.* (éd.), *Al-quṣūr wa-l-ṭuruq*, p. 184.
[508] A. de C. Motylinski, *Le Djebel Nefousa*, p. 92.
[509] R. Basset, « Les sanctuaires du Djebel Nefousa », I, p. 435. M. Umādī et 'A. Zārū, *Tasmiyat mashāhid jabal Nafūsa*, p. 50, note 114, émettent l'hypothèse que Tūfat soit une erreur du copiste et proposent de lire At Wīfāt.

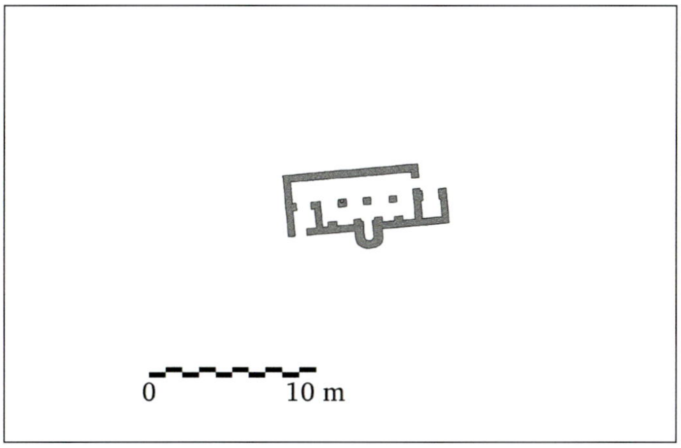

Plan 18. *Taragh (croquis réalisé sur place)*

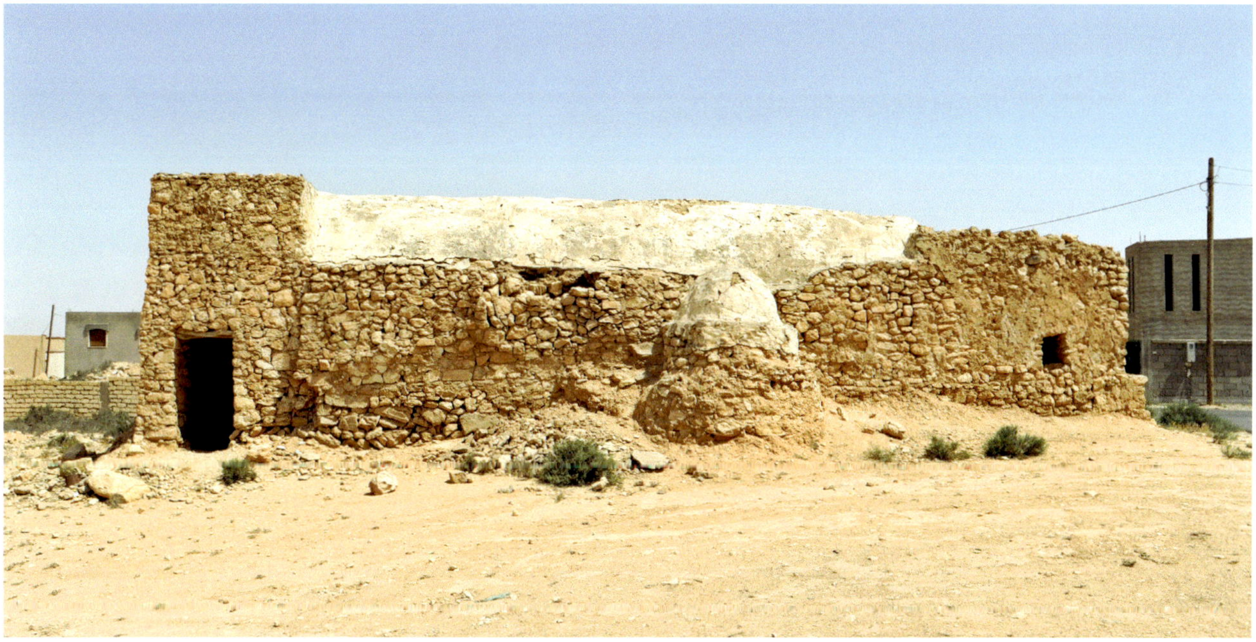

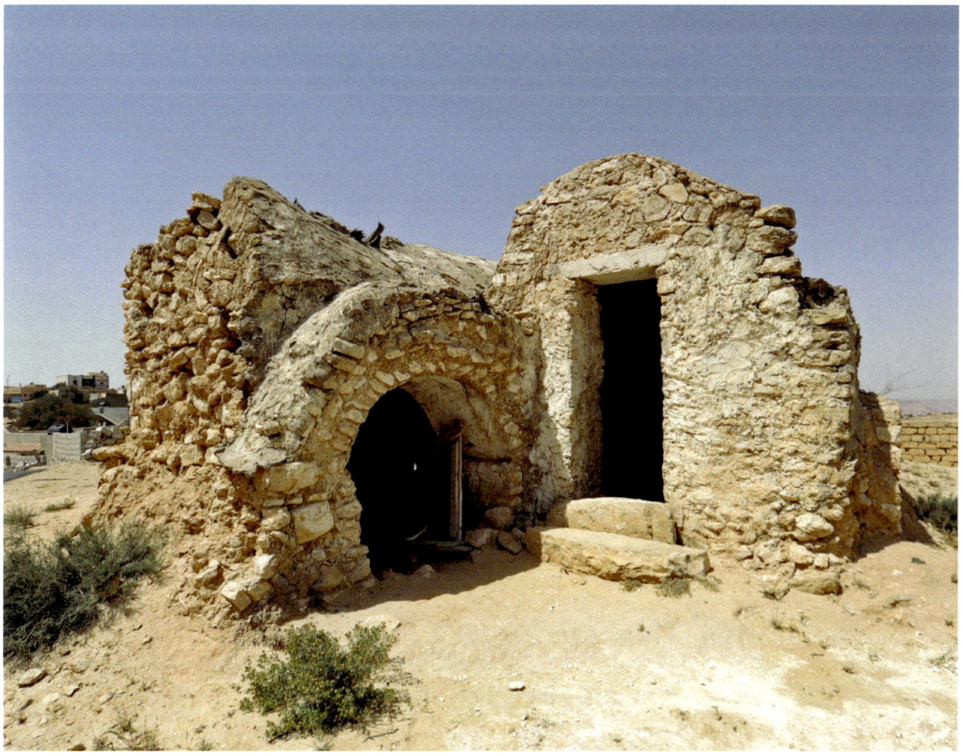

Ill. 96. *(au-dessus) La mosquée Taragh de Wīfāt, le mihrab en saillie*

Ill. 97. *(à gauche) Taragh, l'entrée principale*

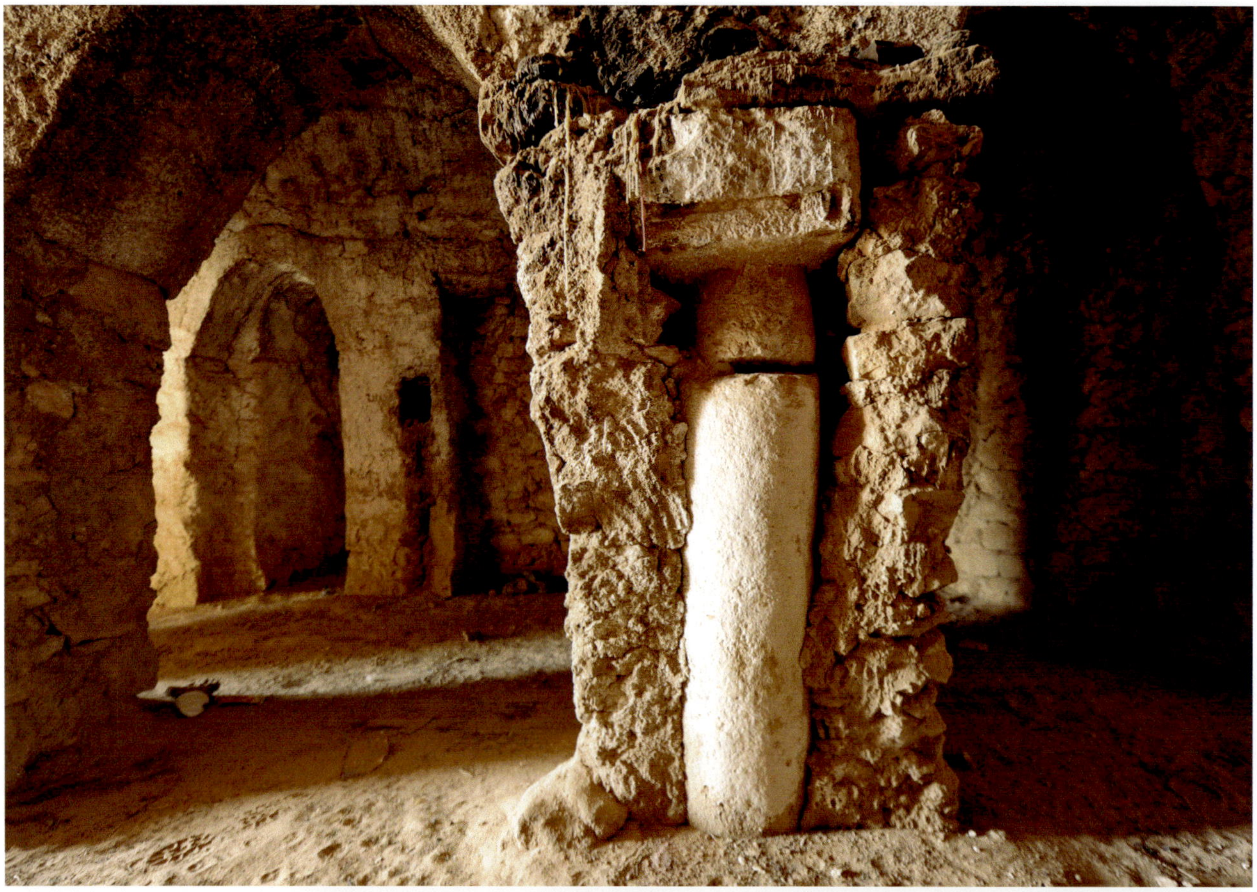

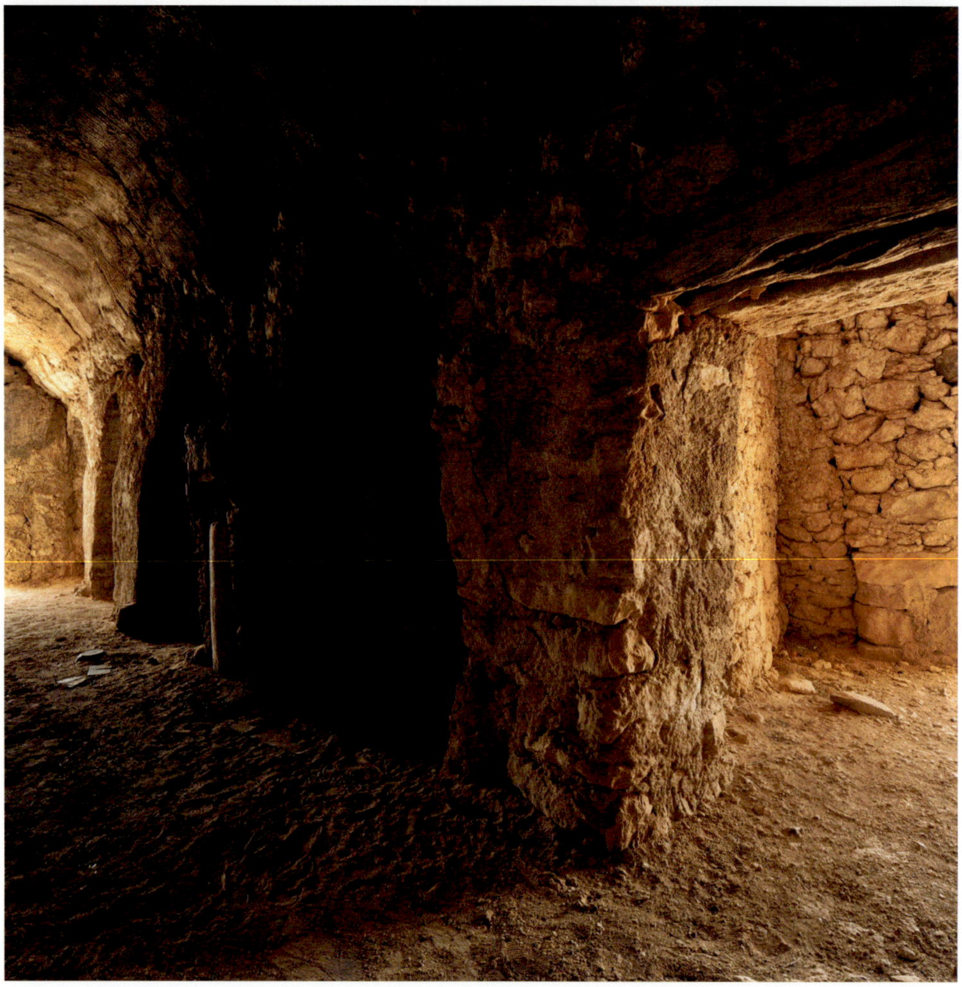

Ill. 98. *(au-dessus) Taragh, le mihrab et une colonne de remploi*

Ill. 99. *(à droite) Taragh, le motif de natte sur les voûtes*

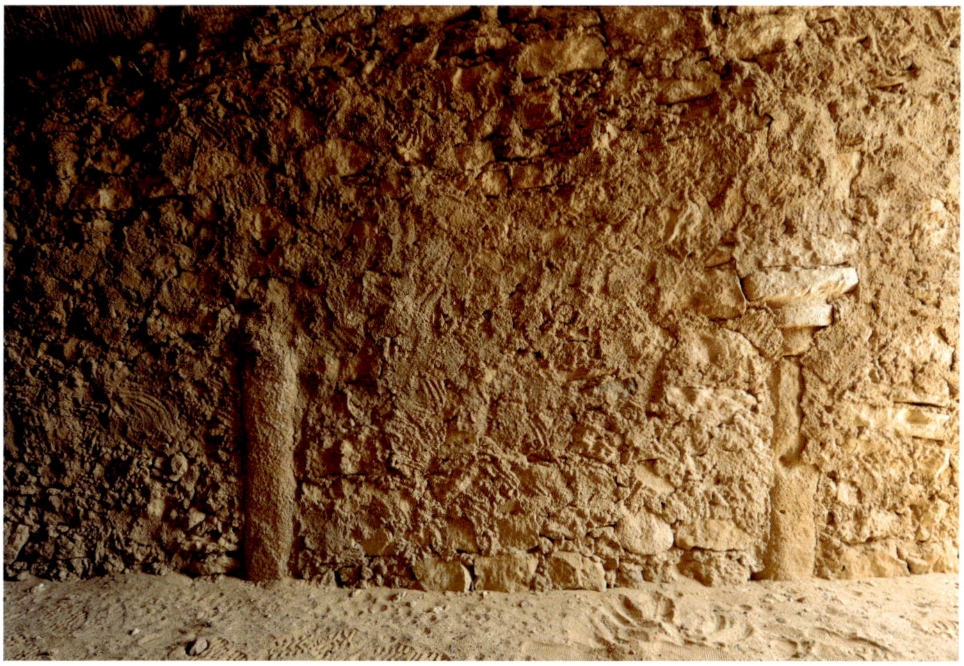

Ill. 100. *Taragh, colonnes et chapiteau de remploi*

entrées pour empêcher les animaux de pénétrer. L'entrée secondaire donne accès à une pièce séparée du reste de la travée de la qibla par une cloison. À certains endroits, le revêtement des voûtes porte un motif de fines lignes parallèles serrées, qui résulte peut-être de la natte ou de l'outil qui a été utilisé pour le plafonnage ; on peut également imaginer que les voûtes ont été volontairement griffées pour accueillir un revêtement aujourd'hui disparu (ill. 99). Sur les piliers et les murs, ce sont des sortes de coups de brosse qui apparaissent à l'occasion en imprimant un relief au revêtement. Le mur parallèle à celui de la qibla comprend trois colonnes de remploi, dont l'une où le chapiteau est bien visible (ill. 100). Il y a quatre fûts de colonnes romaines et un chapiteau remployés[510]. La travée de la qibla est prolongée à l'est par une chambre éclairée par une petite fenêtre ; son entrée était à notre visite obstruée par des planches en bois. L'intrados de l'arc de cette entrée est décoré de croix et de pointillés.

LA MOSQUÉE ABŪ KĀR

COORD : N 31° 54′ 54″ E 11° 58′ 22″. Altitude : 686 m.
LOC : La mosquée est isolée au sud-est du village de Riqriq, au bord d'une piste et à côté d'une nouvelle construction. Elle est située sur une petite colline au milieu des oliviers[511]. Elle est indiquée par un symbole sur les cartes 1/50 000 feuille 1688 I et 1/100 000 feuille 1671, mais son nom n'apparaît pas.
DOC : Allan donne deux photos (pl. LXIVc, LXVa), Warfallī donne des photos et un plan (fig. 201-208).
NOM : Allan l'appelle Buqār Mosque, Kenrick donne Ibukar mosque, Warfallī dit masjid Abī Kār et exceptionnellement masjid Abī Bakār[512]. Il spécifie que les habitants de la région ne savent rien ni d'Abū Kār ni de l'histoire de la mosquée ; ils

---

[510] J.W. Allan, « Some Mosques of the Jebel Nefusa », p. 162.
[511] M. Warfallī, *Some Islamic Monuments*, p. 174. Pour lui, de même que pour J.W. Allan, « Some Mosques of the Jebel Nefusa », p. 159, elle est à environ 3 km au nord-est de la mosquée Kanīsa.
[512] J.W. Allan, « Some Mosques of the Jebel Nefusa », p. 159 ; Ph. Kenrick, *Libya Archaeological Guides*, p. 79 ; M. Warfallī, *Ba'ḍ al-āthār al-islāmiyya*, p. 285.

Plan 19. *Abū Kār (d'après Warfallī, fig. 204)*

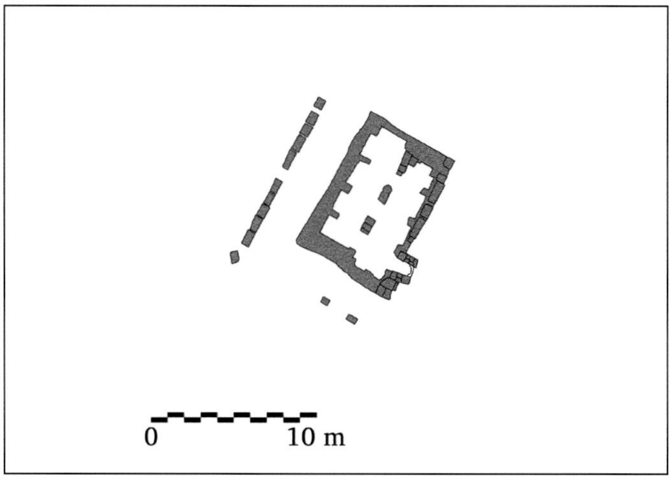

savent juste que c'est une mosquée vénérée[513]. Despois mentionne les ruines de Bou Kar, dont les habitants seraient venus s'établir à Regreg (Riqriq)[514]. Al-Būjadīdī mentionne la mosquée du cheikh Abū Kār bâtie parmi les ruines d'Abū Kār[515].

SOURCES : néant.

DESCR : Voir plan 19. Nous combinons ici les descriptions d'Allan, de Warfallī et celle, plus récente, de Kenrick[516]. La mosquée est un petit édifice en pierre dont le mur de qibla mesure environ 7 m et le mur nord-est 4,15 m (ill. 101). L'épaisseur moyenne des murs est d'environ 70 cm. Il y a deux travées voûtées et trois arcades comptant chacune quatre arcs ; deux des trois arcades sont engagées dans les murs. Les voûtes plâtrées ne portent pas de décoration propre, on voit seulement le dessin de la natte qui a servi à poser le plâtre. Le mur de qibla contient un grand nombre de pierres de taille provenant de constructions romaines, que Warfallī attribue à des restaurations. On voyait dans les années 1970, juste à gauche de l'entrée à l'extérieur, dans le coin sud-ouest du mur de qibla, une pierre sculptée figurant un homme labourant la terre avec un chameau, devant lequel un autre homme sème des graines. Cette pierre mesurait 39 x 29 cm et avait une épaisseur de 8 cm. Ce genre de scènes d'agriculture se retrouve sur des pierres présentées au musée de Tripoli qui ont été trouvées à Ghirza à 300 km au sud de Tripoli, qui remontent aux IIIe-IVe siècles et qui entraient dans la construction d'une tombe romaine. Cette pierre, qui pourrait donc provenir d'une tombe, n'est plus visible en 2008 car elle est cachée par des débris. Elle condamne en fait l'ancienne entrée de la mosquée, qui se trouvait dans le coin sud-ouest du mur de qibla, l'entrée actuelle étant aménagée dans l'ancien mihrab, orienté à 155°. La mosquée n'a donc à présent plus de mihrab. L'actuelle entrée se présente comme un petit corridor de 1,50 m de long et de 75 cm de large[517]. Cette disposition inhabituelle d'une entrée aménagée dans le mur de qibla rappelle la mosquée Kanīsa.

Au nord-ouest à environ 2,50 m de la mosquée se trouvent les restes d'un mur bas qui court sur environ 10,25 m : il s'agissait sans doute d'une troisième travée parallèle au mur de qibla. Des fouilles ont permis de dégager les vestiges d'un autre mur perpendiculaire, à environ 1,75 m de l'actuel mur sud-ouest de la mosquée. La mosquée était donc à l'origine de plan presque carré, comme les mosquées Kanīsa et Umm al-Ṭubūl. La position du mihrab originel était dès lors davantage centrée dans

[513] M. Warfallī, *Some Islamic Monuments*, p. 174.

[514] J. Despois, *Le Djebel Nefousa*, p. 239.

[515] I. al-Būjadīdī *et al.* (éd.), *Al-quṣūr wa-l-ṭuruq*, p. 186.

[516] J.W. Allan, « Some Mosques of the Jebel Nefusa », p. 159 ; Ph. Kenrick, *Libya Archaeological Guides*, pp. 79-80 ; M. Warfallī, *Some Islamic Monuments*, pp. 174-177.

[517] Les fouilles du corridor d'entrée ont mis au jour une forme semi-circulaire correspondant à l'ancienne niche du mihrab. M. Warfallī, *Some Islamic Monuments*, p. 176.

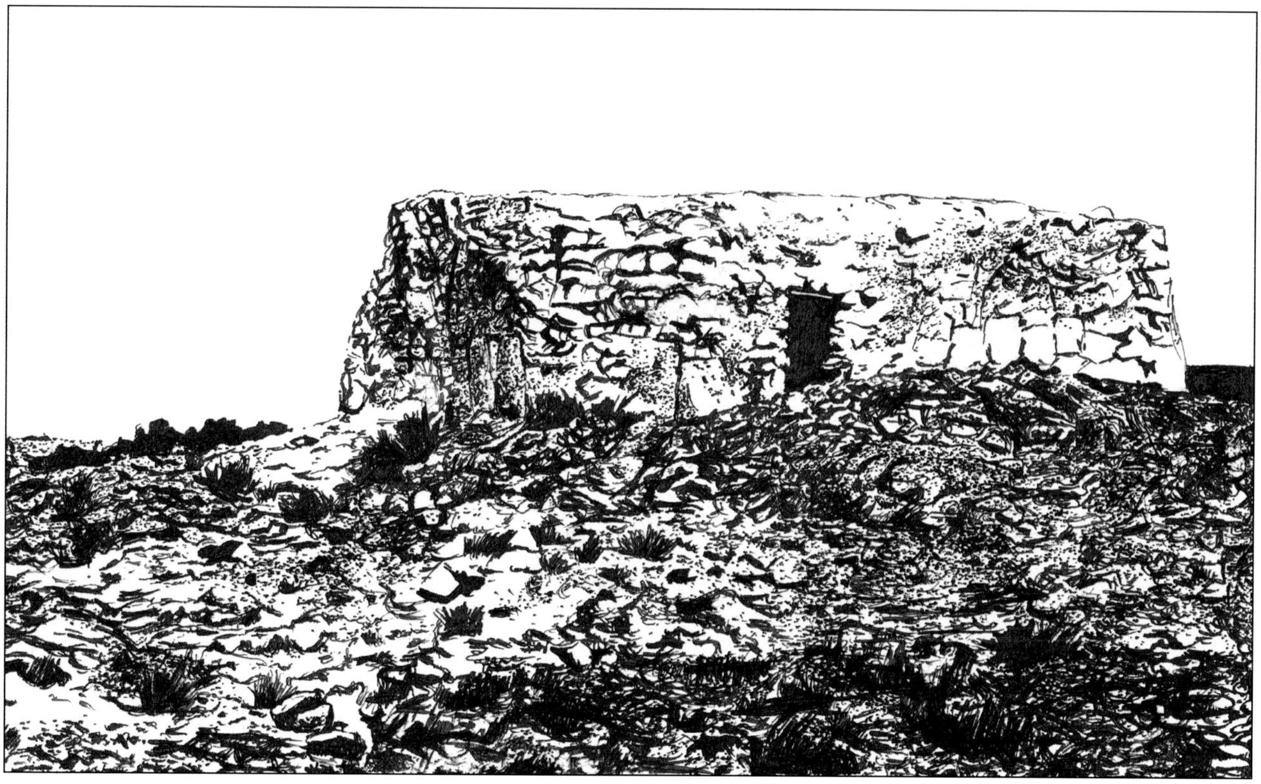

Ill. 101. *La mosquée Abū Kār (illustration M. Favresse, d'après Allan, pl. LXIVc)*

le mur de qibla que ce qu'elle n'apparaît aujourd'hui. Warfallī estime que bien que les restaurations aient été très importantes, tant l'utilisation des pierres romaines spécifique des anciennes mosquées que le plan carré suggèrent que la mosquée d'Abū Kar remonte à la même période que les mosquées Kanīsa et Umm al-Ṭubūl[518]. À l'extérieur de la mosquée, une rampe permet d'accéder à une chambre souterraine, sans doute une grotte calcaire naturelle, qui servait peut-être de tombe pour un saint ou pour le fondateur de la mosquée[519].

LA MOSQUÉE UMM AL-ṬUBŪL OU TĀ ISḤĀQ

COORD : N 31° 55′ 58″ E 11° 58′ 17″. Altitude : 688 m.
LOC : La mosquée est isolée et domine une petite colline entourée d'oliviers ; Kenrick indique qu'elle est désormais flanquée d'une construction moderne peinte en beige[520]. Elle est signalée par un symbole sur la carte 1/100 000 feuille 1671, mais son nom n'apparaît pas. Sur la carte 1/50 000 feuille 1688 I, elle est notée sous le nom de Sīdī Abū Isḥāq et on voit à l'est de Tamazdā le ravin d'Umm al-Ṭubūl.
DOC : Allan donne un plan et des photos (p. 160 et pl. LXVb, LXVIac, LXVIIab), tout comme Warfallī (fig. 189-200)[521].
NOM : Il faut certainement lire Umm al-Ṭubūl « la mère des tambours ». Kenrick dit Umm at-Tabul, Allan dit Umm al-Tabul ou Tayisḥaqt[522]. La mosquée est également connue localement sous le nom Tā Isḥāq ou mosquée d'Isḥāq, ce qui dénoterait une influence chrétienne[523].

[518] M. Warfallī, *Some Islamic Monuments*, pp. 176-177.
[519] Ph. Kenrick, *Libya Archaeological Guides*, pp. 79-80.
[520] M. Warfallī, *Some Islamic Monuments*, p. 167 ; Ph. Kenrick, *Libya Archaeological Guides*, p. 80.
[521] Voir aussi des photos dans A. Elmahmudi, *The Islamic Cities in Libya*, p. 154 ; *Islamic Art and Architecture in Libya*, p. 39; Ph. Kenrick, *Libya Archaeological Guides*, p. 80.
[522] Ph. Kenrick, *Libya Archaeological Guides*, p. 80 ; J.W. Allan, « Some Mosques of the Jebel Nefusa », p. 159.
[523] M. Warfallī, *Some Islamic Monuments*, p. 168.

Plan 20. *Umm al-Ṭubūl (d'après Allan, p. 160)*

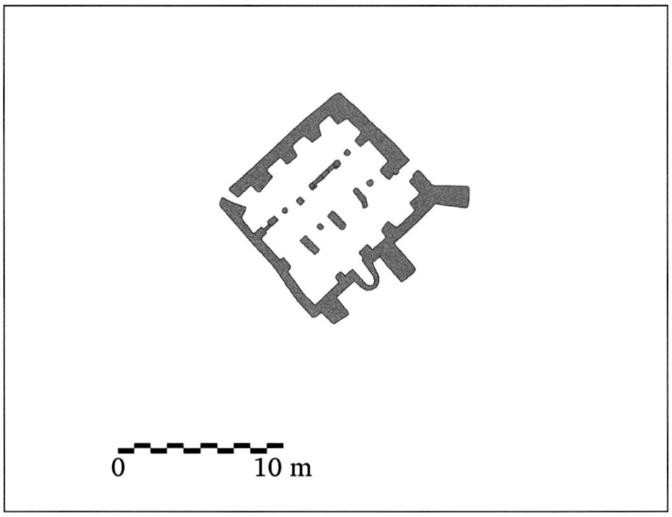

SOURCES : *Les bourgs et les chemins du djebel Nafūsa* rapporte qu'à l'ouest du *qaṣr* d'At Indebas (actuel Nadbās) se trouvent des ruines considérables au milieu desquelles est une mosquée ; en avant des ruines s'étend le ravin d'Oumm Ṭeboul, couvert d'oliviers[524]. On ne sait s'il s'agit là de la mosquée Umm al-Ṭubūl.
DESCR : Voir plan 20. Nous disposons des descriptions d'Allan, de Warfallī et des remarques récentes de Kenrick, dont nous présentons ici deux photographies prises en janvier 2008. Tous décrivent une mosquée assez abîmée, particulièrement du côté nord-est où les voûtes se sont effondrées (ill. 102). Elle a subi de nombreuses restaurations bien qu'elle soit bâtie en grandes pierres bien taillées. L'instabilité du mur de qibla a été compensée par trois solides contreforts à l'extérieur, auxquels s'ajoutent – on le verra – trois arcs insérés à l'intérieur. Dans le mur sud-ouest, la chute de morceaux de plâtre a laissé paraître des briques : tout au moins à cet endroit, des couches de briques ont donc été utilisées à l'intérieur alors que le mur extérieur est en pierre. C'est le seul exemple de briques employées pour la construction de mosquées que l'on connaisse dans le djebel. Elles ont sans doute été importées depuis d'autres régions plutôt que produites sur place, bien que l'on ait trouvé quelques fours, à Fursaṭā notamment[525].

L'édifice mesure environ 9 x 10,30 m et a un plan presque carré comme Kanīsa. L'épaisseur moyenne des murs est de 65 cm environ. Il y avait à l'origine trois travées couvertes de voûtes parallèles au mur de qibla et divisés par deux arcades. Une arcade a été également construite contre le mur nord-ouest. Trois arcs ont été ajoutés plus tard perpendiculairement à la voûte de la travée de la qibla, dans un souci de consolider cette dernière. Chacune des deux arcades du milieu de la salle de prière possède quatre arcs et à six reprises, des piliers ont été insérés pour étançonner le milieu de l'arc. Ces piliers ont une composition tout à fait irrégulière, deux vastes pierres romaines pour presser les olives et un couple de chapiteaux romains étant employés à deux occasions. Il y a aussi deux bases romaines utilisées comme chapiteaux, une base ornée de rinceaux et une colonne torse[526]. Une photo récente montre que l'ensemble comprenant la colonne torse a été modifié depuis l'étude d'Allan (ill. 103, 104). Un vaste village s'étendait jadis dans les environs dont témoignent une abondance de tessons de poteries et de nombreux vestiges de constructions.

[524] A. de C. Motylinski, *Le Djebel Nefousa*, pp. 90-91. J. Despois, *Le Djebel Nefousa*, p. 239, estime que les habitants de Wīfāt sont en partie originaires des ruines du fertile vallon d'Umm al-Ṭubūl.
[525] M. Warfallī, *Some Islamic Monuments*, pp. 172-173 et fig. 200.
[526] L'église d'al-Aṣāba', située dans la plaine de la Jaffāra, dont la structure principale daterait d'avant la reconquête byzantine, comportait quatre colonnes portant des cannelures en forme de spirale qui soutenaient le ciborium. Ph. Kenrick, *Libya Archaeological Guides*, p. 75.

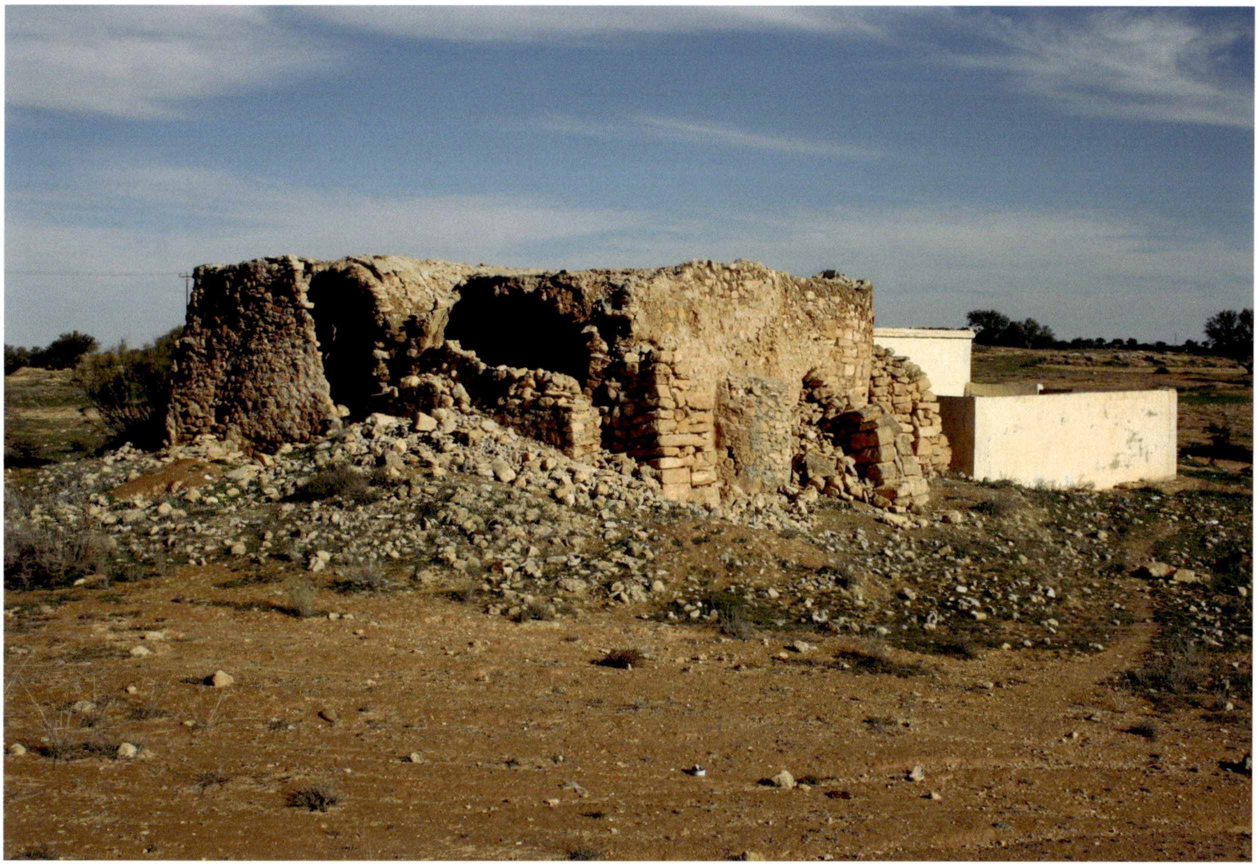

Ill. 102. *La mosquée Umm al-Ṭubūl (Ph. Kenrick, janvier 2008)*

Il devait aussi exister une exploitation d'huile d'olive très proche de la mosquée, car on imagine mal les pierres de presse portées sur une longue distance. La colonne en spirale provient sans doute d'une construction plus luxueuse comme une villa, ou éventuellement d'une église[527]. Lors d'une restauration a été ajouté un mur de partition qui ressemble un peu à la partition de Sharūs. L'entrée secondaire percée dans le coin nord-ouest de la mosquée laisse penser que la travée nord-ouest était réservée aux femmes. Dès lors, contrairement à Kanīsa, cette mosquée présente une des caractéristiques des mosquées ibadites, même si cette partition a l'air d'être un ajout au plan originel[528].

Le mihrab est à droite du centre dans le mur sud-est ; il mesure 2 m de haut, 1,53 m de profondeur et 75 cm de large, et est orienté à 142°. Il est entouré par une bande de plâtre décorée en fort relief de motifs végétaux, qui semble dater d'une restauration. Une partie de la niche est effondrée et est donc ouverte vers l'extérieur. Il est évident que cela a été fait délibérément, peut-être pour rechercher un trésor. Deux pierres décorées sont insérées dans le mur de qibla, à main gauche quand on est face au mihrab, qui portent chacune une fleur à douze pétales, un décor semblable à ceux d'Ibnāyn et de Tandamīra. La position actuelle de ces pierres résulte d'une restauration ; à l'origine, elles flanquaient probablement le mihrab[529]. Du côté nord-est de la travée centrale, une pierre décorée est située au sommet d'une colonne qui figure une fleur semblable à celles du mur de qibla. Il semble qu'il y avait à l'origine une collection de ces pierres dont certaines ont été réutilisées pour une restauration. À nouveau cette pierre devait flanquer le mihrab comme à Ibnāyn où quatre pierres

[527] J.W. Allan, « Some Mosques of the Jebel Nefusa », p. 167.

[528] M. Warfallī, *Some Islamic Monuments*, pp. 171-172. L'ill. 104 montre que ce mur de partition a été démoli depuis lors.

[529] Nous citons ici les mesures données par J.W. Allan, « Some Mosques of the Jebel Nefusa », p. 160, celles fournies par M. Warfallī, *Some Islamic Monuments*, pp. 168-169, semblant inexactes. La fig. 193 montre ces deux fleurs.

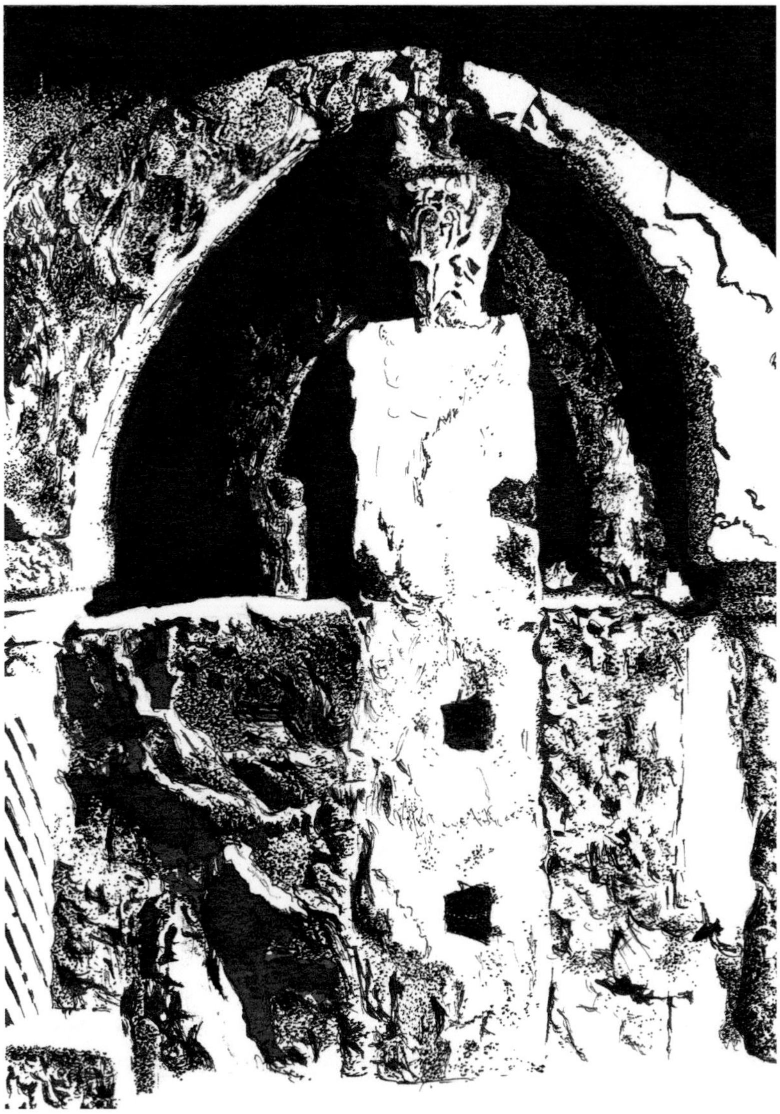

Ill. 103. *L'arcade décorée de la mosquée Umm al-Ṭubūl vers 1970 (illustration M. Favresse, d'après Allan, pl. LXVIa)*

l'entouraient de chaque côté[530]. C'est dans la travée de la qibla et sur les intrados de l'arcade du milieu qu'apparaît la plus belle décoration, présentant des rosettes, des inscriptions, des croix, des pointillés, des chevrons et des motifs de soleil avec de nombreux points. Dans la travée centrale, la décoration est plus fruste et inclut des inscriptions et des croix, alors que la travée nord-ouest montre des mains, des étoiles de Salomon et davantage d'inscriptions[531]. En face de l'entrée principale, dans le mur sud-ouest à une hauteur de 1,83 m, se trouve une décoration géométrique qui a été plus tard recouverte de stuc. C'est un rectangle contenant au centre une sorte de cercle traversé en diagonale par deux lignes qui rejoignent les quatre coins du rectangle. En bas, dans le coin gauche, une autre sorte de rectangle lui est attaché. Cela représente le sanctuaire de La Mecque. Ce décor est unique dans le djebel et a peut-être été réalisé à l'époque turque sous l'influence des panneaux de céramique d'Iznik figurant ce sujet[532].

En 2008, Kenrick a visité une mosquée très endommagée, où des trous profonds avaient été récemment creusés dans le sol. Selon les dires des habitants, ils auraient

[530] M. Warfallī, *Some Islamic Monuments*, pp. 170-171 et fig. 197.

[531] J.W. Allan, « Some Mosques of the Jebel Nefusa », pp. 159-160. La mosquée est citée comme exemple de décoration courante par A. Elmahmudi, *The Islamic Cities in Libya*, p. 155.

[532] L'entrée principale se trouve du côté nord-est de la travée de la qibla et mesure 85 cm de large et 1,28 m de haut. M. Warfallī, *Some Islamic Monuments*, pp. 169-170, fig. 194 et fig. 196.

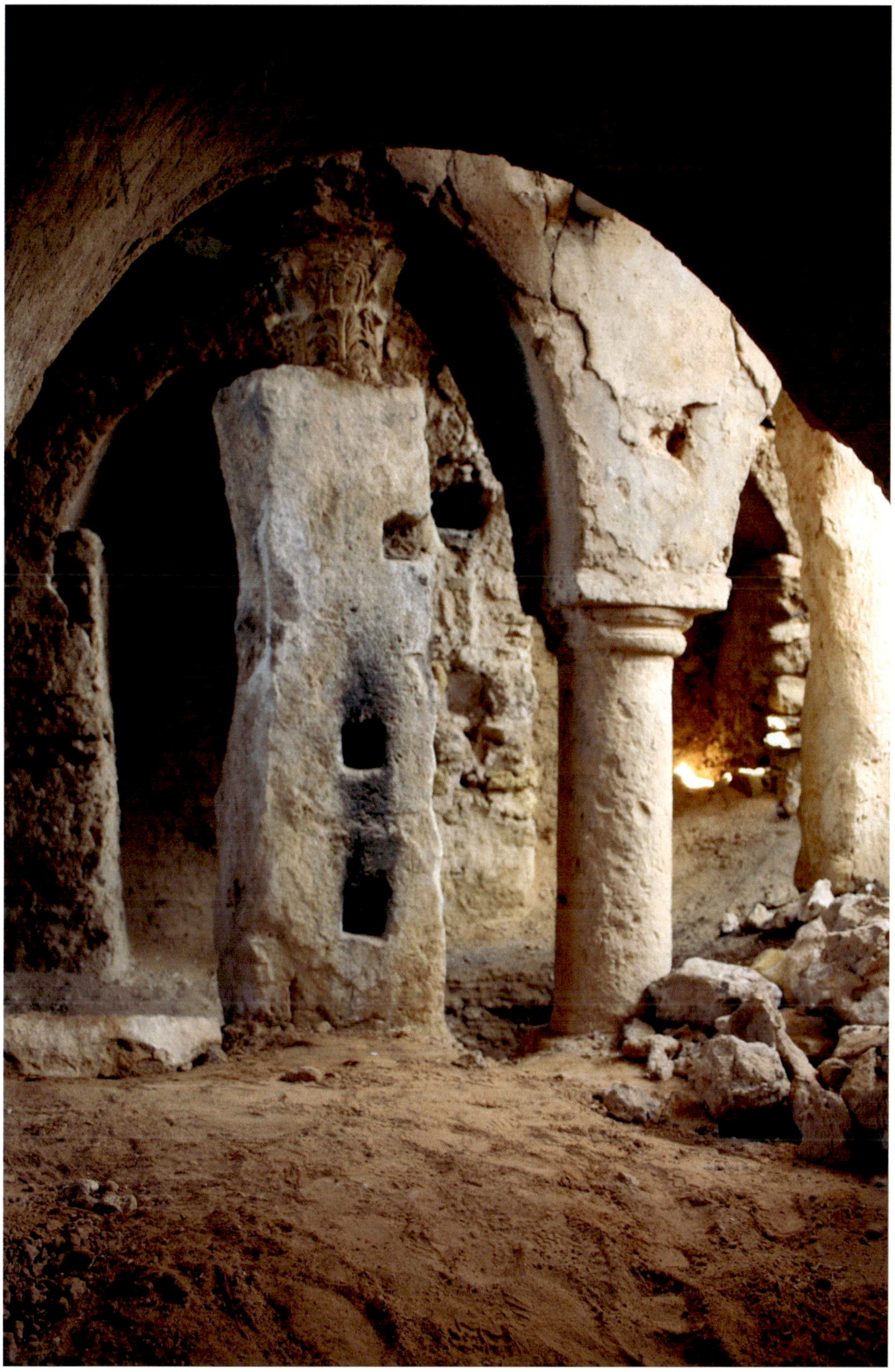

Ill. 104. *L'arcade décorée de la mosquée Umm al-Ṭubūl en 2008 (Ph. Kenrick, janvier 2008)*

été faits par des Marocains à la recherche d'un trésor enterré et ces détériorations se produiraient fréquemment[533]. Pour Warfallī, par son plan carré, son nom de Tā Isḥāq à connotation chrétienne et la présence de pierres romaines, on peut considérer qu'il s'agit d'une mosquée fort ancienne bâtie peut-être à l'endroit d'un édifice préislamique. Les décorations évoquent fortement Ibnāyn, Tandamīra et Sharūs et on peut penser que la mosquée remonte comme elles aux IXe-Xe siècles. Mais une datation plus ancienne peut être selon lui débattue[534].

[533] Ph. Kenrick, *Libya Archaeological Guides*, p. 80.
[534] M. Warfallī, *Some Islamic Monuments*, p. 173.

LA MOSQUÉE MASHHAD TAGHLĪS PRÈS DE MAZGHŪRA

COORD : N 31° 56′ 27″ E 11° 58′ 30″. Altitude : 707 m.
LOC : Sur la carte 1/100 000 feuille 1671 est indiquée bien au sud de Mazghūra, presqu'à la hauteur de Wīfāt, la mosquée Teghlis. Elle est sans doute désignée par un point sur la carte 1/50 000 feuille 1688 I. Aujourd'hui, une mosquée moderne de grande taille a été bâtie tout à côté.
DOC : Allan donne un plan et une photo (p. 161 et pl. LXVIIc).
NOM : Allan l'appelle Mashhad Taghlīs[535]. Sur le terme *taghlīs*, voir *supra*.
SOURCES : Al-Shammākhī mentionne la mosquée de Mazghūra dans laquelle Ismā'īl al-Jīṭālī (m. 1350) rassemble trois savants[536]. Aucun indice ne permet de penser qu'il s'agit de la mosquée évoquée ici. La *Tasmiyat mashāhid al-jabal* mentionne sept [sanctuaires] associés à Abū Zayd al-Mazghūratī[537] ; ils n'ont certainement rien à voir avec la mosquée, mais il faut signaler que curieusement, elle est considérée par les habitants comme un sanctuaire (*mashhad*). La carte 1/50 000 feuille 1688 I indique Sīdī al-Mashhad au sud du village de Mazghūra.
DESCR : Voir plan 21. La mosquée est très petite : elle mesure environ 3,50 x 6 m et n'a qu'une seule travée avec, le long de chacun des deux longs murs, une arcade faite de trois arcs (ill. 105). Elle est couverte par une voûte enduite de plâtre inscrit et il y a deux trous pour des lampes au-dessus des piliers de chaque côté du mihrab. Ce dernier, orienté à 130°, mesure 1,95 m de haut, 1,80 m de profondeur et 1 m de large. Des pierres romaines rectangulaires ont été utilisées dans les murs et l'extérieur de l'entrée consiste en deux courtes colonnes romaines avec une autre pierre romaine rectangulaire en guise de linteau[538].

Annexes

1) Allan évoque à Mazghūra une mosquée dont le nom est inconnu, qui se trouve manifestement dans le village. Cette mosquée a été entièrement rebâtie tout récemment. Un morceau de base de colonne romaine a été trouvé dans la cour[539]. Il s'agit certainement de la mosquée d'Abū Zayd al-Mazghūratī, indiquée sous le nom de jāmi' al-shaykh Abū Zayd au nord du village sur la carte 1/50 000 feuille 1688 I. *Al-masājid al-tārīkhiyya fī jabal Nafūsa* mentionne la grotte-mosquée

Plan 21. *Mashhad Taghlīs (d'après Allan, p. 161)*

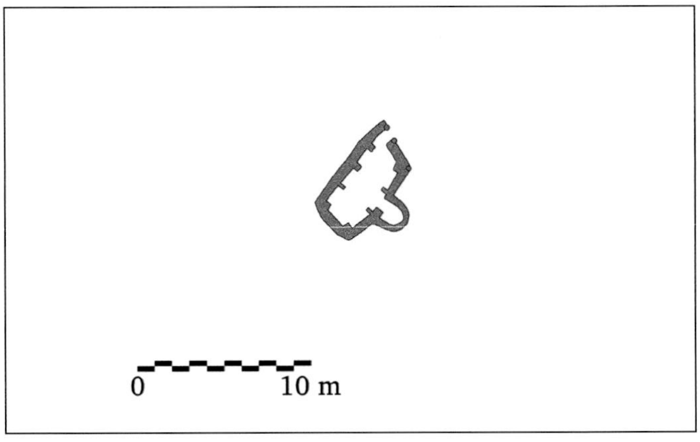

[535] J.W. Allan, « Some Mosques of the Jebel Nefusa », p. 160.
[536] Al-Shammākhī, p. 785.
[537] R. Basset, « Les sanctuaires du Djebel Nefousa », I, p. 435.
[538] J.W. Allan, « Some Mosques of the Jebel Nefusa », p. 160.
[539] J.W. Allan, « Some Mosques of the Jebel Nefusa », p. 164. I. Sjöström, *Tripolitania in Transition*, p. 177, rapporte qu'il y avait dans cette mosquée une belle frise sculptée qui provenait sans doute d'un mausolée romain, représentant un chameau labourant, une scène de chasse et de la végétation, frise qui a été déplacée à Tripoli en 1954.

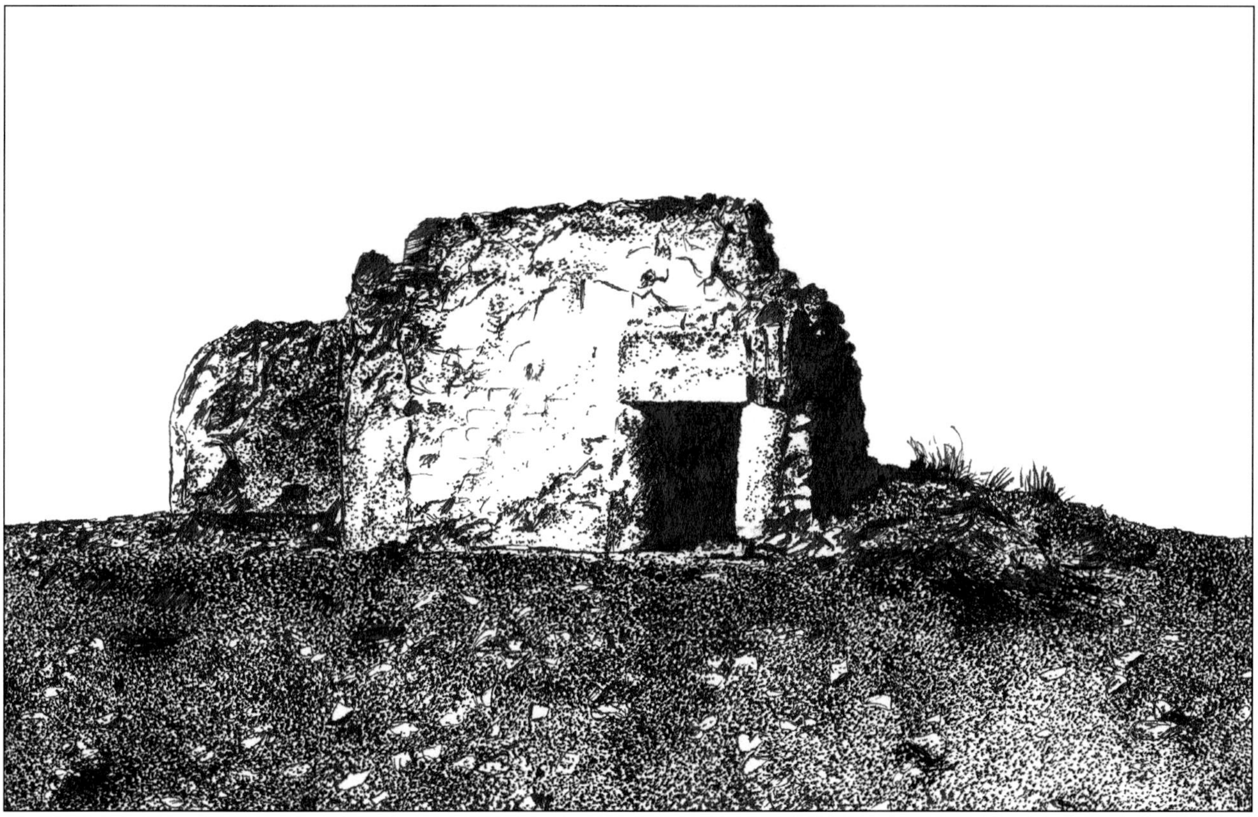

Ill. 105. *La mosquée Mashhad Taghlīs (illustration M. Favresse, d'après Allan, pl. LXVIIc)*

d'Abū Zayd al-Mazghūratī dans le village de Mazghūra, qui a été surmontée par une construction moderne[540].

2) Allan décrit la mosquée Damriyya près de Mazghūra. Elle mesure environ 12 x 6,50 m et a deux travées divisées par une arcade centrale, avec des arcades aveugles le long de chacun des longs murs. Chaque arcade a six arcs. L'arcade centrale en fait est double et la travée nord-ouest est une addition tardive. Les deux travées sont couvertes par une voûte plâtrée avec des inscriptions, des mains, des dessins de natte, la qualité étant supérieure dans la travée sud-est que dans la travée nord-est. Il y a une base de colonne romaine utilisée dans l'édifice et une autre couchée sur le sol à proximité. Le mihrab, orienté à 135°, fait 2 m de haut, 1,50 m de profondeur et 65 cm de large[541].

LA MOSQUÉE ABŪ 'UBAYDA 'ABD AL-ḤAMĪD À IJNĀWUN

COORD : N 31° 57′ 44″ E 12° 00′ 31″. Altitude : 408 m.
LOC : On aperçoit très facilement la mosquée lorsque l'on traverse le village d'Ijnāwun en venant de Shakshūk pour gagner Jādū. Sur la carte 1/50 000 feuille 1788 IV, on voit noté, au nord-ouest de Jādū, jāmi' Abū 'Ubayda à Jinnāwin.
DOC : néant.
NOM : Abū 'Ubayda 'Abd al-Ḥamīd al-Janāwunī – l'un des personnages les plus célèbres du djebel Nafūsa – a vécu à la fin du VIIIe siècle et dans la première moitié du IXe siècle. Les historiens ibadites ne tarissent pas d'éloges à son propos. Il apparaît pour la première fois lors du séjour de l'imam rustumide 'Abd al-Wahhāb dans

[540] *Al-masājid al-tārīkhiyya fī jabal Nafūsa*, n° 13. M. Kūrdī, *Al-ḥayāt al-'ilmiyya fī jabal Nafūsa*, p. 12, date du XIIIe siècle la mosquée d'Abū Zayd al-Mazghūratī et il évoque, p. 73, sa madrasa.
[541] La carte 1/50 000 feuille 1688 I indique Umm Dūmāriyya. Nous avons pu localiser précisément la mosquée : N 31° 56′ 53″ E 11° 58′ 25″, altitude : 695 m. Allan donne deux photos (pl. LXIXab). Voir *infra*, ill. 138.

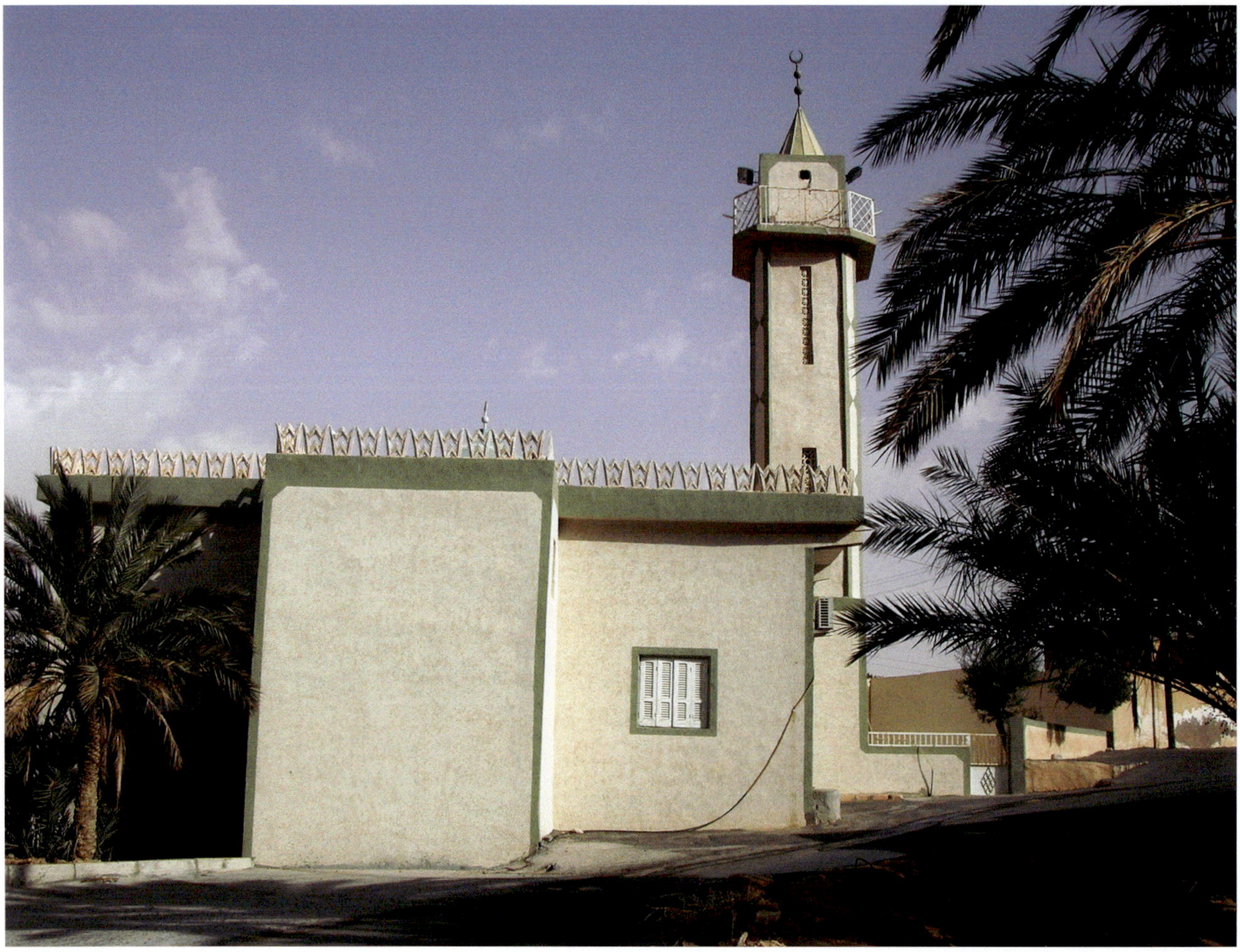

Ill. 106. *La mosquée Abū 'Ubayda 'Abd al-Ḥamīd al-Janāwunī (V. Prevost)*

le djebel Nafūsa, vers 811[542]. Plus tard, au décès du gouverneur (*'āmil*) du djebel, il est nommé à ce poste par 'Abd al-Wahhāb, sur le conseil des habitants de la région. Ijnāwun, où il est né, devient alors le centre de son pouvoir et c'est depuis cette ville qu'il mène la lutte contre le rebelle Khalaf ibn al-Ṣamḥ. Les sources ibadites décrivent dans le détail ces affrontements, qui se soldent par la défaite de Khalaf le 13 *rajab* 221/2 juillet 836, sous le règne de l'imam Aflaḥ[543]. Al-Bughṭūrī précise qu'Abū 'Ubayda coule ensuite des jours heureux jusqu'à sa mort[544]. Il fait partie des douze *mustajāb al-du'ā'*, ceux dont les prières ont été exaucées[545].

SOURCES : La mosquée d'Ijnāwun serait une des plus anciennes du djebel si l'on admet que ses fondations datent de l'époque d'Abū 'Ubayda, c'est-à-dire de la première moitié du IXe siècle. Il faut noter toutefois qu'une tradition locale rapporte qu'une première mosquée aurait d'abord été bâtie par Abū 'Ubayda là où se trouve à présent le cimetière d'Ijnāwun, avant d'être déplacée à son emplacement actuel[546]. La mosquée n'est manifestement pas mentionnée avant al-Shammākhī, qui écrit qu'à l'époque d'Abū 'Ubayda 'Abd al-Ḥamīd al-Janāwunī, pas moins de 70 savants se rassemblaient dans sa mosquée[547]. Il l'évoque également en relation avec des faits qui se déroulent au XIVe siècle[548]. Selon *Les bourgs et les chemins du*

---

[542] Al-Bughṭūrī, p. 101 et p. 128 ; al-Shammākhī, p. 287 et p. 311.

[543] Sur Abū 'Ubayda et sa lutte contre Khalaf, voir *supra* et V. Prevost, « La deuxième scission ».

[544] Al-Bughṭūrī, p. 131.

[545] Entre autres al-Bughṭūrī, p. 80 ; al-Shammākhī, p. 302.

[546] Information donnée sur le site Tamatart (http://www.tamatart.com/?cat=71&paged=3), consulté en décembre 2015.

[547] Al-Shammākhī, p. 321 et p. 772.

[548] Al-Shammākhī, p. 784.

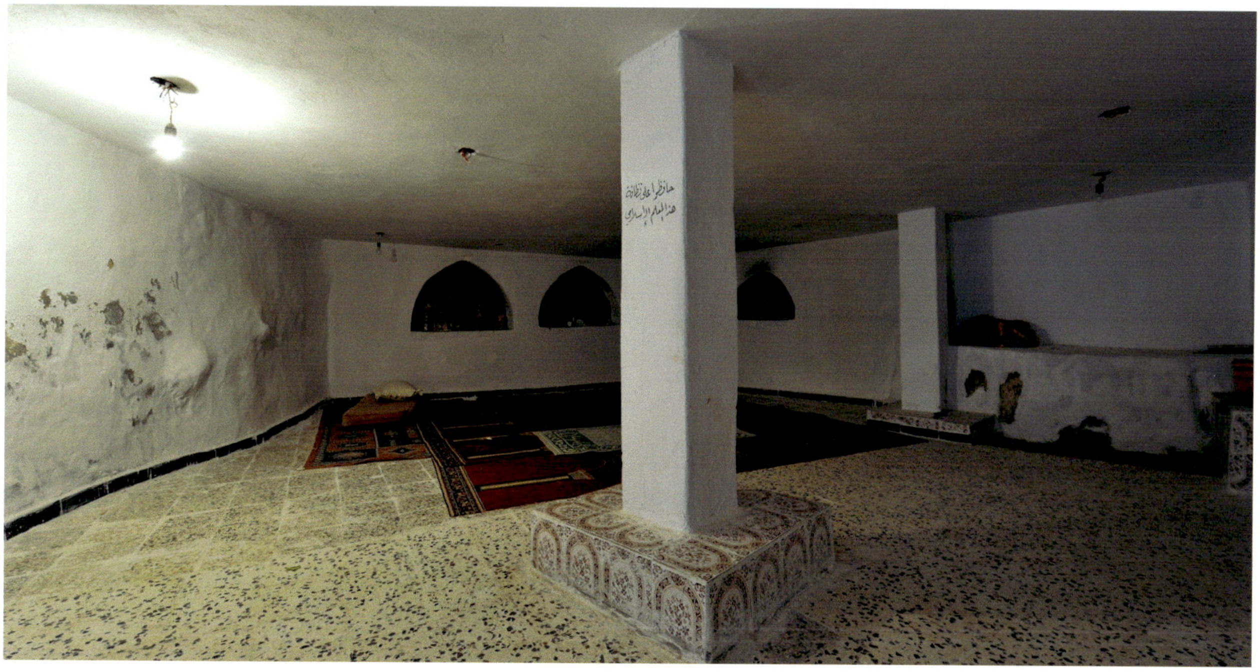

Ill. 107. *Abū 'Ubayda 'Abd al-Ḥamīd, la salle souterraine*

djebel Nafūsa, la mosquée était encore alimentée au XIXe siècle par la source de Tamūjaṭ dont « les eaux descendent vers At Ignaoun et entrent dans la citerne d'Abou Obeïda, au milieu de la mosquée de ce nom. Elles se déversent ensuite dans de grands bassins pour servir aux irrigations des gens du qçar. Aussi, dit-on à ce propos : "Partout les gens vont à l'eau ; quant aux At Ignaoun, c'est l'eau qui vient à eux." Cette source sort du milieu d'un rocher par une ouverture dans laquelle un nègre adulte peut introduire sa main. Les femmes viennent au-dessous laver les effets et la laine. »[549] On sait que l'édifice était déjà en partie détruit au début du XXe siècle : Sulaymān al-Bārūnī rapporte que les vestiges de la mosquée témoignent de ce qu'elle était jadis beaucoup plus vaste que ce qu'elle n'est désormais[550]. Outre la mosquée qui porte son nom, de nombreux lieux de culte sont dédiés à Abū 'Ubayda. Les sources ibadites indiquent qu'il avait sept mosquées dans lesquelles il se rendait tour à tour pendant la nuit pour adorer Dieu et qu'un *muṣallā* lui était consacré à Ijnāwun[551]. La *Tasmiyat mashāhid al-jabal* mentionne sept sanctuaires qui appartiennent à Abū 'Ubayda 'Abd al-Ḥamīd al-Janāwunī[552]. *Les bourgs et les chemins du djebel Nafūsa* mentionne aussi à At Ignaoun, près du *qaṣr*, le *maqām* d'Abū 'Ubayda[553]. Il y avait également à Ijnāwun une *zāwiya* liée à Abū 'Ubayda dans laquelle on enseignait le Coran ; elle a disparu mais un centre culturel moderne a été bâti sur ses ruines[554].

DESCR : Il s'agit d'une mosquée moderne dotée d'un haut minaret, qui a été construite au début des années 1970 sur les vestiges du lieu de culte ancien (ill. 106)[555]. Il semblerait que lorsque les habitants ont souhaité bâtir une nouvelle mosquée, ils n'ont pas trouvé d'emplacement idoine ; ils ont donc démoli la mosquée d'Abū 'Ubayda

549 A. de C. Motylinski, *Le Djebel Nefousa*, pp. 87-88. La source de Tamūjaṭ est mentionnée par al-Shammākhī, p. 396.

550 Al-Bārūnī, p. 174. Il ajoute qu'à son époque, les habitants d'Ijnāwun et de Tandamīra jouissent toujours d'une réputation d'intelligence et de dévotion.

551 Al-Bughṭūrī, p. 127 et p. 128 ; al-Shammākhī, p. 311 et p. 513.

552 R. Basset, « Les sanctuaires du Djebel Nefousa », I, p. 435. Il semble bien que le *muṣallā* de 'Abd al-Ḥamīd devant Tagharmīn à Maṭkūdāsan, mentionné p. 436, lui était également consacré. R. Basset, « Les sanctuaires du Djebel Nefousa », II, p. 108.

553 A. de C. Motylinski, *Le Djebel Nefousa*, p. 88.

554 I. al-Būjadīdī et al. (éd.), *Al-quṣūr wa-l-ṭuruq*, p. 166.

555 M. Kūrdī, *Al-ḥayāt al-'ilmiyya fī jabal Nafūsa*, pp. 11-12 et p. 61, n. 3. Selon ce que lui a dit un habitant du village, l'ancienne salle de prière mesurait environ 80 m².

pour accueillir la nouvelle construction[556]. Aujourd'hui, une porte métallique permet d'accéder, en descendant deux marches, à une partie de l'ancienne salle de prière souterraine qui a été rénovée (ill. 107). On y voit un mur chaulé très irrégulier et un autre dans lequel on a aménagé des sortes de fenêtres ogivales pour mettre en évidence des parties du mur qui se trouve derrière. Il semblerait donc que deux pans de mur aient été conservés[557]. Désormais, cette salle sert à accueillir le « cheikh » qui procède à des guérisons contre les maux provoqués par les djinns ou par le mauvais œil. Selon les renseignements que nous avons réunis sur place, tant les ibadites que les malékites viennent de loin pour bénéficier des soins dispensés par ce personnage. Un texte berbère recueilli vers 1920 fait déjà état de la réputation de ce lieu : il rapporte que lorsqu'une sangsue pénètre dans la bouche d'un homme et qu'il ne trouve aucun remède pour l'en faire sortir, il va passer la nuit à Abū 'Ubayda. La sangsue sort alors, car Abū 'Ubayda est un cheikh très instruit et très saint[558]. Le peu qui subsiste de cette mosquée a donc été reconverti à ce qui s'apparente à un culte maraboutique. La fréquentation de ce lieu par les malékites montre bien que la personnalité d'Abū 'Ubayda appartient au patrimoine commun aux habitants de la région[559].

[556] http://www.tamatart.com/?cat=71&paged=3, consulté en décembre 2015. Si l'on en croit I. al-Būjadīdī *et al.* (éd.), *Al-quṣūr wa-l-ṭuruq*, p. 166, la mosquée comprenait à l'origine une travée et une porte réservées aux femmes.

[557] Selon M. Kūrdī, *Al-ḥayāt al-'ilmiyya fī jabal Nafūsa*, p. 61, n. 3, seul un pan de mur subsisterait.

[558] G. Buselli, « Berber Texts from Jebel Nefûsi », p. 286. Il ajoute à la traduction « the tomb of » Abū 'Ubayda, mais tout porte à croire qu'il s'agit de la mosquée. Dans le même esprit, il raconte que lorsque des jeunes filles veulent apprendre à broder, elles vont passer la nuit dans une ancienne mosquée située dans les ruines de Yujlīn (Fassāṭū). Le lendemain, cet art leur est acquis.

[559] M. Kūrdī, *Al-ḥayāt al-'ilmiyya fī jabal Nafūsa*, p. 12, confirme que la mosquée est fréquentée par une partie des habitants du djebel qui viennent y chercher la baraka. O. Sahli, *Nafousa. Berber Community in Western Libya*, p. 66, note que tant les Berbères que les Arabes considèrent la mosquée comme un endroit sacré.

V
LA RÉGION DE YAFRAN

LA MOSQUÉE D'ATŪGHASRŪ

COORD : N 32° 04′ 23″ E 12° 32′ 37″ (mesure approximative). Altitude : 740 m.
LOC : La mosquée est située dans les ruines du vieux village berbère d'Atūghasrū écrit également At Ughāsrū[560] (ou Atūghāsrū), proche de la mosquée Tiwatriwīn. La carte 1/50 000 feuille 1889 III indique plusieurs mosquées à al-Quṣayr, le nom arabe du village.
DOC : néant.
NOM : Nous avons retenu le nom berbère de ce village. Despois l'appelle El Gsir ; la population y est encore à son époque formée d'un mélange d'ibadites et de juifs[561].
SOURCES : *Les bourgs et les chemins du djebel Nafūsa* évoque « At ou Ghasrou », sur le dos d'une montagne ; il y a une mosquée à l'intérieur du *qaṣr* et cinq autres

Ill. 108. *La mosquée d'Atūghasrū*

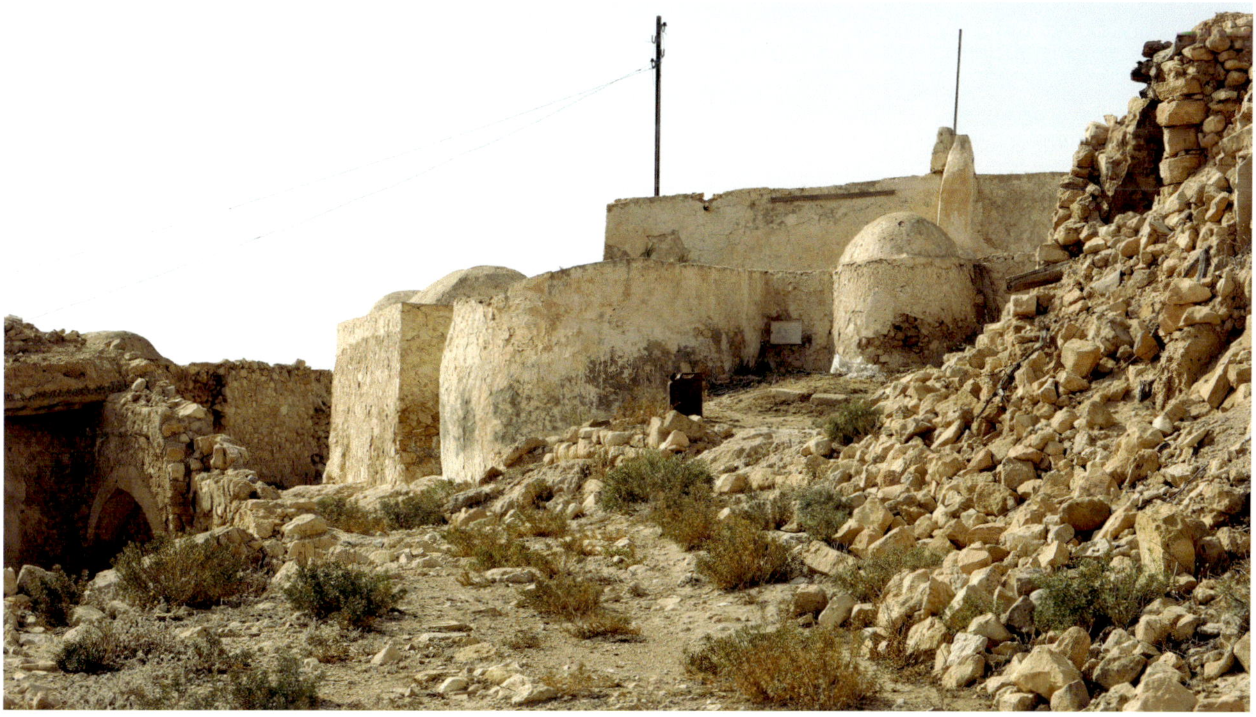

[560] F. al-Ma'lūl, *Yafran*, p. 59. M. Kūrdī, *Al-ḥayāt al-'ilmiyya fī jabal Nafūsa*, p. 14, donne At Ghāsrū qui s'appelle désormais al-Quṣayr.
[561] J. Despois, *Le Djebel Nefousa*, p. 145 et p. 219. 'A. Mu'ammar, *Al-ibāḍiyya fī mawkib al-tārīkh II*, II, p. 113, donne al-Quṣayr.

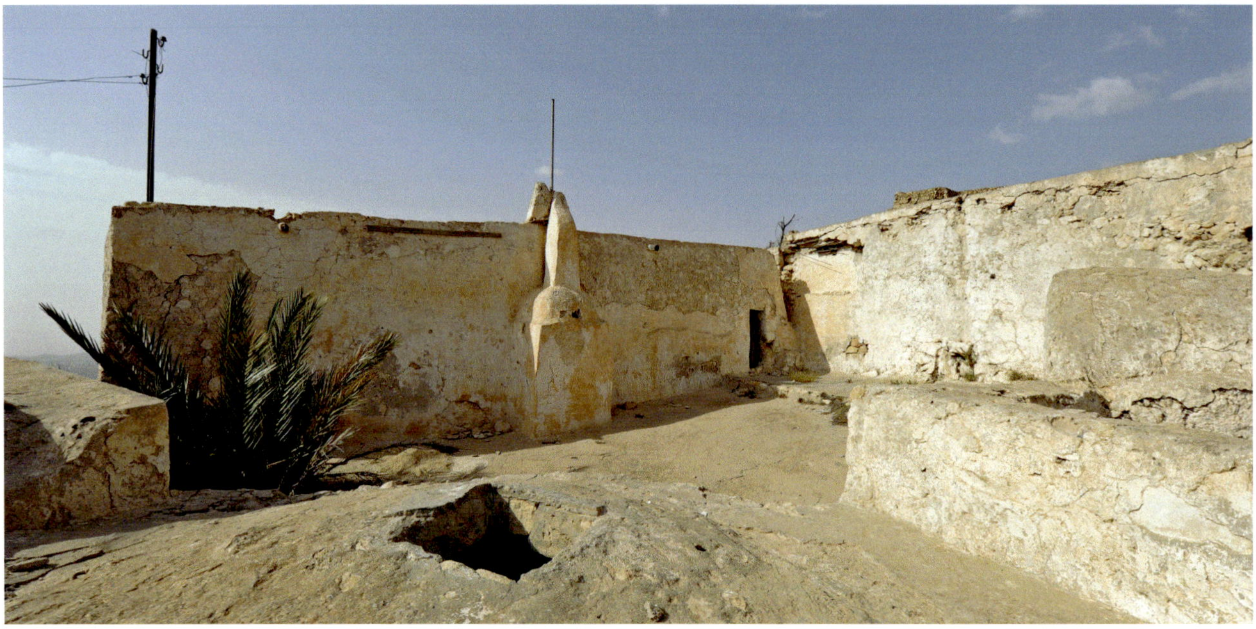

Ill. 109. *La mosquée d'Atūghasrū, la cour*

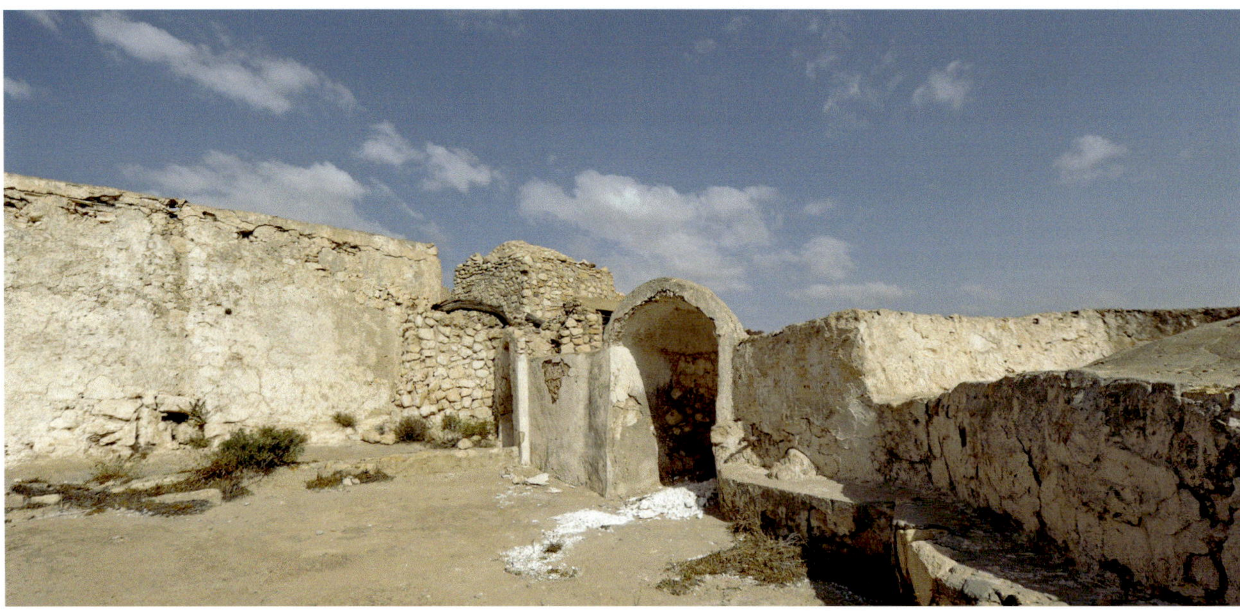

Ill. 110. *La mosquée d'Atūghasrū, la cour et son mihrab*

mosquées très proches. Selon cet auteur, le *qaṣr* est connu pour être fertile en miracles et en saints personnages[562]. Parmi eux figure Abū Sākin ʿĀmir al-Shammākhī, qui enseigna dès 756/1355 dans le pays de Yafran à un grand nombre d'élèves dont al-Barrādī, l'auteur du *Jawāhir al-munṭaqāt*. À sa mort en 792/1389-1390, il est enseveli d'après Muḥammad Aṭfayyish à Qsīr, qu'il faut lire d'après Lewicki plutôt « Dīsīr », le nom d'un ravin dans lequel abondent les tombeaux, situé près de Qaṣr At-Ghasrū à Yafran, où se trouve encore une mosquée portant le nom d'Abū Sākin[563].
DESCR : La mosquée se compose d'une vaste cour oblongue qui donne accès à un bâtiment de même superficie (ill. 108). La cour est entièrement ceinte par un mur le

[562] A. de C. Motylinski, *Le Djebel Nefousa*, pp. 75-76.
[563] T. Lewicki, « Une chronique ibāḍite », pp. 63-64.

long duquel a été aménagée une banquette maçonnée. Elle possède un mihrab de cour en saillie, une grande citerne, et est prolongée au sud-ouest par une pièce qui accueillait peut-être une petite école coranique (ill. 109, 110). Dans l'axe de l'entrée de la cour se trouve l'accès à la salle de prière, qui est composée de deux travées relativement bien entretenues et séparées par quatre piliers massifs. On y voit plusieurs inscriptions et de grands motifs géométriques sur les voûtes (ill. 111, 112). L'inscription la plus spectaculaire, mêlée à des signes et à des mains ouvertes, s'étend sur la voûte du mur de qibla et porte la mention d'une rénovation de l'édifice : « Sulaymān Yaḥyā, 1280/1863-1864 ». Il y aurait également sur un des murs une inscription donnant l'année de fondation de la mosquée, 802/1399-1400, et des dates de réparations successives dont 1011/1602-1603, 1200/1785-1786 et 1387/1967-1968[564]. Une très petite salle s'ajoute au nord-est de la salle de prière. Sur le toit de l'édifice se dresse une sorte de petit pinacle, peut-être une *ṣum'a*, qui voisine une autre excroissance qui émane de la saillie du mihrab sur la façade principale.

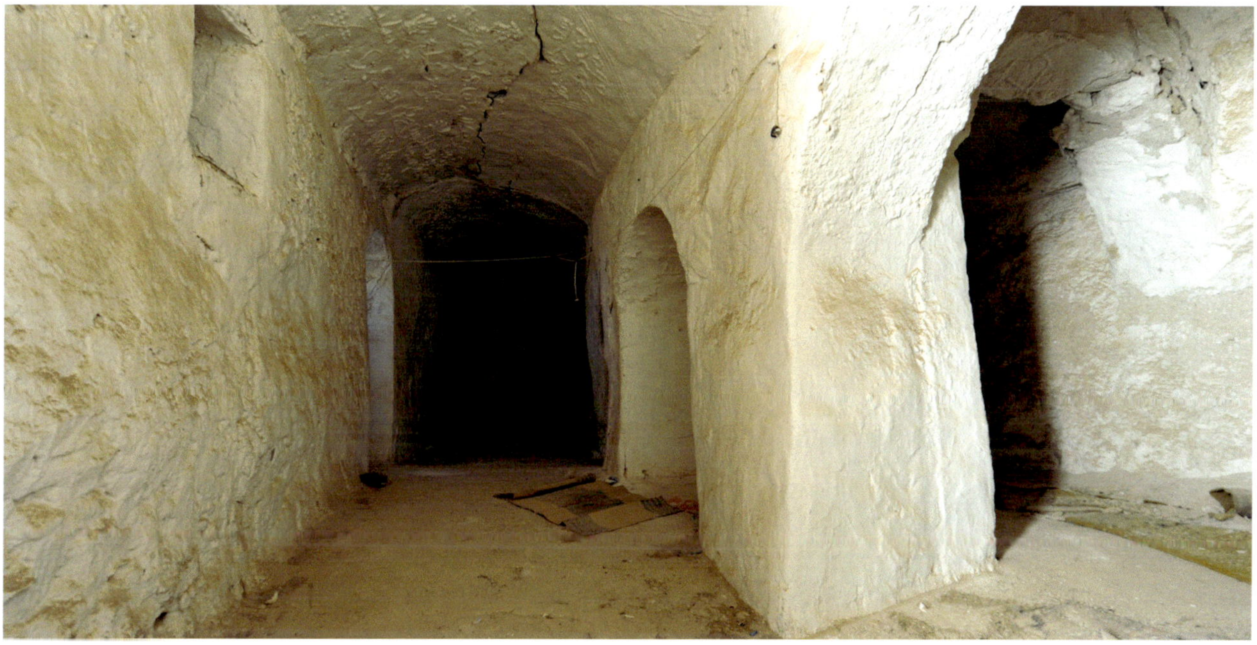

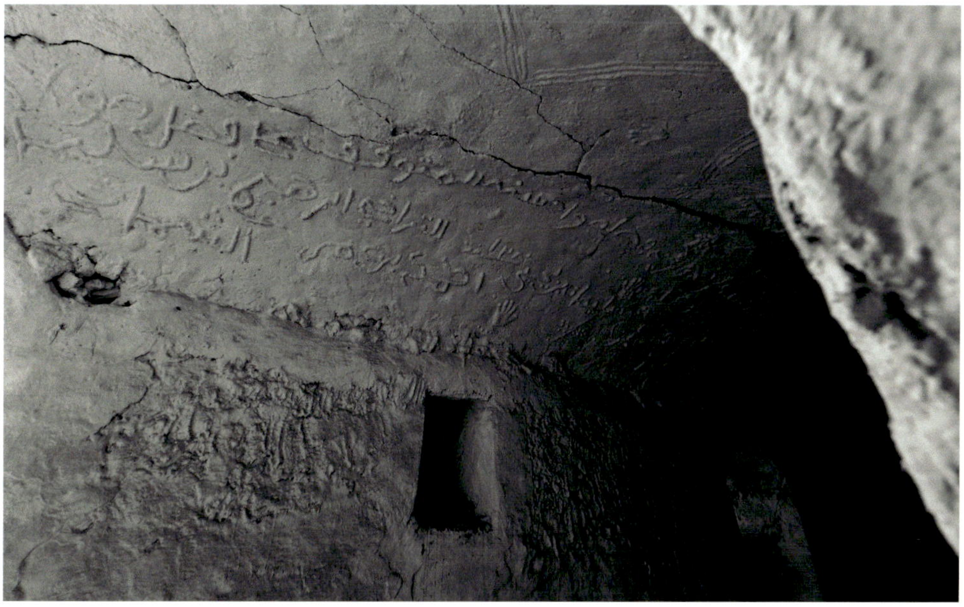

Ill. 111. *(au-dessus) La mosquée d'Atūghasrū, le décor de la voûte du mur de qibla*

Ill. 112. *(à gauche) La mosquée d'Atūghasrū, détail du décor*

[564] I. al-Būjadīdī *et al.* (éd.), *Al-quṣūr wa-l-ṭuruq*, pp. 41-42, qui indiquent que la mosquée était un *waqf* de Sa'īd ibn Sulaymān ibn Yaḥyā Sulaymān al-Shammākhī, dont le nom apparaît sur l'inscription datée de 1280/1863-1864.

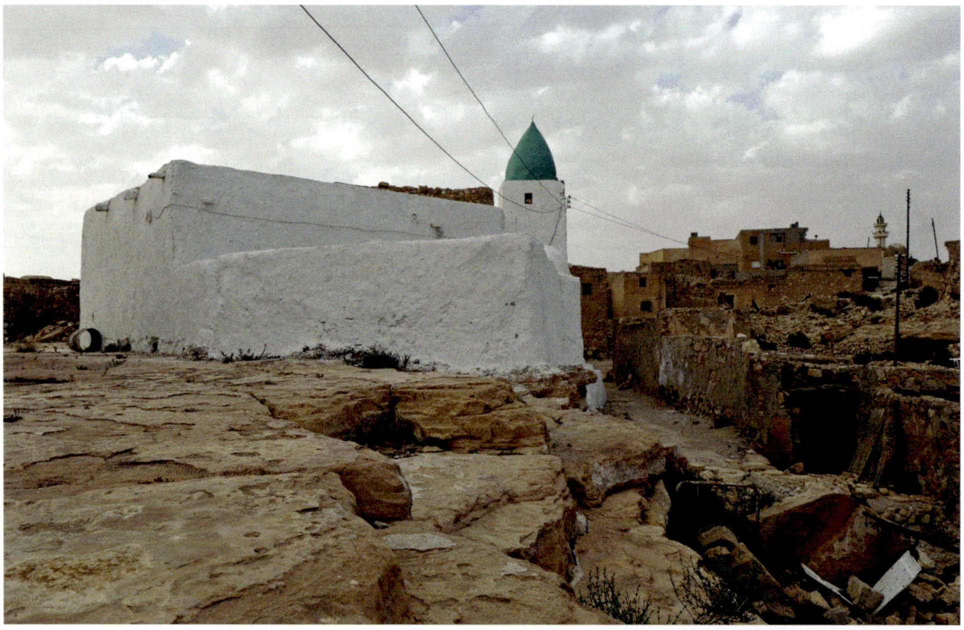

Ill. 113. *(à droite) La mosquée de Tāqarbūst*

Ill. 114. *(au-dessous) La mosquée de Tāqarbūst, la cour*

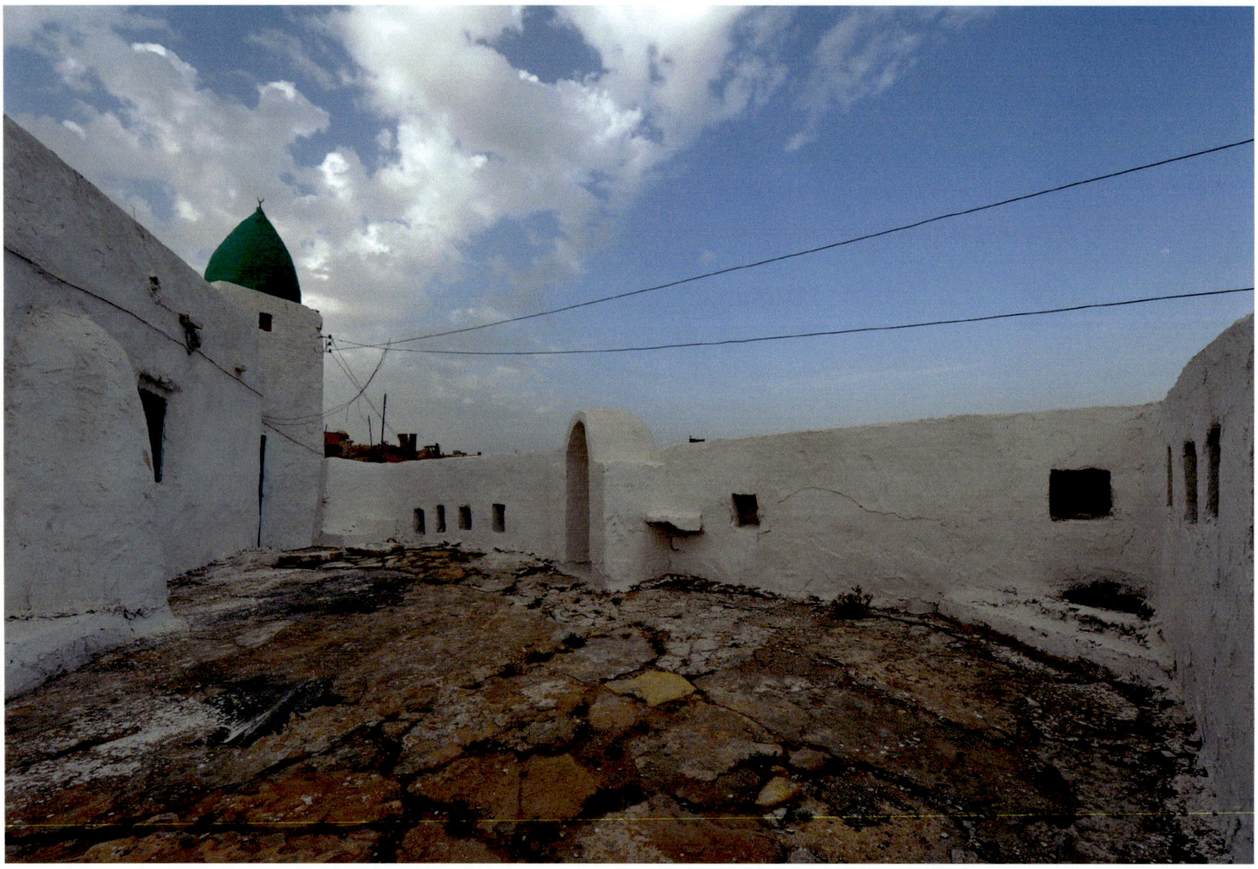

Annexe

La mosquée de Tāqarbūst[565] (N 32° 03′ 53″ E 12° 31′ 09″, altitude : 641 m) se trouve juste en face de la terrasse de l'hôtel principal de Yafran (Yefren Tourism Hotel), de l'autre côté du grand ravin. *Les bourgs et les chemins du djebel Nafūsa* décrit le *qaṣr*

[565] On trouve de très nombreuses variantes de la prononciation et de la graphie de Tāqarbūst. Taguerboust est la prononciation française la plus courante. J. Despois, *Le Djebel Nefousa*, p. 145, donne Tagarbost. F. al-Ma'lūl, *Yafran*, p. 59 donne At Qarbūst. 'A. Mu'ammar, *Al-ibāḍiyya fī mawkib al-tārīkh II*, II, p. 113, note T.q.r.b.st sans voyelle longue. La carte 1 / 50 000 feuille 1889 III donne Baldat Tāqirbist. I. al-Būjadīdī *et al*. (éd.), *Al-quṣūr wa-l-ṭuruq*, p. 48, écrivent Tāq.r.b.s.t. M. Mercier, *La civilisation urbaine au Mzab*, pp. 86-89, décrit le *takerboust*, le local d'ablutions affecté aux *'azzāba* et dont la disposition est propre aux mosquées mozabites.

ibadite de Tagarbouset, avec une mosquée au milieu. Ce *qaṣr* situé au sommet de la berge est coupé par un ravin qui descend vers la source de Tagarbouset où les Turcs et les habitants du *qaṣr* viennent chercher leur eau : cette source arrose environ cinq cents palmiers et on y cultive des oignons et des piments jaunes[566]. La mosquée, fortement rénovée et malheureusement fermée lors de notre passage, présente de nombreux points communs avec la précédente (ill. 113). Il y a également une cour entourée par un mur et qui possède un mihrab ; sa particularité est de posséder une série de petites niches qui évoquent le Mzab (ill. 114)[567]. Le coin sud-est de la salle de prière accueille un minaret sous la forme d'une tour carrée extrêmement basse, garnie d'un dôme pointu peint en vert et surmonté d'un croissant. Une photographie ancienne montre que ce dôme était jadis simplement chaulé. Le bâtiment est considéré comme l'ancienne mosquée de Tāqarbūst[568]. Le village de Tāqarbūst est déjà connu au XIe siècle[569].

LA MOSQUÉE TIWATRIWĪN

COORD : N 32° 04′ 38″ E 12° 32′ 58″. Altitude : 765 m.
LOC : La mosquée est isolée au nord-est de Yafran, tout près de la route principale. La carte 1/100 000 feuille 1573 écrit Tiua Triuin (difficilement lisible) à côté d'un symbole de mosquée. La carte 1/50 000 feuille 1889 III donne jāmiʿ Tiwatirwīn.
DOC : Photos dans Allan (pl. LXXIb, LXXIIabc). A. Elmahmudi, *The Islamic Cities in Libya*, p. 166, donne une photo du minaret.
NOM : On trouve de très nombreuses variantes de la prononciation et de la graphie de ce nom. Bossoutrot donne taouithriouine qu'il traduit par « l'invocation »[570]. Selon notre guide, la prononciation correcte en berbère est tiwatriwen qui signifie « faire les prières ». Les récits locaux associent la mosquée à Nānnā Zūragh qui, après avoir épousé un cheikh de la région, s'est fait connaître de la population sous le nom berbère de Tīwātrīwīn (les invocations, les ferventes prières, la recherche de Dieu)[571]. Zūragh al-Irjāniyya était une pieuse femme berbère bien connue des chroniques ibadites, qui a vécu dans la première moitié du IXe siècle[572]. Il faut toutefois rappeler que la région de Yafran, dont la population avait adopté diverses dissidences, s'est convertie tardivement à l'ibadisme wahbite, vers le XIIIe siècle, et que la sainte femme vénérée ici est beaucoup plus ancienne ; il est donc difficilement envisageable que la mosquée ait été construite sur son tombeau comme le rapportent les traditions locales[573].

---

566 A. de C. Motylinski, *Le Djebel Nefousa*, pp. 78-79.
567 On verra par exemple A. Ravéreau, *Le M'Zab, une leçon d'architecture*, p. 207.
568 I. al-Būjadīdī *et al.* (éd.), *Al-quṣūr wa-l-ṭuruq*, p. 48 et photo p. 330, indiquent que les murs de la mosquée porteraient la date de 29/649-650, ce qui est bien évidemment difficile à croire. Voir aussi une photo de la mosquée avant que le dôme ne soit peint en vert et les murs chaulés de frais dans S. Bettaïeb, *Ghadamès la porte du désert*, p. 19.
569 M. Bābāʿammī *et al.*, *Muʿjam aʿlām al-ibāḍiyya*, II, p. 84.
570 A. Bossoutrot, « Vocabulaire berbère ancien », p. 503.
571 http://www.tamatart.com/?p=5087#more-5087, consulté en décembre 2015, qui évoque aussi l'association avec Umm Qaldīn. Umm Jaldīn était une femme pieuse contemporaine d'Umm Zaʿrūr dans la seconde moitié du Xe siècle. Son *muṣallā* se trouvait près d'Amsīn dans la partie occidentale du djebel. T. Lewicki, « Les noms propres berbères, deuxième partie », p. 9. F. al-Maʿlūl, *Yafran*, pp. 45-46, donne aussi Tīwātrīwīn et évoque une mosquée de Nānnā Zūragh. M. Kūrdī, *Al-ḥayāt al-ʿilmiyya fī jabal Nafūsa*, p. 15, écrit Tiwātrīwīn.
572 T. Lewicki, « Les noms propres berbères, quatrième partie », p. 127 ; *Études ibāḍites nord-africaines*, pp. 130-131. I. al-Būjadīdī *et al.* (éd.), *Al-quṣūr wa-l-ṭuruq*, p. 219, mentionnent dans la région d'al-Raḥībāt les ruines d'Irjāqanū où l'on trouve à la fois le tombeau de Zūragh al-Irjāniyya et sa mosquée, qui ressemble à une sorte de maison et que l'on appelle « la maison de la vieille ». Ils montrent une photo de cette mosquée toute simple, p. 375, sous le nom de « masjid al-jadda Zūragh » et une photo de la maison, p. 376.
573 Le site www.tamatart.com note que le *muṣallā* de Nānnā Zūragh se dresse au point le plus haut de tout le djebel Nafūsa et que son mausolée apparaît distinctement où que l'on se trouve au-dessus de la plaine. I. al-Būjadīdī *et al.* (éd.), *Al-quṣūr wa-l-ṭuruq*, p. 332, indiquent également que la mosquée « Tiwātriwīn » renferme le tombeau de Nānnā Zūragh.

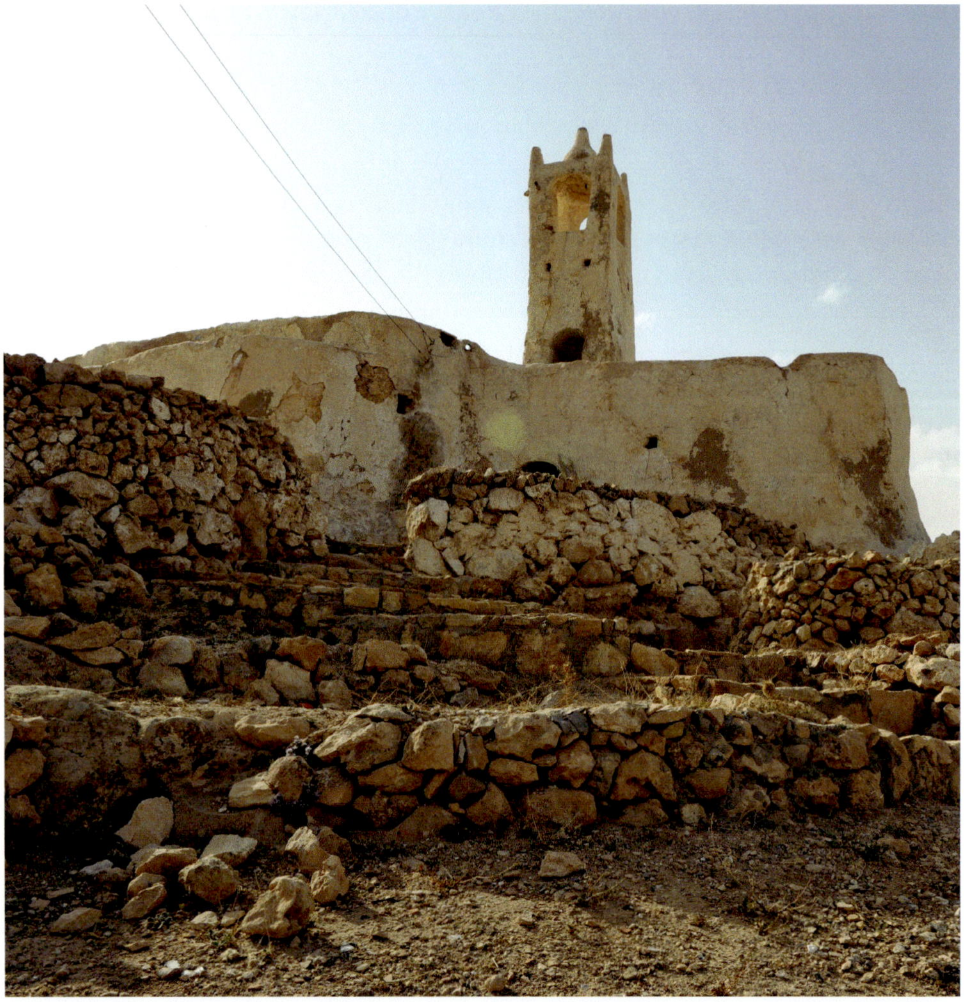

Ills. 115 et 116. *La mosquée Tiwatriwīn*

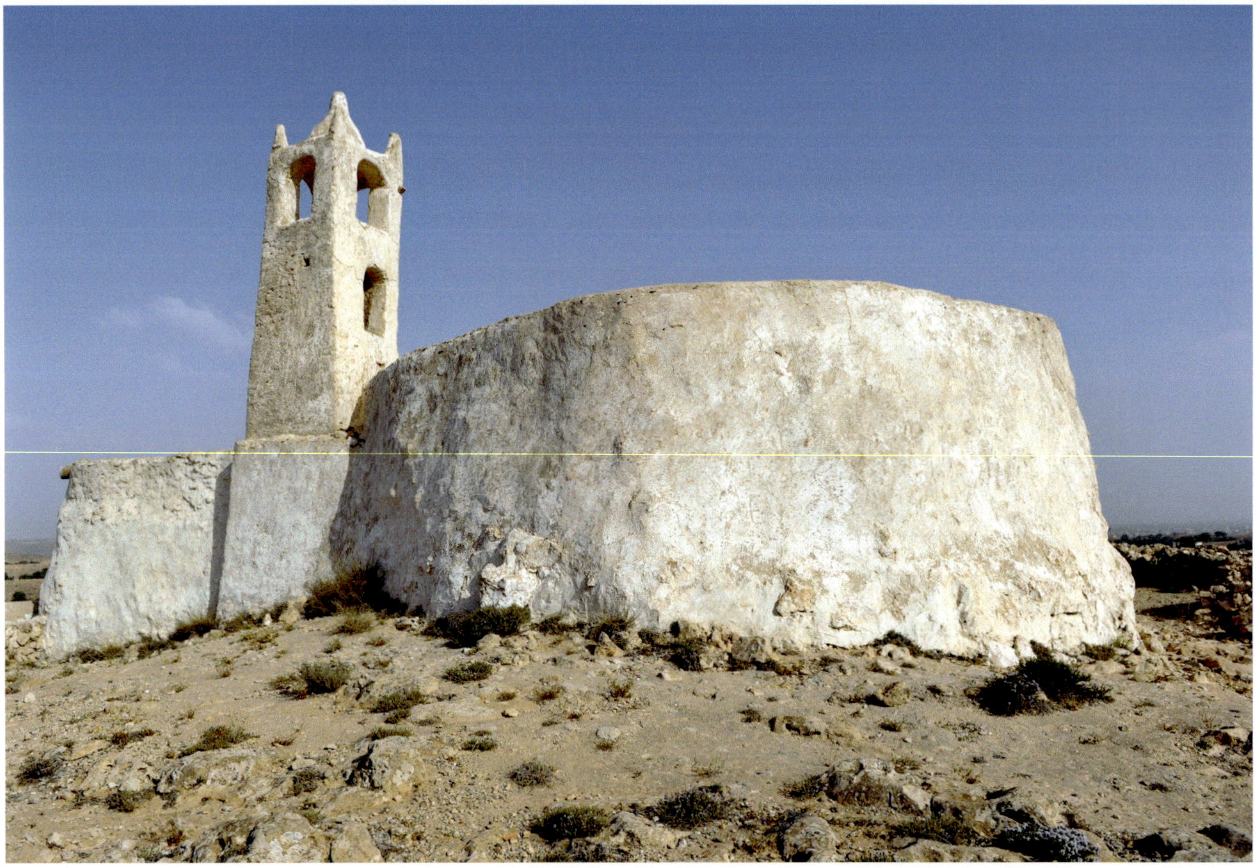

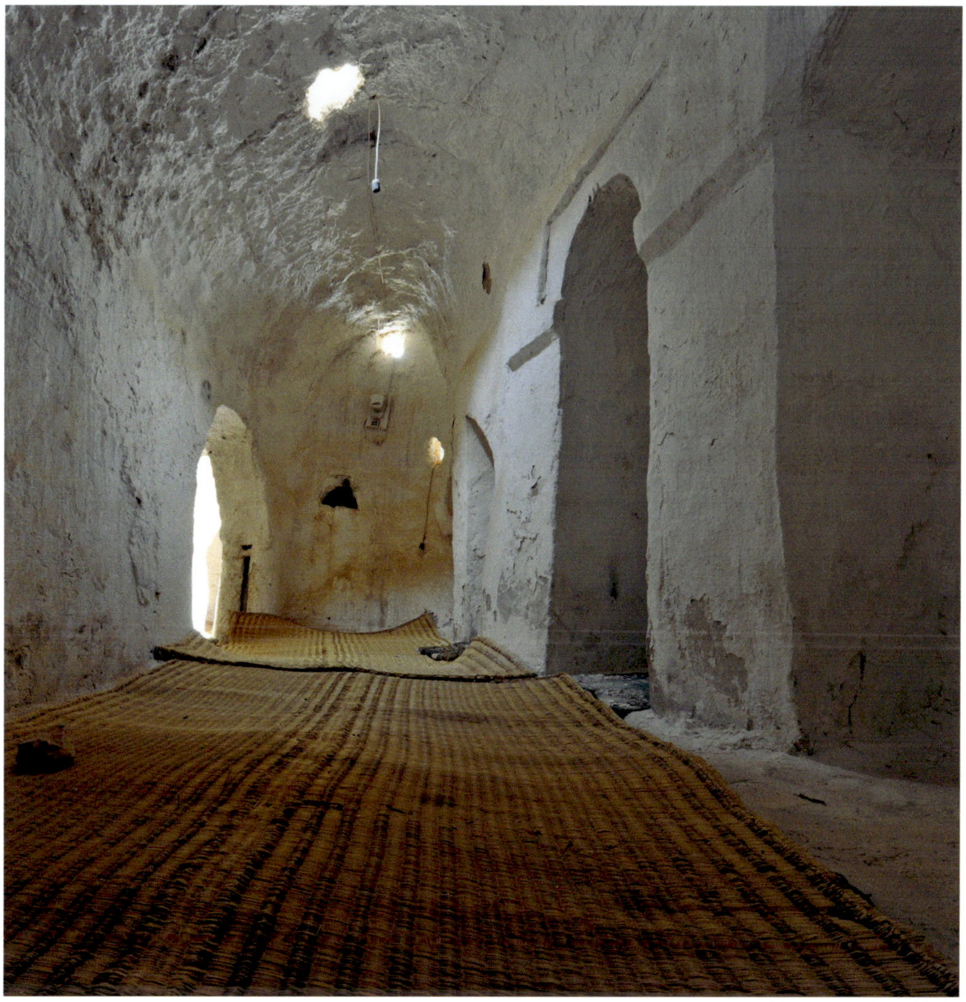

Ill. 117. *Tiwatriwīn, la travée de la qibla et son décor*

SOURCES : *Les bourgs et les chemins du djebel Nafūsa* mentionne la mosquée de Nanna Tiouaṭriouin dont la sainteté est grande, située à l'est du village d'At ou Ghasrou au sommet d'une montagne[574].

DESCR : C'est une mosquée très différente des autres, principalement décrite par Allan, et dont la particularité est le minaret (ill. 115, 116). Elle est en bon état de conservation et manifestement très fréquentée par les habitants de la région, comme le montrent les nombreuses nattes et la vaisselle laissées sur place. La mosquée chaulée mesure 14,7 m de long et est entourée du côté sud par un mur bas assez grossier au centre duquel est compris un mihrab orienté comme celui de la mosquée ; on accède à cette sorte de cour par plusieurs longues marches. Lorsqu'on pénètre dans l'édifice, l'espace se divise en trois parties : à main gauche se trouve la salle de prière, en face s'ouvre l'accès au minaret, et à main droite se présente une salle auxiliaire. La salle de prière se compose de deux chambres parallèles, étroites et basses, qui communiquent par une seule ouverture à l'extrémité orientale. Le mihrab est orienté à 170°. Le haut de la niche est décoré par une moulure quadrangulaire et de part et d'autre ont été aménagés de grands renfoncements (ill. 117, 118). Sur la voûte qui lui fait face apparaît en relief la *shahāda*. D'autres inscriptions ainsi que des motifs géométriques ornent certains endroits ; Allan évoque également des mains, l'étoile de Salomon et des motifs de natte. Entre la salle de prière et la chambre auxiliaire se trouve un étroit escalier formé de sept marches qui émerge au niveau du toit en dessous du minaret (ill. 119). Le minaret

[574] A. de C. Motylinski, *Le Djebel Nefousa*, p. 75.

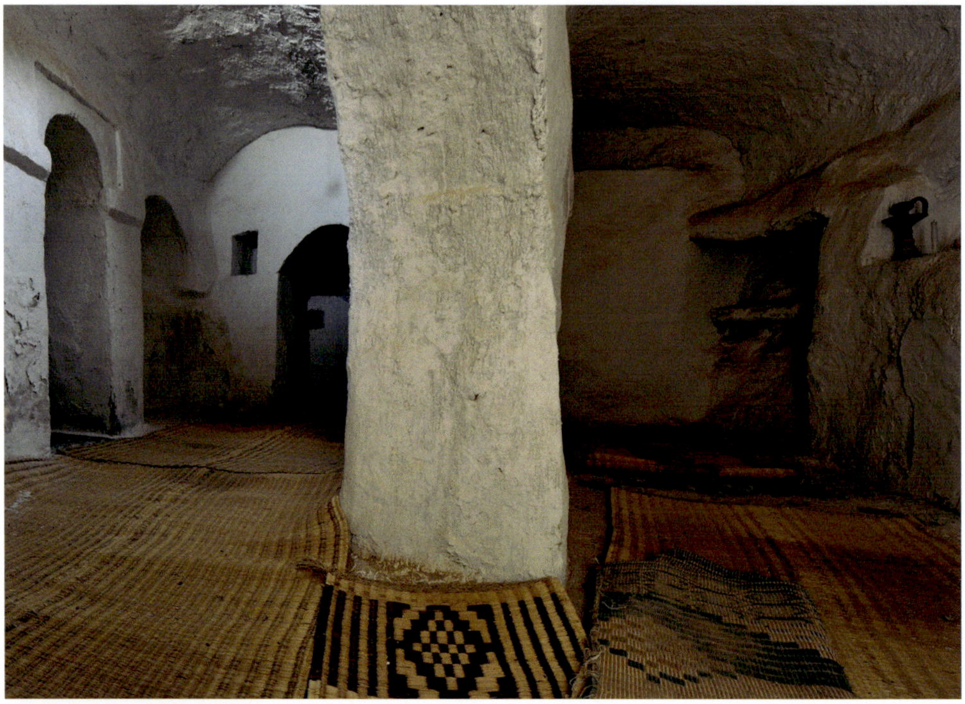

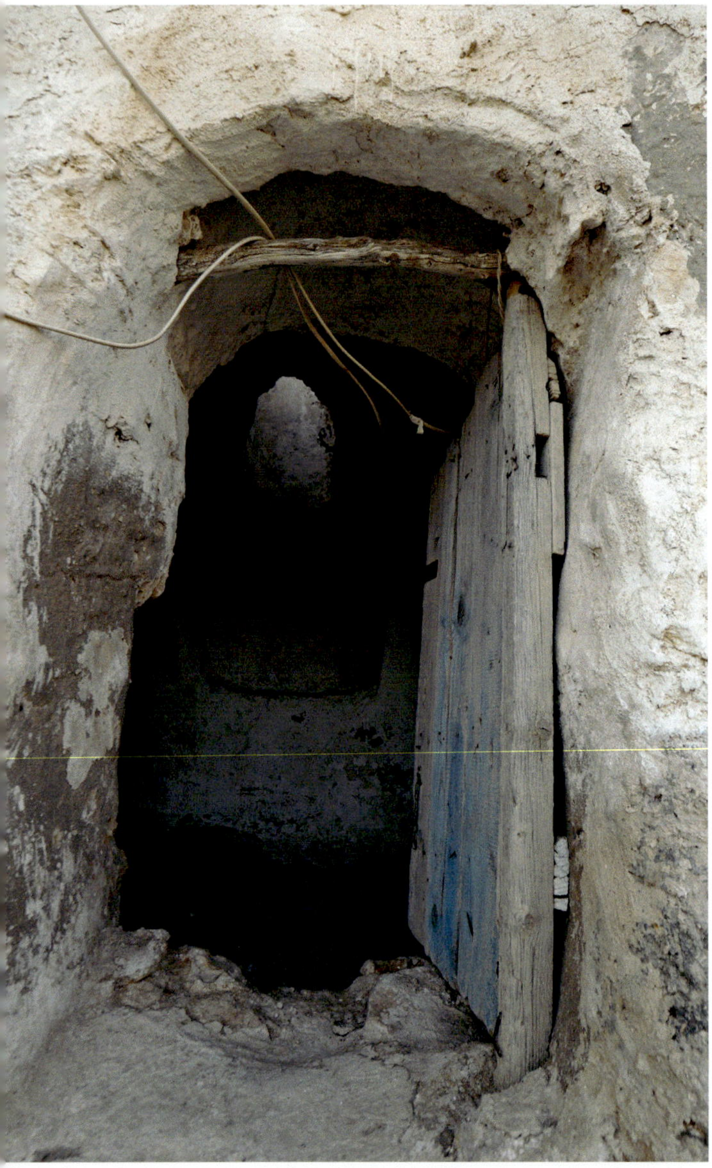

Ill. 118. *(au-dessus) Tiwatriwīn, la salle de prière*

Ill. 119. *(à gauche) Tiwatriwīn, l'accès au minaret*

à deux étages forme un rectangle de 1,45 x 1,55 m. L'étage le plus bas consiste en une chambre voûtée que l'on atteint en grimpant sur une pierre saillante ; il est percé d'une petite ouverture. L'étage le plus haut – que l'on atteint en s'appuyant sur trois pierres saillantes – est une chambre à coupole dont les quatre côtés sont ouverts[575]. Le tout est coiffé d'un petit élément qui rappelle la forme de certaines *ṣum'a* ; quatre petits pinacles figurent également aux quatre angles du sommet de la tour. L'accès aux étages, qui permet de faire l'appel à la prière de façon concrète depuis le minaret, suit une tradition que l'on trouve dans les fermes fortifiées romaines, par un escalier qui mène au toit depuis l'intérieur de la mosquée, escalier prolongé par des pierres saillantes sur lesquelles on pose les pieds pour grimper[576]. Il y a également une chambre funéraire semi-souterraine à laquelle on accède par l'extérieur de la mosquée, qui serait le mausolée d'un homme pieux[577].

[575] J.W. Allan, « Some Mosques of the Jebel Nefusa », p. 165.
[576] Ph. Kenrick, *Libya Archaeological Guides*, p. 76. Pour A. Elmahmudi, *The Islamic Cities in Libya*, p. 162, ce minaret rappelle par certains aspects les minarets djerbiens.
[577] Ph. Kenrick, *Libya Archaeological Guides*, p. 76.

TROISIÈME PARTIE

CARACTÉRISTIQUES ARCHITECTURALES DES MOSQUÉES IBADITES DU DJEBEL NAFŪSA

I

LA CONCEPTION ET LES PRINCIPES GÉNÉRAUX DES MOSQUÉES

NOUS AVONS TENTÉ plus haut d'établir dans quelles circonstances la Tripolitaine a été conquise par l'ibadisme. Les premières mosquées, sans doute très rudimentaires, y sont sans doute bâties dès les années 740. Du fait de son isolement géographique, le djebel Nafūsa produit ensuite une architecture vernaculaire tout à fait particulière. C'est également le cas à Djerba, restée toujours en étroits contacts avec ses coreligionnaires libyens[578]. Dans le même temps se développe une autre tradition architecturale à Tāhart, tombée aux mains des chiites en 909, à Sadrāta, et enfin dans le Mzab où les villes de la pentapole sont fondées à partir du début du XIe siècle, en adoptant la forme de cités fortifiées organisées autour d'une grande mosquée visible de loin grâce à son haut minaret. On est là bien loin du modèle choisi dans le djebel Nafūsa. Les pages qui suivent tentent de présenter le mieux possible les modestes connaissances réunies sur les mosquées du djebel et de les comparer aux lieux de cultes ibadites des autres régions, heureusement mieux étudiés. À nouveau, il convient d'insister sur le faible échantillonnage à notre disposition et le terrible manque de données concrètes.

UNE ÉTUDE ARDUE

Nous avons brièvement abordé dans l'introduction l'obstacle que constitue l'absence totale de fouilles archéologiques et le très faible espoir qu'elles puissent avoir lieu dans un avenir proche. Quoique nous soyons bien consciente des limites de cette méthode, seuls les textes ibadites anciens peuvent à ce jour nous aider à tenter de situer les mosquées dans le temps, en nous fondant sur les biographies des savants qui leur sont associés et les rares chroniques disponibles. Cette étude a été entreprise à Djerba : la plus ancienne mosquée serait la jāmi' Tājdīt qui aurait été fondée au IXe siècle, alors que la jāmi' al-kabīr ou grande mosquée Abū Miswar, et la mosquée côtière Sīdī Yātī dateraient du Xe siècle[579]. La comparaison des édifices religieux insulaires les plus anciens avec ceux bien plus récents montre que leur style ne varie pas. De même, depuis la fondation des premières cités du Mzab, les habitudes de construction y sont restées les mêmes jusqu'à une époque assez récente, et nous voyons certainement les parties anciennes des mosquées telles qu'elles ont été

[578] F. al-Ja'bīrī, *Niẓām al-'azzāba*, pp. 287-289.

[579] R. al-Murābiṭ, *Mudawwana masājid Jarba*, p. 86, p. 106 et p. 576 ; *Ifriqiya. Treize siècles d'art et d'architecture en Tunisie*, p. 289.

conçues primitivement[580]. Cette façon de bâtir restée constante au cours des siècles s'applique sans nul doute également au djebel Nafūsa. Nous devons bien évidemment nous appuyer sur ce fait pour valider notre démarche : il est entendu qu'en formant l'hypothèse qu'une mosquée remonte au IXe siècle, nous ne considérons pas qu'il s'agit pierre par pierre du même édifice, mais bien que la mosquée existait déjà à cette époque à ce même emplacement et dans une configuration très proche de celle qu'elle présente aujourd'hui.

Un autre problème, moins sérieux toutefois, réside dans la diversité des groupes musulmans qui se sont côtoyés dans le djebel. De nombreux Berbères y sont devenus malékites au cours des siècles et il est impossible de distinguer dans l'architecture des mosquées par quel groupe elles ont été bâties et sont utilisées[581]. Nous avons veillé dans cette étude à prendre un maximum de précautions pour nous assurer que les mosquées cataloguées sont bien ibadites, en prospectant dans des zones toujours exclusivement ibadites aujourd'hui ou en nous fiant aux savants dont les mosquées portent le nom. Jean Despois affirme que les mosquées ibadites sont orientées au sud-est, alors que les autres mosquées sont orientées à l'est[582]. La plupart des mosquées étudiées ici sont effectivement orientées au sud-est ou au sud-sud-est, mais cette observation ne nous paraît pas être une preuve très convaincante de l'origine religieuse du lieu de culte. Les différents groupes de musulmans ne ressentent en effet pas systématiquement le désir de se distinguer de leurs voisins sur le plan architectural. Ainsi, les malékites de Djerba, concentrés dans la partie nord-est de l'île, ont construit leurs mosquées dans le même esprit que celles des ibadites, en reprenant par exemple le minaret-escalier[583]. Les ibadites du djebel Nafūsa ont adhéré pendant plusieurs siècles et en grand nombre à des doctrines dissidentes (nukkārite, khalafite, naffāthite et ḥusanite). C'est également le cas à Djerba où les nukkārites et les khalafites ont eu les faveurs d'une partie de la population. Farḥāt al-Jaʿbīrī a proposé une distinction au sein même des mosquées de l'île entre celles de la tendance wahbite qui subsiste de nos jours et celles des nukkārites qui ont totalement disparu. Il estime avoir pu délimiter les régions wahbite et nukkārite en se fondant sur des distinctions architecturales entre les mosquées. La particularité des mosquées wahbites serait un minaret placé à l'angle nord-est dans la mosquée et un minaret-escalier pour l'appel à la prière situé à l'angle nord-est à l'extérieur de la mosquée. La particularité des mosquées nukkārites serait un minaret à l'angle nord-ouest et un minaret-escalier à l'angle sud-est à l'extérieur de la mosquée[584]. Il y aurait donc bien eu dans ce cas-ci une volonté de se différencier de ses voisins par l'architecture. En ce qui concerne le djebel Nafūsa, nous n'avons pu établir aucune observation et, faute de documents, nous avons considéré que toutes les mosquées étaient de la tendance ibadite wahbite majoritaire.

Enfin, l'étude des mosquées est compliquée par le délabrement qui frappe nombre d'entre elles. Évoquant en 1914 la région de Jādū, Mario Corsi décrit des constructions grossières et misérables et constate que beaucoup d'entre elles ont été laissées dans un état de ruine désolant[585]. James Allan note en 1973 que la plupart

---

[580] M. Mercier, *La civilisation urbaine au Mzab*, p. 81 ; Y. Bonete, « Notes sur l'architecture religieuse au M'zab », p. 89. A. Ravéreau, *Du local à l'universel*, p. 48, écrit à propos des maisons mozabites : « Je pense que cet habitat est le résultat d'une notion d'urgence. Mais tellement bien pensée, qu'ils ont pu la vivre dix siècles. Ce que nous voyons, n'a pas été inventé au bout de dix siècles, c'est initial. Il n'y a pas de tâtonnements, ou alors imperceptibles. »

[581] Ph. Kenrick, *Libya Archaeological Guides*, p. 73.

[582] J. Despois, *Le Djebel Nefousa*, p. 209. Sur l'orientation des mosquées du catalogue, voir *infra*.

[583] Dès le XVIIIe siècle, une partie de la population a été progressivement conquise par le malékisme. Cette doctrine ne cesse actuellement de se renforcer, en raison du grand nombre de Tunisiens malékites qui immigrent à Djerba, attirés par la manne touristique. Il est probable qu'aujourd'hui seule une petite moitié des Djerbiens est encore ibadite ; elle vit principalement à l'ouest de l'île. Sur le minaret-escalier, voir *infra*.

[584] F. al-Jaʿbīrī, *Niẓām al-'azzāba*, p. 11.

[585] *'Abra l-jabal (riḥlat Maryū Kūrsī 'abra jabal Nafūsa)*, p. 81.

sont gardées propres, relativement restaurées et blanchies à la chaux, et utilisées comme lieux de pèlerinage[586]. Selon Philip Kenrick, plus de trente ans après les missions britanniques, nombre de mosquées même très endommagées ont été enrichies de constructions supplémentaires, ce qui montre qu'elles sont encore l'objet d'attentions[587]. Notre propre constat est mitigé : il est vrai que certains lieux de culte sont bien entretenus, parfois même dans les endroits les plus improbables, mais d'autres sont dans un état pitoyable et promis à une rapide disparition. Plusieurs mosquées, censées renfermer des trésors, ont terriblement souffert de fouilles anarchiques qui s'apparentent à du vandalisme. D'autres ont pâti de l'hostilité du régime de Khadafi, comme la mosquée d'Abū Manṣūr Ilyās à Tandamīra qui a été complètement défigurée. Enfin, dans certains cas, les habitants ont préféré sacrifier leur ancien lieu de culte qui menaçait ruine au profit d'une mosquée moderne, très colorée et à haut minaret, comme c'est le cas à Ijnāwun pour la mosquée d'Abū 'Ubayda 'Abd al-Ḥamīd, dans laquelle seuls deux murs ont été préservés.

Afin d'éclairer au mieux les caractéristiques de l'architecture religieuse ibadite du djebel Nafūsa, nous avons mis à profit, autant que possible, les données qu'a rassemblées Naïma Benkari-Boudidah en explorant cinq ouvrages importants de *fiqh* d'Orient et d'Occident[588]. L'étude de ces ouvrages lui a permis de dégager les thèmes principaux abordés par le *fiqh* ibadite au sujet de la construction de mosquées. Bien évidemment, ces textes ne concernent pas directement le djebel Nafūsa et nous verrons qu'ils sont souvent contredits, notamment en ce qui concerne la réduction préconisée du nombre de mosquées[589].

UNE PROFUSION DE LIEUX DE CULTE

Certains lieux de culte sont des sanctuaires renfermant la tombe d'un saint personnage, d'autres sont associés à un notable dont la tombe n'est pas présente. Certains sont situés dans des villages, mais d'autres se trouvent au milieu de nulle part sans qu'aucune raison – la présence d'une tombe ou d'un hameau en ruine – ne puisse plus justifier leur présence[590]. L'éparpillement et la densité parfois très forte des mosquées dans des zones aujourd'hui désertes rappellent fortement ce que l'on voit à Djerba. La multiplication des lieux de prière peut s'expliquer par de multiples facteurs, le plus important étant le rôle vital de la mosquée qui est au centre de la vie spirituelle, sociale et éducative de la communauté[591]. Pourtant, la majorité des savants ibadites privilégient le fait que les mosquées soient éloignées

[586] J.W. Allan, « Some Mosques of the Jebel Nefusa », p. 167.

[587] Ph. Kenrick, *Libya Archaeological Guides*, p. 83.

[588] Dans un premier temps, elle s'est penchée sur deux ouvrages évoquant particulièrement ces questions : d'une part le *Kitāb al-qisma wa-uṣūl al-arāḍīn* d'Abū l-'Abbās Aḥmad ibn Muḥammad ibn Bakr al-Nafūsī (m. 504/1110-1111) déjà commenté par Pierre Cuperly dans la revue *Awal* en 1987-1988, d'autre part le *Mukhtaṣar al-'imāra* de Muḥammad Aṭfayyish (m. 1914) qui n'a jamais été étudié. Toutefois, ces deux textes n'abordent la construction de la mosquée que pour évoquer la nécessité de prévoir un chemin qui y mène, l'interdiction de la détruire, les matériaux utilisés, ou encore les chemins reliant la mosquée aux salles d'ablution. N. Benkari-Boudidah, *L'architecture des mosquées Ibadites*, II, pp. 5-7.

[589] Il s'agit de : *Al-muṣannaf* d'Abū Bakr Aḥmad ibn 'Abd Allāh ibn Mūsā al-Kindī al-Nizwī (m. 557/1162), une vaste compilation omanaise de *fiqh* ibadite ; *Kitāb al-nīl wa-shifā' al-'alīl* de 'Abd al-'Azīz al-Thamīnī (m. 1808), un des principaux ouvrages de législation ibadite, rédigé dans le Mzab ; *Sharḥ kitāb al-nīl wa-shifā' al-'alīl*, le commentaire de l'ouvrage précédent par Muḥammad Aṭfayyish ; *Salāsil al-dhahab fī l-uṣūl wa-l-furū' wa-l-adab*, un traité de jurisprudence omanais de Muḥammad ibn Shāmis al-Baṭṭāshī (m. 1999) ; *Ma'ārij al-āmāl 'alā madārij al-kamāl bi-naẓm mukhtaṣar al-khiṣāl* de l'Omanais Abū Muḥammad 'Abd Allāh ibn Ḥumayyid ibn Sullūm al-Salīmī, décédé vers 1914 et proche de Muḥammad Aṭfayyish. Sur ces sources, N. Benkari-Boudidah, *L'architecture des mosquées Ibadites*, II, pp. 7-12.

[590] J.W. Allan, « Some Mosques of the Jebel Nefusa », p. 167.

[591] Sur les différentes explications de l'isolement et de l'éparpillement des mosquées à Djerba, voir V. Prevost, « L'urbanisme des ibāḍites maghrébins médiévaux », pp. 9-10. R. al-Murābiṭ, *Mudawwana masājid Jarba*, pp. 620-621, ajoute que le nombre de mosquées pourrait aussi être l'expression du genre de vie tribal ou clanique des communautés insulaires, chaque mosquée affirmant avec force l'existence du clan familial tribal. Sur ce phénomène en Oman, voir V. Prevost, « Mosquées ibadites et islam standard au sultanat d'Oman », pp. 185-186.

les unes des autres de sorte à multiplier les mérites des fidèles qui se déplacent pour y faire leurs prières ; la construction de mosquées proches les unes des autres, même si c'est dans le but de faire une action pieuse, est jugée détestable car elle provoquerait la dispersion des groupes de musulmans et la séparation des fidèles. Il est interdit de construire une mosquée qui pourrait provoquer l'abandon ou la dégradation d'autres situées à proximité ; cette mosquée serait considérée comme nuisible (*ḍirār*) et il faudrait la détruire. Face au danger de dispersion de la communauté, les *faqīh* ont réfléchi à une distance minimale à respecter entre deux mosquées, certains estimant qu'une nouvelle construction ne doit pas être visible depuis une autre mosquée ; des dérogations existent en cas de fidèles trop faibles pour se rendre à la mosquée principale ou réellement trop éloignés de celle-ci. Pourtant les cas de proximité sont très fréquents et une relative tolérance s'est donc installée[592]. Les textes anciens relatifs au djebel Nafūsa mettent en évidence ce grand nombre de lieux de culte : ainsi, Māmad ibn Yānis al-Nafūsī possédait sept mosquées, certaines se trouvant dans le djebel et les autres au pied de ces montagnes, et il priait dans toutes[593]. La *Tasmiyat mashāhid al-jabal* énumère toute une série de sanctuaires « multiples » : outre les sept sanctuaires de Māmad ibn Yānis déjà évoqués, les sept sanctuaires d'Abū Mirdās dont trois sont à Fursaṭā, les trois mosquées d'Abū Muhāṣir, les sept sanctuaires d'Abū Zayd al-Mazghūratī et les sept associés à Abū 'Ubayda 'Abd al-Ḥamīd al-Janāwunī, et enfin trois sanctuaires qui appartiennent à Abū l-Sha'thā' al-Santūtī[594]. Une anecdote montre qu'il n'y a nul besoin d'achever les constructions entamées : à la fin du IXe siècle, Janā al-Tanzaghatī part à Mānū après avoir commencé à bâtir une mosquée dans son village de Tanzaghat, il ne revient pas de la bataille et l'édifice est toujours sans toit à l'époque d'al-Bārūnī (m. 1940), tel qu'il l'a laissé[595].

UNE TRADITION D'AUSTÉRITÉ COMMUNE À TOUS LES IBADITES

Toutes les mosquées ibadites frappent par leur austérité, la grande économie de moyens et la simplicité des matériaux mis en œuvre[596]. Cette austérité s'exprime également dans l'urbanisme et dans l'artisanat. Cela a frappé les visiteurs qui, les premiers, s'y sont intéressés : ainsi à Djerba, où tous les potiers étaient ibadites, l'ornementation des poteries était des plus simples, constituée des traditionnels motifs géométriques dits « berbères »[597]. Dans les montagnes omanaises, les pièces de dinanderie ne portent pas de décor gravé comparable à celui qui orne les pièces syriennes, égyptiennes ou persanes[598]. Cette sobriété se ressent également dans les vêtements

[592] Certains *faqīh* pensent toutefois que si la construction d'une mosquée proche d'une autre résulte d'une bonne intention, celle-ci est plus importante que le risque de nuisance. N. Benkari-Boudidah, *L'architecture des mosquées Ibadites*, II, pp. 75-80.

[593] *Siyar al-mashāyikh*, p. 561 ; al-Darjīnī, p. 298, qui parle d'Abū l-Munīb Muḥammad ibn Yānis.

[594] R. Basset, « Les sanctuaires du Djebel Nefousa », I, pp. 434-435. Ces sanctuaires (*mashhad*) ne sont peut-être que de simples petits monceaux de pierre à la signification magique, tels qu'on les voit encore à l'occasion au bord des routes. Voir T. Lewicki, « Survivances chez les Berbères médiévaux de cultes anciens », pp. 32-33.

[595] Al-Bārūnī, p. 282.

[596] Cette caractéristique se retrouve dans d'autres régions : la mosquée du *qaṣr* d'al-Manī'a (El Goléa) ressemble par exemple beaucoup aux mosquées du djebel Nafūsa. Voir M. Chekhab-Abudaya, *Patrimoine architectural du Sud algérien*, I, p. 200 et II, p. 274. Dans le village libyen en ruine de Banū Ḥasan situé à 10 km à l'ouest de Leptis Magna, seule subsiste la mosquée maintes fois restaurée. Il s'agit d'un petit édifice chaulé sans cour ni minaret, avec une salle de prière dépourvue de décor comportant des colonnes et des chapiteaux antiques de remploi. La différence la plus frappante avec les mosquées ibadites est le mihrab, dont la niche très peu profonde a un fond plat. H. Abdouli, « Le village de Banū Ḥasan », pp. 64-65.

[597] R. Stablo, *Les Djerbiens*, p. 114 ; L. Bertholon, « Exploration anthropologique de l'île de Gerba », pp. 578-579. Sur le « décor berbère », voir *infra*.

[598] E. Pisani et M. Bennouna (dir.), *Oman. Entre mers et citadelles*, p. 78.

portés par les ibadites, comme le remarquait déjà Émile Masqueray à la fin du XIXe siècle : « Les personnages les plus riches du Mzab peuvent avoir une grande influence sur leurs compatriotes ; mais ils n'oseraient pas se vêtir au Mzab d'étoffes que le plus pauvre ne serait en mesure d'acheter. On trouve dans tous les *kânoûn* des lois somptuaires très curieuses dont le but est d'empêcher les riches d'humilier les pauvres »[599]. Dans ce contexte, il est bien normal que les *faqīh* ibadites insistent sur la simplicité de la construction du lieu de culte et sur le choix de matériaux locaux peu onéreux, faisant notamment référence à la mosquée du Prophète qui doit servir d'inspiration[600].

LA TECHNIQUE DE CONSTRUCTION ET LE PLAN DES MOSQUÉES

Les mosquées du djebel sont construites avec des pierres assemblées de façon grossière, ce qui contraste fortement avec les pierres de taille romaines parfois remployées ; la pierre est utilisée à la fois pour les murs et les voûtes qui sont supportées par des piliers ou des colonnes[601]. Une seule exception a été constatée : dans le mur sud-ouest de la mosquée Umm al-Ṭubūl, la chute de morceaux de plâtre a laissé paraître des couches de briques qui, à cet endroit tout au moins, ont donc été utilisées à l'intérieur alors que le mur extérieur était en pierre. C'est le seul exemple d'emploi de briques pour la construction de mosquées dans la région[602]. Le djebel Nafūsa est très riche en gypse et le plâtre est abondamment utilisé dans la construction, à la fois comme base de mortier et comme revêtement appliqué sur les murs et les voûtes, qui pourra ensuite accueillir un éventuel décor[603].

La plupart du temps, ces lieux de culte n'ont pas de cour ; certains possèdent toutefois une cour adjacente, alors que d'autres sont prolongés par une zone vaguement définie qui contient d'habitude une citerne[604]. Malgré de notables exceptions, les mosquées sont généralement assez petites, surtout lorsqu'elles sont souterraines[605]. Elles diffèrent en cela des mosquées du Mzab, mais se rapprochent de celles de Djerba où l'on dit que prier dans des locaux trop vastes porte malheur[606]. À Zanzibar, les mosquées ibadites seraient larges et peu profondes – deux uniques piliers soutenant le plus souvent le toit –, pour respecter la tradition du Prophète suivant laquelle les fidèles priant aux deux premiers rangs derrière l'imam reçoivent la plus grande récompense spirituelle[607]. Le gigantisme qui caractérise de nombreux

[599] É. Masqueray, « Les kânoûn des Beni-Mzab », p. 224, n. 44.
[600] N. Benkari-Boudidah, *L'architecture des mosquées Ibadites*, II, p. 49. Sur la référence au message coranique et à l'époque du Prophète, voir V. Prevost, « L'architettura ibadita », pp. 99-101.
[601] J.W. Allan, « Some Mosques of the Jebel Nefusa », p. 166.
[602] On a retrouvé quelques fours, notamment à Fursaṭā. M. Warfallī, *Some Islamic Monuments*, pp. 172-173.
[603] A. Elmahmudi, *The Islamic Cities in Libya*, pp. 155-156. La technique de fabrication du plâtre est certainement la même que celle mise en œuvre dans le djebel Demmer : les pierres gypseuses sont cuites dans un four creusé dans le sol, à découvert. Elles se décomposent alors en une poudre fine qui est tamisée puis additionnée d'eau. Le recours à la chaux est très rare car elle demande plus de travail et est bien plus coûteuse : elle exige une très haute température de cuisson et donc un four plus élaboré. A. Zaied, *Le monde des ksours du Sud-Est tunisien*, p. 115.
[604] M. Warfallī, *Some Islamic Monuments*, p. 148 ; J.W. Allan, « Some Mosques of the Jebel Nefusa », p. 166.
[605] Pour Ph. Kenrick, *Libya Archaeological Guides*, p. 73, certaines mosquées pourraient avoir accueilli en même temps tout au plus une douzaine de personnes. Selon F. Dell'Aquila *et al.*, « La moschea rupestre di Tnumayat », p. 267, la mosquée de Tanūmāyt pouvait accueillir pour la prière environ vingt hommes et huit femmes, comme dans la plupart des mosquées du djebel. À propos de la dimension de la pièce dans l'habitation mozabite, A. Ravéreau, *Du local à l'universel*, p. 48, dit ceci : « elle n'a pas besoin d'être augmentée, elle ne peut pas être augmentée, elle ne peut pas non plus être réduite. Elle correspond au strict nécessaire. »
[606] L. Bertholon, « Exploration anthropologique de l'île de Gerba », p. 574. La majorité des *faqīh* ibadites ont pourtant affirmé la nécessité de construire des salles de prière assez spacieuses pour accueillir les prières collectives et les réunions religieuses, en se rapportant à un hadith préconisant d'élargir la salle de prière pour la remplir. N. Benkari-Boudidah, *L'architecture des mosquées Ibadites*, II, p. 36.
[607] A. Sheriff, « Mosques, Merchants and Landowners », pp. 13-14.

Ill. 120. *Plan-type d'une mosquée ibadite du djebel Nafūsa (illustration M. Favresse)*

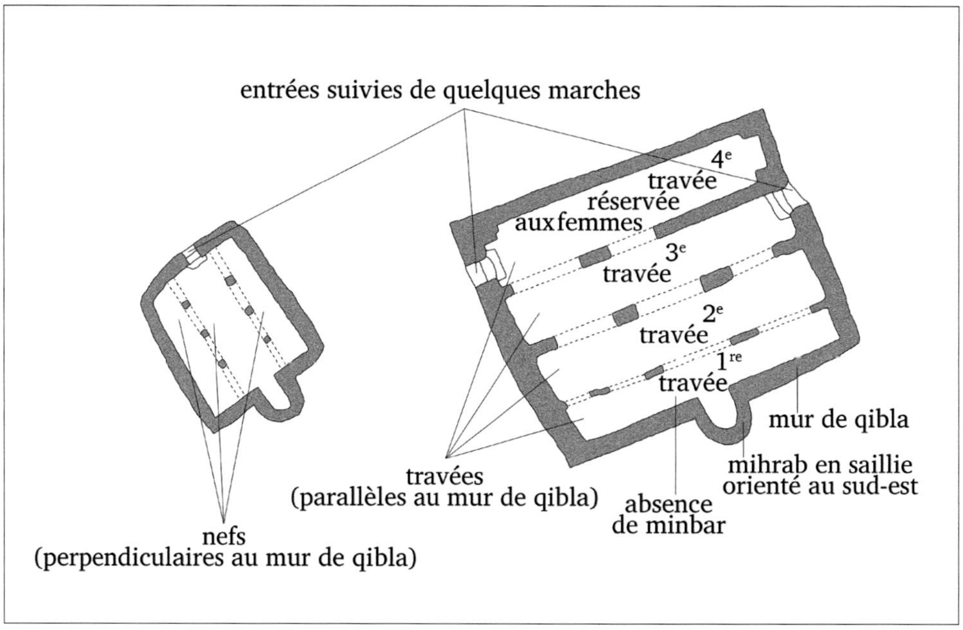

lieux de culte musulmans et qui donne au fidèle l'impression d'être minuscule face à la divinité, trouve son opposé dans les mosquées ibadites où tout est bâti à l'échelle humaine et conçu pour une relation intimiste. L'aménagement des piliers et leur espacement sont exactement adaptés à l'homme dans le mouvement de sa prière ; les arcs ont la hauteur du passage d'un homme et les travées ont la largeur suffisante pour la prosternation[608].

Les mosquées du djebel ont la plupart du temps des arcades – donc des couloirs de prière – parallèles au mur de qibla (ill. 120). Leur plan reprend ainsi celui de la première mosquée de Médine, dans lequel chaque travée parallèle au mur de qibla absorbe parfaitement et sans l'interrompre la rangée des fidèles qui prient côte à côte[609]. Cette disposition correspondrait également à celle de la grande mosquée de Tāhart[610]. Dans certains cas cependant, l'axe paraît différent et l'on observe, plutôt que des travées parallèles au mur de qibla, des nefs qui lui sont perpendiculaires ; c'est le cas par exemple à Tanūmāyt (plan 3) et à Sīdī Abū Raghwa (plan 4). Les textes de *fiqh* évoquent principalement, comme éléments constructifs de la mosquée, les colonnes ou piliers et les arcades. Ces éléments ne sont pas abordés du point de vue de la forme, de la dimension ou du matériau ; on définit simplement leur emplacement dans la salle afin de faciliter la prière des fidèles. Aucune direction précise, parallèle ou perpendiculaire au mur de qibla, n'est recommandée pour les arcades. Il suffit qu'elles ne provoquent pas d'interruption dans les rangées de fidèles, ce qui invaliderait la prière collective. Ce serait essentiellement dans cet esprit que les ibadites ont privilégié des arcades parallèles au mur de qibla, comme cela aurait été le cas dans la mosquée du Prophète[611]. L'un des traits architecturaux les plus caractéristiques du djebel sont les arcs très pointus, qui ressemblent en fait davantage à des triangles, et qui sont répandus dans la région de Nālūt où ils se transforment même en structure tridimensionnelle pour constituer la *ṣum'a* tripode de la mosquée du

[608] C. Pavard, *Lumières du M'zab*, non paginé ; A. Ravéreau, *Le M'Zab, une leçon d'architecture*, p. 145.

[609] A. Ravéreau, *Le M'Zab, une leçon d'architecture*, p. 145 et schéma p. 147, qui souligne que lorsque les arcades sont perpendiculaires au mur de qibla, la ligne des fidèles est interrompue au lieu d'être absorbée.

[610] On n'a pas pu retrouver de vestiges de la mosquée principale de Tāhart, mais selon la description d'al-Bakrī, p. 68/141, elle présentait quatre *balāṭ*, un nombre pair qui montre qu'il ne s'agissait pas de nefs perpendiculaires au mur de la qibla et dont l'une occuperait l'axe, mais de travées parallèles à ce mur. Cette mosquée ne procédait donc pas de celle de Kairouan mais s'apparentait au type adopté à Fusṭāṭ pour la mosquée de 'Amr et qui venait de Médine ou de Damas. G. Marçais et A. Dessus-Lamare, « Tīhert – Tagdempt », p. 38.

[611] N. Benkari-Boudidah, *L'architecture des mosquées Ibadites*, II, pp. 51-52.

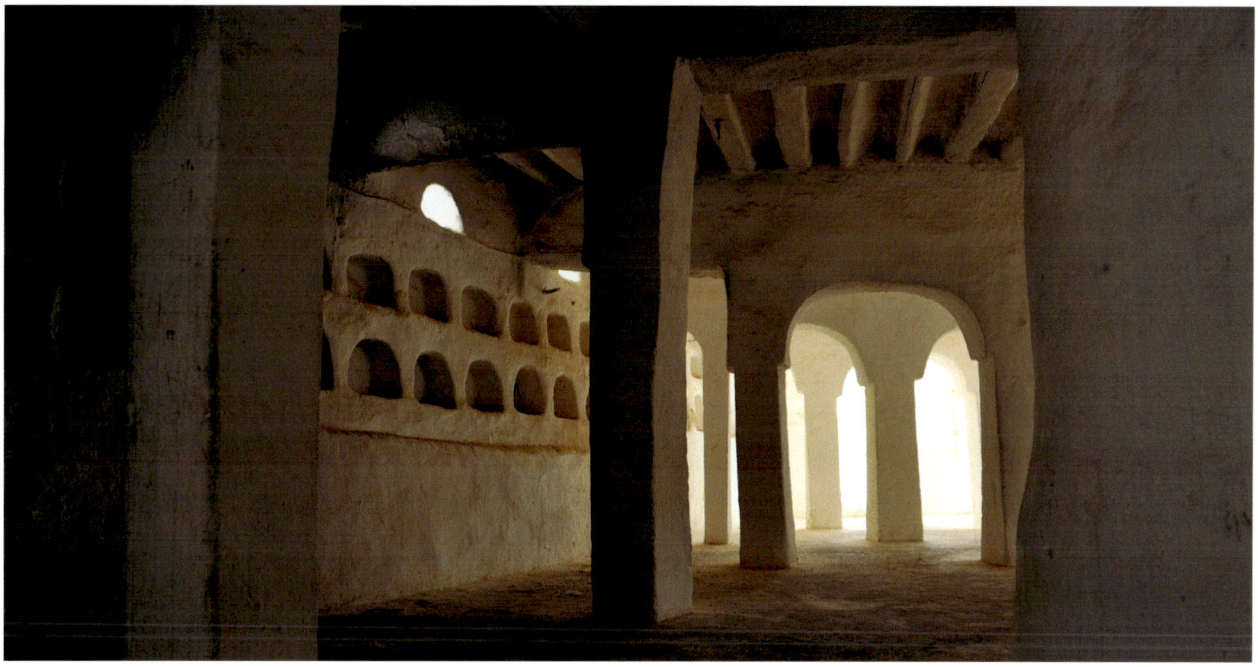

Ill. 121. *Niches à l'intérieur de la mosquée Sīdī Brāhīm à El Ateuf (A. Derriks, Mzab, avril 2009)*

grenier fortifié (ill. 20). On les retrouve également à Sharūs dans les salles du *qaṣr*, dans la deuxième travée de la mosquée de Qaṣr al-Jazīra à 6 km au nord de Sharūs, ou encore dans les constructions de Qaṣr al-Ḥāj[612].

Nous reviendrons plus loin sur le caractère souterrain ou semi-souterrain de ces édifices. Dans l'un ou l'autre cas, les salles de prière sont très sombres, essentiellement éclairés par la faible lumière qui provient de l'entrée, volontairement de petite taille pour préserver la fraîcheur de l'intérieur. Il n'y a pas d'autre ouverture importante, afin d'empêcher l'envahissement solaire et le regard des intrus, mais quelques petits orifices, évoquant parfois des meurtrières, sont aménagés en haut des murs pour ventiler la pièce et apporter un peu de lumière, qui peuvent être fermés avec un linge quand il fait froid[613]. Les *faqīh* ne parlent pas de fenêtre à proprement parler mais d'orifices de dimensions réduites servant à l'aération et à l'éclairage (*kuwwa*). L'absence de fenêtre ne serait pas dictée uniquement par le climat, mais également par une nécessité de recueillement dans la salle de prière[614]. D'autre part, des niches étroites sont fréquemment creusées dans les murs ou au sommet des piliers, dans lesquelles on peut disposer des bougies, des lampes à huile ou des lanternes[615]. Ces niches sont typiques de l'architecture ibadite et on les trouve par exemple en grand nombre dans les mosquées du Mzab (ill. 121).

Malgré les caractéristiques générales que nous venons d'évoquer, la comparaison des 21 plans de mosquées (ill. 122, 123) montre bien les grandes différences qu'elles présentent, que ce soit du point de vue de la conception, de la taille ou de l'orientation. Cette dernière varie très fortement : si la plupart des édifices sont orientés vers le sud-est ou le sud-sud-est, les mihrabs des mosquées de Wāzzin, Tanūmāyt, Abū Naṣr de Tamlūshāyt, Abū Ma'rūf, Kanīsa et Abū Kār sont orientés

[612] *Islamic Art and Architecture in Libya*, p. 32, p. 38, p. 46 ; M. Warfallī, *Some Islamic Monuments*, p. 128. Sur la *ṣum'a*, voir *infra*.

[613] Cette particularité se retrouve à Djerba et dans le Mzab. Voir A. Ravéreau, *Le M'Zab, une leçon d'architecture*, p. 177.

[614] La création des niches est entièrement conditionnée par leur utilité, pour accueillir des lampes par exemple, et celles dont on peut se passer ou qui ne servent qu'à la décoration seraient interdites. N. Benkari-Boudidah, *L'architecture des mosquées Ibadites*, II, pp. 53-54.

[615] Nous avons vu ces niches utilisées pour y ranger de la vaisselle. Pour J. Schacht, « Notes mozabites », p. 13, la mosquée ibadite de Ouargla possède dans le mur de qibla des niches pourvues de paniers dans lesquels on peut déposer des offrandes et on trouve souvent dans les piliers de mosquées de petites niches pour se débarrasser des noyaux des dattes qu'on a mangées.

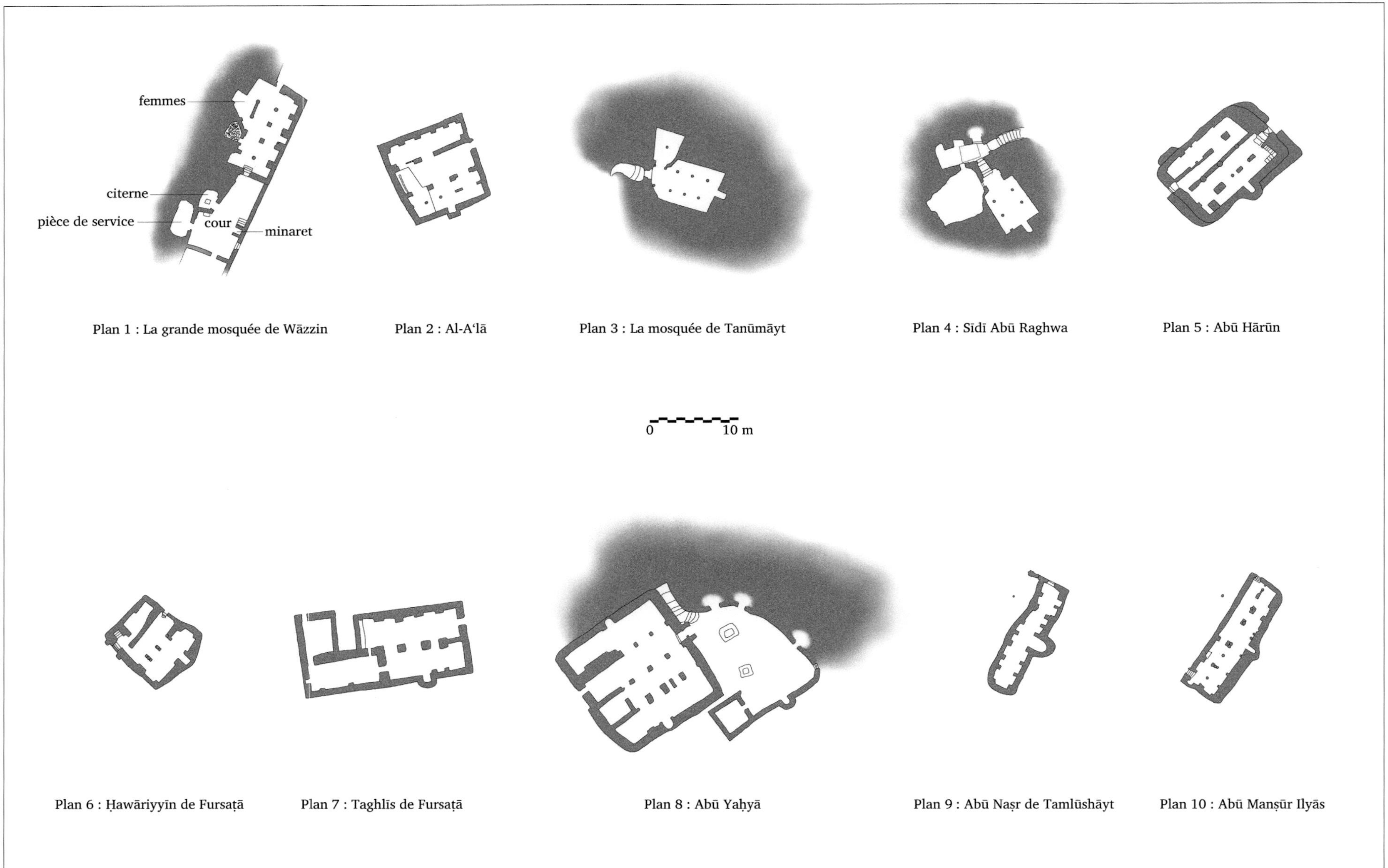

Ill. 122. *Planche comparative des plans de mosquées (1) (illustration M. Favresse)*

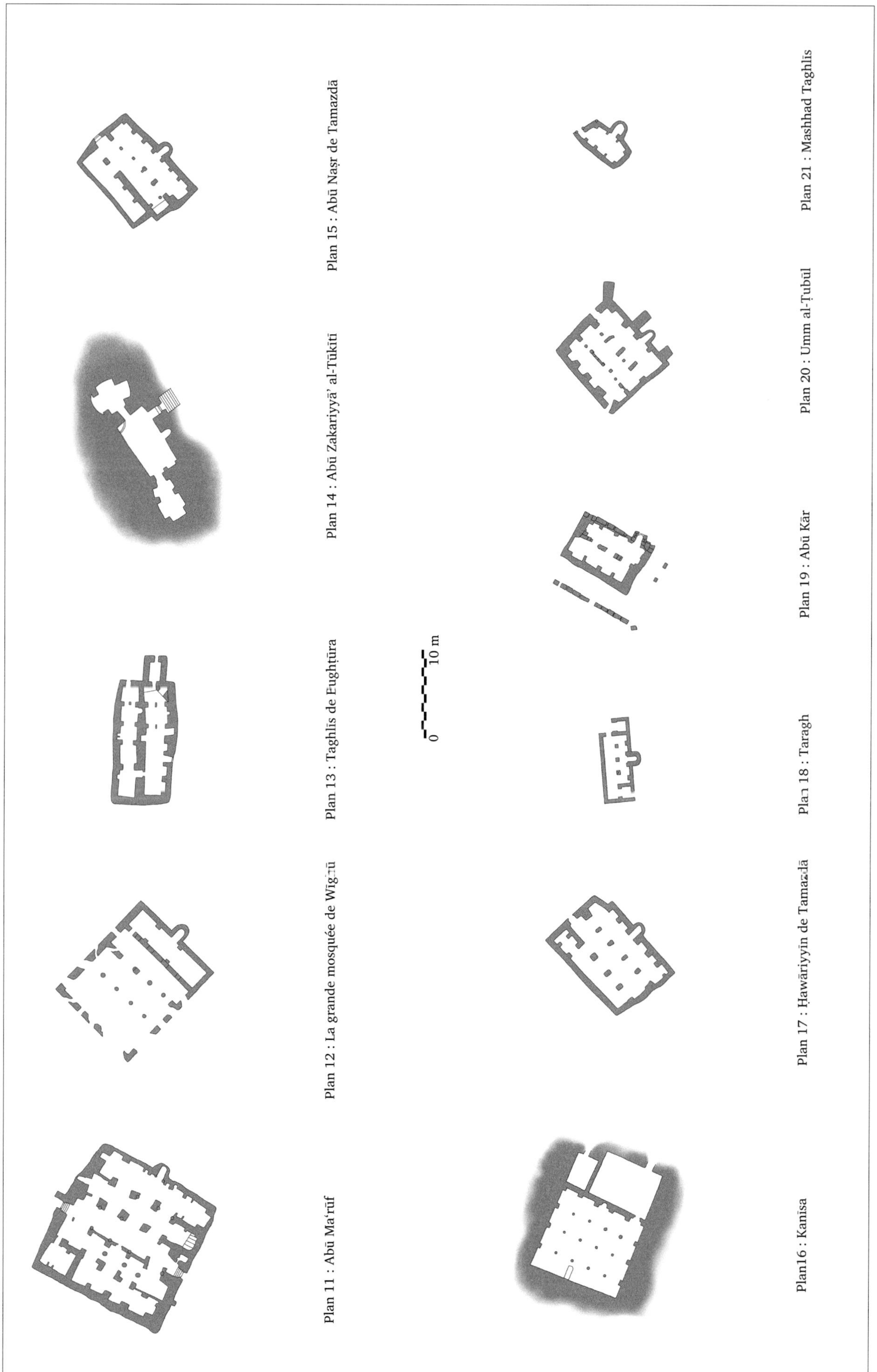

Ill. 123. *Planche comparative des plans de mosquées (2) (illustration M. Fævresse)*

vers l'est-sud-est. La niche de Taghlīs de Bughṭūra est orientée presque au sud, ce qui est également le cas, dans une moindre mesure, à Taghlīs de Fursaṭā et à Taragh de Wīfāt.

DE NOMBREUX LIEUX DE CULTE SOUTERRAINS OU SEMI-SOUTERRAINS

Depuis l'Antiquité, la Tripolitaine est considérée comme la terre des habitations troglodytiques et beaucoup de villages troglodytiques tunisiens ont été fondés par des populations venues du djebel Nafūsa[616]. Cette dernière région est particulièrement riche de ce genre de constructions, que ce soient des habitations, des mosquées, des presses à huile actionnées par un âne ou encore des moulins à grains[617]. Creuser les habitations peut s'expliquer par le besoin de se protéger et de se camoufler dans un paysage steppique où une construction se voit à des kilomètres, où les rapports entre Berbères et Arabes demeurent dans un équilibre instable malgré une certaine assimilation. La conformation géologique du terrain est ici très favorable[618]. À l'époque des travaux de Jean Despois vers 1930, les habitants de la grande majorité des villages abandonnent leurs maisons pour aller s'enterrer dans des grottes, une évolution inverse à celle de la région des Maṭmāṭa en Tunisie. Le géographe met en évidence les évidentes incommodités de la grotte : possibilité d'éboulements, manque de lumière et d'air créant une atmosphère irrespirable renforcée par la fumée des kanouns, présence de vermine et de puces. Par contre, il y fait plus frais en été et plus chaud en hiver, il n'y pleut jamais. La raison essentielle de son succès est que la grotte coûte beaucoup moins cher que la maison pour laquelle il faut acheter du bois, de la chaux, du plâtre et payer des ouvriers, même si la pierre est disponible gratuitement. De plus, la grotte ne se démolit pas et ne se brûle pas[619]. Il faut noter que des habitations troglodytiques sont toujours creusées de nos jours, en utilisant des machines excavatrices modernes[620].

Il y a dans le djebel Nafūsa plusieurs mosquées entièrement creusées dans la roche, ainsi qu'un grand nombre de mosquées semi-souterraines. Djerba compte également plusieurs mosquées creusées dans le sol dont la salle de prière souterraine est identique à celle des autres mosquées et de très petite taille. Ce sont les « mosquées d'en bas » que les habitants appellent *lūṭa*. Il pourrait s'agir de la plus ancienne forme de mosquées connue dans l'île, qui exprimerait la continuité avec les traditions berbères préislamiques[621]. Nous reviendrons plus tard sur ce lien avec les croyances anciennes. Le djebel Demmer, au sud-est de la Tunisie, compte également plusieurs mosquées souterraines[622].

Lors de la construction d'une mosquée, les *faqīh* ibadites indiquent qu'il faut exprimer l'intention (*niyya*) de la bâtir au moment de poser les premières pierres, de sorte que l'édifice acquière un statut sacré et que cet acte pieux rapporte un avantage

---

[616] E. Besana et M. Mainetti, *Architetture trogloditiche del Mediterraneo*, p. 9.

[617] F. Dell'Aquila *et al.*, « Insediamenti rupestri nel Gebel Nafusa occidentale », p. 11. Sur les habitations troglodytiques, voir notamment F. Dell'Aquila *et al.*, « Abitazioni rupestri a Nalut » ; « Insediamenti rupestri nel Gebel Nafusa occidentale », pp. 7-18.

[618] E. Besana et M. Mainetti, *Architetture trogloditiche del Mediterraneo*, p. 8.

[619] J. Despois, *Le Djebel Nefousa*, p. 200.

[620] F. Dell'Aquila *et al.*, « Insediamenti rupestri nel Gebel Nafusa occidentale », p. 8.

[621] R. al-Murābiṭ, « Al-qīma l-fanniyya wa-l-tārīkhiyya li-masājid Jarba », p. 75. La salle de prière de la grande mosquée de Ghardāya est en partie enterrée pour des raisons climatiques. M. Chekhab-Abudaya, *Patrimoine architectural du Sud algérien*, I, p. 180.

[622] Chacune des deux mosquées de Douiret était constituée d'un minaret bâti, d'une cour pour la prière et d'une salle souterraine. E. Besana et M. Mainetti, *Architetture trogloditiche del Mediterraneo*, p. 61. Voir aussi sur ces mosquées M. Arena et P. Raffa, *Ksour della regione di Tataouine*, pp. 115-124 ; A. Louis, *Tunisie du Sud, ksars et villages de crêtes*, pp. 329-332.

d'origine divine à celui qui l'entreprend. Ils précisent que le procédé est identique s'il s'agit d'une grotte creusée pour accomplir la prière, ce qui montre bien qu'il s'agit là d'une pratique acceptée[623]. Ces mosquées souterraines ou semi-souterraines entraînent évidemment des techniques de construction particulières. Dans le cas des mosquées en partie enterrées dans le sol, il semble qu'on ait creusé une surface plate, qu'on ait bâti la mosquée puis entassé la terre excédentaire contre les côtés de la construction. De ce fait, depuis l'extérieur, ces mosquées paraissent souvent très basses et il faut descendre deux ou trois marches pour accéder à la salle de prière. Dans ce cas, il n'y a pas ou très peu de fenêtres et la lumière fournie par l'entrée suffit simplement à se mouvoir à l'intérieur[624]. Dans le cas des mosquées troglodytiques, on creuse d'abord dans les couches de roche les plus tendres une salle dont les parois latérales ne sont pas verticales mais courbes puis, dans un second temps, on construit les arcades avec leurs colonnes ou piliers pour diviser l'espace en plusieurs travées, on régularise les murs latéraux et on aménage le mur de qibla et le mihrab ; enfin, on applique l'enduit de plâtre[625]. Il semblerait que la multiplicité des piliers ne soit pas totalement justifiée par la nécessité de soutenir le plafond et que les constructeurs aient surtout voulu reproduire le modèle des mosquées construites dans la région, avec des travées parallèles séparées par des piliers : en effet, sans eux, la salle de prière perdrait une partie de sa sacralité et aurait la même apparence que les autres excavations du village[626]. La mosquée Abū Zakariyyā' al-Tūkītī présente cependant une salle creusée dans la roche totalement dépourvue de piliers (ill. 75).

Ces mosquées souterraines – protégées de la pluie et de l'érosion qui altèrent les autres constructions en nécessitant de fréquentes restaurations qui pourraient modifier la forme originelle du bâtiment –, sont généralement dans un état de conservation remarquable[627]. Celles qui sont abordées ici se distinguent par un long couloir d'accès en pente (ill. 47) ; dès lors on pourrait les comparer avec le deuxième type d'habitations troglodytiques défini par Jean Despois, le « type en profondeur à cour réduite », dans lequel on creuse un couloir de descente à ciel ouvert qui s'élargit un peu dans le bas[628].

Parmi les raisons qui ont poussé les ibadites à creuser ces lieux de culte, la plus évidente est la recherche de fraîcheur, puisque ces pièces sont tempérées toute l'année. À Djerba, de nombreux locaux utilitaires sont d'ailleurs souterrains comme les huileries ou les ateliers de tissage. Outre cette raison pratique, on considère souvent – en ce qui concerne Djerba – que l'architecture souterraine des mosquées pourrait être liée à la condition des ibadites schismatiques qui auraient aménagé des lieux de prière secrets pour échapper aux persécutions[629]. Aucun texte ne prouve pourtant que leurs mosquées aient été volontairement détruites par des chrétiens ou par d'autres musulmans, et loin de se dissimuler, la cour et l'entrée des mosquées souterraines sont souvent bien apparentes, comme à la mosquée de Sadwīkish (ill. 124)[630]. Il paraît probable que la peur de la persécution n'a rien à voir non plus dans le cas du djebel Nafūsa, d'autant que l'on a l'exemple de mosquées souterraines creusées

[623] N. Benkari-Boudidah, *L'architecture des mosquées Ibadites*, II, pp. 30-31.

[624] J.W. Allan, « Some Mosques of the Jebel Nefusa », p. 166.

[625] F. Dell'Aquila et G. Fiorentino, « Moschee rupestri nel Gebel Nafusa occidentale », pp. 12-13.

[626] C'est en tout cas l'explication fournie pour la mosquée al-Nakhla de Douiret. E. Besana et M. Mainetti, *Architetture trogloditiche del Mediterraneo*, p. 74

[627] F. Dell'Aquila *et al.*, « La moschea rupestre di Tnumayat », p. 270.

[628] Cet élargissement sert de cour et peut être lui-même à moitié enterré. Dès lors les quelques pièces qui y donnent sont terriblement sombres et mal aérées et, en cas de fortes pluies, la cour peut devenir un épouvantable cloaque puisque rien ne permet d'évacuer l'eau. J. Despois, *Le Djebel Nefousa*, pp. 194-196.

[629] N. Benkari-Boudidah, *L'architecture des mosquées Ibadites*, II, p. 96 et p. 192, estime de façon beaucoup plus générale que c'est la peur des représailles et des attaques, la volonté de se protéger qui ont donné à la salle de prière des mosquées ibadites son caractère massif et introverti.

[630] Nous avons cependant visité à Djerba une mosquée souterraine, la mosquée *lūṭa* de Tiyānist, quasiment invisible dans le paysage : il fallait ramper pour y accéder et l'on ne pouvait s'y tenir que plié en deux.

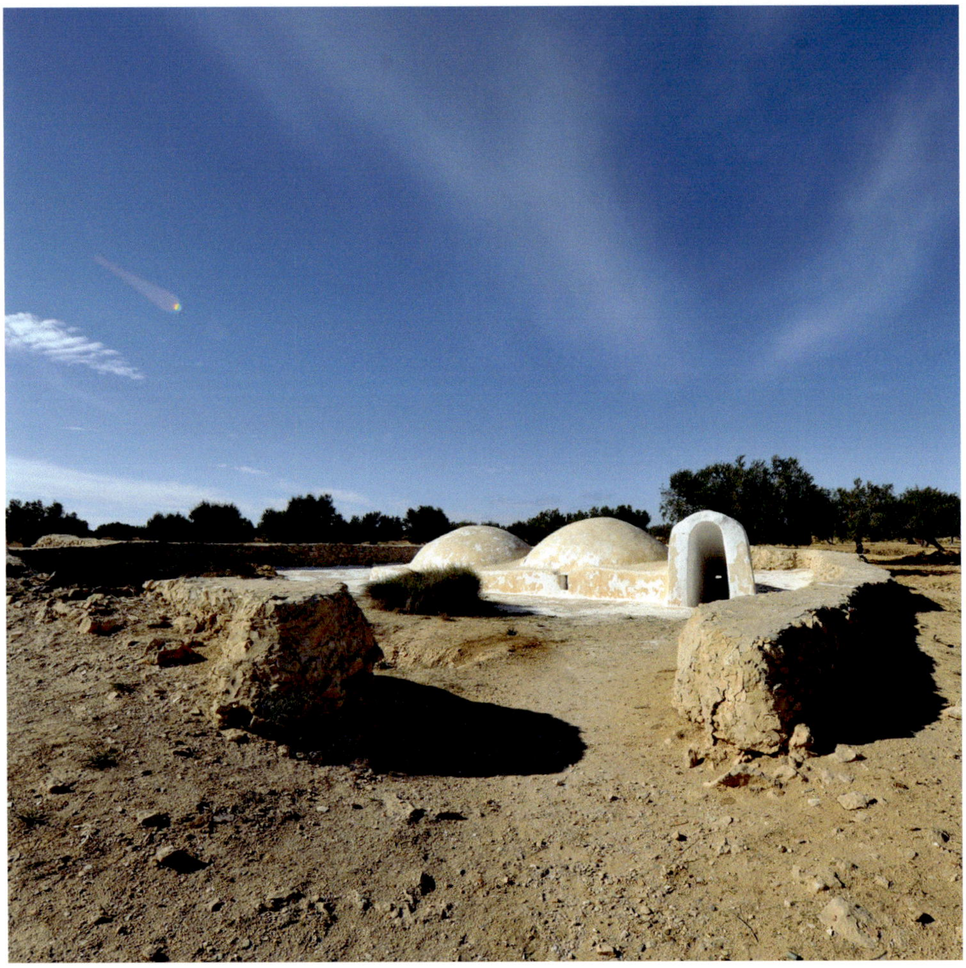

Ill. 124. *Mosquée souterraine de Sadwīkish à Djerba (A. Derriks, Djerba, janvier 2010)*

à quelques mètres de mosquées bien visibles : c'est le cas à Wīghū ou à Fursaṭā (ill. 42)[631]. Il faut plutôt mettre cette architecture en rapport avec l'un des plus anciens cultes berbères, le culte des grottes, autrefois considérées comme la demeure des divinités. L'enfoncement de la grotte dans la terre permet la communication avec les divinités chtoniennes et peut-être même avec Dieu, puisque certains contemporains de saint Augustin croyaient s'en rapprocher en s'enfonçant dans des souterrains[632]. Après s'être convertis à l'islam, les Berbères sont restés fidèles au culte de grottes et l'ont dans de nombreux cas intégré à celui des musulmans réputés pour leur piété[633].

La région de Ouargla semble tout spécialement marquée par ce culte[634]. Les textes évoquent fréquemment dans cette région des grottes nommées *ghār* ou *ghīrān* [Banī] Ajāj ou Ajjāj. À propos d'Abū Ṣāliḥ al-Yājrānī, qui vivait sans doute dans la première moitié du XIe siècle[635], on lit cette anecdote : « nous sommes allés avec un groupe de *'azzāba* chez Abū Ṣāliḥ dans les grottes appelées grottes des Banū Ajāj et nous avons passé la nuit chez lui. Les *'azzāba* lisaient des rimes et les djinns y répondaient. »[636] Abū Ṣāliḥ al-Yājrānī avait un *muṣallā* dans une de ces grottes : alors qu'il

[631] J. Despois, *Le Djebel Nefousa*, p. 201, fait remarquer face à cette thèse du besoin de défense que la multiplication des habitations troglodytiques à son époque intervient dans une période de pleine paix.

[632] G. Camps, *Les Berbères, mémoire et identité*, p. 146.

[633] T. Lewicki, « Survivances chez les Berbères médiévaux de cultes anciens », pp. 15-16. On verra aussi M. Meouak, « Le vocabulaire des grottes et des cavernes », pp. 332-336.

[634] Voir V. Prevost, « Maǧmāǧ et les sept savants », pp. 48-50.

[635] Il assistait en effet aux assemblées d'Abū 'Abd Allāh Muḥammad ibn Bakr. *Siyar* attribués à Abū l-'Abbās Aḥmad ibn Muḥammad ibn Bakr al-Fursaṭā'ī, dans al-Wisyānī, p. 800 ; al-Darjīnī, p. 372 ; al-Shammākhī, p. 562. Voir aussi la deuxième partie de l'éd. d'Abū Zakariyyā', p. 311.

[636] *Siyar* attribués à Abū l-'Abbās Aḥmad ibn Muḥammad ibn Bakr al-Fursaṭā'ī, dans al-Wisyānī, p. 801 ; al-Darjīnī, p. 373. Voir aussi la deuxième partie de l'éd. d'Abū Zakariyyā', p. 311.

venait y adorer Dieu, pendant la nuit, il y trouva deux lampes, mais ne sut pas qui les avait allumées[637]. Enfin, les historiens rapportent qu'Abū 'Abd Allāh Muḥammad ibn Bakr reçut la visite de deux hommes qui étudiaient les livres dans la grotte d'Ajāj. Il les interrogea sur ce qu'ils y faisaient et ils lui apprirent qu'ils étudiaient les livres dans ces grottes[638]. Il s'agirait d'un lieu de culte berbère antique[639]. D'autre part, le fameux savant Abū 'Ammār 'Abd al-Kāfī al-Wārjalānī, de la première moitié du XIIe siècle, serait enterré en plein désert à 5 km au nord-ouest de Ouargla. À quelques dizaines de mètres de son tombeau se trouverait son *maqām*, une grotte de plusieurs mètres de diamètre, au pied d'une montagne, sans signe distinctif à l'extérieur, où il passait selon la tradition de longs moments à prier et à réciter le Coran. Au début du XXe siècle, chaque année au printemps, les ibadites de Ouargla rendaient une pieuse visite (*ziyāra*) à cette grotte et au tombeau d'Abū 'Ammār pour y accomplir leurs devoirs rituels[640].

La fondation de Ghardāya, principale ville du Mzab, par les ibadites, est elle aussi liée à une grotte. La ville tire son nom de *ghār Daïa*, du nom d'une femme qui y demeurait seule[641]. L'endroit est toujours connu, il s'agit en fait d'une simple anfractuosité qui n'a jamais pu abriter personne ; il apparaît ainsi que la femme appelée Daïa n'a jamais eu d'existence historique, son personnage a simplement servi à remanier le récit dont l'origine est liée au culte des grottes. Néanmoins, les femmes visitent fréquemment la grotte de celle qu'elles vénèrent sous le nom de Lalla Sahla et y allument des bougies afin qu'elle intercède auprès de Dieu en leur faveur, notamment pour des problèmes de fécondité. « La dame qui rend les choses faciles », Lalla Sahla, a ainsi pris la forme d'une sainte femme ibadite[642].

La fameuse *ḥalqa*, dont la fondation a permis une renaissance des communautés ibadites privées d'imam, a été créée dans la grotte de Tīn Īslī dans le wādī Rīgh ; une anecdote montre qu'Abū 'Abd Allāh Muḥammad ibn Bakr (m. 440/1048-1049) et ses étudiants dormaient à l'intérieur et que cette grotte, sans doute assez vaste, était pourvue de piliers, de colonnes et d'un mihrab[643]. Cette grotte aménagée en mosquée devait certainement être très proche des mosquées souterraines du djebel Nafūsa.

Le Sud tunisien compte également quelques exemples de grottes[644]. Dans la première moitié du Xe siècle, lorsque le rebelle nukkārite Abū Yazīd revient d'Orient, il creuse une grotte à Qal'at Shaddād, dans laquelle il réunit ses compagnons ; cette grotte de la région de Tozeur est connue à l'époque d'Abū Zakariyyā'[645]. Abū l-Rabī' Sulaymān ibn Yakhlaf al-Mazātī (m. 471/1078-1079), un des élèves d'Abū 'Abd Allāh Muḥammad ibn Bakr, est l'un de ceux qui contribuent à fonder la *ḥalqa* à Djerba. Il s'installe ensuite avec ses étudiants dans une grotte à Qal'at Banī 'Alī dans les montagnes du Sud-Est tunisien, puis il occupe une seconde grotte[646]. Lorsqu'il gagne Tamūlast un peu plus tard, c'est à nouveau dans une grotte qu'il s'établit[647].

[637] Al-Darjīnī, p. 373 ; al-Shammākhī, p. 563 (qui ne précise pas que c'est à Banī Ajjāj). Le thème des lampes allumées comme par miracle revient à plusieurs reprises dans les récits ibadites. Il doit sans doute être mis en rapport avec la vieille croyance berbère aux phénomènes lumineux qui a survécu à l'islamisation et est devenue l'un des signes de la sainteté pour les ibadites. B. Cherifi, *Études d'anthropologie historique et culturelle sur le M'Zab*, pp. 48-49.

[638] *Siyar* attribués à Abū l-'Abbās Aḥmad ibn Muḥammad ibn Bakr al-Fursaṭā'ī, dans al-Wisyānī, p. 829. Voir aussi la deuxième partie de l'éd. d'Abū Zakariyyā', p. 327. Anecdote similaire chez al-Darjīnī, p. 389 ; al-Shammākhī, p. 576. Selon al-Darjīnī, p. 373, ces grottes sont situées à l'extérieur de Ouargla. Pour M. Bābā'ammī *et al.*, *Mu'jam a'lām al-ibāḍiyya*, II, p. 104, le site est toujours connu.

[639] T. Lewicki, « Survivances chez les Berbères médiévaux de cultes anciens », p. 17.

[640] T. Lewicki, « Ibāḍitica, 1. », p. 90.

[641] P. Cuperly, *Aperçus sur l'histoire de l'ibāḍisme au Mzab*, p. 27.

[642] B. Cherifi, *Études d'anthropologie historique et culturelle sur le M'Zab*, pp. 30-32.

[643] *Siyar* attribués à Abū l-'Abbās Aḥmad ibn Muḥammad ibn Bakr al-Fursaṭā'ī, dans al-Wisyānī, p. 820.

[644] La légende des gens de la caverne, faisant référence à la sourate XVIII du Coran, est particulièrement développée dans le Sud tunisien. Voir V. Prevost, *L'aventure ibāḍite dans le Sud tunisien*, pp. 315-316.

[645] Abū Zakariyyā', p. 169.

[646] Abū Zakariyyā', pp. 271-272 ; al-Darjīnī, pp. 193-194, qui dit Qal'at Abī 'Alī.

[647] Abū Zakariyyā', p. 276.

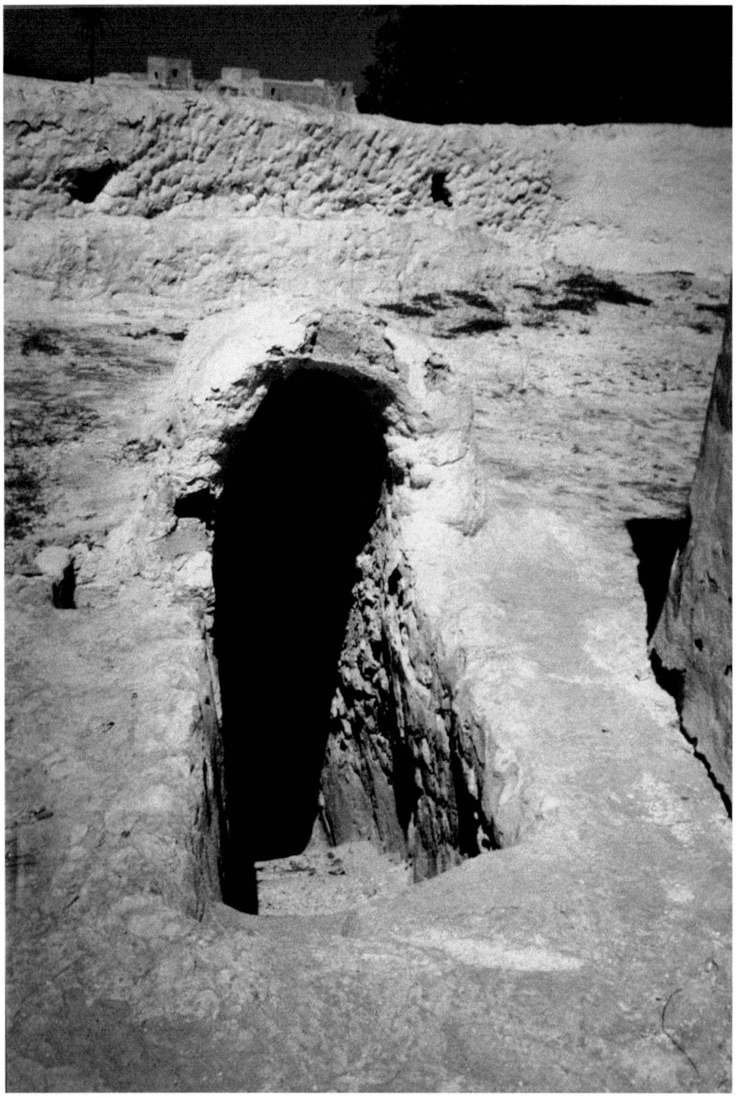

Ill. 125. *Grotte de Majmāj à la mosquée Ibn Biyān de Djerba (V. Prevost, Djerba, janvier 2004)*

On trouve aussi à Djerba plusieurs grottes artificielles, creusées dans les cours des mosquées, pourvues ou non de mihrabs. C'est le cas de la grotte de Majmāj (ill. 125), qui a été creusée pour accueillir les sept savants qui ont rédigé le *Dīwān al-'azzāba*[648]. Certaines mosquées souterraines comme la mosquée al-Bardāwī appartiennent à la catégorie des mosquées « doctrino-défensives » chargées de servir de lieu de réunion aux *'azzāba* pour organiser la défense de l'île si elle est en danger[649]. La zāwiya Sīdī Bū Sa'īd à Ḥūmat Majjayan se compose d'une mosquée ancienne qui recouvre une petite mosquée souterraine entièrement creusée dans la pierre, semblable à une grotte. En temps de sécheresse, les habitants des villages environnants amènent un taureau noir et tournent sept fois autour de la mosquée. Lorsqu'on égorge l'animal, un nuage apparaît tout de suite, même s'il fait plein soleil. Chacun se lave les mains sous la pluie. On partage la viande en cinq ou six cents parts, selon le nombre de fidèles et chacun achète sa part. Les filles viennent également prier le jour de leur mariage dans la grotte pour se purifier et y jouent de la derbouka[650].

Le djebel Nafūsa est manifestement la région qui compte le plus de grottes vénérées par les ibadites. Le grand savant de la première moitié du IXe siècle, Abū Mirdās Muhāṣir al-Sadrātī, possède un lieu de prière (*masjid*) dans une caverne (*kahf*)[651]. Certaines grottes accueillent des miracles qui permettent de sauver ceux qui les fréquentent : ainsi dans la première moitié du Xe siècle, Abū 'Āmir al-Sadrātī dort dans sa grotte lorsqu'il entend une voix venue de l'extérieur qui s'adresse à lui ; il sort mais ne trouve personne, rentre dans la grotte et voit qu'un rocher s'est détaché du plafond pour tomber à l'endroit où il dormait[652]. Voici un autre exemple de miracle : Ghazāla, une esclave venue du Sūdān et convertie à l'islam pendant son trajet vers le djebel Nafūsa, est achetée par un ibadite de Wīghū. Pendant la nuit, elle gagne son *muṣallā* située dans une caverne où elle prie ; deux lampes y sont allumées à son intention. À partir du moment où elle est

[648] V. Prevost, « Mağmāğ et les sept savants », pp. 37-47. J.-P. Van Staëvel, « La caverne, refuge de « l'ami de Dieu » : une forme particulière de l'érémitisme au temps des Almoravides et des Almohades », p. 314, évoque d'après al-Tādilī (m. 1230) le cas de deux habitants de Fès qui creusent chacun une grotte où l'un se retire pendant trois ans pour s'acquitter des prières passées, et l'autre se livre à la dévotion. J.-P. Van Staëvel, pp. 318-320, estime que dans le Maghreb extrême, la retraite pieuse dans des grottes serait une tendance archaïque contemporaine du premier essor du soufisme. Hormis une anecdote mettant en scène un saint y retrouvant providentiellement le butin d'un vol, les sources hagiographiques n'associent la grotte ni à des djinns ni à des traces de paganisme, de sorte qu'il est difficile de lier la retraite dans les grottes au culte préislamique qu'elles suscitaient.

[649] M. Hbaieb, « Les fortifications de l'île de Djerba », p. 307.

[650] Renseignements recueillis sur place en 2004. Voir aussi R. al-Murābiṭ, *Mudawwana masājid Jerba*, pp. 205-206. De nombreuses grottes, en ce qu'elles offrent une ouverture au monde des morts, sont réputées pouvoir offrir la fécondité et sont fréquentées par les jeunes filles en âge de se marier. J. Servier, *Tradition et civilisation berbères*, pp. 53-55.

[651] Al-Shammākhī, p. 303 et p. 771. Al-Bughṭūrī, p. 58, écrit seulement qu'il a une caverne dans laquelle il adore Dieu.

[652] Al-Bughṭūrī, p. 37 ; al-Shammākhī, p. 455.

affranchie, elle ne trouve plus qu'une seule lampe[653]. La liste *Tasmiyat mashāhid al-jabal* énumère plusieurs grottes qui font partie des sanctuaires du djebel Nafūsa : la grotte de Tinālūtīn, la grotte de Tānūt Nislī, le *muṣallā* d'Abū Khalīl et sa grotte, et enfin la grotte de Tūkīt[654]. La première n'est connue que par ce texte. La seconde désigne la grotte du puits d'Islī, tirant peut-être son nom d'un personnage charismatique de l'époque préislamique[655]. La grotte d'Abū Khalīl doit sans doute être mise en rapport avec un lieu de culte fréquenté par le fameux Abū Khalīl Ṣāl al-Darkalī, qui a vécu dans la première moitié du IXe siècle. Il s'agissait peut-être d'une grotte vénérée avant l'ère musulmane qui aurait, pour cette raison, été fréquentée par Abū Khalīl[656]. Enfin, la grotte de Tūkīt, du nom d'un ancien village de la région de Tamazdā, est évoquée par d'autres sources ibadites : c'est là qu'Abū 'Amr Maymūn ibn Muḥammad al-Sharūsī pria Dieu pour obtenir le départ d'une armée ennemie[657].

Ainsi, les Berbères ibadites célèbrent tout comme leurs ancêtres le culte des grottes, quelle que soit la région dans laquelle ils se trouvent. Les exemples présentés ci-dessus, puisés parmi les très nombreuses anecdotes rapportées dans les sources, montrent bien les différentes fonctions de la grotte : elle peut être un simple endroit de prière et de dévotion, ou un lieu dans lequel se déroulent des miracles, qui peut apporter des bénédictions à qui le fréquente. Elle est le séjour des djinns, des lampes allumées par des forces mystérieuses y attendent les fidèles, de pieux personnages s'y enferment pendant de longues périodes pour prier et réciter le Coran. C'est dans une grotte qu'il fait creuser à cette intention qu'Abū 'Abd Allāh Muḥammad ibn Bakr fonde la première *ḥalqa* et vit avec ses *'azzāba*, créant un précédent pour d'autres *ḥalqa*. La grotte favorise manifestement l'étude et la concentration, elle semble être pour les ibadites le lieu de réunion savante par excellence. Cela permet sans doute de comprendre, au-delà de la recherche de fraîcheur, l'attrait qu'a représenté l'aménagement de mosquées souterraines.

LA PLACE DES FEMMES DANS LA MOSQUÉE

Nous avons souligné plus haut le rôle notable joué par les femmes dans la société ibadite musulmane. Dans un nombre important de mosquées, une cloison a été aménagée pour délimiter un espace réservé aux femmes. Cette particularité est évoquée par al-Shammākhī à propos de faits se déroulant dans le courant du XIe siècle :

> Abū Zakariyyā' Yaḥyā ibn al-Khayr al-Janāwunī demeura pendant une longue période auprès d'Abū l-Rabī' dans la mosquée d'Ibnāyn. Les Nafūsa ont pour coutume, dans toutes leurs mosquées, de tendre un rideau (*s.tra*) pour isoler la dernière travée (*ṣaff*) de la mosquée. Les femmes pénètrent dans cette travée pour entendre les leçons et pour prier, étant séparées des hommes par ce rideau. Lorsqu'Abū Zakariyyā' Yaḥyā ibn al-Khayr voulut quitter Abū l-Rabī' et faire ses adieux, il dit : « Accordez-moi un peu de temps pour que je pénètre derrière le rideau afin de voir à quoi ressemble ce lieu, il est possible que l'on m'interroge à ce sujet. Il est remarquable en

[653] Al-Bughṭūrī, pp. 97-98 ; al-Shammākhī, pp. 356-357. Voir *supra* sur la mosquée souterraine Ghazāla à Wīghū.
[654] R. Basset, « Les sanctuaires du Djebel Nefousa », I, pp. 434-435.
[655] T. Lewicki, « Survivances chez les Berbères médiévaux de cultes anciens », p. 16.
[656] T. Lewicki, « Survivances chez les Berbères médiévaux de cultes anciens », p. 16. Les récits ibadites rapportent qu'un jour, Abū Khalīl fut attaqué par des bandits de grand chemin et blessé à dix-sept reprises. Il entra dans une grotte et y demeura pendant quarante jours sans manger ni boire. Al-Bughṭūrī, p. 92 ; al-Shammākhī, p. 349.
[657] Al-Bughṭūrī, p. 87 ; al-Shammākhī, p. 431 (sous la forme Tukīt). Voir *supra* sur la mosquée Abū Zakariyyā' al-Tūkītī.

effet qu'un homme passe des années dans une mosquée sans avoir découvert tous ses recoins et sans l'avoir [entièrement] connue, tout cela parce qu'il s'en abstient par scrupules. En dehors des moments de réunion, il est permis à l'homme de s'asseoir et de prier dans cet endroit. »[658].

Plusieurs détails sont à relever dans ce texte : on insiste sur le fait que les femmes peuvent profiter des enseignements délivrés dans la mosquée, l'espace qui leur est réservé est limité à la dernière travée et, surtout, il est question de quelque chose qui ressemble à un rideau ou en tout cas à une cloison amovible, plutôt que d'une cloison maçonnée. Pourtant, selon Muḥammad Warfallī, la salle de prière divisée en deux sections par un mur de partition est une des principales caractéristiques que l'on retrouve très fréquemment dans les mosquées les plus anciennes, notamment dans la grande mosquée de Wīghū dont le plan serait le prototype adopté par les autres mosquées du djebel[659]. Maḥmūd Kūrdī indique qu'il a observé cette particularité dans la plupart des mosquées du djebel et qu'elle se présente le plus souvent sous la forme d'un mur de pierre dont la longueur est de 1,50 m ou 2 m environ[660]. Deux autres anecdotes relatives à ces cloisons figurent dans les sources ibadites. Le *Kitāb al-mu'allaqāt*, sans doute rédigé au XIIe ou au XIIIe siècle, affirme dans les récits associés à Ouargla que 'Umrān ibn Zīrī, un contemporain d'Abū 'Abd Allāh Muḥammad ibn Bakr (m. 440/1048-1049), fut le premier qui ordonna l'aménagement des rideaux (*amara bi-bunyān al-sutūr*) dans les mosquées[661]. Une autre anecdote évoque une assemblée dans laquelle on psalmodie le Coran (*majlis al-dhikr*) qui a lieu chez la pieuse Umm al-Khaṭṭāb à Agharmīnān dans le djebel : deux hommes, dont Abū Zakariyyā' al-Tūkītī, participent à la réunion et il est question d'un rideau que l'on dénoue, très certainement pour séparer les deux hommes de cette assemblée vraisemblablement constituée de femmes[662].

La plupart des mosquées ibadites étudiées par Naïma Benkari-Boudidah présentent au moins un accès supplémentaire réservé aux femmes, mais elle n'a relevé aucune trace de ce principe dans les textes juridiques ibadites, alors que certains sunnites recommandent la présence de cet accès, notamment de nos jours. Les *faqīh* ibadites permettent l'installation de cloisons dans la salle de prière pour créer un espace destiné aux femmes ; cette séparation ne sera financée par l'argent réservé à la construction de la mosquée que si elle est aménagée lors de l'édification du lieu de culte, sinon elle ne sera pas considérée comme faisant partie de ce dernier[663].

Nous avons étudié plusieurs mosquées présentant un espace réservé aux femmes. La configuration sans doute la plus originale se trouve à la mosquée de Wāzzin, où c'est la partie troglodytique de la salle de prière, séparée du reste par une cloison en maçonnerie et par deux petites arcades, qui est destinée à la prière des femmes (plan 1). La dernière travée de la mosquée al-A'lā de Nālūt, séparée des trois autres par un mur, est manifestement réservée aux femmes et une entrée permettait jadis d'y accéder directement (plan 2). La mosquée de Tanūmāyt, entièrement creusée dans la roche, comprend vraisemblablement une pièce réservée aux femmes dans laquelle une petite fenêtre permet de voir le mihrab (plan 3). On pourrait penser que les mosquées souterraines, dont la salle de prière est généralement fort petite,

[658] Al-Shammākhī, p. 762.
[659] M. Warfallī, *Some Islamic Monuments*, pp. 146-147. Sur la mosquée de Wīghū où deux travées aujourd'hui disparues auraient constitué la section des femmes, voir *supra*.
[660] M. Kūrdī, *Al-ḥayāt al-'ilmiyya fī jabal Nafūsa*, p. 60, n. 2.
[661] *Kitāb al-mu'allaqāt*, p. 85.
[662] Al-Bughṭūrī, pp. 59-60 ; al-Shammākhī, p. 309. Le rideau des femmes se retrouve à la mosquée d'Ajlū dans le wādī Rīgh. *Siyar al-mashāyikh*, p. 578.
[663] Des nattes peuvent être utilisées comme séparation entre l'espace de prière des hommes et celui des femmes. N. Benkari-Boudidah, *L'architecture des mosquées Ibadites*, II, pp. 52-58.

ont érigé en règle la présence d'une pièce supplémentaire pour les femmes, afin de se prémunir contre la promiscuité induite par ce genre de lieu de culte ; toutefois, la mosquée souterraine voisine de Ḥawāriyyīn à Fursaṭā n'en comprend pas. À Abū Hārūn d'Ibnāyn, deux travées qui apparaissent comme de longs couloirs étroits sont destinées aux femmes, ainsi qu'une petite porte (ill. 32). À la mosquée voisine Abū l-Rabī', c'est une longue travée presque entièrement cloisonnée qui est attribuée aux femmes ; celles-ci peuvent apercevoir le mihrab grâce à quatre orifices percés dans le mur qui sépare les deux travées (ill. 36, 37). Contrairement à Abū Hārūn, les deux portes d'entrée réservées aux deux sexes se trouvent dans la façade principale. Dans la mosquée Abū Ma'rūf de Sharūs, deux des cinq travées accueillent les femmes (plan 11). Dans d'autres mosquées, la partie des femmes apparaît moins distinctement, comme à Abū Yaḥyā de Fursaṭā. On peut supposer que la solution du rideau a dû également être adoptée.

Il est intéressant d'observer comment a été résolue la question de la place des femmes dans les lieux de culte des régions voisines. La pratique mise en œuvre dans le djebel Nafūsa se répète manifestement plus au sud. Léon Pervinquière rapporte au début du XXe siècle que les femmes nobles de Ghadamès sortent seulement à la nuit tombée pour se rendre à la mosquée dont une partie leur est réservée ; elles ont même une mosquée spéciale dans un des quartiers de la ville[664]. Les vestiges de la grande mosquée de Zawīla dans le Fezzan ont révélé la présence de deux murs de partition[665]. À Djerba par contre, les femmes n'ont pas d'espace de prière indépendant et prient au fond de la salle de prière derrière les hommes. Il y a dans certains cas une seconde entrée qui leur permet d'accéder directement à cet endroit, c'est le cas par exemple dans la mosquée Walḥī où la porte nord est destinée aux femmes[666].

Dans le Mzab, plusieurs systèmes sont mis en œuvre. Dans l'ancienne mosquée d'El Ateuf, aujourd'hui détruite, le coin des femmes, auquel on accédait par une entrée dérobée, occupait le fond de la salle de prière ; une cloison de deux mètres de haut, formant un triangle, en assurait l'intimité. Au-dessus de cet espace, au niveau de la terrasse, se situait une autre pièce réservée aux femmes. La communication avec la salle de prière était assurée par des trous pratiqués dans le plancher et des fentes verticales la mettaient en relation avec la terrasse[667]. La mosquée de Bū Nūra a une salle spéciale pour les sermons d'hiver avec un compartiment réservé aux femmes séparé par un haut mur[668]. À Ghardāya, la partie réservée aux femmes était à l'origine une pièce contiguë à la salle de prière ou une terrasse séparée de celle des hommes par un mur ; les femmes assistaient à la prière et aux sermons grâce à des trous ou à des fentes qu'elles pouvaient occulter par du tissu pour éviter d'être vues[669]. Cet espace attenant à l'extension, il faut en déduire qu'il n'y avait pas nécessairement de lieu destiné aux femmes dans la mosquée originelle[670]. Désormais, la salle de prière attribuée aux femmes (*muṣallā li-l-nisā'*) a été déplacée dans une pièce souterraine qui remonte à la fondation de la mosquée[671]. La situation de la mosquée de Beni Isguen est peu claire : Guy Bisson mentionne une simple tenture qui sépare hommes et femmes, tandis que Mounia Chekhab-Abudaya parle d'un

[664] L. Pervinquière, *La Tripolitaine interdite. Ghadamès*, p. 173. De la même façon, une mosquée qui compte une inscription du milieu du XIXe siècle est réservée aux seules femmes dans la région de Lamu. H. Gaube, *The Ibadis in the Region of the Indian Ocean*, p. 58.

[665] H. Ziegert et A. Abdussalam, « The White Mosque of Old Zuila », p. 222.

[666] F. al-Ja'bīrī, *Niẓām al-'azzāba*, p. 247.

[667] G. Bisson, « Destruction d'une ancienne mosquée à El Ateuf », pp. 215-217.

[668] J. Schacht, « Notes mozabites », p. 8.

[669] Y. Bonete, « Notes sur l'architecture religieuse au M'zab », p. 94. Voir aussi J. Schacht, « Notes mozabites », p. 2, qui affirme que cela se retrouve à Djerba et en Afrique orientale.

[670] M. Chekhab-Abudaya, *Patrimoine architectural du Sud algérien*, I, p. 181.

[671] N. Benkari-Boudidah, *L'architecture des mosquées Ibadites*, II, p. 151 et p. 158.

espace entier pour les femmes, qui se réunissent également pour prier sur la terrasse depuis laquelle elles ont une vue sur la salle de prière et sur l'imam[672]. À Ouargla, le compartiment réservé aux femmes est également adopté dans l'ancienne mosquée ibadite[673]. Mounia Chekhab-Abudaya note que dans le sud de l'Algérie, les dispositifs architecturaux visant à séparer les hommes des femmes sont présents dans les seules mosquées ibadites et que l'on n'observe aucun de ces aménagements dans les régions où le sunnisme est déjà installé depuis plusieurs siècles[674]. En aucun cas ces dispositifs de cloisonnement n'empêchent les femmes de participer activement à des réunions tenues dans la mosquée.

Pour terminer, notons que l'existence d'une séparation ou d'un mur de partition est bien connue en milieu sunnite à l'époque médiévale, parfois sous la forme d'une cloison en bois sculpté. Ainsi, la grande mosquée de Sfax comprenait en son côté ouest une longue tribune qui isolait les femmes des hommes, des galeries avaient été aménagées dans la grande mosquée de Cordoue destinées à la prière des femmes. La création d'une telle partition s'imposait parfois à cause de l'affluence du vendredi, lorsque les rangs des femmes venaient à toucher les rangs des hommes au point que les uns et les autres se mélangeaient : on sollicita ainsi le juriste al-Lakhmī (m. 1085), en souhaitant qu'il donne son accord pour la construction d'une cloison en briques cuites délimitant l'espace des femmes, dans une mosquée qui pourrait être celle de Gafsa[675].

L'ÉVENTUELLE RECONVERSION D'ÉGLISES

Il n'est pas étonnant que certaines mosquées du djebel Nafūsa aient été bâties à l'emplacement de sanctuaires plus anciens. Ainsi, les mosquées mozabites sont vraisemblablement construites sur d'anciens lieux de culte berbères ; la sacralité du lieu aurait été un facteur déterminant dans le choix de l'endroit de leur fondation. Elles rappelleraient le souvenir des gardiens du lieu qui étaient chargés de le protéger selon les anciennes croyances berbères[676]. Peut-on pour autant envisager que les ibadites ont occupé et modifié à leur guise certaines églises ? Différents éléments de réflexion sont proposés dans les pages qui suivent. Certaines églises ont continué à fonctionner bien après la conquête arabe : c'est le cas des basiliques IV et V de Sbeitla en Tunisie qui étaient encore manifestement utilisées par les chrétiens aux Xe-XIe siècles[677]. D'autres églises ont été réutilisées par les musulmans sans but religieux : ainsi, sur le site archéologique de Bérénice à Benghazi, une église du VIe siècle a été exploitée à des fins apparemment laïques[678]. L'église de Belalis Major a accueilli un pressoir à huile et celle de Tipasa est momentanément devenue un marché pendant la période médiévale[679]. Dans les territoires conquis, les musulmans se sont approprié de nombreuses églises, qu'il était tout naturel de transformer en

---

[672] G. Bisson, « Destruction d'une ancienne mosquée à El Ateuf », p. 215, n. 4 ; M. Chekhab-Abudaya, *Patrimoine architectural du Sud algérien*, I, p. 256.

[673] Voir J. Schacht, « Notes mozabites », p. 6, fig. 7 ; M. Chekhab-Abudaya, *Patrimoine architectural du Sud algérien*, I, p. 156 et p. 256.

[674] À l'exception de la mosquée de Mistāwa dans le wādī Rīgh, où la présence d'une cour secondaire en est un vestige. M. Chekhab-Abudaya, *Patrimoine architectural du Sud algérien*, I, pp. 256-257, qui ajoute que les femmes malékites prient dans un cadre privé.

[675] J.-P. Van Staëvel, « Masǧid al-dunyā, "la mosquée de l'ici-bas" », pp. 266-267.

[676] B. Cherifi, *Études d'anthropologie historique et culturelle sur le M'Zab*, pp. 124-125.

[677] C. Fenwick, « From Africa to Ifrīqiya », p. 28. Sur l'architecture des basiliques africaines, voir N. Duval, *Encyclopédie Berbère*, « Basilique chrétienne africaine », 9, 1991, pp. 1371-1377.

[678] G.R.D. King, « Islamic Archaeology in Libya», p. 195. Voir aussi le cas de la présumée église de Ptolémaïs en Cyrénaïque réutilisée par les musulmans chez I. Sjöström, *Tripolitania in Transition*, p. 107.

[679] C. Fenwick, « From Africa to Ifrīqiya », p. 28.

mosquées, ces sanctuaires survivant au changement de religion[680]. Selon la tradition, la mosquée Zaytūna de Tunis a été bâtie sur les vestiges d'une basilique chrétienne : la découverte, sous le minaret, d'un ancien édifice romain comportant un chapiteau muni d'une croix byzantine est venue appuyer cette tradition[681]. Le remploi d'églises paléochrétiennes – tel qu'il a été envisagé pour la mosquée de 'Uqba à Sbiba dans les hautes steppes tunisiennes, qui réutiliserait une ancienne basilique –, ne peut toutefois être confirmé en raison de l'absence de stratigraphie analysable[682].

Le remploi d'anciennes églises en guise de mosquées est fréquemment mentionné en zone ibadite. À Djerba, deux mosquées sont réputées selon la tradition locale trouver leur origine dans des lieux de culte chrétiens. La mosquée Līmas (ou masjid Banī Līmas), au nord d'Ājīm, qui figure à la huitième place dans la liste des vingt madrasas dénombrées à Djerba à la fin du XVIIe siècle, s'élèverait sur les ruines d'une église chrétienne désaffectée. Elle a été démolie pendant les années 1970 et remplacée par une construction moderne du même nom[683]. La mosquée al-Ḥāra de Warsīghan, connue sous le nom de « basilique-mosquée », aurait été jadis un petit temple païen, utilisé peut-être momentanément comme synagogue pour la communauté juive de Meninx, et transformé par les chrétiens en église dès le IVe siècle[684]. Dans le Nafzāwa, jadis ibadite, la mosquée de Talmīn est réputée être bâtie à l'endroit de l'ancienne église chrétienne et trois des cinq mosquées de Gbilī (Kébili) auraient été construites sur des églises[685]. La mosquée des Sept Dormants de Chenini, dans le Sud-Est tunisien, aurait été élevée sur les restes d'un oratoire romain[686]. La population de Zawīla dans le Fezzan – autrefois ibadite – prétend que son ancienne grande mosquée, aujourd'hui très ruinée, a été construite à l'emplacement d'une église romaine qui a été transformée en mosquée lorsque les habitants ont embrassé l'islam, le terme « romain » devant être compris dans le sens de « plus ancien que l'islam »[687]. Les Aït Antar de N'Goussa se disent descendants des Romains convertis à l'islam et affirment que les ruines d'une de leurs mosquées sont situées sur les ruines d'une antique église romaine[688].

En ce qui concerne le djebel Nafūsa, les avis diffèrent fortement sur la récupération d'églises par les ibadites pour en faire leurs propres lieux de culte[689]. Si James Allan est très circonspect, évoquant une seule mosquée parmi celles qu'il a visitées – Taghlīs de Bughṭūra – qui pourrait avoir des origines chrétiennes, Philip Kenrick estime qu'il n'y a aucune preuve directe du précédent usage de ces mosquées comme église et qu'aucun cas certain de récupération d'église n'a été identifié là où le plan le suggérait[690]. Les indices proviennent des sources textuelles ibadites qui font état de cette récupération[691]. Nous avons constaté sur place que tout le monde semble persuadé que les mosquées portant des noms liés au christianisme sont d'anciennes

[680] Voir J. Pedersen, *Encyclopédie de l'Islam*, 2ème éd., s.v. Masdjid (VI, pp. 634-636), sur l'islamisation de monuments chrétiens. Au lieu-dit Djendouba, non loin de l'actuel Gharyān à l'est du djebel, ont été découvertes en 1903 les ruines d'une basilique que les Arabes venaient de mettre au jour pour la reconvertir en mosquée, transformation demeurée inachevée. H. Méhier de Mathuisieulx, *Rapport sur une mission scientifique en Tripolitaine*, pp. 16-18.

[681] C. Fenwick, « From Africa to Ifrīqiya », p. 28.

[682] S. Gilotte et A. Nef, « L'apport de l'archéologie », p. 73. L'église d'al-Aṣāba' dans la plaine de la Jaffāra a été incorporée à une *zāwiya* arabe. I. Sjöström, *Tripolitania in Transition*, p. 142 ; Ph. Kenrick, *Libya Archaeological Guides*, p. 75.

[683] R. al-Murābiṭ, *Mudawwana masājid Jarba*, pp. 473-476 ; F. al-Ja'bīrī, *Niẓām al-'azzāba*, p. 240.

[684] K. Tmarzizet, *Djerba, l'île des rêves*, pp. 114-115. Voir sur cette mosquée R. al-Murābiṭ, *Mudawwana masājid Jarba*, pp. 583-586.

[685] Ch. Maunoir et H. Schirmer, *Sahara algérien et tunisien*, p. 59 et p. 63.

[686] M. Arena et P. Raffa, *Ksour della regione di Tataouine*, p. 71.

[687] H. Ziegert and A. Abdussalam, « The White Mosque of Old Zuila », p. 221.

[688] N'Goussa, dont la population était jadis ibadite, est proche de Ouargla. A. Romey, *Histoire, mémoire et sociétés. L'exemple de N'Goussa*, p. 22 et p. 76.

[689] Voir V. Prevost, « Des églises byzantines converties à l'islam? Quelques mosquées ibadites du djebel Nafûsa (Libye) ». Cet article a été traduit pour les besoins de la plateforme Cairn.info sous le titre « Byzantine Churches Converted to Islam? Some Ibadi Mosques of the Jebel Nafûsa (Libya) ».

[690] J.W. Allan, « Some Mosques of the Jebel Nefusa », pp. 168-169 ; Ph. Kenrick, *Libya Archaeological Guides*, p. 73 et p. 79.

[691] Voir *supra*.

églises reconverties. Les chercheurs libyens et les habitants passionnés par l'histoire de leur région défendent cette idée dans leurs publications[692]. Certains chercheurs occidentaux cautionnent également largement cette thèse, comme Tadeusz Lewicki ou Elizabeth Savage, qui considère que les églises chrétiennes ont été peu à peu converties en mosquées ou en lieux de pèlerinage[693]. Franco Dell'Aquila estime quant à lui que la mosquée Taghlīs de Fursaṭā servait encore d'église au début du XIIe siècle, ce dont témoignerait l'élément architectural qu'il considère comme étant une iconostase (ill. 50) ; il fait le lien avec la nécropole d'En Gila où les inscriptions témoignent du maintien du christianisme après l'arrivée des Arabes[694]. Il paraît raisonnable d'estimer que lorsque des églises étaient en ruine, les ibadites ont construit leurs mosquées à la même place, par respect vis-à-vis d'un lieu saint, ce qui pourrait expliquer que certaines mosquées portent des noms évoquant le christianisme alors que l'on n'y trouve plus la moindre trace d'église. Seul le souvenir de la place autrefois sacrée a été conservé. Les Berbères du djebel sont restés de la même façon fidèles à quantité de lieux qu'ils vénéraient lorsqu'ils étaient encore païens[695]. Ainsi, la plupart des mosquées du djebel Nafūsa portant des noms faisant référence au christianisme n'ont sans doute rien à voir avec des lieux de culte chrétiens reconvertis à l'islam. Bâties à l'emplacement d'une ancienne église ou sur un lieu associé au christianisme, leur nom marque simplement le souvenir du passé chrétien de la région.

De nombreuses mosquées contiennent des pierres de taille romaines ou byzantines qui ont sans doute été récupérées dans des villas ou des fermes isolées[696]. Le remploi d'éléments architecturaux antiques est très répandu en Afrique du Nord, grâce à l'abondance des matériaux disponibles à l'arrivée des musulmans. Les investigations archéologiques menées dans diverses régions de Libye montrent à plusieurs reprises une continuité entre la période byzantine et celle des premiers temps de l'islam, les musulmans ayant réutilisé de nombreux édifices anciens, qu'il s'agisse de bains, d'édifices militaires ou civils[697]. On peut donc imaginer que les bâtisseurs de mosquées aient doté les nouvelles constructions d'éléments empruntés à des églises : c'est ce que fit, selon al-Bakrī, Ḥassān ibn al-Nu'mān lorsqu'il ordonna d'ajouter à la grande mosquée de Kairouan deux colonnes rouges parsemées de jaune provenant d'une église[698]. Plus tard, lorsque la grande mosquée de Kairouan a été presque entièrement rebâtie en 221/836, des ordres ont été donnés aux gouverneurs de province de repérer de belles colonnes en marbre sur des sites antiques ; ainsi, certaines colonnes de la mosquée portent l'inscription *li-l-masjid* (pour la mosquée) afin de protéger ces pièces des spoliateurs. D'autres colonnes antiques ont été retaillées à l'époque aghlabide pour correspondre à leur nouvelle affectation[699]. L'église d'al-Aṣāba' elle-même, située dans la plaine de la Jaffāra, dont la structure principale daterait d'avant la reconquête byzantine, présente des éléments de remploi, dont des chapiteaux ioniques[700].

La mosquée al-Gmīr de Djerba, qui a été datée par la céramique avant le XIIe siècle, possède dans la salle de prière une colonne et un chapiteau de remploi utilisés

[692] M. Buzakhar, « Toponomy of Ancient Kabaw », p. 5, écrit que ce serait le cas des mosquées ayant pour nom « Maṭus et Islaṭin ». Voir aussi *Al-masājid al-tārīkhiyya fī jabal Nafūsa*, n° 24 (Ḥawāriyyīn de Tamazdā) et n°1 des ajouts à la liste (mosquée Kūdajāt, dans le village d'al-Qal'a près de Yafran).
[693] E. Savage, *A Gateway to Hell, a Gateway to Paradise*, p. 103 ; T. Lewicki, *Études ibāḍites nord-africaines*, p. 58.
[694] F. Dell'Aquila, « Note sul cristianesimo nel Gebel Nefusa », pp. 111-113, qui parle d'inscriptions datées des Xe-XIIe siècle.
[695] Voir *supra* sur le culte des grottes.
[696] *Islamic Art and Architecture in Libya*, p. 32.
[697] G.R.D. King, « Islamic Archaeology in Libya », p. 195 et p. 203.
[698] Al-Bakrī, p. 22/52.
[699] A. Saadoui, « Le remploi dans les mosquées ifrīqiyennes », pp. 296-297.
[700] Ph. Kenrick, *Libya Archaeological Guides*, p. 75.

exactement comme dans le djebel Nafūsa[701]. La grande mosquée Abū Miswar à al-Ḥashshān renferme également des pierres romaines portant des inscriptions latines, lesquelles ont quasiment disparu tant elles ont été recouvertes successivement de chaux[702]. À propos du remploi de colonnes antiques dans les mosquées de Djerba, Naïma Benkari-Boudidah estime que cet acte n'a aucun rapport avec la valeur esthétique de ces éléments, mais qu'il a des objectifs essentiellement utilitaires[703]. Il est difficile d'exprimer un avis sur cet emploi dans le djebel Nafūsa, mais il semble quand même que l'aspect esthétique joue beaucoup : comment expliquer sinon la présence d'un chapiteau antique finement sculpté en plein milieu de la mosquée Umm al-Ṭubūl (ill. 103, 104) ?

[701] Voir www.arthistory.upenn.edu/jerba/SitesEtZones.html (consulté en décembre 2015) et R. al-Murābiṭ, *Mudawwana masājid Jarba*, pp. 460-461.
[702] R. al-Murābiṭ, *Mudawwana masājid Jarba*, p. 100.
[703] N. Benkari-Boudidah, *L'architecture des mosquées Ibadites*, I, p. 563. Elle note, p. 51, que certains *faqīh* ont interdit que l'on emploie des matériaux récupérés dans les ruines d'une mosquée ou d'un *muṣallā* pour construire une nouvelle mosquée, même si l'on n'espère plus la reconstruction du bâtiment effondré.

II
LES PRINCIPAUX ÉLÉMENTS

LES MIHRABS

QUELLE QUE SOIT la région du Maghreb dont ils proviennent, les mihrabs ibadites sont la plupart du temps réduits à leur plus simple expression, une niche faisant saillie à l'extérieur des murs[704], dont la taille modeste crée sans doute un lien plus intime entre le fidèle et la divinité. Bien que la sobriété soit toujours de mise (ill. 126), on note toutefois certaines particularités régionales pour le djebel Nafūsa, dont la grande variation d'orientation des mihrabs qui a été évoquée plus haut. Une majorité de mosquées possède un mihrab qui fait saillie à l'extérieur du mur de qibla et si ce n'est pas le cas, la niche est généralement aussi profonde que le permet le mur[705]. Plusieurs mihrabs sont en effet à la fois très profonds et de grande taille. Ainsi, à la mosquée Ḥawāriyyīn d'Inar, qui daterait de la fin du XIXe siècle, la niche est large de 75 cm, mesure 2,15 m de hauteur et 1,25 m de profondeur, tandis que le mihrab de la mosquée Umm al-Ṭubūl mesure 2 m de hauteur, 75 cm de large et 1,53 m de profondeur ; à la mosquée Mashhad Taghlīs, le mihrab fait 1,95 m de haut, 1,80 de profondeur et 1 m de large[706].

Les mosquées ibadites possèdent généralement, tant en Oman qu'au Maghreb, plusieurs lieux de prière bien distincts dont la fréquentation varie selon les saisons et les heures du jour : outre la salle de prière fermée, des mihrabs sont installés à l'extérieur. À Djerba et dans le Mzab, on les trouve à de nombreuses reprises dans la cour, aménagés dans le mur d'enceinte qui la délimite ou dans la galerie à arcades (*riwāq*) destinée à protéger les fidèles du soleil et du vent. On remarque aussi des mihrabs extérieurs dans le djebel, par exemple dans les murs qui ceignent les cours des mosquées Tiwatriwīn et Abū Yaḥyā de Fursaṭā (ill. 53). À Djerba, la cour de la grande mosquée Abū Miswar à al-Ḥashshān contient trois mihrabs isolés, qui sont de petites constructions indépendantes, maçonnées et chaulées (ill. 127). Les mosquées mozabites comptent parfois des mihrabs sur la terrasse aménagée au-dessus de la mosquée, ce que nous n'avons jamais observé à Djerba. Il existe, sur le toit-terrasse de la mosquée du grenier fortifié de Nālūt, un mihrab en ruine qui reprend la forme d'arc pointu caractéristique de la région. Selon James Allan, la mosquée Taghlīs de

[704] C'est cette saillie du mihrab qui nous a souvent permis de repérer les mosquées et de les différencier directement d'autres édifices similaires. A. Ravéreau, *Le M'Zab, une leçon d'architecture*, p. 214, remarque que cette niche en saillie ne constitue en aucun cas un signal destiné à marquer le fait qu'il s'agit bien d'une mosquée ; elle est nécessairement saillante car le mur est trop étroit.

[705] J.W. Allan, « Some Mosques of the Jebel Nefusa », p. 166 et p. 168.

[706] J.W. Allan, « Some Mosques of the Jebel Nafusa », p. 156 et p. 160. N. Benkari-Boudidah, *L'architecture des mosquées Ibadites*, I, p. 510, note qu'à Djerba, la taille du mihrab est prévue pour pouvoir accueillir un homme debout et qui se prosterne : ses proportions sont en moyenne de 1,75 m de haut, 90 cm de large et 1,25 m de profondeur.

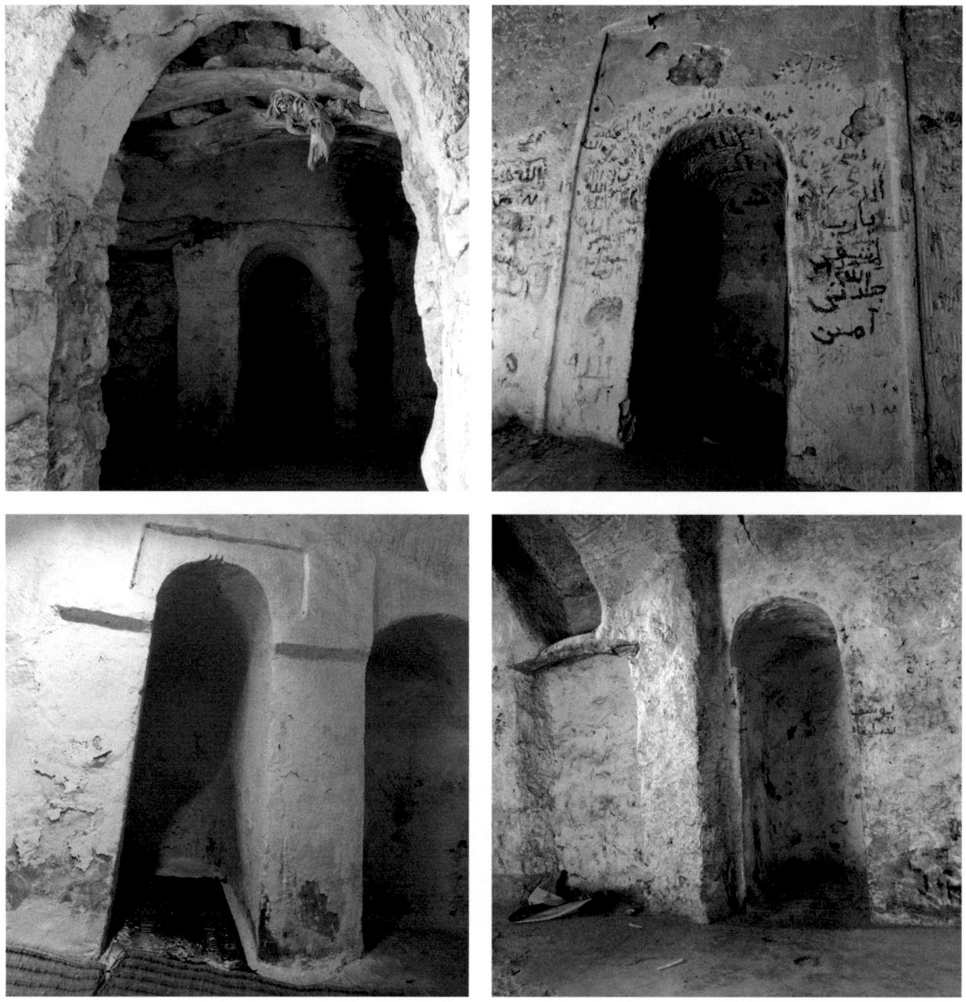

Ill. 126. *Quatre exemples de mihrabs du djebel Nafūsa (Ḥawāriyyīn de Fursaṭā, Abū Zakariyyā' al-Tūkītī, Tiwatriwīn et Taghlīs de Fursaṭā)*

Fursaṭā porterait un second mihrab plat sur le toit[707], mais nous ne l'avons pas vu : soit il s'agit d'une erreur, soit il a disparu. Il apparaît que par rapport aux deux autres régions ibadites du Maghreb, le djebel Nafūsa est de loin celle qui s'adonne le moins au principe du « démembrement » de la mosquée en plusieurs lieux de prière juxtaposés[708]. À Djerba et dans le Mzab, plusieurs mosquées possèdent deux mihrabs côte à côte dans la salle de prière, qui témoignent d'un agrandissement de la salle au cours des siècles. Plutôt que de supprimer l'ancien mihrab, les ibadites ont préféré le conserver et en percer un autre centré par rapport à la salle agrandie. Dans le djebel Nafūsa, la mosquée Taghlīs de Būghṭūrā comprend deux mihrabs placés dans deux travées différentes[709]. À la mosquée Abū Kar, par contre, l'entrée actuelle a pris place dans l'ancien mihrab, et la mosquée n'en a donc plus.

Les travaux de Joseph Schacht ont insisté sur le fait que les mihrabs mozabites ont parfois une base rectangulaire, une particularité qui aurait ensuite été transmise aux mihrabs des Peuls du nord du Nigéria[710]. L'architecture de Djerba n'a manifestement

[707] J.W. Allan, « Some Mosques of the Jebel Nefusa », p. 166.

[708] L'expression de « démembrement » est de J. Schacht, « Notes mozabites », p. 4. Cependant, selon N. Benkari-Boudidah, *L'architecture des mosquées Ibadites*, II, p. 236, les ibadites s'interdisaient dans leurs pratiques anciennes d'utiliser le toit de la salle de prière pour y prier.

[709] La mosquée Shaykh Ṣidqa à al-Khirba comporte elle aussi deux mihrabs. J.W. Allan, « Some Mosques of the Jebel Nefusa », p. 151 et pp. 155-156. Nous n'avons pas la certitude qu'il s'agisse bien là d'une mosquée ibadite. Sur la multiplicité des mihrabs, qui caractérise également les mosquées ibadites de l'Afrique orientale, voir V. Prevost, « Les particularités du mihrab », pp. 311-314. La salle de prière de la grande mosquée de Ghardāya ne compte pas moins de six mihrabs. N. Benkari-Boudidah, *L'architecture des mosquées Ibadites*, II, p. 157.

[710] J. Schacht, « Sur la diffusion des formes d'architecture », pp. 18-19. Sur cette question, voir V. Prevost, « Les particularités du mihrab », pp. 308-310 ; M. Chekhab-Abudaya, *Patrimoine architectural du Sud algérien*, I, pp. 260-261.

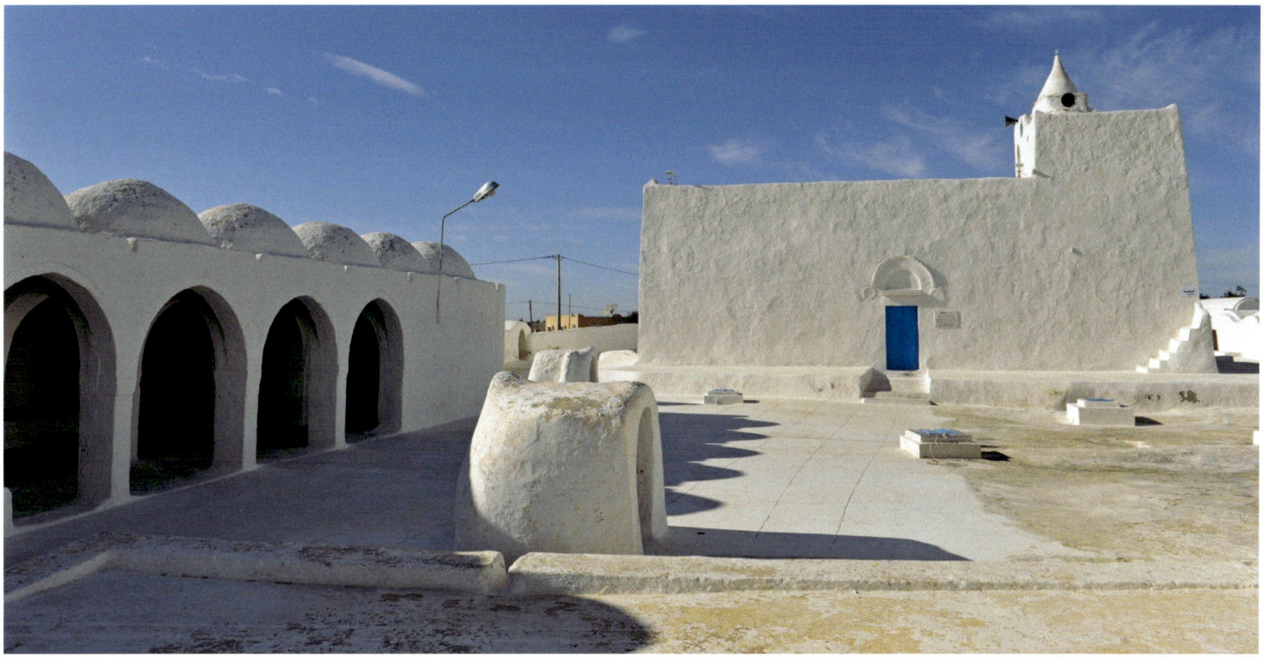

Ill. 127. *La grande mosquée Abū Miswar à al-Ḥashshān de Djerba et deux des ses mihrabs isolés (A. Derriks, Djerba, janvier 2010)*

jamais adopté le mihrab à plan rectangulaire et il apparaît très rarement dans le djebel Nafūsa. On le trouve à al-A'lā de Nālūt, à Tanūmāyt, à Ḥawāriyyīn de Fursaṭā et à Abū Manṣūr Ilyās de Tandamīra (ill. 65). Muḥammad Warfallī en conclut que c'est le djebel Nafūsa qui est à l'origine de la diffusion de ce genre de niche à base rectangulaire vers le Mzab, mais peut-être aussi directement vers le Nigéria grâce au commerce transsaharien[711].

Les Mozabites ont utilisé à profusion le symbolisme propitiatoire du mihrab, en donnant sa forme à des tombeaux ou à des constructions rendant hommage à de pieux savants, et il est probable que ce principe a été également appliqué à Djerba et dans le djebel Nafūsa. Il existe dans le djebel une construction qui ressemble à certaines *qubba* du Sud algérien : tout à côté d'une tombe de marabout se trouve un petit édifice chaulé, surmonté par un fin pinacle de grande taille, percé d'une ouverture montrant que l'intérieur est vide[712].

LES MINBARS

Le minbar existe normalement dans toutes les mosquées *jāmi'* puisque c'est du haut de celui-ci que l'imam prononce la *khuṭba*, le sermon du vendredi qui se fait au nom du souverain au pouvoir. Le plus souvent cependant, il n'y a pas de minbar dans les mosquées ibadites du Maghreb. Les ibadites justifient cette particularité en expliquant que depuis la chute des Rustumides de Tāhart, ils n'ont plus d'imam indépendant à la tête de leur communauté et ne font donc plus la *khuṭba*. Cette affirmation est à nuancer dans le cas du djebel Nafūsa précisément, puisqu'Abū Yaḥyā Zakariyyā' al-Irjānī a porté le titre d'imam après la prise de pouvoir des Fatimides et a régné à Jādū pendant une quinzaine d'années, durant lesquelles les ibadites du djebel ont

[711] M. Warfallī, *Some Islamic Monuments*, pp. 98-100, qui note que cette sorte de mihrab a été adoptée à de nombreuses reprises en Irak et en Iran aux VIIIe et IXe siècles.

[712] *Islamic Art and Architecture in Libya*, p. 45. Grâce à des photos qui nous ont été communiquées par Beniamino Polimeni, que nous remercions chaleureusement, nous pouvons localiser ce marabout à Shakshūk. À comparer avec la qubba Sīdī Mūsā de 'Ajaja près de Ouargla. M. Chekhab-Abudaya, *Patrimoine architectural du Sud algérien*, II, p. 124. Sur la symbolique du mihrab, voir V. Prevost, « Les particularités du mihrab », pp. 314-318.

peut-être fait la *khuṭba* à son nom[713]. Une autre explication, encore jamais invoquée à notre connaissance, apparaît dans le texte d'al-Wisyānī : « L'imam 'Abd al-Wahhāb n'a pas imposé aux habitants du djebel de faire la prière du vendredi parce que leurs villages sont éparpillés ; il leur a imposé de cesser de la faire puisqu'ils ont reconnu la prédication (*da'wa*).»[714] Ainsi, selon ce récit, c'est dès l'époque du séjour de 'Abd al-Wahhāb dans le djebel, dans les années 810, que l'habitude aurait été prise de ne pas organiser la prière collective du vendredi. L'absence de minbar se vérifiait jusqu'à une époque récente dans les lieux de culte ibadites du Mzab[715]. À Djerba, quelques mosquées ont aujourd'hui des minbars, soit maçonnés, soit mobiles en bois : l'obligation de faire la prière du vendredi a été imposée aux ibadites de la mosquée al-Shaykh de Houmt-Souk dès 1079/1668-1669 sous le gouvernement des Bin Jallūd[716].

Al-Bakrī dit, d'après al-Warrāq, que les habitants de Sharūs n'ont pas de mosquée *jāmi'*, de même que les trois cents villages bien peuplés qui l'entourent : ces gens ne se sont pas mis d'accord sur le choix d'un homme qui dirigerait la prière[717]. La présence d'une mosquée *jāmi'* dans cette ville est pourtant attestée, à tort sans doute, par Ibn Ḥawqal et al-Idrīsī[718]. Il est très probable qu'al-Bakrī savait que les ibadites ne faisaient plus la *khuṭba* car ils n'avaient plus d'imam. Il s'agirait donc ici d'une nouvelle expression de sa malveillance vis-à-vis des ibadites, lorsqu'il affirme que les habitants ne parviennent pas à s'entendre pour désigner un imam.

Nous n'avons vu aucun minbar dans le djebel Nafūsa, mais l'inventaire de James Allan en cite quatre, répartis dans trois mosquées différentes (ill. 128). Le premier se trouve dans la mosquée Abū Sulaymān al-Inarī, située dans le village d'Inar : le mur de qibla possède un profond mihrab orienté à 140° et, à sa droite, un minbar qui consiste en trois marches parallèles au mur de qibla. Le second minbar, toujours à Inar, apparaît dans la mosquée Ḥawāriyyīn qui daterait de 1311/1893-1894 : il est à la droite du mihrab et consiste en trois marches qui sont cette fois perpendiculaires au mur de qibla et placées dans un renfoncement. La mosquée Shaykh Ṣidqa à al-Khirba comporte deux mihrabs et deux minbars : l'un d'eux se présente sous la forme de quatre grosses marches qui montent en colimaçon contre le mur de qibla, l'autre plus classique est constitué de quatre hautes marches perpendiculaires au mur de qibla et placées dans un renfoncement. Deux des quatre minbars sont à Inar, une ville peuplée à moitié d'Arabes, à moitié de Berbères, et il est donc possible qu'une de ces deux mosquées soit malékite[719]. Bien que James Allan n'en doute pas, nous n'avons pas la certitude que la mosquée Shaykh Ṣidqa soit ibadite[720]. Il serait intéressant de découvrir, dans le cas des mosquées ibadites, si la construction de ces minbars a été souhaitée par les fidèles ou si ces derniers ont été contraints de les ajouter[721]. Lors de ses recherches, Muḥammad Warfallī n'a découvert aucun minbar

[713] Voir *supra*. Naffāth ibn Naṣr, qui avait de nombreux adeptes dans le djebel, considérait la *khuṭba* comme une innovation et la rejetait totalement. Voir V. Prevost, « Les innovations », p. 126, p. 135 et p. 142.

[714] Al-Wisyānī, p. 326.

[715] Dans les années 1970, les prières collectives du vendredi auraient été rétablies et des minbars très simples, en bois ou maçonnés, comptant trois à cinq marches, auraient été ajoutés dans les principales mosquées mozabites. N. Benkari-Boudidah, *L'architecture des mosquées Ibadites*, I, pp. 416-417 et II, p. 134. Sur la situation en Oman, V. Prevost, « Mosquées ibadites et islam standard au sultanat d'Oman », p. 188.

[716] Al-Ḥīlātī, p. 60 ; M. Mérimi, « Sulaymân al-Hîlâtî », p. 44.

[717] Al-Bakrī, pp. 9/25-26. *Le Kitāb al-istibṣār*, p. 144/59, confirme que Sharūs n'a pas de *jāmi'*.

[718] Ibn Ḥawqal, p. 94/93 ; al-Idrīsī, p. 105/123.

[719] J.W. Allan, « Some Mosques of the Jebel Nefusa », pp. 155-156, p. 168 et pl. LIXb, LXa, LXIb et LXIIa.

[720] Cette mosquée aurait été bâtie selon la tradition autour de la tombe de Sīdī Ṣidqa. J.W. Allan, « Some Mosques of the Jebel Nefusa », pp. 155-156, qui la nomme jāmi' Sudga ou al-'Amirat. Nous avons établi les coordonnées suivantes : N 31° 53' 036" E 11° 54' 26", altitude : 671 m.

[721] Il y avait à Tripoli avant la chute du colonel Kadhafi deux grandes mosquées ibadites, connues de tous même si elles n'affichaient pas publiquement leur particularisme religieux. La *khuṭba* du vendredi y était dictée par les services de l'État. http://amazigh.blog.lemonde.fr/2011/06/23/fethi-benkhelifa-un-amazigh-de-libye-contre-kadhafi-et-les-arabo-islamistes/ (consulté en décembre 2015).

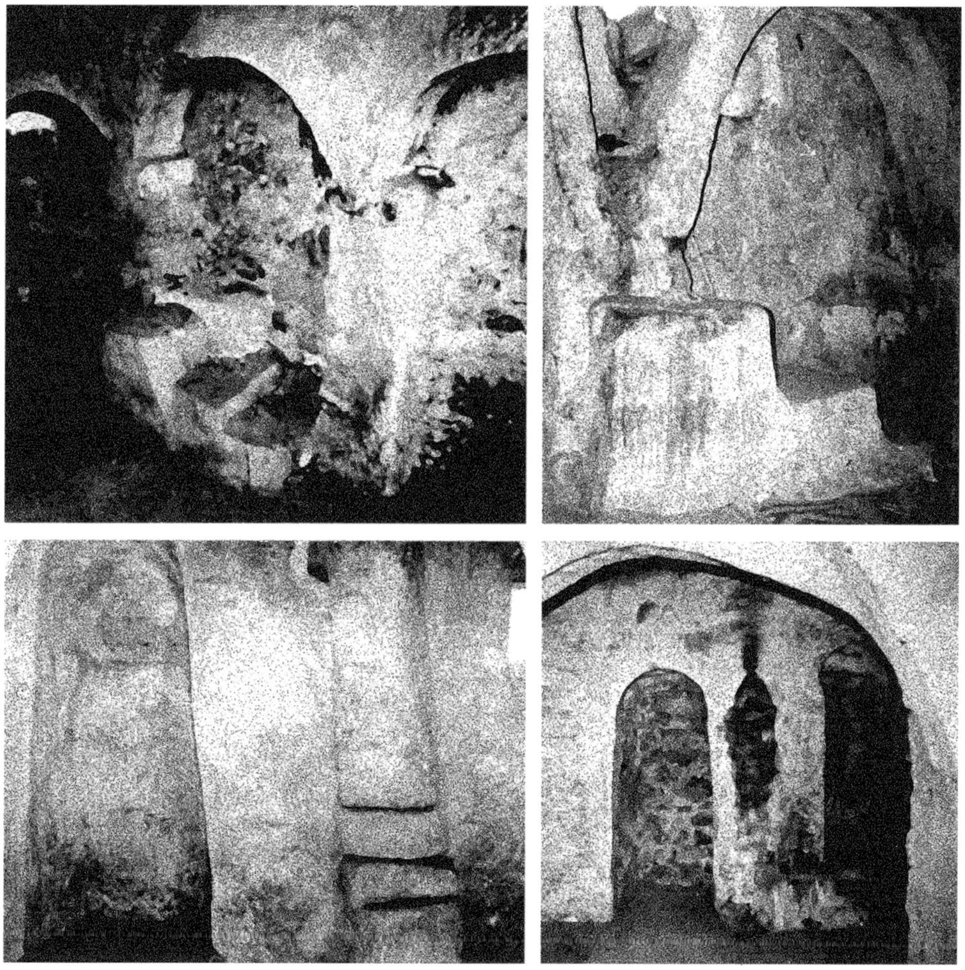

Ill. 128. *Quatre exemples de minbars du djebel Nafūsa (minbar sud de Shaykh Ṣidqa d'al-Khirba, Abū Sulaymān d'Inar, Ḥawāriyyīn d'Inar et minbar principal de Shaykh Ṣidqa) (illustration M. Favresse)*

dans les mosquées les plus anciennes du djebel ; il estime dès lors que le fait que les mosquées des Peuls n'aient pas de minbar doit certainement provenir du djebel Nafūsa, ces deux régions étant liées par des liens commerciaux, plutôt que du Mzab ou de Ouargla comme le suggérait Joseph Schacht[722].

LE MINARET ET LA *ṢUM'A*

Les ouvrages de *fiqh* ibadite sont très précis quant à la différence entre deux termes désignant le minaret, *ṣawma'a* et *manāra* ; Muḥammad Aṭfayyish évoque ainsi *ṣawma'a* comme le lieu d'appel à la prière et *manāra* comme un élément annexe à la mosquée qui sert à surveiller les alentours et à communiquer avec les autres mosquées de la ville ou de la région. Le minaret ne fait pas partie des composantes rituelles de la mosquée ibadite : d'une part il a le statut de construction annexe, d'autre part les ibadites veulent imiter l'œuvre du Prophète dont la mosquée était dépourvue de minaret. Dès lors, selon Naïma Benkari-Boudidah, la présence du minaret dans les mosquées ibadites est un cas exceptionnel qui ne peut trouver son origine que dans le rôle défensif ou symbolique que le lieu de culte se doit parfois d'assurer[723]. On notera toutefois l'importance du minaret dans les grandes mosquées de la pentapole mozabite (ill. 129). Pour Muḥammad Warfallī, deux argu-

[722] M. Warfallī, *Some Islamic Monuments*, p. 128 ; J. Schacht, « Sur la diffusion des formes d'architecture », pp. 15-18.

[723] Muḥammad Aṭfayyish précise que si on bâtit une *ṣawma'a*, elle doit se trouver à côté de ou face au mur de qibla pour que le muezzin ne tourne pas le dos à cette direction sacrée lorsqu'il fait l'appel à la prière. N. Benkari-Boudidah, *L'architecture des mosquées Ibadites*, II, pp. 42-44, p. 99 et p. 132.

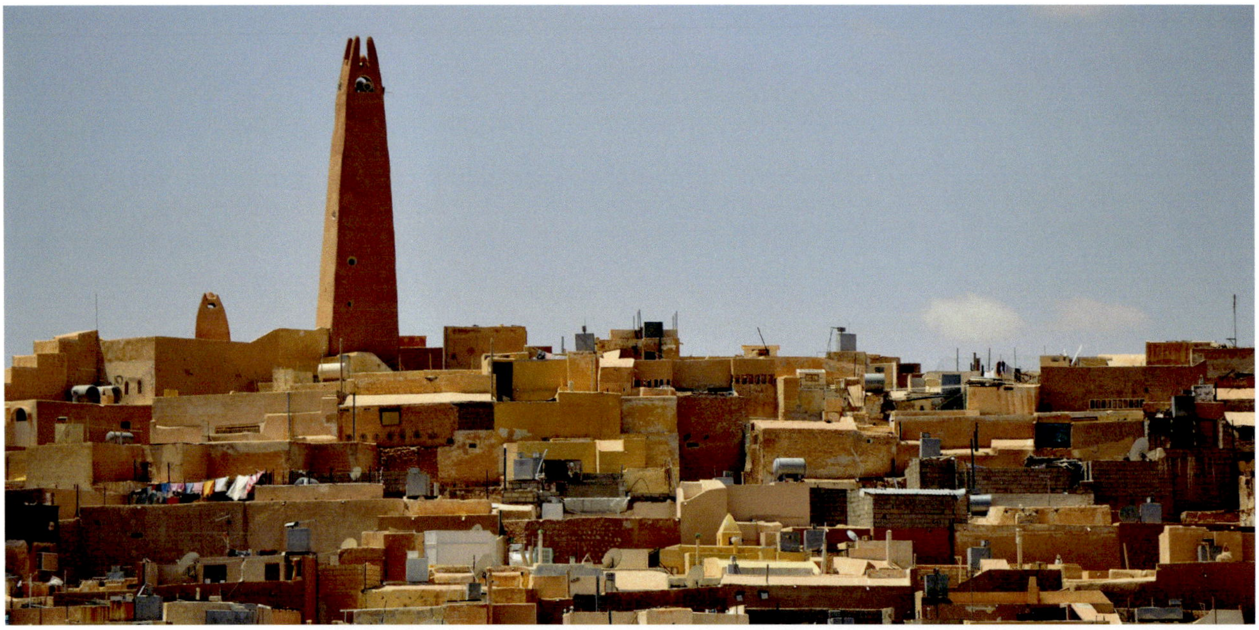

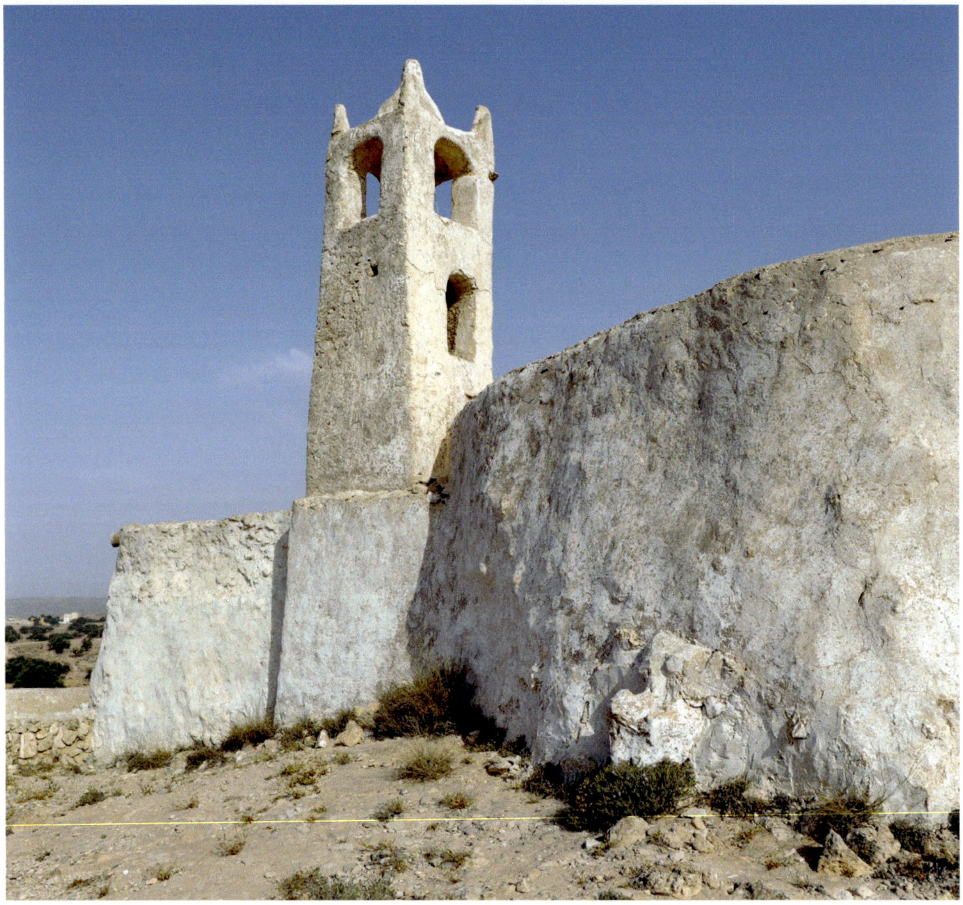

Ill. 129. *(au-dessus) Vue de la ville de Ghardāya dans le Mzab (A. Derriks, Mzab, avril 2009)*

Ill. 130. *(à droite) Le minaret de la mosquée Tiwatriwīn*

ments principaux expliqueraient l'absence de minaret dans le djebel : d'une part, le respect des ibadites envers les anciennes traditions islamiques et leur hostilité à l'encontre des Omeyyades dont ils pensaient peut-être que le minaret était une des innovations, d'autre part le fait que comme la plupart des mosquées étaient situées sur des sommets, elles n'avaient pas besoin de minaret[724]. Les textes ibadites

[724] M. Warfallī, *Some Islamic Monuments*, p. 86. Un célèbre théologien du djebel Nafūsa, Abū Zakariyyā' al-Janāwunī, a détaillé au XIIe siècle les qualités que les ibadites exigeaient de leur muezzin, parmi lesquelles celle de dire l'appel à la prière doucement et sans mélodie. Voir V. Prevost, *Les Ibadites*, pp. 68-69.

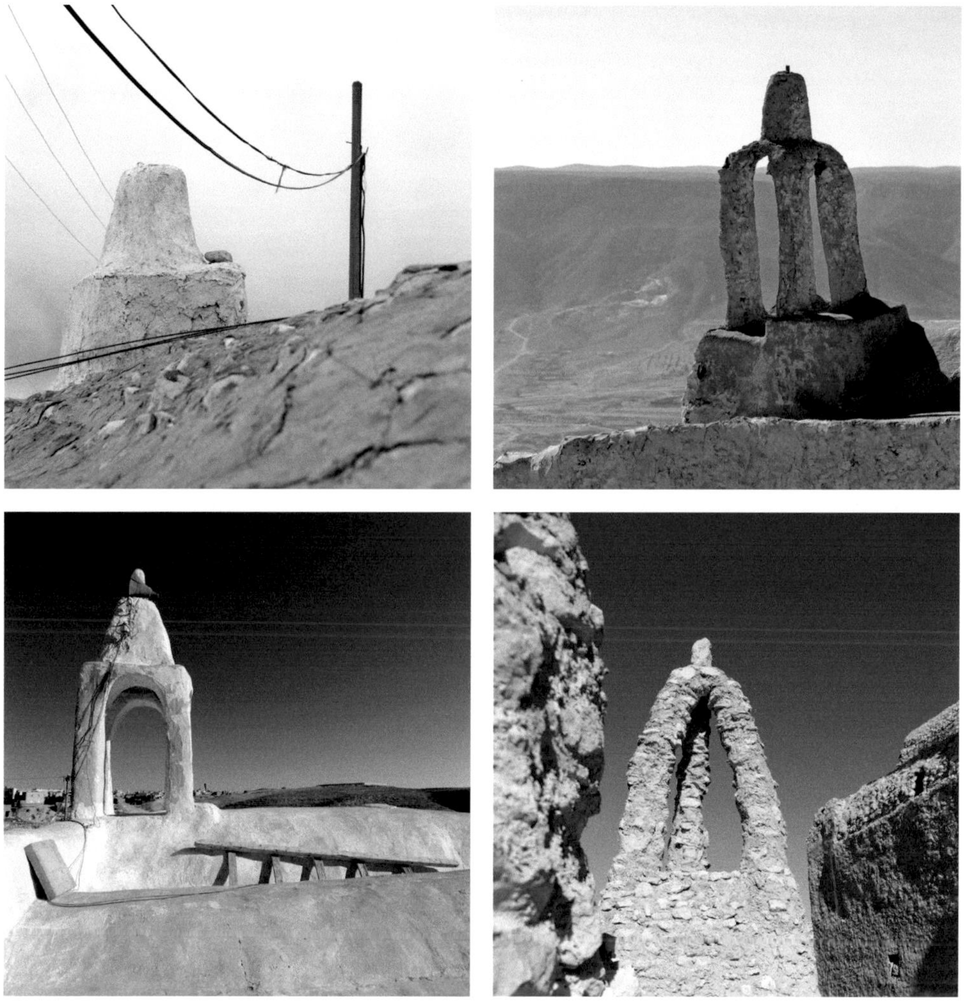

Ill. 131. *Quatre exemples de ṣum'a du djebel Nafūsa (Abū Manṣūr Ilyās de Tandamīra, al-A'lā de Nālūt, Khalīfa ibn 'Askar de Nālūt et mosquée du grenier fortifié de Nālūt)*

anciens évoquent à deux reprises l'appel à la prière dans le djebel Nafūsa : Abū Muḥammad al-Qanṭrārī a laissé jusqu'à nos jours une trace de ses pieds sur le rocher depuis lequel il appelait à la prière en face de la mosquée[725]. Dans un autre récit, un homme prend place dans la mosquée sous l'escalier de l'appel à la prière (*daraj al-adhān*)[726].

Parmi les mosquées que nous avons répertoriées, seule la mosquée Tiwatriwīn comporte un haut minaret qui apparaît sous la forme d'une tour élancée (ill. 130). Les mosquées de Tāqarbūst, de Wāzzin et Sīdī Abū Raghwa possèdent une tour bien plus basse. Plusieurs mosquées sont dotées de ce que les habitants de la région nomment *ṣum'a*, un terme dérivé de l'arabe *ṣawma'a* (ill. 131). Il s'agit d'une sorte de pinacle, parfois ajouré, placé sur le toit de la mosquée et dont le rôle se limiterait à indiquer la position de l'édifice. L'appel à la prière se faisait, comme c'est toujours le cas, à l'extérieur de la mosquée ou peut-être depuis le toit[727]. La *ṣum'a* est notamment présente dans les quatre mosquées de Nālūt, à Sharūs et à Abū Manṣūr Ilyās. On la trouve également, sous d'autres formes, à Djerba (ill. 132)[728].

[725] Al-Bughṭūrī, p. 151 ; al-Shammākhī, p. 406.

[726] Al-Shammākhī, p. 471. Al-Bughṭūrī, p. 50, emploie la formule *muṭṭala' al-adhān* (endroit élevé, marche pour l'appel à la prière).

[727] M. Warfallī, *Some Islamic Monuments*, pp. 62-63. Selon Ph. Kenrick, *Libya Archaeological Guides*, p. 84, l'imam pouvait se tenir à côté de la *ṣum'a* et l'empoigner quand il appelait à la prière. F. Dell'Aquila et G. Fiorentino, « Moschee rupestri nel Gebel Nafusa occidentale », p. 12, évoquent le terme berbère *suma*. On lira chez A. Ravéreau, *Le M'Zab, une leçon d'architecture*, pp. 189-191, de belles pages sur le pinacle dans le Mzab.

[728] Des exemples existent également dans le Mzab. Voir par exemple une mosquée de cimetière dans A. Ravéreau, *Le M'Zab, une leçon d'architecture*, p. 70.

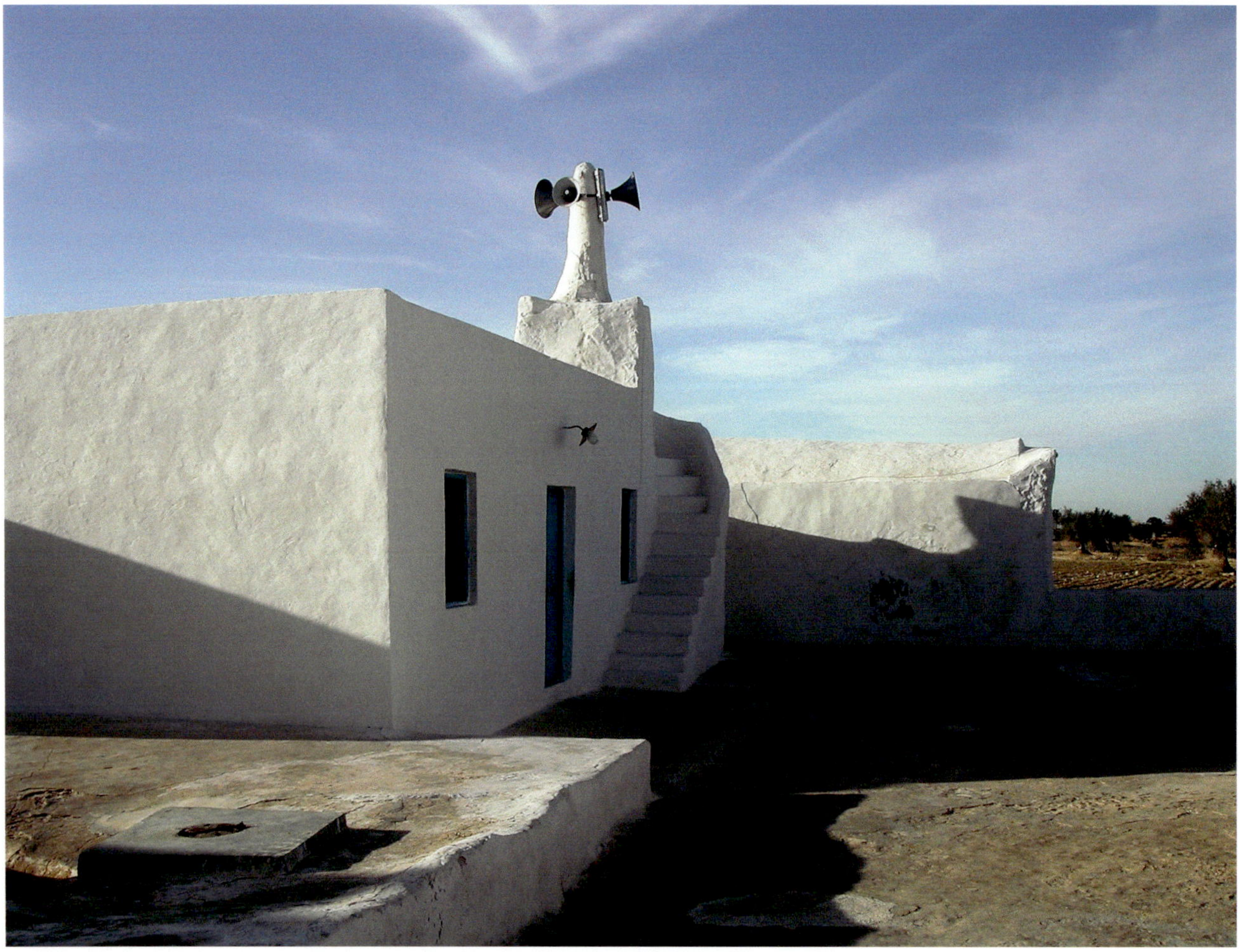

Ill. 132. *Pinacle et minaret-escalier de la mosquée Būlaymān de Ja'bīra à Djerba (V. Prevost, Djerba, janvier 2004)*

LE MINARET-ESCALIER

Une de nos plus grandes surprises a été de trouver dans le djebel Nafūsa plusieurs formes distinctes de minaret-escalier, un élément typique de l'architecture ibadite de Djerba. Dans les premières décennies de l'islam, l'appel à la prière se faisait depuis le toit-terrasse de la mosquée ; c'est ainsi que procédait Bilāl, l'esclave abyssin qui exerçait la fonction de muezzin à l'époque du Prophète. On chercha toutefois rapidement à concevoir une structure qui faciliterait la tâche du muezzin. Al-Maqrīzī, citant l'historien égyptien du Xe siècle al-Kindī, rapporte que le calife Mu'āwiya ordonna en 53/672-673 que la mosquée de 'Amr ibn al-'Āṣ à Fusṭāṭ soit pourvue de *ṣawma'a* pour appeler à la prière. Le gouverneur d'Égypte fit alors construire quatre *ṣawma'a* aux quatre coins du bâtiment. L'échelle par laquelle les muezzins y accédaient se trouvait dans la rue jusqu'à ce qu'on la déplace dans la mosquée[729]. Selon Joseph Schacht, chacun de ces minarets – les premiers construits dans le monde musulman – consistait en un escalier situé à l'origine dans la rue et en une sorte de guérite ou lanterne (la *ṣawma'a* à proprement parler) aménagée sur le coin même, à l'endroit où deux murs convergeaient. La partie essentielle était évidemment l'escalier par lequel le muezzin montait sur le toit, tandis que la guérite ne remplissait que des fonctions esthétiques ou utilitaires, afin d'abriter le muezzin[730]. Les plus anciens vestiges de minarets-escaliers se trouvent dans la mosquée de 'Umar à Buṣrā, dans le sud de la Syrie, où une volée de marches longe le mur ouest jusqu'au toit, ajoutée à la

[729] J. Bloom, *Minaret Symbol of Islam*, pp. 28-29.
[730] J. Schacht, « Sur la diffusion des formes d'architecture », p. 13.

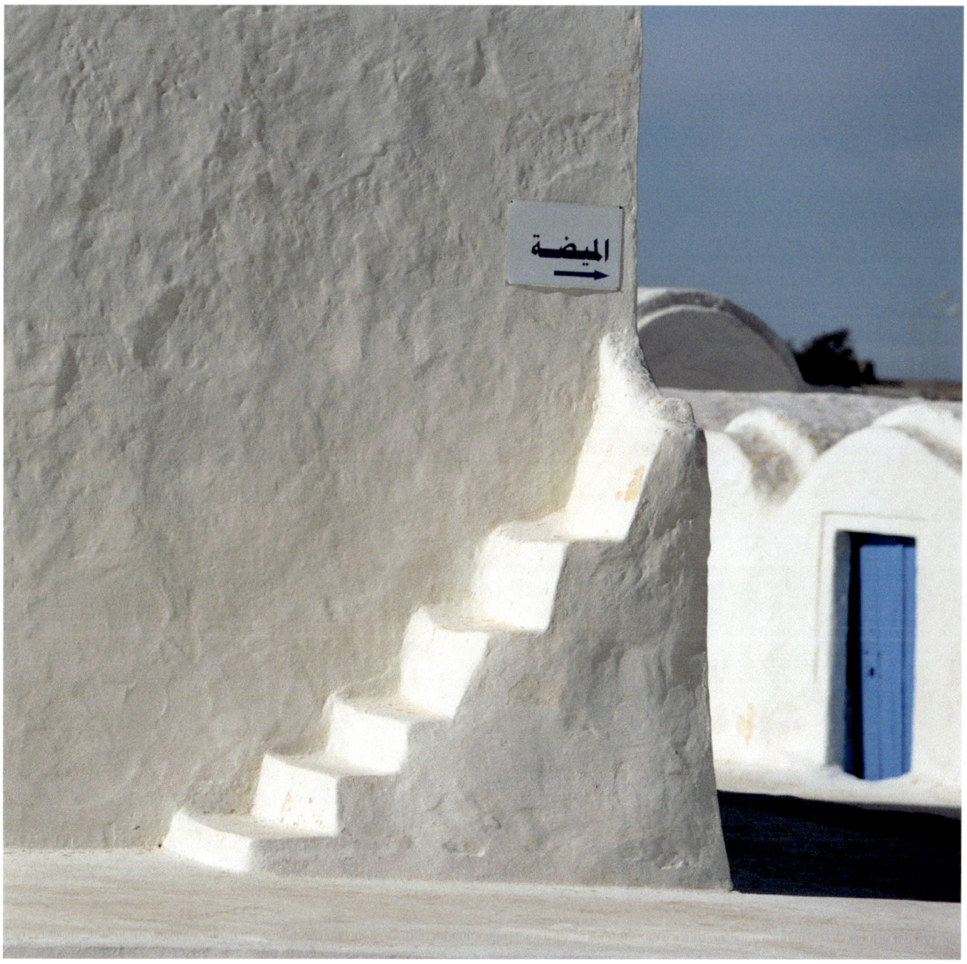

Ill. 133. *Minaret-escalier de la mosquée Abū Miswar d'al-Ḥashshān à Djerba (A. Derriks, Djerba, janvier 2010)*

mosquée entre 102/720-721 et 128/745-746. Les textes et les inscriptions indiquent que des minarets-escaliers ont continué à être bâtis par la suite, notamment à la grande mosquée de Cordoue où cette structure ressemblait vraisemblablement à celle qui est toujours visible dans la grande mosquée de Sousse, datée de 236/850-851[731]. En 1938, Joseph Schacht attire l'attention sur l'existence de nombreux minarets-escaliers, d'une part en Égypte (régions d'Edfou, de Louxor, d'Assouan) et d'autre part en Anatolie centrale et occidentale (Kayseri, Milas)[732]. En 1954, il note que ce type de minaret archaïque est aussi le minaret régulier des mosquées des Peuls dans sa forme de simple escalier longeant généralement un des murs extérieurs de la mosquée. Cet élément serait venu du Sud tunisien par la voie de Ouargla[733].

Djerba a effectivement conservé le minaret-escalier, très fréquent dans les mosquées ibadites, et que l'on trouve également dans les mosquées malékites puisqu'elles ont reproduit pour la plupart les caractéristiques architecturales ibadites. Constitué de quatre à huit marches, il est censé accueillir le muezzin sur la plus haute d'entre elles afin que son appel soit entendu de tous. Le plus souvent, il

[731] J. Bloom, *Minaret Symbol of Islam*, pp. 31-33.

[732] J. Schacht, « Ein Archaischer Minaret-Typ in Agypten und Anatolien », pp. 46-54.

[733] J. Schacht, « Sur la diffusion des formes d'architecture », p. 13 et pp. 20-21. Il semble qu'il y ait dans certaines régions un lien entre l'introduction du minaret-escalier et les influences ibadites, comme en Afrique occidentale ou à Zanzibar. Mais dans d'autres régions où existe cette structure (Égypte, Anatolie, Iran), il n'y a pas de telles corrélations, puisqu'elle est utilisée dans des mosquées tant sunnites que chiites. En général, il apparaît que des transferts universels de principes ibadites dans la forme des mosquées n'existent pas, il y aurait juste une mise en évidence de la simplicité, le reste dépendant des circonstances locales. Th. Insoll, *The Archeology of Islam*, pp. 45-46. Pour la côte iranienne du golfe Persique, voir D. Whitehouse, « Staircase Minarets on the Persian Gulf », pp. 156-158. Pour l'Afrique orientale, voir entre autres H. Gaube, *The Ibadis in the Region of the Indian Ocean. Section One*, p. 107 et p. 277, ill. p. 101 et p. 279 ; J. Schacht, « Further Notes on the Staircase Minaret », pp. 138-140.

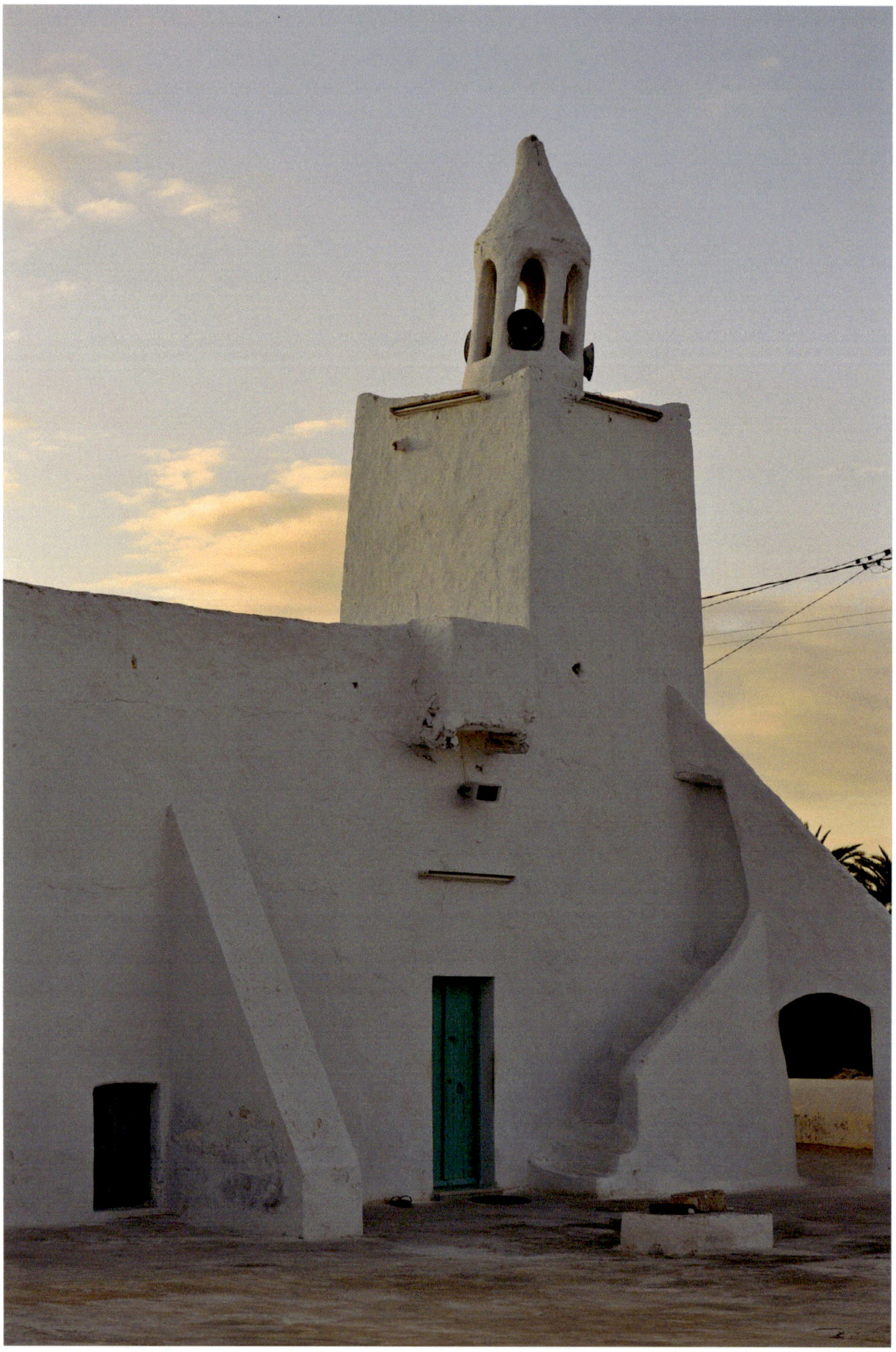

Ill. 134. *Minaret-escalier de la mosquée Talākīn de Ghīzan à Djerba (A. Derriks, Djerba, janvier 2010)*

s'ajoute à un haut minaret comportant un escalier intérieur. C'est le cas par exemple dans la grande mosquée Abū Miswar (ill. 133) ou dans plusieurs mosquées fortifiées, comme la mosquée Talākīn. Ici le minaret-escalier est prolongé par une niche réservée au muezzin, aménagée dans un des contreforts d'angle, au pied du minaret classique (ill. 134)[734]. Lorsqu'il n'est pas associé à une tour, le minaret-escalier remplit pleinement sa fonction, soit dans de petites mosquées totalement

[734] Sur cette mosquée du début du XIIIe siècle, R. al-Murābiṭ, *Mudawwana masājid Jarba*, pp. 60-64. Sur le système défensif de l'île, voir V. Prevost, « L'urbanisme des ibāḍites maghrébins médiévaux », pp. 10-11. N. Benkari-Boudidah, *L'architecture des mosquées Ibadites*, I, p. 518, affirme que lorsque les mosquées ont à la fois un minaret en forme de tour et un minaret-escalier, l'appel à la prière se fait toujours depuis ce dernier. Contrairement aux hauts minarets en forme de tour, cette structure permet de préserver l'intimité des habitations voisines.

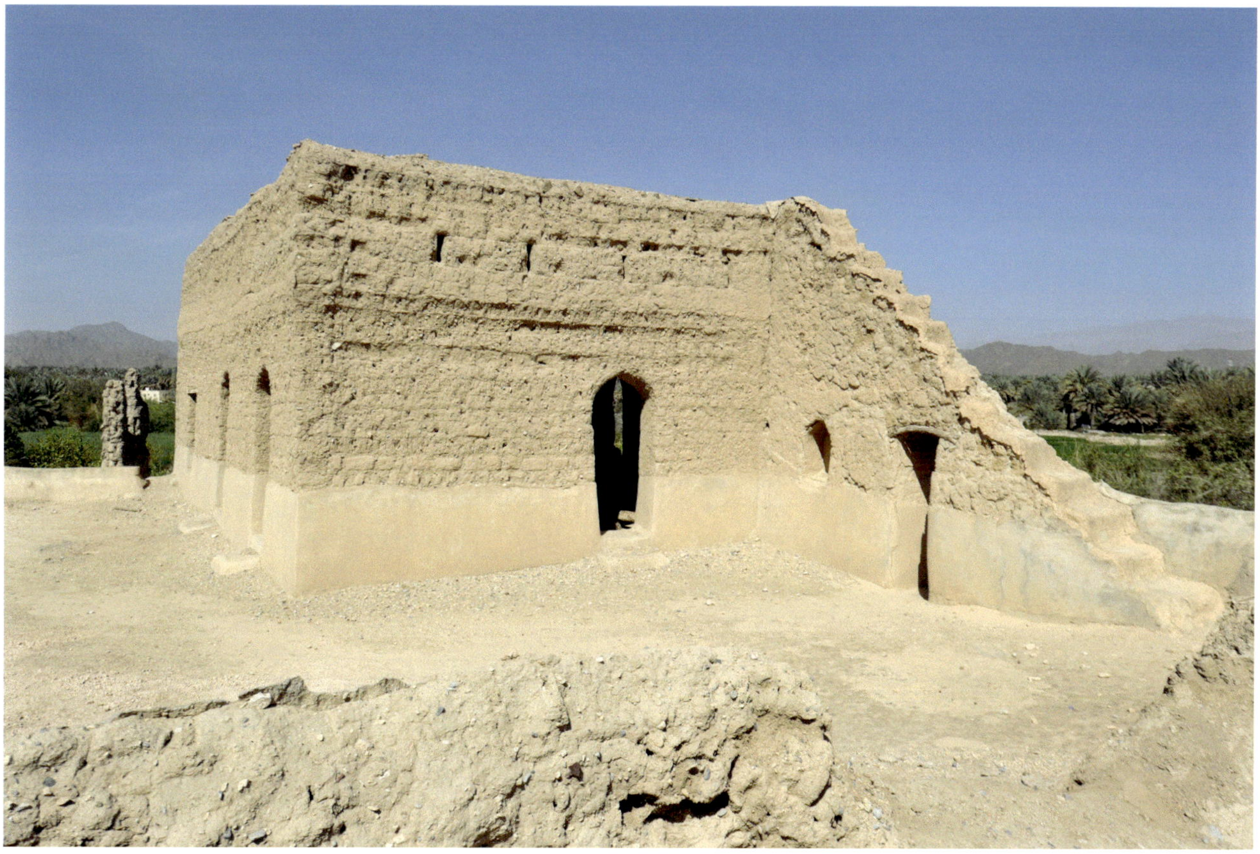

Ill. 135. *Minaret-escalier de la mosquée omanaise al-Sharja non loin du quartier de Sa'āl à Nizwā (A. Derriks, Oman, février 2011)*

dépourvues de minarets, soit dans des mosquées présentant un minaret symbolique, un simple pinacle rappelant la *ṣum'a* du djebel Nafūsa (ill. 132). Certaines mosquées possèdent en outre plusieurs minarets-escaliers ou des variations tout à fait étonnantes : ainsi, à la mosquée souterraine al-Bardāwī, il ne repose pas contre une façade mais est bâti tout seul dans la cour. En Oman, sept mosquées ibadites au moins présentent une volée de marches maçonnée à l'extérieur en extension à une des façades, une structure très particulière qui s'assimile au minaret-escalier : c'est le cas notamment dans la mosquée al-Sharja non loin du quartier de Sa'āl à Nizwā (ill. 135)[735].

En Libye, il semble qu'il y ait eu des sortes de minarets-escaliers dans certaines mosquées du Fezzan, une région autrefois ibadite ; un dispositif comprenant un escalier existait également dans la mosquée d'Ajdābiya, qui aurait été bâtie par le second calife fatimide[736]. Nous avons répertorié quatre minarets-escaliers au cours de notre séjour dans le djebel Nafūsa. Le plus remarquable se voit à la mosquée du grenier fortifié de Nālūt où un escalier conduit à la sorte de terrasse aménagée sur le toit en divisant littéralement l'édifice en deux parties, un bloc compact et une espèce de tour basse constituée par l'entrée de la salle de prière surmontée par la *ṣum'a* en forme de tripode (ill. 19). Le muezzin lançait donc probablement son appel depuis la marche la plus haute, tout à côté de la *ṣum'a*. Dans les trois autres exemples, l'escalier escalade le porche d'entrée de la mosquée pour permettre l'accès au toit : c'est le cas à Ibnāyn dans une mosquée située sur un sommet et dont nous ignorons le nom (ill. 40), à la mosquée Khalīfa ibn 'Askar de Nālūt (ill. 136) et enfin à Abū Yaḥyā de Fursaṭā (ill. 52).

---

[735] P.M. Costa, *Historic Mosques and Shrines of Oman*, p. 35.

[736] *Islamic Art and Architecture in Libya*, p. 33 et p. 56 ; H. Blake, A. Hutt et D. Whitehouse, « Ajdābīyah and the earliest Fāṭimid architecture », p. 109 et pl. XLVI ; G.R.D. King, « Islamic Archaeology in Libya », p. 201 et p. 205 ; J. Bloom, *Minaret Symbol of Islam*, pp. 102-103.

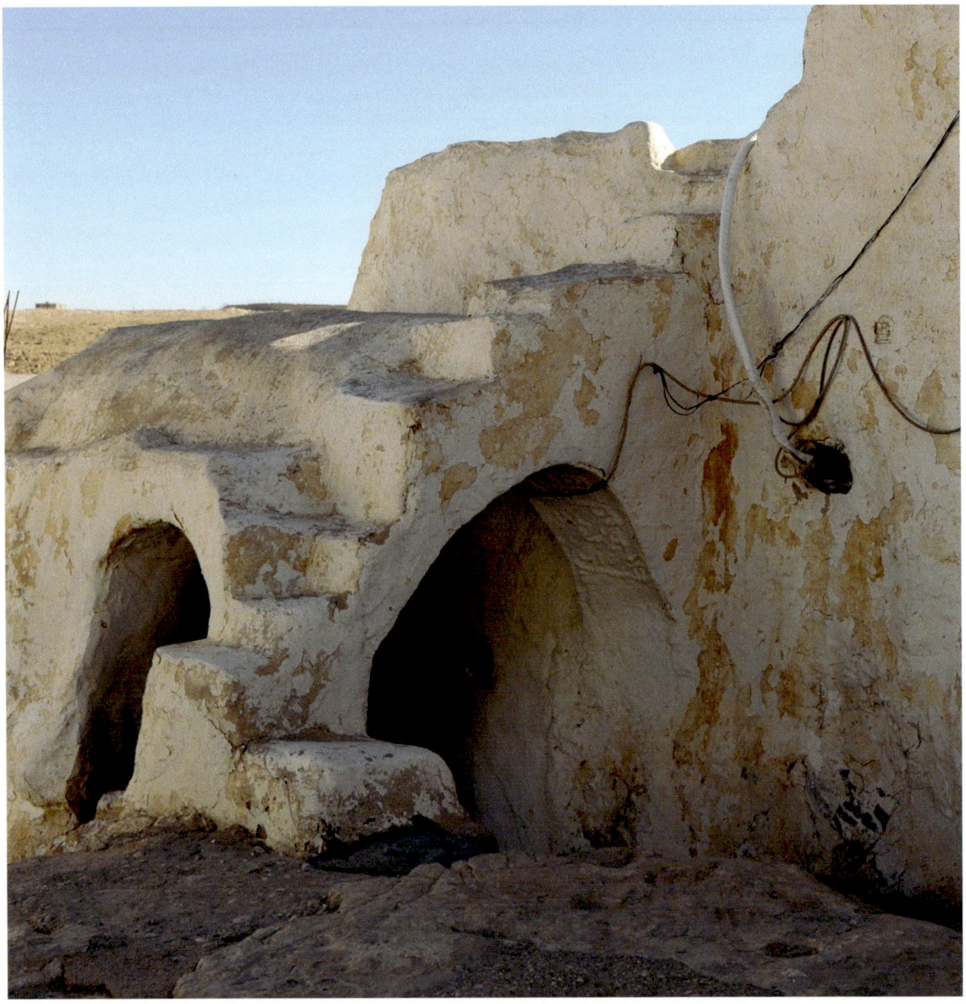

Ill. 136. *Minaret-escalier de la mosquée Khalīfa ibn 'Askar de Nālūt*

Un cas un peu plus particulier s'observe à la fois à Abū Hārūn d'Ibnāyn (ill. 31) et à Abū Ma'rūf de Sharūs où un escalier maçonné de quelques marches a été bâti contre un mur à l'intérieur de la salle de prière. Ces escaliers ne sont pas situés au même endroit mais il y a au-dessus d'eux dans les deux cas une ouverture dans le plafond qui a été désormais bouchée. On peut supposer qu'il s'agit là d'un genre de minaret-escalier, puisque le muezzin accédait au toit par ce trou à partir de la salle de prière[737]. À al-A'lā de Nālūt, on observe le même principe d'orifice qui est lui aussi désormais condamné. Enfin, il faut noter à la mosquée de Wāzzin la présence d'un escalier de trois marches maçonné sur le côté du minaret en forme de tour basse. Il semble s'agir également d'une sorte de minaret-escalier, assez proche de ce que l'on voit à Djerba. Datant les escaliers menant vers le toit à Abū Hārūn et à Abū Yaḥyā de la première moitié du Xe siècle, Muḥammad Warfallī conclut que c'est à partir d'une influence venue du djebel Nafūsa que le minaret-escalier s'est imposé en Afrique noire, ces deux régions étant en contact depuis le IXe siècle[738].

[737] Ce système est un peu comparable au petit élément architectural nommé *būma* qui caractérise les mosquées ibadites omanaises. Ce minuscule dôme qui s'élève sur le toit permettait au muezzin d'y accéder depuis la salle de prière, à travers une trappe atteignable par une échelle aménagée dans le mur. Voir V. Prevost, « Mosquées ibadites et islam standard au sultanat d'Oman », p. 187.

[738] M. Warfallī, *Some Islamic Monuments*, pp. 87-88.

III
LE DÉCOR

LA PLUPART DES ÉDIFICES ibadites, quelle que soit la région dont ils proviennent, se distinguent par l'absence de décorations, l'exception la plus notoire étant celle des fameux mihrabs en stuc omanais (ill. 137)[739]. Les éléments décoratifs sont très peu fréquents à cause de la morale particulière des ibadites. Leur doctrine réprouve totalement la richesse ostensible, ce qui se ressent bien dans l'architecture puisque les tombeaux ou les mosquées dédiés à de célèbres personnages sont généralement tout aussi sobres et modestes que les autres. Les ibadites se sont efforcés de maintenir une parfaite égalité entre tous les croyants et des sentiments tels que l'envie ou la jalousie sont pour eux particulièrement condamnables. Malgré les grandes richesses qu'ils ont accumulées grâce au commerce maritime ou transsaharien, ils ont pour principe d'adopter le mode de vie des plus modestes d'entre eux. Si les lieux de culte ne comportent en principe aucune décoration, c'est également que la relation avec Dieu doit être la plus simple, la plus pure possible et que d'éventuels signes de richesse ne feraient que la pervertir. De même, leur architecture extrêmement simplifiée se justifie par le fait que l'utilisation de techniques de construction ou de structures compliquées serait vaine aux yeux de Dieu[740]. Cette vision des choses diffère radicalement de la façon dont on envisage le décor dans les autres lieux de culte musulmans. En effet, on considère généralement que la riche ornementation abstraite qui embellit la plupart des salles de prière constituerait une aide à la contemplation[741], que l'*horror vacui* qui caractérise l'art musulman pourrait être une traduction de la « matérialisation au plan visuel » de la ferveur religieuse[742]. Dans les salles de prière ibadites, c'est au contraire la nudité des murs qui permet au fidèle de nouer ce rapport privilégié avec Dieu : l'ornementation pourrait détourner le croyant de sa prière.

Les *faqīh* ibadites sont d'accord sur le fait que toute décoration est proscrite dans les édifices et notamment dans les mosquées qui sont les demeures de Dieu ; c'est la propreté qui constitue leur décor et il faut y invoquer Dieu sans arrêt. Ils se fondent sur un hadith disant que décorer ses lieux de culte comme le font les juifs et les chrétiens est une faute des plus graves. La réprobation du décor exprimée par la

---

[739] En Oman, plusieurs mosquées ibadites anciennes sont dotées d'impressionnants mihrabs en stuc qui pour certains sont de véritables chefs-d'œuvre. Le mihrab de la grande mosquée du quartier de Sa'āl à Nizwā, daté de 650/1252-1253, est le plus ancien exemplaire conservé. Au tout début du XVIe siècle, le décor en stuc apparaît dans trois mosquées de Manḥ, puis vers 1520-1530 dans trois mosquées de Nizwā. Cette mode des mihrabs en stuc perdure jusqu'au XIXe siècle. V. Prevost, « Mosquées ibadites et islam standard », pp. 189-192.

[740] Voir par exemple A. Ravéreau, *Le M'Zab, une leçon d'architecture*, p. 43 ; G. Petherbridge, « Vernacular Architecture in the Maghreb », p. 16.

[741] R. Hillenbrand, *Islamic Architecture*, p. 128.

[742] M. Chebel, *L'imaginaire arabo-musulman*, p. 279.

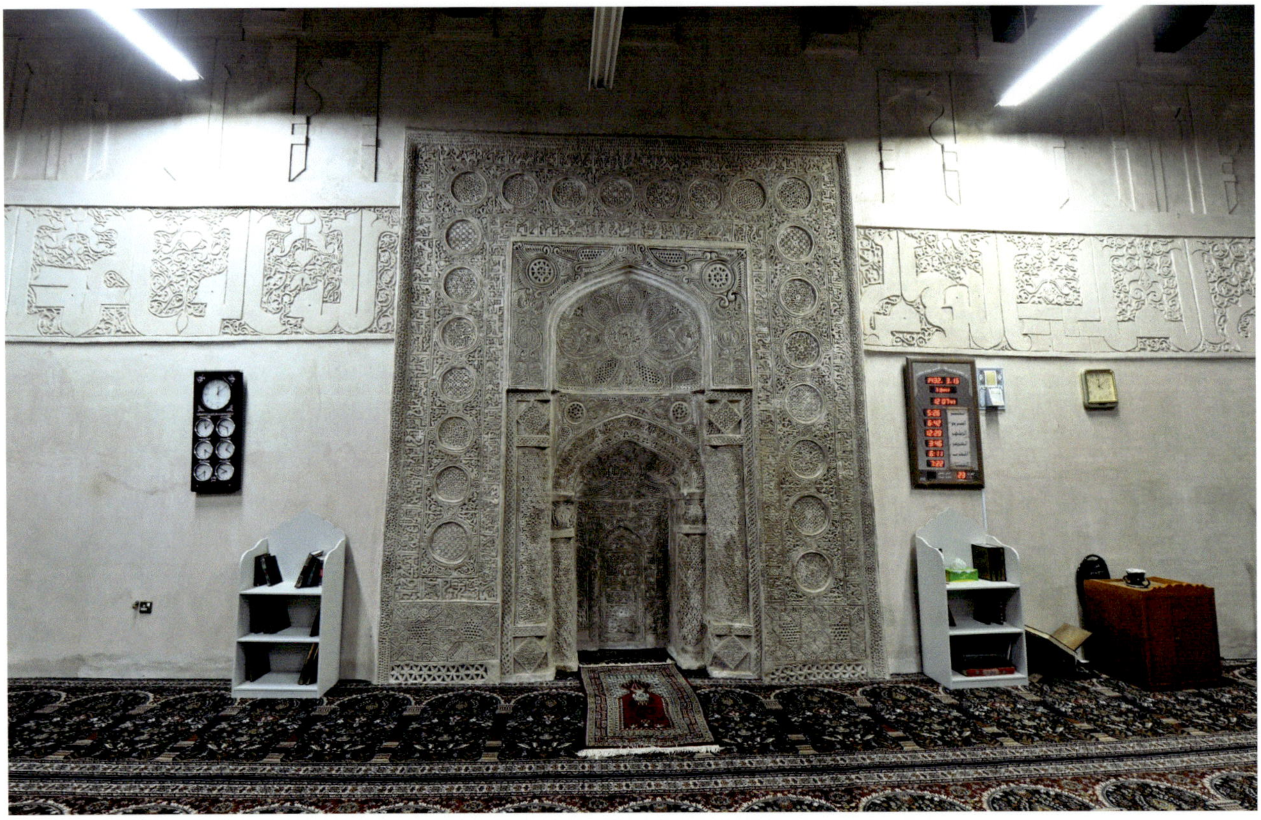

Ill. 137. *Mihrab de la grande mosquée omanaise du quartier de Sa'āl à Nizwā (A. Derriks, Oman, février 2011)*

Sunna est renforcée par le fait que les ornements sont associés à une volonté de vantardise et à un gaspillage de matériaux et d'efforts, et qu'ils risquent de détourner l'attention des croyants. Les façades doivent être laissées vierges de toute ornementation, même s'il s'agit de merlons ; dans certains cas toutefois les terminaisons à redents ont été autorisées, mais seulement pour les coins des façades, ce qui a suscité la controverse. En ce qui concerne la décoration intérieure, les *faqīh* ont proscrit la peinture ou la gravure sur les murs, l'ajout de tapis multicolores, la décoration par des images, et enfin l'écriture et les images dans le mur de qibla. Une différence est instaurée la plupart du temps entre le mur de qibla et le reste de la salle de prière. La figuration des êtres vivants est particulièrement condamnée[743].

L'absence de décor est une constante au Mzab et est le plus souvent adoptée à Djerba ; dans le djebel Nafūsa toutefois, les choses sont un peu plus compliquées. Si certaines mosquées sont dénuées de tout ornement, les autres présentent un décor de deux natures tout à fait différentes, un décor que l'on appellera « primitif » à défaut de trouver un terme plus approprié, et un décor de type islamique qui comprend les inscriptions et les pierres gravées qui décorent plusieurs mihrabs.

LE DÉCOR « PRIMITIF »

De nombreux lieux de culte, souterrains ou pas, sont pourvus d'un décor qui apparaît en relief sur le plâtre qui recouvre les murs de la salle de prière ou qui y est gravé (ill. 138, 139). Rarement très abondant, il est généralement limité à certaines portions de la voûte, à certains intrados d'arcs, surtout dans la travée

[743] N. Benkari-Boudidah, *L'architecture des mosquées Ibadites*, II, pp. 59-65. Les savants omanais évoquent également une décoration à l'aide de jarres et de flacons, difficile à interpréter, et qui n'apparaît pas dans les écrits du Maghreb. Étant donné l'interdiction de décorer le mur de qibla, il est très difficile d'expliquer la riche ornementation de certains mihrabs en stuc omanais.

parallèle au mur de qibla (ill. 140)[744]. Il est formé de motifs géométriques (des ensembles de points, des chevrons, des croix inscrites dans des carrés, des triangles, des étoiles à six branches, des cercles, etc.) parfois mêlés à des mains, à des empreintes de natte de roseau ou à des inscriptions qui sont des versets coraniques, des formules religieuses ou des mentions de réparation de l'édifice (ill. 112)[745]. Une grande partie de ce décor apparaît en relief convexe sur le revêtement de plâtre des voûtes, ce qui suscite l'interrogation : comment l'artiste a-t-il bien pu procéder ? Deux techniques sont possibles, par au-dessus ou par en dessous. La première technique, la plus évidente et probable, intervient quand la voûte est terminée : l'artiste ajoute le décor au moyen d'un moule en bois creusé au motif voulu, enduit de plâtre et appliqué sur la voûte[746]. La deuxième technique, assez étrange et hypothétique dans le cas des mosquées, est utilisée avant la construction de la voûte : *l'Encyclopédie berbère* la décrit en prenant l'exemple de la construction d'une *ghorfa*, une des cellules individuelles qui composent les greniers fortifiés dans le Sud tunisien et le djebel Nafūsa :

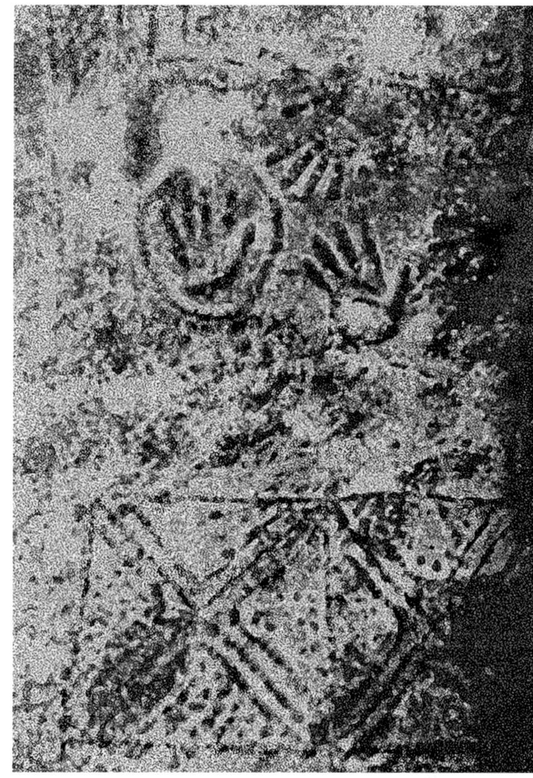

> La ghorfa y est construite d'une manière aussi simple qu'astucieuse. Une fois les deux murs construits à deux mètres l'un de l'autre, le maçon dispose des sacs ou des vanneries souples en alfa remplies de terre. Ils sont empilés de façon à engendrer la future voûte ; on les recouvre d'une natte sur laquelle on répand une couche d'argile. Cette couche est lissée et parfois ornée d'empreintes de mains et de pieds et même d'inscriptions, autant

Ill. 138. *(au-dessus) Décor primitif de la mosquée Damriyya (illustration M. Favresse, d'après Allan, pl. LXIXb)*

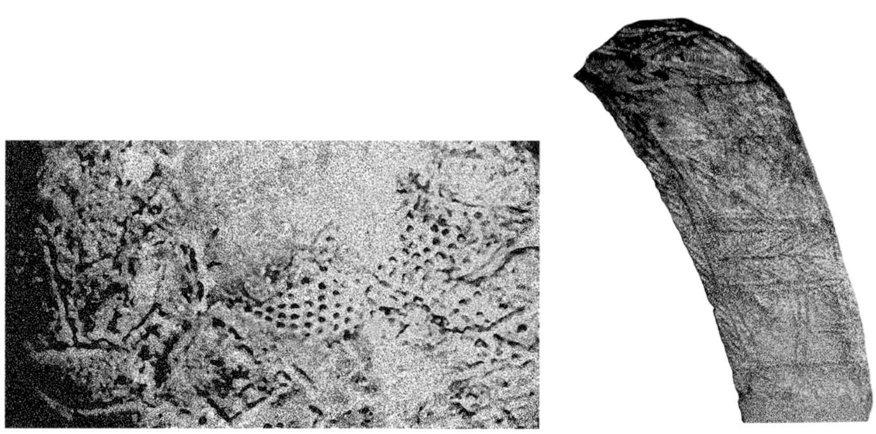

Ill. 139. *(à gauche) Exemples de décors primitifs (illustration M. Favresse, d'après des photos de l'ancienne mosquée du complexe Sulaymān al-Bārūnī de Kābāw par A. Derriks et d'une mosquée de Jarījan par B. Polimeni)*

[744] À Djerba, la solution la plus adéquate pour concilier la volonté d'ornementation et les principes d'austérité ibadites serait de faire figurer l'essentiel du décor sur les plafonds : ces endroits moins visibles auraient été choisis pour contourner les interdictions. N. Benkari-Boudidah, *L'architecture des mosquées Ibadites*, I, p. 570. H. Belhedi et M. Zecchini, « Essai sur la cryptographie du symbolisme ksourien », p. 41, indiquent que les signes sont placés de telle sorte dans la *ghorfa* qu'on ne peut les voir que de l'intérieur : ils sont placés sur les murs à une hauteur bien déterminée et sur la voûte qui constitue le plafond.

[745] J.W. Allan, « Some Mosques of the Jebel Nefusa », p. 166 ; A. Elmahmudi, *The Islamic Cities in Libya*, p. 155.

[746] C'est la technique qui semble toujours utilisée pour faire apparaître les motifs en relief sur les murs. Sur cette technique à Djerba, voir N. Benkari-Boudidah, *L'architecture des mosquées Ibadites*, I, p. 570 et p. 574.

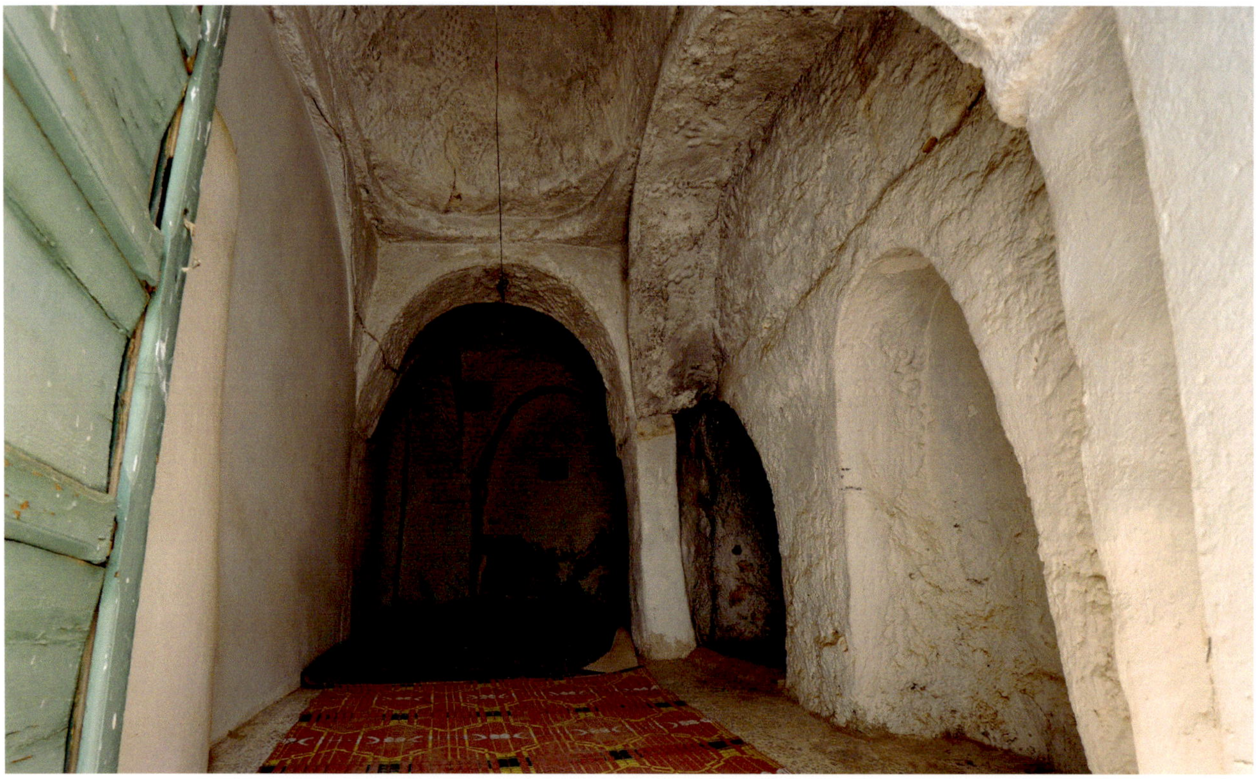

Ill. 140. *Décor primitif dans une ancienne mosquée comprise dans le complexe Sulaymān al-Bārūnī à Kābāw*

de motifs qui apparaîtront ensuite en relief lorsque le maçon aura coulé sur l'argile, une couche de plâtre qui, seule, subsistera : les sacs et la couche d'argile ont joué le rôle de coffrage. On les retire une fois que la voûte en plâtre est sèche. Les motifs et inscriptions qui apparaissent alors en relief sur la voûte plongent le visiteur dans la perplexité s'il ne connaît pas le principe de la construction des ghorfas[747].

Traditionnellement les motifs figurés dans ces mosquées sont rattachés au « décor berbère », une formule qui évoque l'ensemble des motifs géométriques traditionnels que les Berbères utilisent depuis l'époque néolithique – peut-être des animaux ou des végétaux stylisés à l'extrême – que l'on retrouve tant dans les tatouages que dans les broderies, les tapis, les bijoux ou les poteries, et dont le sens probablement magique s'est perdu. Toutefois, l'idée de ce décor berbère immuable est désormais fortement remise en cause[748]. Il est vrai que la plupart des motifs rassemblés sur les voûtes des mosquées du djebel se retrouvent dans d'autres cultures fort éloignées du monde berbère : le Musée gallo-romain de Tongres expose ainsi des poteries du Rubané datées entre 5300 et 4900 ans, trouvées dans la province belge du Limbourg, qui portent des décors de chevrons et de groupements de points qui rappellent à s'y méprendre les motifs reproduits dans les mosquées. Nous avons donc choisi de parler de décor primitif plutôt que de décor berbère.

Il est très probable que les motifs apposés sur le plâtre jouent un rôle qui dépasse de loin le simple souci esthétique : on peut imaginer qu'ils sont savamment

[747] *Encyclopédie Berbère*, « Ghorfa », 20, 1998, pp. 3119-3121. A. Zaied, *Le monde des ksours du Sud-Est tunisien*, p. 116, note que dès la fin du XVIIIe siècle toutefois, le coffrage en planches est devenu la règle dans le Sud-Est tunisien.

[748] Ainsi, dans leur introduction, P. Cressier et E. Fentress (éd.), *La céramique maghrébine du haut Moyen Âge*, p. 4, disent vouloir faire un sort au lieu commun tenace relatif au caractère immuable des formes et des décors de la céramique « berbère ». On note ailleurs que « le poids de la tradition berbère depuis l'Antiquité tardive, quoiqu'il ait été défendu par des historiens d'art de renom, ne résiste guère à l'absence de jalons intermédiaires entre les œuvres anciennes évoquées (mosaïques, etc.) et les éléments de comparaison que seraient les objets de la culture matérielle du quotidien (coffres, poires à poudre ou marques à pain) du XIXe siècle, dont la sélection même semble avoir relevé de l'aléatoire. » P. Cressier et S. Gilotte, « Les stucs de Sedrata », p. 522.

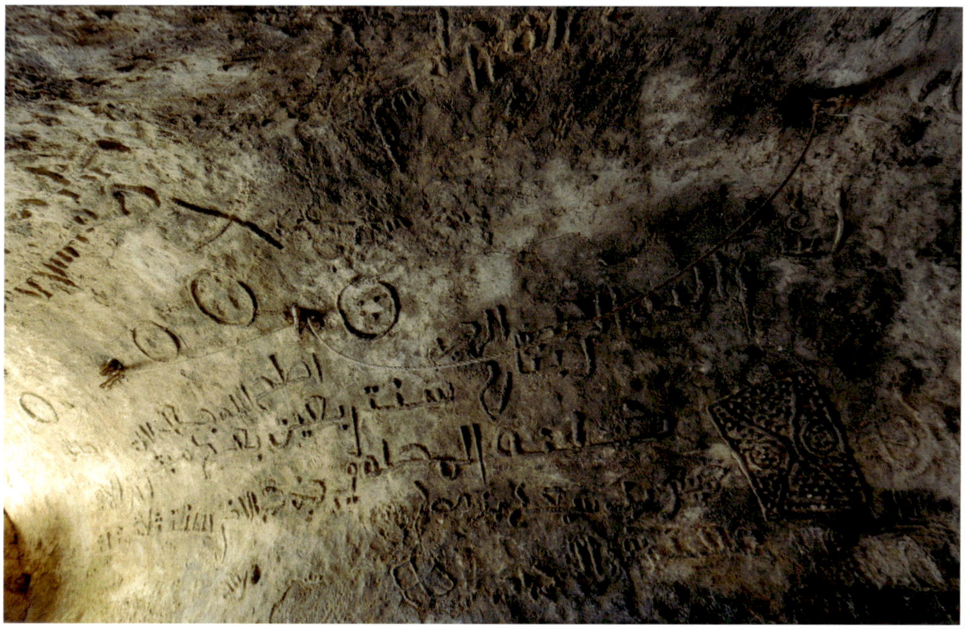

Ill. 141. *Décor de l'entrée du grenier fortifié de Nālūt*

combinés, sans doute dans le but de protéger l'édifice et ses fidèles. Ces décors protecteurs se retrouvent d'ailleurs dans les greniers fortifiés du djebel, afin de veiller sur les réserves alimentaires qui y sont emmagasinées (ill. 141). Les décors de mains, de pieds, les écritures et les autres motifs que l'on voit représentés en relief sur l'enduit de plâtre des greniers de Douiret sont ainsi réputés associer les aspects artistiques et les fonctions magiques de protection[749]. Les graffiti modernes qui complètent le décor de la mosquée de Tanūmāyt accréditent cette hypothèse, puisqu'on y voit fréquemment le symbole du scorpion, dont on invoque la protection pour son aiguillon venimeux[750]. De nombreuses études ont été menées sur ces symboles, malheureusement souvent peu convaincantes. Voici quelques éléments concernant les principaux motifs mis en œuvre :

- le cercle, souvent tracé de façon assez vague, apparaît le plus souvent sur les voûtes, où il semble être disposé de façon aléatoire. Dans un *qaṣr* du Sud-Est tunisien, des cercles concentriques semblent être en relation avec un soleil[751]. Il pourrait s'agir des vestiges d'un culte astral pratiqué par les Berbères de l'Antiquité, évoqué par plusieurs auteurs depuis Hérodote, et dont gardent la trace les figurations de disque solaire sur certains hypogées (haouanet), grottes funéraires et dalles de chevet des dolmens[752].
- les chevrons auraient une valeur magique, celle du serpent sortant de terre qui serait le signe de la résurrection des morts[753].
- le losange, omniprésent chez les Berbères, est le symbole féminin le plus ancien et est lié à la fécondité ; il pourrait aussi symboliser l'œil qu'il faut neutraliser. Le réseau losangique, très fréquent surtout dans les intrados des arcs, a été interprété comme l'image du campement de tentes ou comme la grille qui est posée au sol pour empêcher les djinns de rentrer dans la maison[754].

[749] E. Besana et M. Mainetti, *Architetture trogloditiche del Mediterraneo*, p. 55. On verra plusieurs photos de décors similaires à ceux du djebel réalisés dans le plâtrage de *ghorfa* de Tunisie du sud dans P. Vandenbroeck, *Azetta. L'art des femmes berbères*, p. 89.

[750] F. Dell'Aquila *et al.*, « La moschea rupestre di Tnumayat », p. 269.

[751] M. Daghari-Ounissi, *Tunisie, habiter sa différence*, p. 112.

[752] M. Bénabou, *La résistance africaine à la romanisation*, pp. 278-281 ; G. Camps, *Encyclopédie Berbère*, « Animisme », 5, 1988, p. 667.

[753] M. Chekhab-Abudaya, *Patrimoine architectural du Sud algérien*, I, p. 296.

[754] B. Riottot el-Habib et M.-F. Vivier (dir.), *Algérie. Mémoire de femmes, au fil des doigts*, p. 18.

- les points éparpillés, parfois en association avec des étoiles ou des cercles, pourraient faire allusion à des constellations[755]. Dans le cas de la *ghorfa* où l'on emmagasine les réserves alimentaires, ces points ont été vus comme la représentation symbolique des gouttelettes d'eau qui tombent du ciel, ou des grains de blé ou d'orge, ou des semences qui emplissent l'espace vide de la *ghorfa* avant la récolte[756].
- l'étoile est un motif décoratif fréquent contre le mauvais œil : ses pointes crèvent l'œil. Dans les mosquées, il semble qu'elle apparaisse surtout sous la forme du sceau de Salomon (ill. 54), également appelé étoile de David, une étoile à six branches formée par la superposition de deux triangles équilatéraux. Ses six pointes la rendraient particulièrement efficace pour protéger les foyers[757]. On retrouve l'étoile de David dans le Sud-Est tunisien, où elle serait le signe de la présence de communautés juives[758].

D'autres interprétations des décors sont fournies, parmi lesquelles la volonté de s'inspirer de ceux utilisés sur les tapis traditionnels qui couvrent le sol de la mosquée[759]. Parfois, on ne sait si le décor a été apposé volontairement ou pas : c'est le cas des empreintes de nattes que l'on voit à plusieurs reprises sur les voûtes, notamment dans la mosquée Taragh (ill. 99). On peut le rapprocher du Mzab où l'on constate parfois que le crépi a été fouetté dans un sens précis[760]. Certains éléments sont tout à fait improbables : ainsi le décor de la mosquée de Tanūmāyt comporte des éléments représentant sans erreur possible des bracelets ou des bracelets de cheville et de grandes fleurs à quatre pétales qui prennent place au milieu des motifs habituels (ill. 142)[761]. Dans l'ensemble, même si l'on ne comprend plus aujourd'hui le sens de ces décors, il semble qu'ils ont été pour la plupart ordonnés d'une façon délibérée et que leur sens était important, parlant silencieusement aux fidèles qui priaient tout à côté.

Les ornements des lieux de culte du djebel Nafūsa paraissent la plupart du temps très anciens, bien que deux inscriptions prouvent que le décor date pour l'un de la fin du XIXe siècle, pour l'autre de 1912. La mosquée Ḥawāriyyīn à Inar, qui aurait été bâtie en 1311 / 1893-1894, est décorée de mains, de pieds, mais aussi de poignards, un symbole particulier qui n'a été observé qu'à cet endroit mais qui apparaît également dans le décor de plâtre des constructions de la région pré-désertique proche des Banū Walīd. Le constructeur ou le rénovateur de la mosquée aurait également réalisé la décoration en plâtre[762]. La mosquée Shaykh Ṣidqa à al-Khirba présente de nombreux décors de quadrillages, de points, de cercles, de mains, de pieds et de bras, qu'une inscription date de 1330 / 1912. Ces décors récents présentent donc des éléments tout à fait caractéristiques, le poignard et le bras. On remarque également une tendance à davantage de décorations dans les mosquées plus récentes tant à Djerba qu'au Mzab[763].

---

[755] M. Daghari-Ounissi, *Tunisie, habiter sa différence*, p. 112.
[756] H. Belhedi et M. Zecchini, « Essai sur la cryptographie du symbolisme ksourien », p. 42.
[757] *Encyclopédie Berbère*, « Étoile », 18, 1997, pp. 2702-2703 ; V. Prevost, « L'artisanat conjuratoire des femmes nord-africaines », p. 56.
[758] A. Zaied, *Le monde des ksours du Sud-Est tunisien*, p. 119 et p. 121.
[759] F. Dell'Aquila et al., « La moschea rupestre di Tnumayat », p. 268.
[760] M. Chekhab-Abudaya, *Patrimoine architectural du Sud algérien*, I, p. 296. L'enduit peut notamment être fouetté avec un régime de dattes débarrassé de ses fruits. A. Ravéreau, *Le M'Zab, une leçon d'architecture*, p. 72 et pp. 73-77 pour des photos montrant les différentes sortes d'enduits.
[761] M. Warfallī, *Some Islamic Monuments*, fig. 28 et 33. Le décor habituel dans le djebel est sensiblement différent de celui qu'on trouve dans le Sud-Est tunisien à Ksar Kedim, daté par une inscription de 485 / 1091-1092, qui semble plus figuratif. Voir A. Louis, *Tunisie du Sud, ksars et villages de crêtes*, pp. 98-101.
[762] J.W. Allan, « Some Mosques of the Jebel Nefusa », p. 156 et pp. 166-167. Dans le décor de la mosquée Ḥawāriyyīn de Fursaṭā figure une sorte de houe (ill. 46).
[763] Dans le Mzab, des éléments décoratifs sont offerts aux mosquées par des personnes aisées ; les *'azzāba* les accepteraient car ils ne coûteraient rien à la mosquée. N. Benkari-Boudidah, *L'architecture des mosquées Ibadites*, II, p. 234, n. 7. Dans le wādī Rīgh, l'idée d'orner les mosquées n'apparaîtrait qu'au XVe ou au XVIe siècle. M. Chekhab-Abudaya, *Patrimoine architectural du Sud algérien*, I, p. 262.

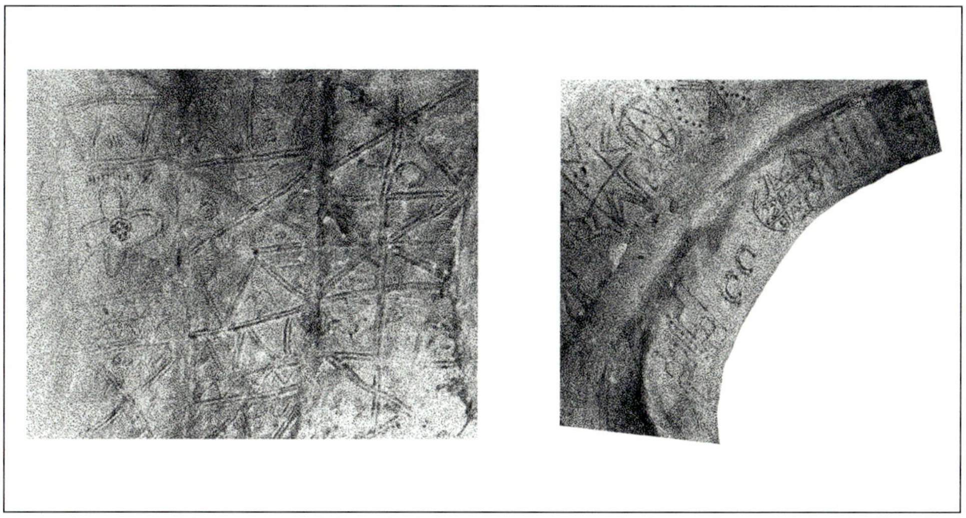

Ill. 142. *Éléments figuratifs dans le décor de la mosquée de Tanūmāyt (illustration M. Favresse, d'après Warfallī, fig. 28 et 33)*

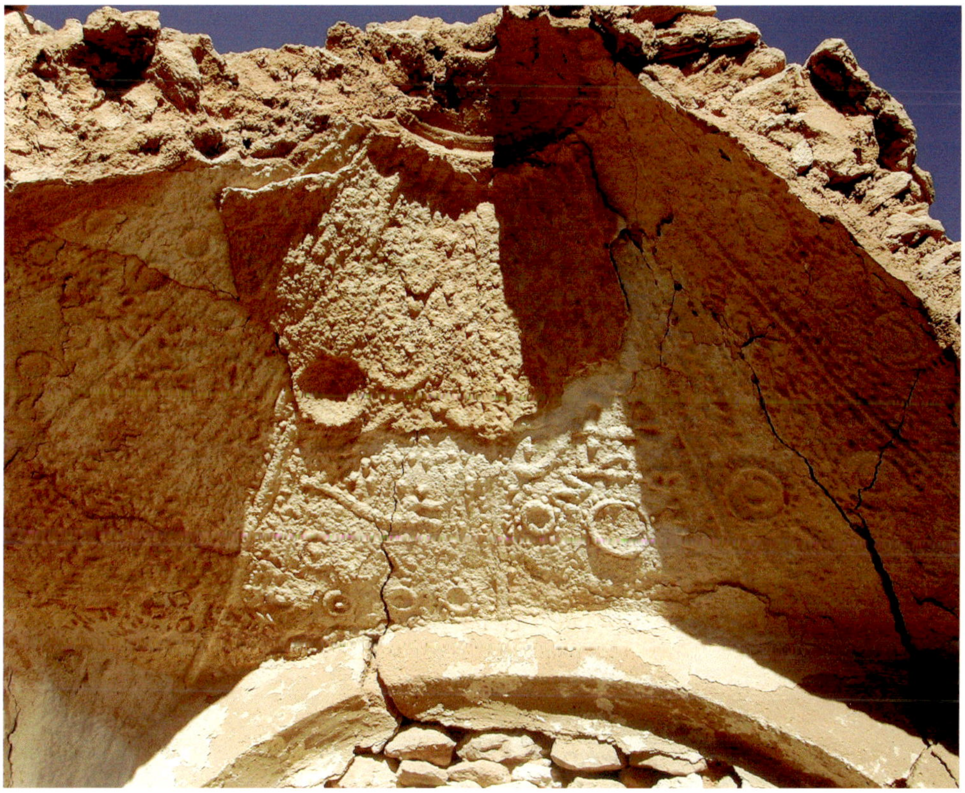

Ill. 143. *Décor primitif de la mosquée Fawzar à Djerba (V. Prevost, Djerba, janvier 2004)*

Le décor primitif du djebel Nafūsa se retrouve, très semblable, dans les régions voisines. On le voit sur les intrados des arcs de certaines places publiques de Ghadamès[764]. À Djerba, on observe dans certaines mosquées des lignes entourées de rangées de pointillés et des assemblages de cercles ; ces motifs recouvrent notamment les voûtes de la mosquée Fawzar à Ḥūmat Sadwīkish (ill. 143), aujourd'hui en ruine[765]. Les constructions des montagnes du Sud-Est tunisien présentent également ce genre de décor. Les intrados des arcs de la mosquée des Sept Dormants de Chenini, par exemple, portent des cercles et des grands chevrons[766]. Certaines associations d'éléments sont présentes dans des gravures rupestres du Mzab[767].

[764] S. Bettaïeb, *Ghadamès la porte du désert*, pp. 34-35, p. 39, p. 49.

[765] Sur cette mosquée, voir R. al-Murābiṭ, *Mudawwana masājid Jarba*, pp. 433-436. Pour les décors les plus représentatifs, voir p. 198, pp. 258-259, p. 264, p. 334 et pp. 545-546 (mosquée malékite).

[766] H. Ben Ouezdou, *De Matmata à Tataouine*, p. 60. Voir aussi, p. 71, les cercles dans la décoration du plafond d'une maison troglodytique à Douiret.

[767] B. Cherifi, *Études d'anthropologie historique et culturelle sur le M'Zab*, pp. 392-394.

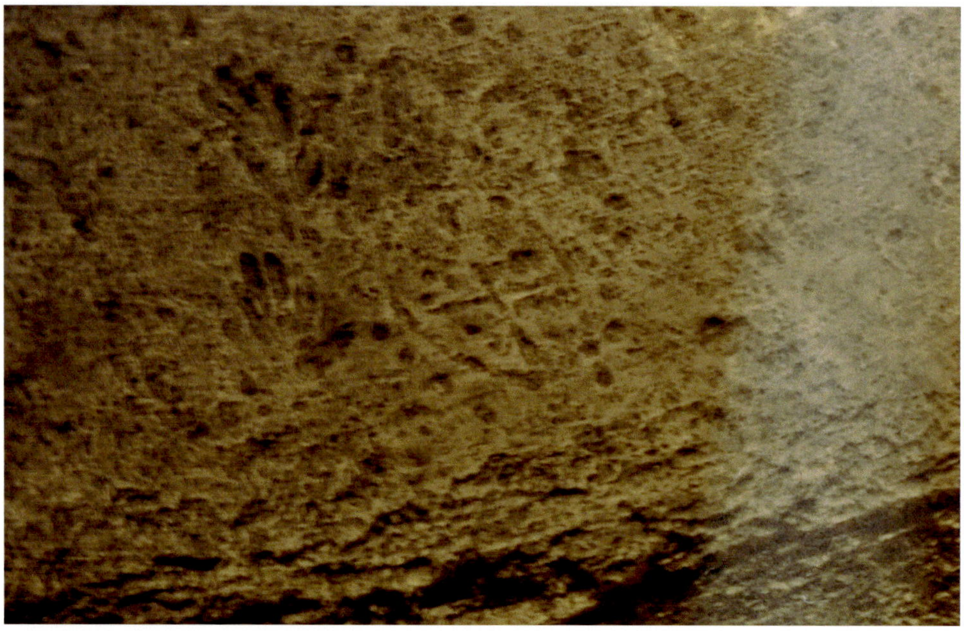

Ill. 144. *Figuration de mains ouvertes à la mosquée Abū Zakariyyā' al-Tūkītī*

LES MAINS ET LES PIEDS

La main apparaît très fréquemment dans l'iconographie maghrébine et se trouve sans surprise représentée dans les décors des mosquées (ill. 144). Elle est connue sous le nom de *khamsa* « cinq », mais aussi sous le nom de main de Fatma. On trouvera sous la plume de Jean-Loïc Le Quellec une intéressante interrogation sur ces appellations, que le terme Fatma soit dû aux Européens qui désignaient ainsi de façon peu amène toutes les femmes indigènes, qu'il corresponde au prénom de la fille du Prophète qui aurait imprimé sa main couverte de sang sur un drapeau à la bataille de Badr, etc.[768] Au Maghreb, la main serait un important symbole tribal ; le terme berbère *afus* signifie d'ailleurs « confédération tribale »[769]. Il est probable que la main aux doigts ouverts est utilisée en guise de signature, comme pour dire : « j'ai été là »[770]. Selon certains habitants d'Inar, il s'agirait plus précisément de la main du constructeur de la mosquée[771]. Dans le Mzab se voit fréquemment au-dessus du linteau de la porte la trace de la main droite du maçon qui a édifié la maison, imprimée dans l'enduit. Son rôle est double puisqu'elle protège l'intérieur de la maison du mauvais œil et des forces maléfiques, et qu'elle retient à l'intérieur les forces bénéfiques[772]. Jean-Loïc Le Quellec explique que les mains positives appliquées sur les murs des maisons ont généralement le pouce à gauche car il s'agit de mains droites. Lorsqu'il s'agit de mains peintes et non plus appliquées, le pouce est à droite car ce sont des représentations de mains droites montrant leur paume. Le fait de trouver l'inverse pour celles dont l'empreinte est visible sur certains plafonds ne doit pas étonner, puisqu'il s'agit de contre-empreintes : le maçon pose sa main droite sur la forme d'argile, et son pouce apparaît alors à gauche ; puis, sur la contre-empreinte, la même main apparaîtra avec le pouce à droite, après démoulage, alors qu'il s'agit bien d'une main droite[773].

[768] J.-L. Le Quellec, « La main apotropaïque et la nébuleuse des signes », pp. 257-264 ; V. Prevost, « L'artisanat conjuratoire des femmes nord-africaines », pp. 52-53.

[769] A. Achrati, « Hand and Foot Symbolisms : From Rock Art to the Qur'an », pp. 472-473.

[770] F. Dell'Aquila et G. Fiorentino, « Moschee rupestri nel Gebel Nafusa occidentale », p. 25.

[771] J.W. Allan, « Some Mosques of the Jebel Nefusa », p. 166. A. Zaied, *Le monde des ksours du Sud-Est tunisien*, p. 114, montre une photo présentant une main en relief à côté d'une signature, qui est celle du bâtisseur ou du propriétaire de l'édifice.

[772] Ch. Bousquet, « L'habitat mozabite au M'zab », p. 268.

[773] J.-L. Le Quellec, « La main apotropaïque et la nébuleuse des signes », p. 272.

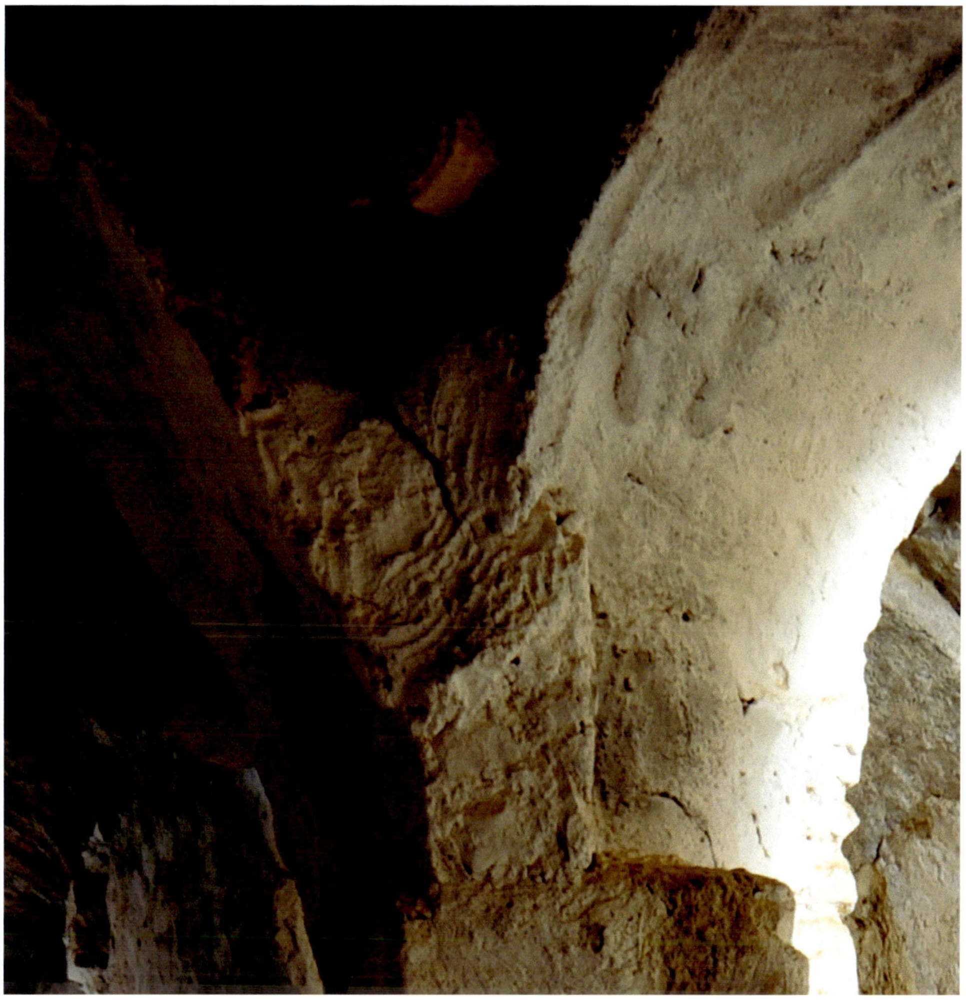

Ill. 145. *Deux pieds figurant dans la mosquée Abū Manṣūr Ilyās de Tandamīra*

La figuration du pied est beaucoup plus rare que celle de la main, d'après ce que nous avons observé dans les mosquées. Nous n'en avons vu que deux exemples : un pied isolé dans la présumée école coranique en contrebas de la mosquée al-A'lā de Nālūt (ill. 17) et deux pieds côte à côte dans la mosquée Abū Manṣūr Ilyās de Tandamīra (ill. 145). Certains auteurs estiment qu'il s'agit tout comme la main d'une signature, probablement celle du bâtisseur[774]. Dans le Sud-Est tunisien, il semble que le dessin en relief du pied, comme de la main, soit devenu une routine qui vise à fixer le souvenir de l'auteur de la réalisation[775]. Ahmad Achrati fournit plusieurs exemples de pieds gravés dans l'art rupestre du Sahara, parfois associés à la main[776]. Une gravure rupestre de la région du Mzab figure ainsi deux empreintes de pieds côte à côte et reliées entre elles sous les talons[777]. L'importance symbolique du pied – et par extension de la sandale – chez les Berbères a été étudiée par Ahmad Achrati, qui met en évidence le caractère magique prêté aux empreintes de pieds laissées par les hommes et les animaux. La représentation d'un pied gravé dans la roche consacrerait la sacralité de l'endroit[778]. Les empreintes de pieds ont chez les Nafūsa un rôle prophylactique qui est évoqué par les sources. Abū Mirdās Muhāṣir

[774] J.W. Allan, « Some Mosques of the Jebel Nefusa », p. 166 ; F. Dell'Aquila et G. Fiorentino, « Moschee rupestri nel Gebel Nafusa occidentale », p. 25.

[775] A. Zaied, *Le monde des ksours du Sud-Est tunisien*, p. 117. H. Belhedi et M. Zecchini, « Essai sur la cryptographie du symbolisme ksourien », p. 41, mentionnent en plus de l'empreinte en relief de la main et parfois du pied du constructeur, celle de ses outils de construction. A. Louis, *Tunisie du Sud, ksars et villages de crêtes*, p. 122, montre une main à côté d'un pied dans une *ghorfa*.

[776] A. Achrati, « Hand and Foot Symbolisms : From Rock Art to the Qur'an », p. 480.

[777] B. Cherifi, *Études d'anthropologie historique et culturelle sur le M'Zab*, p. 394.

[778] A. Achrati, « Hand and Foot Symbolisms : From Rock Art to the Qur'an », pp. 483-488.

al-Sadrātī possédait un lieu de prière dans une caverne (*kahf*), où il adorait Dieu. Al-Shammākhī raconte qu'il a vu lui-même, au-dessus du *muṣallā* qui se trouve dans la caverne, une trace de pied sur une roche lisse ; ce lieu est bien connu jusqu'à son époque des habitants de la région, qui considèrent qu'il s'agit de l'empreinte de pied d'Abū Mirdās et qui s'y rendent pour obtenir des bénédictions. Ailleurs, l'auteur ibadite évoque trois traces de pieds, dont celle d'Abū 'Uthmān al-Mazātī à Dajjī sur un rocher de son *muṣallā*[779]. Une des curiosités de Guermessa, dans le Sud-Est tunisien, est la persistance d'une pratique ancestrale : avant les cérémonies de mariage, les habitants gravent l'empreinte de leurs pieds au sommet d'une butte rocheuse qui surplombe le village, enterrant ainsi leur vie de célibataire[780].

LE DÉCOR D'INSPIRATION ISLAMIQUE

L'un de nos plus grands étonnements dans cette enquête sur les mosquées du djebel Nafūsa a été de découvrir qu'un décor élaboré, faisant appel à des pierres gravées de qualité, a été réalisé pour plusieurs mihrabs (ill. 146). Ce constat contredit notre postulat de départ qui considérait que ces mosquées étaient soit dépourvues de toute ornementation, soit dotées des combinaisons de motifs traditionnels évoquées plus haut. Il s'avère que pas moins de quatre mosquées de notre catalogue présentent ou présentaient des mihrabs soigneusement ornés :

- la mosquée Abū Hārūn d'Ibnāyn,
- la mosquée Abū Manṣūr Ilyās de Tandamīra,
- la mosquée Taghlīs de Bughṭūra,
- la mosquée Umm al-Ṭubūl.

Le décor de Taghlīs de Bughṭūra, le plus simple, semble avoir été ajouté tardivement, lors de la construction d'un second mihrab ; il n'est donc pas le meilleur exemple d'étude. À Abū Hārūn, les pierres ont purement et simplement disparu (ill. 34). Les deux autres décors sont malheureusement très endommagés : à Umm al-Ṭubūl, les pierres gravées qui flanquaient certainement le mihrab ont été disséminées lors des restaurations, et à Tandamīra l'ensemble est très abîmé (ill. 66, 67). Il est impossible, n'ayant pu voir que le seul ensemble de Tandamīra, de nous livrer à des conclusions sur ces pierres gravées. Muḥammad Warfallī, qui considère que le décor le plus ancien est celui du mihrab de Tandamīra, y lit plusieurs influences : il note d'abord de forts rapprochements avec le décor de Sāmarrā', notamment du point de vue de l'inscription des rosettes dans des cercles ou des carrés, ainsi que de l'aspect des palmettes et des feuilles stylisées. Puis il explique que l'emploi de cette sorte de décor dans le djebel Nafūsa doit être associé aux cités de l'Ifrīqiya médiévale où l'influence de l'Orient musulman est évidente. Il insiste sur le décor du mur de qibla et du minbar en bois de la grande mosquée de Kairouan, daté de 862 et donc plus ancien que celui de la mosquée d'Abū Manṣūr : on y retrouverait selon lui les mêmes schémas décoratifs[781]. Le chercheur libyen évoque ensuite les travaux de Georges Marçais sur l'art chrétien africain, dont les dessins montrent des éléments figurant également dans les mosquées, comme le motif de corde ou l'importance

---

[779] Al-Shammākhī, p. 303 et p. 771. Il évoque également d'autres traces vénérées comme celles d'une chamelle, d'une ânesse et d'un chien, ainsi que des traces de sang. Voir aussi A. de C. Motylinski, *Le Djebel Nefousa*, p. 97. Le tombeau d'Abū Mirdās, savant de la première moitié du IXe siècle, serait toujours vénéré dans la région de Kābāw. I. al-Būjadīdī *et al.* (éd.), *Al-quṣūr wa-l-ṭuruq*, p. 251.

[780] H. Belhedi et M. Zecchini, « Essai sur la cryptographie du symbolisme ksourien », p. 43.

[781] Voir M. Warfallī, *Some Islamic Monuments*, pp. 107-108.

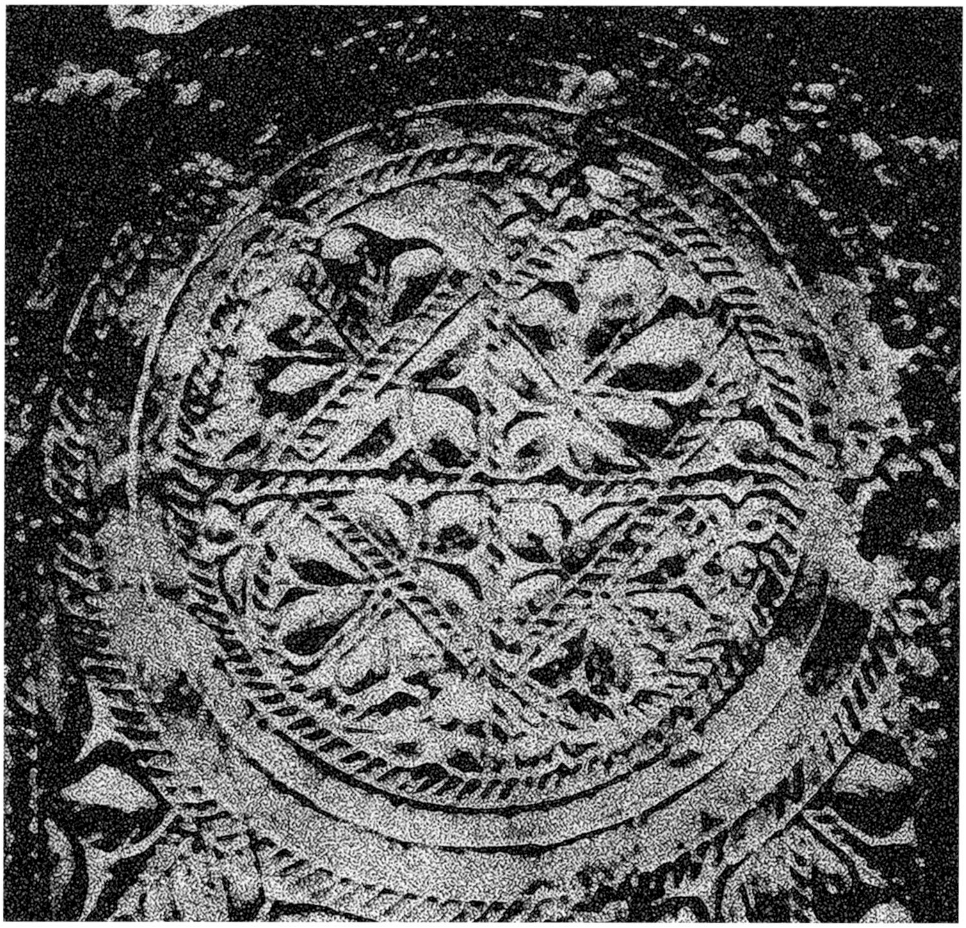

Ill. 146. *Unité complète de décor du mihrab de la mosquée Abū Manṣūr Ilyās de Tandamīra (illustration M. Favresse, d'après Warfallī, fig. 103)*

des rosettes à six ou huit pétales ouverts[782]. Muḥammad Warfallī fait également un lien entre le décor de la mosquée de Tandamīra et celui de Sadrāta, plus récent, qui présenterait lui aussi une ornementation à base de motifs compris dans des cercles, de disques, de fleurs à huit pétales et de réseau diagonal avec des motifs végétaux, un riche décor qu'il pense avoir été inspiré par les palais de Tāhart aujourd'hui disparus[783]. Il nous semble, au vu des exemples publiés récemment par Patrice Cressier et Sophie Gilotte, que le décor de stuc de Sadrāta est plus abouti, plus raffiné et minutieux que le décor sur pierre du djebel Nafūsa. Leurs travaux montrent qu'il faut élargir jusqu'à la fin du XIIIe siècle la fourchette chronologique des décors mis au jour à Sadrāta, que l'on datait habituellement du début du Xe siècle, c'est-à-dire de la phase d'établissement des ibadites sur ce site. Ces décors sont à rapprocher principalement des modèles orientaux de première époque, malgré le grand décalage chronologique[784].

Muḥammad Warfallī conclut que la mosquée de Tandamīra est le plus ancien édifice ibadite décoré qui soit encore debout. Les éléments de son décor seraient influencés par la grande mosquée de Kairouan, elle-même inspiré par l'art islamique oriental et par les formes romaines d'Afrique. Plus tard, le décor de la mosquée d'Ibnāyn tente d'imiter celui de la mosquée de Tandamīra : on retrouve notamment les fleurs à huit pétales ouverts, trait décoratif prédominant à Tandamīra, et la forte

[782] Ce type de décor modelé en creux était particulièrement répandu dans l'Afrique du Nord chrétienne, spécialement dans les régions de Tébessa, du nord de l'Aurès et des abords de la Grande Kabylie ; c'est certainement, selon les conclusions de Georges Marçais, un décor proprement indigène, transposé du bois à la pierre. G. Marçais, « Art chrétien d'Afrique et art berbère », pp. 63-65. Le motif de corde se retrouve fréquemment imprimé dans le plâtre dans les bâtiments datant de la fin de l'époque romaine en Tripolitaine. I. Sjöström, *Tripolitania in Transition*, p. 108.

[783] M. Warfallī, *Some Islamic Monuments*, pp. 109-111.

[784] P. Cressier et S. Gilotte, « Les stucs de Sedrata », p. 522.

influence de Kairouan. Ces éléments seront manifestement recopiés plus tardivement, sur les voûtes de la mosquée de Tanūmāyt par exemple, mais il ne s'agira plus là que d'une pauvre imitation[785].

Les mosquées du djebel Nafūsa comportent plusieurs inscriptions fort anciennes, qui constituent de rares repères historiques. La première inscription datée est à notre connaissance celle de la mosquée de Tanūmāyt, réalisée au mois de ramadan 454/ septembre-octobre 1062. On trouverait également dans la mosquée souterraine Abū Khalīl Ṣāl al-Darkalī, située dans le village de Darkal dans la région d'al-Ḥarāba, une inscription datée de 535/1139-1140[786]. La mosquée Abū Ma'rūf de Sharūs présente de nombreux exemples d'inscriptions gravées dans la pierre. Muḥammad Warfallī, les comparant aux inscriptions découvertes dans d'autres régions libyennes et à Kairouan, estime qu'elles datent des IXe-Xe siècles, ce qui correspond aux constatations faites à propos de la mosquée Abū Hārūn d'Ibnāyn. Il voit une influence de Kairouan aussi importante dans l'épigraphie que dans les décors et émet l'hypothèse qu'après la chute de la capitale rustumide, certains artistes ont peut-être migré de Tāhart vers le djebel Nafūsa, qui représentait alors le principal bastion ibadite, pour y exercer leurs talents aux côtés des artistes locaux[787].

Quant aux inscriptions qui apparaissent en relief sur l'enduit de plâtre qui recouvre les voûtes, elles semblent le plus souvent récentes (XIXe-XXe siècles) et font principalement état de restaurations de la mosquée, donnant parfois le nom de l'artiste ou du commanditaire de ces travaux[788]. Ces inscriptions de plâtre, malheureusement souvent devenues peu lisibles, rappellent fortement certains décors épigraphiques présents à Djerba et qui remontent pour les plus anciens au XVIIe siècle. Ainsi, la mosquée Walḥī, fondée au XIIIe siècle et devenue la plus importante madrasa de l'île après la grande mosquée Abū Miswar à al-Ḥashshān, présente un décor sophistiqué d'inspiration purement musulmane. Les voûtes de la salle de prière sont couvertes de longs bandeaux calligraphiés en relief, comportant principalement des versets coraniques relatifs à la construction des mosquées et une inscription précisant que ce décor a été réalisé en 1071/1660-1661. Le vaste portique (*riwāq*) est doté d'une décoration épigraphique similaire et comprend un mihrab très décoré, où sont modelés en relief les noms de Dieu et de son Prophète ainsi que la profession de foi. Une inscription dans le décor du plafond mentionne la date de 1192/1778-1779 et tout porte à croire que l'ornementation du mihrab date de cette époque[789]. Tout comme dans le djebel, ces inscriptions sont mêlées à l'occasion à des motifs géométriques, dont des cercles.

---

785 M. Warfallī, *Some Islamic Monuments*, pp. 111-112.

786 M. Kūrdī, *Al-ḥayāt al-'ilmiyya fī jabal Nafūsa*, p. 14 ; *Al-masājid al-tārīkhiyya fī jabal Nafūsa*, n° 1. Dans le djebel Demmer, à Ksar Kedim, une inscription date la construction de 485/1091-1092. En bas du *qaṣr* de Wunī, proche de Wāzzin, une mosquée souterraine porte la date de 549/1154-1155. Une inscription est datée de 590/1193-1194 dans le *qaṣr* de Chenini. A. Louis, *Tunisie du Sud, ksars et villages de crêtes*, pp. 50-51, p. 68 et p. 98. M. Zecchini, *Le Moschee Sotterranee Ibadite della Valle Demmer*, fait état d'une étrange inscription trouvée dans une mosquée souterraine du Sud-Est tunisien : elle apparaît en relief mais à l'envers et il faut utiliser un miroir pour pouvoir la lire.

787 M. Warfallī, *Some Islamic Monuments*, pp. 205-206.

788 Si les *faqīh* sunnites ont déclaré détestable que le nom du constructeur ou de celui qui a financé la construction de la mosquée soit écrit sur ses murs, les *faqīh* ibadites n'y font pas allusion, bien que les mihrabs ornés d'Oman indiquent parfois les noms des constructeurs. N. Benkari-Boudidah, *L'architecture des mosquées Ibadites*, II, p. 62, n. 315.

789 F. al-Ja'bīrī, *Niẓām al-'azzāba*, pp. 247-248 ; R. al-Murābiṭ, *Mudawwana masājid Jarba*, pp. 316-319.

CONCLUSION

AU TERME DE CETTE ÉTUDE, il est important de rappeler que les résultats présentés ci-dessus ne correspondent pas à notre projet initial, puisque nous avions prévu de retourner longuement dans le djebel Nafūsa. Les circonstances politiques en ont décidé autrement et un simple séjour de reconnaissance est devenu malgré nous le socle de notre enquête. Tant de mosquées inconnues auraient dû être découvertes, et celles déjà repérées à nouveau visitées avec un matériel adéquat, des instruments de mesure précis et un puissant éclairage... Nous aurions peut-être pu répondre alors partiellement à certaines des nombreuses questions qui demeurent. Malgré cette déception, les éléments que nous apportons permettent, nous l'espérons, de donner une bonne idée de l'architecture ibadite du djebel en fournissant des exemples distribués depuis Nālūt jusqu'à Yafran. Tout au moins, ils constituent un témoignage inédit sur une architecture peut-être vouée à rapidement disparaître. Nous avons évoqué à plusieurs reprises les dangers multiples qui menacent ces bâtiments : la ruine progressive due à leur abandon, leur isolement dans des lieux parfois très difficilement accessibles, les dégradations dues à de vaines chasses au trésor, et enfin l'apparition de lieux de culte modernes, qu'ils soient imposés par le pouvoir dirigeant ou tout simplement désirés par les habitants. Nul ne peut dire si les bouleversements politiques que connaît aujourd'hui la Libye vont aboutir à une meilleure conservation et à une restauration de ces édifices, ou tout au contraire contribuer à leur destruction progressive…

Convaincus depuis longtemps de l'intérêt que présentent les mosquées ibadites, Axel Derriks qui les a photographiées et moi-même avons été particulièrement séduits par celles du djebel Nafūsa. Il s'agit pourtant à première vue, c'est indéniable, du patrimoine bâti ibadite le moins attrayant. Les modestes lieux de culte libyens n'ont pas l'impressionnante monumentalité des grandes mosquées du Mzab, qui couronnent fièrement chacune des villes de la pentapole ; elles n'ont pas davantage la pittoresque fraîcheur des petites mosquées chaulées de Djerba. L'aspect brut, parfois même inhospitalier, de leurs salles obscures aux parois rugueuses pourrait facilement rebuter. Mais cependant la magie opère. Serait-ce l'accueil chaleureux des ibadites qui les entretiennent qui les fait tant apprécier ? Il semble que ce soit surtout l'impression de permanence qui touche le visiteur. Aucun événement n'a manifestement eu de prise sur l'architecture du djebel. Parfaitement adaptée aux paysages et aux conditions climatiques de la montagne, respectueuse de l'environnement, elle paraît avoir existé de tout temps.

C'est bien ce sentiment de permanence et d'immuabilité qui différencie d'abord l'architecture ibadite de celle des autres régions du Maghreb : sa merveilleuse simplicité s'oppose aux évolutions stylistiques qui rythment ailleurs les changements dynastiques, dans une quête d'édifices toujours plus prestigieux et raffinés. Si l'on admet, tout en prenant en compte de probables remaniements, que certaines mosquées du djebel remontent à l'époque du savant auquel elles sont associées – par exemple le IXe siècle pour Abū Zakariyyā' al-Tūkītī, la fin du IXe siècle et le début du Xe siècle pour Abū Ma'rūf à Sharūs –, il est tentant de les comparer à des monuments datant d'une époque similaire. Les plus proches géographiquement sont les deux mosquées de Kairouan et de Mahdia. La mosquée aghlabide a été évoquée dans les pages qui précèdent car Muḥammad Warfallī a vu des ressemblances entre le décor de son mur de qibla et certaines pierres sculptées ornant le mihrab de la mosquée de Tandamīra, qu'il date de la fin du IXe siècle. Mais il est évident que c'est surtout le fossé qui sépare ces deux lieux de culte qui est remarquable. La mosquée aghlabide est célèbre pour la somptueuse décoration de son mihrab et pour la finesse de son minbar en bois, tous deux datés de 862. Sa grande taille, sa cour centrale, son haut minaret à l'allure si particulière, en font jusqu'à nos jours l'un des monuments les plus emblématiques de l'art islamique et, à notre sens, le seul point commun qu'elle partage avec les mosquées du djebel est d'avoir pu préserver sa forme originelle, à l'exception de quelques ajouts à l'époque hafside dont la porte Bāb Lālla Rayḥāna. Quant à la mosquée fatimide de Mahdia, certes bien différente de l'aghlabide, elle a été bâtie au début du Xe siècle mais reconstruite dans les années 1960 par Alexandre Lézine. Comme la plupart des mosquées ibadites du Maghreb, elle n'a pas de minaret et elle possède plusieurs mihrabs (un dans la salle de prière et deux dans la cour, de part et d'autre de l'entrée dans la salle), mais la ressemblance s'arrête là. L'imposant portail au sobre décor géométrique, les deux tours-citernes aux coins de la façade principale, en font un édifice certes austère mais terriblement impressionnant, qui contraste lui aussi fortement avec les modestes lieux de culte ibadites[790].

Il n'y a pas de comparaison possible avec Tripoli, qui ne conserve pas de mosquées très anciennes : la période d'occupation espagnole, entre 1510 et 1551, a profondément modifié la topographie urbaine et effacé de nombreuses traces du passé[791]. Ainsi, la mosquée al-Nāqa ou mosquée de la Chamelle, que l'on associe tantôt au conquérant 'Amr ibn al-'Āṣ, tantôt au calife fatimide al-Mu'izz (953-976), a été fortement endommagée ; elle a ensuite été maintes fois transformée, notamment au XVIIe siècle[792]. Toutes les autres mosquées sont d'époque ottomane, comme la mosquée élevée par Dragut (Darghūth Bāshā) en 1560, dans laquelle il est enterré ; malheureusement l'édifice a été fortement abîmé pendant la Seconde Guerre mondiale, puis restauré. La plus fameuse mosquée de la ville est celle d'Aḥmad al-Qaramānlī, bâtie entre 1736 et 1738[793]. Il est également notable que, bien qu'elle ait été l'un des principaux débouchés du commerce transsaharien, la ville de Tripoli ne conserve pas de caravansérails (*funduq*) antérieurs au XVIIIe siècle[794]. Quant à Ghadamès, sa jāmi' al-'atīq affichait fièrement à notre passage un panneau datant sa fondation en 44/664-665, mais la mosquée a été complètement détruite par un bombardement des Alliés en 1943[795]. Ainsi, grâce à la mémoire collective des savoir-faire architecturaux ancestraux, le djebel Nafūsa a conservé des bâtiments qui sont sans doute les plus vieux de la Tripolitaine islamique, cette région qui a vu l'éclosion de l'ibadisme nord-africain.

---

790 La bibliographie sur ces deux mosquées est abondante. Voir notamment, dans les sources utilisées pour cette étude, R. Hillenbrand, *Islamic Architecture*, pp. 31-85 ; *Ifriqiya. Treize siècles d'art et d'architecture en Tunisie*, pp. 159-162 et pp. 178-180.

791 L. Micara, « The Ottoman Tripoli : a Mediterranean Medina », p. 383.

792 *Islamic Art and Architecture in Libya*, p. 6 et pp. 16-17 ; G.R.D. King, « Islamic Archeology in Libya », p. 203 ; L. Micara, « The Ottoman Tripoli : a Mediterranean Medina », p. 390.

793 G.R.D. King, « Islamic Archeology in Libya », p. 203 ; *Islamic Art and Architecture in Libya*, p. 14 et pp. 18-19.

794 *Islamic Art and Architecture in Libya*, p. 6 et pp. 28-29.

795 Voir des photos de cette mosquée dans S. Bettaïeb, *Ghadamès la porte du désert*, pp. 68-69.

Enfin, l'émotion ressentie face aux mosquées du djebel Nafūsa est également liée à l'attachement que leur témoigne la population. Elles incarnent la continuité des traditions, des structures sociales et de la foi de toute une communauté qui s'est maintenue sur ces reliefs acérés au fil des siècles, en dépit des avanies de l'histoire. Nous avons évoqué les moments difficiles qu'ont vécus les ibadites face aux Aghlabides à la bataille de Mānū, les attaques conduites par les Fatimides puis par les Zirides. Les Ottomans ne les ont pas épargnés non plus, qui ont détruit quantité de leurs greniers fortifiés. La période Kadhafi, enfin, a été des plus cruelles. Les Berbères ibadites ont cependant réussi à sauvegarder tant bien que mal leur patrimoine et, si les vieux notables se lamentent sur le manque d'intérêt des jeunes pour leur héritage culturel, nous avons pu constater l'inverse à plusieurs reprises. Depuis la levée de l'embargo en 1999, les Libyens ont été largement conquis par tous les biens de consommation occidentaux, mais cela n'empêche pas certains jeunes garçons branchés d'aller se recueillir dans les salles obscures de mosquées semi-souterraines dépourvues de tout confort. De même, lorsque les habitants d'Ijnāwun ont cédé aux sirènes de la modernité pour construire une mosquée toute neuve, ils ont quand même conservé la salle souterraine primitive. Et il ne serait pas étonnant que cette pièce soit plus fréquentée que la salle de prière bâtie au début des années 1970... Tout cela montre bien la cohérence de cette architecture séculaire qui répond toujours parfaitement aux besoins spirituels des habitants.

Les édifices du djebel Nafūsa reprennent les caractéristiques principales de l'architecture religieuse ibadite : la sobriété, la modestie, l'économie de matériaux, l'absence de minbar entre autres. Tout comme à Djerba, il est frappant de constater l'éparpillement des lieux de culte, parfois isolés au point que l'on peine à comprendre la raison de leur présence dans un endroit si désert. La *Tasmiyat mashāhid al-jabal* témoigne du nombre impressionnant de lieux de pèlerinage – grottes, *muṣallā* ou simples rochers – qui viennent s'ajouter aux mosquées. Comme à Djerba, on retrouve, mais plus rarement, l'usage du minaret-escalier ; la *ṣum'a* qui surmonte parfois les mosquées libyennes ressemble au pinacle que l'on trouve dans certains lieux de culte insulaires.

D'autres éléments, par contre, différencient les mosquées libyennes de celles du Mzab et de Djerba : elles possèdent assez rarement une cour, elles présentent à plusieurs reprises une forme d'arc pointu tout à fait particulière. Les mosquées les plus anciennes ont privilégié pour la plupart un espace réservé aux femmes, en aménageant une ou plusieurs travées qui leur sont destinées, séparées du reste de la salle de prière par un mur, auxquelles conduit souvent une entrée privative. Cet espace féminin est bien plus systématisé que ce qui a été constaté dans le Mzab. On peut imaginer que dans les mosquées dépourvues de cette cloison maçonnée, un rideau divisait la salle en deux parties. Les mihrabs du djebel se distinguent par la grande taille de leurs niches et par le fait que leur multiplication, tant dans la salle de prière qu'à l'extérieur, est rare ; on observe également quelques niches à plan rectangulaire comme dans le Mzab.

L'architecture religieuse du djebel Nafūsa se singularise très clairement par un usage important de l'ornementation, qu'il s'agisse du décor que nous avons appelé « primitif » ou d'un décor sur pierre, bien plus élaboré et d'inspiration islamique, que l'on ne trouve à notre connaissance dans aucune autre mosquée ibadite. La présence de nombreuses inscriptions anciennes est très caractéristique, de même que le remploi abondant de pierres de taille et d'éléments architecturaux antiques. Le fait que la plupart des mosquées sont semi-souterraines, parfois entièrement creusées dans la roche, est également tout à fait propre au djebel Nafūsa, même si l'on en a des exemples dans les autres régions ibadites du Maghreb. Enfin, la vulnérabilité de ces édifices est frappante : on est bien loin des grandes mosquées mozabites qui se dressent telle des forteresses au sommet de la cité, ou des mosquées fortifiées de Djerba, protégées par leurs meurtrières et leurs mâchicoulis.

Notre catalogue, dans lequel les mosquées sont présentées d'ouest en est, a suggéré des différences entre les zones géographiques : ainsi les quatre mosquées étudiées dans la région de Nālūt comportent une *ṣum'a* et trois d'entre elles sont chaulées. À l'autre extrémité du djebel, les trois mosquées que nous avons visitées dans la région de Yafran étaient également chaulées, et pourvues d'une cour, deux d'entre elles étant dotées d'un minaret sous forme de tour. Il est probable qu'une étude plus poussée comptant un bien plus grand nombre d'édifices pourrait mettre en lumière de grandes particularités régionales. La question de l'orientation des mosquées, dont on a souligné la grande variété, mériterait également de plus amples investigations.

Bien que la diversité religieuse ait été forte dans le djebel Nafūsa – tant grâce au voisinage des juifs et des chrétiens qu'au sein même de la communauté ibadite –, il semble qu'aucune trace architecturale spécifique n'ait été conservée concernant les groupes dissidents, nukkārites, ḥusanites, naffāthites et khalafites. Par contre, notre enquête a mis en évidence combien les traditions d'origine préislamique, liées à d'anciens cultes berbères, sont restées vives. On a ainsi évoqué des cérémonies destinées à favoriser la pluie, la vénération d'un tronc d'arbre associé à un saint local dans la mosquée al-A'lā de Nālūt, la persistance du culte rendu à Nānnā Tālā, par exemple... Des pèlerinages à des tombes de notables ibadites semblent encore avoir lieu, comme celui consacré au tombeau d'Abū Naṣr dans sa mosquée de Tamazdā. La popularité de saints ou de marabouts a également été mise en lumière, comme dans la salle souterraine de la mosquée Abū 'Ubayda 'Abd al-Ḥamīd à Ijnāwun, désormais investie par un cheikh que l'on vient solliciter pour combattre le mauvais œil ou les djinns. Comme le souligne al-Shammākhī à la fin de son ouvrage, le djebel Nafūsa se distingue par ses prodiges et par une abondance d'hommes pieux et de savants que l'on ne trouve nulle part ailleurs[796].

Les deux grandes insatisfactions que nous ressentons au terme de ce travail ont trait d'une part à la datation des édifices, d'autre part à l'éventuelle récupération d'anciennes églises par les ibadites. Certes, nous avons pu décrire ici pas moins de six mosquées dont le nom évoque le christianisme – une mosquée Kanīsa, deux Ḥawāriyyīn et trois Taghlīs –, mais parmi les quatre visitées, seule la mosquée Kanīsa nous a paru se distinguer nettement des autres édifices. Un de nos souhaits était de rechercher sur place l'ensemble des mosquées ayant conservé des noms chrétiens, mentionnées par la *Tasmiyat mashāhid al-jabal* et par al-Shammākhī. La précision des cartes disponibles et l'enthousiasme des habitants à cet égard nous auraient certainement permis d'enrichir nos connaissances sur ce sujet passionnant, tant documenté dans les sources médiévales. Quant à la datation des lieux de culte, nous avons tenté, dans la mesure du possible, de les relier aux textes ibadites anciens, tout en ayant bien à l'esprit les limites de cet exercice. Plusieurs mosquées sont indubitablement associées à des personnalités des IXe et Xe siècles, mais les constructions que nous avons visitées sont peut-être bien plus récentes, rebâties au fur et à mesure des siècles. La mosquée de Tanūmāyt, en tout cas, a été construite dans le mois de ramadan de l'année 454 (septembre-octobre 1062) comme l'atteste l'inscription qui couronnait son entrée ; elle n'a pas varié d'aspect depuis lors, ce qui s'explique par le fait qu'elle est souterraine. Nous ne pouvons que déplorer une fois de plus l'absence de fouilles archéologiques, en espérant que les éléments apportés ici susciteront un intérêt pour ce patrimoine méconnu et qu'il sera possible à l'avenir d'en envisager une étude plus approfondie.

---

[796] Al-Shammākhī, p. 772.

BIBLIOGRAPHIE

LES SOURCES IBADITES

ABŪ ZAKARIYYĀʼ, Yaḥyā ibn Abī Bakr al-Wārjalānī, *Kitāb al-sīra wa-akhbār al-aʼimma*, éd. ʻAbd al-Raḥmān Ayyūb. Tunis, Al-dār al-tūnisiyya li-l-nashr, 1985.

AL-BĀRŪNĪ, Sulaymān ibn ʻAbd Allāh, *Kitāb al-azhār al-riyāḍiyya fī aʼimma wa-mulūk al-ibāḍiyya*. Tunis, Dār Bū Slāma, 1986.

AL-BUGHṬŪRĪ, Maqrīn ibn Muḥammad, *Sīrat mashāyikh Nafūsa*, éd. Tawfīq ʻAyyād al-Shaqrūnī. Muʼassasat Tāwālt al-thaqāfiyya, 2009.

AL-DARJĪNĪ, Abū l-ʻAbbās Aḥmad ibn Saʻīd, *Kitāb ṭabaqāt al-mashāyikh bi-l-Maghrib*, éd. Ibrāhīm Ṭallay. Constantine, Maṭbaʻat al-baʻth, 1974. 2 vol.

Dhikr asmāʼ baʻḍ shuyūkh al-wahbiyya, dans al-Shammākhī, *Kitāb al-siyar*, éd. lithographiée, Le Caire, 1301 / 1883-1884, pp. 588-598.

AL-ḤĪLĀTĪ, *ʻUlamāʼ Jarba, rasāʼil al-shaykh Sulaymān ibn Aḥmad al-Ḥīlātī al-Jarbī*, éd. Muḥammad Qūja. Beyrouth, Dār al-gharb al-islamī, 1998.

IBN SALLĀM, *Kitāb Ibn Sallām : Eine Ibaditisch-Maghribinische Geschichte des Islams aus dem 3./9. Jahrundert*, éd. Werner Schwartz et Sālim ibn Yaʻqūb. Wiesbaden, Franz Steiner Verlag, 1986.

Kitāb al-muʻallaqāt fī akhbār wa-riwāyāt ahl al-daʻwa, éd. Sulaymān ibn Ibrāhīm Bābazīz al-Wārjalānī. Mascate, Wizārat al-turāth wa-l-thaqāfa, 2009.

AL-SHAMMĀKHĪ, Abū l-ʻAbbās Aḥmad, *Kitāb al-siyar*, éd. Muḥammad Ḥasan. Beyrouth, Dār al-madār al-islāmī, 2009. 3 vol.

Siyar al-mashāyikh, dans al-Wisyānī, *Siyar al-Wisyānī*, éd. ʻUmar ibn Luqmān Bū ʻAṣbāna, Mascate, Wizārat al-turāth wa-l-thaqāfa, 2009, pp. 517-761.

AL-WISYĀNĪ, Abū l-Rabīʻ Sulaymān, *Siyar al-Wisyānī*, éd. ʻUmar ibn Luqmān Bū ʻAṣbāna. Mascate, Wizārat al-turāth wa-l-thaqāfa, 2009. 3 vol.

LES SOURCES ARABES

AL-BAKRĪ, *Kitāb al-mughrib fī dhikr bilād Ifrīqiya wa-l-Maghrib wa-huwa juzʼ min ajzāʼ Kitāb al-masālik wa-l-mamālik ; Description de l'Afrique septentrionale par Abou-Obeïd-El-Bekri*, éd. trad. William Mac Guckin de Slane. Alger, 1911-1913 ; réimpr. Paris, Jean Maisonneuve, 1965.

Le Coran, trad. Denise Masson. Paris, Gallimard, 1967.

AL-DIMASHQĪ, *Nukhbat al-dahr*, éd. Auguste Ferdinand Mehren. Saint-Pétersbourg, 1865-1866 ; réimpr. Francfort, Islamic Geography n° 203, 1994.

AL-ḤIMYARĪ, *Kitāb al-rawḍ al-mi'ṭār fī khabar al-aqṭār*, éd. Iḥsān 'Abbās. Beyrouth, Librairie du Liban, 1975.

IBN 'ABD AL-ḤAKAM, *Futūḥ Miṣr, The History of the Conquest of Egypt, North Africa and Spain*, éd. Charles C. Torrey. New Haven, Yale University Press, 1922.

IBN ḤAWQAL, *Kitāb ṣūrat al-arḍ*, éd. Michiel Jan de Goeje et Johannes Hendrik Kramers. Leyde, Brill, 1938 ; réimpr. Francfort, Islamic Geography n° 35, 1992.

IBN 'IDHĀRĪ, *Kitāb al-bayān al-mughrib fī akhbār al-Andalus wa-l-Maghrib*, éd. Georges Séraphin Colin et Évariste Lévi-Provençal. Beyrouth, Dār al-thaqāfa, 1983. 4 vol.

IBN KHALDŪN, *Kitāb al-'ibar*. Beyrouth, Dār al-kutub al-'ilmiyya, 1992. 7 vol.

—, *Histoire des Berbères et des dynasties musulmanes de l'Afrique septentrionale*, trad. William Mac Guckin de Slane. Paris, Paul Geuthner, rééd. 1999. 4 vol.

IBN KHURRADĀDHBIH, *Kitāb al-masālik wa-l-mamālik*, éd. trad. Michiel Jan de Goeje. Leyde, Brill, 1967.

IBN AL-ṢAGHĪR, *Akhbār al-a'imma l-rustumiyyīn*, éd. Muḥammad Nāṣir et Ibrāhīm Baḥāz. Beyrouth, Dār al-gharb al-islāmī, 1986.

AL-IDRĪSĪ, *Al-Maghrib wa-arḍ al-Sūdān wa-Miṣr wa-l-Andalus, ma'khūdha min Kitāb nuzhat al-mushtāq fī khtirāq al-āfāq - Description de l'Afrique et de l'Espagne*, éd. trad. Reinhart Pieter Anne Dozy - Michiel Jan de Goeje. Leyde, 1866 ; réimpr. Amsterdam, Oriental Press, 1969.

JEAN-LÉON L'AFRICAIN, *Description de l'Afrique*. Nouvelle éd. traduite de l'italien par Alexis Épaulard, annotée par A. Épaulard, Th. Monod, H. Lhote et R. Mauny. Paris, Adrien Maisonneuve, 1956 ; réimpr. 1981. 2 vol.

Kitāb al-istibṣār fī 'ajā'ib al-amṣār, éd. Sa'd Zaghlūl 'Abd al-Ḥamīd. Alexandrie, Imprimerie de l'Université, 1958 ; réimpr. Francfort, Islamic Geography n° 266, 1997.

AL-MUQADDASĪ, *Kitāb aḥsan al-taqāsīm fī ma'rifat al-aqālīm*, éd. Michiel Jan de Goeje. Leyde, Brill, 1967.

AL-YA'QŪBĪ, *Kitāb al-buldān*, éd. Michiel Jan de Goeje. Leyde, Brill, 1967.

YĀQŪT, *Mu'jam al-buldān*, éd. Farīd 'Abd al-'Azīz al-Jundī. Beyrouth, Dār al-kutub al-'ilmiyya, 1990. 7 vol.

LES ÉTUDES MODERNES

ABDOULI, Hafed, « Le village de «Banū Ḥasan» entre les données littéraires et les données du terrain : étude préliminaire et contribution à sa localisation », *Libyan Studies*, 43, 2012, pp. 61-66.

ACHRATI, Ahmad, « Hand and Foot Symbolisms : From Rock Art to the Qur'an », *Arabica*, L, 4, 2003, pp. 464-500.

ADAM, André, « L'agadir berbère, une ville manquée ? », *Revue de l'Occident Musulman et de la Méditerranée*, 26, 1978, pp. 5-12.

AILLET, Cyrille, « A Breviary of Faith and a Sectarian Memorial : a New Reading of Ibn Sallām's Kitāb (3rd/9th century) », dans Ersilia Francesca (éd.), *Ibadi Theology. Rereadind Sources and Scholarly Works*, Hildesheim – Zürich – New York, Georg Olms Verlag, 2015, pp. 67-82.

ALLAN, James W., « Some Mosques of the Jebel Nefusa », *Libya Antiqua*, IX-X, 1972-1973, pp. 147-169 et 22 pl.

AMARA, Allaoua, « Remarques sur le recueil ibāḍite-wahbite Siyar al-mašā'iḫ : retour sur son attribution », *Al-Andalus - Magreb*, 15, 2008, pp. 31-40.

ARENA Marinella et RAFFA Paola, *Ksour della regione di Tataouine*. Rome, Kappa, 2007.

AYOUB A. et LE QUELLEC Jean-Loïc, « Gaṣr al-ḥāǧ, un grenier fortifié dans la Djeffara libyenne », dans Marceau Gast et François Sigaut, *Les techniques de conservation des grains à long terme*, Paris, CNRS, 1981, pp. 3-18.

BĀBĀ'AMMĪ, Muḥammad ibn Mūsā *et al.*, *Mu'jam a'lām al-ibāḍiyya min al-qarn al-awwal al-hijrī ilā al-'aṣr al-ḥāḍir, qism al-Maghrib al-islāmī (dictionnaire des hommes illustres du Maghreb)*. Beyrouth, Dār al-gharb al-islāmī, 1999-2000. 2 vol.

BASSET, René, « Les sanctuaires du Djebel Nefousa », *Journal Asiatique*, mai-juin 1899, pp. 423-470 et juillet-août 1899, pp. 88-120.

—, traduction arabe : voir Umādī.

BELHEDI Habib et ZECCHINI Marino, « Essai sur la cryptographie du symbolisme ksourien », dans *Le Sahara et l'homme : un savoir pour un savoir faire. Actes du colloque organisé à Douz du 27 au 29 décembre 2003*, Université de Tunis El Manar – Chaire Ben Ali pour le dialogue des civilisations et des religions, 2006, pp. 39-43.

BENCINI Claudio et DELL'AQUILA Franco, « Abitazioni rupestri a Nalut », *Grotte e Dintorni (Rivista del museo speleologico franco Anelli e delle grotte Castellana)*, 11, 2006, pp. 63-70.

BENCINI Claudio et DELL'AQUILA Franco, « Libia sconosciuta : Nalut ed il Jebel Nafusah : le abitazioni rupestri dei Berberi, i depositi di cereali, i granai fortificati, i frantoi e le tecniche di coltivazione secca », *L'Universo* (Florence), 5, 2007, pp. 652-682.

BENCINI, Claudio, « Libyan Berber Heritage : Jefara, Adrar Nafusa and Hamada al Hamra Cultural Landscapes. A Possible New Tentative Candidate for UNESCO List », Fauglia, 5 septembre 2013. (www.academia.edu/4551342/Libyan_Berber_Heritage_Jefara_Adrar_Nafusa_and_Hamada_al_Hamra_Cultural_Landscapes._A_possible_new_Tentative_Candidate_for_UNESCO_List, consulté en décembre 2015)

BENKARI-BOUDIDAH, Naïma, *L'architecture des mosquées Ibadites au M'Zab, Djerba et Oman. Lecture des principes de conception et de construction*. Saarbrucken, Presses Académiques Francophones, 2013-2014. 2 vol.

BEN OUEZDOU, Hédi, *De Matmata à Tataouine. Ksour, jessour et troglodytes*. Tunis, Simpact, 2001.

BERTHOLON, Lucien, « Exploration anthropologique de l'île de Gerba », *L'Anthropologie*, VIII, 1897, pp. 318-326, pp. 399-425 et pp. 559-583.

BESANA Erica et MAINETTI Mario, *Architetture trogloditiche del Mediterraneo. Il villaggio di Douiret, jbel tunisino-tripolitano*. N° spécial d'Opera ipogea, 2, 2000.

BETTAÏEB, Salah, *Ghadamès la porte du désert*. Tunis, Alif Les Editions de la Méditerranée, 1997.

BISSON, Guy, « Destruction d'une ancienne mosquée à El Ateuf (Mzab) », *Travaux de l'Institut de recherches sahariennes*, 21, 1962, pp. 215-217.

BLAKE Hugh, HUTT Antony and WHITEHOUSE David, « Ajdābīyah and the Earliest Fāṭimid Architecture », *Libya Antiqua*, VIII, 1971, pp. 105-120 et 11 pl.

BLOOM, Jonathan, *Minaret Symbol of Islam*. Oxford University Press, 1989.

BONETE, Yves, « Notes sur l'architecture religieuse au M'zab », *Cahiers des arts et techniques d'Afrique du Nord*, 6, 1960-1961, pp. 88-102.

BOSSOUTROT, A., « Vocabulaire berbère ancien (Dialecte du djebel Nefoussa) », *Revue tunisienne*, 28, octobre 1900, pp. 489-507.

BOUSQUET, Christian, « L'habitat mozabite au M'zab », *Annuaire de l'Afrique du Nord*, 25, 1986, pp. 257-269.

BRUGNATELLI, Vermondo, « Notes d'onomastique jerbienne et mozabite », dans K. Naït-Zerrad, R. Vossen et D. Ibriszimow (éd.), *Nouvelles études berbères. Le verbe et autres articles*, Köln, Rüdiger Köppe Verlag, 2004, pp. 29-39.

—, « La classification du parler de Jerba (Tunisie) », dans Salim Chaker, Amina Mettouchi et Gérard Philippson (éd.), *Études de phonétique et linguistique berbères. Hommage à Naïma Louali*, Paris – Louvain – Walpole, Peeters, 2009, pp. 355-368.

BRUNSCHVIG, Robert, *La Berbérie orientale sous les Ḥafṣides des origines à la fin du XVe siècle*. Paris, Adrien-Maisonneuve, 1982. 2 vol.

AL-BŪJADĪDĪ Imḥammad Sa'īd, DAQQĀLĪ Muḥammad 'Abd al-Nabī et ABŪ SHĀRIB Muḥammad 'Alī (éd.), *Al-quṣūr wa-l-ṭuruq li-man yurīdu Jabal Nafūsa min Ṭarābulus (1303 H/1885 M)*. Tripoli, Markaz jihād al-Lībiyyīn li-l-dirāsāt al-tārīkhiyya, 2005.

BUSELLI, Gennaro, « Berber Texts from Jebel Nefûsi (Žemmâri Dialect) », *Journal of the Royal African Society*, 23, 1924, pp. 285-293.

BUZAKHAR, Mazigh, « Toponomy of Ancient Kabaw ». (www.academia.edu/8857422/Toponomy_of_Ancient_Kabaw_Adrar_n_Infusen_, consulté en décembre 2015)

CAMPS, Gabriel, *Les Berbères, mémoire et identité*. Paris, Errance, 1995.

CHAKER Salem et FERKAL Masin, « Berbères de Libye : un paramètre méconnu, une irruption politique inattendue », *Politique Africaine*, 125, 2012, pp. 105-126.

CHEBEL, Malek, *L'imaginaire arabo-musulman*. Paris, Quadrige - P.U.F., 1993.

CHEKHAB-ABUDAYA, Mounia, *Patrimoine architectural du Sud algérien : le qṣar, type d'implantation humaine au Sahara. Régions du wādī Rīġ, du wādī Miya, du wādī Mzāb et du wādī Saggūr*. Thèse en archéologie islamique sous la direction d'Alastair Northedge, Université Paris 1 – Panthéon Sorbonne, 2012. 2 vol.

CHERIFI, Brahim, *Études d'anthropologie historique et culturelle sur le M'Zab*. Paris, Thèse pour le doctorat d'anthropologie, 2003.

CHIARELLI, Leonard, « The Ibāḍiyya in Muslim Sicily : from the Muslim Conquest to Lucera ? », dans Ersilia Francesca (ed.), *Ibadi Theology. Rereadind Sources and Scholarly Works*, Hildesheim – Zürich – New York, Georg Olms Verlag, 2015, pp. 129-141.

CIRELLI, Enrico, « *Villaggi e granai fortificati della Tripolitania nel IX secolo d.C.* », dans Mustapha Khanoussi, Paola Ruggeri et Cinzia Vismara (éd.), *L'Africa Romana ai confini dell'Impero : contatti, scambi, conflitti (Atti del XV convegno di studio, Tozeur, 11-15 dicembre 2002)*, Rome, Carocci editore, 2004, pp. 369-385.

CORSI, Mario, *A traverso il Gebel*, Rome, 1914 : *'Abra l-jabal (riḥlat Maryū Kūrsī 'abra jabal Nafūsa)*, trad. arabe par 'Abd al-Wahhāb al-Dāb et Mawḥamad Amādī, Mu'assasat Tāwālt al-thaqāfiyya, 2011.

COSTA, Paolo Maria, *Historic Mosques and Shrines of Oman*. Oxford, Archaeopress, 2001.

COURTOIS, Christian, *Les Vandales et l'Afrique*. Paris, Arts et métiers graphiques, 1955.

CRESSIER Patrice et FENTRESS Elizabeth (éd.), *La céramique maghrébine du haut Moyen Âge (VIIIe-Xe siècle). État des recherches, problèmes et perspectives*. Rome, École française de Rome, 2011.

CRESSIER Patrice et GILOTTE Sophie, « Les stucs de Sedrata (Ouargla, Algérie). Perspectives d'étude », dans *REMAI, Ier Congrès international du Réseau Européen des Musées d'Art Islamique*, 2012, pp. 503-525.

CRESWELL, Keppel Archibald Cameron, *A Short Account of Early Muslim Architecture*. Aldershot, Scolar Press, 1989.

CRUPI LA ROSA, Generosa, « I trasmettitori della dottrina ibāḍita », *Annali dell'Istituto Universitario Orientale di Napoli*, V, 1953, pp. 123-139.

CUOQ, Joseph, *L'Église d'Afrique du Nord du IIe au XIIe siècle*. Paris, Le Centurion, 1984.

CUPERLY, Pierre, *Aperçus sur l'histoire de l'ibāḍisme au Mzab (al-Risāla l-Šāfiyya fī ba'ḍ tawārīḫ ahl Wādī Mīzāb de Muḥammad Aṭfayyaš). Traduction française avec introduction et notes*, Mémoire de Maîtrise présenté à la faculté des Lettres de Paris (Sorbonne) en 1971.

—, « Un document ancien sur l'urbanisme au Mzab », *IBLA (Institut des Belles Lettres Arabes)*, 148, 1981, pp. 305-320.

—, *Introduction à l'étude de l'ibadisme et de sa théologie*, Alger, Office des Publications Universitaires, 1984.

—, « La cité ibadite : urbanisme et vie sociale au XIe siècle », *Awal*, 3, 1987, pp. 89-114 ; 4, 1988, pp. 7-16.

CUSTERS, Martin H., *Al-Ibāḍiyya, a Bibliography*. Maastricht, 2006. 3 vol.

DAGHARI-OUNISSI, Mohamed-Habib, *Tunisie, habiter sa différence. Le bâti traditionnel du sud-est tunisien*. Paris, L'Harmattan, 2002.

DANGEL, Gérard, *L'imamat ibadite de Tahert (761-909). Contribution à l'histoire de l'Afrique du Nord durant le Haut Moyen Âge*. Thèse de doctorat de troisième cycle, Université de Strasbourg, 1977.

DELL'AQUILA, Franco, « Note sul cristianesimo nel Gebel Nefusa (Libia) », *Quaderni Friulani di Archeologia* (Udine), XX, 1, 2010, pp. 109-115.

—, « Rupestrian mosques », dans Carmela Crescenzi et Roberto Caprara (éd.), *The rupestrian settlements in the circum-Mediterranean area*, Florence, Università degli Studi di Firenze, 2012, pp. 53-56.

DELL'AQUILA Franco, FIORENTINO Giuseppe et BENCINI Claudio, « La moschea rupestre di Tnumayat (Gebel Garbi, Tripolitania, Libia) », *Opera Ipogea*, 1/2, 2011, pp. 263-270.

—, « Abitazioni rupestri a Nalut (Libia). Seconda missione, febbraio 2007 », *Grotte e Dintorni*, VI, 13, 2007, pp. 21-56.

DELL'AQUILA Franco, FIORENTINO Giuseppe, POLIMENI Beniamino et BENCINI Claudio, « Insediamenti rupestri nel Gebel Nefusa occidentale (Libia) », *Opera Ipogea*, 2, 2009, pp. 3-18.

—, « L'habitat rupestre nel Gebel Garbi (Libia) », dans *L'habitat rupestre nell'area mediterranea*, Massafra, 2010, pp. 63-67.

DELL'AQUILA Franco et FIORENTINO Giuseppe, « Moschee rupestri nel Gebel Nafusa occidentale (Libia) », *Opera Ipogea*, 1, 2014, pp. 9-26.

DESPOIS, Jean, *Le Djebel Nefousa (Tripolitaine). Étude géographique*. Paris, Larose-éditeurs, 1935.

—, « Types of Native Life in Tripolitania », *Geographical Review*, 35, 3, juillet 1945, pp. 352-367.

—, « Les greniers fortifiés de l'Afrique du Nord », *Les Cahiers de Tunisie*, I, 1953, pp. 36-60.

DIDILLON Henriette et Jean-Marc et DONNADIEU Catherine et Pierre, *Habiter le désert. Les maisons mozabites. Recherches sur un type d'architecture traditionnelle pré-saharienne*. Bruxelles, Pierre Mardaga, 1977.

DI VITA, Antonino, « La diffusione del cristianesimo nell'interno della Tripolitania », *Quaderni di archeologia della Libia*, 5, 1967, pp. 121-142.

DUVEYRIER, Henri, « Nouvelles de M. Henry (*sic*) Duveyrier, son arrivée à Ghadamès, son voyage à Tripoli, le Djebel Nefoûsa », dans *Nouvelles Annales des Voyages, de la Géographie et de l'Histoire*, vol. 168 (série 6, tome 24), 1860, pp. 364-368.

DUVEYRIER, Henri, « Statistique du Djebel-Nefoûsa, montagnes de la Régence de Tripoli », dans *Nouvelles Annales des Voyages, de la Géographie et de l'Histoire*, vol. 171 (série 6, tome 27), 1861, pp. 129-135.

E.B., « Ghorfa », *Encyclopédie Berbère*, 20, Aix-en-Provence, Édisud, pp. 3119-3124.

ELMAHMUDI, Abdalla Ahmed Abdalla, *The Islamic Cities in Libya*. Frankfurt am Main, Peter Lang, 1997.

FAREH, Hédi, *La Tripolitaine à l'époque byzantine*. Mémoire sous la direction d'Abdellatif Mrabet, Université de Sousse, 2002-2003.

FENWICK, Corisande, « From Africa to Ifrīqiya: Settlement and Society in Early Medieval North Africa (650–800) », *Al-Masāq*, 25, 1, 2013, pp. 9-33.

GAISER, Adam R., *Muslims, Scholars, Soldiers. The Origin and Elaboration of the Ibāḍī Imāmate Traditions*. Oxford University Press, 2010.

GAUBE, Heinz, *The Ibadis in the Region of the Indian Ocean. Section One : East Africa*. Hildesheim – Zürich - New York, Georg Olms Verlag, 2013.

GILOTTE Sophie et NEF Annliese, « L'apport de l'archéologie, de la numismatique et de la sigillographie à l'histoire de l'islamisation de l'Occident musulman : en guise d'introduction », dans Dominique Valérian (éd.), *Islamisation et arabisation de l'Occident musulman médiéval (VIIe-XIIe siècle)*, Paris, Publications de la Sorbonne, 2011, pp. 63-99.

GOLDBERG, Harvey E., « The Notion of «Libyan Jewry» and its Cultural-Historical Complexity », dans F. Abécassis, K. Dirèche et R. Aouad (dir.), *La bienvenue et l'adieu. Migrants juifs et musulmans au Maghreb (XVe-XXe siècle). Volume 2 : Ruptures et recompositions*, Actes du colloque d'Essaouira (17-21 mars 2010), Casablanca, Éditions La Croisée des Chemins, 2010, pp. 121-134.

GRANDCHAMP, Pierre, *Études d'histoire tunisienne, XVIIe-XXe siècles*. Tunis, Publications de l'Université de Tunis, 1966.

GROHMANN, Adolf, « The Origin and Early Development of Floriated Kūfic », *Bulletin de l'Institut d'Égypte*, XXXVII, 2, 1956, pp. 273-304.

HASSEN, Mohamed, « Peuplement et organisation du territoire dans une région d'implantation ibâḍite : le Jebel Demmer dans le sud-est de l'Ifrîqiya (V^e^/XIe-IXe/XVe siècle) », *Revue des mondes musulmans et de la Méditerranée*, 132, 2012, pp. 137-154.

—, « Les données naturelles et la toponymie en Ifrīqiya au Moyen Âge », dans Mohamed Hassen (éd.), *Les ressources naturelles au Maghreb durant l'Antiquité et le Moyen Âge. V^e^ colloque international (novembre 2010)*, Tunis, Université de Tunis, 2014, pp. 13-39.

HBAIEB, Mohamed Ali, « Les fortifications de l'île de Djerba : enjeux doctrinaux et stratégies méditerranéennes (X^e^-XVIe siècles) », dans Isabel Cristina Ferreira Fernandes (coord.), *Fortificações e território na Península Ibérica e no Magreb (séculos VI a XVI)*, Lisbonne, Edições Colibri / Campo Arqueológico de Mértola, 2013, pp. 301-312.

HILLENBRAND, Robert, *Islamic Architecture. Form, Function and Meaning*. Edinburgh University Press, 1994.

IDRIS, Hady Roger, *La Berbérie orientale sous les Zīrīdes*. Paris, Adrien-Maisonneuve, 1962. 2 vol.

—, « Les tributaires en Occident musulman médiéval d'après le «mi'yār» d'Al-Wanšarīšī », dans *Mélanges d'Islamologie dédiés à la mémoire d'Armand Abel*, Leyde, Brill, 1974, I, pp. 172-196.

Ifriqiya. Treize siècles d'art et d'architecture en Tunisie. Tunis - Vienne - Aix-en-Provence, Édisud - Déméter, 2000.

INSOLL, Timothy, *The Archeology of Islam*. Oxford, Blackwell Publishers, 1999.

—, *The Archeology of Islam in Sub-Saharan Africa*, Cambridge University Press, 2003.

Islamic Art and Architecture in Libya. Londres, Publication of the Libyan Committee for Participation in the World of Islam Festival, 1976.

AL-JA'BĪRĪ, Farḥāt, *Niẓām al-'azzāba 'inda l-ibāḍiyya l-wahbiyya fī Jarba*. Tunis, Institut National d'Archéologie et d'Art, 1975.

JULIEN, Charles-André, *Histoire de l'Afrique du Nord des origines à 1830* ; 2ème éd. revue par R. Le Tourneau. Paris, Payot, 1994.

KENRICK, Philip, *Libya Archaeological Guides*. Tripolitania. Londres, Society for Libyan Studies, 2009.

KING, Geoffrey R.D., « Islamic Archeology in Libya, 1969-1989 », *Libyan Studies*, 20, 1989, pp. 193-207.

KŪRDĪ, Maḥmūd Ḥusayn, *Al-ḥayāt al-'ilmiyya fī jabal Nafūsa wa-ta'thīrātuhā 'alā bilād al-Sūdān al-gharbī (khilāl al-qurūn 2-8 ḥattā al-qurūn 8-14 m)*. Mu'assasat Tāwālt al-thaqāfiyya, 2008.

LANGE Dierk et BERTHOUD Silvio, « Al-Qaṣaba et d'autres villes de la route centrale du Sahara », *Paideuma*, 23, 1977, pp. 19-40.

LE QUELLEC, Jean-Loïc, « La main apotropaïque et la nébuleuse des signes », dans Florence Bayard et Astrid Guillaume (dir.), *Formes et difformités médiévales, en hommage à Claude Lecouteux*, Paris, Presses Universitaires de Paris Sorbonne, 2010, pp. 257-277.

LEWICKI, Tadeusz, « Une chronique ibāḍite. «Kitāb as-Sijar» d'Abū 'l-'Abbās Aḥmad aš-Šammāḫī », *Revue des études islamiques*, VIII, 1934, pp. 59-78.

—, « De quelques textes inédits en vieux berbère provenant d'une chronique ibāḍite anonyme », *Revue des Études Islamiques*, VIII, 1934, pp. 275-296.

—, « Mélanges berbères-ibāḍites », *Revue des Études Islamiques*, X, 1936, pp. 267-296.

—, « Une langue romane oubliée de l'Afrique du Nord. Observations d'un arabisant », *Rocznik Orientalistyczny*, XVII, 1953, pp. 415-480.

—, *Études ibāḍites nord-africaines*. Varsovie, Państwowe Wydawnictwo Naukowe, 1955.

—, « La répartition géographique des groupements ibāḍites dans l'Afrique du Nord au moyen âge », *Rocznik Orientalistyczny*, XXI, 1957, pp. 301-343.

—, « Les subdivisions de l'Ibāḍiyya », *Studia Islamica*, IX, 1958, pp. 71-82.

—, « Ibāḍitica, 1. Tasmiya šuyūḫ Nafūsa », *Rocznik Orientalistyczny*, XXV, 2, 1961, pp. 87-120 ; « 2. Les ḥākims et les muqaddams du Ǧabal Nafūsa au moyen âge », *Rocznik Orientalistyczny*, XXVI, 1, 1962, pp. 97-123.

—, « Survivances chez les Berbères médiévaux d'ère musulmane de cultes anciens et de croyances païennes », *Folia Orientalia*, VIII, 1967, pp. 5-40.

—, « Les noms propres berbères employés chez les Nafūsa médiévaux (VIIIe-XVIe siècle). Observations d'un arabisant », Folia Orientalia, XIV, 1972-1973, pp. 5-37 (partie I) ; XV, 1974, pp. 7-23 (partie II) ; XXVI, 1989, pp. 71-95 (partie III) et XXVII, 1990, pp. 107-137 (partie IV).

—, « Les sources ibāḍites de l'histoire médiévale de l'Afrique du Nord », *Africana Bulletin*, XXXV, 1988, pp. 31-42.

—, « Le manuscrit n° 277 de l'ancienne collection ibāḍite du feu Zygmunt Smogorzewski de Lwów », *Folia Orientalia*, XXVII, 1990, pp. 137-147.

LOUIS, André, *Tunisie du Sud, ksars et villages de crêtes*. Paris, C.N.R.S., 1975.

LOWICK, Nicholas M., « The Arabic Inscriptions on the Mosque of Abū M'arūf at Sharwas, Jebel Nafûsa », *Libyan Studies*, 5, 1974, pp. 14-19.

AL-MA'LŪL, Fāṭima, *Yafran. Dirāsat fī jughrāfiyyat al-mudun.* Mu'assasat Tāwālt al-thaqāfiyya, 2006.

MARÇAIS, Georges, « Art chrétien d'Afrique et art berbère », *Annali dell'Istituto Universitario Orientale di Napoli*, III, 1949, pp. 63-75.

MARÇAIS Georges et DESSUS-LAMARE Alfred, « Tîhert – Tagdempt », *Revue Africaine*, XC, 1946, pp. 24-57.

Al-masājid al-tārīkhiyya fī jabal Nafūsa. Liste de mosquées anciennes imprimée en novembre 2010 sur le site www.nafosa-net.com.

MASQUERAY, Émile, « Les kânoûn des Beni-Mzab », *Études et documents berbères*, 13, 1995, pp. 211-228.

MATTINGLY, David J., « New Perspectives on the Agricultural Development of Gebel and Pre-desert in Roman Tripolitania », *Revue de l'Occident Musulman et de la Méditerranée*, 41, 1986, pp. 45-65.

—, « Libyans and the "Limes" : Culture and Society in Roman Tripolitania », *Antiquités africaines*, 23, 1987, pp. 71-94.

—, « Surveying the Desert: from the Libyan valleys to Saharan oases », *British School at Athens Studies*, 11, 2004, pp. 163-176. (PDF de JSTOR)

MATTINGLY, David J. *et al.* (dir.), *The Libyan Desert : Natural Resources and Cultural Heritage*. Londres, Society for Libyan Studies Monograph number 6, 2006.

MAUNOIR Charles et SCHIRMER Henri, *Sahara algérien et tunisien. Journal de route de Henri Duveyrier*. Paris, Augustin Challamel, 1905.

MAZHŪDĪ, Mas'ūd, *Jabal Nafūsa fī l-'aṣr al-islāmī al-wasīṭ (21-442/642-1053).* Sīb, Maktabat al-Ḍāmarī, 2010.

MÉHIER DE MATHUISIEULX, Henri, *Rapport sur une mission scientifique en Tripolitaine.* Paris, Imprimerie nationale, 1904.

MEOUAK, Mohamed, « Le vocabulaire des grottes et des cavernes dans le Maghreb médiéval à la lumière des sources écrites », *Cuadernos de Madīnat al-Zahrā'*, 7, 2010, pp. 327-341.

—, « Retour sur la langue berbère au Moyen Âge à la lumière des géographes al-Bakrī et al-Idrīsī », *Études et documents berbères*, 29-30, 2011, pp. 275-309.

—, *La langue berbère au Maghreb médiéval. Textes, contextes, analyses.* Leiden-Boston, Brill, 2015.

MERCIER, Marcel, *La civilisation urbaine au Mzab. Ghardaïa la Mystérieuse.* Alger, Éditions P. & G. Soubiron, 1932.

MÉRIMI, Mohamed, « Sulaymân al-Hîlâtî : l'information historique et les structures du pouvoir ibadhite à Djerba », dans Sami Bargaoui et Hassan Remaoun (coord.), *Savoirs historiques au Maghreb. Construction et usages*, Oran, Éditions CRASC, 2006, pp. 37-47.

—, *Juifs de Djerba et stratégies identitaires.* Tunis, Diraset, 2012.

MESNAGE, (Père) Joseph, « Le christianisme en Afrique, origines, développements, extension », *Revue Africaine*, LVII, 1913, pp. 361-700.

MESSANA, Gaspare, *L'architettura musulmana della Libia.* [Castelfranco Veneto] Edizioni del Grifone, 1972.

MICARA, Ludovico, « The Ottoman Tripoli : a Mediterranean Medina », dans JAYYUSI Salma K., HOLOD Renata, PETRUCCIOLI Attilio, RAYMOND André, *The City in the Islamic world.* Leiden, Brill, 2008, I, pp. 383-406.

MIFTĀḤ, Ṣaliḥ Ma'yūf, *Jabal Nafūsa wa-'allāqatuhu bi-l-dawla l-rustumiyya.* Mu'assasat Tāwālt al-thaqāfiyya, 2006.

MODÉRAN, Yves, *Les Maures et l'Afrique romaine (IVe-VIIe siècle).* Rome, École française de Rome, 2003.

MOTYLINSKI, Adolphe de Calassanti-, *Le Djebel Nefousa : transcription, traduction française et notes avec une étude grammaticale*. Paris, Ernest Leroux - Publications de l'École des lettres d'Alger, 1898.

MU'AMMAR, 'Alī Yaḥyā, *Al-ibāḍiyya fī mawkib al-tārīkh. II : Al-Ibāḍiyya fī Lībyā*. Le Caire, Maktaba Wahba, 1964. 2 vol.

AL-MURĀBIṬ, Riyāḍ, « Al-qīma l-fanniyya wa-l-tārīkhiyya li-masājid Jarba », dans *Dirāsāt ḥawla jazīrat Jarba*, Houmt-Souk, *Jam'iyyat ṣiyānat jazīrat Jarba*, 1996, pp. 74-77.

—, *Mudawwana masājid Jarba*. Tunis, Wizārat al-thaqāfa - Al-Ma'had al-waṭanī li-l-turāth, 2002.

NORRIS, Harry T., « Cave Habitations and Granaries in Tripolitania and Tunisia », *Man*, 53, juin 1953, pp. 82-85.

—, *The Berbers in Arabic Literature*. Londres - New York -Beyrouth, Longman – Librairie du Liban, 1982.

PAVARD, Claude, *Lumières du M'zab*. Boulogne-Billancourt, Éditions Delroisse, [1974].

PERVINQUIÈRE, Léon, *La Tripolitaine interdite. Ghadamès*. Paris, Librairie Hachette et Cie, 1912.

PETHERBRIDGE, Guy T., « Vernacular Architecture in the Maghreb. Some Historical and Geographical Factors », *The Maghreb Review*, 3, oct.-déc. 1976, pp. 12-17 et p. 22.

PISANI Edgard et BENNOUNA Mohamed (dir.), *Oman. Entre mers et citadelles*. Paris, Institut du Monde Arabe, 1995.

POLIMENI, Beniamino, « The Cities of the Libyan Nafusah Mountain : Type of Dwellings and Urban Settlements », dans *Conservation of Architecture, Urban Aeras, Nature and Landscape : towards a Sustainable Survival of Cultural Landscape*, vol. 1, Amman, 2011, pp. 1-16.

PREVOST, Virginie, « L'artisanat conjuratoire des femmes nord-africaines », dans *Le diable en personne*, Bruxelles, Fondation Albert Marinus, 2005, pp. 49-64 et pp. 159-162.

—, « L'urbanisme des ibāḍites maghrébins médiévaux et le cas particulier de Djerba », *Rocznik Orientalistyczny*, LIX, 2, 2006, pp. 5-16.

—, « Une minorité religieuse vue par les géographes arabes : les ibāḍites du Sud tunisien », *Acta Orientalia*, 59, 2, 2006, pp. 193-204.

—, « La révolte de Bāġāya (358/969) : le dernier soulèvement des ibāḍites maghrébins », *Journal of Near Eastern Studies*, 65, 3, 2006, pp. 197-206.

—, « Les particularités du mihrab chez les ibadites maghrébins », *Acta Orientalia Belgica*, XXI, 2008, pp. 307-322.

—, *L'aventure ibāḍite dans le Sud tunisien. Effervescence d'une région méconnue*. Helsinki, Academia Scientiarum Fennica, 2008.

—, « Les dernières communautés chrétiennes autochtones d'Afrique du Nord », *Revue de l'histoire des religions*, 224, 4, 2007, pp. 461-483.

—, « Les mosquées ibadites du Maghreb », *Revue des mondes musulmans et de la Méditerranée*, 125, 2009, pp. 217-232.

—, *Les Ibadites. De Djerba à Oman, la troisième voie de l'Islam*. Turnhout, Brepols, 2010.

—, « Mosquées ibadites et islam standard au sultanat d'Oman », *Acta Orientalia Belgica*, XXIV, 2011, pp. 185-200.

—, « L'architettura ibadita : elogio della semplicità e ritorno alle radici dell'islam », dans Silvano Petrosino (éd.), *Monumentum. L'abitare, il politico, il sacro*, Milan, Jaca Book, 2011, pp. 99-111 et 3 pl.

—, « «La deuxième scission au sein des ibadites». Les descendants de l'imam Abū l-Haṭṭāb al-Ma'āfirī et le schisme halafite », dans Mohamed Meouak (éd.), *Biografías magrebíes. Identidades y grupos religiosos, sociales y políticos en el Magreb medieval*, Madrid, Consejo Superior de Investigaciones Científicas, 2012, pp. 29-63.

—, « Les ibadites en leurs mosquées cachées », *Qantara*, 82, janvier 2012, pp. 59-63.

—, « Des églises byzantines converties à l'islam? Quelques mosquées ibadites du djebel Nafûsa (Libye) », *Revue de l'histoire des religions*, 229-3, 2012, pp. 325-347.

—, « Quelques mosquées anciennes du djebel Nafūsa et leur évocation dans les sources ibadites », dans *Actes de la 1re Journée d'études sur la Libye antique et médiévale (30 janvier 2010, Sorbonne, Paris)*, Paris, Académie des inscriptions et belles-lettres, 2012, pp. 65-85.

—, « Les enjeux de la bataille de Mānū (283/896) », *Revue des mondes musulmans et de la Méditerranée*, 132, 2012, pp. 75-90.

—, « Maǧmāǧ et les sept savants : la création du Dīwān al-'azzāba », *Acta Orientalia* (Oslo), 73, 2012, pp. 35-58.

—, « Les innovations de Naffāt b. Naṣr ou le troisième schisme chez les ibadites », *Al-Qanṭara*, XXXIV, 1, 2013, pp. 123-151.

PROVASI, Elio, « Testi berberi di Žâdọ (Tripolitania) », *Annali dell'Istituto Universitario Orientale di Napoli*, 33, 1973, pp. 501-530.

QŪJA, Muḥammad, « Al-ab'ād al-ḥaḍāriyya li-jāmi' Abī Miswar fī jazīrat Jarba », dans *Dirāsāt ḥawla jazīrat Jarba*, Houmt-Souk, Jam'iyyat ṣiyānat jazīrat Jarba, 1996, pp. 78-88.

RAVÉREAU, André, *Le M'Zab, une leçon d'architecture*. Paris, Sindbad, 1981.

—, *Du local à l'universel*. Paris, Éditions du Linteau, 2007.

RIOTTOT EL-HABIB Béatrice et VIVIER Marie-France (dir.), *Algérie. Mémoire de femmes, au fil des doigts*. Paris, Somogy Éditions d'art- Paris musées, 2003.

ROMEY, Alain, *Histoire, mémoire et sociétés. L'exemple de N'Goussa : oasis berbérophone du Sahara (Ouargla)*. Paris, L'Harmattan - Awal, 1992.

AL-RUMI, Aisha, « Libyan Berbers Struggle to Assert their Identity Online », *Arab Media and Society*, 8, printemps 2009, 8 p. (http://www.arabmediasociety.com/?article=713, consulté en décembre 2015)

SAADAOUI, Ahmed, « Le remploi dans les mosquées ifrīqiyennes aux époques médiévale et moderne », dans *Lieux de cultes : Aires votives, temples, églises, mosquées*, Paris, CNRS Éditions, 2008, pp. 295–304.

SAHLI, Omar, *Nafousa. Berber Community in Western Libya*. University of Libya, 1959 ; rééd. Mu'assasat Tāwālt al-thaqāfiyya, 2006.

AL-SHARQĀWĪ, 'Awaḍ, *Al tārīkh al-siyāsī wa-l-ḥaḍārī li-jabal Nafūsa*. Mu'assasat Tāwālt al-thaqāfiyya, 2011.

SAVAGE, Elizabeth, *A Gateway to Hell, a Gateway to Paradise, the North African Response to the Arab Conquest*. Princeton, The Darwin Press, 1997.

SCHACHT, Joseph, « Ein Archaischer Minaret-Typ in Agypten und Anatolien », *Ars islamica*, 5, 1938, pp. 46-54.

—, « Sur la diffusion des formes d'architecture religieuse musulmane à travers le Sahara », *Travaux de l'Institut de Recherches Sahariennes*, XI, 1954, pp. 11-27 et 20 pl.

—, « An Unknow Type of Minbar and its Historical Significance », *Ars Orientalis*, 2, 1957, pp. 149-173.

—, « Notes mozabites », *Al-Andalus*, 22, 1957, pp. 1-20 et 6 pl.

—, « The Staircase Minaret », dans *First International Congress of Turkish Arts (Ankara 1959)*, Ankara, Türk Tarih Kurumu Basimevi, 1961, p. 297.

—, « Further Notes on the Staircase Minaret », *Ars Orientalis*, 4, 1961, pp. 137-141.

—, « Notes on Islam in East Africa », *Studia Islamica*, XXIII, 1965, pp. 91-136.

SERVIER, Jean, *Tradition et civilisation berbères. Les portes de l'année*. Monaco, Éditions du Rocher, 1985.

SHERIFF, Abdul, « Mosques, Merchants and Landowners in Zanzibar Stone Town », *Azania*, 1992, XXVII, pp. 1-20.

SJÖSTRÖM, Isabella, *Tripolitania in Transition : Late Roman to Islamic Settlement – with a Catalogue of Sites*. Aldershot, Avebury, 1993.

STABLO, René, *Les Djerbiens. Une communauté arabo-berbère dans une île de l'Afrique française*. Tunis, 1941, réimpr. 1984.

THIRY, Jacques, *Le Sahara libyen dans l'Afrique du Nord médiévale*. Louvain, Peeters, 1995.

TISSOT, Charles, *Géographie comparée de la province romaine d'Afrique*. Paris, Imprimerie nationale, 1884-88. 2 vol.

TMARZIZET, Kamel, *Djerba, l'île des rêves*. Tunis, Société Tunisienne des Arts Graphiques, 1997.

UMĀDĪ Mūḥammad et ZĀRŪ 'Abd Allāh, *Tasmiyat mashāhid jabal Nafūsa. Dirāsa fī wathīqa majhūla al-mu'allif*. Mu'assasat Tāwālt al-thaqāfiyya, 2004.

VALÉRIAN, Dominique, « La permanence du christianisme au Maghreb : l'apport problématique des sources latines », dans Dominique Valérian (éd.), *Islamisation et arabisation de l'Occident musulman médiéval (VIIe-XIIe siècle)*, Paris, Publications de la Sorbonne, 2011, pp. 131-149.

VANDENBROECK, Paul, *Azetta. L'art des femmes berbères*. Ludion Gand - Amsterdam, Flammarion, Société des Expositions du Palais des Beaux-Arts de Bruxelles, 2000.

VAN STAËVEL, Jean-Pierre, « Masǧid al-dunyā, "la mosquée de l'ici-bas" : statut foncier, construction et usage des lieux de culte en Ifrīqiya, au travers des sources jurisprudentielles d'époque fātimide et zīride (X^e-XIe siècles) », dans *Lieux de cultes : aires votives, temples, églises, mosquées. IXe colloque international sur l'histoire et l'archéologie de l'Afrique du Nord antique et médiévale (Tripoli, 19-25 février 2005)*, Paris, CNRS, 2008, pp. 257-272.

—, « La caverne, refuge de « l'ami de Dieu » : une forme particulière de l'érémitisme au temps des Almoravides et des Almohades (Maghreb extrême, XIe-XIIIe siècles) », dans *Cuadernos de Madīnat al-Zahrā'*, 7, 2010, pp. 311-325.

—, « Sociétés de montagne et réforme religieuse en terre d'islam », *Revue des mondes musulmans et de la Méditerranée*, 135, 2014, pp. 13-32.

WARFALLĪ, Muḥammad Salim Muqayyid, *Some Islamic Monuments in Jabal Nafusa*, Thèse de doctorat, Londres, School of Oriental and African Studies, 1981. 2 vol.

AL-WARFALLĪ, Muḥammad Sālim al-Muqayyid, *Ba'ḍ al-āthār al-islāmiyya bi-jabal Nafūsa fī Lībyā*. Mu'assasat Tāwālt al-thaqāfiyya, 2009.

WHITEHOUSE, David, « Staircase Minarets on the Persian Gulf », *Iran*, 10, 1972, pp. 155-158.

ZAIED, Abdesmad, *Le monde des ksours du Sud-Est tunisien*. Carthage, Beït Al-Hikma, 1992.

ZECCHINI, Marino Alberto, *Le Moschee Sotterranee Ibadite della Valle Demmer. « Preliminari per un Percorso Spirituale »*. Présentation d'un film documentaire, 2003. (http://www.sahara.it/cultura/imara-demmer-le-moschee-sotterranee-ibadite-della-valle-demmer-by-marino-al-bahary/, consulté en décembre 2015)

ZIEGERT Helmut and ABDUSSALAM Ali, « The White Mosque of Old Zuila », *Libya Antiqua*, IX-X, 1972-1973, pp. 221-223 et 5 pl.

LES CARTES

1/400 000 :

Carte de l'Istituto Geografico Militare, Carta dimostrativa della Libia, feuille 7 « Nalùt », non datée.

1/250 000 :

Cartes de l'Afrique du Nord par l'US Army Map Service. Series P502, dès 1954. (www.lib.utexas.edu/maps/ams/north_africa/, consulté en décembre 2015)

Feuille NH 32-4 « Nalut ».

Feuille NH 33-1 « Mizda ».

Feuille NI 33-13 « Ṭarābulus ».

1/100 000 :

Cartes de la région de Tripoli par l'US Army Map Service. Series P661, réalisées en 1941 d'après les cartes italiennes de l'Istituto Geografico Militare (1934-1935). (www.lib.utexas.edu/maps/ams/tripoli/, consulté en décembre 2015)

Feuille 1572 « Gasr El-Hag' ».

Feuille 1573 « Gasr Iéfren ».

Feuille 1668-1669 « El-Hammadia & Nalùt ».

Feuille 1670 « Cabào ».

Feuille 1671 « Giosc ».

Feuille 1672 « Giàdo ».

1/50 000 :

Cartes libyennes du djebel Nafūsa dessinées par l'US Army Map Service entre 1962 et 1964, puis révisées par le Polservice-geokart polonais en 1979, sur la base de photographies aériennes prises entre 1973 et 1976 sous la supervision du département de surveillance de la S.P.L.A.J. (Socialist People's Libyan Arab Jamahiriya). (www.tamatart.com/?page_id=2395 (en arabe), consulté en décembre 2015)

Feuille 1488 IV « Wāzin ».

Feuille 1488 I « Nālūt ».

Feuille 1588 IV « Awlād Maḥmūd ».

Feuille 1588 I « Kābāw ».

Feuille 1688 IV « Marqas ».

Feuille 1688 I « Awlād Abū Jadīd ».

Feuille 1788 IV « Jādū ».

Feuille 1889 III « Yifran ».

INDEX

m. = mosquée
les noms de tribus et de groupes religieux sont en *italique*

'Abd al-Raḥmān ibn Rustum (imam rustumide), 21
'Abd al-Wahhāb (imam rustumide), 14, 21, 23, 24, 36, 103, 109, 139-140, 178
al-Abrāj, 29
Abū 'Abd Allāh ibn Abī 'Amr, 26, 27
Abū 'Abd Allāh Muḥammad ibn Bakr, 27, 29, 33, 36, 164, 165, 167
Abū Dharr Abān ibn Wasīm al-Nafūsī, 14, 36, 103, 104, 105
m. Abū Hārūn d'Ibnāyn, 11, 12, 61-66, 67, 68, 100, 101, 135, 137, 169, 186, 196, 197, 198
Abū Hārūn al-Tamlūshā'ī, 10, 61-62, 65, 67
Abū Ḥātim (imam rustumide), 26
m. Abū Kār, 131-133, 159, 176
Abū l-Khaṭṭāb al-Ma'āfirī, 20-21, 23, 25
Abū Khazar Yaghlā ibn Zaltāf, 26, 27
m. Abū Manṣūr Ilyās de Tandamīra, 13, 16, 66, 89-96, 97, 99, 100, 135, 137, 155, 177, 181, 195, 196, 197, 200
Abū Manṣūr Ilyās, 23, 24, 26, 32, 62, 89-90, 96
m. Abū Ma'rūf de Sharūs, 14, 28, 32, 66, 92, 96-102, 135, 137, 159, 169, 181, 186, 198, 200
Abū Miswar al-Yarāsanī, 96, 153, 173, 175, 177, 183, 184, 198
m. Abū Muḥammad al-Kābāwī, 10
m. Abū Naṣr de Tamazdā, 114-117, 123, 128, 202
m. Abū Naṣr de Tamlūshāyt, 83-89, 90, 159
m. Abū l-Rabī' d'Ibnāyn, 11, 12, 67-69, 167-168, 169
Abū l-Rabī' ibn Abī Hārūn, 10, 67, 167
m. Abū l-Sha'thā' à al-Rujabān, 29, 156
m. Abū 'Ubayda 'Abd al-Ḥamīd à Ijnāwun, 17, 139-142, 155, 202
Abū 'Ubayda 'Abd al-Ḥamīd al-Janāwunī, 17, 23, 36, 109, 139-142, 156
m. Abū Yaḥyā de Fursaṭā, 80-83, 95, 101, 121, 169, 175, 185, 186
Abū Yaḥyā Zakariyyā' ibn Abī l-Qāsim al-Fursaṭā'ī, 13, 28, 80, 96
Abū Yaḥyā Zakariyyā' ibn Ibrāhīm al-Bārūnī, 31, 37, 83
Abū Yaḥyā Zakariyyā' al-Irjānī, 25, 26, 177
Abū Zakariyyā' ibn Abī 'Abd Allāh, 27, 29, 62, 110
Abū Zakariyyā' ibn Abī Yaḥyā Zakariyyā' al-Irjānī, 26
m. Abū Zakariyyā' al-Tūkītī, 16, 109-113, 121, 128, 163, 168, 176, 194, 200
Abū Zakariyyā' Yaḥyā ibn al-Khayr al-Janāwunī, 67, 167-168
Abū Zayd al-Mazghūratī, 138-139, 156
Aflaḥ (imam rustumide), 23, 24, 30, 36, 37, 103, 140

Agharmīnān, 33, 168
Aghlabides, 23, 24, 66, 89, 96, 172, 200, 201
Ajalmām, 21, 103, 105
Ajdābiya, xiii, 92, 98, 185
'Akāra (presqu'île de), 23
Akrāyan, 11, 59, 61
m. al-A'lā de Nālūt, 43-47, 54, 62, 168, 177, 181, 186, 195, 202
Amīnāj, 6
Amsīn, 32, 33, 147
m. d'Atūghasrū, 17, 143-145, 147, 149
Awlād Maḥmūd, 4, 12

Bāghāya, 26, 27
Banū Ghāniya, 30
Banū Hilāl, 29, 32, 58
Baṣra, xiii, 20-21, 80
Bughṭūra, xvii, 15, 33, 105
Byzantins, 20, 121, 134, 172
caverne : voir grotte
chrétiens, xvii, 8, 19, 20, 21, 31-34, 37, 58-59, 79, 83, 107, 133, 137, 170-172, 187, 196, 197-198, 202
Dajjī, 12, 196
m. Damriyya, 139, 189
Demmer (djebel), 3, 4, 24, 32, 157, 162, 165, 198
Djerba, xiv, 4, 6, 23, 29, 32, 34, 36, 96, 112, 150, 153, 154, 155, 156, 157, 159, 162, 163, 165, 166, 169, 171, 172-173, 175, 176, 177, 178, 181, 182, 183, 184, 186, 188, 189, 192, 193, 198, 199, 201, 202

école coranique : voir madrasa
église, 10, 12, 26, 33, 34, 72, 76, 78, 79, 83, 105, 110, 123, 124, 128, 135, 170-172, 202
église d'al-Aṣāba', 19, 32, 134, 171, 172

Fassāṭū, 4, 15-17, 109-142
Fatimides, 25-28, 177, 185, 200, 201
Fezzan, xviii, 15, 21, 67, 169, 171, 185
Fursaṭā, 7, 12, 13, 27, 33, 71-83, 134, 156, 157

Ghadamès, xviii, 8, 13, 19, 21, 23, 169, 193, 200
Gharyān, 4, 31, 171
m. Ghazāla, 36, 105, 166-167
m. du grenier fortifié de Nālūt, 48-50, 158-159, 175, 181, 185, 191
greniers fortifiés, xiii, xiv-xv, 7, 10, 12, 14, 34, 43, 48-50, 54, 55, 97
grotte, 10, 16, 59, 105, 109, 110, 138, 162-167, 196, 201

ḥalqa, 17, 27, 29, 33, 36, 62, 165, 167
Ḥarāba, 12
al-Ḥarāba, 4, 12-15, 83-107, 197
Ḥawāmid, 4, 12
ḥawāriyyūn, 33, 202
m. Ḥawāriyyīn de Fursaṭā, 33, 71-76, 83, 164, 169, 176, 177, 192
m. Ḥawāriyyīn d'Inar, 33, 175, 178, 179, 192
m. Ḥawāriyyīn de Tamazdā, 33, 109, 110, 118, 124-128, 172
Hawwāra, 9, 23
ḥusanites, 30, 31, 37, 154, 202

Ibnāyn, 10-12, 61-71, 167, 185
Ibn Maghṭīr al-Nafūsī al-Janāwunī, 17, 21
Ifāṭmān, 20, 103
Ijnāwun, xvii, 16-17, 21, 23, 35, 62, 67, 139-142, 201
Inar, 178, 179, 194
Irjān, 25, 26

Ismā'īl ibn Ziyād al-Nafūsī, 20
Jādū, xvi, 4, 6, 11, 15-17, 26, 27, 28, 30, 35, 109-142, 154, 177
Jaffāra (plaine de la), 3, 14, 16, 19, 24, 29, 31, 134, 171, 172
Jarījan, 12, 189
al-Jazīra, 25-26, 31, 33
al-Jīṭālī (Ismā'īl ibn Mūsā), 32, 83, 138
juifs, xvii, 13, 14, 15, 19, 27, 30, 31, 32, 34-35, 37, 143, 171, 187, 192, 202

Kābāw, xiii, xix, 4, 9-12, 53, 55-83, 189, 190, 196
Kadhafi (colonel Mouammar), xiv-xv, 31, 155, 178, 201
Kairouan, 21, 66, 158, 172, 196, 197-198, 200
kanīsa : voir église.
m. Kanīsa de Tamazdā, 118-124, 126, 128, 131, 132, 133, 134, 135, 159, 202
Khalaf ibn al-Samḥ, 23, 89-90, 140

khalafites, 23, 24, 30, 31, 37, 154, 202
m. Khalīfa ibn 'Askar de Nālūt, 47, 50-52, 54, 181, 185, 186
al-Khirba, 32, 55, 176
Kikla, 6, 31
Kutāma, 26

madrasa, 20, 45-47, 50, 82, 139, 141, 145
Mahdī al-Wīghawī, 14, 23, 103, 105
malékites, 4, 128, 142, 154, 170, 183
Mānū, 24, 25, 27, 28, 37, 80, 90, 96, 156, 201
marabout : voir saint
Marqas, 12, 14, 97
m. Mashhad Taghlīs, 34, 138-139, 175
Mazāta, 23
Mazghūra, 16, 89, 138-139
muṣallā, 8, 36, 43, 95, 105, 141, 147, 164, 166, 173, 196, 201
mu'tazilites, 23, 103
Mzab, xiv, 6, 12, 36-37, 47, 97, 146, 147, 153, 154, 155, 157, 159, 162, 165, 169-170, 175, 176, 177, 178, 179, 180, 181, 188, 192, 193, 194, 195, 199, 201

naffāthites, 24, 30, 31, 37, 154, 178, 202
Nafūsa, xviii, 4, 6, 14, 16, 19-31, 80, 89
Nālūt, xiii, xix, 3, 4, 6, 7, 8-9, 12, 34, 43-54, 56, 95, 99, 158, 181, 191, 199, 202
Nānnā Tālā, 35, 36, 202
Nānnā Zūragh, 36, 147
nukkārites, 24, 30, 31, 37, 154, 165, 202

Oman, xiv, 155, 156, 175, 178, 185, 186, 187, 188, 198
Ouargla, 54, 159, 164, 165, 168, 170, 171, 177, 179, 183

al-Qal'a, 4, 36, 172
Qarāqūsh, 30, 31
m. al-Qashqāsha, 10
qaṣr Walam de Sharūs, 14, 30

al-Raḥībāt, 4, 33, 147
al-Rujabān, 23, 29
Rustumides, xiv, 8, 21-24, 31, 36, 37, 96, 139-140, 177, 198

Sabratha / Ṣabra, 8, 19, 20, 32
Sadrāta, 31, 66, 153, 197
saint, 35, 142, 202
Ṣanhāja, 29
Shakshūk, 3, 16, 139, 177
Sharūs, 11, 12, 13-14, 23, 27, 28, 29-30, 31, 34, 80, 96-102, 103, 104, 159, 178
m. Shaykh Ṣidqa d'al-Khirba, 123, 176, 178, 179, 192
m. Sīdī Abū Raghwa, 59-61, 158, 181
Sūdān, 28, 80, 105
Sud tunisien, xviii, 3, 24, 27, 34, 162, 165, 170, 171, 183, 190, 191, 192, 193, 195, 196, 198
Sulaymān al-Bārūnī, 10, 50, 141, 156, 189, 190
sūq, 14, 15, 27
Surt, xiii
synagogue, 10, 35, 171

Tādimakka, 21, 28
Tagharmīn, 6, 141
taghlīs, 8, 34, 202
m. Taghlīs de Bughṭūra, 34, 79, 105-107, 162, 171, 176, 196
m. Taghlīs de Fursaṭā, 34, 72, 76-79, 83, 107, 162, 172, 175-176
Tāhart, xiv, 13, 21, 23, 24, 26, 28, 31, 34, 103, 109, 153, 158, 177, 197, 198
Tamazdā, 4, 6, 16, 33, 109, 110, 114-117, 118-128, 133, 167
Tamlūshāyt, 6, 12-13, 61, 83-89
Tandamīra, 12, 13, 83, 89-96, 141
m. de Tanūmāyt, 55-59, 61, 66, 97, 101, 157, 158, 159, 168, 177, 191, 192, 193, 198, 202
m. de Tāqarbūst, 17, 146-147, 181
m. Taragh de Wīfāt, 128-131, 162, 192
Ṭarmīsa, 26, 34, 123
m. « Tatauzin », 57, 76
Tāwarghā, 20, 21
Tīmtī, 23
m. Tīndarār de Nālūt, 53-54
m. Tiwatriwīn, 4, 36, 143, 147-150, 175, 176, 180, 181
Tripoli, xiii, xv, 4, 9, 15, 20, 21, 23, 24, 25, 27, 29, 32, 89, 103, 178, 200
Tūkīt, 16, 33, 109, 110, 167

'Umar ibn Īmkitan, 20-21
Umm Jaldīn, 36, 147

m. Umm al-Ṭubūl, 132, 133-137, 157, 173, 175, 196
Umm Zayd, 8, 36

wādī Rīgh, xviii, 29, 165, 168, 170, 192
Wāzzin, xix, 6, 8, 41, 198
m. Wāzzin, 4, 41-42, 159, 168, 181, 186
Wīfāt, 16, 109, 128-131, 134, 138
Wīghū, 12, 13, 14-15, 23, 29-30, 36, 96, 102, 103, 105, 123, 166
m. Wīghū, 102-105, 164, 168

Yafran, xv, xviii, 4, 17, 23, 30, 31, 37, 143-150, 199, 202
Yaḥyā ibn Isḥāq al-Mayūrqī, 30-31

Zanāta, 9, 16, 17, 29, 54
Zanzibar, xiv, 157, 183
Zawīla, 21, 28, 92, 169, 171
al-Zintān, 6, 17
Zirides, 29-30, 201
Zuwāra, xiv, 23

TABLE DES ILLUSTRATIONS, DES CARTES ET DES PLANS DE MOSQUÉES

TABLE DES ILLUSTRATIONS

Sauf indication contraire, toutes les photographies ont été réalisées par Axel Derriks en mai 2010.

1. Vue du djebel depuis la plaine à Shakshūk 3
2. L'acropole de Fursaṭā 7
3. La ville moderne de Nālūt 8
4. La vallée vue depuis Nālūt 9
5. La vallée de Kābāw et le grenier fortifié 10
6. Intérieur du grenier fortifié de Kābāw 11
7. Le village actuel de Fursaṭā 13
8. La ville moderne de Jādū 15
9. Vue typique de la région de Tamazdā 16
10. Vue de Tāqarbūst depuis Yafran 17
11. La grande mosquée de Wāzzin vue d'en bas (illustration M. Favresse, d'après une ancienne photographie) 42
12. La mosquée al-A'lā de Nālūt 43
13. La mosquée al-A'lā, *ṣum'a* et mihrab en saillie 44
14. La mosquée al-A'lā et la madrasa en contrebas 45
15. Intérieur de la madrasa en contrebas d'al-A'lā 46
16. Intérieur de la madrasa en contrebas d'al-A'lā 46
17. Pied en relief dans la madrasa en contrebas d'al-A'lā 47
18. Mihrab de la madrasa en contrebas d'al-A'lā (V. Prevost) 47
19. La mosquée du grenier fortifié de Nālūt 48
20. La *ṣum'a* tripode de la mosquée du grenier fortifié 49
21. Intérieur de la mosquée du grenier fortifié 49
22. L'école coranique de la mosquée du grenier fortifié 50
23. La mosquée Khalīfa ibn 'Askar de Nālūt, vue de loin (V. Prevost) 51
24. Khalīfa ibn 'Askar 51
25. Khalīfa ibn 'Askar, la *ṣum'a* et le minaret-escalier 52
26. La mosquée Tīndarār de Nālūt 53
27. L'arrière de la mosquée Tīndarār (V. Prevost) 54
28. Exemples de décor de la mosquée de Tanūmāyt (illustration M. Favresse, d'après Warfallī, fig. 27, 29 et 31) 58

29. La mosquée Sīdī Abū Raghwa (illustration M. Favresse, d'après Dell'Aquila et Fiorentino, « Moschee rupestri », fig. 21) 60
30. La mosquée Abū Hārūn d'Ibnāyn 63
31. Abū Hārūn, l'escalier intérieur 63
32. Abū Hārūn, une des travées réservées aux femmes 64
33. Abū Hārūn, le mihrab dépouillé de sa décoration 64
34. Trois exemples de médaillons du mihrab d'Abū Hārūn (illustration M. Favresse, d'après Warfallī, fig. 49, 50 et 54) 66
35. La mosquée Abū l-Rabī' d'Ibnāyn 68
36. Abū l-Rabī', la travée des femmes 68
37. Abū l-Rabī', le mur de partition percé de trous 69
38. Abū l-Rabī', le mihrab et les décors muraux 69
39. Mosquée « du sommet » à Ibnāyn 70
40. Minaret-escalier de la mosquée « du sommet » 70
41. Mihrab de la mosquée « du sommet » 71
42. Ḥawāriyyīn de Fursaṭā et le couloir d'accès de la mosquée souterraine voisine 73
43. Ḥawāriyyīn de Fursaṭā, l'entrée vue de l'intérieur 73
44. Ḥawāriyyīn de Fursaṭā, le mihrab et les décors des voûtes 74
45. Ḥawāriyyīn de Fursaṭā, détail des décors du plafond 74
46. Ḥawāriyyīn de Fursaṭā, détail des décors, la houe (V. Prevost) 75
47. La mosquée souterraine voisine de Ḥawāriyyīn de Fursaṭā 75
48. La mosquée Taghlīs de Fursaṭā 77
49. Taghlīs de Fursaṭā vue du haut du château d'eau voisin 77
50. « Iconostase » de Taghlīs de Fursaṭā 78
51. Seconde travée de Taghlīs de Fursaṭā 79
52. La cour de la mosquée Abū Yaḥyā de Fursaṭā, avec à droite le minaret-escalier 81
53. La cour de la mosquée Abū Yaḥyā, avec le mihrab d'enceinte et le minaret-escalier à l'avant-plan 82
54. Le décor de la salle de prière d'Abū Yaḥyā, le sceau de Salomon 82
55. Abū Yaḥyā, la plaque commémorative (V. Prevost) 83
56. La mosquée Abū Naṣr de Tamlūshāyt 86
57. Abū Naṣr de Tamlūshāyt, le mur de qibla et le mihrab en saillie 86
58. Abū Naṣr de Tamlūshāyt, l'unique travée 87
59. Abū Naṣr de Tamlūshāyt, le mihrab et le motif de natte 88
60. Abū Naṣr de Tamlūshāyt, les arcs pointus et le décor des intrados 88
61. La mosquée Abū Manṣūr Ilyās de Tandamīra 90
62. Abū Manṣūr Ilyās, le mihrab et le chapiteau à décor végétal 91
63. Abū Manṣūr Ilyās, l'inscription datée de 875/1470 (V. Prevost) 92
64. Abū Manṣūr Ilyās, vue générale 93
65. Abū Manṣūr Ilyās, le mihrab 94
66. Abū Manṣūr Ilyās, détail du décor du mihrab 94
67. Abū Manṣūr Ilyās, détail du décor du mihrab (V. Prevost) 94
68. Abū Manṣūr Ilyās, vue générale avec pieds en relief 95
69. Abū Manṣūr Ilyās, la *ṣum'a* 95
70. La mosquée Abū Ma'rūf de Sharūs (illustration M. Favresse, d'après Warfallī, fig. 116) 98
71. La grande mosquée de Wīghū (illustration M. Favresse, d'après Warfallī, fig. 151) 104

72. La mosquée Taghlīs de Bughṭūra (illustration M. Favresse, d'après Allan, pl. LVb) 106
73. Abū Zakariyyā' al-Tūkītī, l'entrée 111
74. Abū Zakariyyā' al-Tūkītī, nos guides ibadites dans l'entrée 112
75. Abū Zakariyyā' al-Tūkītī, vue d'ensemble de la salle de prière 112
76. Abū Zakariyyā' al-Tūkītī, le mihrab 113
77. Abū Zakariyyā' al-Tūkītī, détail des décors et inscriptions 113
78. Abū Naṣr de Tamazdā 115
79. Abū Naṣr de Tamazdā, le mihrab en saillie 115
80. Abū Naṣr de Tamazdā, la tombe au fond 116
81. Abū Naṣr de Tamazdā, étançonnement de la tombe 116
82. Abū Naṣr de Tamazdā, vue générale et décor des intrados 117
83. Abū Naṣr de Tamazdā, détail du décor 117
84. La mosquée Kanīsa 119
85. L'entrée de la mosquée Kanīsa, vue de l'intérieur 120
86. La mosquée Kanīsa, le mihrab 121
87. La salle de prière de la mosquée Kanīsa 122
88. La salle de prière de la mosquée Kanīsa 122
89. La salle de prière de la mosquée Kanīsa 123
90. La salle de prière de la mosquée Kanīsa 124
91. La mosquée Ḥawāriyyīn de Tamazdā 125
92. La mosquée Ḥawāriyyīn de Tamazdā, le mihrab en saillie 125
93. L'entrée de Ḥawāriyyīn de Tamazdā, le décor de pointillés 126
94. Ḥawāriyyīn de Tamazdā, la salle de prière 127
95. Ḥawāriyyīn de Tamazdā, détail du décor 127
96. La mosquée Taragh de Wīfāt, le mihrab en saillie 129
97. Taragh, l'entrée principale 129
98. Taragh, le mihrab et une colonne de remploi 130
99. Taragh, le motif de natte sur les voûtes 130
100. Taragh, colonnes et chapiteau de remploi 131
101. La mosquée Abū Kār (illustration M. Favresse, d'après Allan, pl. LXIVc) 133
102. La mosquée Umm al-Ṭubūl (Ph. Kenrick, janvier 2008) 135
103. L'arcade décorée de la mosquée Umm al-Ṭubūl vers 1970 (illustration M. Favresse, d'après Allan, pl. LXVIa) 136
104. L'arcade décorée de la mosquée Umm al-Ṭubūl en 2008 (Ph. Kenrick, janvier 2008) 137
105. La mosquée Mashhad Taghlīs (illustration M. Favresse, d'après Allan, pl. LXVIIc) 139
106. La mosquée Abū 'Ubayda 'Abd al-Ḥamīd al-Janāwunī (V. Prevost) 140
107. Abū 'Ubayda 'Abd al-Ḥamīd, la salle souterraine 141
108. La mosquée d'Atūghasrū 143
109. La mosquée d'Atūghasrū, la cour 144
110. La mosquée d'Atūghasrū, la cour et son mihrab 144
111. La mosquée d'Atūghasrū, le décor de la voûte du mur de qibla 145
112. La mosquée d'Atūghasrū, détail du décor 145
113. La mosquée de Tāqarbūst 146
114. La mosquée de Tāqarbūst, la cour 146
115. La mosquée Tiwatriwīn 148
116. La mosquée Tiwatriwīn 148
117. Tiwatriwīn, la travée de la qibla et son décor 149

118. Tiwatriwīn, la salle de prière 150
119. Tiwatriwīn, l'accès au minaret 150
120. Plan-type d'une mosquée ibadite du djebel Nafūsa (illustration M. Favresse) 158
121. Niches à l'intérieur de la mosquée Sīdī Brāhīm à El Ateuf (A. Derriks, Mzab, avril 2009) 159
122. Planche comparative des plans de mosquées (1) (illustration M. Favresse) 160
123. Planche comparative des plans de mosquées (2) (illustration M. Favresse) 161
124. Mosquée souterraine de Sadwīkish à Djerba (A. Derriks, Djerba, janvier 2010) 164
125. Grotte de Majmāj à la mosquée Ibn Biyān de Djerba (V. Prevost, Djerba, janvier 2004) 166
126. Quatre exemples de mihrabs du djebel Nafūsa (Ḥawāriyyīn de Fursaṭā, Abū Zakariyyā' al-Tūkītī, Tiwatriwīn et Taghlīs de Fursaṭā) 176
127. La grande mosquée Abū Miswar à al-Ḥashshān de Djerba et deux des ses mihrabs isolés (A. Derriks, Djerba, janvier 2010) 177
128. Quatre exemples de minbars du djebel Nafūsa (minbar sud de Shaykh Ṣidqa d'al-Khirba, Abū Sulaymān d'Inar, Ḥawāriyyīn d'Inar et minbar principal de Shaykh Ṣidqa) (illustration M. Favresse) 179
129. Vue de la ville de Ghardāya dans le Mzab (A. Derriks, Mzab, avril 2009) 180
130. Le minaret de la mosquée Tiwatriwīn 180
131. Quatre exemples de *ṣum'a* du djebel Nafūsa (Abū Manṣūr Ilyās de Tandamīra, al-A'lā de Nālūt, Khalīfa ibn 'Askar de Nālūt et mosquée du grenier fortifié de Nālūt) 181
132. Pinacle et minaret-escalier de la mosquée Būlaymān de Ja'bīra à Djerba (V. Prevost, Djerba, janvier 2004) 182
133. Minaret-escalier de la mosquée Abū Miswar d'al-Ḥashshān à Djerba (A. Derriks, Djerba, janvier 2010) 183
134. Minaret-escalier de la mosquée Talākīn de Ghīzan à Djerba (A. Derriks, Djerba, janvier 2010) 184
135. Minaret-escalier de la mosquée omanaise al-Sharja non loin du quartier de Sa'āl à Nizwā (A. Derriks, Oman, février 2011) 185
136. Minaret-escalier de la mosquée Khalīfa ibn 'Askar de Nālūt 186
137. Mihrab de la grande mosquée omanaise du quartier de Sa'āl à Nizwā (A. Derriks, Oman, février 2011) 188
138. Décor primitif de la mosquée Damriyya (illustration M. Favresse, d'après Allan, pl. LXIXb) 189
139. Exemples de décors primitifs (illustration M. Favresse, d'après des photos de l'ancienne mosquée du complexe Sulaymān al-Bārūnī de Kābāw par A. Derriks et d'une mosquée de Jarījan par B. Polimeni) 189
140. Décor primitif dans une ancienne mosquée comprise dans le complexe Sulaymān al-Bārūnī à Kābāw 190
141. Décor de l'entrée du grenier fortifié de Nālūt 191
142. Éléments figuratifs dans le décor de la mosquée de Tanūmāyt (illustration M. Favresse, d'après Warfallī, fig. 28 et 33) 193
143. Décor primitif de la mosquée Fawzar à Djerba (V. Prevost, Djerba, janvier 2004) 193
144. Figuration de mains ouvertes à la mosquée Abū Zakariyyā' al-Tūkītī 194
145. Deux pieds figurant dans la mosquée Abū Manṣūr Ilyās de Tandamīra 195
146. Unité complète de décor du mihrab de la mosquée Abū Manṣūr Ilyās de Tandamīra (illustration M. Favresse, d'après Warfallī, fig. 103) 197

TABLE DES CARTES

Toutes les cartes ont été réalisées par Mathieu Favresse.

1. Le Maghreb ibadite 2
2. Les régions arabophones et berbérophones dans le djebel Nafūsa, d'après Despois, *Le Djebel Nefousa*, p. 144 5
3. Les principales voies commerciales transsahariennes, d'après Thiry, *Le Sahara libyen dans l'Afrique du Nord médiévale*, carte 5 22

4a. Localisation des mosquées, partie occidentale 40

4b. Localisation des mosquées, partie orientale 108

TABLE DES PLANS DE MOSQUÉES

Tous les plans ont été réalisés par Mathieu Favresse.

1. La grande mosquée de Wāzzin (d'après Dell'Aquila *et al.*, « L'habitat rupestre nel Gebel Garbi », p. 65) 41
2. Al-Aʿlā (d'après M. Warfallī, fig. 11) 44
3. La mosquée de Tanūmāyt (d'après Dell'Aquila, « Rupestrian Mosques », p. 55) 56
4. Sīdī Abū Raghwa (d'après Dell'Aquila *et al.*, « L'habitat rupestre nel Gebel Garbi », p. 67) 60
5. Abū Hārūn (d'après Warfallī, fig. 46) 62
6. Ḥawāriyyīn de Fursaṭā (d'après Allan, p. 152) 72
7. Taghlīs de Fursaṭā (d'après Allan, p. 152) 76
8. Abū Yaḥyā (d'après Warfallī, fig. 61) 81
9. Abū Naṣr de Tamlūshāyt (d'après Warfallī, fig. 74) 87
10. Abū Manṣūr Ilyās (d'après Warfallī, fig. 80) 90
11. Abū Maʿrūf (d'après Warfallī, fig. 113) 97
12. La grande mosquée de Wīghū (d'après Warfallī, fig. 152) 103
13. Taghlīs de Bughṭūra (d'après Allan, p. 153) 106
14. Abū Zakariyyā' al-Tūkītī (d'après Allan, p. 163) 110
15. Abū Naṣr de Tamazdā (d'après Allan, p. 161) 114
16. Kanīsa (d'après Warfallī, fig. 175) 118
17. Ḥawāriyyīn de Tamazdā (d'après Allan, p. 157) 125
18. Taragh (croquis réalisé sur place) 129
19. Abū Kār (d'après Warfallī, fig. 204) 132
20. Umm al-Ṭubūl (d'après Allan, p. 160) 134
21. Mashhad Taghlīs (d'après Allan, p. 161) 138

إن مساجد جبل نفوسة تعكس الخصائص الرئيسية للعمارة الدينية عند الإباضية: الرزانة والتواضع والاقتصاد في استخدام المواد وعدم وجود مئذنة، وخصائص أخرى. إن هذه المباني الدينية مبعثرة وفي بعض الأحيان منعزلة لدرجة يجد الشخص نفسه عاجزاً عن إيجاد منطق وراء وجودها في هذه الأماكن البعيدة. إن سجلات "تسمية مشاهد الجبل" توثق عدداً لا بأس به من أماكن الحج ومخازن الحبوب والمصليات أو الصخور البسيطة، بالإضافة إلى المساجد. كما هو موجود في جربا، فإن الإنسان يجد، بشكل أكثر ندرة، استخدام المئذنة السلم والصومعة، الموجودة فوق بعض المساجد في ليبيا والتي تشبه المئذنة الرمزية مثل تلك التي توجد في بعض أماكن العبادة على الجزيرة. إن أقدم المساجد عادة تحتوي على مكان مخصص للنساء، وممر أو أكثر مخصص لاستخدامهن يكون معزولاً عن باقي قاعة الصلاة بجدار ويمكن الوصول إليه بالغالب عن طريق مدخل خاص. يمكن تمييز المحاريب في الجبل بالحجم الكبير للمشكاة وبحقيقة أن تكرارهم، سواء داخل قاعة الصلاة أو خارجها، هو أمر نادر. تتميز العمارة الدينية في جبل نفوسة بالاستخدام الكبير للزخارف سواء كان ذلك للأثر التزييني الذي أسميناه "بدائياً" أو بشكل زينة أكثر إتقاناً على الحجر، وهي ذات طابع إسلامي. على حد علمنا، هذه الزخارف غير موجودة داخل أي مسجد إباضي في أي مكان آخر. إن وجود العديد من النقوش القديمة هو أحد المميزات كما هي حال إعادة استخدام الحجارة المنحوتة والعناصر المعمارية القديمة. إن وجود معظم هذه المساجد تحت الأرض تقريباً، وفي بعض الأحيان منحوتة بالصخر بشكل كامل، لهو أحد خصائص جبل نفوسة، حتى ولو كان هناك أمثلة أخرى في مناطق الإباضية في المغرب.

مصادر إباضية

مصادر عربية

دراسات حديثة

خرائط

الفهرس

قائمة الرسوم التوضيحية والخرائط والمخططات

المحتويات (باللغة الفرنسية)

الجزء الثالث: المميزات المعمارية للمساجد الإباضية في جبل نفوسة

I. الفكرة والمبادئ الأساسية للمساجد

دراسة مكثفة

وفرة أماكن العبادة

تقليد من التقشف، وهو شائع عند الإباضية

أساليب بناء المساجد ومخططاتها

العديد من أماكن العبادة التي تقع تحت الأرض أو شبه تحت الأرض

موقع النساء داخل المساجد

إحتمالية تحويل الكنائس إلى مساجد

II. العناصر الرئيسية

المحراب

المنبر

المئذنة والصومعة

المئذنة السلّم

III. الزخارف

زخارف (بدائية)

أيدي وأقدام

زخارف إسلامية

الخاتمة

المراجع

iii. منطقة الحرابة

أبو نصر في تملوشايت

أبو منصور إلياس في تندميرة

أبو معروف في شروس

المسجد الكبير في ويغو

تغليس في بغطورة

iv. منطقة جادو (فساطو)

أبو زكريا التوكيتي

أبو نصر في تمزدا

كنيسة

الحواريين في تمزدا

تارغ في ويفات

بوكار

أم الطبول

مشهد تغليس

أبو عبيدة عبد الحميد الجناوني

v. منطقة يفرن

المسجد في أتوغاسرو

تيواتروين

اليهودية

القديسين وأولياء الإباضية، اليوم وفي الماضي

النساء في المجتمع الإباضي في العصور الوسطى

مجتمع متعدد الديانات/ الطوائف

الجزء الثاني: فهرس المساجد

i. منطقة نالوت

مسجد وازن الكبير

المسجد العالي في نالوت

مسجد مخازن الحبوب المحصنة في نالوت

خليفة بن عسكر في نالوت

تيندرار في نالوت

ii. منطقة كاباو

المسجد في تنومات

سيدي أبو رغوة

أبو هارون في إبناين

أبو ربيع في إبناين

الحواريين في فرسطاء

تغليس في فرسطاء

أبو يحيى في فرسطاء

المحتويات

المقدمة بقلم فيليب كنريك

تقديم واستعراض المصادر

مصادر الإباضية

دراسات حديثة

تعليقات

الجزء الأول: جغرافية وتاريخ جبل نفوسة

I. الجغرافية والتوطين

منطقة نالوت

منطقة كاباو

منطقة الحرابة

منطقة جادو (فساطو)

منطقة يفرن

II. التاريخ والديانة

أسلمة جبل نفوسة وتحوله إلى الإباضية

العهد الرستمي (777- 909)

العهد الفاطمي (909- 973)

من عهد الزيريين حتى القرن الثالث عشر

المسيحية

والتوفيق بين المادة المكتوبة (الغنية جداً) من فترة العصور الوسطى للعلماء ورجال الدين المرتبطين بهم من ناحية أخرى.و لذلك أنا أوصي القراء بقراءة هذا العمل وأتمنى أن يكون محفزاً، عندما تكون الظروف مواتية، على القيام بدراسات أخرى عن ثقافة البربر التاريخية (الأمازيغية) وعن ثقافة إباضيي جبل نفوسة. بالنسبة لي- وأنا أعتقد أنه كذلك بالنسبة لجمعية الدراسات الليبية التي كانت هي أول رئيس لها- فإن هذا الكتاب يمثل بالفعل إشادة مناسبة لذكرى أولوين بروغان.

فيليب كنريك

أبينغدون، أوكسفوردشير

مقدمة

إنه لشرف وامتياز كبير لي أن أقدم هذا العمل عن مساجد الإباضية في جبل نفوسة. لقد كوَنت هذه المساجد جزء من عرضي الأول عن ليبيا في العام 1971 عندما قمت بالزيارة مع الرفيقة الراحلة أولوين بروغان وبرفقة العالم المختص بالإباضية الدكتور عمرو النامي. لقد كانت السيدة بروغان بالدرجة الأولى مؤرخة وعالمة لاثار الفترة الكلاسيكية، ولكنها انبهرت بكل نواحي الريف الليبي وظلت تعود إلى هناك بشكل مستمر منذ العام 1948 حتى بضع سنوات قبل وفاتها في عام 1989. لقد جذبتها مبدئياً كثرة الدلائل على احتلال المنطقة خلال الفترة الكلاسيكية، إلا أن فضولها قد استثير بالعدد الكبير من المساجد الصغيرة المتناثرة في جبل نفوسة، غالباً في مواقع منعزلة، و التي على ما يبدو لم تكن مرتبطة بالمستوطنات الحديثة. لقد قامت بدراسة المنشورات الحديثة عن هذه المساجد (ديبوا، لويكي) وأدركت أنه قبل أن يتم تقدير هذه الظاهرة بسياقها التاريخي، فإنه من الأهمية بمكان، على الأقل، أن يتم توثيق هذه المساجد واقعياً على أكمل وجه ممكن.

و نتيجة هذا كانت ثلاث حملات استكشافية قصيرة، شاركت أنا باثنتين منها. لقد استقبلتنا المجتمعات التي قمنا بزيارتها بترحاب وكرم واهتمام، وقد أدركنا بقوة أن مساجد هذا الجبل لا زالت موقرة وأنها تشكل جزءً مهماً من التراث الثقافي في المنطقة. بنفس الوقت كان من الواضح لنا أن جهودنا المتواضعة، التي نشرها عام 1973 جيمس ألان، ستكون البداية فقط لمشروع ممتد لا يملك أحداً منا القدرة على القيام به.

في عام 2008 عندما كنت مشغولاً بتجميع دليل لآثار طرابلس، وضعت لنفسي حداً زمنياً يبدأ بالغزو الهلالي في منتصف القرن الحادي عشر، مبرراً أن هذه الحقبة تعتبر نقطة حاسمة بين البقايا الأثرية للعصور القديمة والاستئناف الجاد لنشاط البناء في زمن العثمانيين الذي بدأ بعد ذلك بنحو خمسمائة عام، ولكنني لم أستطع أن أقاوم إدراج ملخص مقدمة عن مخازن الحبوب المحصنة وعن مساجد جبل نفوسة. إنها تثيرني لأنها، على الرغم من أنه يصعب تأريخها، يبدو أنها تمثل استمرارية ثقافية تمتد من بداية العصور الوسطى حتى وقتنا الحالي، وهذه سمة لا مثيل لها تقريباً في أي مكان آخر في ليبيا.

لهذه الأسباب المتعددة، لقد سررت بما احضرته فيرجيني بريفوست من الخبرات العلمية إلى هذه المادة و قدرتها تقديراً كبيراً. فعلى الرغم من المقاطعة القصرية من جراء الأحداث العسكرية والسياسية للمشروع، الذي كان لا يزال ينقصه الكثير من العمل في المواقع، إلا أنها جمعت في هذا العدد، وبمهارة عالية، ما كان قد تم توثيقه من مبان ظاهرة للعيان من ناحية،

مساجد الإباضية في جبل نفوسة

هندسة عمارة وتاريخ وديانة شمال غرب ليبيا (من القرن الثامن حتى القرن الثالث عشر)

فيرجيني بريفوست

تصوير: آكسل ديريكس

خرائط ومخططات ورسومات: ماثيو فافريس